U0922475

2019

北京门头沟年鉴

北京市门头沟区地方志编纂委员会　编

中共党史出版社

图书在版编目（CIP）数据

北京门头沟年鉴．2019/北京市门头沟区地方志编纂委员会编.
-北京：中共党史出版社，2020．4
ISBN 978-7-5098-5408-2

Ⅰ．①北…　Ⅱ．①北…　Ⅲ．①门头沟区-2019-年鉴　Ⅳ．①Z521．3

中国版本图书馆 CIP 数据核字（2019）第 251215 号

书　　名：北京门头沟年鉴（2019）

出版发行：中共党史出版社
责任编辑：韩冬梅
复　　审：潘　鹏
终　　审：姚建萍
社　　址：北京市海淀区芙蓉里南街 6 号院 1 号楼
邮　　编：100080
网　　址：www. dscbs. com
经　　销：新华书店
印　　刷：北京市金星剑印刷有限责任公司
开　　本：185mm×260mm　1/16
字　　数：800 千字
印　　张：29. 5 印张　　前插：22 页
印　　数：1—1800 册
版　　次：2020 年 4 月第 1 版
印　　次：2020 年 4 月第 1 次印刷
书　　号：ISBN 978-7-5098-5408-2
定　　价：118. 00 元（精装）

编辑说明

一、《北京门头沟年鉴》是一部综合性资料性工具书，在中共门头沟区委和区人民政府的领导下，由北京市门头沟区地方志编纂委员会主持编纂。

二、本年鉴以马克思列宁主义、毛泽东思想、邓小平理论、" 三个代表" 重要思想、科学发展观、习近平新时代中国特色社会主义思想为指导，认真贯彻中央、市委、市政府的各项方针政策，遵循实事求是的原则，科学、客观地反映实际情况。

三、本年鉴从2002年开始，逐年编纂出版，本卷为第18卷。当年出版的年鉴全面记述上一年度门头沟区在各条战线、各个方面所发展的重要事件和新的情况，系统汇集年度内重要的文献。为领导决策提供可靠的参考信息，为各行各业提供有价值的资料，为各方面人士了解门头沟、研究门头沟提供最新信息。

四、本卷年鉴以出版年份为卷次名称。反映的是2018年1月1日至12月31日期间的情况，文内一般直书月、日，不再书写年份。

五、本年鉴采用文章和条目两种体裁，以条目体为主，文字内容分为概述、大事记等共27个一级栏目，分目下设条目。

六、本卷年鉴收有门头沟区党、政、军、各民主党派、团体、街道、乡镇、部分企业负责人名录，以及驻区部分单位负责人名录。所列均以2018年内任职为限，其中有任免情况的分别予以注明。

七、本年鉴的所选文章和条目，均由各部门、各单位确定专人撰写，经主管负责人审阅，并经区委、区政府有关部委办及领导审核。统计资料由统计局提供。照片由各单位提供。

八、本年鉴的编辑出版得到了区领导、撰稿单位以及各方面的大力支持和帮助，在此一并表示感谢。由于时间和水平所限，疏漏与不足在所难免，恳请各界人士和广大读者批评指正，使《北京门头沟年鉴》越办越好。

7月16日，中共北京市门头沟区第十二届委员会第六次全体会议召开（区委办　供图）

1月9日，北京市门头沟区第十六届人民代表大会第四次会议召开（区档案史志馆　供图）

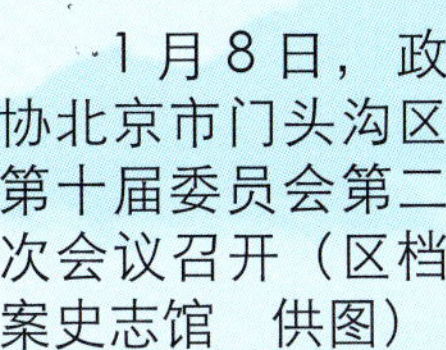
1月8日，政协北京市门头沟区第十届委员会第二次会议召开（区档案史志馆　供图）

5月23日，大峪街道南路二社区党员回社区报到，免费为居民磨刀（李冰　摄）

6月12日，区食药局落实“街乡吹哨，部门报到”机制，到川底下景区检查夏季餐饮服务（张鹏　摄）

5月7日，区民政局党员干部学习习近平总书记在纪念马克思诞辰200周年大会上的重要讲话（区民政局　供图）

6月1日，区法院潭柘寺法庭党支部在北京市率先成立党群服务中心（区法院　供图）

6月29日，清水镇党委举行2018年主题党日活动。图为镇党委表彰先进基层党组织（清水镇　供图）

7月18日，门头沟区2018年精神文明建设暨全国文明城区创建工作部署大会召开（区文明办　供图）

9月20日，创建文明城区系列活动“歌唱门头沟”大型群众合唱比赛举办（区文委　供图）

5月4日，“市民爱心斑马线”专项行动党员干部志愿者参加岗前培训（区文明办　供图）

8月23日，区政务服务大厅学雷锋志愿岗引导员服务办事群众（区政务服务大厅　供图）

9月13日，区旅游委党支部开展文明旅游志愿服务实践活动（王静　摄）

2018 年，石龙经济开发区晨景（区档案史志馆　供图）

2018 年，区政务服务大厅优化营商环境，提升窗口服务（姚宝良　摄）

4 月 20 日，“普法宣传下乡村 纳税服务春风行”税收宣传月活动现场（区税务局　供图）

3月27日，区农业综合执法队在雁翅镇开展农机“送检下乡”服务活动（陶祥生　摄）

6月12日，区工商分局领导在区政务服务大厅“新设立企业办理专区”参加“领导干部进窗口”活动（李季　摄）

6月26日，区食药监局秉持“干部多跑路，百姓落实惠”理念，到清水镇食药所上门受理行政许可事项（李洋　摄）

6 月 25 日，区科委果树专家到雁翅镇高台村指导果树栽培技术（贺健松　摄）

7 月 24 日，北京邮政门头沟山区无人机投递斋堂试飞点（区邮政局　供图）

1月29日，双峪市场销售春节年货（李冰　摄）

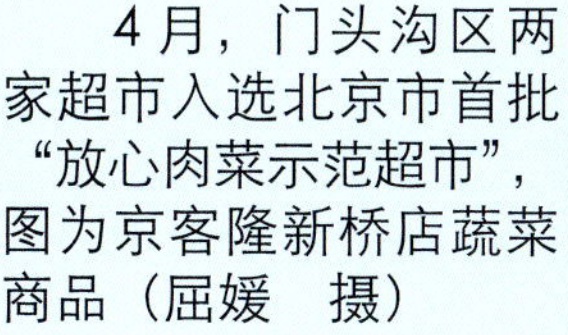

4月，门头沟区两家超市入选北京市首批“放心肉菜示范超市”，图为京客隆新桥店蔬菜商品（屈媛　摄）

4月23日，打击商标侵权商品专项检查（工商分局　供图）

10月，王平镇西马各庄村高山稻扶贫项目喜迎丰收（王平镇　供图）

10月16日，区扶贫协作和对口支援帮扶大集在永定楼广场举行（李倩　摄）

2月26日，龙泉雾小学“春天的约定”开学典礼现场（王腾　摄）

6月27日，北京市第九届残疾人职业技能竞赛（门头沟赛区）美甲初赛现场（李郎月　摄）

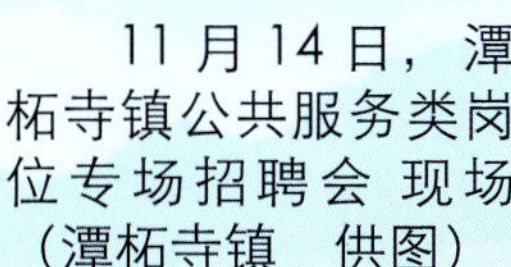

11月14日，潭柘寺镇公共服务类岗位专场招聘会现场（潭柘寺镇　供图）

3月，畜禽血样采集工作（区农业局　供图）

6月24日至30日，区医院医生到内蒙古自治区开展精准扶贫义诊（区医院　供图）

11月22日，首都医科大学门头沟区教学医院授牌仪式举行（区卫健委　供图）

2018 年，王平镇河北村与惠和新苑社区（高学雷　摄）

2018 年，永定镇居民住宅小区（赵俊琪　摄）

1月4日，S1线磁悬浮列车驶往上岸站（区档案史志馆　供图）

2月7日，区质监局对北京市地铁运行有限公司机电分公司管理的S1线特种设备进行安全执法检查（区质监局　供图）

6月7日，门头沟区地铁悬浮S1线消防演练（公安局门头沟分局　供图）

3月21日，军庄镇、区民政局、区森林公安处、区消防支队等单位在天山陵园开展清明节消防演练（史佳怡　摄）

6月5日，公路地质灾害防治工程施工现场（区公路分局　供图）

7月19日，暴雨后区水务局工作人员到三家店四局煤气站门前排除积水（姚宝良　摄）

2月6日，“放飞中国梦、文化进万家——诗韵京西·歌舞传情”门头沟区2018年迎新春大型文艺演出举办（区委宣传部　供图）

9月21日，妙峰山镇“风清气正月更美 文明你我诵中秋”诗歌朗诵比赛现场（妙峰山镇　供图）

10月16日，清水镇2018年乡村大舞台文艺汇演现场（清水镇　供图）

12月1日，原创儿童京剧《琉璃赵》演出现场（任海濛　供图）

元宵节前，灵水村举办转灯活动，图为3月2日游客参观转灯（姚宝良　摄）

4月10日，第四届军庄梨花乐跑节现场（姚宝良　摄）

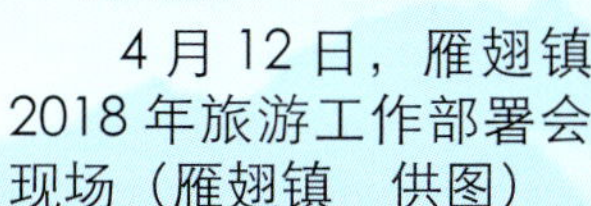

4月12日，雁翅镇2018年旅游工作部署会现场（雁翅镇　供图）

9 月 14 日，农工委系统庆祝改革开放 40 周年合唱比赛现场（符乃清　摄）

12 月 14 日，门头沟解放 70 周年纪念日，区档案史志局（馆）主办的《换了人间》主题展览正式开展。图为展览现场（区档案史志馆　供图）

6 月 26 日，改造提升后的京西山区中共第一党支部纪念馆（金谊平　摄）

6 月 30 日，门头沟区融媒体中心揭牌（区广电中心　供图）

3月23日，雁翅镇按照疏解整治促提升专项行动要求拆除违建鸡棚（屈媛　摄）

5月22日，王平镇打击违法用地、违法建设专项行动现场（王福东　摄）

6月22日，为保护永定河水系生态环境安全，妙峰山镇整体拆除嬉水湾休闲乐园（姚宝良　摄）

2018 年，门头沟路畔的永定河支流景观（姚宝良　摄）

2018 年，黑山沟河道景观（姚宝良　摄）

2018 年，青山环绕的洪水口村（姚宝良　摄）

2018 年，青山环绕中的军庄镇（邓垚　摄）

目　　录

区情概述

大事记

特　载

中共门头沟区委委员会

综述

组织工作

宣传工作

统战工作

调查研究

老干部工作

保密

党校

直属机关工委工作

党史研究

门头沟区人民代表大会

综述

重要会议

各办室工作

门头沟区人民政府

政务工作

外事侨务

综合行政服务

信访工作

机关事务管理

政协门头沟区委员会

综述

重要会议

专门委员会工作

政协活动

纪检监察

综述

重要会议

监督检查

民主党派

民盟门头沟区工委

民建门头沟直属支部

民进门头沟区总支部委员会

农工党门头沟区工委

致公党门头沟区支委

九三学社门头沟支社

人民团体

总工会

共青团门头沟区委员会

妇女联合会

科学技术协会

工商联

法　　治

政法委与综治

法制政府建设

公安

检察

法院

司法行政

军　　事

人民武装

人民防空

综合经济管理

经济社会发展与综合调控

财政

税务

审计

统计

国有资产监管

工商行政管理

质量技术监督

安全生产监督管理

食品药品监督管理

金融服务管理

农业与农村经济

农业工作

农村发展服务

农村经济经营管理

商贸　旅游

商贸

邮政

通信

生态保护

环境保护

环境卫生

城管执法监察

棚户区改造

公共事业

园林绿化

水资源开发利用

气象

消防

防震减灾

科技 教育

科技

教育

文　化

综述

文化活动

文物保护与利用

文化市场监管

文化创意产业

文化事业单位

图书馆

博物馆

新闻媒体

档案

地方志

文联活动

卫生　体育

卫生

卫生监督

主要卫生机构简介

红十字会工作

体育

社会生活

社会建设

人力资源和社会保障

民　政

精神文明建设

老龄工作

残疾人事业

人　物

街　　道

大峪街道

城子街道

东辛房街道

大台街道

镇

潭柘寺镇

永定镇

龙泉镇

军庄镇

雁翅镇

斋堂镇

清水镇

妙峰山镇

王平镇

统计　资料

区情概述

门头沟区位于北京城区正西偏南，总面积1447.8平方公里。年平均气温东部平原11.7℃，西部斋堂一带10.2℃。年无霜期200天左右。年降水量约600毫米。辖9个镇，4个街道办事处。2018年，门头沟区委、区政府按照“绿色发展、生态富民、弘扬文化、文明首善、团结稳定”的区域发展总原则，始终立足生态涵养功能定位，聚焦高质量发展，统筹推进疏功能、促转型、调结构等各项工作，全区经济社会保持了持续健康发展的良好局面。截至年末，全区常住人口33.1万人，比上年增加0.9万人。户籍人口总户数121146户，总人数250864人，其中非农业人口207646人，农业人口43218人。户籍人口中，全年出生人口2434人，死亡人口2196人，人口出生率9.74‰，死亡率8.78‰，自然增长率0.95‰。

2018年，全区实现地区生产总值(GDP)188.1亿元，按不变价计算比上年增长6.2%。其中第一产业实现增加值3.3亿元，比上年增长202.6%；第二产业实现增加值77.6亿元，比上年下降6.3%；第三产业实现增加值107.2亿元，比上年增长14.9%。三次产业结构为1.8：41.2：57.0。

2018年，全区城乡居民人均可支配收入为49298元，比上年增长7.4%；人均消费支出36063元，比上年增长6.3%。按常住地分，城镇居民人均可支配收入53227元，比上年增长7.1%；人均消费支出36063元，比上年增长6.3%，恩格尔系数为20.3%。

2018年国民经济和社会发展

农业

年内，全区实现农林牧渔业总产值7.6亿元，比上年增长181.4%。其中农业实现产值3536.4万元，比上年下降60.3%；林业实现产值70184.4万元，比上年增长433.9%；牧业实现产值1324.6万元，比上年下降67.4%。乡村旅游实现总收入7018.7万元，比上年下降18.9%。其中观光园收入2376.2万元，比上年下降37.8%；民俗旅游收入4642.5万元，比上年下降3.8%。

工业

年内，全区规模以上工业企业实现产值75.1亿元，比上年下降10.9%。都市型工业产值2.1亿元，比上年下降53.5%。现代制造业产值45.9亿元，比上年下降4.9%。资源型工业产值19亿元，比上年下降14.1%。高新技术产业产值64.5亿元，比上年下降13.5%。规模以上工业企业实现现价销售产值70.9亿元，比上年下降5.4%。

商业

全区实现社会消费品零售额69.4亿元，比上年增长5.4%。其中限额以上企业及个体零售额43.5亿元，比上年增长3.4%；限额以下企业及个体零售额25.9亿元，比上年增长8.9%。按行业分，批发业零售额3.4亿元，比上年增长10.9%；零售业零售额59.8亿元，比上年增长4.9%；住宿业零售额1.3亿元，比上年增长2.6%；餐饮业零售额4.9亿元，比上年增长9.3%。

财税　金融

全区完成公共财政预算收入31.6亿元，比上年增长6.6%。税收收入24.4亿元，比上年增长16.7%。其中增值税9.9亿元，比上年增长9.0%；企业所得税5.4亿元，比上年增长12.0%。非税收入完成7.1亿元，比上年下降17.8%。全区区级政府性基金预算收入完成92.7亿元，比上年增长16.0%。完成公共财政预算支出106.3亿元，比上年增长11.7%。其中一般公共服务支出10.5亿元，比上年增长7.8%；社会保障和就业支出12.0亿元，比上年下降10.3%；教育支出15.5亿元，比上年下降6.1%；城乡社区支出25.8亿元，比上年增长75.2%；文化体育与传媒支出2.8亿元，比上年下降11.4%。

全区金融机构存款余额达到714.9亿元，比上年增长3.9%。其中单位存款359.0亿元，比上年下降5.5%；个人存款355.9亿元，比上年增长15.4%。金融机构贷款余额235.1亿元，比上年增长34.4%。其中短期贷款45.2亿元，比上年末增长62.3%；中长期贷款189.9亿元，比上年增长29.1%。对公贷款157.4亿元，比上年增长46.9%；个人贷款77.7亿元，比上年增长14.7%。

建筑业

全区有资质的建筑业企业实现建筑业总产值133亿元，比上年增长28.7%。其中建筑工程产值129.5亿元，比上年增长27.9%；安装工程产值3.5亿元，比上年增长65.9%。房屋建筑施工面积165.9万平方米，比上年增长39%；房屋建筑竣工面积29.7万平方米，比上年增长28.5%。

房地产开发业

全区完成项目建设地房地产开发投资额72.2亿元，比上年下降70.7%。房屋施工面积391.1万平方米，比上年下降6.8%，其中新开工面积15.9万平方米，比上年下降80%。房屋竣工面积102.3万平方米，比上年增长66.8%。商品房销售面积32.4万平方米，比上年下降2.2%，其中住宅销售面积20.4万平方米，比上年下降13.8%。

交通运输　邮电

全区运输企业拥有货运车辆1770辆，全年货运量220.5万吨，货运周转量14602.7万千米；客运车辆1030辆。

共有邮政局所18处，其中局1处、支局3处、所14处。全年邮政业务总量8188万元，通信业务总量9999万元。出口函件109万件，包件3万件，汇票1万张；订销报纸累计份数982万份，杂志24万份；特快专递3万件，快递包裹35万件。

生态环境建设

推进国家森林城市创建工作，新一轮百万亩造林、京津风沙源治理二期项目年度任务全部完成，加快推进绿海运动公园、永定河滨水森林公园等项目建设。2018年，全区新城地区污水处理率为97.0%，比上年提高0.2个百分点。全年完成人工造林面积4080公顷，林木绿化率达到70.0%，比上年提高0.8个百分点；森林覆盖率达到46.6%，比上年提高0.9个百分点；绿化覆盖率达到46.4%，比上年提高1.5个百分点。人均公园绿地面积提升至30.5平方米/人。

科技　教育　文化　卫生　体育

组织各级科技项目27个，其中区级科技计划项目24项、市级科技计划项目3项。完成技术合同登记74项，技术合同成交金额6.7亿元。认定高新技术企业118家。申请专利1177项，授予专利675项。全区科技经费筹集总额1955.1万元，科技经费支出总额1641.8万元。

截至年底，全区共有幼儿园36所，班级282个；全年入园（班）幼儿2866人，在园（班）幼儿7509人，离园（班）幼儿1785人；有教职工1274人，其中专任教师822人。有小学学校23所，班级404个；有毕业生1724人，招生2647人，在校学生12577人；有教职工1143人，其中专任教师923人。有初中阶段学校11所；有毕业生1256人，招生1496人，在校学生4327人；有教职工644人，其中专任教师457人。有高中阶段学校6所，其中普通高中5所；有毕业生703人，招生821人，在校学生2424人；有教职工592人，其中专任教师477人。有职业高中1所；毕业生143人，招生53人，在校学生207人。全区高中升学率92.2%；初中升学率95.5%，初中毕业及格率85.9%，初中毕业优秀率39.8%。全年专科毕业184人，本科毕业148人。参加岗位培训1530人次，参加技术培训13213人次。

截至年底，全区有225个村居文化室。图书馆馆藏总量达109.4万册，其中新购入图书83403册，办理借阅证件829个，流通读者0.8万人次。全区共有重点文物保护单位84个，其中国家级5个、市级8个、区级71个。全区组织各类文艺活动次数686次。全年共开展不同形式演出816场，受众81.3万人次。下乡下基层辅导演出594场，全年送书进村居、进学校、进军营、进企业15311册，送电影下乡11804场。

截至年底，全区共有医疗卫生机构257个，其中医院13个。医疗卫生机构实有床位2990张，其中医院2473张。卫生技术人员达到3581人，其中执业（助理）医师1263人、注册护士1502人、药师（士）234人、技师（士）207人。卫生医疗机构总诊疗量377.5万人次，出院人数45532人。

截至年底，全区有各类体育健身场地13个，其中体育馆1个、游泳场馆5个、各种训练房7个。有等级裁判员714人，其中国家级5人、一级79人、二级609人。全年组织区级比赛64项，参赛人数8.3万人次；参加市级比赛53项。全年共获金牌35枚、银牌68枚、铜牌65枚。向上一级体校输送优秀运动员2人。

人民生活

截至年底，城镇登记失业率为3.84%，实有城镇登记失业人员3490人。全区养老、失业、工伤、医疗和生育保险参保人数分别比上年增长5.1%、5.7%、5.0%、2.8%和7.3%。城市、农村居民最低生活保障人数分别达到4669人、1543人，城乡特困人数为422人。

大 事 记

1 月

3 日　举行“欢歌赞礼十九大　激情唱响新农村”——门头沟区第二十八届文化艺术节“乡村大舞台”原创节目展演。

8 日～11 日　区政协召开十届二次全体会议。会议听取并审议主席张冰所作的常务委员会工作报告和副主席的提案工作报告；听取区属民主党派、人民团体和政协界别代表大会发言；听取并讨论区长付兆庚所作的政府工作报告；通过政治决议；表彰优秀提案。

9 日　绿海运动公园建设项目正式启动施工。该项目建设总面积 53.36 公顷（陆地 50.3 公顷、水体 3.06 公顷），总投资约 1.5 亿元，包括绿化、庭院、给排水及电气等工程。

9 日～12 日　门头沟区第十六届人民代表大会第四次会议在龙泉会堂召开。会议听取和审议付兆庚所作的政府工作报告、陈国才所作的《区人大常委会工作报告》，审查门头沟区 2017 年国民经济和社会发展执行情况与 2018 年国民经济和社会发展计划草案的报告、门头沟区 2017 年预算执行情况和 2018 年预算草案的报告。通过相关决议。

18 日　乌兰察布市代表团到门头沟区调研。

20 日　举行 2015－2016 年度“门头沟道德模范颁奖典礼”。首都文明办主任，区领导张贵林、付兆庚、张冰等出席活动，并与门头沟区道德模范合影。

22 日　召开门头沟区社会建设暨城市基层党建工作电视电话会。区委社会工委作全区社会建设工作报告，区委组织部部署全区城市基层党建工作，相关镇街及社区进行交流发言。

▲　市慈善协会到门头沟区开展“两节”助困救助，发放救助款 92 万元，救助因病致困对象 30 人。

31 日　召开区纪委第十二届四次全体会议暨全区党风廉政建设工作会议。会议传达市纪委十二届三次全会精神，听取并审议通过区纪委常委会《忠诚履行新时代纪检监察职责使命，推动全面从严治党向纵深发展》的工作报告，签订党风廉政建设主体责任书和纪委监督责任书；全会审议通过《关于中国共产党北京市门头沟区纪律检查委员会委员履行职责的意见（审议稿）》《中国共产党北京市门头沟区第十二届纪律检查委员会第四次全体会议决议（草案）》。

是月　原创节目军庄大鼓《战歌行》代表门头沟区参加北京市第 28 届农民艺术节“乡村大舞台”决赛，获综合类节目一等奖。

是月　八奇洞景区被正式批准为国家 AAA 级旅游景区。

是月　市百姓宣讲团朝阳分团走进王平镇开展“不忘初心跟党走　圆梦京华谱新篇”主题巡回宣讲活动。镇机关、各村居干部 80 余人参加。

2 月

6 日　召开 2017 年“门头沟区优秀人才”“门头沟区青年人才”认定大会。会上，为“门头沟区青年人才”“门头沟区优秀人才”颁发证书、奖杯和“人才服务绿卡”。

9 日　门头沟区第十六届人大常委会召开第九次会议。会上，传达北京市第十五届人民代表大会第一次会议精神，简要介绍全体代表听取审议市“一府两院”六项工作报告情况，通报大会选举、大会议案、建议提交情况，就门头沟代表团在大会上的履职情况以及张贵林书记的讨论发言做简要通报；讨论通过区人大常委会 2018 年工作要点。

11 日　“门头沟文化云”正式上线，实现全区范围内文化资源服务共建共享，市民可通过平台在线了解门头沟区最新文化活动，同时提供图书、期刊、讲座等海量数字资源。

12日　召开全区领导干部大会暨区级年度考核测评工作会。会上，张贵林作2017年度区委领导班子工作总结报告。会议部署维稳、城市运行、安全生产、环境布置和应急值守等有关工作。

27日　召开2017年度门头沟区镇（街道）、系统党（工）委书记抓基层党建述职评议会。会上，有关镇（街道）、系统党（工）委书记依次述职，区领导对工作情况进行点评。

是月　妙峰山镇涧沟村村委会主任王德强被人力资源社会保障部、农业部评为“全国农业劳动模范”。

是月　举办第五届北京惠民文化消费季总结会暨2017北京文化消费品牌榜发布会。北京文化获“年度特别贡献奖”；“门头沟游十八潭，享京白梨文化之旅”被评为“十大文化线路”；潭柘紫石砚入选“十大文化创意产品”；国际山地徒步大会入围“十大文化体育盛典”。

是月　成立“中共北京市支援农村建设志愿服务总队门头沟区分队临时党总支”及6个临时党支部，举办第一书记工作论坛，进一步加强第一书记的自我管理，有力增强工作实效。

是月　区民政局完成社会福利对象“精准帮扶”初步摸底调查工作，残疾人、老年人、儿童三类帮扶对象共57753户，其中“户在人在”30723户，“人在户不在”12916户，“户在人不在”14114户。

是月　区档案史志局（馆）与山西省霍州市档案局（馆）签订协同发展合作共建备忘录，双方将在业务交流、人才培养、资源共享、异地展陈、党建共建等方面加强合作。

3月

14日　召开门头沟区2018年党建工作会。会上，部署政法工作及统战工作，部署组织工作并通报区委常委班子2017年度民主生活会召开情况，部署宣传思想文化工作。

15日　区科技开发实验基地成立门头沟区首家“劳模创新工作室”。

21日　北师大实验中学民盟支部向区儿童福利院7名孤残优秀儿童发放助学奖金2800元；是日，中国爱国拥军促进会到区儿童福利院慰问孤残儿童，捐赠善款1万元。

27日　区领导与内蒙古武川县代表团座谈。围绕武川县经济社会发展基本情况、重点产业发展状况和脱贫攻坚基本情况进行座谈交流。

▲　北京市规划和国土资源管理委员会门头沟分局正式挂牌成立。

30日　召开门头沟区“街乡吹哨、部门报到”工作动员部署会。会上，对《门头沟区落实“街乡吹哨、部门报到”实施方案的工作安排》进行部署。

31日　斋堂镇人民政府与河北省怀来县官厅镇、孙庄子乡人民政府联防联控协议签字仪式暨第一次联席会议在斋堂镇召开。

是月　首都师范大学附属中学永定分校《“5+X”课堂教学模式理论建构与实践创新研究》获2017年北京市基础教育教学成果奖一等奖。

4月

4日~5日　受降雪影响，斋堂镇、雁翅镇、军庄镇共39个村遭遇冻灾，受灾群众2985户、6398人，农作物受灾面积509.05公顷，直接经济损失645.5万元。

7日　召开全区领导干部大会。会上，宣布市委决定：张力兵任中共北京市门头沟区委员会委员、常委、书记，免去张贵林中共北京市门头沟区委员会书记、常委、委员职务。

10日　区委宣传部与军庄镇共同举办以“品梨花古韵　赏京西美景”为主题的第四届“梨花乐跑”活动，共开展镲鼓展示、赏梨花、乐跑竞赛等8项活动。

16日　召开区委党的建设工作领导小组2018年第一次全体会议。会上，审议“区委党的建设工作领导小组工作规则”调整建议等事项。张力兵与区直机关工委、永定镇党委等党（工）委负责人代表签订抓党建工作责任书。

4月16日~5月18日　区直机关工委组织开展2018年区直机关系统党员教育培训，对全系统67家机关单位、292个党支部、2000名党员进行集中轮训。

20日　2018年门头沟区全民阅读活动暨第八届门头沟区图书交换大集、第五届门头沟区书市启动。全民阅读活动持续至5月1日，包括诵读表演、阅读推广人评选、西山讲堂、分享阅读体会沙龙等活动。

20日~21日　区领导到内蒙古开展精准扶贫对接工作。区领导，区相关部门负责人到察右后旗和武川县两地进行精准对接。内蒙古自治区党委常委、呼和浩特市委书记，市委副书记、市长等参加对接。

25日　举行2018年门头沟区庆“五一”先进表彰暨慰问演出活动。会上，为先进集体和个人颁奖。

▲　门头沟区第十六届人大常委会召开第十次会议。会上，听取区政府《门头沟区2017年环境状况和环境保护目标完成情况的报告》和区人大城建环保委员会的调研意见。听取区法院《门头沟区人民法院关于司法体制改革工作情况的报告》和区人大法制委员会的调研意见。听取《关于区十六届人大四次会议代表“建议、批评和意见”交办情况的报告》。

26日　2018年门头沟区农村工作会召开。会上，通报一季度区环境建设情况，传达市政府常务会精神，部署2018年度美丽乡村工作，作农村工作报告，清水镇党委等作典型发言。

▲　新开快速直达专线26路（中门寺生态园-中关村南，共12站）。该公交线路于早晚高峰时间段运营，节假日停驶，票价15元，刷卡10元。

是月　区慈善协会开展“携手助老送健康-慈善医疗卡”救助项目，对在全区各定点医疗机构就医的60岁以上城乡低保老人经过医疗保险报销和政府各种形式救助后500元以下的自费部分进行救助，共为全区761名低保老人发放救助金288272.99元。

是月　区委组织部在全市率先开展农村党建工作助理员选派工作。通过网上报名、资格联审、上机笔试、集中面试等7个选拔程序，从353名报名人员中，新选拔95人，使全区农村党建工作助理员队伍达到120人。该项工作被《人民日报》、新华网、北京电视台等几十家中央、市属媒体集中宣传报道。

是月　潭柘寺中医药健康旅游产业园入围国家中医药健康旅游示范基地创建名单。经北京市旅游委、北京市中医药局联合推荐和专家评审，“潭柘寺中医药健康旅游产业园”获得国家旅游局、国家中医药管理局批准的第一批国家中医药健康旅游示范基地创建单位。

5月

3日　举办门头沟区共青团“五四”主题团日活动暨“农商银行杯”青年创新创业大赛。团员青年代表重温入团誓词，6支参赛队伍进行项目竞演，与会领导为获奖参赛队伍颁发奖杯。

15日~29日　第二十六届妙峰山传统民俗庙会在妙峰山景区开幕。庙会主题为“金顶祈福纳吉祥　弘扬妙峰福文化”。期间，开展了100余档传统民间花会朝顶进香、酬山赛会民间文艺表演以及施粥布茶、舍馒头等传统民俗活动。

18日　国家住建部等六部门公布2018年列入中央财政支持范围中国传统村落名单，王平镇东石古岩村成为北京市唯一入选村落。

19日　在门头沟区残联举行中国狮子会北京圆梦服务队“温馨工程”挂牌仪式，标志着区残联正式成为中国狮子会北京圆梦服务队的服务基地，为门头沟区残疾人提供服务和帮助。

▲　门头沟区文联、区政协书画院、区美协、永定河文化博物馆联合举办“门头沟区乡情乡韵传统村落写生创作美术作品展”开幕式，共征集美术作品130余幅，参展作品108幅。

23日　北京市国有企业“一企一村”结对帮扶签约活动在门头沟区举行。全区12个低收入村与12家帮扶企业进行签约，京能集团代表、帮扶村代表分别进行发言。

28日　斋堂镇政务服务中心正式挂牌。

31日　举行“争做新时代好队员”门头沟区2018年庆“六一”活动。团市委副书记，区领导，区相关部门负责人参加活动，为少先队新队员佩戴红领巾，观摩冬奥主题课程、青少年创意活动。

是月　门头沟区完成2018年度耕地保护目标管理暨永久基本农田保护责任书签订工作。涉及全区3个镇17个村，其中永久基本农田保护任务为5000亩，耕地保有量为5500亩。

6月

1日　门头沟区推荐的北京华之杰微视技术有限公司董事长兼技术总监胡尉之入选北京市第十三批海外高层次人才，实现门头沟区自主申报零的突破。

14日　召开区委理论学习中心组学习（扩大）会议。会上，首都文明办主任作关于全国文明城区创建专题授课。部署《门头沟区创建全国文明城区组织机构及职责》，标志着门头沟区全国文明城区创建工作正式启动。

25日　举行永定镇小园一区社区在职党员“做雷锋式党员　争当转型模范　创建和谐家园”志愿服务活动。区领导张力兵，永定镇、村相关负责人，在职党员代表参加活动。成立雷锋式党员志愿服务队。

27日　举行“巾帼心向党　建功新时

代”——“最美的她们”风采展示暨“传承红色基因　牢记初心使命”主题党日活动。市妇联党组书记、主席，区领导，区有关单位、镇街负责人参加，观看“巾帼心向党　建功新时代”成果展示。市、区领导为“最美的她们”代表颁奖。

▲　民进北京市委到妙峰山镇黄土台村对接捐赠节水灌溉设施开工建设工作，到清水镇梁家铺村对接低收入帮扶工作。

30 日　北京市门头沟区融媒体中心成立，门头沟区广电新闻中心加挂门头沟区融媒体中心牌子。

是月　中央文明委授予潭柘寺镇、妙峰山镇、斋堂镇马栏村、军庄镇香峪村第五届全国文明村镇；大峪街道德露苑社区第五届全国文明社区；区供电公司、区检察院、区教委、区工商分局、区食药监督局第五届全国文明单位荣誉称号。

7 月

3 日　举行深化“8＋1”行动推进会暨助力门头沟区低收入帮扶和美丽乡村建设签约仪式。民主党派市委领导，相关负责人，区领导，区各民主党派主委，区有关单位负责人参加。实地考察潭柘寺镇卫生院“名医工作室”等“8＋1”行动有关项目，各民主党派市委与全区 8 个低收入村签署帮扶协议。

5 日　国家税务总局北京市门头沟区税务局正式挂牌。

6 日　察哈尔右翼后旗文体局与区体育局签订门头沟区－内蒙古察哈尔右翼后旗“十三五”时期体育领域对口交流合作框架协议。

16 日　召开中国共产党北京市门头沟区第十二届委员会第六次全体会议。会议听取和讨论张力兵代表区委常委会所作的题为《坚定政治站位　践行首善标准　全力以赴打赢创建全国文明城区攻坚战》工作报告，表决通过《关于批准辞去区委委员职务的决定》。付兆庚部署经济社会发展工作。会上，提出门头沟区创建全国文明城区“三步并作两步走，三年实现双达标，六年实现摘桂冠”的总目标，确保在 2023 年第七届全国文明城区评选中实现创城成功。

18 日　召开门头沟区 2018 年精神文明建设暨全国文明城区创建工作部署大会。会议表彰 2015－2017 年度全区各级各类精神文明建设先进单位，部署创城工作，签订责任书，总指挥部为分指挥部授旗，相关单位代表进行表态发言。

24 日　门头沟区第十六届人大常委会召开第十二次会议。会上，表决通过《北京市门头沟区第十六届人民代表大会常务委员会关于推进全国文明城区创建工作的决定》，落实区委决策部署，依法为创城提供法治保障。

25 日　区检察院召开首次不起诉公开宣告听证会，对王某某涉嫌故意伤害罪一案公开审查，这是门头沟区检察院自《北京市检察机关不起诉公开宣告工作指引（试行）》下发后首次对不起诉案件适用公开审查程序，实现案件的法律效果与社会效果的有机统一。

30 日　区科委与北京恒冠网络数据处理有限公司、北京博伟智鸿投资有限公司三方签订战略合作协议。

▲　门头沟区阳光地带社区青年汇在大峪街道绿岛家园社区揭牌运营，阳光地带社区青年汇主要以维护青少年合法权益、服务青少年健康成长、预防青少年违法犯罪为工作内容。

是月　区食药监局被中央文明委授予第五届“全国文明单位”荣誉称号。

8 月

12 日　举办第十二届永定河文化节开幕式。

20 日　由门头沟区文明办、区教委联合举办的“青少年文明艺术夏令营－门头沟区创建全国文明城区青少年合唱专场演出”在国家大剧院举行。

21 日　开展“礼让斑马线、文明我点赞”专项治理活动。区领导到大峪十字路口向市民发放《门头沟区争创全国文明城区倡议书》，劝导市民自觉遵守交通规则，并为自觉遵守交通信号灯的市民、停车礼让行人的司机举牌点赞。

26 日　区文联与区文明办、区教委、区少年宫联合举办“童画文明城　手绘新时代”门头沟区少儿书画创作大赛暨少儿创城书画作品展。

30 日　北京夏禾科技有限公司与荷塘创业投资管理（北京）有限公司股权投资协议签约仪式在中关村门头沟园区举行。

是月　北京市第十五届运动会期间，门头沟区共获金牌 8 枚、银牌 9 枚铜牌 20 枚。14 岁举重运动员刘家伟打破 3 项纪录。

是月　在北京电视台各频道主要时段循环播出 8 集人文地理纪录片《永定河》，同时通过各大视频网站、微信公众号等媒介全面推广。纪录片每集 30 分钟。

9月

10日　举办门头沟区创建全国文明城区暨庆祝2018年教师节表彰大会。区领导，支援协作地区代表，全区各单位及教育系统代表参加。区领导为受表彰人员颁奖，并观看教育文艺演出。

20日　由北京演艺集团与区委宣传部共同举办“马栏村首届中国农民丰收节暨金秋旅游活动月”开幕式。活动月期间，北京演艺集团与门头沟区共同策划组织开展的系列活动，活动持续一个月。

24日　举办“月圆京城　情系中华”门头沟区庆中秋主题文艺演出。市文联党组书记，区领导，区劳动模范、道德模范代表及老干部、老党员代表，区各界群众800余人观看演出。

28日　门头沟区第十六届人大常委会召开第十三次会议。会议批准规划纲要指标调整方案等。

30日　举办门头沟区烈士纪念日公祭烈士活动。区领导，区相关部门负责人，驻区部队官兵、中小学学生、军烈属代表等在宛平抗日烈士纪念园举行公祭，向为全民族抗战事业献身的烈士默哀，向宛平县人民八年抗战为国牺牲烈士纪念碑敬献花篮。

10月

9日　举办中关村门头沟园第四届“创新创业活动周”开幕式暨2018年京西创新论坛。中国工程院院士，中科院自动化研究所研究员分别作专题演讲。

16日　启动“扶贫协作　我们在行动”门头沟区扶贫协作和对口支援帮扶大集活动。现场扫描二维码完成社会扶贫网注册。三地文联交流创作书画作品50余幅。

▲　举办“孝满京城　德润人心”2018年北京重阳节文化系列活动。区领导参观创城书画展、百对金婚摄影展，并与区相关单位主要负责人、老干部、孝星、志愿者、群众代表800余人共同观看“孝满京城　德润人心”诗歌朗诵。

▲　区文联、张家口市涿鹿县文联、内蒙古乌兰察布市文联及察右后旗文联联合举办“文化交流，携手共进”门头沟区扶贫协作和支援合作结对帮扶大集暨结对文联书画交流活动，三地文联交流创作书画作品50余幅。

17日　西城区红十字会援助门头沟区红十字会开展脱贫增收项目的捐赠仪式在王平镇东马各庄村举行，捐赠款额15万元，专项用于东、西马各庄村及韭园村帮扶项目。

▲　门头沟区第十六届人大常委会召开第十四次会议。会议批准2018年重点工程部分项目任务目标调整方案。审议通过《门头沟区分区规划(2017年－2035年)》《门头沟区村庄民宅风貌设计导则》《门头沟区人民代表大会常务委员会讨论、决定重大事项的规定》等。

23日　第二届“诗诵京西·廉铸忠诚”门头沟区反腐倡廉诗歌创作朗诵大赛颁奖典礼暨汇报演出举办。

▲“永定河文化之旅”大型融媒体新闻行动启动仪式举办。

11月

1日　2018首届京西古道冰雪彩灯嘉年华正式启动。北京青年报社与门头沟区妙峰山镇水峪嘴村合作，筹办首届京西古道冰雪嘉年华灯会，灯会展区全长1.5公里，大、中型灯组60余组，分为“冰雪嘉年华”“绿水青山”等9个主题区。

8日　工商部门利用新上线的区“市场主体信用协同监管平台”，联合区环保局对辖区内餐饮企业进行首次跨部门双随机实地抽查。工商分局和区环保局在平台名单库中随机抽取执法干部作为此次抽查人员，同时在企业名单库中随机抽取10户餐饮企业作为被抽查对象。经检查，10户餐饮企业均未发现违法行为。

12日　召开门头沟区村和社区“两委”换届选举工作动员部署会。会上，部署全区村和社区党组织、村（居）民委员会换届选举工作，强调严肃换届选举纪律工作。

15日　门头沟区与中国红十字会签订“心拯救－急性心梗急救－一包药捐赠项目”的合作协议。

17日～18日　由区委宣传部、北京市文化局指导，区委宣传部、区文委推出的大型原创舞台剧《永定人家》，在北京电视台大剧院上演。

22日　举办首都医科大学门头沟教学医院授牌仪式。首都医科大学党委书记、副校长，区领导参加授牌仪式。

24日　北京市关心下一代工作委员会举办“我们爱诗词”诗词大会，龙泉小学五人团队代表门头沟区获诗词大会二等奖。

26日　全区领导干部警示教育大会召开。区领导张力兵、付兆庚、陈国才、张冰，市纪委市监委第五纪检监察室领导同志，全区各单位、各镇街、各村居负责同志分别在主会场和分会场参加会议。会议传达全市领导干部警示教育大会精神，通报2018年门头沟区纪检监察机关执纪审查工作情况。张力兵讲话并提出具体要求。

▲ 门头沟区融媒体中心开通微信公众号“门头沟融媒”。标志着门头沟区融媒体中心“一报、一台、一网、一微”的全媒体宣传平台搭建完成。

▲ 门头沟区新推出智能垃圾分类回收机“小黄狗”，在大峪街道峪园社区投入使用，可分别回收废塑料、纸类、玻璃、纺织物、金属、有害垃圾等物品。

12 月

1 日 雁翅镇田庄村京西山区中共第一党支部纪念馆入选新一批市级爱国主义教育基地。

19 日 区内18个未通公交的行政村全面通达公交。门头沟区行政建制村公交通达覆盖率实现100%。

20 日 举办第二届东胡林人论坛开幕式。

▲ 门头沟区科技职业技能培训学校、北京益农缘生态农业专业合作社等6家助力受援地区培育贫困村创业致富带头人实训基地正式挂牌。

25 日 召开中国共产党北京市门头沟区第十二届委员会第七次全体会议。会议听取和讨论张力兵代表区委常委会所作的《践行“绿水青山就是金山银山” 全力开创现代化生态新区绿色发展新局面》工作报告，审议通过《北京市门头沟区机构改革方案（送审稿）》，按程序上报市委；书面审议《区委常委会2018年抓党建工作情况报告》。

27 日 斋堂法庭在爨柏景区正式挂牌设立“北京市门头沟区人民法院斋堂人民法庭旅游案件巡回审判点”。

29 日 区委常委会扩大会议召开。会议专题传达学习市委十二届七次全会精神，并就贯彻落实市委十二届七次全会精神提出要求。

是月 门头沟区在“首都文明区和示范区”文明城区测评中排名第一。首都文明办召开2018年北京市文明城区测评结果讲评会，会上公布全市各区文明城区测评结果。门头沟区总得分397.55分（满分465分），在全市16个区中排名第8位，在首都级文明区和示范区中排名第1位。

是月 全民健身促创城“助力冬奥”2018门头沟区冬季全民健身系列活动暨环门城湖健康走、半程马拉松赛在门城湖举行，全区250余名选手报名参加，其中半马组50人，徒步组200余人。

是年 区委宣传部首次启用“全域政务全平台推送”机制，实现同一声音在不同领域、不同群体之间迅速传播扩散，达到“10万+”的宣传效果。

是年 区委组织部相继与山东省临沂市沂蒙红色教育研究会签订《党性教育课程开发及合作开展师资培养协议》，与北京四海昌信咨询中心签订《斋堂镇马栏村党性教育基地课程建设开发（委托）合同》，与北京市门头沟区红星社会工作服务中心签订《党性教育课程开发及合作开展师资培养协议》。

是年 门头沟区4家中介组织首次入选《北京市总部经济中介组织库》，实现总部经济中介组织零的突破。

是年 开展“美丽中国，地名寻梦”地名文化短视频征集工作，“沿河城、马栏村”和“三家店村、琉璃渠村”两部短视频，入选全国地名文化短视频评选作品。

是年 区红十字会在王平镇扶贫村建立“西城博爱红会林”和两个“西城博爱卫生室”，为扶贫村低收入农户送温暖。

是年 区法院牵头，促成周边29家京津冀中基层法院共同签署司法合作协议。

特　载

坚定政治站位　践行首善标准
全力以赴打赢创建全国文明城区攻坚战

——张力兵同志在区委十二届六次全体会议上的报告

（2018 年 7 月 16 日）

这次全会的主要任务是，以习近平新时代中国特色社会主义思想为指引，全面落实中央、市委部署，特别是蔡奇书记今年三次调研门头沟指示精神，按照“绿色发展、生态富民、弘扬文化、文明首善、团结稳定”的区域发展总原则，动员全区各级党组织和广大党员干部群众，坚定政治站位，践行首善标准，传承红色基因，举全区之力共同打赢创建全国文明城区攻坚战，着力开创现代化生态新区建设新局面。

一、提升站位，追求卓越

全国文明城区，是指经济建设、政治建设、文化建设、社会建设、生态文明建设和党的建设全面发展的城区，是市民整体素质和城市文明程度较高的城区，是崇德向善、文化厚重、和谐宜居的城市典范。全国文明城区评选由中央文明委从 2005 年发起，每三年一届，到 2017 年已经评选了五届。

全国文明城区是我国城市综合类评比中含金量最高、创建难度最大的城市创建品牌，它的考核涵盖了经济社会发展和党的建设方方面面。测评体系主要包括三大版块 12 个项目 188 项指标。第一个版块是夯实牢固的思想道德基础，包含理想信念教育、社会主义核心价值观建设、文明道德风尚培育三个测评项目。第二个版块是构建良好的经济社会发展环境，包含八大环境：廉洁高效的政务环境、公平正义的法治环境、诚信守法的市场环境、健康向上的人文环境、促进青少年健康成长的社会文化环境、和谐宜居的生活环境、安全稳定的社会环境、有利于可持续发展的生态环境。第三个版块是健全长效常态的创建工作机制。可见，这是一项综合复杂的系统工程。

正是由于这个品牌是反映地区整体文明程度和城市科学发展水平的综合标尺和最高标准，是名副其实的“金字招牌”，所以，全国各地都在竞相创建，竞争十分激烈，截至 2017 年底，全国共创建成功 172 个全国文明城市。在北京市，各区创建全国文明城区遵循三个梯次创建原则，需要从首都文明区起步，第一步用三年时间创建首都文明示范区，第二步用三年时间创建全国文明城区提名城区，第三步用三年时间创建全国文明城区。按照梯次创建原则，各区从首都文明区起步到摘得全国文明城区的殊荣，如果每步都能达标通关、名列前茅，正常情况下，一般需要 9 年时间。目前，北京市已创建成功 5 个全国文明城区，分别是西城、东城、朝阳、海淀、通州；创建成功 4 个全国文明城区提名城区，分别是怀柔、延庆、石景山、顺义；创建成功2个首都文明示范区，分别是大兴、丰台；其余5个城区都是首都文明区，分别是门头沟、房山、昌平、平谷、密云。按照北京市创建程序，前两步测评由首都文明办聘请第三方，按照全国统一的指标测评体系，对创建全国文明城区提名城区和创建首都文明示范区同时进行测评，从2018年—2020年，在5个首都文明区中评出第一名，晋升为首都文明示范区，与现有的2个首都文明示范区共同竞争，晋升一名或两名为全国文明城区提名城区。要想实现跨越式创建，必须在创建的第一个三年中，不仅在5个首都文明区中名列第一，而且能与2个首都文明示范区相比拼跻身前两名，方可一跃直接进入全国文明城区提名城区行列，将前两步创建时间由6年缩短为3年。第三步创建是由中央文明办聘请第三方，在全国四个直辖市的20个左右提名城区中，评出前四名晋升为全国文明城区。对于我区而言，如果在实现“前两步并作一步走”的前提下，能够用三年时间实现第三步目标，就可将总的创建时间缩短为6年，真正实现“三步并做两步走，三年实现双达标，六年实现摘桂冠”。客观地讲，如果在创建的三步中，无论哪一步出现问题，没有如期实现分步目标，一拖就是三年。可见，面对激烈竞争、荆棘坎坷，唯有破釜沉舟，置之死地而后生。

二、不忘初心，坚定信念

蔡奇书记来我区调研时明确要求我们，以“三个创建”为抓手，来推动绿色发展、生态富民。创建全国文明城区，是区四套班子围绕落实中央、市委部署和蔡奇书记今年三次调研我区指示精神，综合分析当前形势，提出的一项重大战略任务。前一阶段，区四套班子带头多次组织理论中心组学习、外出考察，吹响了创建全国文明城区的冲锋号。这是门头沟区一项史无前例的重大战略抉择，全区各级党组织和广大党员干部一定要主动提高政治站位，坚决扛起使命责任，坚定有为勇担当，砥砺前行铸辉煌。

（一）要充分认识创城是服务首都建设首善之区大局的战略抉择

党的十九大报告对实现“两个一百年”奋斗目标作出了全面部署，这是以习近平同志为核心的党中央在决胜全面建成小康社会关键时刻，向全党全国人民发出的总动员令。习近平总书记强调，实现伟大中国梦，必须是物质文明和精神文明比翼双飞的发展过程，要一以贯之抓好社会主义精神文明建设，为全国人民不断前进提供坚强的思想保证和强大的精神力量。蔡奇书记在今年首都精神文明建设工作大会上指出，“两个一百年”奋斗目标落实到北京，就是要率先全面建成小康社会，建设好国际一流和谐宜居之都，必须以首善标准把精神力量做强，努力使北京成为城市文明形象、社会道德风尚、市民文明素质的首善之区。目前，全市各区都在主动投身到服务建设首善之区的大局大势之中，竞相开展创城攻坚。作为首都的一部分、一分子，门头沟区绝不能落后，必须在推动实现“两个一百年”奋斗目标、服务首都发展大局上主动作为、争当表率，以创建全国文明城区为主要载体，努力争做首都精神文明建设的首善之区。

（二）要充分认识创城是传承弘扬光荣传统的使命职责

在北京发展史上，门头沟先辈前赴后继，发挥着“四个一”的重要作用。从辽代开始，门头沟区就是重要的煤炭供应地，在北京城市的发展史上，我们奉献了“一盆火”；在革命战争时期，京西山区中共第一党支部、京西第一支红色武装冀热察挺进军司令部、第一个抗日民主政府宛平县人民政府都成立于门头沟区，有1191名革命英烈献出了宝贵的生命，我们为北京革命解放事业奉献了“一腔血”；建国后，我们又为北京社会主义现代化建设奉献了“一桶金”，2007年之前，北京煤炭年平均消费总量的60%来自门头沟区。进入新时代，我们又毅然关闭了区属全部乡镇煤矿、非煤矿山、砂石厂，挑起了生态涵养区的建设重担，无怨无悔地为首都奉献“一片绿”。这“四个一”，就是门头沟人民历史的奉献，就是门头沟历史地位的写照，就是门头沟人志在第一的特质。

无论是在历史长河中，还是艰苦卓绝的战争年代，还是在艰难转型的现代化生态新区建设时期，门头沟人民始终保持着甘于奉献的精神、自我革命的意志、精诚团结的品格。可以说，“讲奉献，争第一”就是门头沟的基因、就是门头沟的精神，它已经深深地融入了我们的血液，植入了我们的心田，刻在了我们的脸上，彰显在我们的实践中。这种精神和品格薪火相传，是我们宝贵的精神财富。我们一定要传承好弘扬好“门头沟精神”，以创城攻坚为统领，落实好市委、市政府赋予我们的政治任务，落实好蔡奇书记对我们的明确要求，切实承担起新时代的使命职责。

（三）要充分认识创城是顺应新时代发展要求的必然之举

进入新时代，新版北京城市总体规划赋予了我区“三大功能”（首都西部重点生态保育及区域生态治理协作区、首都西部综合服务区、京西特色历史文化旅游休闲区）。今年以来，蔡奇书记三次调研视察我区，要求我们保持战略定力，守住绿水青山，坚决扛起生态文明建设的政治责任，团结带领广大人民群众创造美好生活。围绕落实新版北京城市总体规划要求和蔡奇书记重要指示精神，我们确定了“绿色发展、生态富民、弘扬文化、文明首善、团结稳定”的区域发展总原则，努力在更高水平上推动地区转型发展。新时代新使命，决定了我们必须通过一个有效的综合载体和强力抓手，统领起我区转型发展的各项重任。全国文明城区，就是一个很好的载体和抓手。纵观宿迁、厦门等创城成功的城市，无一不是通过创城擦亮了城市“颜值”，提升了城市“气质”，获得了市民点赞，实现了华丽转身。今天我们打响创城攻坚战，就是要向高标准、高要求看齐，向新面貌、新精神聚力，向促发展、促民生延伸，在更高层次、更高水平上推动地区发展，再创新时代的京西辉煌。

（四）要充分认识创城是实现全区人民对美好生活向往的最有效途径

党的十九大报告指出，我国社会的主要矛盾已经转化为人民日益增长的美好生活需要和不平衡不充分的发展之间的矛盾。习近平总书记强调，人民群众都期盼有更好的教育、更稳定的工作、更满意的收入、更可靠的社会保障、更高水平的医疗卫生服务、更舒适的居住条件、更优美的环境，并指出，人民对美好生活的向往，就是我们的奋斗目标。我们要坚持以问题为导向，深刻认识创城的目的和意义，各级干部都要明确，让群众过上更加美好的生活就是创城工作的出发点，破解群众最关心的切身问题就是创城工作的着力点，补齐全区公共服务的短板就是创城工作的切入点，攻克环境治理的难关就是创城工作的突破点，提升群众的获得感和满意度就是创城工作的落脚点。我们提出创建全国文明城区，就是要向创城工作体现出的“以民为先”理念看齐，向创城工作在惠民生、解民忧方面的高标准、高要求看齐，向全区人民对美好生活的向往和期盼看齐，把我们服务保障民生水平提高到一个新层次。我们开展创城工作，绝不仅仅是为拿这块牌子，而是通过创城真正践行以人民为中心的发展思想，为人民群众创造更加美好的生活。

三、众志成城，势在必得

综合分析全市各区创城形势和当前我区实际，经区委常委会研究确定了我区创建全国文明城区的总目标，就是要“三步并作两步走，三年实现双达标，六年实现摘桂冠”，确保在2023年第七届全国文明城区评选中实现创城成功，用6年时间走完别人用9年甚至更长时间才能走完的路。我们经过认真研究，计划通过“两个三年”推进创城任务：第一个三年的目标就是实现“双达标”，通过2018年—2020年的努力，实现首都文明示范区和全国文明城区提名“双达标”，为此，2018年必须实现高标启航，确保在首都文明办测评检查中名列前茅；2019年要强力攻坚，全面确保创建指标达标率稳居榜首；2020年要全力冲刺，拔得头筹，成功创建首都文明示范区并获得全国文明城区提名。第二个三年的目标就是向全国文明城区发起总攻，通过2021年—2023年的努力，全面高质量摘得全国文明城区桂冠。大家要清楚，创建全国文明城区不是只看最后一年的成效，而是注重全过程创建，每年都要通过评比测评进行排名，最后的结果要靠累计得分，所以说过程决定成败，各项指标决定排名，每年测评决定输赢。因此，我们务必要统一思想，务必要团结一致，务必要勇创首善，拿出“敢叫日月换新天”的气魄，采取超常规举措，才能“过关斩将”，跻身全国文明城区行列。从现在起，全区各单位都要主动融入创城战斗序列，各项工作都要对标创城目标标准，特别是188项创建标准，紧扣区域发展总原则，以问题为导向，以满足人民群众的需求为目标，发扬钉钉子精神，钉牢一颗，再钉一颗，用“讲奉献、争第一”的精神实现我们新时代的梦想。

（一）坚定绿色发展，打造绿水青山的生态之城

蔡奇书记要求我们，要在践行习近平总书记“两山”理论上走在全市的前列，带头扛起生态文明的大旗，保持战略定力，控制开发强度，把这片绿水青山守护好，绘就京西绿水青山图。我们创建全国文明城区，就是要坚定不移守好绿水青山，建设有利于可持续发展的生态环境。要紧扣188项创建指标中涉及城市绿化、空气质量、土地资源管理方面的要求，逐一对标人均公园绿地面积、空气优良天数、耕地保护等具体指标，全力打造绿水青山的生态之城。一要强力植绿造绿。要以创建国家森林城市为牵引，千方百计扩大绿色空间和生态容量，确保到2020年完成国家森林城市创建任务，特别是要做好门城地区绿化，进一步提高建成区绿地率和人均公园绿地面积，让我们的城市绿意更浓。二要强力治水清水。要强化国家水生态文明试

点城市建设，加大水环境治理力度，实施好永定河综合治理和生态修复，开展好生态清洁小流域建设和排洪沟治理，深入落实污水处理新三年行动计划，确保城市建成区不出现黑臭水体，集中式饮用水源地水质达到Ⅲ类标准。三要强力守好蓝天。要坚决打赢蓝天保卫战，坚持PM2.5治理“0.1个微克0.1个微克去抠”，不仅要确保每年完成或超额完成市政府下达的目标，而且要确保全年优良天数比例超过80%。四要强力疏解提升。要持续保持强势拆违态势，坚决打赢违法建设百日行动歼灭战，拆除违法建设110万平方米，务必做到古村落及主要河道两侧红线内违法建设清零，确保2019年建成基本无违建区。要推进“厕所革命”等重点任务，解决好群众身边的环境问题，提升公共服务配套水平，围绕腾笼换鸟、留白增绿，打造整洁靓丽的城乡环境。

（二）坚定生态富民，打造宜居宜业的幸福之城

蔡奇书记要求我们，要坚持生态富民，把生态优势转化为发展优势，让群众在生态保护中受益，有更多的获得感幸福感。我们创建全国文明城区，就是要以实际行动回应群众对美好生活的期盼，在保护生态中促进地区发展、完善城市功能、更好惠及民生，建设和谐宜居的生活环境。要紧扣188项创建指标中，涉及经济发展、城市规划建设管理、民生保障方面的要求，逐一对标城乡居民人均可支配收入、社保参保计划完成率等具体指标，全力打造和谐美好、宜居宜业的幸福之城。一要强化规划定向。创城考核对城市规划层面的编制和实施提出了明确要求。我们要以创城攻坚的首善追求，坚持耐得住寂寞，保持住定力，守得住绿色，突出以人为本、尊重自然、传承历史、绿色低碳的理念，高标准编制好分区规划，精打细算规划好城乡每一寸土地。要强化区规划建设委员会和专家咨询团队对区域规划建设的把关定向，充分发挥规划的战略引导和刚性控制作用，切实维护规划的严肃性和权威性。二要强化产业支撑。要积极打造以文化旅游体育休闲产业为特色、以战略性新兴产业为突破口、以高端服务业为未来支撑的绿色创新产业体系，同时着眼大局促协同，与京能、京煤集团以及冬奥组委、石景山区、首钢集团充分对接，在更大尺度上谋划地区产业转型升级，不断强化产业对经济发展的支撑作用，确保财政总收入、财政收入年增长率及城乡居民人均可支配收入水平（或增速）达到创城标准。三要强化棚改攻坚。棚改是我区最大的民生工程，是全区百姓最关注的项目，是我区防范系统性风险的重中之重，也是夺取创城胜利必须啃下的“硬骨头”，必须做到保质量、保进度、保配套、保服务。要坚持用历史的眼光、客观的态度，正视当前棚改存在的问题，逐一破解手续办理、回迁安置、物业配套、服务保修等突出问题，积极回应群众多年来回迁上楼的迫切期盼。四要强化聚力帮扶。要把创城攻坚与打赢低收入精准帮扶攻坚战深度融合，提高工作标准，紧抓市级部门全覆盖、手拉手结对帮扶45个低收入村的有力契机，用好用活3000万元帮扶基金，大力促进文游、农游、体游融合，从美丽乡村规划、产业培育、促进就业等方面入手，增强造血功能，彻底拔掉穷根，确保率先全面建成小康社会路上一个不掉队。五要强化保障民生。要着力优化教育空间布局，不断加大教育投入力度，推动城乡教育资源配置更加均衡，确保“生均义务教育公用经费支出”达标。要着力提升居民健康服务水平，高标准建设完善我区医疗卫生服务体系，确保千名常住人口公共卫生人员数量等指标全面达标。要加强社会保障体系建设，积极做好军队转业干部和退役士兵安置工作，实现社保参保全覆盖。

（三）坚定弘扬文化，打造底蕴深厚的魅力之城

文化是一种自信，是一种源泉，是一种传承，是一代人勇于奉献的动力，激励着一代又一代人勇创第一。我们创建全国文明城区，就是要保护传承弘扬我区独具特色的“六大文化”（生态山水文化、红色历史文化、民间民俗文化、古村古道文化、宗教寺庙文化、京西煤业文化），以文化人，文化铸魂，着力培育文明道德风尚，建设健康向上的人文环境。要紧扣188项创建指标中，涉及弘扬优秀传统文化、讲文明树新风、公共文化服务体系方面的具体要求，逐一对标文化遗产保护、公共文化服务均等化标准化等具体指标，打造底蕴深厚的魅力之城。一要弘扬文化强自信。要通过创城，进一步坚定全区人民的文化自信，围绕“四个一”，实现人人都会讲门头沟故事。在美丽乡村建设中，要坚持“建筑文化古色古香，历史文化上口上墙，红色文化感己感人，民俗文化常颂常扬”。要充分挖掘、传承、弘扬我区文化品牌，把我们独特的文化自信转化成党员干部创首善自信和区域发展优势。二要保护传承塑品牌。要通过创城攻坚更好服务全国文化中心建设，编制好西山永定河文化带、长城文化带发展规划，落实好我区创新提出的文化

保护传承“六四一”模式，“六”即我区独特的“六大文化”，“四”即挖掘细化每类文化点位的“四要素”（坐标、规制、历史文脉、传承方案），“一”即将每类文化点位的“四要素”落在一张图上，走好文化保护传承的“多规合一”新路。要落实《门头沟区村庄民宅风貌设计导则》，促进传统村落文化保护传承。三要服务群众创示范。要通过创城把城乡基本公共文化服务均等化纳入社会发展总体规划及城乡规划，确保公共财政对文化建设投入的增长，构建起现代公共文化服务体系。要强化与市文化局和北京演艺集团合作，共同推进公共文化服务示范区建设。要推进基层文化设施建设，加强科技馆、科技活动中心、青少年科技活动站等阵地和设施建设，深化拓展科普活动。四要崇尚道德领风尚。要坚持以社会主义核心价值观引领社会文明风尚，传承弘扬我区深厚的红色文化和革命精神。要广泛开展“书香门头沟、阅读永定河”等全民阅读活动，构建学习型社会。要着力开展道德模范学习宣传活动，用榜样力量弘扬道德风尚。要推进志愿服务制度化，建立健全登记注册、褒奖激励等机制，加强社区、景区景点、窗口单位等志愿服务站点建设，确保市民对志愿服务活动认同和支持率高于90%。

（四）坚定文明首善，打造向善尊贤的人文之城

创建文明城区是全面提高国民素质和社会文明程度的重要载体。我们创建全国文明城区，就是要把文明首善作为全区广大干部的总追求，引导每一位门头沟人见贤思齐，崇德向善，倡导诚实守信、乐于助人的传统美德，建设促进青少年健康成长的社会文化环境和诚信守法的市场环境。要紧扣188项创建指标中，涉及推进诚信建设、依法经营、关心关爱未成年人等方面的具体要求，逐一对标德育教育、征信系统建设等具体指标，打造向善尊贤的人文之城。一要抓实文明品牌创建。创建全国文明城区不仅要按测评体系抓好规定动作，更要打造我区自身的特色。要推出“门头沟点赞”大拇指行动，广泛开展“交通礼让点赞”“爱护环境点赞”“扶贫济困点赞”“共建家园点赞”“孝敬父母点赞”“尊老爱幼点赞”“文明排队点赞”“职业道德点赞”等等，从城区到农村，从学校到医院，从机关到部队，从社区到楼门，从国企到民企，通过一系列“点赞”活动，真正激发出全社会每一个个体崇德向善的正能量，真正把这一极具我区特色的创建品牌打好打响，从而汇聚成推动创城攻坚的强大合力，使“门头沟点赞”成为实施文明城区、文明村镇、文明单位、文明校园、文明家庭“五大创建”工程的支撑。二要抓好市民文明素质提升。要积极开展全民学礼仪、全民讲诚信等系列活动，开展诚信行业、诚信单位、诚信示范街区等实践活动，完善打击假冒伪劣工作机制，特别是要围绕服务2022年北京冬奥会，引导广大市民增强“人人都是东道主”意识，以实际行动弘扬文明新风。三要抓牢青少年培育工程。未成年人思想道德建设既是创城的前置条件，又是“一票否决”项，务必引起高度重视。要全面对标未成年人思想道德建设工作测评体系，做好思想道德教育、未成年人权益保护等工作，在青少年中开展红色传统教育和绿色生态教育，确保成为全国未成年人思想道德建设工作先进城区。

（五）坚定团结稳定，打造有序包容的和谐之城

团结保生态，团结促发展，团结创首善，团结出干部。我们创建全国文明城区，就是要突出党建引领为核心，坚持团结稳定做保障，建设安全稳定的社会环境和公平正义的法治环境。要紧扣188项创建指标中，涉及公共安全体系建设、法治建设、基层党组织建设等方面的具体要求，逐一对标治安防控、法治宣传普及率等具体指标，打造有序包容的和谐之城。一要在创城中加强党的领导。坚持把党的政治建设摆在首位，坚决维护以习近平同志为核心的党中央权威和集中统一领导，持续深入学习贯彻习近平新时代中国特色社会主义思想和党的十九大精神，强化理想信念教育，凝聚起更强大的精神力量。要坚持党管意识形态不动摇，牢牢掌握意识形态工作领导权、管理权、话语权。二要在创城中锤炼干部队伍。要在创城攻坚中贯彻好“团结统一、红色传承、向善尊贤、三严三实、互勉包容”的干部队伍建设原则，全面落实区委关于建设新时代高素质专业化干部队伍实施意见，坚决引导党员干部做到“三个当先、一个当头”（绿字当先、公字当先、奉献当先、纪字当头）。要树牢全区党员干部“人人比先进、事事争第一”的价值导向，保证各方面工作至少都要进入全市前三，力争第一。要深入推进党建引领“街乡吹哨、部门报到”等工作，继续创新党组织和党员“双报到”载体，引导党员共建美好家园。三要在创城中强化党风政风。要坚定不移推进全面从严治党，强化党风廉政建设和反腐败工作，以永远在路上的坚韧，锲而不舍抓好作风建设，持续开展好“为官不为”

“为官乱为”和“严肃查处群众身边的不正之风和腐败问题”等专项治理工作，着力发挥巡察利剑作用，以常抓不懈、持之以恒的韧劲为地区发展赢得风清气正的环境。要把打击黑恶势力犯罪和反腐败、基层“拍蝇”结合起来，依法强力推进我区扫黑除恶专项斗。要推进政务公开、权力清单动态管理等工作，不断规范政务行为，建设廉洁高效的政务环境。四要在创城中确保安全稳定。要强化法治宣传教育，增强全社会尊法学法守法用法意识，建设法治社会。要深化“平安门头沟”建设，为创城营造安全稳定环境。要严格落实安全生产责任制，防范安全生产事故，积极创建国家食品安全示范城市，坚决做到风险隐患排查整治无死角，切实维护地区安全稳定。

（六）坚定攻坚信念，全力确保创城成功

创建全国文明城区，是一项复杂的系统工程，需要缜密谋划、稳扎稳打、步步为营，建立一整套科学的长效机制，为创城工作顺利推进提供坚强保障。一要强机制、保落实。当前，我区已经成立了创城工作总指挥部、创城办公室和8个专项工作领导小组，以及13个分指挥部，创城各个机构已经有效运行起来了。区四套班子及各级领导要做表率、当先锋，靠前指挥、亲力亲为。创城办公室（区文明办）要抽调精兵强将，组建起强有力的工作队伍，发挥综合协调作用，每周都要把创城的“火”烧起来，确保工作有序开展。各镇街、各部门、各专项工作组既要抓好规定动作，也要抓出各自的亮点、抓出特色，在全市作标杆、当典型。二要强动员、聚合力。要按照“人人是主体”的原则，切实加强宣传引导和氛围营造，各单位党政一把手要务必做到“五个知晓”（知晓什么是创城，知晓本单位的职责，知晓本领域的短板，知晓考核的内容、方式和标准，知晓如何实现“满分”“加分”）。要全民发动、家喻户晓，着力提升市民对创城工作的知晓率、参与率，大力引导广大人民群众从“要我创”变成“我要创”、带动“他要创”、实现“全民创”，让门头沟这片热土上的每一个个体、每一分子心往一处想、劲往一处使，深度参与到创城工作中去。要充分利用好“8＋1”行动等平台，推动社会各界力量支持、参与创城攻坚。三要强引导、严督查。创城工作总指挥部及各位区领导，要统筹把握好工作进度，加强指导检查，及时发现研究和协调解决工作中的重点难点问题。要强化督察组的作用发挥，区人大、区政协要专门针对创城开展专项调研检查，“两办”督查室要加强全过程、全方位督导检查。要建立健全创城的考核激励和问责体系，特别是区纪委、区监委要全面加强监督执纪问责，对在创城工作中不作为、慢作为、乱作为的单位和个人，要严肃追责问责。

创建全国文明城区攻坚战的冲锋号已经吹响，让我们继承和发扬老区人民“讲奉献、争第一”的优秀品格，以昂扬的姿态、奋发的斗志、扎实的举措，团结一致争首善，锐意进取促攻坚，全力向着创建全国文明城区这个宏伟目标奋勇前进，共同创造属于我们这一代人的辉煌成就，努力谱写现代化生态新区建设的新篇章。

践行“绿水青山就是金山银山”全力开创现代化生态新区绿色发展新局面

——张力兵同志在区委十二届七次全体会议上的报告

（2018年12月25日）

这次全会的主要任务是，深入学习贯彻习近平新时代中国特色社会主义思想，落实蔡奇书记今年四次调研我区指示精神，认真总结2018年工作，安排部署明年的重点任务，动员全区各级党组织和广大党员干部，传承红色基因，高举生态大旗，坚持首善标准，全力开创现代化生态新区绿色发展新局面。下面，我受区委常委会委托，向全会报告工作。

一、弘扬“四个一”奉献光荣传统，凝心聚力推动今年各项工作实现新突破

今年以来，区委常委会坚持以中央、市委决策部署为统领，以蔡奇书记调研指示要求为指针，以“一盆火、一腔血、一桶金、一片绿”的历史奉献为激励，紧紧围绕落实区域功能定位，团结带领全区各级党组织和广大党员干部群众，勠力同心推动“绿色发展、生态富民、弘扬文化、文明首善、团结稳定”，各领域工作均实现了新突破。

（一）践行使命保生态，“绿色发展”方向更加坚定

坚持不忘初心，全力以赴筑屏障、治污染、护水源，续写为首都奉献“一片绿”的新佳绩。一是规划把控更加严格。对标新版北京城市总规，及时校准地区发展方向，绿色发展导向更为鲜明。率先成立区规划建设委员会，统筹管控区域规划建设重大事项，强化了规划的严肃性和权威性。率先基本完成分区规划编制，生态安全与空间管控等22个专项规划初步成果即将报审；结合分区规划编制，同步调整水源区保护规划、林业规划，实现“多规统筹”。二是城乡发展更加有序。紧扣“三个严禁”，保持战略定力，在城区，压缩开发强度，强化留白增绿，推动职住平衡，发展质量有效提升；在小城镇，坚持新农村建设主线，暂缓未完成镇域规划或产业规划不明确的镇域大规模开发，坚决叫停不符合功能定位的项目、清退相关开发企业，严禁新增房地产开发。创新18.63平方公里废弃工矿用地“退、并、转”路径，实现“控房减地、非白即绿”。主动与冬奥组委、西城区、石景山区、首钢多次对接，强化区域协同、产业互促；积极与京能、京煤集团合作，谋划资源统筹利用及绿色产业发展。三是生态环境更加宜居。瞄准国家森林城市创建目标，实施京津风沙源治理1.5万亩，新增造林6.1万亩；新开工建设4个公园，面积达122公顷；坚持PM2.5治理“0.1个微克0.1个微克”去抠，截至11月30日，我区PM2.5平均浓度为48微克/立方米，低于市级目标6微克；落实河长制，开工建设81个村级污水处理站，成功创建水生态文明试点城市。四是产业培育更加有力。委托波士顿咨询公司开展产业规划研究，明确打造文旅体验、科创智能、医药健康“三大产业”。发展精品旅游，国家全域旅游示范区、国家级旅游业改革创新先行区47项重点任务扎实推进。争取国家体育总局支持，依托山地特色发展户外运动。落实北京市“10+3”“9+N”政策和我区“高精尖19条”，坚持区级领导包企联络、重点企业“早餐会”和“服务包”等机制，营商环境持续优化。成立中关村门头沟园发展顾问委员会，建成一批科技企业孵化器和公共服务平台，园区产业结构不断升级，地均产出率和劳均产出率增速在中关村示范区中名列前茅。

（二）坚持不懈惠民生，“生态富民”步伐更加稳健

坚持以人民为中心的发展思想，办好惠民利民实事，群众获得感不断增强。一是棚改攻坚持续发力。棚改安置房建设加速推进，市政配套设施不断完善，工程质量进一步提升，手续办理等问题加快破解，全年建成棚改安置房14307套，即将实现1

万户群众搬迁上楼。二是乡村振兴深入推进。学习实践浙江丽水“绿水青山就是金山银山”的好经验好做法，明确我区美丽乡村建设“十个好”机制，率先出台《门头沟区村庄民宅风貌设计导则》及《村民手册》，落实“六不变”原则。建立规划师驻镇长效机制，完成70个村规划编制，其余68个村规划正在加快编制。实现45个低收入村与市级部门和企业结对帮扶全覆盖，低收入农户年人均可支配收入预计达到12300元，高于全市平均水平。率先开展“点状供地”试点，出台村地镇管实施办法。引进社会资本打造了一批精品民宿，乡村旅游吸引力不断增强。实施农村“五边”绿化，人居环境进一步改善，在全市美丽乡村人居环境整治核查中，位列生态涵养区首位。三是民生保障持续加强。教育集团化办学稳步推进，景山学校门头沟校区加快建设，高考一本上线人数同比增长28.69%，市级“金招牌”学校数量位列生态涵养区首位。巩固医药分开综合改革成果，首都医科大学门头沟教学医院正式挂牌，阜外医院西山园区落户我区。强化就业精准服务，城镇登记失业率控制在4.5%以内。四是基础设施更加完善。83项区级重点工程按计划推进，S1线即将与地铁6号线联接换乘，完成108国道二期改建工程，双大路二期开工建设，109国道新线高速路项目前期稳步推进，区第二再生水厂投入使用，区体育文化中心、区政务服务中心等项目有序推进，全区行政建制村实现“村村通公交”，城乡运行服务保障水平进一步提升。

（三）传承历史凝内涵，“弘扬文化”成效更加鲜活

坚持文化筑魂、“文”和“物”保护并重，“六大文化”资源活力进一步释放。一是规划引导持续加强。围绕服务全国文化中心建设，制定我区推进全国文化中心建设行动计划，开展西山永定河文化带、长城文化带、分区规划历史文化保护与发展专题编制，谋划重点项目35个，完成永定河文化博物馆新馆选址。二是保护传承持续创新。与北京联合大学合作，深化文化保护传承“六四一”模式，推动分区规划与文化保护传承“多规合一”。坚持“建筑文化古色古香，历史文化上口上墙，红色文化感己感人，民俗文化常颂常扬”，利用各类文化服务平台，深入诠释“六大文化”内涵、讲好“四个一”的门头沟故事，举办《永定人家》舞台剧、大美永定河摄影展等活动，文化保护传承进一步贴近群众。三是品牌影响持续增强。成功举办第十二届永定河文化节、第九届北京国际山地徒步大会、第二届东胡林人论坛，推出大型人文地理纪录片《永定河》并获得良好反响。举办妙峰山香会、京西古道灯会等活动，展示了传统文化的魅力。

（四）敢打敢拼勇创城，“文明首善”形象更加彰显

坚持文明首善，以创建全国文明城区为总抓手，搭建干事创业舞台，推动全区干部在新时代显身手、展风采。一是创城攻坚实现高标启航。围绕创建全国文明城区，区四套班子多次外出考察、组织理论中心组学习研究，区委以破釜沉舟的勇气提出了“三步并做两步走，三年实现双达标，六年实现摘桂冠”的目标，推出“门头沟点赞”大拇指行动、创城擂台赛等品牌，出台创城考核和监督执纪问责办法，在今年首都文明办组织的创建全国文明城区测评中，我区在首都文明区和首都文明示范区7个区中名列第一、实地考察得分在16个区中名列第一，得到中宣部和市委、市政府领导的充分肯定。二是“赛马”激励彰显首善追求。坚持把文明首善作为全区广大干部的总追求，彰显“讲奉献、争第一”的门头沟精神，建立“单月书记点评会、双月创城擂台赛”机制，出台“比学赶超”实施方案，形成“赛马”效应，“比武打擂、比学赶超、比肩奉献”的氛围日益浓厚。围绕创城推进“疏整促”专项行动，市级上账任务全部完成，主动打响拆违百日攻坚战，拆除了潭柘寺公园周边等“硬骨头”违建，在全市率先完成大棚房集中整治，集中遏制农地非农化，全年实际拆违146.86万平方米，为建成基本无违建区奠定了基础。三是向善崇德成为文明风尚。大力实施文明风尚培育工程，宣传社会主义核心价值观，推出36名“道德模范”身边榜样，开展“礼让斑马线”、环境整治等活动，在全社会倡导向善崇德，深入挖掘具有鲜明区域特色的百姓故事，使文明首善成为门头沟人特有的精神内涵。

（五）驰而不息强党建，“团结稳定”基础更加坚实

坚持“抓好党建就是最大的政绩”，落实全面从严治党主体责任，党建引领保障作用不断强化。一是思想政治引领更有力。牢固树立“四个意识”，践行“两个维护”，自觉在思想上政治上行动上同以习近平同志为核心的党中央保持高度一致。深入学习习近平新时代中国特色社会主义思想，认真开展各级理论中心组学习，不断提高党员

干部政治素养和理论水平。健全党领导意识形态工作机制，落实定期通报、会商、研判等机制，把牢意识形态工作主动权。二是京西铁军风采更鲜明。落实新时代好干部标准和市委“四个不让”要求，坚持“团结统一、红色传承、向善尊贤、三严三实、互勉包容”的干部队伍建设原则，各级领导班子结构进一步优化。出台《关于建设新时代高素质专业化干部队伍的实施意见》《关于激励干部新时代新担当新作为建立容错纠错机制的办法》，引导干部“讲奉献、争第一”。三是基层基础工作更扎实。统筹推进党建引领“街乡吹哨、部门报到”工作，改革创新镇街管理体制机制，开展基层党组织和在职党员“双报到”，打通服务群众“最后一公里”。在全市率先建立120人的农村党建助理员队伍，加强党支部规范化建设，对295个村（社区）党组织进行评星定级，抓好软弱涣散村党组织整顿，全面推行“两新”组织党建公示牌制度，不断夯实基层基础。四是党风廉政建设更严实。召开全区领导干部警示教育大会，倡导“四个当先、一个当头”，以首善标准推进全面从严治党向纵深发展。保持整治“四风”高压态势，共查处违反中央八项规定精神案件9起13人次。持续深化区委巡察工作，累计完成5轮对27家单位党组织的巡察。推进纪律检查体制和监察体制改革，派驻纪检监察组实现区级机关全覆盖。严肃查处重点领域腐败问题，年内立案117件，结案103件，给予党纪、政务处分97人，移送司法机关4人，巩固了反腐败斗争压倒性态势。五是安全维稳保障更强化。推进“平安门头沟”建设，将反邪防邪纳入社会治安防控体系；坚持社会矛盾化解常态化，实施城乡结合部及违法群租房专项整治，开展扫黑除恶专项斗争，实现重大恶性案件“零发生”。扎实开展非洲猪瘟防控工作，实现辖区生猪养殖数量清零。牢固树立安全发展理念，落实城市安全隐患治理三年行动计划，群众安全感显著提升。

区委注重加强对区人大、区政府、区政协党建工作的领导，坚持将其纳入党建工作全局谋划推进，引领各党组发挥好领导核心作用。支持区人大履行宪法和法律赋予的职责，加快推进法治政府、服务型政府建设，召开区政协党建工作会，强化协商民主建设。支持区法院、区检察院推进司法体制改革，深化群团改革，积极构建大统战工作格局，北京市各民主党派支持我区“8+1”行动扎实开展。坚持党管武装，率先成立区军民融合发展委员会，出台军民融合创新发展三年行动计划，双拥工作扎实推进。

回顾一年来的奋斗历程，全区广大党员干部群众团结一致、众志成城，共同见证了革命老区的新变化，开启了绿色发展的新征程。成绩的取得，离不开市委、市政府的正确领导，离不开广大党员干部群众的真抓实干和社会各界的广泛参与。在此，我代表区委，向全区广大党员干部群众，向各民主党派、人民团体及驻区部队和中央、市属各单位，向所有关心、支持、参与门头沟区发展建设的同志们、朋友们，表示衷心的感谢和崇高的敬意！

在肯定成绩的同时，我们也要看到全区发展中还面临不少困难和挑战：一是地区生态环境依然脆弱，与功能定位要求相比仍有较大差距，留白增绿转化率还不高，废弃工矿用地统筹利用亟待加强；二是打赢低收入精准帮扶攻坚战的任务依然十分艰巨，低收入群众实现增收的内生动力需进一步增强，持续增收以及巩固“脱低”成果的压力较大；三是产业转型升级仍需下大力气，支撑可持续发展的绿色产业体系尚未形成，发展新动能亟待培育；四是党员干部能力素质与建设新时代高素质专业化干部队伍要求相比还有差距，基层党组织的战斗堡垒作用需进一步强化。以上问题我们必须敢于面对、勇于担当，采取有效措施加以解决。

二、以“红色门头沟”党建引领绿色发展，全力打造生态文明建设的首都样板

在庆祝改革开放40周年大会上，习近平总书记号召全党全国各族人民，不忘初心，牢记使命，将改革开放进行到底，在新时代创造中华民族新的更大奇迹。进入新时代，北京作为伟大社会主义祖国的首都，正朝着建设国际一流和谐宜居之都的目标奋勇前进。门头沟区是新版北京城市总体规划明确的生态涵养区，是保障首都可持续发展的关键区域，守好生态屏障、确保首都西部生态安全，是市委、市政府交付给我区的崇高政治使命。作为具有光荣革命传统和深厚红色底蕴的革命老区，我们必须时刻牢记蔡奇书记提出的“要继承和发扬好红色基因，团结带领广大人民群众创造美好生活”的要求，时刻牢记我们肩负的重要政治责任，坚持以继承红色革命基因、发扬红色奉献传统、迸发红色时代动力为主线，以“四个一”的门头沟故事为荣耀、为自信、为激励，以“讲奉献、争第一”的门头沟精神为目标、为形象、为追求，以“二十字”干部队伍建设原则为导向、为基础、为保障，以“四个当先、一个当头”为准则、为品格、为约束，以回答好“门头沟四问”为劝勉、为自觉、为鞭策，着力打造“红色门头沟”党建品牌，以融于血、践于行的红色党建引领绿色发展，秉持“三个持之以恒”，守住好山好水好生态，建设绿色发展聚宝盆，致力打造“绿水青山门头沟”城市名片，努力把我区建成展现北京历史文化和美丽自然山水的典范区、生态文明建设的引领区、宜居宜业宜游的生态发展示范区。

（一）持之以恒落实功能定位，矢志推动绿色发展

生态涵养区在首都城市空间布局中是压轴的。区委提出的“绿色发展、生态富民、弘扬文化、文明首善、团结稳定”的区域发展总原则，就是立足地区发展实际和阶段性特征，对我区如何落实新版北京城市总规赋予的“三大功能”提出的明确要求，是我们在新时代义无反顾地推进现代化生态新区建设的方向和途径，必须牢牢把握和坚持。

全区各级党组织和广大党员干部必须充分认识到，坚持绿色发展，就是要落实“三个严禁”要求，高水平实施分区规划，耐得住寂寞、保持住定力、守得住绿色，绘好绿水青山图；坚持生态富民，就是要践行“两山”理论，全力构建符合功能定位的经济结构，打造绿色 GDP，实现百姓富和生态美的有机统一；坚持弘扬文化，就是要服务全国文化中心建设，以西山永定河文化带、长城文化带建设为契机，弘扬我区“六大文化”，落实传统文化保护传承的“六四一”模式，塑造独特的文化内涵；坚持文明首善，就是要打好创城攻坚战，推动各项工作“创首善、争一流”，以实际行动回答好“门头沟四问”；坚持团结稳定，就是要坚持“团结保生态、团结促发展、团结创首善、团结保稳定、团结出干部”，强化“红色门头沟”党建引领，着力营造和谐稳定的环境，为中央和市委、市政府站好岗、放好哨。我们务必深入领会“二十字”区域发展总原则的深刻内涵，结合落实市委、市政府《关于推动生态涵养区生态保护和绿色发展的实施意见》，把握重点要求，坚定不移地将其贯穿于全区发展各领域各方面。

（二）持之以恒聚力担当作为，矢志打造一流业绩

作为革命老区，我们必须弘扬红色奉献传统，以坚定的政治立场、果敢的政治担当，创造属于我们这一代人的新时代业绩。区委着眼发展全局提出的“三四三三”工程，就是要举全区之力、集全民之智，着力打好“污染防治、低收入精准帮扶、棚户区改造”三大攻坚战，着力办好“编制新城控规和镇域规划、落实乡村振兴战略、抓好疏整促专项行动、稳妥推进机构改革”四件大事，着力培育“文旅体验、科创智能、医药健康”三大产业，着力抓好“全国文明城区、国家森林城市、基本无违建区”三个创建，在谋大事、抓落实中展现老区人民的时代奉献和“红色门头沟”的时代担当。

全区各级党组织和广大党员干部必须充分认识到，我们推进“三四三三”工程，就是要引导全区党员干部群众，以“讲奉献、争第一”的精神，在现代化生态新区建设中再创新辉煌。要聚焦重点、精准发力，把打好“三大攻坚战”的着力点放在如何“惠民利民”上，把办好“四件大事”的立足点放在如何践行“四个意识”上，把培育“三大产业”的切入点放在如何“挖掘生态和文化资源优势”上，把抓好“三个创建”的落脚点放在如何“提升群众获得感”上，确保交出一份经得起历史检验、人民检验的时代答卷。

（三）持之以恒坚持以人民为中心，矢志追求为民造福

甘于奉献、自我革命、精诚团结，是门头沟人民世代传承的精神品格。区委强调要坚持“以历史的奉献鼓舞干部，以革命的奉献激励干部，以使命的奉献鞭策干部”，就是要让全区每一名党员干部牢记门头沟人民的无私奉献，焕发“红色门头沟”的时代精神，践行为人民服务的根本宗旨，让门头沟人民过上更加美好幸福的生活。

全区各级党组织和广大党员干部必须充分认识到，落实以人民为中心的发展思想，必须把人民对美好生活的向往作为奋斗目标，弘扬实干精神，脚踏实地做好每一项民生保障工作，真正做到发展为了人民、发展依靠人民、发展成果由人民共享。要把持续推进绿色发展与持续改善民生有机结合起来，让群众感受到绿色发展的变化，享受到生态富民的实惠。要坚持弘扬党的优良传统和作风，走好新形势下的群众路线，脚步为亲，蹲下身子，按着葫芦抠籽儿，带领群众一起撸起袖子加油干，共同创造更加美好幸福的生活。

三、“讲奉献、争第一”，全力完成好 2019 年各项工作任务

2019 年是中华人民共和国成立 70 周年，是决胜全面建成小康社会第一个百年奋斗目标的关键之年。全区要坚持以习近平新时代中国特色社会主义思想为指引，围绕中华人民共和国成立 70 周年庆

祝活动这个中心任务，落实蔡奇书记调研指示精神，牢记“把方向、谋大事、抓党建、保平安”的要求，坚持稳中求进总基调，推进“三四三三”工程，以“七个奋勇争先”提升“绿水青山门头沟”的美誉度，争当生态文明建设的首都样板。

（一）奋勇争先推进生态文明建设，绘好绿水青山图，坚守绿色发展

践行“两山”理论，坚决完成好守护绿水青山这件“头等大事”，把生态涵养区的压轴作用发挥到极致。一是强化规划引领。充分发挥区规划建设委员会作用，完善并实施好分区规划，启动新城控制性详细规划和镇域“两规合一”综合规划编制，做好分区规划与水源区保护规划、林业规划、生态保护区规划的同步调整，确保规划体系协调一致。完成剩余68个村的规划编制，实现村庄规划编制全覆盖。用好《门头沟区村庄民宅风貌设计导则》及《村民手册》，推广“设计师+老工匠+村民”模式，强化对村庄风貌、建筑风格、宅院布局的引导和管控。二是扩大绿色空间。以创建国家森林城市为牵引，抓好京津风沙源治理、废弃矿山修复等工程，完成百万亩造林绿化4.15万亩，实施长安街西延、S1线周边及绿海运动公园等景观提升工程，进一步提高森林覆盖率、林木绿化率，确保2020年实现国家森林城市创建目标。三是打好污染防治攻坚战。坚持铁腕治理PM2.5，聚焦机动车、扬尘、挥发性有机物三大污染源，细化减排措施，压实管控责任，推进农村煤改清洁能源，确保完成市政府下达的PM2.5平均浓度控制目标。持续亲水治水，把永定河治理作为水生态环境建设一号工程，巩固国家水生态文明试点城市建设成果，全面落实河长制，提升地表水环境质量，着力绘就“水清岸绿、鱼翔浅底”怡人景象。打好土壤污染防治攻坚战，保障土壤环境安全。四是推进“疏整促”专项行动。高质量完成市级疏解整治促提升专项行动任务，谋划好18.16公顷留白增绿，实施商业设施空间布局规划，结合拆违腾退空间利用，补足便民设施，让群众在疏解整治中有更多获得感。坚持“拆管控并重”，深入摸排存量违建并集中拆除收尾，强化浅山区违法占地违法建设治理，实现应拆尽拆，确保2019年建成基本无违建区。

（二）奋勇争先推进民生改善，增强群众获得感，共享绿色发展

贯彻以人民为中心的发展思想，努力实现“不让保护生态环境的人吃亏”。一是强化棚改攻坚。坚持把棚改作为头号民生工程和防范系统性风险的重中之重，保质量、保进度、保配套、保服务，加快推进剩余棚改安置房建设及回购工作，解决手续办理、回迁安置、物业配套等问题，为2020年基本完成棚改工程打下坚实基础。提前研究制定防范化解财政偿债风险预案，做到未雨绸缪。二是强化公共服务。以满足群众对美好生活的“五性”需求为导向，办好直接关系群众生活的26件重要实事。持续深化教育、医疗综合改革，努力在引入优秀高等院校、优质医疗资源上取得实质进展。大力实施教育集团化发展战略，不断优化城乡教育资源布局。进一步落实分级诊疗制度，加大“国家慢性病综合防控示范区”建设力度，推进“健康门头沟”建设。促进就业服务精细化，完善社会养老助残服务体系，提升养老服务业标准化水平。推进首都公共文化服务示范区创建，丰富文化惠民活动。以全民健身冰雪运动为载体，为助力北京2022年冬奥会和冬残奥会营造良好的氛围。推进军民融合深度发展，争创全国双拥模范城“四连冠”。三是强化精细管理。坚持问题导向，以城市街巷、市容环卫、城管执法等领域为重点，探索建立精细化管理标准规范。用好街巷长、小巷管家、回社区报到党员等各方力量，完善社区治理体系。发挥“门城通”平台作用，用好61696156热线等群众诉求表达渠道，做到民有所呼、我有所应。四是强化硬件支撑。制定全区基础设施和公共服务需求清单，谋划推动路网交通与中心城区互联互动，加速水电气热路等基础设施建设。实施80项重点工程，加快推进军温路、109国道新线高速路等工程，完成长安街西延线、门城水厂建设，利用既有市郊铁路线，与京煤集团协作推进大台旅游观光火车项目，加快补齐基础设施短板。

（三）奋勇争先推进乡村振兴，打造生态聚宝盆，践行绿色发展

坚决把落实乡村振兴战略摆在优先位置，以美丽乡村建设“十个好”机制为抓手，推动“农业强、农村美、农民富”。一是兴旺产业强基础。借鉴丽水经验，以发展精品民宿为着力点，结合实际在每个镇选取2至3个村，精心打造新农村建设试点，为新农村发展创出示范。深化与西城区的结对协作，统筹用好乡村振兴绿色产业发展专项资金，撬动社会资源，引入全国、全市优秀民宿企业，打造一批乡村旅游精品路线；结合创建国家全域旅游示范区、国家级旅游业改革创新先行区，努力用5至7年的时间，使有条件的村庄基本建成以文旅体

验产业为特色的田园综合体。积极推动传统景区提质升级，促进文旅产业发展。二是整治环境促宜居。推进以清脏、治乱、增绿、控污为重点的人居环境整治，下大力气抓好污水处理、村容村貌整治、厕所革命、垃圾分类等工作，补齐影响农民生活品质的短板。加快农村“六网”改造提升，加大农村公共服务投入，推动优质资源向农村倾斜。三是培育乡风树文明。注重从我区特色历史文化中涵养文明乡风，依托村规民约加强道德教化，引导农民爱党爱国、向上向善。以创城为契机，持续在农村开展“点赞”活动。推进“星级文明家庭”和“共产党员家庭”建设，树立良好乡风家风。四是有效治理保和谐。抓住“两委”换届契机，选好头雁，建强班子，把懂农业、爱农村、爱农民的优秀干部选拔出来、使用起来。发挥基层党组织的坚强战斗堡垒作用，健全村党组织领导下的村民自治机制，夯实基层治理。五是集成政策富百姓。用好实施乡村振兴战略的政策措施，争取市级部门支持，在产业项目落地、基础设施建设、招商引资等方面，推出更多惠民利民举措。多方聚力抓好市级和区级低收入村精准帮扶，提升、扩大与市级部门和企业结对帮扶的覆盖面及成效，确保每个低收入村都通过招商引资引入1至2家有实力的企业，深化以低收入帮扶为重点的“8+1”行动，增强造血功能，确保打赢低收入精准帮扶攻坚战。强化对涿鹿县、察右后旗、武川县的扶贫协作以及对拉萨堆龙德庆区、神农架林区的对口支援、合作，与受援地区携手奔小康。

（四）奋勇争先推进绿色产业培育，构建“三精”新格局，促进绿色发展

坚持立足生态求出路、瞄准绿色要效益，打造绿色GDP，发展环境友好型产业，争当生态涵养区高质量发展的模范。一是深化产业培育。围绕培育文旅体验、科创智能、医药健康“三大产业”，以传承“六大文化”为依托，打造精品民宿、生态旅游、户外体验为一体的文旅体验产业集聚区；以石龙五期人工智能产业园和新首钢协作区为载体，打造科创智能产业集聚区；以艺术设计和琉璃烧造等非遗产业为聚合，打造文化创意产业集聚区；以阜外医院西山园区（150张研究病床、200张普通病床）为样板，推动京煤集团总医院向研究型医院转型（200张研究病床、200张普通病床），以培育医药研发产业转化和医工智能产业为核心，打造医药健康产业集聚区。引导各镇根据各自功能定位和特色风貌，发展文化旅游、健康养老和户外运动产业，构建“精品经济、精品旅游、精品小镇”新格局。二是深化文化支撑。落实西山永定河文化带和长城文化带建设任务，推动五年行动计划项目落地；争取市文物局等部门支持，力争将东胡林人遗址列入全国重点文物保护单位，推进东胡林人遗址公园规划建设；加快永定河文化博物馆新馆建设，引入社会资本推出具有我区特色的节庆文化活动，为产业发展注入文化内涵，打造文化与生态并重的“西山永定河——北京人的精神家园”文化名片。三是深化改革创新。落实我区“门创30条”“高精尖19条”政策，强化区级领导班子、区属部门联系重点企业机制，抓好民营企业大走访活动，加快建设区政务服务中心，持续优化营商环境。深化国资国企改革，推动国有资本进一步做大做强做优。推进“点状供地”试点，研究点状供地空间布局及配套政策，推动“区级统筹规划、镇街统筹管理、村级统筹集体经营”。四是深化区域协作。加强与冬奥组委、西城区、石景山区、首钢的对接，协同推进绿色发展及我区纳入新首钢协作区范围土地的利用。加强与京能、京煤集团的合作，在工矿用地产业转型上迈出实质性步伐。

（五）奋勇争先推进创城攻坚，展现首善新风范，助力绿色发展

巩固创城初步成果，坚持热度不减、激情不减、力度不减、标准不减，以“咬定青山不放松”的毅力和钉钉子精神，快马加鞭、再创佳绩。一是坚定创城决心。虽然今年创城取得了较好的成绩，但与“三步并做两步走”的目标仍有较大差距。2019年创城工作必须举全区之力，紧紧扭住2020年实现首都文明示范区和全国文明城区提名“双达标”这个目标不动摇，再鼓干劲、再求突破，特别是在政务环境、市场环境、生态环境等有差距的测评项上聚焦发力、迎头赶上，确保在首都文明区和首都文明示范区阵营中再拔头筹。二是强化宣传引导。持续在宣传造势上下功夫，善于运用新媒体创新宣传形式，保持创城的浓厚氛围。继续在发动群众上下功夫，把“我要创”“全民创”的热情充分激发出来，实现创建为民、创建惠民、创建靠民。三是保持攻坚态势。发挥“门头沟点赞”大拇指行动和创城擂台赛的“赛马”激励作用，进一步丰富“点赞”形式，鼓励各部门、各系统和基层组织探索更多特色做法和创建品牌，持续为创城增添活力。注重建章立制，将攻坚成果、创新做法转化为机制举措，常态化促进我区各项创建工作

创首善、争一流。

（六）奋勇争先推进平安门头沟建设，维护安全稳定，保障绿色发展

明年我国大事多、喜事多，安全维稳责任更重、标准更高。要紧扣中华人民共和国成立70周年庆祝活动这个中心任务，制定我区加强服务保障、深化平安建设方案，全力维护公共安全和社会稳定，守好首都西大门。一是深化“平安门头沟”建设。早谋划、早部署、早启动，进一步规范矛盾纠纷排查调处工作，全面落实领导包案制度，畅通群众诉求表达和反馈渠道，持续关注房屋征收、棚改安置、“疏整促”、涉军维稳、P2P维稳等领域，深入排查不稳定因素和风险隐患。借鉴“枫桥经验”，强化社会面防控，构建立体化、信息化社会治安防控体系，做到“小事不出村居、一般事不出镇街、大事不出区、矛盾不上交”。二是打好扫黑除恶专项斗争。坚持把扫黑除恶作为重大政治任务来抓，标本兼治，源头治理，深入推进重点行业整治，在打“关系网”“保护伞”上下功夫，抓住村“两委”换届契机，从源头上防止“村霸”、涉黑涉恶人员混入村干部队伍。三是落实安全生产责任。严格落实安全生产“党政同责、一岗双责”，层层压实责任，推进食品药品、生产、交通、消防等方面的安全管理，发挥区应急管理局统筹作用，健全应急管理工作体系，统筹提升应急能力，坚决防止重特大事故发生，切实维护群众生命财产安全。

（七）奋勇争先推进全面从严治党，谱写“红色门头沟”党建新篇章，引领绿色发展

落实新时代党的建设总要求，推动党要管党、全面从严治党常抓不懈，以落实市委巡视整改为契机，以深化区委巡察为抓手，把全面从严治党主体责任压实在“最后一公里”。一是切实强化政治引领。始终把党的政治建设摆在首位，坚持“两个维护”不动摇，严格执行新形势下党内政治生活的若干准则，落实领导干部双重组织生活制度，认真履行民主集中制，把讲政治融入到全区绿色发展、生态富民、队伍建设、安全稳定等各层面。二是切实加强思想建设。坚持用习近平新时代中国特色社会主义思想武装头脑、指导实践、推动工作，按照中央、市委部署，精心组织“不忘初心、牢记使命”主题教育。系统性打造“红色门头沟”党建品牌，持之以恒、反复深入地讲好“四个一”的门头沟故事，传承“讲奉献，争第一”的门头沟精神，践行“门头沟四问”，将其融入血液、植入心田、体现在行动上、彰显到实践中。落实意识形态工作责任制，细化、量化、硬化考核指标，提高意识形态工作水平。三是切实抓好队伍建设。坚持“二十字”干部队伍建设原则，持续优化干部选任工作，制定全区领导班子和领导干部考核办法，加大选人用人专项检查力度。落实区委建设高素质专业化干部队伍、容错纠错等制度，充分发挥区委综合考评办作用，激励干部担当作为。坚持党管人才，吸引更多优秀人才到我区发展。四是切实抓好机构改革。落实中央、市委关于机构改革的一系列部署，以首善标准推进我区机构改革。扎实做好“三定”工作，有序推进干部调整和新机构组建，优化干部队伍结构、厘清部门职能职责，抓好经费资产处置、国有资产管理和档案移交等改革配套衔接工作，强化机构编制管理刚性约束，严格执行组织纪律、干部人事纪律和保密纪律，确保队伍不散、工作不断、效能提升。五是切实强化基层党建。以提升组织力为重点，加强党支部规范化建设，抓好软弱涣散村党组织整顿、基层党建述职评议考核等工作。深化“街乡吹哨、部门报到”改革，完善工作机制，推动城市管理跨部门执法职能综合、机构整合、力量融合；突出赋权、下沉、增效，将“街乡吹哨、部门报到”机制向社区延伸，完善基层治理体系。落实“五好、十不能”要求，做到“六个在前面”，全面完成村（社区）“两委”换届选举任务。强化国有企业、机关、事业单位党建，抓好“两新”组织党建提升，探索流动党员党支部发挥作用新模式，夯实基层基础。六是切实加强党风廉政建设和反腐败工作。坚持“五个抓牢、五个坚定不移”，持之以恒地把全面从严治党抓到底。抓牢“政治建设”这个根本，坚定不移践行“两个维护”，强化政治监督，严明政治纪律、政治规矩，加强对党中央和市委、区委重要决策部署贯彻落实情况的监督检查。抓牢“主体责任”这个牛鼻子，坚定不移贯彻全面从严治党要求，强化区级领导班子成员落实分管领域管党治党责任，抓好日常监督与检查考核，用好问责利器，确保主体责任压紧压实。抓牢“纪律规矩”这把戒尺，坚定不移强化纪律建设，精准运用“四种形态”，深入推进纪检监察体制改革，深化派驻机构改革，协调推进纪律监督、监察监督、派驻监督和巡察监督，使铁的纪律成为党员干部的自觉遵循。抓牢“正风肃纪”这个关键，坚定不移落实中央八项规定精神，强化对形式主义、官僚主义的集中整治，持续纠“四风”、树新风，形成长效机

制。抓牢“反腐惩恶”这把利剑，坚定不移巩固发展反腐败斗争压倒性胜利，聚焦“疏整促”、低收入帮扶、扫黑除恶、“两委”换届等重点工作，坚决查处违纪违法案件，深入整治群众身边腐败和作风问题，在守好绿水青山的同时，打造“山清水秀”的政治生态。

前进的航向已经明确，时代的风帆乘势扬起，历史的使命正在召唤，让我们紧密团结在以习近平同志为核心的党中央周围，坚决落实市委、市政府决策部署，践行“绿水青山就是金山银山”，坚决扛起生态文明旗帜，坚守首都西部生态屏障，争当生态文明建设的首都样板。让我们在传承红色基因中持之以恒，在守好绿水青山中无怨无悔，在持续为民造福中信心百倍，坚持改革开放、锐意进取，为开创现代化生态新区绿色发展新局面而努力奋斗。

政府工作报告

——2018年1月10日在北京市门头沟区第十六届人民代表大会第四次会议上

北京市门头沟区代区长　付兆庚

各位代表：

现在，我代表门头沟区人民政府，向大会报告政府工作，请予审议，并请各位政协委员提出宝贵意见。

一、2017年工作回顾

过去一年，区政府在市委、市政府和区委的坚强领导下，在区人大、区政协和社会各界的监督支持下，深入学习贯彻党的十九大精神和习近平总书记对北京重要讲话精神，认真落实北京市第十二次党代会和市委十二届三次、四次全会决策部署，紧紧围绕区第十二次党代会工作要求，主动融入优化提升首都功能的大局，奋力拼搏、苦干实干，保持了经济社会持续健康发展的良好局面。完成地区生产总值174.4亿元，同比增长7%；一般公共预算收入29.6亿元，同比增长6.6%；全社会固定资产投资380.2亿元，同比增长12.4%；社会消费品零售额65.9亿元，同比增长6.8%；城乡居民人均可支配收入45881元，同比增长8.5%，圆满完成区人大十六届一次会议确定的主要目标任务。

（一）非首都功能疏解取得明显进展

产业疏解有序推进。严格执行《非首都功能调整疏解工作方案》和禁限目录，加强企业登记注册和新增投资产业项目的前端审查。大力承接引进首都核心区外溢高端产业，沙东科技等一批优质企业成功落户。协助京煤集团做好煤矿退出及转型工作，向458名解除合同职工提供精准服务。落实疏解整治促提升专项行动各项任务，清理整治“散乱污”企业42家，拆除违法建设581处31.3万平方米，超额完成占道经营、无证无照经营和“开墙打洞”整治任务，整改浅山区161宗违法违规用地问题。着眼长远治本，对整治后的街区加强规划设计，加快生态重塑，新增一批公共绿地、公共停车场、文化体育设施，有效提升了城市功能。

人口调控工作不断加强。建立区、镇街、村居三级人口动态监测机制，人口调控预警预判能力进一步提高。发挥好功能疏解、城市综合治理对人口的调控作用，坚持以业控人、以房管人、以证管人，持续开展群租房、地下空间、出租大院专项整治，提升出租房屋信息化管理水平。全区常住人口控制在32.2万人以内，人口变动趋势处于可控区间。

协同发展取得积极进展。主动加强与石景山区的协调联动，加大规划统筹、产业对接、环境建设、文化建设等方面协作力度，推动区域融合发展。与涿鹿县、察右后旗、堆龙德庆区签署携手奔小康框架协议，与天津武清区开展产业项目、公共服务等方面的对接。推进南水北调对口协作，与神农架林区在教育、产业、医疗等方面的合作进一步深化。

（二）区域经济保持平稳健康发展

营商环境不断优化。完善以“门创30条”为核心的创新创业政策体系，出台精准支持高精尖产业发展19条实际举措，举全区之力打造政策高地。设立京西华软智能制造产业投资基金、京西互联网产业投资基金等4支创投基金，缓解初创期、成长型高精尖企业和项目资金压力。深入推进“放管服”改革，取消调整涉及群众办事创业各类证明162项。持续改善投融资环境，规范涉企收费，多种方式降低企业融资成本。深入开展“银税互动”，支持中小微企业发展。组建中关村门头沟科技园发展顾问委员会，向高精尖企业提供一对一精准服务。积极引进培育各行业专技人才、紧缺人才，增加人才公寓供给，提升优秀人才补贴奖励标准，筹建博士后科研工作站，人才发展环境进一步优化。

发展动能加快培育。以高精尖为导向，着力打造中关村门头沟科技园“一主三辅”高新技术产业集群，加强企业公共服务平台建设，新引进实体高科技企业50家，园区高新技术企业实现工业产值68亿元，占全区规模以上工业总产值的89%。科技创新载体加快建设，园区6个新建总部大厦23.5万平方米投入运营，在建总部大厦约26.1万平方米，德山生物医药孵化器被认定为国家级众创空间。产业空间不断拓展，成立中关村京西建设发展有限公司，石龙三期、五期项目加快实施。有序推进园区景观提升工程，园区面貌显著改观。重点发展长安街西延线区域现代服务业，长安天街、中骏商业街区等项目加快推进。成功举办京西创新论坛、“多彩京西行”等大型商事活动，引进企业872家，注册资金316亿元，北京航天环境工程、夏禾科技、中民新能投资集团等知名企业落户门头沟区。

旅游文化休闲产业快速发展。加快创建国家全域旅游示范区、国家级旅游业改革创新先行区，围绕八大旅游景区组团建设，编制完成国家步道系统规划等4个专项规划，明确47项重点工作任务。完成潭柘寺上下塔林、戒台寺下院修缮工程，提升改造龙门涧、珍珠湖等存量景区，百花山、灵水景区成为国家AAA级旅游景区。京西商旅古道一、二期工程进展顺利，推进4个精品旅游村建设，打造出古道客舍、槐井石舍等精品高端民宿代表。加强对潭戒两寺、灵山、妙峰山等旅游景区的监管，严禁无序过度开发。清水镇、王平镇成为全国第一批运动休闲特色小镇建设试点，成功举办第八届山地徒步大会。积极保护传承西山永定河文化带、长城文化带历史文脉，全面落实文物保护属地责任，打造古村落“活的博物馆”，推出《京西古村落》、《永定人家》等优秀文化作品，成功举办第十一届永定河文化节，区域影响力进一步提升。

（三）生态环境质量不断提升

污染防治成效明显。以迎接北京市第三批环保督察为契机，加快构建覆盖全区的环境监管网络，建立污染源动态更新与精细化管理机制，从源头上严控污染。落实“减煤换煤、清洁空气”行动计划，拆改燃煤锅炉846蒸吨，淘汰高排放老旧机动车5286辆，在11个村实施煤改清洁能源。健全空气重污染应急机制，开展大气污染综合治理攻坚百日行动，坚决遏制扬尘污染、劣质煤销售等乱象。截至12月31日，PM2.5平均浓度54微克/立方米，同比下降20.6%。积极落实河长制，加强永定河沿线生活、生产污水治理，区第二再生水厂投入运营，完成中门寺流域、门头沟路沿线污水管网升级改造，建成使用22个村的污水处理站。巩固垃圾分类处理成果，推进焦家坡垃圾综合处理厂工程，垃圾处理水平稳步提升。

绿色门头沟形象彰显。完成京津风沙源治理二期、国家级生态公益林管护、集中连片造林1万余公顷，全区森林覆盖率、林木绿化率分别达到43.27%、67.22%。编制完成百花山国家级自然保护区总体规划，小龙门林场、清水林场、马栏林场划归百花山管理处管理。打造新区绿色廊道生态景观54.67公顷，戒台寺郊野公园主体完工，永定河滨水文化公园前期工作进展顺利。推进门城新城“三位一体”景观体系和海绵城市建设，绿海运动公园、永定湖公园、石龙科技公园等项目有序展开，实施城子大街、影剧院等一批主要大街和重要节点景观提升工程。永定河龙泉湾二期生态修复工程进展顺利，完成第三、四阶段中小河道治理，疏通中小河道69.45公里。

（四）城乡规划建设进一步提速

坚持高质量规划引领。落实新版北京城市总体规划，抓好“多规合一”试点，坚持一张蓝图干到底。探索规划建设用地增减挂钩模式，完成土地利用总体规划调整。在全市率先完成新城减量提质扩大绿色空间研究，开展门头沟新城、重点镇及重点区域整体风貌研究，空间发展总体规划已报市政府审核。落实新城重点区域城市规划设计实施导则，实现重要区域重点项目精细化规划管理全覆盖。炭厂、千军台村庄规划成为住建部全国村庄规划示范。建立综合责任师制度，规划统筹落实力度进一步加大。

基础设施承载力不断增强。出台《关于加快办理项目立项和加快前期工作的若干规定》，充分利用“一会三函”等方式优化区级投资项目审批流程。S1线门头沟段实现试运营，完成长安街西延门头沟段主体工程。加快构建对内循环、对外贯通的交通路网，完成莲石湖西路西延等一批道路工程，108国道二期实现通车，军温路、双大路二期等工程前期手续加紧办理。推进南部地区重大基础设施一体化建设，石龙路、金沙街等工程加快实施。建成上岸、王平110千伏变电站，完成黑山、石门营煤改清洁能源工程和城子地区集中供热管网项目，门城水厂及潭柘寺、军庄供水干线等工程进展顺利。出台加强政府性投资工程管理、规范政府投资审计等系列制度文件，深入开展工程质量、建筑安全、中介机构库专项整治，工程建设更加规范有序。

城乡面貌持续改善。坚决打赢棚改攻坚战，全力解决制约项目进展的难点问题，累计交付安置房31368套，新增100万平方米安置房小园8号地块、曹北地块、城子村委会地块和小园4、5号地块建设任务基本完成，3751地块4个棚改项目腾退工作全面启动。棚改市政配套建设同步推进，安置社区居民生活环境不断改善。提前偿还国开行贷款44.47亿元，降低棚改财务成本6.36亿元。积极协调推进琉璃渠、三家店等地区城中村改造，一批商品房项目加快建设。着力构建山区“3+1”建设发展新格局，潭柘寺镇中心区土地一级开发、二期征地拆迁等工作接近尾声；军庄镇西区、北四地区棚改项目完成主体授权；斋堂镇一号地B、C地块控规编制完成；大台总体规划已报市规土委审批。合理把控土地储备与上市节奏，完成土地储备156.41公顷，6个地块实现入市。

城市精细化管理水平不断提升。城市管理体制改革持续深化，整合建立城市管理委员会，推动城管执法力量下沉到镇街。落实地区环境建设实施导则，深入开展背街小巷整治提升、城市天际线清理整顿及农村地区环境专项治理。在全域范围内禁止露天烧烤，永定河沿线面貌焕然一新。推进厕所革命，新改建公厕35座。开展“密路网、微循环”规划设计，创新推出老旧小区停车位建设管理“三三制”模式，重点整治梧桐苑等支路街巷交通环境。完善市政基础设施快速接养机制，推进市政工程建管无缝衔接。建立街巷长、理事长制，落实环境清洁日制度，深入开展“构建和谐社区”、“打造美丽乡村”等行动，人民城市人民管、人民城市为人民的氛围日益浓厚。

（五）民生和社会事业不断进步

就业社保体系更加健全。落实促进就业的各项政策，开展精细化的就业服务和援助，城镇登记失业率控制在4.5%左右。完善社会救助对象精准识别、精准救助信息核查机制，低保标准提高到月人均900元。落实“救急难”政策，加强困难群体临时救助。大力发展居家养老服务，完善智慧养老综合服务平台，推广老年爱心午餐项目，引进社会资本建设13家社区养老服务驿站。为1500户残疾人家庭实施无障碍改造，与北京康复医院开展残疾人康复合作。着力解决老旧小区用气难问题，完成1093户7.6万平方米建筑节能改造。建设筹集保障房2534套，改善中低收入居民居住条件。因地制宜实施险村险户搬迁，38个计划搬迁村已有10个村主体竣工。落实“六个一批”帮扶措施和“六个一”帮扶机制，制定45个低收入村、5725户低收入户精准帮扶方案，开通精准帮扶信息网，低收入农户人均可支配收入增速高于全区农民。

公共服务水平稳步提升。深化基础教育综合改革，组建教育督导委员会，成立区第一幼儿园教育集团，与西城区携手推进北京八中永定实验学校建设，高考一本上线率、中考优秀率同比大幅提升。加快完善教育基础设施，北京八中门头沟校区投入使用，景山学校门头沟校区加紧建设，大峪一小教学综合楼按时完工。深入开展幼教机构安全检查，为中小学、幼儿园配备专职保安。加快建设健康门头沟，全面实施医药分开综合改革，持续完善三级医疗服务体系，推进家庭医生签约服务。启动16个村级卫生室标准化建设，提高乡村医生补助标准。坚持开放合作办医，国家心血管病医学研究中心和临床医院、北大肿瘤医院京西医院等项目取得积极进展。推进首都公共文化服务示范区创建工作，区公共文化服务配送体系现代性研究与应用项目成为国家级示范项目，改扩建镇街文化中心、村居文化室24个，城子文化中心社会化运营成效明显。开展多元化群众体育活动，新建运动场地19块，区体育文化中心、区体育场等项目进展顺利。推进“一刻钟社区服务圈”建设，完成社区商业网点规划，新建、规范提升便民商业网点28个。升级改造一批公交港湾，新建候车亭39个。积极回应群众关切，完成直接关系群众生活方面的重要实事63件。

加强和创新社会治理。稳步推进城市管理、社会服务、社会治安、城管综合执法和非紧急救助等多网融合发展，城市服务管理网格化体系更加健全。加强枢纽型社会组织建设，推广“参与式协商”民主自治模式，社区规范化建设水平进一步提升。为民服务信息平台受理事项8.8万件，成为全市首个政府热线服务国家级标准化试点。提高农村基层组织自治能力，完成村规民约修订工作，健全农村民主日制度。35个村级公益事业“一事一议”项目全部启动。开展“六进军营”特色拥军，落实优抚安置政策，推进军民融合发展。广泛开展文明创建活动，通过首都文明区复查，地区文明程度不断提高。积极支持工会、共青团、妇联等群团组织开展工作，妇女儿童、民族宗教等各项事业全面进步。

安全发展形势不断巩固。推进“平安门头沟”建设，圆满完成全国两会、“一带一路”国际合作高峰论坛、党的十九大等一系列重大安保维稳任务。严格落实安全生产责任制，深入开展安全隐患大排查大清理大整治，完成迎接北京市安全生产督察工作。修订完善各级应急预案，开展多层次应急演练，建立与交界市区县联动协防工作机制，实施下安路、黑江路、二斜井、卧龙岗等应急除险工程。加强重大决策社会风险评估，信访工作制度改革和信访法治化建设不断深化。加大社会治安综合治理力度，严厉打击各类违法犯罪行为和非法违法生产经营行为，新增高清视频设备2517路，社会治安环境进一步净化。

（六）政府自身建设稳步增强

思想作风建设深入推进。把全面学习宣传贯彻党的十九大精神作为首要政治任务，深入开展“两学一做”学习教育，自觉践行“三严三实”，驰而不息纠正“四风”问题。深入推进政府党建工作，政府党组定期召开民主生活会，整改存在问题13项。全力做好监察体制改革试点及派驻纪检监察组织改革保障工作。严格落实党风廉政建设责任制和廉政风险防控措施，加大监督执纪问责力度，71名党员干部因工作履职不到位被问责追究。严控行政运行成本，三公经费持续下降，完成企事业单位公车改革。

改革创新持续深入。完善政务服务体系，区政务服务中心加快建设，“门城通”APP在线服务平台正式上线。严格执行财政存量资金收回机制，加强临时纳税管控和非税收入统筹调度。出台规范交易行为的若干规定，整合建立统一的公共资源交易平台。制定PPP项目管理实施办法，规范引导民间资本参与基础设施、公共服务设施和环境建设。国有经济布局不断优化，组建京西置地公司、保障性住房建设投资管理公司、潭柘投资发展控股公司，新港水泥公司实现全部股权国有化。扎实推进农村“新三起来”，开展农村土地承包经营权确权登记颁证，启动王平镇集体建设用地试点。推进国有林场改革，国有林场的公益属性进一步落实。

法治政府建设全面加强。修订《政府工作规则》，建立定期向区委汇报、区人大报告、区政协通报的工作制度。认真执行区人大及其常委会决议和决定，自觉接受区人大工作监督、法律监督。支持区政协履行职能，主动接受区政协民主监督。规范人大代表建议和政协提案办理流程，累计办理建议112件、提案125件，办复率达到100%。坚持“三重一大”决策程序，严格执行权力清单和职权目录，全面推行政府法律顾问制度，开展政府常务会前学法7次。加强政府信息和政务公开，编制重点领域政务公开清单，建立邀请社会人士列席区政府常务会议制度。深入推进“双随机、一公开”监管，执法效率不断提升。强化政府审计监督，深入推进审计改革。积极构建“3+N”法律援助工作体系，人民调解、矫正帮教工作水平不断提高。认真开展“七五”普法宣传，全社会法治观念和法治意识持续提升。

各位代表，过去一年，我们主动应对各种风险挑战，全力推进发展方式转变、发展动力转换，苦干实干、奋力拼搏，取得了来之不易的成绩。这是市委、市政府和区委坚强领导的结果，是区人大、区政协监督和支持的结果，是全区人民团结奋斗的结果。在此，我代表门头沟区人民政府，向在各个岗位上奉献智慧和力量的全区人民，向给予政府工作大力支持的人大代表、政协委员，向驻区部队官兵和中央、市属单位致以最崇高的敬意！向所有参与、关心和支持门头沟区发展的同志们、朋友们表示最衷心的感谢！

我们也清醒地认识到，门头沟区经济社会发展中还存在一些困难、问题和短板，主要是：门头沟正处于深度转型的攻坚期，综合经济实力不强，创新要素集聚融合不够，具有压舱石作用的行业领军企业不多，构建高精尖经济结构任重道远，各领域改革力度需要进一步加大；城市功能和空间布局有待优化，精细化管理能力还需提升，基础设施、公共服务、人居环境等领域仍存在不均衡不充分问题，与群众对美好生活的期盼仍有差距；对照北京市打造“天蓝水清、森林环绕”生态城市的标准，生态保护涵养的任务还十分艰巨，生态建设力度需要加大，落实“大气十条”“水十条”“土壤十条”需要下更大力气；公务员队伍改革创新的意识、解决问题的能力、服务群众的水平还有待加强。对此，我们必须要直面问题，勇于担当，采取有效措施尽快加以解决。

二、2018年主要任务

2018年是贯彻党的十九大精神的开局之年，是改革开放40周年，是决胜全面建成小康社会、实施“十三五”规划承上启下的关键一年，做好全年工作意义重大。综合当前形势，我们面临着重大发展机遇：党的十九大提出了一系列新的重大思想观点、重大判断、重大举措，为我们全方位推进事业发展提供了根本遵循、注入了强大动力；北京市第十二次党代会紧扣“建设一个什么样的首都，怎样建设首都”这一重大时代课题，系统谋划了未来五年首都发展的重点任务和措施，为我们在更大格局中谋划发展带来了新的契机；新一版北京城市总体规划的批复实施，赋予了门头沟区“首都西部重点生态保育及区域生态治理协作区”“首都西部综合服务区”“京西特色历史文化旅游休闲区”三大功能，为我们加快推进全面协调可持续发展指明了前进方向。我们必须在服务新时代的大局中找准定位，努力把中央、市委市政府和区委的战略部署转化为推动地区发展的实际行动，为人民群众幸福美好生活而努力奋斗。

2018年政府工作的总体要求是：全面深入学习贯彻党的十九大精神，以习近平新时代中国特色社会主义思想为指引，坚持改革开放和新发展理念，坚决落实市委、市政府和区委的工作部署，按照高质量发展的要求，稳中求进、聚焦重点、立足长远，统筹推进疏功能、稳增长、促改革、调结构、惠民生、防风险各项工作，加快“三大功能”建设，突出生态涵养、旅游文化、科技创新“三大融合”，打好棚户区改造、低收入精准帮扶、污染防治“三大攻坚战”，打造幸福美丽门头沟，奋力开创宜居宜业宜游的现代化生态新区建设新局面。

综合考虑各方面因素，2018年全区经济社会发展的主要预期目标是：地区生产总值增长6.5%左右，一般公共预算收入力争增长6.5%，社会消费品零售额增长5%，城乡居民人均可支配收入增长与经济增长同步，城镇登记失业率控制在4.5%左右，完成市政府下达的大气污染防治和节能减排任务。

（一）加快疏解非首都功能，全力培育经济发展新动能

深入推进非首都功能疏解。对接北京市整体部署，持续开展“疏解整治促提升”专项行动，确保完成功能疏解和人口调控任务。坚决控增量，落实新增产业禁限目录，把严准入关口。注重政府和市场两手发力，建立可利用空间资源台账，研究制定腾退空间综合利用方案，完善配套政策，全力承接中心城区高端功能和优质资源。积极疏存量，严格实行挂销账管理，年内退出一般制造业企业2家，实现“散乱污”企业动态清零。实施最严格的巡查、查处和问责制度，拆除违法建设10万平方米，推进浅山区违法占地违法建设专项整治，坚决守住新生违法建设“零增长”底线。落实人口调控目标责任制，加强人口动态监测，做好人口服务管理，坚决守住人口规模“天花板”。

加速构建高精尖经济结构。落实创新驱动发展战略，推动经济发展质量变革、效率变革、动力变革，努力做实精品经济。对接“中国制造2025”和“互联网+”战略，把中关村门头沟科技园建设成为发展高精尖产业的核心板块。高效利用人工智能科技园、京西创客工场等科技创新载体，着力培育“一主三辅”高新技术产业集群，有效提升地均、劳均产出率和产业集中率。规划建设大学科技园，重点引进发展人工智能核心技术产业，打造市级人工智能特色专业园区。进一步优化园区硬件环境，加快实施石龙三期、五期拆迁建设，推进产业孵化中心三期项目，完成园区景观提升三期工程，努力营造创新创业的人文小环境、微环境。充分发挥长安街西延线区域发展现代服务业的引擎作用，合理规划空间布局，重点发展新兴金融业态和科技服务业态，打造首都西部综合服务区核心区、永定河畔生态城和京西服务业扩大开放实验区。优化调整城乡商业布局，加快推进长安天街、中骏商业街区等重点商业项目，引导居民消费升级。推进与石景山区联动发展，规划建设好首都西部综合服务区，做好两区交界处永定河沿岸的环境整治工作。

做优做强旅游文化休闲产业。推进国家全域旅游示范区、国家级旅游业改革创新先行区创建工作，加快建设八大旅游景区组团，深层次开发具有京西特色的旅游线路、旅游商品，努力打造精品旅游，建设京西特色历史文化旅游休闲区。注重规划引领，编制全域旅游发展规划，完成《南石洋—碣石—珍珠湖景区组团规划》等4个专项规划。抓紧提升改造灵山、龙门涧、沿河城等存量景区，完成京西商旅古道一、二期工程，推进玉河谷风景区、雁翅乐巢、妙峰山苇甸沟等旅游服务设施建设，新建4个精品民俗旅游村。强化旅游行业监管和旅游资源开发管控，成立旅游行业综合执法队，建立旅游景区、景点日常巡查机制，管理好保护好宝贵的旅游资源。积极塑造山地运动唯一性特色，加快发展斋堂镇户外运动产业，推进清水镇、王平镇运动休闲特色小镇建设。围绕西山永定河文化带、长城文化带建设，深化对红色文化、矿业文化等历史文化资源的研究利用，谋划实施一批重点项目，推进永定河博物馆、档案馆新馆建设，启动《门头沟地名志》编制工作。创新开展非物质文化遗产生产性保护和活态传承，推出一系列高品质文

艺作品。积极引导民间资本投资文化产业，有效利用腾退闲置空间，加快培育以文化传媒、文化科技、艺术品交易为主导的文化创意产业。办好第九届北京国际山地徒步大会、第十二届永定河文化节等重大活动。

持续优化营商环境。进一步充实完善政策工具箱，加快“创新创业门头沟行动计划”和“门创30条”的实施应用，落实精准支持高精尖产业发展19条具体举措和企业奖补政策，推动各级各类产业扶持政策集成发力。持续推进“放管服”改革，进一步精简审批事项，优化网上审批服务，清理规范中介服务，提高行政审批效率和政府服务效率。有效发挥政府投资引导基金和扶持资金作用，加快培育瞪羚企业、展翼企业，鼓励符合产业导向的中小微企业发展。强化企业技术创新主体地位，加大对企业技术创新支持力度。探索实施“以租为主、先租后让”的产业用地使用方式，强化高精尖产业用地和空间保障。充分调动发展顾问委员会和企业家协会积极性，组建专业服务团队，深入开展重点企业走访调研，拉出需求清单，帮助企业解决实际困难。完善培育扩大服务消费、优化升级商品消费的政策措施，鼓励社会资本提供多层次多样化的优质供给。推动将石龙产业孵化中心纳入“首都国际人才社区”首批试点范围，享受更多优质人才服务政策。面向区内人才提供人才公寓、共有产权房、租赁型住房200套以上。加大高精尖产业招商选资力度，加强资源与市场的有序对接，有针对性地组织好“多彩京西行”等招商活动，加快引入一批创新型领军企业。深化统计体制改革，做好第四次全国经济普查工作。

（二）加强生态文明建设，高标准打造京西绿色屏障

持续拓展绿色生态空间。加快首都西部重点生态保育及区域生态治理协作区建设，持续推进京津风沙源治理二期、浅山区造林、废弃矿山治理等工程，加强百花山国家级自然保护区建设管理。加大永定河生态保护力度，实施55平方公里清洁小流域治理，开工建设永定河滨水文化公园，加快永定河沿线低效林改造，构建大面积彩色森林景观。加快打造“三位一体”生态园林景观城市，高质量实施长安街西延长线、S1线城市景观提升工程，推进绿海运动公园、永定湖公园、石龙科技公园建设，建成福幼公园；通过留白增绿、见缝插绿，新增一批城市绿色空间，积极创建花园式单位、社区；加强河流廊道建设，实施门城水环境保障一期工程，启动西峰寺沟上游和城子、东西辛房排洪沟治理项目。加快实施海绵城市示范工程，在主要道路开展雨污合流改造，创建市级节水单位40个。

锲而不舍强化生态保护。严把环境质量底线，毫不动摇，铁腕治理环境问题。设立环保督查事务中心，健全覆盖全区的网格化监管机制。严格落实清洁空气行动计划，完成燃煤压减和高排放老旧机动车淘汰任务，推进农村煤改清洁能源工程。加强土壤污染防治，有效控制面源污染。加强水污染防治，发挥河长制作用，落实污水处理新三年行动计划，完成老城区排水管网提升改造一期工程，实施农村130座污水处理站新改建项目。提高垃圾消纳处理水平，加快建设焦家坡生活垃圾综合处理厂，在机关事业单位推行垃圾强制分类制度，创建农村垃圾分类和资源化利用示范区。实施公共建筑节能绿色改造，推广超低能耗建筑示范项目。大力弘扬社会主义生态文明观，引导绿色消费、绿色生活，让尊重自然、保护环境成为习惯。

（三）统筹推进城乡规划建设，着力提升精细化治理能力

对接落实好新版北京城市总体规划。加强区级统筹，加快修订编制各级各类专项规划，实现产业规划与空间规划、民生发展规划紧密结合、融合支撑。主动对接北京市关于分区规划、新城控制性详规等相关要求，修订完善“多规合一”试点方案，深化已有成果，探索构建“多规合一”规划实施管控体系，更加突出减量集约、提质增效和全域空间管控。严守“三条红线”，建立健全人口规模和建设规模“双控”机制。落实新城重点区域设计实施导则，运用好整体风貌研究成果，科学管控建筑风貌、色彩，提升城市格调与品位，将长安街西延线和S1线周边、永定河沿岸打造成为滨水山城建设的典范。积极对接《北京市浅山区保护规划》编制工作，科学确定浅山区生态用地、高科技项目用地、公共设施用地等各类用地布局。切实维护规划严肃性，精心组织实施城市体检，落实综合责任师制度，对规划执行情况实施终身责任追究。合理把控土地储备与上市节奏，力争6个地块实现入市交易。

加快推进重点项目建设。全年计划安排重点工程83项，投资规模51.8亿元，其中计划完成建安投资39.5亿元。全力推进棚户区改造，解决棚改项目前期手续遗留问题，完成小园3A、曹各庄A等地块安置房建设任务，交付安置房7000套；推进大峪化工厂、杨坨二期等棚改项目，完成3751

地块拆迁腾退，确保冯村南街、永定南区棚改项目按时开工。加大棚改资金统筹平衡力度，提高资金使用效率，降低财务成本。同步完善棚改区域市政配套，提升棚改小区的物业管理服务水平。推进7平方公里棚改区域开发，加快新城北部地区棚改及环境整治项目12个地块市政配套建设。积极争取市级支持，尽快启动琉璃渠、三家店城中村改造，改善旧城面貌。坚持"城乡一体、适度超前"原则，提高基础设施规划标准和建设质量。对接北京大市政体系，支持S1线、长安街西延等市级重点工程建设运营，实施109国道新线高速路拆迁工作，推动108国道三期项目。优化城乡路网功能，完成黑山大街北延等一批道路工程，启动军温路、双大路二期等道路建设。推进南部地区重大基础设施一体化建设，完善石龙园区和S1线周边基础设施。加快建设门城水厂，完成滨河路南延随路电力管线等一批电力工程，推进鲁家山垃圾焚烧厂余热供热项目，不断提升发展承载能力。

提高城市法治精治共治水平。深化城市管理体制改革，组建城市运行管理指挥中心，全面推进多网深度融合发展。落实地区环境建设实施导则，编制户外广告、夜景照明规划，加强城市天际线管理，深入整治环境秩序突出问题和城市公共空间环境乱象。加大市、区上账环境脏乱点位整治力度，完成门城地区24条背街小巷和8个示范社区综合整治工作，继续统筹推进"构建和谐社区"、"打造美丽乡村"环境综合整治行动。加快推进厕所革命，新改建门城、国道沿线及重点景区公厕29座。强化公共服务设施建设、管理和养护，实施门城地区路灯节能改造工程，新建一批环卫基础设施。推进"密路网、微循环"建设，规范交通秩序，改善支路街巷交通环境。完善公共交通服务体系，优化调整公交线网，新建一批公交港湾。深化国家级社会管理和公共服务综合标准化试点创建成果，加快整合城市管理信息系统，推进精细化管护与智慧门头沟建设有效衔接。

（四）落实乡村振兴战略，多措并举建设美丽乡村

加快美丽乡村建设。开展"落实乡村振兴战略，推进美丽乡村建设"专项行动，启动58个重点村庄规划编制工作，持续开展农村人居环境整治，完成市政府下达的美丽乡村创建任务。加快险村险户搬迁，完成一批农村基础设施、村庄公共服务设施和"一事一议"项目，推动城市服务管理向农村延伸。加快发展特色农业，建设农业高效节水灌溉工程1万亩，积极推介奇异莓、京白梨、大樱桃、黄芩茶等特色农产品，加强农产品质量监管。持续推进农村"新三起来"，深化农村集体产权制度改革，加快盘活农村集体产业预留用地，稳步开展王平镇集体建设用地试点和永定镇西辛称村、栗元庄村集体土地建设租赁住房试点。综合运用"农户土地流转+公司经营"、股份制、联营包销等方式，积极培育新型农业经营主体，鼓励农民专业合作社发展，打造农业龙头企业。统筹用好利农惠农政策，建立完善村级产业项目库，加快推进项目落地，因地制宜发展特色经济。强化农村集体"三资"监管，规范运行镇级资产运营管理公司，探索推进"村地镇管"。构建"村民自治+协商共治"的多元参与治理机制，提升农村社会治理能力。坚持低收入帮扶与扶智、扶志相结合，落实"六个一批"帮扶措施和"六个一"帮扶机制，扎实开展"一村一策、一户一策"精准帮扶，增强低收入村和低收入户自身"造血"能力，坚决打赢低收入精准帮扶攻坚战。

加快新型城镇化建设。落实减量集约的发展理念，突出特色功能、产业支撑和生态宜居，努力做优精品小镇，加快构建山区"3+1"文旅发展格局。推进潭柘寺镇中心区建设，完成供水干线工程和一批镇域路网工程，积极引进培育金融产业链条，加快打造生态文旅金融特色小镇。完成斋堂镇一号地B、C地块上市工作，力争开工建设斋堂集中供热热源厂，抓紧实施灵水村古村落整体改造，加强户外运动设施规划建设，加快打造山地户外运动休闲文化旅游度假小镇。推进军庄镇西区及北四地区棚户区改造，启动镇域供水、供热、燃气、路网等项目前期工作，加快打造创业创新文化小镇。强化大台地区生态环境建设，推进木城涧矿国家越野滑雪训练基地等项目，加快打造工业转型示范区和北京最美山谷。支持其他镇实现特色发展，形成相得益彰的城乡空间形态。

（五）切实保障和改善民生，推动发展成果共享普惠

扎实做好就业和社会保障工作。实施更加积极的就业政策，鼓励以创业带动就业，开展精细化就业服务，促进城乡劳动力实现就业5000人。健全"救急难"工作机制，提高社会救助标准，加强困境儿童分类保障，加快慈善事业发展，织密社会托底保障网。完善社会化养老服务体系，开工建设新城20街区机构养老设施和妙峰山桃园村养老综合服务中心，依托社区养老服务驿站和智慧养老院发

展多层次、个性化社区居家养老服务，推动社区卫生院面向老年人家庭开展签约服务。加快残疾人温馨家园改革试点建设，加强残疾康复服务，提升残疾人生活质量。继续开展抗震节能型农村住宅改造。坚持住房的居住属性，健全购租并举的住房供应体系，建设筹集保障房2000套，帮助更多群众实现住有所居。积极协助京煤集团加快煤矿退出及产业转型，争取市级资金、政策支持，做好京煤集团“三供一业”社会化移交工作。

统筹推进社会事业发展。深化基础教育综合改革，扎实推进集团化办学、城乡一体化学校等校际联盟建设，进一步扩大开放办学。完善城乡教育布局，加快景山学校门头沟校区建设，改造教师进修学校综合教学楼。加强师德师风建设，强化教师队伍管理，努力办好人民满意的教育。加快健康门头沟建设，深化医药卫生体制改革，促进公立医院改革和社会办医规范有序发展。完善分级诊疗制度，打造区内院际医联体和市级专科医联体，推广家庭医生签约服务。持续推进开放办医，加快国家心血管病医学研究中心和临床医院、北大肿瘤医院京西医院建设，引入方庄社区卫生服务中心先进管理模式，引进社会办医进社区。推进国家健康促进区试点工作，创建一批健康示范单位、健康医院、健康家庭。加快创建首都公共文化服务示范区，出台基本公共文化服务标准和服务目录，完成一批村居文化室改扩建项目，持续开展夏日文化广场、书香门头沟等群众性文化活动。推进区体育文化中心、区体育场建设，为13个镇街配建体育健身设施，积极备赛第十五届北京运动会和首届北京冬季运动会。扩大“一刻钟社区服务圈”覆盖面，加强蔬菜零售、便民早餐、便利店等商业服务网点建设。实施关系群众生活的26件重要实事项目，办好群众家门口的事情。

全面推进社会治理创新。完善“镇街吹哨、部门报到”的综合治理机制，增强镇、街道在城市治理中的基础地位和统筹职能。深化街道管理体制改革，推行扁平化管理新模式，强化街道综合执法能力。推广“走动式工作法”，落实街巷长、理事长制度，实行社区工作清单管理。完善“参与式协商”民主自治模式，充分依托民情恳谈室、心灵驿站等载体，将心理服务引入社区治理体系。发挥枢纽型社会组织作用，健全社会动员机制，强化企业社会责任。落实生育政策，扎实做好妇幼健康服务。推进军民深度融合发展，支持国防和军队建设。开展丰富多彩的群众性精神文明创建活动，提升城市文明程度。与涿鹿县、察右后旗、堆龙德庆区深入开展携手奔小康行动，推进与神农架林区的对口协作。支持工会、共青团、妇联、工商联等人民团体发挥桥梁纽带作用，进一步做好民族、宗教、外事、侨务、民防、档案等工作。

坚决维护社会和谐稳定。严格落实安全生产责任制，加强重点领域、重点行业安全管控和隐患排查治理，扎实推进安全生产信用体系和安全预防控制体系建设，坚决防范和遏制重特大事故发生。高度重视消防安全，深入开展“三合一”“多合一”违法经营场所、群租房等重点场所排查整治，实施“全民消防安全培训”计划，新建军庄消防站，真正把火灾“灰犀牛”关进笼子。强化食品药品安全管理，创建食品安全示范区，构建覆盖从源头到消费全过程的监管格局。加强综合防灾减灾救灾能力和应急体系建设，做好救灾物资储备管理。落实重大决策社会稳定风险评估机制，加强和改进信访工作，畅通“网上信访”渠道，最大限度预防和化解社会矛盾。加大社会治安综合治理力度，严厉打击各类违法犯罪行为和非法违法生产经营行为，增强人民群众的安全感。全力做好重大活动服务保障工作，努力营造安定祥和的良好环境。

（六）全面深化改革，建设人民满意的服务型政府

持续推进作风建设。深入学习贯彻落实党的十九大精神，牢固树立“四个意识”，不折不扣地贯彻落实中央、市委市政府和区委的决策部署。加强政府党建工作，在区委的领导下，深入推进“两学一做”学习教育常态化制度化，开展好“不忘初心、牢记使命”主题教育。严格落实《中共中央政治局贯彻落实中央八项规定实施细则》精神和市委、区委实施办法，不断巩固作风建设成果。深入贯彻《廉洁自律准则》、《纪律处分条例》、《党内监督条例》，严肃党内政治生活，营造风清气正的政治生态。全面落实党风廉政建设责任制，加强警示教育，建设廉政文化，坚定不移推进党风廉政建设和反腐败斗争。持续开展“为官不为”、“为官乱为”和“严肃查处群众身边的不正之风和腐败问题”等专项治理，强化各领域巡查督查，严格执行约谈诫勉、行政问责等制度，推行公务员平时考核工作，督促各级公务员履职尽责、敢于担当。

深入推进依法行政。认真执行区人大及其常委会决议和决定，主动加强与区政协的沟通协商，定期向区人大报告、区政协通报工作，认真听取各方

面意见，自觉接受各方面监督，提高人大代表建议和政协提案办理质量。支持区监察委员会、人民法院、检察院开展工作。严格履行重大行政决策法定程序，加强事前征求意见、专家论证、风险评估和合法性审查，完善政府法律顾问制度。坚持政府常务会会前学法，规范行政机关负责人出庭应诉工作。推进政府信息和政务公开，强化政府发声，扩大公众参与。规范执法行为，加强执法监督，提升执法效能。强化审计监督责任，落实审计问题整改制度，不断扩大审计工作广度和深度。实施“七五”普法规划，落实“谁执法、谁普法”责任制和国家工作人员学法用法制度，增强全社会特别是公务员的法治观念。

深化重点领域改革。落实好规范政府投资审计、规范 PPP 项目管理、促进政府投资项目落地、整合优化规范公共资源交易行为等改革举措，加快区政务服务中心建设，运行维护好“门城通”APP。推进财税体制改革，落实“营改增”政策，加强财政预决算公开，强化大额专项资金审批监管。创新政府采购管理机制，将政府采购纳入公共资源交易平台，执行政府投资项目招投标控制价制度。加大投融资改革力度，发挥政府资金的引导放大作用，引导民间资本有效参与 PPP 模式项目。深化国资国企改革，优化国有经济布局结构，完善国有资产管理体制，促进国有资产保值增值。鼓励、支持、引导非公有制经济发展，继续推进混合所有制改革。落实重点领域和关键环节改革集中攻坚机制，确保各项改革任务取得实效。

各位代表，时代赋予重托，奋斗铸就辉煌。让我们深入学习贯彻党的十九大精神，更加紧密地团结在以习近平同志为核心的党中央周围，在市委、市政府和区委的坚强领导下，凝聚全区人民的智慧和力量，坚定信心、求真务实、锐意进取、善作善成，全力推进宜居宜业宜游的现代化生态新区建设，打造幸福美丽门头沟，为胜利实现“十三五”规划的宏伟蓝图而努力奋斗！

北京市门头沟区人民代表大会常务委员会工作报告

——2018 年 1 月 11 日在北京市门头沟区第十六届人民代表大会第四次会议上

门头沟区人大常委会主任　陈国才

各位代表：

我受北京市门头沟区第十六届人民代表大会常务委员会委托，向大会报告工作，请予审议。

一、2017 年工作回顾

过去的一年，是全区实施“十三五”规划、努力实现转型发展的重要一年，也是区十六届人大常委会履职的第一年。在中共门头沟区委的坚强领导下，区人大常委会以习近平新时代中国特色社会主义思想为指引，认真学习贯彻党的十八大，十八届三中、四中、五中、六中全会，党的十九大和习近平总书记系列重要讲话精神，围绕区委中心工作，依法行使职权，执行区十六届人大一次会议决议。以推动发展为重点，高度关注民生，积极促进生态涵养、旅游文化、科技创新三大功能的有机融合，各方面工作取得了新进展、新成效，为推进全区民主法治建设和现代化生态新区建设做出了积极贡献，实现了本届人大工作的良好开局。

全年共组织召开常委会会议 8 次，主任会议 12 次；听取、审议“一府两院”专项工作报告 17 项，提出审议意见 3 件，开展专项视察 6 次，形成专题调研报告 5 篇；依法作出决议、决定 8 项；依法任免国家机关工作人员 86 人次；按照市委、市人大和区委的工作安排，组织召开两次人代会，选举产生了区监察委员会主任 1 人、门头沟区出席北京市第十五届人民代表大会代表 22 人，圆满完成了区十六届人大一次会议确定的各项任务。

（一）关于监督工作

常委会认真贯彻实施《监督法》，围绕改革发展稳定的重大问题和人民群众反映的热点问题，综合运用多种监督方式，加大监督力度，提升监督实效，推动区委重要决策部署的贯彻落实，支持和促进“一府两院”依法行政、公正司法。

1. 服务首都建设大局，加强转型发展监督。围绕服务首都建设“四个中心”的大局，把监督重点放在疏解非首都功能、落实区域功能定位要求上，推动产业转型升级和全区经济社会发展。一是听取了区政府关于人口调控暨“疏解整治促提升”专项行动工作报告，推动区政府处理好“舍”与“得”的关系，守住“十三五”规划设定的人口红线，加强疏解整治与优化提升的统筹推进，着力改善民生和人居环境，促进城市精细化管理。二是听取了区政府上半年计划执行情况的报告，批准了区政府调整年度重点工程部分项目任务目标的报告。建议区政府关注中央新政策及新版北京城市总体规划对门头沟区经济社会发展的影响，综合分析研判门头沟区财政经济结构现状及走势并做好应对。三是实地视察了斋堂镇灵水村古村修缮及旅游运营、雁翅镇碣石村旅游开发等旅游文化产业发展情况，对 24 个美丽乡村建设开展了专题调研。建议区政府为未来谋划，进一步整合旅游资源，形成发展合力；对细节打磨，发扬工匠精神，进一步提升旅游产业品位；为弱者付出，加大扶持力度，带动山区农民就业增收。四是组织全体区人大代表视察了中关村门头沟科技园科技创新企业发展和轨道交通 S1 线工程进展情况，推动区政府深化培育新的经济增长点，形成与功能定位相匹配的新产业、新业态、新模式，进一步发展完善市政交通体系。

2. 促进财政精细管理，加强预算审查监督。推进全口径预算审查监督，促进区政府加强预算管理，提高财政资金使用绩效。一是审查批准了 2016 年区级财政决算报告、2016 年度区级预算执行和其他财政收支审计工作报告，听取了上半年预算执行情况的报告，批准了区政府 2017 年地方政府债务限额的报告和 2017 年区级预算调整方案的报告，对区政府2018年预算编制情况进行了初步审查。建议区政府加强对财政收入新情况、新问题的研判和协调，全力支持区域经济发展；加强预算支出管理和对新增债券资金使用情况的监督检查，进一步提高预算执行效率。二是落实《预算法》和《市人大预算审查监督条例》，结合门头沟区实际制定了《门头沟区预算审查监督办法》，全面加强对区级预算的审查监督。三是首次安排听取区政府审计查出突出问题整改情况的报告并列为常委会年度常规监督议题，促进政府把整改要求和措施落在实处；首次参与了区政府财政支出项目的事前绩效评估工作，促进财政资金使用效益的提高。四是配合年度预算编制的初步审查，加强部门预算审查，制定实施了《区人大专委会初步审查部门预算实施细则》，发挥各专门委员会的优势，对2018年部分部门预算和政府投资项目进行审查，促进预算编制更加科学、精细。

3. 促进生态文明建设，加强环境保护监督。坚持绿色发展理念，加强对环境保护和生态治理工作的监督力度，促进中央和市环保督察要求以及各项压减指标的落实。一是对大气污染防治、环境综合整治、农村地区“煤改清洁能源”和“减煤换煤”工作进行监督，并跟踪推进门头沟区污水处理工作。建议区政府坚持环境优先原则，把环境建设放在首要位置；建立健全长效机制，进行科学决策和全局规划；强化环保责任落实，在严格执法、监督管理和协调配合上增强防控合力；促进环境共治，构建群防群治的防控工作体系。二是加大了执法检查力度，配合市人大监督计划的实施，开展《北京市生活垃圾管理条例》在全市实施情况的执法检查联动，努力推进门头沟区生活垃圾管理工作。

4. 促进社会和谐发展，加强民生事业监督。坚持民生导向，积极回应人民群众关切，深入推进民生事业的发展和改善。一是把棚户区改造作为全区头等民生大事来抓，持续开展监督，对即将交付的小园8号和城子居委会等地块安置房建设完成情况进行了视察。建议区政府坚持以人民为中心，高标准严要求，全力以赴加快棚改安置房建设；综合考虑群众生活需求，大力推进公共配套设施建设进度；完善棚改新区社会管理服务，促进城市建设和谐发展。二是持续关注教育事业发展，听取了全区教育资源布局情况的报告，视察了何各庄、小园等地块配建中学、幼儿园的情况。要求区政府坚持教育优先发展战略，加强教育的软硬件建设和管理，提高教育质量和水平；充分考虑教育的特殊性，高质量、高速度推进棚改配套教育设施建设。三是不断推进医疗卫生事业发展，围绕加快推动国务院和北京市医疗改革政策的贯彻落实，主任会议对门头沟区分级诊疗和医联体工作的开展情况进行了视察，并配合市人大开展《北京市全民健身条例》实施情况的执法检查联动，进一步促进门头沟区全民健身工作蓬勃开展。四是高度重视低收入村和低收入农户的增收工作，听取了农村低收入帮扶工作情况报告，推进“六个一批”帮扶措施和“六个一”结对帮扶机制在全区低收入精准扶贫工作中的落实，做到脱真贫，真脱贫。

5. 促进法治建设，加强法律监督。在加强工作监督的同时，常委会注重开展法律监督，共同推进全区法治建设，促进“一府两院”依法行政、公正司法。一是听取了区政府信息和政务公开情况的报告，建议区政府严格贯彻执行相关法律规定，强化统筹管理，“以公开为常态、不公开为例外”，不断深化重点领域信息公开和政务公开，主动接受群众监督。二是积极推进以司法责任制为核心的司法体制改革的落实，专题调研了区法院未成年审判工作；听取了区检察院关于司法改革推进情况的报告。三是落实《立法法》的相关规定，修订了《门头沟区人大常委会规范性文件备案审查办法》，加大主动审查力度，进一步推进门头沟区规范性文件备案审查工作，全年对3项规范性文件进行了备案审查。四是认真做好信访工作，全年受理群众来信来访42件次、32人次，进一步推动各类矛盾的化解，维护了社会和谐稳定。

（二）关于代表工作

常委会高度重视代表主体作用的发挥，从强化履职意识入手，开展多种形式的培训，密切代表与群众的联系，组织代表参加闭会期间各项履职活动，全面增强代表在人大工作中的桥梁纽带作用。

1. 有效推进代表密切联系群众。把密切联系群众、反映群众的愿望和诉求作为代表工作的出发点和落脚点，贯穿到履职的全过程。充分发挥市、区、镇三级代表和99个“代表接待站”的平台作用，继续完善制度，推进代表“进农村、进社区”活动，双月10号代表深入所在选区的代表接待站，接待选民和群众，收集意见，解答疑问；围绕全区经济社会发展的热点、难点和群众迫切需要解决的问题开展集中接待活动，听取群众的意见和建议，归纳整理代表建议台账266条，提出闭会期间代表建议25件，发挥了代表上情下达、下情上传的桥梁纽带作用。全年共有 620 人次代表参加了接待活动。

2. 广泛开展闭会期间代表履职活动。把代表积极参与管理地方国家事务，发挥监督职能，提出推动地区发展、改善民生的切实可行的议案建议作为代表工作的另一个重点。组织市、区、镇三级人大代表对全区法律法规贯彻实施情况和产业转型发展、科技创新、社会事业、环境保护等方面工作进行检查、视察和调研；根据常委会监督议题，邀请镇街人大负责人、相关专门委员会委员及部分代表列席常委会会议，充分吸纳基层代表的意见和建议；组织部分代表参加区委、区政府重要会议和活动，旁听“两院”庭审，发挥代表参与管理地方事务和社会事务的作用；组织代表开展年中和人代会会前集中活动，向代表通报全区经济社会发展情况，拓展代表知情知政的广度和深度，为代表提出有针对性的议案和建议创造条件。全年共有 750 人次代表参加了履职活动。

3. 采取多种形式对代表进行履职培训。针对换届后新代表较多的情况，加大了培训力度，采取集中培训、专业培训、以会代训等多种形式，强化代表意识，提高政治素质和履职能力。认真推进党的十九大精神的学习贯彻，区委书记张贵林同志为全体代表做了专题辅导报告，要求代表把贯彻落实十九大精神与依法履职结合起来，为建设幸福美丽门头沟作出积极贡献；围绕如何依法履行职责，邀请专家就代表法等相关法律为全体代表做专题讲座；就“门头沟区人大代表履职服务系统”的使用进行集中培训，促进代表充分利用现代信息技术手段更好地履行职责；开展专业知识培训，为区人大常委会及财经委员会组成人员讲解人大预算监督实务以及地区经济发展形势；开展代表培训微课堂，针对代表重点关注的具体问题进行专委会会前专题培训；建立微信群和公共邮箱，定期推送各类财经政策与资讯，培养代表对财经问题的关注度和敏感性。全年共为 660 人次代表进行了履职和专业知识培训。

4. 加强代表建议、批评、意见办理。把代表建议办理作为支持和保障代表履职的重要内容，对区十六届人大一次会议期间提出的 93 件代表意见建议和闭会期间提出的 25 件意见建议进行督办。落实常委会主任副主任重点督办，各专委会、代表联络室分类跟踪督办等制度措施，自主开发了“门头沟区人大代表履职服务系统”手机 APP，为代表履职服务和意见建议提交、办理提供便利渠道；加强与代表和各承办单位的沟通协调，及时掌握建议办理情况，推动代表提出问题的解决。区政府多次召开专题会议，研究、推进意见建议办理工作，努力提高办理实效。在会议期间提出的 93 件代表意见建议中，已经解决、正在解决的 26 件；暂时不能解决，做好解释说明的 34 件；内容宏观、属于长期目标的 33 件。在闭会期间提出的 25 件意见建议中，正在解决的 8 件；做好解释说明的 9 件；属于长期目标的 8 件。

（三）关于基层人大工作

常委会认真落实中发〔2015〕18 号文件和京发〔2016〕9 号文件精神，加强对镇人大和区人大街道工委工作的调查研究，总结经验、深入分析问题，修订了《区人大常委会党组关于加强和改进镇人大工作的指导意见》、《区人大常委会街道工作委员会工作通则》，对镇街人大的工作目标、内容、方式、组织架构等进行规范，进一步推进镇人大和区人大街道工委工作的制度化、规范化建设。围绕基层人大职权、镇人代会及闭会期间代表如何行使权力，协助镇人大进行了 5 次专题辅导讲座。密切工作联系和指导，召开 4 次镇人大工作会议，指导各镇结合推进“疏解整治促提升”专项行动和“打造美丽乡村、构建和谐社区”专项行动等重点工作开展视察和评议，各人大街道工委配合常委会落实代表履职工作，共同推进全区经济社会发展。

（四）关于自身建设工作

届首之年，常委会把练好内功，加强自身建设摆在突出位置，发挥党建引领作用，以推进“两学一做”学习教育常态化制度化为抓手，全面加强政治、思想、组织、作风、制度建设，不断增强“四个意识”，提高履职能力和工作水平。

1. 坚持党的领导。维护区委总揽全局、协调各方的领导核心地位。坚持向区委请示报告工作制度，区人大及其常委会召开重要会议、组织重要活动、决定重大事项、出台重要制度规范之前及时向区委请示。围绕区委中心工作确定常委会工作要点，把区委的决策部署贯彻落实到人大各项工作之中，做到与区委中心工作同心同向同步。

2. 思想建设进一步强化。认真落实“两学一做”学习教育常态化制度化，在机关建立每半月一次的学习论坛制度，学习党章党规、习近平总书记系列重要讲话精神、人大制度理论、其他专业和人文知识，坚定理想信念，提高履职水平，增强运用法治思维和法治方式推动工作的能力。全年共组织开展研讨活动16次，形成各类交流文章48篇。

3. 组织建设进一步推进。结合区人大专门委员会的设立，进一步加强机关组织建设，强化各办、室人员和专业力量，实行干部轮岗，在努力提高机关干部工作素质和能力的同时，为年轻干部的发展创造条件。

4. 制度建设进一步完善。认真贯彻落实中发〔2015〕18号文件和京发〔2016〕9号文件精神，按照《立法法》和《预算法》相关规定，制定、修订了《区人大常委会议事规则》等七项规章制度，进一步推进了人大工作的制度化、规范化和程序化建设。

5. 支持和推动专门委员会开展工作。制定了《区人大专门委员会工作规则》，从制度层面对专门委员会的履职方式和工作程序加以规范，保障专门委员会依照法定程序行使职权；依法支持专门委员会完成区人大及其常委会年度监督议题，选取经济社会发展中的重点难点问题开展视察、听取、审议、调研等工作，保障人大及其常委会经常性工作的有效开展；积极推动专门委员会发挥职能作用，按专业分工参与备案审查和年度部门预算初审，并形成制度。

各位代表，届首之年，常委会顺利完成了本届人大一次会议确定的各项任务，各方面工作实现了良好开局。这是在区委的坚强领导下，全体常委会组成人员和人大代表依法履职、辛勤工作的结果，是“一府两院”和各镇人大、人大街道工委密切配合、共同努力的结果，也是社会各方面和广大人民群众关心支持的结果。在此，我代表区人大常委会，向各位代表和全区人民，向“一府两院”、镇人大、人大街道工委，向所有关心支持人大工作的同志们、朋友们，表示崇高的敬意和衷心的感谢！

对照新时代、新征程对人大工作提出的新要求、新任务，我们也深刻认识到，常委会的工作与党的要求和全区人民的期望还存在差距。主要是：围绕落实疏解非首都功能和生态涵养区建设大局，工作创新力度有待进一步加大；监督实效有待进一步增强；代表主体作用有待进一步发挥；常委会履职能力及机关服务保障水平有待进一步提高。这些都需要我们在今后的工作中采取有效措施认真加以解决。

二、2018年工作安排

2018年，区人大常委会将深入学习贯彻党的十九大精神，特别是习近平总书记在报告中关于加强和改进人大工作的重要部署，立足首都城市战略定位和新版北京城市总体规划的落实，坚持稳中求进总基调，在区委的领导下，围绕落实区域功能定位，准确把握人大工作的切入点和议题设置的侧重点，服务大局、关注民生，着力强化监督实效，充分发挥代表作用，持续推进自身建设，把十九大精神落实到人大工作的方方面面。

（一）坚持服务发展大局，推动监督工作取得新实效

围绕新版北京城市总体规划赋予门头沟区的“首都西部重点生态保育及区域生态治理协作区”、“首都西部综合服务区”和“京西特色历史文化旅游休闲区”功能定位，坚持五大发展理念，紧扣区委提出的重点目标任务和改革发展举措，发挥人大监督优势，加强法律监督和工作监督，推动“一府两院”依法行政、公正司法。

1. 坚持全面深化改革，推动转型发展。抓住疏解非首都功能这个“牛鼻子”，推进全区“十三五”规划的有效实施，促进产业转型升级和城乡一体化协调发展。听取区政府关于“十三五”规划纲要实施情况中期评估的报告和2018年上半年计划执行情况报告；专题调研流动人口管理工作情况，推动“疏解整治促提升”专项行动在门头沟区的落实和深化；审议区政府关于市政道路建设工作情况的报告并就相关工作开展深入调研，促进城市基础设施建设，补齐短板；听取区政府关于举办国际山地徒步大会情况的报告，组织区人大代表视察门头沟区西山永定河文化带建设情况，促进生态文明建设和旅游文化休闲产业发展；听取区政府关于“美丽乡村”建设工作情况的报告，主任会议视察农村产业结构调整情况，推动门头沟区“三农”工作践行“绿水青山就是金山银山”的绿色发展理念，打造“美丽乡村”。

2. 坚持加强预算审查监督。促进《预算法》和市、区预算审查监督条例、办法的落实，深化全口径预算审查监督。审议区政府2017年财政决算报告和审计工作报告、2018年上半年预算执行情况报告、预算调整方案报告和2018年地方政府债务限额报告，听取区政府审计查出突出问题整改落实情况报告，对区政府2019年计划和预算编制情况进行初步审查；落实全国人大《关于推进地方人大预算联网监督工作的指导意见》精神，推动门头沟区初步实现预算决算等基本信息的传输和查询，并就预算联网监督在基层人大财经监督工作中的运用开展调研。

3. 坚持人与自然和谐共生。推动区政府贯彻

落实《环保法》相关规定，加大生态保护和环境治理力度，打造“海绵城市”，促进生态环境质量的持续改善。听取区政府关于2017年环境状况和环境保护目标完成情况的报告及常委会2017年大气污染防治审议意见的落实情况，审议区政府关于实施“河长制”工作情况的报告，听取关于2017年常委会“煤改清洁能源”工作审议意见落实情况的报告。

4. 坚持在发展中保障和改善民生。选取与人民群众生活息息相关的重点、难点问题开展监督，推动相关领域问题不断解决，工作不断改进，使人民群众的获得感进一步提升。继续听取区政府关于分级诊疗制度建设情况的报告并开展专题调研，对精准扶贫工作的进展情况开展专题调研；听取区十六届人大四次会议代表意见建议办理情况报告；常委会对采空棚户区改造建设工作进展情况和中小学开展素质教育情况进行视察。

5. 坚持深化依法治国实践。持续推进全区法治建设，促进依法行政，推动司法体制综合配套改革在门头沟区的落实。听取区法院关于开展司法改革工作的报告；听取区检察院关于公益诉讼工作开展情况的报告；严格执行新修订的《区人大常委会规范性文件备案审查办法》，进一步规范和促进备案审查工作有序开展；认真处理群众来信来访，通过信访渠道了解掌握群众诉求和基层情况，促进问题依法公正解决。

6. 做好市人大履职联动。配合市人大做好相关监督议题的执法检查、调研等市、区联动工作。

（二）坚持代表主体地位，推动代表工作展现新活力

坚持为代表服务的思想，完善代表履职制度，提升服务保障水平，丰富活动内容，创新活动形式，更好地发挥人大代表的主体作用。发挥好三级人大代表平台和“代表接待站”的作用，开展代表接待选民活动，密切代表与群众的联系，宣传党的方针政策，倾听群众意见建议；强化服务意识，拓宽代表知情知政渠道，积极开展闭会期间履职活动，邀请代表参加视察、调研等活动，开展好年中集中活动和会前集中视察，扩大代表对人大及其常委会工作的有效参与；强化代表培训工作，开展多种形式的培训，使代表深入了解“一府两院”工作和相关法律知识，增强职务意识，提高履职能力；加强代表议案、建议的督办，指导代表提出高质量的议案、建议，督促承办单位做好办前沟通、办中通报、办后回复，使办理过程、办理结果、办理实效充分体现代表的真实意图，让代表既满意办理工作，更满意办理结果。

（三）坚持加强自身建设，推动履职能力得到新提升

把加强思想政治建设摆在突出位置，认真学习贯彻党的十九大精神，以习近平新时代中国特色社会主义思想为指导，深入开展“不忘初心、牢记使命”主题教育，增强人大及其常委会的政治意识、大局意识、核心意识和看齐意识，坚决维护习近平总书记在党中央和全党的核心地位，坚决维护以习近平同志为核心的党中央权威和集中统一领导。

坚持党的领导，把思想认识行动统一到中央、市委、区委的决策部署上来，坚持重大问题向区委请示报告制度；发挥好常委会党组的核心作用，履行好党风廉政主体责任，落实中央八项规定及市委、区委、区人大常委会党组相关实施办法，把坚持党的领导贯穿于人大依法履职的全过程和各方面。

认真研究和谋划新时代做好人大工作的新思路、新举措，为服务发展大局切实发挥职能作用奠定坚实基础；完善工作机制，创新工作方式，加强调查研究，努力提高工作质量；坚持机关学习论坛制度，强化内部管理，不断提高自身素质和履职能力，努力营造风清气正、干事创业的良好氛围；加强对基层人大工作的指导，密切与镇人大的联系，加强对街道人大工作的领导，落实新修订的镇人大工作指导意见和人大街道工委工作通则，夯实基层基础工作，形成民主法治建设合力。

各位代表，党的十九大为实现中华民族伟大复兴的中国梦绘就了新的宏伟蓝图。让我们在中共门头沟区委的坚强领导下，紧密团结在以习近平同志为核心的党中央周围，不忘初心，牢记使命，用习近平新时代中国特色社会主义思想武装头脑、指导实践、推动工作，深化对疏解非首都功能和生态涵养区的认识，以更加奋发有为的精神状态、更加求真务实的工作作风、更加扎实有效的工作措施，履行好宪法和法律赋予的职责，为打造幸福美丽门头沟、推进宜居宜业宜游的现代化生态新区建设作出新的更大的贡献。

政协门头沟区第十届委员会常务委员会工作报告

——2018年1月9日在政协门头沟区第十届委员会第二次会议上

门头沟区政协主席　张　冰

各位委员：

我受政协门头沟区第十届委员会常务委员会委托，向大会报告工作，请予审议。

一、2017年工作回顾

2017年是十届政协的届首之年。一年来，在中共门头沟区委的坚强领导、北京市政协的关怀指导、门头沟区政府及社会各界的大力支持下，区政协认真学习贯彻中共中央、中共北京市委、中共门头沟区委决策部署，紧紧团结依靠各界委员，围绕中心、服务大局，认真履行政治协商、民主监督、参政议政职能，为加快建设宜居宜业宜游现代化生态新区作出了积极贡献。

一年来，区政协结合届首之年新形势、新特点，着力夯实履职的思想、工作、制度基础。一是毫不动摇坚持中国共产党的领导，确保政协工作正确的政治方向。把迎接中共十九大、深入学习宣传贯彻中共十九大精神作为贯穿全年的重大政治任务。中共十九大召开前，与全区一道做好迎接中共十九大的各项工作，举办委员培训班、常委读书班、委员读书班，组织委员和机关干部参观“砥砺奋进的五年”大型成就展，深入学习中共中央大政方针，巩固团结奋斗的共同思想政治基础，营造良好的政治氛围。中共十九大召开后，迅速掀起人民政协学习宣传贯彻十九大精神的热潮，发出认真学习宣传贯彻十九大精神的通知，听取十九大代表、中共门头沟区委书记的专题辅导报告，召开专题党组会议、常委会议、各界委员学习座谈会议等，着力在学懂弄通做实上下功夫，牢固树立政治意识、大局意识、核心意识、看齐意识，坚决拥护以习近平同志为核心的新一届中央领导集体，自觉维护以习近平同志为核心的中共中央权威和集中统一领导，自觉以习近平新时代中国特色社会主义思想武装头脑、指导实践、推动工作。二是加强联合调研，提升政协履职能力。把联合调研作为提升履职水平的切入点，组成由专委会、民主党派、人民团体、政协智库专家和委员共同参与的调研组，深入实际摸清真实情况，集合众智提出解决办法。全年共开展基层调研座谈60余次，形成调研报告8篇、《协商意见》7篇，编辑政协信息49期351篇。三是加强制度建设，完善政协工作机制。依据政协章程，结合履职实践，制定或修订23项政协工作规章制度，完善了覆盖会议组织、经常性工作、自身建设的制度体系，推进履行职能的制度化、规范化、程序化。

一年来，区政协坚持党和政府工作推进到哪里，政协工作就跟进到哪里；人民群众期盼什么，政协工作就关注什么，自觉融入发展、服务发展、服务人民，主要从以下五方面履职尽责。

（一）务实开展政治协商

发挥政协作为协商民主重要渠道和专门协商机构作用，以落实中共门头沟区委制定的2017年政协协商工作计划为重点，丰富协商形式，加大协商密度，增强协商成效，全力助推区域经济社会发展。

提高站位，建言全局性工作。政协全体会议围绕政府工作报告、“十三五”规划落实情况开展广泛协商，在培育高精尖现代产业、提高城乡规划建设水平等方面提出建议50条，并以《协商意见》形式报送区委、区政府。围绕疏功能控人口提高宜居宜业宜游品质开展界别协商，在营造门头沟区文化创意环境、提高百姓生活质量等方面提出建议。通过市政协反映的《关于在京西打造冬奥会景观廊道的建议》《关于将北京浅山区建设提档升级为“北京湾生态带”建设的建议》《关于做好S1线开通前准备工作的建议》，均被市委、市政府、市政协的《北京信息》《昨日市情》《诤友》采用，市主管领导作出批示。

秉承新发展理念，关注生态文明建设。紧扣生态涵养这一全区首要任务，围绕打造“三位一体”生态园林景观城市和海绵城市建设召开对口协商会，从城市建设系统性、提升公园品味和市民休闲体验品质等方面提出建议。召开关于推广和应用石墨烯电热膜新型取暖机治理雾霾的提案办理协商会，为实施清洁空气行动计划提供技术参考。围绕整体打造特色小镇开展对口协商，在激发特色小镇内生动力和发展活力、突出特色产业与多业态融合发展等方面提出建议，为高品质推进特色小镇和美丽乡村建设出谋划策。

聚焦重点，助推开放型经济发展格局的构建。围绕引导社会资本有效参与 PPP 模式项目召开议政性常委会，在 PPP 模式管理体制机制建设、培训评估考核监管体系构建等方面形成 10 点协商共识，为政府制定深化投融资改革推动 PPP 合作服务实体经济的有关文件提供了重要参考。围绕促进中关村门头沟科技园创新创业发展开展专题协商，针对园区人文环境建设、投融资体制机制建设等方面提出 15 条建议，推动相关政策不断完善。开展高端旅游文化项目落地有关问题对口协商，在完善重点项目推进机制、加快打造本土旅游文化产业旗舰等方面提出 7 条建议，为推动旅游文化休闲产业发展献计出力。

不忘履职初心，牢记为民使命。针对全区商业服务业布局及发展开展专题协商，提出关于优化全区城市商业服务业布局方案，在进一步完善和细化商务发展规划实施方案、进一步加快商业“供给侧”结构性改革等方面提出 17 条建议。开展创建首都公共文化服务示范区对口协商，在拓展服务体系基础设施空间、打造文化特色活动品牌等方面提出 13 条建议。围绕推进智慧门头沟建设开展对口协商，在组织机制建设、智慧农业发展等方面提出 19 条建议。召开关于修改冬季供暖时间建议的提案办理协商会，让群众的愿望诉求、意见建议在人民政协这一协商平台上得到充分表达。

紧抓发展机遇，助力京西特色历史文化旅游休闲区建设。紧紧抓住北京长城文化带、西山永定河文化带建设契机，开展调研协商。参加市政协《北京长城文化带系列丛书》编辑工作，率先完成门头沟分册的编纂任务，形成《关于区域长城文化带资源状况的调研报告》；编辑出版《门头沟文史》第 26 辑，汇编《京西渡口与桥梁》相关资料，进一步丰富了西山永定河文化史料。召开关于保护北京西山地层剖面问题的提案办理协商会，参商部门达成了“珍惜重要的地质遗迹，应进行高水准保护性开发利用”的高度共识。

（二）扎实推进民主监督

认真贯彻落实中共中央办公厅《关于加强和改进人民政协民主监督工作的意见》、中共北京市委办公厅印发的实施意见和北京市政协贯彻落实的实施办法，扎实推进政协民主监督工作。

深化民主监督认识。召开专题常委会，就新形势下政协民主监督工作开展专题培训，研究制定《关于加强和改进政协民主监督工作的实施办法》，对监督议题确定、监督方案制定、监督准备和监督形式等六个环节，作出更加具体的制度安排。区政协开展民主监督工作的做法和经验得到市政协调研组的充分肯定，相关内容被市政协工作期刊《北京观察》刊发。受邀在市政协第三十三次常委会上就有效发挥会议监督在政协民主监督中的作用进行议政发言，提倡的主要观点被市政协理论刊物《政协研究》、全国政协干部培训中心刊物《培训与交流》和全国性报刊《人民政协报》刊发。

突出民主监督重点。准确把握“围绕党和国家重大方针政策和重要决策部署的贯彻落实情况开展监督”这一着力点，按照开展监督有计划、有题目、有载体、有成效的要求，将低收入精准帮扶工作落实情况、“七五”普法工作落实情况作为监督议题首次列入政协年度协商工作计划，并决定在“十三五”期间持续开展民主监督；把重点工程推进、为民办实事落实、提案办理情况及党风廉政建设主体责任落实情况作为常委会例行监督内容；把医药分开综合改革、校园周边环境治理、食品安全等作为持续调研视察监督内容，组织政协各参加单位、广大委员以提出意见、批评、建议的方式进行协商式监督，积极促进涉及人民群众切身利益问题的解决，全力助推区委、区政府决策部署落地见效。

力求民主监督实效。准确把握“协助党和政府解决问题、改进工作、增进团结、凝心聚力”这一监督目的，坚持调研、协商、监督有机结合，围绕低收入精准帮扶工作落实情况，组织委员深入重点镇域进行实地调研，进村入户了解实际情况，针对落实中普遍存在的问题，形成《关于进一步做好我区精准帮扶工作的建议》大会发言；针对基层干部群众反映的“生态补偿政策不平衡、深山区生态产业发展不充分”等情况，向市政协报送了《决胜小康路上不能让深山区群众掉队》的社情民意信息。探索以民主监督小组形式对“七五”普法工作落实、为民办实事工程建设及民族宗教事务开展情况实施专项监督。向区司法机关和政府有关行政执法部门推荐35名特约监督员，对公正司法和依法行政情况开展特约监督。

（三）积极组织参政议政

发挥人民政协人才荟萃、联系广泛、位置超脱的优势，不断完善丰富参政议政形式和内容，广泛调动政协各参加单位和广大委员履职积极性和主动性。

提案工作水平不断提升。政协各参加单位和广大委员围绕区委、区政府中心工作和社会关注的热点、难点问题，提交提案145件。不断强化提案委员会的基础功能，通过加强提案知识培训、完善提案工作机制、创新提案办理协商形式、加快提案工作信息化建设，推动了提案质量、提案办理质量和提案工作服务质量显著提升。

社情民意信息工作切实加强。对反映社情民意信息工作的组织体系、工作机制进行全新设计，通过多渠道带动广大委员及时了解、快速反映人民群众的利益诉求，社情民意信息质量不断提高。《决胜小康路上不能让深山区群众掉队》《关于将北京浅山区建设提档升级为“北京湾生态带”建设的建议》《关于医药分开综合改革实施后遇到的问题及建议》《关于设立国家高新技术企业鼓励金的建议》等多篇社情民意信息，得到市区领导及相关部门关注，发挥了社情民意信息“短平快”“直通车”作用。

视察考察活动务实有效。一年来，围绕全区疏解整治促提升专项行动、司法体制改革、医药分开综合改革、食品安全、重点工程建设、智慧城市建设、美丽乡村建设等区委、区政府重点工作和人民群众普遍关心的热点问题，开展主席班子、常委、界别、委员视察考察活动50余次，提出意见建议200余条，为区委、区政府推进相关工作提供了参考。

（四）充分发挥统一战线组织功能

紧紧把握团结民主两大主题，不断扩大团结面，增进共识度，努力为全区经济社会发展添助力增合力。

密切联系深化合作。坚持走访联系制度，届首之年本着“沟通、了解、指导、服务”原则，走访各党派主委、团体负责人及所在单位，与专委会联系的界别委员广泛座谈，增强了政协组织的凝聚力。坚持党派协商会议、秘书长会议制度，就年度协商工作计划、工作安排等进行充分协商。注重引领政协各参加单位开展联合调研，重视党派、团体提案及大会发言，支持各民主党派积极参加党派市委的“8+1”行动，广泛宣传政协各参加单位、广大委员送健康、送文化、送温暖等公益活动，努力做到以道相交同甘苦、以诚相交见肝胆、以心相交结真情、以志相交共奋斗。

团结各方汇聚力量。开展“五一口号”发布69周年纪念活动，发出《风雨同舟砥砺前行》倡议，协助市政协在门头沟区成功举办纪念“五一口号”春天长走活动，市政协、西城区、海淀区、丰台区、石景山区、房山区的政协领导、政协委员、机关干部及人民政协报的同志近500人参加活动，切身感受京西大地的发展变化。邀请“三胞亲属”参观域内长城，组织政协委员、党派成员参加卢沟桥醒狮跑，与区文联共同举办“扬我军威共筑长城”纪念建军90周年暨抗战爆发80周年军地书画笔会，开展与兄弟政协工作交流、业务研讨等活动，努力为全区改革发展凝聚共识、凝聚智慧、凝聚力量。

（五）努力加强政协自身建设

届首之年，区政协把加强自身建设摆在突出位置，固本强基，为开展政协工作提供了有力保障。

认真落实中共政协党组把方向、管大局、保落实政治责任，努力把党的主张转化为参加政协各党派团体和各族各界人士的思想政治共识。严格落实全面从严治党要求，深入推进“两学一做”学习教育常态化制度化，不断提升政协机关党组织的战斗力、凝聚力。严格落实中共中央八项规定及实施细则精神，支持区纪委区监委联合派驻纪检监察组开展工作，自觉接受监督。加强对政协委员中的中共党员的教育引领，在政协工作中发挥先锋模范作用。

构建政协履职工作格局。促进党派合作、发挥专委会基础作用、突出界别特色、注重委员队伍建设、加强政协机关建设，构成了门头沟区政协“五位一体”的工作格局。注重发挥各民主党派作用，提倡开诚布公，强调求同存异，传承合作初心，筑牢了同心之基。充分发挥专委会的基础作用，进一步完善了专委会联系界别、统筹界别活动等机制。进一步落实界别召集人制度，深入开展以“委员基层日”为载体的“五个一活动”，发挥了界别联系群众的桥梁纽带作用。注重加强委员队伍建设，搭建专题培训、委员沙龙、移动议政等学习交流平台，帮助委员在知学中明确职责；按照《履职工作简则》《履职量化记分办法（试行）》规定，运用信息化手段服务管理委员，引领委员在履职中明确要求。深化“五型机关”建设，开展“转变机关作风，提升群众满意度”主题活动，继续按照“提高标准，追求卓越”的工作要求，着力在“能说、能写、能干”上下功夫，努力打造一支忠诚干净担当的机关干部队伍，为服务政协工作高效运行提供有力的思想、组织、人才保障。

各位委员，过去一年的成绩，是中共门头沟区委坚强领导、市政协关怀指导、区人大和区政府大力支持的结果，是区政协各参加单位和各界委员团结合作、忠实履职的结果。在此，我代表政协常委会向为人民政协事业发展付出辛勤劳动、作出无私奉献的各位委员，向所有重视、关心和支持政协工作的各级领导、各界人士，表示崇高的敬意和衷心的感谢！

在肯定成绩的同时，我们也清醒地认识到，与新时代新要求和广大委员期望相比，在准确把握新时代政协工作规律、发挥人民政协统战组织功能、政协界别建设和委员队伍建设等方面还存在不足，我们要高度重视，认真研究解决。

二、2018 年主要工作

习近平总书记在中共十九大报告中指出：“人民政协是具有中国特色的制度安排，是社会主义协商民主的重要渠道和专门协商机构。人民政协工作要聚焦党和国家中心任务，围绕团结和民主两大主题，把协商民主贯穿政治协商、民主监督、参政议政全过程，完善协商议政内容和形式，着力增进共识、促进团结。加强人民政协民主监督，重点监督党和国家重大方针政策和重要决策部署的贯彻落实。增强人民政协界别的代表性，加强委员队伍建设。”这为新时代推进人民政协事业发展指明了前进方向。我们要牢记责任使命，认真履职，积极作为，全力抓好贯彻落实。

2018 年是贯彻中共十九大精神的开局之年，是决胜全面建成小康社会、实施“十三五”规划承上启下的关键一年。中共门头沟区委在 2017 年 12 月 27 日召开的十二届五次全会上明确提出：面对党的十九大和市委、市政府一系列新部署新要求，门头沟区承担的责任更重了，要求更高了。我们必须在服务首都城市战略定位、加强“四个中心”功能建设、提高“四个服务”水平中找准定位，必须在落实新版北京城市总体规划、持续强化生态涵养功能中找准定位，必须在坚持以人民为中心的发展思想、满足人民日益增长的美好生活需要、着力解决发展不平衡不充分的问题中找准定位，全力建设宜居宜业宜游现代化生态新区，打造幸福美丽门头沟。这为区政协履行职能指明了方向。我们要自觉服从服务全市、全区改革发展大局，做到谋划工作要在大局下思考，推动工作要在大局下行动，检验工作要用服务大局的实效来衡量，秉承创新、协调、绿色、开放、共享新发展理念，认真做好调研协商、团结统战各方面工作，广泛聚智聚力，积极献计献策，同心协力谋发展，步调一致干事业。

2018 年区政协工作总体要求是：在中共门头沟区委的领导下，深入学习贯彻落实中共十九大精神，以习近平新时代中国特色社会主义思想为指导，牢牢把握“党是领导一切的”这一根本政治原则，牢牢把握人民政协的性质定位，坚持团结民主两大主题，坚持围绕中心、服务大局，认真落实中共门头沟区委十二届五次全会决策部署，认真履行政治协商、民主监督、参政议政职能，为建设宜居宜业宜游现代化生态新区、打造幸福美丽门头沟作出积极贡献。

（一）以思想建设为根本，更加自觉地坚定政治信念

用中共十九大精神武装头脑、指导实践、推动工作。把学习宣传贯彻中共十九大精神作为首要政治任务，通过政协学习报告厅、委员读书班、政协移动议政平台等形式，组织政协各参加单位、各界委员在学懂弄通做实上下功夫，切实把思想和行动统一到中共十九大精神上来，把智慧和力量凝聚到中共十九大确定的目标任务上来。深入学习贯彻中共十九大和习近平总书记关于人民政协工作的重要指示精神，学习人民政协章程，准确把握人民政协性质定位，努力把学习的过程变成深入思考、完善思路的过程，变成增强本领、推进工作的过程，变成凝心聚力、团结奋斗的过程，以履职成果检验学习实效。

着力加强政治建设进一步提高政治素养。人民政协是中国共产党领导的重要政治机构，必须旗帜鲜明讲政治。要始终不渝坚持中国共产党领导，努力把党的主张转化为参加政协各党派团体和各族各界人士的共识。人民政协作为社会主义协商民主的重要渠道和专门协商机构，协商讨论是宽松的，协商氛围是民主的，但在事关道路、制度、旗帜、方向等根本问题上，立场不能含糊、原则不能动摇。人民政协作为统一战线组织，必须把加强大团结大联合摆在更加突出位置，政协委员中的共产党员要牢固树立党的意识，严守政治纪律和政治规矩，切实发挥好表率和带动作用，做合作共事、发扬民主的模范，做勤政务实廉洁为民的模范。

（二）彰显政协工作独特优势，更加有力地服务发展大局

增强协商建言的针对性进一步提高协商质量。将协商民主贯穿履职全过程，按照“抓重点、补短板、强弱项”的要求，以中共门头沟区委确定的2018年政协协商工作计划为重点，聚焦“四个中心”功能建设、“四个服务”水平的提升，围绕加快“首都西部重点生态保育及区域生态治理协作区、首都西部综合服务区、京西特色历史文化旅游休闲区”三大功能建设，推进“科技创新、生态涵养、文化旅游”三大融合，打好“棚户区改造、低收入精准帮扶、污染防治”三大攻坚战，组织开展广泛的协商议政，深入基层扎实调研，增强协商建言深度，为全区经济社会健康发展提出真知灼见。

深化民主监督进一步推动重大决策部署落地生根。紧紧抓住协商式监督特点，聚焦区委、区政府重大决策部署的落实，涉及群众切身利益问题的解决，国家机关及工作人员的作风建设等，依法依章通过调研视察发现问题，围绕履责不力提出批评，针对存在不足督促改进，特别是对低收入精准帮扶工作、推进“放管服”改革优化营商环境工作、“七五”普法工作的落实情况及重大民生工程推进情况开展民主监督，做到在参与中支持、在支持中服务、在服务中监督。

把履职为民贯穿政协工作全领域、全方位、全过程。紧密结合人民群众对“便利性、宜居性、多样性、公正性”美好生活的需要，围绕实现中共十九大提出的“七有”要求，紧扣统筹城乡文化、体育、教育、医疗、卫生、养老等公共服务体系建设，城乡道路、交通、水、电、气、热基础设施完善及美丽乡村建设等关系群众切身利益的问题，通过协商议政、政协提案、反映社情民意信息等履职形式献计出力。持续开展“委员基层日”活动，深入界别群众和基层群众，真诚倾听群众呼声，真实反映群众意愿，让人民群众感到政协委员就在身边，人民政协离自己很近。

（三）以团结民主为主题，更加主动地汇聚发展合力

唱响团结民主主旋律。充分发挥人民政协作为统一战线组织功能，广泛团结民主党派、工商联、无党派人士和社会各界人士，坚持有序政治参与，广开言路，博采众谋，努力寻求最大公约数。主动协助区委、区政府做好协调关系、理顺情绪、化解矛盾、增进团结工作，努力画出最大同心圆。

汇聚改革发展正能量。紧紧抓住长城文化带和西山永定河文化带建设契机，深入挖掘门头沟区文化内涵，讲好门头沟故事，厚植文化自信。围绕非首都功能的疏解与城区优质资源的承接等实际问题开展调查研究，促进京津冀协同发展。在重要时间节点开展纪念活动，不断探索创新团结联谊方式方法，广交深交朋友，为全区改革发展汇聚正能量。

（四）以能力建设为抓手，更加全面地增强工作活力

深入研究政协工作。人民政协事业发展正处于一个大有作为的时期，要增强责任感、使命感，准确把握人民政协的性质定位、职能作用和重要原则，积极探索政协工作中的理论和实践问题。进一步加强和改进人民政协的民主监督工作，进一步拓展更好发挥政协统战组织功能的有效途径，进一步增强专委会的基础作用，创新富有界别特色的履职方式，不断拓宽知情明政渠道，加快政协工作信息化建设步伐，进一步形成政协工作的生动实践。

进一步提升履职能力。以改革思维、创新理念、务实举措推进履职能力建设。提高政治把握能力，坚持把学习贯穿履职全过程，引领广大委员学以聚识、学以夯实共同思想基础。提高调查研究能力，坚持不调研不协商、先调研后协商，引领广大委员紧紧围绕2018年政协协商工作计划、区委区政府中心任务，深入一线沉到基层，在分析和集中各方面意见上下功夫，在求深求精上下功夫，努力提出有针对性、前瞻性、可操作性的意见建议。提高联系群众能力，坚持以人民为中心的思想，引领广大委员紧密联系和服务群众，发挥好桥梁纽带作用。提高合作共事能力，坚持民主协商、平等议事的工作原则，营造既畅所欲言、各抒己见，又理性有度、合法依章的良好协商氛围，不断增进思想共识，加强合作共事。

进一步加强队伍建设。深入贯彻落实中共十九大关于加强委员队伍建设的要求，加强对委员履职的服务与管理，努力建设一支“懂政协、会协商、善议政”“守纪律、讲规矩、重品行”的委员队伍。搭建政协学习报告厅、委员沙龙等学习培训、履职交流平台，帮助委员拓宽视野、知情明政。坚持走访联系委员制度，积极引导委员进一步增强委员意识、责任意识。每名政协委员要自觉用宪法法律规范自己的言行，遵守政协章程和各项决议，遵守委员履职工作规则，正确处理本职工作和履行职

责的关系，切实当好界别群众的代表、本职工作的模范、政协履职的主体。进一步加强政协机关建设，深入开展“不忘初心，牢记使命”主题教育，持之以恒强素质，驰而不息抓作风，努力打造一支政治坚定、作风优良的机关干部队伍。

各位委员，新起点开启新航程，新时代赋予新使命！让我们更加紧密地团结在以习近平同志为核心的中共中央周围，在中共门头沟区委的坚强领导下，以坚定的信念、为民的情怀、担当的品格、务实的作风，认真履职、携手奋进，为决胜全面建成小康社会、建设宜居宜业宜游现代化生态新区、打造幸福美丽门头沟作出新的更大贡献！

中共门头沟区委委员会

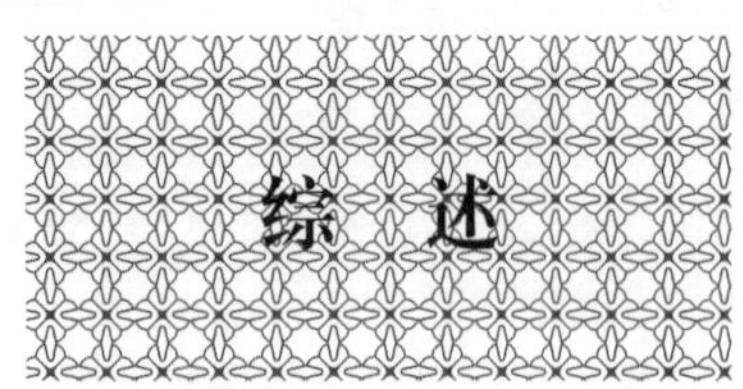

综　述

2018年，区委常委会围绕落实区域功能定位，推动“绿色发展、生态富民、弘扬文化、文明首善、团结稳定”，各领域工作均实现新突破。召开区委全会2次，召开常委会会议38次。

一、践行使命保生态，“绿色发展”方向更加坚定

坚持不忘初心，全力以到筑屏障、治污染、护水源，续写为首都奉献“一片绿”的新佳绩。一是规划把控更加严格。对标新版北京城市总规，及时校准地区发展方向，绿色发展导向更为鲜明。率先成立区规划建设委员会，统筹管控区域规划建设重大事项，强化规划的严肃性和权威性。率先基本完成分区规划编制，生态安全与空间管控等22个专项规划初步成果即将报审；结合分区规划编制，同步调整水源区保护规划、林业规划，实现“多规统筹”。二是城乡发展更加有序。紧扣“三个严禁”，保持战略定力，在城区，压缩开发强度，强化留白增绿，推动职住平衡，发展质量有效提升；在小城镇，坚持新农村建设主线，暂缓未完成镇域规划或产业规划不明确的镇域大规模开发，坚决叫停不符合功能定位的项目、清退相关开发企业，严禁新增房地产开发。创新18.63平方公里废弃工矿用地“退、并、转”路径，实现“控房减地、非白即绿”。主动与冬奥组委、西城区、石景山区、首钢多次对接，强化区域协同、产业互促；积极与京能、京煤集团合作，谋划资源统筹利用及绿色产业发展。三是生态环境更加宜居。瞄准国家森林城市创建目标，实施京津风沙源治理1.5万亩，新增造林6.1万亩；新开工建设4个公园，面积达122公顷；坚持PM2.5治理“0.1个微克0.1个微克”，地区PM2.5年平均浓度为47微克/立方米，同比下降12.9%，门头沟区低于市级目标7微克；落实河长制，开工建设81个村级污水处理站，成功创建水生态文明试点城市。四是产业培育更加有力。委托波士顿咨询公司开展产业规划研究，明确打造文旅体验、科创智能、医药健康“三大产业”。发展精品旅游，国家全域旅游示范区、国家级旅游业改革创新先行区47项重点任务扎实推进。争取国家体育总局支持，依托山地特色发展户外运动。落实北京市“10+3”“9+N”政策和门头沟区“高精尖19条”，坚持区级领导包企联络、重点企业“早餐会”和“服务包”等机制，营商环境持续优化。成立中关村门头沟园发展顾问委员会，建成一批科技企业孵化器和公共服务平台，园区产业结构不断升级，地均产出率和劳均产出率增速在中关村示范区中名列前茅。

二、坚持不懈惠民生，“生态富民”步伐更加稳健

坚持以人民为中心的发展思想，办好惠民利民实事，群众获得感不断增强。一是棚改攻坚持续发力。棚改安置房建设加速推进，市政配套设施不断完善，工程质量进一步提升，手续办理等问题加快破解，全年建成棚改安置房14307套，即将实现1万户群众搬迁上楼。二是乡村振兴深入推进。学习实践浙江丽水“绿水青山就是金山银山”的好经验好做法，明确门头沟区美丽乡村建设“十个好”机制，率先出台《门头沟区村庄民宅风貌设计导则》及《村民手册》，落实“六不变”原则。建立规划师驻镇长效机制，完成70个村规划编制，其余68个村规划正在加快编制。实现45个低收入村与市级部门和企业结对帮扶全覆盖。率先开展“点状供地”试点，出台村地镇管实施办法。引进社会资本打造一批精品民宿，乡村旅游吸引力不断增强。实施农村“五边”绿化，人居环境进一步改善，在全市美

丽乡村人居环境整治核查中，位列生态涵养区首位。三是民生保障持续加强。教育集团化办学稳步推进，景山学校门头沟校区加快建设，高考一本上线人数同比增长 28.69%，市级“金招牌”学校数量位列生态涵养区首位。巩固医药分开综合改革成果，首都医科大学门头沟教学医院正式挂牌，阜外医院西山园区落户门头沟区。强化就业精准服务，城镇登记失业率控制在 4.5% 以内。四是基础设施更加完善。83 项区级重点工程按计划推进，S1 线与地铁 6 号线联接换乘，完成 108 国道二期改建工程，双大路二期开工建设，109 国道新线高速路项目前期稳步推进，区第二再生水厂投入使用，区体育文化中心、区政务服务中心等项目有序推进，全区行政建制村实现“村村通公交”，城乡运行服务保障水平进一步提升。

三、传承历史凝内涵，“弘扬文化”成效更加鲜活

坚持文化筑魂、“文”和“物”保护并重，“六大文化”资源活力进一步释放。一是规划引导持续加强。围绕服务全国文化中心建设，制定门头沟区推进全国文化中心建设行动计划，开展西山永定河文化带、长城文化带、分区规划历史文化保护与发展专题编制，谋划重点项目 35 个，完成永定河文化博物馆新馆选址。二是保护传承持续创新。与北京联合大学合作，深化文化保护传承“六四一”模式，推动分区规划与文化保护传承“多规合一”。坚持“建筑文化古色古香，历史文化上口上墙，红色文化感己感人，民俗文化常颂常扬”，利用各类文化服务平台，深入诠释“六大文化”内涵、讲好“四个一”的门头沟故事，举办《永定人家》舞台剧、大美永定河摄影展等活动，文化保护传承进一步贴近群众。三是品牌影响持续增强。举办第十二届永定河文化节、第九届北京国际山地徒步大会、第二届东胡林人论坛，推出大型人文地理纪录片《永定河》并获得良好反响。举办妙峰山香会、京西古道灯会等活动，展示传统文化的魅力。

四、敢打敢拼勇创城，“文明首善”形象更加彰显

坚持文明首善，以创建全国文明城区为总抓手，搭建干事创业舞台，推动全区干部在新时代显身手、展风采。一是创城攻坚实现高标启航。围绕创建全国文明城区，区四套班子多次外出考察、组织理论中心组学习研究，区委提出“三步并做两步走，三年实现双达标，六年实现摘桂冠”的目标，推出“门头沟点赞”大拇指行动、创城擂台赛等品牌，出台创城考核和监督执纪问责办法，在首都文明办组织的创建全国文明城区测评中，门头沟区在首都文明区和首都文明示范区 7 个区中名列第一、实地考察得分在 16 个区中名列第一。二是“赛马”激励彰显首善追求。坚持把文明首善作为全区广大干部的总追求，彰显“讲奉献、争第一”的门头沟精神，建立“单月书记点评会、双月创城擂台赛”机制，出台“比学赶超”实施方案，形成“赛马”效应，“比武打擂、比学赶超、比肩奉献”的氛围日益浓厚。围绕创城推进“疏整促”专项行动，市级上账任务全部完成，主动打响拆违百日攻坚战，拆除潭柘寺公园周边等“硬骨头”违建，在全市率先完成大棚房集中整治，集中遏制农地非农化，年内，实际拆违 146.86 万平方米，为建成基本无违建区奠定基础。三是向善崇德成为文明风尚。大力实施文明风尚培育工程，宣传社会主义核心价值观，推出 36 名“道德模范”身边榜样，开展“礼让斑马线”、环境整治等活动，在全社会倡导向善崇德，深入挖掘具有鲜明区域特色的百姓故事，使文明首善成为门头沟人特有的精神内涵。

五、驰而不息强党建，“团结稳定”基础更加坚实

坚持“抓好党建就是最大的政绩”，落实全面从严治党主体责任，党建引领保障作用不断强化。一是思想政治引领更有力。牢固树立“四个意识”，践行“两个维护”，自觉在思想上政治上行动上同以习近平同志为核心的党中央保持高度一致。深入学习习近平新时代中国特色社会主义思想，认真开展各级理论中心组学习，不断提高党员干部政治素养和理论水平。健全党领导意识形态工作机制，落实定期通报、会商、研判等机制，把牢意识形态工作主动权。二是京西铁军风采更鲜明。落实新时代好干部标准和市委“四个不让”要求，坚持“团结统一、红色传承、向善尊贤、三严三实、互勉包容”的干部队伍建设原则，各级领导班子结构进一步优化。出台《关于建设新时代高素质专业化干部队伍的实施意见》《关于激励干部新时代新担当新作为建立容错纠错机制的办法》，引导干部“讲奉献、争第一”。三是基层基础工作更扎实。统筹推进党建引领“街乡吹哨、部门报到”工作，改革创新镇街管理体制机制，开展基层党组织和在职党员“双报到”，打通服务群众“最后一公里”。在全市率先建立 120 人的农村党建助理员队伍，加强党支部规范化建设，对 295 个村（社区）党组织进行评

星定级，抓好软弱涣散村党组织整顿，全面推行“两新”组织党建公示牌制度，不断夯实基层基础。四是党风廉政建设更严实。召开全区领导干部警示教育大会，倡导“四个当先、一个当头”，以首善标准推进全面从严治党向纵深发展。保持整治“四风”高压态势，共查处违反中央八项规定精神案件9起13人次。持续深化区委巡察工作，累计完成5轮对27家单位党组织的巡察。推进纪律检查体制和监察体制改革，派驻纪检监察组实现区级机关全覆盖。严肃查处重点领域腐败问题，年内立案117件，结案103件，给予党纪、政务处分97人，移送司法机关4人，巩固反腐败斗争压倒性态势。五是安全维稳保障更强化。推进“平安门头沟”建设，将反邪防邪纳入社会治安防控体系；坚持社会矛盾化解常态化，实施城乡结合部及违法群租房专项整治，开展扫黑除恶专项斗争，实现重大恶性案件“零发生”。扎实开展非洲猪瘟防控工作，实现辖区生猪养殖数量清零。牢固树立安全发展理念，落实城市安全隐患治理三年行动计划，群众安全感显著提升。

区委注重加强对区人大、区政府、区政协党建工作的领导，坚持将其纳入党建工作全局谋划推进，引领各党组发挥好领导核心作用。支持区人大履行宪法和法律赋予的职责，加快推进法治政府、服务型政府建设，召开区政协党建工作会，强化协商民主建设。支持区法院、区检察院推进司法体制改革，深化群团改革，积极构建大统战工作格局，北京市各民主党派支持门头沟区“8+1”行动扎实开展。坚持党管武装，率先成立区军民融合发展委员会，出台军民融合创新发展三年行动计划，双拥工作扎实推进。

单位名称：北京市门头沟区委办公室

地　　址：北京市门头沟区新桥大街36号

电　　话：69842176

邮　　编：102300

（刘　楠）

【重点工程】　1月2日，门头沟区召开2018年土地上市相关问题专题会，区领导张贵林、付兆庚等，区发改、财政等相关单位主要负责人，京煤集团、中建一局等相关企业负责人参加会议。区国土分局汇报2018年计划入市项目情况，与会单位围绕下一步工作进行研讨。6月28日，区领导实地调研门头沟区棚改工作，区领导张力兵等到小园8号地块、小园3A号地块、曹各庄北侧地块、城子村委会地块、城子D地块详细了解项目进展情况。区相关部门负责人参加调研。12月19日，召开门头沟区分区规划涉及重点工作专题会，区领导张力兵、付兆庚等，区规划国土、发展改革等部门以及各镇负责人，市规划院负责人参加会议，听取市规划院关于分区规划涉及高校选址、点状供地等重点问题的汇报，并围绕相关问题进行讨论。

（田玉娇）

【民主生活会】　1月18日，区委召开区委班子民主生活会会诊会，区委常委、区人大主任、区政协主席参加会议。区委书记张贵林主持会议，并向与会各位同志通报区委常委领导班子征求到的意见，并部署下一步民主生活会相关工作。2月5日，召开区委常委班子民主生活会集体会诊会。区领导张贵林、付兆庚等参加，对区委常委班子对照检查材料进行研究，对班子成员之间的互提意见进行“会诊”、统筹。7日，召开区委常委班子2017年度民主生活会，区领导张贵林、付兆庚等参加民主生活会，陈国才、张冰列席。会上，张贵林通报区委常委班子2016年度民主生活会整改方案落实情况以及2017年度民主生活会征求意见情况，代表区委常委会作对照检查发言。区委常委逐一作个人对照检查发言，开展批评和自我批评。

（田玉娇）

【低收入精准帮扶】　1月19日，召开2018年门头沟区低收入精准帮扶工作推进会。区领导张贵林、付兆庚等，区相关单位、各镇负责人，低收入村党支部书记、第一书记、村委会主任，相关帮扶企业分别在主会场及各分会场参加电视电话会议。会上，总结2017年低收入帮扶工作并部署2018年工作任务，区直机关工委总结2017年党员干部低收入工作并部署2018年机关工作，相关单位进行交流发言。3月27日，区领导与内蒙古武川县代表团座谈，呼和浩特市委常委、武川县委书记，武川县委常委、常务副县长，武川县副县长，区领导付兆庚等，区相关部门负责人参加座谈。4月20日至21日，区领导到内蒙古开展精准扶贫对接工作，区领导张力兵等，区相关部门负责人到察右后旗和武川县两地进行精准对接。内蒙古自治区党委常委、呼和浩特市委书记，市委副书记、市长，乌兰察布市委书记，呼和浩特市委常委、武川县委书记，武川县委副书记、县长，察右后旗旗委书记，察右后旗政府旗长等领导参加对接。27日至28日，门头沟区领导到河北省张家口市涿鹿县对接对口帮扶工作，区领导张力兵等，张家口市委常委、副市长，涿鹿县领导，门头沟区及涿鹿县有关部门负责人一同到张涿高速与太行山高速、109高速连接处，现代农业园区，桑干河综合治理工程现场调研，慰问建档立卡贫困户。随后，召开座谈会，门头沟区与涿鹿县介绍经济社会发展情况，就帮扶对接项目进行交流。5月9日，区领导到市国资委对接市管国企和低收入重点村“一企一村”结对工作，市国资委党委书记、主任等，区领导张力兵、付兆庚等，市国资委和门头沟区相关部门负责人参加。23日，北京市国有企业“一企一村”结对帮扶签约活动在门头沟区举行，市国资委领导等，市农委领导，区领导张力兵等，市、区相关部门负责人，市属企业及帮扶项目主要负责人、结对低收入村负责人参加活动。门头沟区12个低收入村与12家帮扶企业进行签约，京能集团代表、帮扶村代表分别进行发言。7月3日，举行深化“8+1”行动推进会暨助力门头沟区低收入帮扶和美丽乡村建设签约仪式，市委常委、统战部部长，民革市委主委，民盟市委主委，九三学社市委主委，台盟市委主委，市委统战部常务副部长，各民主党派市委有关负责人，区领导张力兵、付兆庚等，区各民主党派主委，区有关单位负责人参加。实地考察潭柘寺镇卫生院“名医工作室”等“8+1”行动有关项目，各民主党派市委与门头沟区8个低收入村签署帮扶协议。10月16日，启动“扶贫协作　我们在行动”门头沟区扶贫协作和对口支援帮扶大集活动，市扶贫援合办副主任，内蒙古自治区、西藏自治区、河北省结对地区有关领导同志，区领导张力兵等参加启动仪式，现场扫描二维码完成社会扶贫网注册。

（田玉娇）

【党建人才工作】　1月22日，召开门头沟区社会建设暨城市基层党建工作电视电话会，区领导张贵林等，区有关部门及各镇街负责人，社区“两委”主要负责人分别在主会场及各分会场参加电视电话会议。区委社会工委作全区社会建设工作报告，区委组织部部署全区城市基层党建工作，相关镇街及社区进行交流发言。31日，召开区委党的建设工作领导小组专题会暨全面开展党支部规范化建设现场会，区领导张贵林等，部分区委党的建设工作领导小组成员，各镇街、各系统相关负责人，区委基层党建重点任务调研督查组成员参会。2月6日，召开2017年“门头沟区优秀人才”“门头沟区青年人才”认定大会，区领导张贵林等，市委组织部领导，区人才工作领导小组成员，各单位主管人才工作副职领导，区优秀人才、青年人才参加会议。与会领导为“门头沟区青年人才”“门头沟区优秀人才”颁发证书、奖杯和“人才服务绿卡”。27日，召开2017年度门头沟区镇（街道）、系统党（工）委书记抓基层党建述职评议会，市委组织部有关领导，区领导张贵林、付兆庚等，区委党建工作领导小组成员，“两代表一委员”代表，基层干部群众代表参加会议，区有关单位负责人列席会议。有关镇（街道）、系统党（工）委书记依次述职，与会区委常委同志分别作点评。会上，集中点评党风廉政建设情况，集中点评落实意识形态工作责任制情况。3月8日，召开门头沟区老干部工作会，区领导付兆庚等，离退休区级老领导，区相关部门负责人参加会议。会上，传达北京市老干部工作会精神和市委书记蔡奇同志讲话精神，听取《全区离退休干部工作报告》。14日，召开门头沟区2018年党建工作会，区领导付兆庚等，区法检“两长”，区人大、政协各委室主任，全区各单位党、政主要负责人及有关负责人参加会议。会上，部署政法工作及统战工作，部署组织工作并通报区委常委班子2017年度民主生活会召开情况，部署宣传思想文化工作。22日，召开2018年区直机关系统党建工作大会，区领导付兆庚等，区直机关系统各单位党组书记以及有关负责人参加会议。会上，付兆庚作讲话，区直机关工委负责人作机关党建工作报告，相关单位进行表态发言。4月16日，召开区委党的建设工作领导小组2018年第一次全体会议，区领导张力兵等，区委党的建设工作领导小组成员，各镇街党（工）委书记，区委巡察办主任参加会议，审议“区委党的建设工作领导小组工作规则”调整建议等事项。会上，张力兵与区直机关工委、永定镇党委等党（工）委负责人签订抓党建工作责任书。5月9日，张力兵为门头沟区农村党组织书记授课，区领导，有关部门、各镇党委及各村党组织负责人、市区选派“第一书记”参加。6月6日，召开区委党的建设工作领导小组2018年第二次全体会议，区领导张力兵等，区委党的建设工作领导小组成员单位、各镇街、区有关单位负责人参加会议，听取全区“两新”组织党建工作情况汇报。部分单位进行交流发言。9月3日，张力兵为门头沟区2018年秋季干部培训班授课，以“打赢创建全国文明城区攻坚战，着力开创现代化生态新区建设新局面”

为主题，从创城的概念、意义、形势、任务、要求等五个方面，为门头沟区处级党员干部和年轻党员干部代表、区相关部门党员干部及党外人士代表授课。

（田玉娇）

【大型活动、仪式】 2月6日，举行门头沟区2018年迎新春大型文艺演出，市委宣传部领导，市文化局领导，市社科联领导，市文联领导，前线杂志社总编辑，中国诗歌学会会长，北大中国诗歌研究院院长，区领导张贵林等出席活动。3月7日，门头沟区举办“最美的她们”暨美丽乡村巾帼行活动，区领导付兆庚等参加活动开幕式，慰问全区各界优秀女性并合影留念。4月24日，举行纪念中共中央发布“五一口号”70周年植绿活动，区领导张力兵等，区各党派各界别代表、政协机关干部参加活动。25日，举行2018年门头沟区庆“五一”先进表彰暨慰问演出活动，市总工会领导，区领导付兆庚等，区有关单位负责人、部分劳模代表和职工代表参加活动。到会领导为门头沟区先进集体和个人颁奖。5月3日，举行门头沟区共青团“五四”主题团日活动暨“农商银行杯”青年创新创业大赛，团市委书记，北京农商银行党委书记、董事长，区领导张力兵等，团员青年代表以及各参赛队伍参加。团员青年代表重温入团誓词，6支参赛队伍进行项目竞演，与会领导为获奖参赛队伍颁发奖杯。23日，举行“驻京知名企业门头沟行”活动，市投资促进局领导，区领导张力兵等，爱立信等40余家驻京知名企业负责人，区有关部门负责人参加活动，实地考察中关村门头沟园区京西创客工场，进行政企交流。31日，举行“争做新时代好队员”门头沟区2018年庆“六一”活动，团市委副书记，区领导张力兵、付兆庚等，区相关部门负责人参加活动，为少先队新队员佩戴红领巾，观摩冬奥主题课程、青少年创意活动。6月26日，区领导班子开展“传承红色基因 牢记初心使命”主题党日活动，区领导张力兵、付兆庚、陈国才、张冰等，区法检“两长”，九大工委主要负责人、各镇街党（工）委书记前往京西山区中共第一党支部纪念馆、崔显芳烈士纪念馆及故居、田庄高小党支部旧址参观。张力兵领誓，全体人员重温入党誓词。27日，举行“巾帼心向党 建功新时代”——“最美的她们”风采展示暨“传承红色基因 牢记初心使命”主题党日活动，市妇联党组书记、主席，张力兵、付兆庚、陈国才等区领导，区有关单位、镇街负责人参加，观看“巾帼心向党 建功新时代”成果展示。市、区领导为“最美的她们”代表颁奖。7月30日，举行门头沟区“军事日”活动，公安部警卫局培训中心相关领导，区领导张力兵、付兆庚、陈国才、张冰等，区相关单位负责人到公安部警卫局培训中心潭柘寺基地参加活动。全体人员观摩警卫博击、警卫特驾、警卫战术等实战化训练科目演示，参观营区建设情况，观看潭柘寺基地视频介绍片，赠送慰问金，并围绕相关工作进行座谈。8月12日，举办第十二届永定河文化节开幕式，市委副秘书长、宣传部副部长，市文联党组书记，北京电视台总编辑，北京青年报社党组书记、社长，文投集团总经理，河北省涿鹿县委书记，各专家学者，区领导张力兵、付兆庚、陈国才、张冰等，各区有关负责人参加。31日，举办2018－2019学年度大峪中学分校暨附属小学建校元年开学典礼，区领导张力兵、付兆庚等，区教委、区相关单位负责人，区内中小学校长代表、教职工代表、学生家长代表，大峪中学分校及大峪中学分校附属小学全体学生参加活动。9月7日，召开门头沟区2018年欢送新兵大会，区领导张力兵、付兆庚等，区征兵工作领导小组成员单位，各镇街负责人，新兵及新兵家长参加。24日，举办“月圆京城 情系中华”门头沟区庆中秋主题文艺演出，市文联领导，区领导张力兵等，区劳动模范、道德模范代表及老干部、老党员代表，区各界群众800余人一同观看演出。30日，举办门头沟区烈士纪念日公祭烈士活动，区领导张力兵、付兆庚等，区相关部门负责人，驻区部队官兵、中小学学生、军烈属代表等在宛平抗日烈士纪念公园举行公祭，向为全民族抗战事业献身的烈士默哀，向宛平抗日烈士纪念碑敬献花篮。10月9日，举办中关村门头沟园第四届“创新创业活动周”开幕式暨2018年京西创新论坛，市政协副秘书长，中关村国家自主示范区管理委员会副主任，浙江省丽水市政协副主席，区领导张力兵、付兆庚等，市、区有关部门负责人，浙江省丽水市政协调研组成员参加。中国工程院院士，中科院自动化研究所研究员分别作专题演讲。16日，举办“孝满京城 德润人心”2018年北京重阳节文化系列活动。区领导付兆庚、陈国才、张冰等参观创城书画展、百对金婚摄影展，并与区相关单位主要负责人、老干部、孝星、志愿者、群众代表800余人共同观看“孝满京城 德润人心”诗歌朗诵。12月20日，举办第二届东胡林人论坛开幕式，市政协副主席致辞并宣布开幕，张力兵致辞。北京大学、市文物局等各界专家学者及相关人士参加。

（田玉娇）

【全体扩大会议】 2月12日，召开全区领导干部大会暨区级年度考核测评工作会，区领导张贵林、付兆庚、陈国才、张冰等，区级干部，区法检“两长”，区委委员，区人大、政协各委室主任，区各单位党、政主要负责人，区纪委委员，部分担任过区级领导职务的老同志，部分全国、市、区党代表、人大代表、政协委员分别参加会议和考核测评。市委组织部有关负责人到会指导。会上，作2017年度区委领导班子工作总结报告，部署维稳有关工作，部署城市运行、安全生产、环境布置和应急值守等有关工作，部署春节期间党风廉政建设工作。3月21日，召开全区领导干部大会，区领导付兆庚、陈国才等，区人大、政协各委室主任，全区各部门党政主要负责人，各镇街领导班子成员在各分会场参加会议。付兆庚主持会议并讲话。会上，传达全国“两会”精神及全市领导干部电视电话会精神。23日，召开全区领导干部大会，区领导付兆庚、陈国才等，区人大、政协各委室主任，全区各部门党政主要负责人，各镇街班子成员分别在分会场参加会议。会上，传达北京市全面推进2022年冬奥会和冬残奥会筹办工作动员部署大会精神并部署有关工作。4月7日，召开全区领导干部大会，市委常委、组织部长，区领导，全区中层正职以上领导干部参加会议。宣布市委决定：张力兵任中共北京市门头沟区委员会委员、常委、书记，免去张贵林中共北京市门头沟区委员会书记、常委、委员职务。张贵林、张力兵分别作讲话。付兆庚代表班子表态。7月16日，召开中国共产党北京市门头沟区第十二届委员会第六次全体会议，区委常委会主持会议。会议听取和讨论张力兵代表区委常委会所作的工作报告，表决通过《关于批准辞去区委委员职务的决定》。付兆庚部署经济社会发展工作。9月29日，召开全区领导干部大会，区领导张力兵、付兆庚、陈国才、张冰等，区法检“两长”，区人大、政协各委室主任，全区各单位、各镇街负责人分别在主会场和分会场参加会议。11月26日，召开全区领导干部警示教育大会。区领导张力兵、付兆庚、陈国才、张冰等，市纪委市监委第五纪检监察室领导，全区各单位、各镇街、各村居负责人分别在主会场和分会场参加会议。会议传达全市领导干部警示教育大会精神，通报2018年门头沟区纪检监察机关执纪审查工作情况。12月25日，召开中国共产党北京市门头沟区第十二届委员会第七次全体会议。会议听取和讨论张力兵代表区委常委会所作的工作报告，审议通过《北京市门头沟区机构改革方案（送审稿）》，按程序上报市委；书面审议《区委常委会2018年抓党建工作情况报告》。

（田玉娇）

【街乡吹哨、部门报到】 3月30日，召开门头沟区“街乡吹哨、部门报到”工作动员部署会，区领导付兆庚等，区“街乡吹哨、部门报到”专项工作领导小组成员单位有关负责人，试点单位党政主要负责人参加会议。会上，传达蔡奇书记指示精神、全市动员部署会议精神、试点单位培训会精神，对《门头沟区落实“街乡吹哨、部门报到”实施方案的工作安排》进行部署。5月11日，召开门头沟区“街乡吹哨、部门报到”专项工作汇报会，区领导张力兵、付兆庚等，有关部门、各镇街负责人参加，听取参会部门、镇街关于“街乡吹哨、部门报到”工作进展情况的汇报。与会区领导提出工作意见。30日，召开门头沟区“街乡吹哨、部门报到”专项工作推进会，区领导张力兵、付兆庚等，区相关部门及各镇街负责人参加会议，实地查看永定镇综合执法中心和综合执法平台，随后召开推进会，听取有关单位的工作情况汇报。

（田玉娇）

【区领导外出学习调研】 5月3日，门头沟区与西城区进行手拉手帮扶工作对接。西城区领导卢映川、李异、徐利，区领导张力兵、付兆庚等，西城区及门头沟区有关部门负责人参加会议，围绕做好帮扶工作进行座谈。8月16日，张力兵实地走访北京光环新网科技股份有限公司，察看企业机房，听取企业发展有关情况的汇报。区有关部门主要负责人一同参加。12月4日，门头沟区与西城区进一步对接生态涵养区和平原区结对协作工作。西城区领导，区领导张力兵、付兆庚等参加座谈。

（田玉娇）

【创建全国文明城区】 7月18日，召开门头沟区2018年精神文明建设暨全国文明城区创建工作部署大会。首都文明办主任，区领导张力兵、付兆庚、陈国才、张冰等，区法检“两长”，全区各单位负责人及社会各界代表参加会议。会议表彰2015－2017年度门头沟区各级各类精神文明建设先进单位，部署创城工作，签订责任书，总指挥部为分指挥部授旗，相关单位代表进行表态发言。22日，区领导张力兵出席永定镇2018年精神文明建设暨全国文明城区创建工作动员部署会，传达区委十二届六次全会精神及门头沟区创建全国文明城区部署会议精神，部署永定镇创建全国文明城区实施方案及宣传工作方案，签订责任书，进行表态发言，开展“门头沟点赞”大拇指行动——永定在传递。8月10日，区领导听取创城第一轮模拟测评情况汇报，区领导张力兵等，区相关部门负责人，第三方测评机构参加，听取第三方测评机构关于门头沟区文明城区建设模拟测评情况汇报，就下一阶段工作进行研究部署。13日，举办门头沟区创建全国文明城区工作推进会。区领导张力兵、付兆庚、陈国才等，京煤集团党委书记、董事长，区各单位、各镇街及各村居负责人分别在主会场、分会场参加会议。会上，通报第一次模拟检查情况，进行交流发言，介绍群众满意度问卷调查情况及下一步工作路径。21日，举办“礼让斑马线、文明我点赞”专项治理活动，区领导张力兵等到大峪十字路口向市民发放《门头沟区争创全国文明城区倡议书》，劝导市民自觉遵守交通规则，并为自觉遵守交通信号灯的市民、停车礼让行人的司机举牌点赞。9月3日，举办门头沟区创建全国文明城区擂台赛。张力兵、付兆庚、陈国才等区领导，京煤集团党委书记、董事长，区人大、政协各委室主任，全区各单位、各村居有关负责人参加。会上，通报第二次模拟检查情况及创城擂台赛排名，各专项组汇报工作情况，有关镇进行经验介绍和整改汇报。10日，举办门头沟区创建全国文明城区暨庆祝2018年教师节表彰大会，区领导张力兵、付兆庚、陈国才、张冰等，支援协作地区代表，门头沟区各单位及教育系统代表参加。区领导为受表彰人员颁奖，并观看教育文艺演出。18日，张力兵到永定镇督导检查创城迎检工作，到冯村实地察看体育设施、宣传氛围营造、楼门环境治理等情况，并召开座谈会。20日，召开门头沟区创建全国文明城区迎检部署会。区领导张力兵等，区各相关单位负责人参加会议。会上，部署创城工作安排、周末卫生大扫除及党员回社区报到活动。24日，区领导检查门头沟区创城工作开展及中秋节期间城市运行情况，区领导张力兵等实地检查京客隆超市、建设银行等营业场所，龙泉镇梨园以及三家店地区主次干道、背街小巷，中秋主题文艺演出现场，看望一线干部职工。29日，召开门头沟区“街乡吹哨　部门报到”专项工作汇报会。区领导张力兵、付兆庚等，区相关单位、各镇街负责人分别在主会场和分会场参加会议。会上，播放全市“街乡吹哨　部门报到”工作第三次调度会暗访专题片，传达会议精神，听取相关单位和镇街代表汇报工作进展情况。10月23日，召开门头沟区“比学赶超”擂台赛考核方案研讨会。区领导张力兵等，区相关部门主要负责人、第三方公司参加会议。会上，听取“比学赶超”擂台赛考核办法及相关工作。11月13日，门头沟区举办创建全国文明城区擂台赛。区领导张力兵、付兆庚、陈国才、张冰等，京煤集团及全区各单位负责人分别在主会场和各分会场参加会议。会上，通报门头沟区9月至10月环境检查情况和结果，部署《门头沟区“1+x”达标创建实施方案》和《门头沟区创建全国文明城区“比学赶超擂台赛”考核方案（试行）》，听取有关镇街经验介绍、整改报告以及基层代表发言。

（田玉娇）

【换届选举】　10月22日，门头沟区召开村、社区“两委”换届选举工作专题会。区领导张力兵、付兆庚等，区级换届选举工作专班，区纪委、区扫黑办、区经管站等有关部门领导，各镇街有关负责人，区级党建督查组全体成员参加会议。会上，传达市委组织部换届选举有关会议精神，区级换届选举工作专班、区经管站汇报村、社区“两委”换届有关工作开展情况，各镇街汇报村、社区“两委”换届工作进展情况。11月12日，召开门头沟区村和社区“两委”换届选举工作动员部署会。区领导张力兵、付兆庚等，区村和社区“两委”换届选举工作领导小组成员，各镇街、村和社区有关工作人员分别在主会场和各分会场参加会议。会上，部署全区村和社区党组织、村（居）民委员会换届选举工作，强调严肃换届选举纪律工作。

（田玉娇）

【区领导调研、检查、慰问】　年内，区领导张力兵等参加调研、检查、走访慰问等活动94次。涉及内容包括调研45次、座谈22次、走访慰问10次、参加安全检查17次，参加市、区重点工作50次。

（田玉娇）

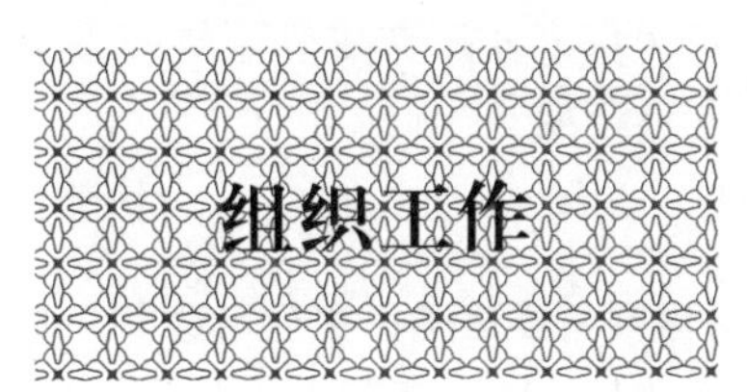

组织工作

【概况】 2018 年，全区组织工作坚持以习近平新时代中国特色社会主义思想为指导，以学习贯彻党的十九大精神为主线，贯彻落实全国、全市组织工作会议和组织部长会议精神，围绕落实首都城市战略定位和生态涵养区功能定位要求，坚持稳中求进工作总基调，坚持“明导向、抓规范、做规划、强基础、严管理”的工作思路，全面落实新时代党的建设总要求和新时代党的组织路线，以首善标准搞培训、提素质，选干部、配班子，育人才、聚贤能，抓基层、打基础，不断提升“红色门头沟”党建品牌建设质量和水平，为打造“绿水青山门头沟”城市品牌、开创现代化生态新区绿色发展新局面提高坚强组织保障。

单位名称：中国共产党北京市门头沟区委员会组织部
地　　址：北京市门头沟区新桥大街 36 号
电　　话：69842546
邮　　编：102300

（孙　思）

【2018 年全区人才工作项目印发】 1 月 8 日，区委组织部印发《关于印发〈018 年全区人才重点工作项目〉通知》，2018 年人才工作重点项目 16 项、一般项目 39 项，总计 55 项。

（王辉耀）

【专家人才库建设管理办法出台】 1 月 8 日，区委组织部印发《门头沟区人才工作领导小组办公室关于印发 < 门头沟区专家人才库建设管理办法（试行） > 的通知》，明确专家人才库建设的目的、原则、类别、入选条件、工作流程、管理机制及退出机制等，搭建专家人才服务地区发展平台，推动地区绿色发展。

（王辉耀）

【2017 年度民主测评】 1 月 9 日至 2 月 6 日，区委组织部组织对全区 70 个处级领导班子，115 名正职领导干部、393 名副职领导干部、109 名处级非领导职务干部进行民主测评。

（陈　雨）

【2017 年度“一报告两评议”】 1 月 9 日至 2 月 6 日，区委组织部组织对全区 72 个有科级干部任免权限的单位、394 名新选拔任用的科级干部进行“一报告两评议”工作。

（陈　雨）

【个人有关事项报告集中填报】 1 月 10 日至 31 日，区委组织部协调 37 名市管干部完成 2018 年领导干部个人有关事项报告工作。组织全区 606 名区管处级领导干部、25 名区管国有企业领导班子成员，对 2017 年度个人有关事项进行年度集中报告，其中 15 名 2017 年 3 月以来新提拔使用的副处级领导干部、4 名新任职的国有企业领导班子成员按照首次填报的要求完成报告工作。

（陈　雨）

【人才京郊行工作总结见面会】 1 月 12 日，区委组织部召开门头沟区“人才京郊行”工作总结见面会，欢送第九批挂职专家，接收第十批专家，第九批、第十批“人才京郊行”专家，接收、派出单位负责人等 21 人参加会议。

（王辉耀）

【个人有关事项报告重点查核】 1 月 19 日至 12 月 31 日，区委组织部共对 72 名干部个人有关事项报告材料进行重点查核，经认定，58 名干部如实报告，8 名干部漏报，将 6 名未如实报告个人有关事项干部转委托查询单位（部门）进行处理。8 名认定为漏报干部中，批评教育 5 人，责令做出书面检查 2 人，诫勉 1 人。

（陈　雨）

【人才手册编印】 1 月 24 日，区委组织部编印 2017 年认定的“门头沟区优秀人才”“门头沟区青年人才”手册，展示人才精神面貌及其优秀成果，营造良好人才氛围，发挥人才引领示范带动作用。

（王辉耀）

【区人才租赁住房领导小组工作会】 1 月 25 日，区委组织部、区人力社保局、区住建委共同召开区人才租赁住房领导小组工作会，听取近期人才租赁住房工作介绍，研究下一步人才租赁住房运行、管理、监督注意事项等。3 月 21 日，区委组织部、区人力社保局、区住建委、区纪委、区财政局、区审计局共同召开区人才租赁住房领导小组工作会，研究发放房补后是否继续对居住在门头沟区铅丝厂 1 号楼人才租赁住房中的机关事业单位人员提供租金补贴以及如何发放等事项。7 月 17 日，区委组织部、区人力社保局、区住建委共同召开区人才租赁住房领导小组工作会，研究铅丝厂人才租赁住房申请、清退、房租补贴调整、安装人脸识别性系统以及加强运营管理等事宜。

11月15日，区委组织部、区人力社保局、区住建委共同召开区人才租赁住房领导小组工作会，研究第二批人才租赁住房配租、铅丝厂人才租赁住房管理等事宜。

（王辉耀）

【农村实用人才考核评估验收】 1月30日，区委组织部、区委农工委共同完成市级部门对门头沟区2017年农村实用人才考核评估验收工作。

（王辉耀）

【软弱涣散村党组织集中整顿工作】 1月起，区委组织部结合“两委”换届选举工作提出“区领导摸排一遍、专班考察一遍、集中会商一遍”的新“三个一”措施，逐村化解影响换届的突出问题，逐人逐岗分析人选情况。切实推进整顿工作，16个软弱涣散村中全部实现了提升转化。

（左岩彬）

【镇党代会年会工作】 1月至2月，全区9个镇分别召开2017年镇党代会年会，903名镇党代表参会，占实有镇党代表991人的91.12%。共有包括不是镇党代表的镇领导班子成员、镇机关中层以上干部、所属事业单位主要领导成员、所辖村（社区）“两委”班子主要领导成员及部分一般干部群众代表在内的354人列席各镇党代会年会。各镇党代会年会重点围绕审查镇党委、纪委工作报告、党费收缴及使用情况报告，听取镇党委班子成员述职述廉报告并对党委领导班子及其成员进行民主评议，补选镇党委委员，组织代表开展提议提案工作及进行任期述职、履职交流发言和询问等内容进行。此年度镇党代会年会上，各镇共确立提案9件，151名党代表会前进行任期述职，22名党代表在大会上进行履职交流发言，32名党代表在大会上向镇党政领导班子成员进行面对面询问，6个镇开展补选工作，共补选镇党委委员8名。

（袁　雪）

【基层党组织书记轮训】 1月至8月，在全区范围内开展基层党组织书记轮训工作，以各党（工）委为单位，以“学习贯彻习近平新时代中国特色社会主义思想和党的十九大精神”为主题，重点围绕习近平新时代中国特色社会主义思想和党的十九大精神、党章、党规党纪和党的基本知识、基层党组织基本职责和工作方法等内容，按照村和社区党组织书记培训时间不少于5天，其他领域党组织书记培训时间不少于3天的要求，对全区1400余名基层党组织书记进行全员轮训。

（袁　雪）

【选人用人专项检查】 2月1日至12月31日，区委组织部结合区委巡察对区内21个党委（工委）、党组自2015年以来的科级干部选拔任用情况进行专项检查，检查共发现7大类116项具体问题，提出93条整改建议。

（陈　雨）

【人才认定大会】 2月6日，区委组织部召开“人才支撑发展　筑梦美丽京西暨‘门头沟区优秀人才’‘门头沟区青年人才’认定”大会，认定石宝光等10人为“门头沟区优秀人才”、金家胜等10人为“门头沟青年人才”，区领导张贵林，区委常委、区委组织部部长，区委常委、区委办公室主任，市委组织部人才处处长，以及区人才工作领导小组成员、各单位人才工作主管领导等100余人参加会议。

（王辉耀）

【区委常委班子民主生活会】 2月7日，区委常委班子召开2017年度民主生活会。主题是“认真学习领会习近平总书记新时代中国特色社会主义思想，坚定维护以习近平同志为核心的党中央权威和集中统一领导，全面贯彻落实党的十九大各项决策部署”。市委第一督导组组长、市委组织部常务副部长出席会议。

（陈　雨）

【拨付人才培养资助项目经费】 2月8日，区委组织部向裴艳萍、石宝光、曹殿起、王振德、陈燕等5名“门头沟区优秀人才”和俞陈锋、杨袁慧、李培、张红岗、金家胜等5名“门头沟区青年人才”所在单位拨付项目资助经费25万元。

（王辉耀）

【处级班子民主生活会】 2月12日，区委组织部完成督导全区79个处级领导班子、7个国有企业领导班子召开2017年度民主生活会工作。全区420余名处级党员领导干部、24名国有企业党员领导班子成员参加民主生活会，重点从学习贯彻习近平新时代中国特色社会主义思想、执行党中央决策部署、对党忠诚老实、担当作为、纠正“四风”、严格执行廉洁自律准则、推进首都改革开放和现代化建设、落实门头沟区域功能定位8个方面查摆存在的问题。全区共成立2个党建督导组、12个系统督导组，对各单位民主生活会筹备、召开情况及会后工作进行全程督导。

（陈　雨）

【2017年基层党建工作述职评议考核】 2月27日，区委组织部召开2017年门头沟区镇（街道）、系统党（工）委书记抓基层党建工作述职评议考核会。会上，部分镇街及系统党（工）委书记共计14人进行述职并接受评议，区领导张贵林、付兆庚等出席会议，区委党建工作领导小组成员、区“两代表一委员”代表及基层党员干部群众代表参加会议。2月至3月，组织全区各级党组织开展基层党建工作述职评议考核工作，并将二级单位党组织书记以及村、社区、学校、“两新”组织、国企等党组织书记全部纳入述职评议考核范围，实现全区各基层党组织向上级党组织述职全覆盖。

（季海洋）

【村党组织第一书记临时党总支成立】 2月，成立“中共北京市支援农村建设志愿服务总队门头沟区分队临时党总支”及6个临时党支部，开展第一书记工作论坛，进一步加强第一书记的自我管理，有力增强工作实效。

（左岩彬）

【红色教育基地建设】 3月，区委组织部相继与山东省临沂市沂蒙红色教育研究会签订《党性教育课程开发及合作开展师资培养协议》，与北京四海昌信咨询中心签订《斋堂镇马栏村党性教育基地课程建设开发（委托）合同》，与北京市门头沟区红星社会工作服务中心签订《党性教育课程开发及合作开展师资培养协议》，构建“感知初心、践行初心、坚守初心、不忘初心”四大教学模块，形成为期3天的课程体系，全区红色资源优势和红色教育品牌不断彰显。

（孙 玥）

【因私出国（境）证件专项治理】 3月1日至4月20日，在全区再次开展加强因私出国（境）证件专项治理工作，对退（离）休局级干部、在职处级领导干部及涉及国家安全、国有资产安全、行业机密的科级及以下干部违规私自持有的因私出国（境）证件进行再催缴，并向市委组织部上报《局处级干部本人持有的因私出国（境）证件统计表》《离退休局级干部名单及身份证号码统计表》。

（陈 雨）

【人才服务绿卡联系表印发】 3月5日，区委组织部向2017年认定的“门头沟区优秀人才”“门头沟区青年人才”印发门头沟区人才服务绿卡联系表，明确服务项目及联系方式。

（王辉耀）

【周末大课堂】 3月9日至9月28日，在区委党校连续举办11期周末大课堂专题培训班。内容包括领导干部减压与情绪管理、知识产权保护、突发事件应急管理和领导干部学哲学、爱哲学等，全区处级干部2200余人次参加培训。

（孙 玥）

【党建工作调查研究】 3月12日，区委组织部组织开展党建工作调研课题申报工作，全区共确定调研课题60项。4月10日，确定5个点题课题和5个结对课题。11月12日，开展全区党建调研课题结题及评审工作，评选产生优秀课题一等奖3名、二等奖5名、三等奖8名。23日，推荐5篇优秀调研报告参加市党建研究会自主课题评选活动。围绕党建引领“街乡吹哨、部门报到”、村和社区“两委”换届选举、老干部工作等党建工作中心任务，编辑出版《探索》刊物6期。

（孙 思）

【党的建设和组织工作统筹谋划】 3月14日，区委组织部研究制定《门头沟区2018年组织工作要点》，明确组织工作8方面29项重点任务。4月16日，牵头召开区委党的建设工作领导小组全体会议，审议通过“领导小组工作规则”“领导小组2018年工作要点”，明确8方面34项重点任务；研究制定“区委党建工作折子工程”，细化8方面67项具体工作任务；签订区委常委、区政府党员副区长，各系统牵头单位、各镇街党（工）委书记2018年抓党建工作责任书，明确3方面10项管党治党责任，不断把全面从严治党引向深入。

（孙 思）

【个人有关事项报告汇总综合】 3月26日，对全区631名区管干部的个人有关事项报告材料进行汇总综合后，形成《门头沟区2018年领导干部个人有关事项报告材料汇总综合报告》，报区委副书记、区长审阅，并将汇总综合数据上报市委组织部备案。

（陈 雨）

【党支部规范化建设工作专题培训班】 3月27日，区委组织部召开门头沟区党支部规范化建设工作专题培训班，市委党建办领导，全区各党（工）委副书记、各系统党建工作主管领导、党建工作科室负责同志及基层党组织书记、第一书记、党务工作者、大学生村官、选调生等2000余人，通过视频会议的形式参加培训。培训围绕“深入学习贯彻党的十九大精神，建设坚强战斗堡垒”进行授课，对“一规一表两册一网”支撑载体的管理和使用进行详细说明。通过采取“一插到底”的培训形式，确保党支部规范化建设各项要求在门头沟区执行到位。

（袁　雪）

【“街乡吹哨、部门报到”工作】 3月30日，区委组织部召开“街乡吹哨部门报到”工作动员部署会，对“街镇吹哨、部门报到”实施方案重点任务进行部署，下发《门头沟区落实“街乡吹哨、部门报到”实施方案的工作安排》及任务分解单，每项具体任务确定1名区领导牵头。各主责单位对照14项任务细化分解任务书，实现“销号管理”，进一步明确各项任务的时间倒排节点和具体举措，由专项工作领导小组办公室汇总后集中推进。截至12月，区委组织部突出区域特色，积极探索党建引领基层治理的有效途径，形成“门头沟经验”和“街乡吹哨、部门报到”工作“1+N”文件体系。

（季海洋）

【基层党建“百日暗访”工作】 3月至9月，区委组织部制订《门头沟区基层党建“百日暗访”专项行动工作方案》和《2018年门头沟区基层党建“百日暗访”专项行动督查清单》《2018年门头沟区基层党建“百日暗访”专项行动第二轮督查清单》，成立2个区委党建工作督查组和11个区委组织部机关检查组，采取区委党建工作督导组普遍督查、区委组织部机关检查组重点抽查相结合的“双线”督导方式，对全区21个党（工）委及所属基层党组织落实基本规范、基本制度、基本要求情况进行两轮“明查暗访”。截至9月底，2个区委党建工作督查组和11个区委组织部机关检查组分别采取查阅档案、实地走访、集体座谈、个别访谈等方式，对21个党工委及所属的425个基层党组织进行督查，实现软弱涣散党组织和低收入村党组织全覆盖。

（袁　雪）

【生活会和民主评议党员工作】 3月，区委组织部下发《中共北京市门头沟区委组织部关于召开2017年度基层党组织组织生活会和开展民主评议党员的通知》，在全区范围内开展专题组织生活会和民主评议党员工作。全区共29137名党员参与专题组织生活会和民主评议党员工作，其中8867名党员被评议为优秀，19627名党员被评议为合格，226名党员被评议为基本合格，2名党员被评议为不合格。

（解　洋）

【人才国情研修班】 4月9日，区委组织部举办2018年门头沟区第1期人才国情研修班，9名“门头沟区优秀人才”“门头沟区青年人才”参加培训。

（王辉耀）

【春季干部培训班】 4月9日至5月11日，区委组织部在区委党校举办2018年春季干部培训班，包括第20期处级干部进修班、第11期新任处级干部进修班、第6期人才战略储备专题研讨班、第1期人才国情研修班、村党组织“第一书记”培训班和党外代表人士培训班等6个班次140余名干部参加培训。培训班设立“理论教育、党性教育、社会主义核心价值观、专业化能力”等四大模块，进一步提升干部政治素养和专业化能力。期间，区领导付兆庚等为主体班学员进行授课。

（孙　玥）

【人才大走访活动】 4月19日，区委组织部联合区委农工委走访槐井石舍、阿芳嫂黄芩合作社、云峰果业等单位，与人才交流洽谈，了解生产经营情况和需求。

（王辉耀）

【2017年度民主测评结果分析】 4月24日，对2017年度处级领导班子及领导干部民主测评结果进行汇总分析后，形成《门头沟区2017年度处级领导班子及领导干部民主测评结果分析报告》。

（陈　雨）

【农村党建助理员工作】 4月起，在全市率先开展农村党建工作助理员选派工作。通过网上报名、资格联审、上机笔试、集中面试等7个选拔程序，从353名报名人员中，新选拔95人，使全区农村党建工作助理员队伍达到120人。同时，制定农村党建工作助理员管理办法，明确宣传政策方针、组织党员活动的“六员”工作职责，提升农村基层组织规范化建设水平，有效解决农村基层党组织“空心化”“老龄化”等问题。该项工作得到市领导大力肯定，被《人民日报》、新华网、北京电视台等几十家中央、市属媒体集中宣传报道。

（左岩彬）

【村、社区“两委”委员中党员入党过程核查】 4月至9月，区委组织部对全区9个镇、4个街道的村、社区“两委”委员中的党员1403人的入党过程进行核查，其中村“两委”委员党员

835人、社区“两委”委员党员568人，并按照入党前存在违法违纪行为的，入党材料中漏报入党前违法违纪行为的，党员档案材料不齐全、发展过程有瑕疵的，存在入党申请和思想汇报敷衍应付等问题的等不同情形，分类做好后续处理。

（解　洋）

【基层党建创新项目评比活动】 4月，区委组织部制定下发《门头沟区关于开展基层党建创新项目评选活动的办法（试行）》（以下简称《办法》），进一步调动基层党建工作创新的积极性，及时总结推广基层实践中的好做法好经验，更好地推动解决实践中的重点难点问题。6月，综合通讯评议、专家评估结果和门头沟区基层党建工作实际，评选出2017年度基层党建创新重点项目5个，一般项目9个。6月至7月，下发《关于开展基层党建创新项目评比活动的通知》，开展2018年基层党建创新项目评比活动，通过各基层党组织申报、各党（工）委初审等环节，全区共申报基层党建创新项目58个。

（徐　曼）

【党费收缴、使用和管理工作】 4月，区委组织部制定下发《门头沟区关于进一步规范党费收缴、使用和管理工作的办法（试行）》，进一步规范门头沟区党费收缴、使用和管理工作，更好地发挥党费的政治功能、教育功能、管理功能。

（徐　曼）

【推进党组织和党员“双报到”工作】 4月，全区完成党组织和党员回社区（村）集中报到阶段工作。6月，制定下发《关于进一步推进在职党员回社区（村）报到工作的实施意见》，搭建“我是党员我承诺”“我为我家献一策”“为民服务我先行”“扶贫助困我带头”“我为我家换新颜”等“5+N”服务活动，设立“政策宣传、环境整治、治安维护、民意征集、法律咨询、便民服务、帮困助老、文体活动”等8个服务岗位，打造“雷锋式党员”服务品牌。结合创建全国文明城区，向全区在职党员发出《关于“牢记初心使命、践行雷锋精神、共建美好家园”倡议书》，开展“创城周末清洁日”等活动，引导在职党员积极参与社区（村）治理和服务。截至年底，全区各镇街共接收报到机关企事业法人单位党组织260个，其中接收区外单位党组织报到30个，全区230个法人单位党组织完成报到，报到率达到100%。共有9550名在职党员回社区（村）报到服务，各社区（村）共接收15500名党员报到；14443名回社区（村）报到的在职党员主动认领服务岗位23887个，成立“雷锋式党员”志愿服务队833支。年内，共开展各类报到服务活动1188次。

（解　洋　季海洋）

【北京市“突贡”推荐工作】 5月10日，区委组织部印发《关于开展第十三批“北京市有突出贡献的科学、技术、管理人才”候选人推荐工作的通知》，推荐蔚飞等10名候选人参评。

（王辉耀）

【2017年度“一报告两评议”结果分析】 5月12日，区委组织部对2017年度科级干部选拔任用工作“一报告两评议”结果进行汇总分析后，形成《门头沟区2017年度干部选拔任用工作“一报告两评议”结果分析报告》。

（陈　雨）

【新首钢国际人才社区建设联席会】 5月14日，区委组织部、区发改委、区委石龙工委召开新首钢国际人才社区建设联席会，研究门头沟区推进新首钢国际人才社区建设思路举措。

（王辉耀）

【经济发展能力提升专题研修班】 5月21日至25日，在北京大学举办“门头沟区领导干部经济发展能力提升专题研修班”，主要学习全球政治经济发展趋势与中国的国际战略、区域经济与旅游规划管理、区域经济与城镇化发展、旅游开发的逻辑与模式、特色小镇旅游休闲系统的规划设计等内容，全区各单位60名处科级干部、村党组织“第一书记”、选调生参加培训。

（孙　玥）

【处级干部本人经商办企业专项查核】 5月23日至9月11日，区委组织部完成处级干部本人经费办企业专项查核工作。完成22名干部在企业兼任52个职位的专项查核及清退工作，6人兼任的7个职位属可保留范围，15人兼任的40个职位已完成清退，1人兼任的1个职位正在办理清退手续，4人兼任的4个职位因现实困难无法完成清退。其中1名干部既出资办企业又兼任1个职位的情况移交区纪委查核处理，区纪委给予党内警告处分。

（陈　雨）

【微视频观摩交流活动】 5月，在全区范围内开展“不忘初心　牢记使命”主题微视频观摩交流活动。全区共制作、征集15部资源片，通过初审、评选等环节，向市委组织部选报《飘扬在田间的党旗》《忆革命足迹　看红色京西》《存进一片真情　支取无限温暖》《信念》《智启今朝　慧赢未来》等5部优秀资源片。其中《忆革命足迹　看红色京西》《信念》2部资源片分别被评为北京市“不忘初心　牢记使命”主题微视频观摩交流活动二等奖和三等奖，并在“北京长城网”上进行展播，《忆革命足迹　看红色京西》还被市委组织部推荐报送至中组部全国中心资源库。

（袁　雪）

【海外高层次人才申报成功】 6月1日，门头沟区推荐的北京华之杰微视技术有限公司董事长兼技术总监胡尉之入选北京市第十三批海外高层次人才，实现门头沟区自主申报零的突破。

（王辉耀）

【组织系统信息工作培训】 6月7日，区委组织部召开2018年全区组织系统信息工作培训会。参会人员为各系统牵头单位、各镇街信息工作主管领导、信息职能科室负责人和信息员，培训内容为组工信息面临的新形势新要求、信息工作总体思路和报送重点以及如何强化问题意识抓好信息工作等。

（孙　思）

【个人有关事项报告随机查核】 6月7日至7月20日，按照10%的比例，随机抽取67名抽查核实对象，委托市委组织部协调相关职能部门查核有关信息。经认定，56名干部如实报告，11名干部漏报，对2名漏报情节较重的干部进行诫勉，批评教育9人。

（陈　雨）

【“人才京西行”活动】 6月8日，区委组织部组织第10批“人才京郊行”专家、挂职锻炼高层次人才、“门头沟区优秀人才”“门头沟区青年人才”等14名人才参观平西情报联络站、妙峰山高山玫瑰园和京西古道，深化对区情区貌的认识。

（王辉耀）

【党建工作能力提升专题研修班】

6月11日至15日，在人民大学举办“门头沟区领导干部党建工作能力提升专题研修班”，主要学习习近平新时代中国特色社会主义思想、党和国家机构改革、群众工作面临的新形势新任务新探索和党政机关部门危机管理与媒体策略等内容，全区各单位52名处科级干部和8名对口支援地区（河北涿鹿）干部参加培训。

（孙　玥）

【不担当不作为问题专项检查】

6月21日至12月31日，区委组织部对10家被巡察单位开展不担当不作为问题专项检查，未发现相关单位领导班子成员及其管理的科级干部存在不担当不作为问题线索。

（陈　雨）

【专题读书活动】 6月至9月，在全区处级干部中开展“学习习近平新时代中国特色社会主义思想专题读书活动”，以各系统和镇街为单位，采取集体自学的方式，原原本本研读党章和《习近平谈治国理政》第一卷、第二卷，全区600余名处级干部全部覆盖。

（孙　玥）

【村居党组织评星定级工作】 6月起，在全区村、居党组织中开展评星定级工作。印发《门头沟区农村、社区党组织评星定级实施办法（试行）》，细化星级党组织参考标准及要求，并明确晋位升级的具体办法。经过评选，评选出一星级党组织22个，二星级党组织69个，三星级党组织147个，四星级党组织47个，并建议将四星级党组织中的9个村和4个社区党组织评定为五星级。

（左岩彬）

【建党97周年系列纪念活动】 6月，区委组织部下发《门头沟区纪念建党97周年活动安排》，全区基层党组织和广大党员以“红色传承、不忘初心、牢记使命、砥砺前行”为主题，开展志愿服务、主题党日、专题党课、基层党建创新项目评比、走访慰问以及“共产党员献爱心”捐款等“六个一”活动。6月26日，区四大部门领导班子成员和各系统主要领导及各党（工）委书记以普通党员身份在雁翅镇田庄村“京西山区中共第一党支部”旧址开展“传承红色基因　牢记初心使命”主题党日活动。七一前夕，区领导张力兵、付兆庚、陈国才、张冰等分别带队，对全区优秀基层党组织、建国前入党的老党员、老干部及生活困难党员代表进行走访慰问。

（徐　曼）

【党支部优秀主题党日征集活动】

6月，区委组织部在全区各党支部开展优秀党支部主题党日征集活动。通过基层党组织申报、党（工）委推荐、区委组织部评审，从各党（工）委上报的143个主题党日中遴选出25个优秀主题党日案例，并按照每个案例2000元的标准，对上述25个优秀主题党日案例的申报单位党组织进行资金支持，用于基层党组织开展党支部主题党日活动，鼓励基层党组织进一步抓创新、育品牌、出经验，进一步提高主题党日质量。

（解 洋）

【反馈民主测评及“一报告两评议”结果】 7月2日，区委组织部向全区各单位反馈2017年度领导班子和领导干部民主测评、“一报告两评议”结果，要求单位主要负责同志将民主测评结果向领导班子成员反馈，将“一报告两评议”结果向本单位中层以上干部反馈。

（陈 雨）

【推进创城党建工作领导小组相关工作】 7月5日，成立由区委常委、组织部部长担任组长，区委办、区政府办、区委组织部等19家单位为成员单位的党建工作领导小组，加强对“创城”工作的组织领导；各成员单位分别成立相应工作机构，由单位一把手负总责，明确具体办事部门和工作人员。20日，召开争创“全国文明城区”党建工作领导小组动员部署会，领导小组各成员单位主要负责同志参加会议，部署《北京市门头沟区争创“全国文明城区”工作党建工作领导小组工作方案》《北京市门头沟区争创“全国文明城区”工作党建工作领导组2018年任务分解书》。8月10日，组织协调领导小组各成员单位开展材料申报相关工作，完成区委交办的各项任务。

（孙 思）

【低收入村“两委”干部专题培训班】 7月16日至20日，区委组织部联合区委农工委、区委党校共同举办“全区低收入村‘两委’干部专题培训班”。邀请对口帮扶地区内蒙古武川县、察右后旗和河北涿鹿县部分镇村干部，与全区45个低收入村的“两委”成员共130余人共同参加培训，重点提升“两委”干部落实脱贫政策、带领群众增收的能力素质。

（孙 玥）

【发展对象培训示范班】 7月25日至27日，区委组织部举办2018年门头沟区党员发展对象培训示范班。通过专家授课、影像教学、现场教学与交流研讨相结合的方式，对104名发展对象进行培训，引导发展对象坚定理想信念，端正入党动机，争做合格共产党员。

（徐 曼）

【干部培训电子档案填录核对工作】 7月起，在全区开展干部培训电子档案填录核对工作，要求填录处级及以上干部自2013年7月1日以来参加的各类培训记录，科级及以下干部自2017年7月1日以来参加的各类培训记录，进一步加强全区干部教育培训电子档案管理工作。10月底前全区正处级干部培训电子档案填录全部完成。

（孙 玥）

【基层党组织“体检”工作】 7月至8月，在全区范围内开展基层党组织“体检”工作。全区以20个党（工）委为单位，对1400余个基层党组织的设立是否规范、党组织领导机构任期年限是否规范、党组织隶属关系是否规范、党组织领导机构职数设定是否规范、党组织领导机构产生方式是否规范、临时（流动党员）党组织设置是否规范、上级党组织批复是否规范等7个方面进行全面摸排整改，确保基层党组织运行规范有序。

（袁 雪）

【优秀人才培养资助工作】 8月13日至10月15日，区委组织部组织开展北京市2018年度优秀人才培养资助工作，统筹上报2个人才工作集体项目、8个青年骨干个人项目和1个拔尖团队项目，共申报资助金额164万元，完成项目结题1项。

（王辉耀）

【政工职评综合评审工作】 8月24日，区委组织部组织区2018年政工师申报人员进行论文答辩并召开区2018年政工职评综合评审会。会议评审通过9名同志为政工师，1名同志为助理政工师，按程序报市政工职评办备案。

（王辉耀）

【战略思维与领导力提升专题研修班】 8月27日至31日，在清华大学举办“门头沟区领导干部战略思维与领导力提升专题研修班”，主要学习宏观经济形势下的供给侧改革分析、转型期的服务型政府建设、依法行政与法治思维、政府管理与社会管理创新等内容，全区各单位60余名处科级干部和选调生参加培训。

（孙 玥）

【秋季干部培训班】 8月27日至10月26日，在区委党校举办2018年秋季干部培训班，包括第2期处级干部研修班、年轻干部培训班等两个班次，44名干部参加培训。培训班以习近平新时代中国特色社会主义思想为主课，突出政治立场教育、党性意识教育、战略思维教育和群众观念教育，综合采用“高校＋党校＋异地＋驻村”的模式，进一步增强学员的政治品格和综合素质。培训期间，区领导张力兵、闫中等为主体班学员进行授课。

（孙　玥）

【共建党性教育基地】 8月，区委组织部联合区委党校与妙峰山镇党委、雁翅镇党委、斋堂镇党委，在平西情报联络站、京西山区中共第一党支部纪念馆、马栏村共建3个“门头沟区党性教育基地”，并进行挂牌。

（孙　玥）

【本土教材开发】 8月开始，区委组织部联合区档案史志局编印《京西红色历史·门头沟——干部教育读本》；联合永定河文化研究会编印《永定河文化·门头沟——干部教育读本》；整合发掘区内红色教育资源，设计制作门头沟区红色教育“六个一”教学资料，即一条红色教育路线、一套红色教育书籍、一册红色影音教材、一组红色原创歌曲、一本红色学习手册、一支红色教师队伍，推进红色教育和区域文化进党校、进课堂、进教材。

（孙　玥）

【优秀人才专题国情研修班】 9月12日，区委组织部举办“弘扬爱国奋斗精神　建功立业新时代”优秀人才专题国情研修班，组织门头沟区优秀人才、青年人才、“人才京郊行”专家和挂职锻炼高层次人才等参训。

（王辉耀）

【“爱国奋斗”活动】 9月19日，区委组织部向市委组织部推荐区国家生态修复科技综合示范基地、精雕科技、夏禾科技、百花山国家级自然保护区、区林业工作站等5家示范单位，北京山地生态科技研究所金家胜、区医院曲绍东、付家台中心小学巩景茹、小龙门林场管理站刘彪、遨博（北京）智能科技有限公司魏洪兴等5名模范人才，平西情报联络站、冀热察挺进军司令部旧址、京西山区中共第一党支部等3家教育基地。10月26日，区委组织部召开“弘扬爱国奋斗精神　建功立业新时代”活动部署会。区委统战部、区人力社保局、区委农工委、区委社工委、区委教工委、区委卫计工委、区委石龙工委、区国资委、区文化委、区旅游委、区科委、区总工会、团区委、区妇联、区科协等单位主管领导参加会议。会上，听取各支人才队伍牵头单位、部分人才工作重点单位关于“弘扬爱国奋斗精神　建功立业新时代”活动工作方案的意见和2019年人才工作计划。11月5日，区委组织部联合区委宣传部印发《关于深入开展“弘扬爱国奋斗精神、建功立业新时代”活动的工作方案》，正式启动“弘扬爱国奋斗精神、建功立业新时代”活动。

（王辉耀）

【人才慰问工作】 9月29日至30月，区委组织部对2017年认定的20名“门头沟区优秀人才”“门头沟区青年人才”进行节日慰问，发放慰问金2万元。

（王辉耀）

【健全老党员关心关爱机制】 9月，区委组织部印发《关于调整全区建国前入党的农村老党员和未享受离退休待遇的城镇老党员生活补贴标准的通知》，调整建国前入党的农村老党员和未享受离退休待遇的城镇老党员区级生活补贴标准，从2018年8月1日起，1937年7月6日前入党的，每人每月1810元；1937年7月7日至1945年9月2日入党的，每人每月1550元；1945年9月3日至1949年9月30日入党的，每人每月1290元。

（解　洋）

【建立容错纠错机制的办法（试行）出台】 9月，在全市率先出台《中共北京市门头沟区委关于激励干部新时代新担当新作为建立容错纠错机制的办法（试行）》，严格落实“三个区分开来”要求，明确容错的8种情形、4类基本条件，规范容错的3个认定程序，并建立纠错改正和澄清保护机制，营造干部想干事、能干事、干成事的浓厚氛围。

（杜学良）

【科级干部“带病提拔”倒查】 11月9日至12月14日，区委组织部联合区纪委区监委、区人力社保局共同开展2017年度科级干部“带病提拔”倒查工作。经查核，区交通局财审科原科长王鹏为2017年度科级“带病提拔”倒查对象。经区交通局自查、区人力社保局复查、区委组织部审理，未发现存在《党政领导干部选拔任用工作责任追究办法（试行）》规定的追责问责情形。

（陈　雨）

【村和社区“两委”换届选举工作】 11月12日，区委组织部召开区村和社区“两委”换届选举工作动员部署会，正式启动村和社区“两委”统一换届选举工作。成立全区村和社区“两委”换届选举工作领导小组，由区委书记张力兵担任组长，区委副书记、区长付兆庚担任常务副组长，8名区领导共同担任副组长，成员由区委办、政府办、区纪委区监委等29家相关部门领导组成。

领导小组下设8个工作小组，为换届选举工作平稳有序奠定基础。截至12月30日，全区120个社区党组织全部完成换届选举，175个村党组织中有165个完成换届选举，占94.3%，其中潭柘寺镇、军庄镇、妙峰山镇、雁翅镇、清水镇所属村党组织换届选举工作全部完成，全区村和社区“两委”换届选举平稳有序推进。

（季海洋）

【提供专项检查材料】 11月28日至29日，区委组织部向市委巡视组提供2015年1月至2018年11月领导干部个人有关事项报告抽查核实、因私出国（境）证件集中管理、因私出国（境）审批、领导干部在企业兼职清理规范情况等材料，配合市委巡视组完成选人用人检查、不担当不作为问题专项检查工作。

（陈　雨）

【“人才京郊行”专家考核鉴定工作】 11月29日，区委组织部总结2018年全区“人才京郊行”工作，开展“人才京郊行”第十批专家考核鉴定工作，并协助北京电视台“人才”栏目组进行相关采访。

（王辉耀）

【党代表调研活动】 12月13日，区委组织部开展党代表调研参观活动，组织全区70余名市、区基层一线党代表到国家博物馆参观“伟大的变革——庆祝改革开放40周年大型展览”，有效落实党代表任期制相关要求，进一步提升党代表身份意识、履职意识。

（袁　雪）

【2018年党内统计工作】 12月，区委组织部开展2018年度党内统计工作。截至12月31日，全区共有党员35581名，基层党组织1409个，其中党委97个、党总支77个、党支部1235个。

（徐　曼）

【基层党组织党建活动经费管理】 12月，区委组织部制定下发《门头沟区基层党组织党建活动经费管理规定》，明确党建活动经费标准、拨付渠道、使用范围、支出标准、使用程序及监督管理等具体内容。从2018年起，基层党组织党建活动经费按照党员年人均不低于300元核定，其中非公有制经济组织和社会组织党组织党建活动经费按照党员年人均不低于400元核定。

（解　洋）

【基层党组织服务群众经费管理】 12月，区委组织部制定下发《门头沟区城乡基层党组织服务群众经费管理办法》，明确经费标准及拨付渠道、主要用途、计划管理等环节，对经费的申请、审批、发放、使用等程序提出“一征集、三讨论、两审议、两公开”的项目化管理要求，特别是结合门头沟区实际制定4类报表、项目书，进一步规范全流程程序管理。社区党组织服务群众经费标准：2020年，按照每个社区党组织年平均40万元的标准核定，其中市财政拨付20万元，区财政拨付20万元。村党组织服务群众经费标准：2020年，按照每个村党组织年平均40万元的标准核定，其中，市财政拨付25万元，区财政拨付15万元。

（季海洋）

【做好市委第五巡视组保障工作】 12月，区委组织部牵头制定《门头沟区保障市委巡视工作分工方案》《市委巡视有关会议准备工作安排》《门头沟区保障市委巡视工作提供材料清单》。会同有关部门做好相关会议筹备，对近5年来处级干部选拔任用情况及材料进行梳理；协助市委巡视组做好对37个处级单位的延伸巡视，协调区内有关单位和部门报送有关材料共计150余项。

（杜学良）

【公务员信息采集更新和统计年报工作】 12月，区委组织部开展2018年度全区公务员信息采集更新和统计工作以及干部统计工作，完成动员部署、业务培训、集中指导、校核上报等工作。

（杜学良）

【处级干部选任流程进一步完善】 12月，区委组织部严格执行《党政领导干部选拔任用工作条例》《关于北京市处级党政干部选拔任用工作流程的若干规定》《区纪委区监委机关区委组织部关于进一步加强工作联系的若干规定》等有关文件规定，进一步规范处级干部选拔任用的“动议、民主推荐、考察、讨论决定、任职、试用期”等各环节的程序，不断提高处、科级干部选任工作的科学性、规范性和可操作性。

（杜学良）

【补交党费使用管理工作】 年内，区委组织部对补交党费实行专账管理、专人负责，并按照支持低收入村、发展落后村，开展生活困难党员群众的帮扶和慰问，开展党员教育和党支部书记培训以及向党支部划拨一定数额的支部规范化建设经费等4个方面10个项目进行使用。各党（工）委使用预算3955.460819万元，截至年底，使用2018.485656万元。8月至12月，对各党（工）委补交党费使用管理情况进行专项审计。11月，代表北京市接受中组部补交党费使用管理情况专项审计，实现区级审计“零问题”，得到中组部、市委组织部的高度认可。

（解　洋）

【干部人才挂职选派和接收工作】　年内，门头沟区共选派16名干部、38名专业技术人才赴新疆和田、青海囊谦、内蒙古察右后及武川、河北涿鹿、湖北神农架等对口协作地区进行挂职锻炼。接收来自内蒙古察右后及武川、河北涿鹿、湖北神农架等地的12名干部和43名专业技术人才到门头沟区进行挂职交流。

（杜学良）

【干部选拔任用工作】　年内，区委组织部共选任干部10批次、89人次，其中提拔9人次、交流调整等80人次，有效提高全区领导班子和干部队伍建设整体水平。

（杜学良）

【领导干部提醒、函询、诫勉】　年内，区委组织部共对2名执行《党政领导干部选拔任用工作条例》不严格但情节轻微的干部进行提醒；对45名干部进行函询，其中个人有关事项填报情况与信息查询结果不一致函询23人，处级领导本人经商办企业或在企业兼职函询22人；对4名个人有关事项报告漏报且情节较重的干部进行诫勉。

（陈　雨）

【干部履职“负面清单”】　年内，区委组织部综合区纪委区监委、区法院、区检察院、区审计局、区信访办、“12380”举报受理、个人有关事项报告查核等信息，建立干部履职“负面清单”，对90名干部的99条负面信息进行登记备案。

（陈　雨）

【经济责任审计】　年内，区委组织部共对8名上年度离任的党政正职干部开展经济责任审计，对3名党政正职进行任中经济责任审计，并提出相应整改建议。

（陈　雨）

【“12380”举报】　年内，区委组织部受理“12380”举报反映处级干部的来信举报5件、接待干部群众来访2人次，收到由市委组织部举报中心转来的举报6件。对受理、转来的信访举报采取直接查核、转办要结果等方式进行办理。除市委组织部转来的1件举报部分属实外，其余12件举报反映的内容均不属实。

（陈　雨）

【因私出国（境）证件管理及审批工作】　年内，区委组织部集中管理在职及退（离）休局级干部、在职处级干部及区管国有企业领导班子成员因私出国（境）证件526份，其中因私普通护照177份，往来港澳通行证68份，大陆居民往来台湾通行证281份，做到“应备尽备、应收尽收”。全年共批准退（离）休局级干部13人次、在职处级干部4人因私出国（境）。

（陈　雨）

【干部监督政策宣传】　年内，区委组织部整理汇总领导干部个人有关事项报告、经商办企业及在企业兼职、出国（境）管理等政策规定，绘制典型案例漫画图解，编印《干部监督政策学习手册》《领导干部个人有关事项报告学习折页》，针对填报领导干部个人有关事项报告专门制作6期动漫微视频《填报“好帮手”》，并发送至每名填报对象。

（陈　雨）

宣传工作

【概况】　2018年，区委宣传部区委宣传部共组织区委理论中心组专题学习16次。分专题深入学习习近平新时代中国特色社会主义思想。实地调研中关村软件园科技创新企业，为区域经济转型发展寻找突破口。建立学习交流微信群，运用“微站”等小程序搭建网上学习平台。加强对二级理论学习中心组的指导，为其配备《习近平新时代中国特色社会主义思想三十讲》《马克思恩格斯选集》等理论原著，引导全区党员干部读原著、学原文、悟原理。加大理论宣讲力度，区委理论讲师团全年开展宣讲30余场。开展宣传系统大调研活动，制定下发《门头沟区宣传思想文化战线大调研实施方案》。持续办好《理论与实践》等理论刊物，新增“创城工作”“红色故里”等特色栏目。

年内，打造宣讲队伍。遴选基层宣讲人才，打造一支20组120人的百姓宣讲队伍。邀请知名专家对百姓宣讲员进行专题辅导，策划宣讲主题。围绕门头沟在北京城市发展史中“四个一”的历史奉献，结合区域发展总原则，深入挖掘具有鲜明区域特色的百姓故事，策划组建“创文明城区　建幸福家园”区级特色主题宣讲团。深入开展基层巡讲。用“身边人讲身边事，身边事育身边人”的方法，每次选派不同宣讲员有针对性地开展宣讲。深入各镇街开展宣讲21场，直接听众5000余人。

年内，将“五项制度”落到实处。特别是在落实会商研判制度上，联合区委政法委定期召开维稳会商会，在重大时间节点进行日会商。每月形成安全稳定形势分析报告，通报重点社会舆情及网络舆情。加大对处级领导干部的培训力度，定制特色培训课程，组织意识形态能力提升培训班。区委理论讲师团在各镇街、各系统讲授意识形态能力提升专题讲座20余场，直接受众3000余人。认真梳理总结意识形态思想阵地建设经验。着力打造学习习近平新时代中国特色社会主义思想大课堂的典型范例，大力宣传中关村门头沟科技园“马克思主义读书会”的成功经验，在全区范围内推广。

年内，开展核心价值观“五进”活动，更新12组精神文明宣传栏，维护城子大街等主题文化墙130平方米，充分发挥核心价值观的引领作用。征集百姓好故事线索200余篇，推出身边榜样36人，2人入选“北京榜样”，推荐2017—2018年度“门头沟区道德模范”候选人20名。在全区各单位、村居设置“北京榜样”举荐榜，在微博微信开通“身边的榜样”专栏，加大宣传力度；5名道德模范被授予门头沟区读书推荐大使。深化“我们的节日”活动品牌，举办“孝满京城　德润人心”2018北京重阳节文化节系列活动，弘扬中华传统文化。

年内，启动全国文明城区创建，构建创城工作组织领导体系，完成首都文明区复查测评迎检工作。全区设置张贴硬质标语横幅1800余条、宣传栏6000余块、建筑围挡公益广告5.5万余延米、文化墙1.5万余延米，印发宣传海报2.9万余张、宣传折页8.2万余份、倡议书23万余份、一封信42万余份，市民创城知晓率近94%，支持创城率接近100%。制订《门头沟区创建全国文明城区“追赶超越擂台赛”考核方案》，完善考评机制。通过情况通报、防反弹工作会等形式持续开展督促检查，防止问题反弹。开展“五好”文明街巷、美丽乡村创建活动，统一制作首都文明村村民公约，举办乡情村史馆实地参观交流。在驻区部队开展“助力全国文明区创建，我为第二故乡点赞”系列活动，推动军民融合发展。

年内，组织百支志愿团队、百户最美家庭、百名文明引导员以及全区300余支区属志愿团队，围绕百姓日常生活、城市路口人车混行、生态环境治理等点问题，先后举办“志愿服务便民大集”“优秀环保公益组织”评选、“绿色生活好市民”征集、垃圾分类绿色置换活动。举办全区“美丽街巷　志愿有我”周末卫生大扫除活动，北京电视台、《北京日报》等市属媒体报道。组织区四大部门领导、机关干部参加“市民礼让斑马线”活动。结合背街小巷整治、党员回社区报到等工作，创新成立“背街小巷捡拾垃圾小分队”，开展“清理城市牛皮癣”特色活动。门头沟区32支团队获第三批首都学雷锋志愿服务站（岗），公共文明引导大队获“北京市三八红旗集体”。

年内，围绕“创城”、打赢“三大攻坚战”、办好“三件大事”等中心工作，开展主题宣传，推出《服务到了心坎上》等贴近百姓、说服力强的重点报道。注重新闻评论，在《京西时报》重要版面刊登《要绿水青山　不要垃圾成山》等评论文章，不断强化新闻舆论引导能力。及时开设“创城进行时”“改革开放40年”“精准帮扶”等多个新媒体话题，策划推出《不要听说门头沟　请听门头沟说》《门头沟“创城”进行时》等数十篇精品文章。年内，区电视台播出新闻2875条，《京西时报》出刊82期328版，“京西门头沟”品牌下“两微一网”阅读总量达1053万，阅读总量同比增长84%。

年内，组织开展生态文明建设、疏解整治促提升、创建全国文明城区、低收入精准帮扶、改革开放40年等30余场集中采访活动，先后在《人民日报》、中央电视台、《北京日报》、北京电视台等中央、市属主流媒体上刊发《千年采煤史将彻底划上句号，重塑京西生态屏障门头沟：从“一盆火”到“一片绿”》《北京门头沟扛起生态文明大旗　将综合治理永定河110公里河道》《守护好绿水青山　建设首都最美丽乡村》等重头报道。主动策划主题宣传、形势宣传、成就宣传和典型宣传，在《人民日报》刊发《悬崖植绿》，《光明日报》刊发《动手分一分　垃圾变黄金》，《北京日报》头版刊发《京西矿山“补山匠”》，《北京晚报》整版刊发《摘掉吃山贫困帽　端上护山绿饭碗》等特色报道，全面宣传解读区域发展总原则。

年内，首次启用“全域政务全平台推送”机制，实现同一声音在不同领域、不同群体之间迅速传播扩散，达到“10万+”的宣传效果。积极开拓新媒体领域社交，加强与人民网、千龙网等网络新媒体的联动传播能力建设，初步形成“门头沟新媒体传播矩阵”，拓展新媒体主流舆论传播渠道。健全舆情预防预警机制，建立“预测研判、舆情通报、舆情处置、舆论引导、效果评估”的闭环式服务体系。年内，共监测负面网络舆情信息1940篇，出刊《门头沟今日舆情》302期、《舆情月报》7期、《舆情专报》2期，及时为领导决策提供参考依据。推进实战型网军建设，制定下发《门头沟区网评员队伍工作细则》，规范壮大“京西挺进军”网评员队伍，提高网军的政治素质和实战能力。

年内，推进融媒体中心建设，成立领导小组，制订《门头沟区融媒体中心建设实施方案》，“门头沟区融媒体中心”正式挂牌，初步实现平台、信源、产品、渠道、技术、人才等方面的融合，初步形成“一报、一台、一网、一端、两微”的全媒体宣传平台。规划搭建门头沟版的“中央厨房”，对报纸、电视、网络新媒体业务一体化管理，实现区属6个媒体平台信息共享，形成区属媒体“一体策划、一次采集、一起审核、多元制作、多媒传播”的融合工作新模式，提高管理效率和管理时效。年内，制定门头沟区推进全国文化中心建设行动计划（2018—2021年），为全区推进工作明确方向。制定“1＋X”行动计划，围绕深入挖掘地区历史文化内涵内核，实施多个文化建设项目，扎实推进全国文化中心建设。启动《西山永定河文化带保护与发展规划》《长城文化带保护与发展规划》《门头沟区分区规划历史文化保护与发展专题》的编制工作，为保护传承西山文化带历史文脉提供政策支持和保障。积极谋划推进全国文化中心建设中长期规划，组织研究门头沟区2017—2035西山永定河、长城文化带编制规划重点项目，形成市、区级重点项目35个。积极推进永定河文化博物馆新馆建设工作，并列入《北京市西山永定河文化带保护建设五年行动计划》（2018—2022年），完成项目选址等工作。

年内，制作8集大型人文地理纪录片《永定河》，全面介绍永定河文化，突出阐释门头沟与永定河的文化渊源，节目在北京电视台各频道主要时段循环播出，同时通过各大视频网站、微信公众号等媒介全面推广，为打响门头沟永定河文化品牌起到良好的推动作用。以“中国诗歌之乡”“北京诗歌之乡”双诗歌之乡为支撑，打造地区特色文化品牌，提升地区影响力，举办“诗韵京西·歌舞传情”文艺演出、第二届“诗诵京西·廉铸忠诚”反腐倡廉诗歌大赛、中美诗歌对话等活动，不断巩固地区文化内涵。举办第十二届永定河文化节，打好8大项目组合拳，通过《永定河》纪录片展播、《永定人家》舞台剧演出、东胡林人论坛、“永定河文化之旅”融媒体新闻行动、大美永定河摄影展等文化活动，成为传播永定河文化魅力、展现新时代北京风采的一张文化名片。

年内，统领全区各单位在文化文艺领域整体推进，全面发展。发挥创建全国文化中心领导小组办公室作用，牵头5个专项组推进各项规划编制和文化文艺工作落地。贯彻落实“弘扬文化”的区域发展总原则，打好创建全国文明城区攻坚战，大力培育和践行社会主义核心价值观，深入社会各界讲好“四个一”的门头沟故事，诠释“六大文化”内涵，创作一系列创城歌谣、绘画、书法作品，推动“讲奉献，争第一”的门头沟精神落地生根。在全区开展“我们的节日”系列传统文化活动，建立文艺文化小分队下基层，丰富市民节日文化生活。充分发挥爱国主义教育基地等各类文化阵地作用，举办各类公益活动，传承红色基因，引领全区文化文艺工作整体发展。

年内，组织党员干部市民群众1万人次参观“真理的力量——纪念马克思诞辰200周年主题展览”。积极推进与首都博物馆合作，筹备西山永定河文化展。对外创新文化交流形式，邀请5个省、市、自治区15支非遗特色团队进行展示交流，以永定河文化为纽带促进交流合作，举办“盛世舞太平”——永定河流域非物质文化遗产展演活动。与河北省蔚县民间艺术家深度合作，共同举办“京西风情图”民间艺术创作精品展。对内深入挖掘文化内涵，推动以文化促产业，举办首届乡贤文化（灵水）论坛、恢复灵水村转灯节。创新开展文化活动，举办首届“农民丰收节”、首届京西古道灯会等新的文化旅游项目，带动地区经济社会发展。

单位名称：中国共产党北京市门头沟区委员会宣传部
地　　址：北京市门头沟区新桥大街36号
电　　话：69842184
邮　　编：102300

（刘　婷）

【媒体集中采访】　1月3日，区委宣传部策划组织中央及市属20家媒体，开展“门头沟发布支持高精尖产业发展19条”专题宣传报道工作，先后在各类媒体刊发各类稿件30余篇。6月12日，区委宣传部策划组织中央及市属30余家媒体，开展“生态文明建设”集中采访活动。先后在各类媒体刊发各类稿件30余篇，全面阐释“绿色发展、生态富民、弘扬文化、文明首善、团结稳定”的区域发展新思路。28日，区委宣传部策划组织全市14家媒体，开展“街乡吹哨 部门报到”集中采访活动。对永定镇“门头沟部门小分队 解决基层老难题”典型经验进行集中宣传报道。7月18日，区委宣传部策划组织全市14家媒体，开展“创建全国文明城区启动大会”集中采访活动，在各类媒体刊发各类稿件20余篇。9月11日，区委宣传部策划组织中央及市属20家，开展“党建助理员”集中采访活动。对区“内党建助理员激活乡村治理末梢”的相关情况进行统一发布报道。30日，区委宣传部策划组织中央及市属11家，开展“马克思主义读书会”集中采访活动。充分展示门头沟区在非公党建开展马克思主义读书会的成功经验。10月9日，第四届石龙“双创周”期间，组织中央与市属媒体开展集中采访。展示区内经济发展与产业转型工作的阶段性成果，宣传中关村科技园门头沟园的政策优势，帮助入区企业做好宣传推广，更好的吸引园区外企业入驻。年内，区委宣传部组织开展北京国际山地徒步大会等活动集中采访。举办新闻发布会，对全年赛事和新增路线组织记者集中采访，全面勾勒出浅山、深山的山水风貌和人文风情，对途经地风光特色与旅游文化资源起到显著推介作用。

（赵盈春）

【专题宣传报道】 1月8日，区委宣传部策划组织中央及市属20家媒体，开展“门头沟区两会”专题宣传报道工作，先后在各类媒体刊发各类稿件20余篇。2月7日，区委宣传部策划组织中央及市属20家媒体，开展“门头沟区被授予‘中国诗歌之乡’”专题宣传报道工作，先后在各类媒体刊发各类稿件20余篇。8月21日，区委宣传部统筹中央及全市20余家媒体，对潭柘寺镇“街乡吹哨部门报到”推动潭柘寺拆违工作进行集中宣传，先后在各类媒体刊发各类稿件20余篇。10月16日，区委宣传部策划组织中央及市属20家，开展“门头沟区举办扶贫大集吹响对口帮扶集结号”专题宣传报道工作，先后在各类媒体刊发各类稿件30余篇。年内，区委宣传部统筹中央及全市20余家媒体，对门头沟区开展“门头沟区全面启动浅山拆违六成复绿”，并对专项整治行动各阶段所取得阶段性成果进行跟踪报道宣传，先后在各类媒体刊发各类稿件100余篇。年内，区委宣传部以改革开放40年为契机策划开展系列宣传报道，在《北京日报》重点版面刊发《深山“股民”》，《北京晚报》整版报道《摘掉吃山贫困帽 端上护山绿饭碗》，充分展现门头沟区改革开放40年来发生的翻天覆地变化，践行“绿水青山就是金山银山”的理念。

（赵盈春）

【迎新春大型文艺演出】 2月6日，区委宣传部联合中国诗歌学会、北京作家协会，共同举办“放飞中国梦·文化进万家——诗韵京西·歌舞传情”迎新春大型文艺演出。朗诵艺术家瞿弦和、张筠英等参加演出。中国诗歌学会和北京作家协会分别授予门头沟区“中国诗歌之乡”“北京诗歌之乡”荣誉匾牌。

（杨政兴）

【宣传思想文化战线大调研】 3月，区委宣传部制发《门头沟区宣传思想文化战线大调研实施方案》，全区宣传系统各单位、镇街、各工委围绕基层意识形态管理、区域文化挖掘、干部队伍能力素质等方面存在的薄弱环节，完成31个调研课题。通过大调研找准问题找出办法，切实推动问题解决，及时总结推广基层创造的好经验好做法。

（杨忠敬）

【创城百姓宣讲活动】 4月至12月，区委宣传部在全区范围内开展百姓宣讲活动，组建120人的全区百姓宣讲员队伍，设立21个分团，举办为期4天的百姓宣讲工作专题培训班，通过理论授课和名师一对一指导，切实提升宣讲员的理论素养和宣讲水平。建立12人的“创文明城区 建幸福家园”门头沟区特色百姓宣讲团，到村居、医院、学校开展宣讲23场，直接受众5000余人。

（杨忠敬）

【组织参观展览】 5月，区委宣传部组织党员干部市民群众1万人次到国家博物馆观看“真理的力量——纪念马克思诞辰200周年主题展览”。全展分为“伟大革命导师马克思的壮丽人生”“马克思主义中国化的光辉历程”“新创作马克思主义题材美术作品”3个部分，全景式展示马克思的生平、革命实践、理论贡献和精神境界，展现马克思主义在中国传播运用和丰富发展的光辉历程。11月至12月，组织党员干部市民群众6000人次到国家博物馆观看“伟大的变革—庆祝改革开放40周年大型成就展”，深刻感悟改革开放40年来祖国发生的伟大变革，展览以坚持和发展中国特色社会主义为主题，安排设计6个主题内容展区。大家通过大量的历史照片、文字视频、沙盘模型和参与互动体验，真实地解改革开放40年的光辉岁月。

（杨政兴）

【全区意识形态工作培训会】 6月13日至15日，门头沟区举办全区意识形态工作能力提升专题培训班，对全区80余名处级单位主管意识形态工作处级领导干部进行脱产培训。通过理论授课、实战演练、实地参观等定制化培训课程，着力领导干部提升意识形态工作能力。

（杨忠敏）

【纪录片《永定河》播出】 8月，在北京电视台各频道主要时段循环播出8集人文地理纪录片《永定河》，同时通过各大视频网站、微信公众号等媒介全面推广，该片是第一部专题阐释永定河文化的人文地理纪录片，正式确立永定河"北京母亲河"的定位，树立门头沟区永定河文化大区的文化形象。纪录片每集30分钟。

（杨政兴）

【中美诗歌对话活动举办】 9月19日，灵水村与中国诗歌学会、北京大学中国诗歌研究院、北京作家协会共同主办中美诗歌交流诗会。此次活动以"诗歌与乡土"为主题，分揭牌仪式和座谈会两部分进行。美国诗人学者石江山、内贝特·沃顿，中国诗人于坚、马淑琴等参与座谈。座谈会后，主办单位向斋堂镇和灵水村授予"中国诗歌之乡、北京诗歌之乡——灵水基地"和"中国诗人之家"的牌匾。

（杨政兴）

【首届马栏"农民丰收节"】 9月20日，由北京演艺集团与区委宣传部共同举办"马栏村首届中国农民丰收节暨金秋旅游活动月"开幕式。此项活动是北京演艺集团为响应中央和市委号召，实施低收入精准帮扶，与门头沟区共同策划组织开展的系列活动，集团统筹下属北京民族乐团等14家院团，结合马栏村各类资源，量身定制文艺演出、亲子活动、精品旅游等各类活动，推动马栏村增收致富。活动持续一个月。

（杨政兴）

【第二届反腐倡廉诗歌大赛】 10月23日，区委宣传部与区纪委共同举办第二届"诗诵京西·廉铸忠诚"反腐倡廉诗歌大赛活动。全区各单位、各镇街的纪检、宣传干部、市民群众500余人观看演出。比赛涉及全区机关事业单位，83首作品进入复赛，最终评选出一等奖3名，二等奖5名，佳作奖10名。

（杨政兴）

【首届京西古道冰雪嘉年华灯会举办】 11月1日，2018首届京西古道冰雪彩灯嘉年华正式启动。北京青年报社积极与门头沟区妙峰山镇水峪嘴村合作，筹办首届京西古道冰雪嘉年华灯会，灯会展区全长1.5公里，大、中型灯组60余组，分为"冰雪嘉年华""绿水青山"等9个主题区。

（杨政兴）

【市级爱国主义教育基地挂牌】 12月，门头沟区田庄——京西山区中共第一党支部纪念馆通过考核，被北京市爱国主义教育基地领导小组命名为市级爱国主义教育基地并挂牌。至此，区内市级爱国主义教育基地7家。西山区中共第一党支部纪念馆面积500平方米，介绍门头沟共产党人跌宕曲折的战斗历程，党组织的建设成长、基层政权的建立与巩固，以及广大人民群众在党组织领导之下不断前行的光辉历程。构成集史料展示、思想教育、红色旅游等多功能于一体的党史教育、爱国主义教育和反腐倡廉教育示范基地。

（杨政兴）

【"我与改革开放"故事征集活动】 年内，区委宣传部制定下发《门头沟区"我与改革开放"故事征集活动方案》。经过为期一个月的广泛征集，各工委、镇街共计上报文字稿件230余篇。评具有区域特色的12篇优秀稿件，上报北京市"我与改革开放"故事征集组委会，参与全市评选。最终，《鸡蛋里的流金岁月》等4篇稿件获市级奖项。

（杨忠敏）

【区委理论学习中心组学习】 年内，区委理论学习中心组分专题深入学习习近平新时代中国特色社会主义思想的时代背景、科学体系、精神实质和实践要求，全年组织学习17次。围绕区域发展、中心工作，2018年组织4次创城的专题扩大学习。加强调查研究，实地调研中关村软件园科技创新企业，为门头沟区经济转型发展寻找突破口。建立学习交流微信群，运用"微站"等小程序搭建区委理论学习中心组网上学习平台。

（杨忠敏）

【马克思主义读书会】 年内，门头沟中关村科技园工委组建党群服务中心，无偿提供2000余平方米活动场地，配备8000余册以理论书籍为主的图书。并成立"马克思主义读书会"，积极开展特色读书会活动，强化党建对园区内高精尖青年科技人才引领，打造“党建引领创新发展”的成功范例。《人民日报》、北京电视台、《北京日报》等多家中央、市属媒体对马克思主义读书会的经验进行宣传报道。

（杨忠敬）

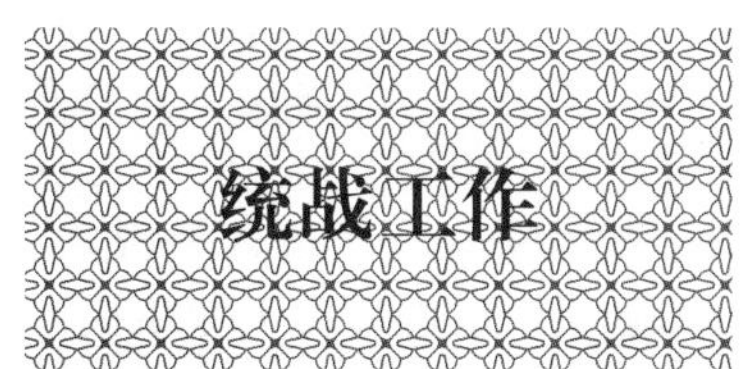

统战工作

【概况】 2018年，门头沟区委员会统一战线工作部（简称区委统战部）调整更新区委统战工作领导小组成员单位，召开全体会议，研究议题7个，制定领导小组《工作规则》及《办公室工作细则》。区委常委会、理论中心组传达中央、市委有关会议精神6次，研究部署有关工作4次。以区委名义下发《关于在镇（街）和村（社区）党组织设置统战委员的意见》，明确提出结合结构改革和基层党组织换届，在各镇党委、街道工委和村、社区党组织设置统战委员。与石龙工委共同制定《关于推广叶青大厦党委统战工作经验暨党建带统战助推园区“高精尖”产业发展的工作方案》，建立4个楼宇统战工作站，以中关村科技园门头沟园为试点，以基层党建工作为抓手，探索加强基层党组织统战工作。举办党外代表人士培训班2期，累计培训60人次，举办纪念“五一口号”发布七十周年系列学习宣传活动，在《京西时报》刊发专刊2版，微信公众号推送主题文章36篇；举办专题报告会，组织大型植树活动，参观“不忘初心·大道同行”主题展览和“伟大的变革”大型成就展，累计参与近千人次；开设“门统学‘习’”微信公众号栏目，重点学习宣传党的统一战线方针政策及习近平总书记关于统一战线新理念新思想新战略。整合资源服务地区社会发展。召开深化“8+1”专项行动推进会暨助力门头沟区低收入帮扶和美丽乡村建设签约仪式，协调8个民主党派市委结对帮扶区内8个低收入村。北京市各民主党派主委以上领导13人次到区内开展调研对接活动，共形成新项目20余个。加强党外代表人士队伍建设。制定《中共门头沟区委关于加强新时代党外代表人士队伍建设的实施意见》，抓好“发现”“培养”“使用”“管理”等关键环节。成立门头沟区党外知识分子联谊会、门头沟区新的社会阶层人士联谊会；开展区级领导列名联系党外人士和区委统战部党外代表人士“大走访”活动，累计走访约谈100余人次。引导党外人士积极参与地区经济社会发展，向区人才工作领导小组推荐区内民主党派专家人才62人。引进部分高等院校6名高层次人才到区挂职，其中党外人士2名。重点加强与区人大代表联络室、区政协委员联络室、区委组织部工作沟通联系，及时掌握党外区人大代表、区政协委员、党外干部相关情况。引导全区各民主党派积极参与区委区政府“三四三三”工程、“8+1”行动和对口支援协作工作，开展各类捐资助学、公益帮扶活动。坚持民族宗教工作例会制度和区领导牵头推进重点问题机制，定期研究部署民族宗教工作，稳妥推进曹各庄天主教堂在新堂开展平安夜活动；完成中央、市委宗教督查迎检工作，制定整改方案，提升宗教管理水平；牵头开展“锡安教会”专项治理工作，完成7名落地人员教育转化工作；支持宗教团体加强自身建设，完成区佛教协会换届，引导各宗教活动场所开展“四进”活动。开展非公有制经济人士理想信念教育活动，引导非公有制经济人士积极参与低收入帮扶、光彩事业和各类社会慈善事业。在处级干部、社区党组织负责人、区直机关系统党员中举办涉台教育8期，培训2800余人次。加大基层对台交流工作力度，全年自主组团16批193人次，接待台湾同胞来访交流7批171人次。完成“2018海峡两岸（北京）体育交流活动”重大任务。

单位名称：中国共产党北京市门头沟区委统一战线工作部
地　　址：北京市门头沟区新桥大街36号
电　　话：69826638
邮　　编：102300

（江延红）

【“8+1”行动】 1月5日，区领导主持召开九三学社北京市委帮扶黄安坨村产业发展项目规划协调会，就黄安坨产业发展规划进行交流座谈。2月1日，民建北京市委副主委带队到王平镇安家庄村举办“8+1”行动新春送医疗送文化下乡活动。2日，民盟北京市委在东辛房街道办事处召开深化“8+1”行动座谈会，就进一步深化合作，围绕社会建设和社区治理开展调查研究，围绕社区文化建设和居民素质提升开展社会服务达成合作意向，并到5户贫困居民家庭开展春节慰问。3月28日，九三学社（北京）双创基地落户中关村科技园门头沟园，引进北京大学“高端声学装备研发与制造”“水下机器人”等高精尖企业。4月13日，召开北京市各民主党派重点支持门头沟区发展“8+1”行动座谈会，汇报“8+1”行动工作进展，安排部署专家人才推荐工作，与会人员进行交流。5月29日，民盟北京市委联合“大手拉小手”关爱儿童公益平台走进军庄小学举办“大手拉小手”科学与传统文化公益课堂进校园系列活动启动仪式，捐赠名家书法作品、科普图书、音像制品以及天文望远镜等。邀请专家作题为《天文漫谈》《天文摄影的乐趣》科普讲座。6月12日，致公党北京市委“一代宗师”进校园——中国绘画大师赏析公益大讲堂启动仪式在妙峰山民族学校举行，引进5家画院向全区10所学校捐赠“大师书册”，带领学生近距离欣赏剖析大师佳作。27日，民进北京市委到妙峰山镇黄土台村对接捐赠节水灌溉设施开工建设相关工作，随后到清水镇梁家铺村调研对接。7月3日，举行深化“8+1”专项行动推进会暨助力门头沟区低收入帮扶和美丽乡村建设签约仪式，北京市委常委、统战部部长出席活动，各民主党派市委专职领导与结对村党支部书记签约。会前，实地考察潭柘寺镇卫生院“名医工作室”“一代宗师进校园”走进京师实验中学、妙峰山镇黄台村樱桃谷节水灌溉项目。20日，召开致公党北京市委调研“8+1”行动座谈会，致公党北京市委主委、北京市人大常委会副主任，区领导张力兵等出席会议。听取致公党市委参与“8+1”行动助推地区教育事业发展情况、门头沟区低收入精准帮扶工作情况及斋堂镇张家村低收入帮扶需求，并进行交流座谈。9月5日，农工党北京市委到雁翅镇青白口村，开展低收入结对帮扶调研对接及爱心义诊等活动，并就林果业技术支持及产品销售、医疗帮扶等达成初步合作意向。17日，民革北京市委一行16人到雁翅镇高台村开展低收入结对帮扶调对接活动，深入了解雁翅镇总体情况、高台村基本情况以及帮扶需求等。18日，台盟北京市委到斋堂镇沿河口村开展对口帮扶调研、到雁翅镇付家台中心小学颁发“台盟之星”奖学金、奖教金，向斋堂镇斋堂中心小学捐赠600余册图书设立“助梦启航读书角”等。10月10日，民建北京市委到雁翅镇房良村、大村灵之秀基地开展送温暖义诊活动。31日，农工党北京市委在雁翅镇青白口村建立首家村级“名医工作室”，并邀请专家为村民进行义诊。农业专家与村负责人围绕苹果技术提升、有机产品认证、销售等进行交流研讨。同日，民进北京市委到黑山小学开展调研对接活动，与区教委就贫困教师帮扶达成意向，与黑山小学就“名师进校园”等项目达成初步合作意向。11月14日，北京市人大副主任、致公党市委主委到斋堂镇张家村开展帮扶调研活动，与区领导张力兵就低收入村帮扶、美丽乡村建设进行交流，实地考察险村搬迁建设情况，与镇、村相关负责人进行座谈，就闲置农房盘活利用、高附加值农业种植等进行探讨。20日，民盟北京市委到清水镇龙王村调研对接，与镇村相关人员就利用闲置农宅开发高端民宿，发展核桃、中草药、草莓等特色经济作物种植，利用各类线上线下渠道平台宣传推介龙王村及特色产品进行交流。23日，区委统战部组织北京市各民主党派成员企业召开“8+1”行动助力低收入帮扶招商引资座谈会，介绍全区低收入帮扶工作情况及低收入帮扶招商引资相关政策，并围绕精品民宿、传统手工艺品提升、旅游文化发展等进行座谈。12月5日，民进北京市委到黑山小学调研，与黑山小学就学生京剧发展、与区教委就摸底全区贫困教师情况开展“春蚕”计划进行交流。19日，召开致公党北京市委引进“中科院科普宣讲团”项目对接会，围绕科普宣传教育文化等进行交流，并达成初步合作意向。28日，召开北京市各民主党派重点支持门头沟区发展“8+1”行动专题沟通会，听取区发改委、区旅游委、区农委关于专项扶持资金、支持乡村民宿产业发展、美丽乡村建设等政策解读，围绕资金扶持、实址注册、民俗产业发展等进行交流探讨。北京市各民主党派分别总结2018年帮扶工作，介绍2019年工作思路。

（江延红）

【佛教协会第二次代表大会召开】 1月20日，区委统战部指导门头沟区佛教协会召开第二次代表会议，选举产生门头沟区佛教协会第二届理事会和会长。

（江延红）

【走访党外各界人士】 2月7日，区领导走访慰问全区各民主党派主委、专职联络员，与各党派主委、专职联络员亲切交谈，代表中共门头沟区委送上节日问候和新年祝福。

（江延红）

【党外代表人士培训班】 4月22日至28日、9月13日至18日，区委统战部举办2期党外代表人士培训班，部分民主党派成员、宗教界人士、非公经济人士、党外知识分子及新的社会阶层人士60人参加培训。

（江延红）

【“京台社区手拉手”交流活动】 6月11日，台盟北京市委、区台办共同举办“京台社区手拉手”交流活动，25位来自台湾部分基层行政组织以及相关社会组织的负责人与门头沟区基层社区的负责人围绕社区治理等领域工作进行交流研讨，并到城子街道社会组织服务（孵化）中心、龙门新区三区进行参观考察。

（江延红）

【海峡两岸（北京）体育交流活动】 7月18日至20日，海峡两岸（北京）体育木球比赛交流活动在门头沟区忠良书院举行。来自京台两地18所院校140余位运动员参加活动。活动后，台湾师生到城子街道龙门新区三区进行交流参访。

（江延红）

【统战工作专题讲座】 10月11日，区领导在区委党校作《学习贯彻中央统战工作会议精神做好新形势下统一战线工作》专题讲座，全区2018年秋季干部培训班学员和统战干部50人参加讲座。

（江延红）

【北京科技小院落地门头沟区】 10月24日，2家北京科技小院分别落地清水镇椴木沟村和黄安坨村。北京科技小院是北京市为更好地服务国家精准扶贫战略，聚焦北京扶贫攻坚、精准帮扶工作，由北京市委统战部联合北京市农委、中国农业大学、北京市扶贫协作和支援合作办共同发起的科技帮扶项目。

（江延红）

【党外知识分子、新的社会阶层人士联谊会成立】 12月7日，门头沟区党外知识分子联谊会和新的社会阶层人士联谊会成立。分别召开第一届理事会第一次会议和第一届常务理事会第一次会议，选举产生第一届常务理事、监事会成员及会长、副会长、秘书长。

（江延红）

【参观庆祝改革开放40周年大型展览】 12月19日，区委统战部、区政协共同组织党外各界人士、政协委员200余人参观“伟大的变革——庆祝改革开放40周年大型展览”。

（江延红）

【概况】 2018年，区委研究室围绕全区中心工作，狠抓调查研究、决策服务、全面深化改革任务落实，在服务领导决策、推动地区转型发展方面发挥参谋助手作用。组织协调全区调查研究工作，推动全区各单位在产业培育、污染防治、低收入村精准帮扶、美丽乡村建设等门头沟区转型发展中的重点、难点工作方面开展调查研究，完成部门承担的区级重点调研课题任务，为区委、区政府科学决策提供参考和依据。统筹协调全区全面深化改革工作，制定年度工作要点，建立涵盖25项年度重点改革任务工作台账，并加强督察督办，推动改革举措落地生根。提升文稿质量，加大信息服务工作力度，为领导科学决策提供服务。

单位名称：中共北京市门头沟区委研究室

地　　址：北京市门头沟区新桥大街36号

电　　话：69842694

邮　　编：102300

（徐文学）

【统筹全区调查研究工作】 年内，区委研究室组织协调全区各单位承办区级领导重点调研课题24个、区重点关注调研课题69个。10月，举办调研工作培训班，全区80余家单位参加培训。

（徐文学）

【重点调研课题完成】 年内，区委研究室承办完成《实施乡村振兴战略　助力低收入帮扶攻坚战》《关于门头沟区深入推进“放管服”改革　大力优化营商环境的研究》等区级重点调研课题。

（徐文学）

【专题调研】 年内，区委研究室参与区委到杭州市、丽水市专题调研活动。完成《杭州市、丽水市美丽乡村建设的经验和启示》《杭州市综合考评工作的经验和启示》《丽水生态文明建设的经验和启示》等专题调研报告。

（徐文学）

【《调研成果汇编》印发】 年初，区委研究室从2017年全区调研成果中选取62篇优秀调研报告，编印《2017年门头沟区调研成果汇编》。

（徐文学）

【深化改革工作】 年内，区委研究室起草《门头沟区2018年全面深化改革工作要点》，明确全年改革工作重点和责任分工，确定35项重点改革任务和12项改革督察事项。完善改革工作机制，健全专项小组和改革办工作规则、细则。编发《改革动态》刊物11期。

（徐文学）

【决策信息服务】 年内，区委研究室聚焦“三大功能建设”“三四三三”工程等门头沟区重点工作，收集整理有关材料，编发《决策内参》22 期。协调全区各单位编发《工作研究》16 期。

（徐文学）

【文稿起草工作】 年内，区委研究室完成区委重要文稿起草任务，全年参与起草区委十二届六次、七次全会及全区农村工作会、创建全国文明城区动员部署会、打击违法建设违法用地百日攻坚动员部署会等各类综合材料 102 余篇。

（徐文学）

老干部工作

【概况】 2018 年，全区离退休干部工作，贯彻落实全国老干部局长会议部署、北京市老干部工作会要求和区委十二届六次全会精神，牢固树立精准理念，用心用情做好离退休干部服务管理工作。年内，区委老干部局开展“不忘初心、牢记使命”主题教育，为创建全国文明城区建言献策。组织永定河文化研究会银发“智囊团”到妙峰山镇、军庄镇实地考察，围绕区域特色、功能定位提出镇村发展思路和建议。老干部宣讲团以“增添正能量、共筑中国梦”为主题，到机关、校园、村居、部队宣讲中国改革开放四十年成果和地区英模人物事迹。发挥党校和老干部（老年）大学平台作用，将离退休干部政治、思想和党组织建设放在首位，开展党的创新理论和技能培训，离退休干部进一步树牢“四个意识”、坚定“四个自信”。严格落实离休干部“两项待遇”，开展“四就近”工作，对全区部分单位老干部工作领导责任制和老干部工作实绩进行抽查考核。引领老党员先锋队在镇街“吹哨报到”中发挥作用。举办“相约在重阳、创城争先锋”健步行、“筑梦放歌颂改革、携手同心助创城”“走近新时代、共享新成就”等活动。

单位名称：中国共产党北京市门头沟区委员会老干部局
地　　址：北京市门头沟区剧场东街 12 号
电　　话：69837762
邮　　编：102300

（李传斌）

【参观学习】 1 月 10 日，区委老干部局组织老干部宣讲团成员参观妙峰山平西情报联络站和村史纪念馆。5 月 15 日至 17 日，组织 300 余名离退休干部参观中粮智慧农场。21 日至 25 日，举办局职离退休干部理论培训班，观看《党课一小时》《不忘初心、方得始终》和《不朽的马克思》视频，参观怀柔区九渡河镇新农村建设。6 月 13 日，组织部分处级退休干部到中国人民抗日战争纪念馆参观“伟大胜利”主题展览，并举办“增添正能量、共筑中国梦”主题党日活动。7 月 6 日，组织老干部理论中心组成员到京西山区第一党支部纪念馆开展“不忘初心、牢记使命”主题党日活动。17 日，组织离退休干部复转军人参观中国人民革命军事博物馆。7 月 30 日至 8 月 1 日，组织离退休干部到房山区韩村河参观学习，邀请中国科学院地理科学与自然资源研究所客座教授作《深入挖掘永定河文化价值的现实意义》报告，永定河文化研究会会长对《贯彻区委书记张力兵同志“四个一”讲话精神》作讲解。并播放《迈向文明的征程》《文明花开倾城绽放》关于江苏宿迁、重庆江北创建全国文明城区纪实录像。组织离退休干部开展“不忘初心、牢记使命、我为创城献良策”大讨论活动。10 月 10 日，召开老干部理论中心组“忆往昔、话改革”纪念改革开放四十周年座谈会，学习《习近平总书记在全国组织工作会上的讲话》。11 月 20 日至 22 日，组织 300 名退休干部，分三批参观首钢工业文化和北京 2022 年冬奥组委办公点。12 月 11 日至 12 日，组织老干部理论中心组学习《中国共产党支部条例》、北京市委书记蔡奇在门头沟区调研时的讲话精神及区领导张力兵在全区反腐倡廉工作会上的讲话。邀请北京市委党校曾宪职教授解读《北京城市规划》。组织观看金一南将军在华为公司《关于军队的灵魂与血性》报告，60 余名老干部理论中心组成员参加学习。17 日，邀请区委网络安全和信息化小组办公室人员为离退休干部讲授互联网安全。

（李传斌）

【老干部工作领导责任制检查】 1 月 16 日，区委老干部局对全区部分单位老干部工作领导责任制落实情况进行抽查和老干部工作实绩考核，结果均为良好。

（李传斌）

【离退休干部通报会】 1 月 18 日，区委老干部局组织全区部分离退休干部学习《深入贯彻落实党的十九大精神全面开创宜居宜业宜游现代化生态新区建设新局面－张贵林同志在区委十二届五次全体会议上的报告》和付兆庚在北京市门头沟区第十六届人民代表大会第四次会议上的《政府工作报告》，全区200余名离退休干部参加会议。3月23日，邀请区纪委研究室人员向离退休干部通报全区党风廉政建设工作情况，200余名离退休干部参加会议。同日，老干部局向与会离退休干部传达全国“两会”精神、市委书记蔡奇在全市老干部工作会上的讲话和区领导付兆庚等在全区老干部工作会上的讲话精神。4月20日，邀请中国国际问题美国研究所助理研究员为老干部宣讲团成员及老干部党支部书记做《美国东亚安全架构及中美关系》报告。5月10日，邀请首都师范大学教授向全区200余名离退休干部做《深刻理解习近平新时代中国特色社会主义思想为建设社会主义现代化强国而奋斗》专题报告。8月3日，举办学习区委十二届六次全会精神通报会，传达区领导张力兵《坚定政治站位、践行首善标准、全力以赴打好创建全国文明城区攻坚战》报告。传达区领导付兆庚《关于上半年经济社会发展情况和下半年工作安排》报告。

（李传斌）

【门城通使用培训】 1月18日，区委老干部局邀请北京思源政务有限公司工作人员为全区离退休干部对门城通便民服务项目应用进行操作讲解，并帮助离退休干部下载门城通APP软件，200余名离退休干部参加培训。

（李传斌）

【老干部新春团拜会】 2月1日，区委老干部局在区教委礼堂举办2018年离退休干部新春团拜会，区领导张贵林出席团拜会并致辞，200余名离退休干部参加活动。

（李传斌）

【送春联活动】 2月5日，区委老干部局组织区老年书画研究会14名会员，到妙峰山镇斜河涧村和陇驾庄村开展送春联下乡活动，赠送对联500余幅，“福”字480余张。

（李传斌）

【走访慰问活动】 2月7日，区委老干部局慰问深山区离休干部党员，送去春节生活品。全区离退休干部单位走访慰问离退休干部及遗属1200余人，送去慰问品、慰问金和慰问信。

（李传斌）

【组织观看电影】 3月初，区委老干部局组织全区离退休干部观看《厉害了，我的国》《红海行动》电影。

（李传斌）

【老干部工作会】 3月8日，召开全区老干部工作会。区领导付兆庚等出席会议，区老干部工作领导小组成员单位主要领导、区有关部门负责人和部分离退休干部代表参加会议。区领导传达北京市老干部工作会精神和市委书记蔡奇的重要讲话精神。进行《门头沟区2017年离退休干部工作报告》。区属老干部单位和个人代表交流发言。区领导付兆庚在讲话中充分肯定全区老干部工作取得的成绩，并对做好新时代离退休干部工作提出要求。

（李传斌）

【“健康杯”棋牌赛】 3月9日至28日，区委老干部局开展“健康杯”棋牌分组赛。按照离退休干部年龄进行分组，300余名离退休干部参赛。

（李传斌）

【老干部（老年）大学开班】 3月12日，老干部（老年）大学正式开学，保留书法、国画山水、摄影、手工、瑜伽、合唱课程，增加古筝、太极拳、舞蹈和计算机和智能手机运用课程，共招收学员204人。

（李传斌）

【建言献策】 3月16日，区委老干部局组织永定河文化研究会5名局处级退休干部组成银发“智囊团”到妙峰山镇炭厂村为炭厂村乡村旅游发展进行“会诊、把脉”，成员们提出炭厂村要围绕“三结合三拓宽”的思路发展旅游，即：一是结合炭厂村的悠久历史，拓宽旅游产业新模式；二是结合炭厂村的红色文化，拓宽旅游资源新途径；三是结合炭厂村的民俗民风，拓宽旅游产品新开发。妙峰山镇领导、炭厂村书记、村长参加研讨活动。27日，组织银发“智囊团”到军庄镇“会诊、把脉”，“智囊团”成员围绕创新、创业文化小镇功能定位，与镇领导座谈并为拆迁后的军庄镇的发展出谋划策，为军庄镇提出“三个支柱、三个节点”的发展思路，三个支柱，即：军事文化、历史文化、民俗文化；三个节点即：军庄镇处于北香山的节点、永定河出山口的节点、西山永定河文化带的节点。军庄镇要紧紧抓住这些特点，把京白梨文化、煤矿业文化作为军庄镇特色发展的重要组成部分，“以花为媒、以文为魂、以闲为业、以诚为托、以人为本”，将丰富的业态和城市要素融合到发展规划中，优化空间结构，突破现有格局，找准自身的优越点，做好文化挖掘。通过前期工作，借助优越的地理位置，发展旅游文化休闲产业，构建城市文化休闲综合体。

（李传斌）

【健康体检】 3月20日至21日，区委老干部局组织全区24名局职离退休干部在小汤山医院进行健康体检。4月19日至5月11日，组织900余名离退休干部在区医院健康体检。

（李传斌）

【健康知识讲座】 5月25日，区委老干部局邀请北京市阜外医院中医心血管病专家为离退休干部作《你的健康我把脉》讲座。9月12日，分别邀请东直门医院针灸科副主任医师、京门医院内科主任医师、老年心脑血管疾病专家分别作《临床医生角度话中医养生》和《老年性高血压防治知识》健康知识讲座。

（李传斌）

【宣讲活动】 6月15日至22日，老干部宣讲团以“神州激荡四十年、改革开放再出发”为主线，分3期深入处级退休干部中进行“增添正能量、共筑中国梦”宣讲，受众300余人。7月24日，组织老干部宣讲团到中国人民解放军“八五三”部队宣讲。8月22日，组织宣讲团到清水镇田寺村进行主题宣讲。12月3日，组织老干部宣讲团到首师大附中永定分校宣讲，并参观地球科学开放式重点实验室，300余名师生参加活动。

（李传斌）

【参加舞蹈赛】 8月30日，区委老干部局组织老干部健身舞队参加区文委组织的2018年首都市民系列文化活动暨第五届“舞动门头沟”舞蹈赛，老干部创作的《梨花颂》获一等奖。民族舞队创作的舞蹈《欢乐的田野上》获优秀奖。

（李传斌）

【参加文艺汇演】 9月8日，区委老干部局组织老年大学古筝班参加北京市农工委系统老干部纪念改革开放四十周年文艺汇演，古筝合奏《渔舟唱晚》获二等奖。

（李传斌）

【健步行活动】 10月16日，区委老干部局在滨河世纪广场举办全区处级退休干部“相约在重阳、创城争先锋”健步行活动，200余名处级退休干部参加活动。

（李传斌）

【老干部党校培训】 10月19日，举办老干部党校学习班，邀请中共中央党校国际战略研究员教授亓成章作《当前国际形势与我国对外战略方针政策》报告，组织离退休干部党员参观门头沟区博物馆“平西抗日斗争陈列”“历史走来的门头沟”大型展览。

（李传斌）

【老年大学成果展演】 11月15日，区委组织部、老干部局在区少年宫举办“筑梦放歌颂改革、携手同心助创城——门头沟区离退休干部庆祝改革开放四十周年暨老干部（老年）大学成果展演”。

（李传斌）

【处级退休干部趣味运动会】 11月30日，区委老干部局在区体育馆举办全区处级退休干部趣味运动会，运动项目设定点投篮、趣味大挪移、投沙包等，300余名老干部参加活动。

（李传斌）

【书画作品展】 12月7日，在老干部活动中心举办“走近新时代、共享新成就”离退休干部书画作品展览，共展出书法、绘画、诗联作品80幅。

（李传斌）

【专题访谈】 年内，区委老干部局与区融媒体中心合作，邀请区人大原副主任、永定河文化研究会会长、区档案史志局原局长、区发改委退休干部围绕“创城”工作和“四个一”内容进行座谈，策划制作创建全国文明城区《不忘初心、薪火相传》专题访谈节目。

（李传斌）

保密

【概况】 2018年，区国家保密局明确全区保密工作的重点和目标，加强全区保密工作，保密局重点完成以下工作。组织召开全区保密工作会议，研讨全区保密工作的重大问题和发展方向。开展保密检查工作。加强互联网门户网站保密管理。加强保密自查自评工作及现场督查工作。协助市局完成电子政务内网进行分级保护测评工作。协助市局开展保密资质（格）随机抽查工作，增强保密资质（格）单位遵守法律法规的自觉性。加强涉密人员管理。加强文件信息资料管理、涉密会议活动管理、信息设备保密管理、要害部门部位管理、互联网邮件系统保密管理。定期组织全区涉密载体销毁工作，规范销毁工作管理流程。开展保密宣传教育培训活动。推动普法宣传活动中保密法制宣传教育。与区委党校配合开展初任公务员保密培训、处级干部班和中青班保密工作培训。扩大宣传教育的覆盖面，增强宣传教育的针对性、实效性，拓展保密法制宣传的渠道。抓好国家教育考试的保密监督工作。配合区教育考试指导中心等有关部门，参与门头沟区2018年度各种国家教育考试的保密管理工作，对试卷保密工作进行监督检查。

单位名称：北京市门头沟区国家保密局
地　　址：北京市门头沟区新桥大街36号
电　　话：69842465
邮　　编：102300

（李春艳）

【2018年保密工作要点印发】 3月，区国家保密局印发《中共北京市门头沟区委保密委员会2018年工作要点》，深入贯彻落实北京市委保密委关于保密工作的决策部署，牢固树立并切实落实“党管保密、依法治密、强化创新、综合防范”的保密工作新理念新举措，提高依法治密能力和科技支撑水平，打造新时代维护党和国家秘密安全牢固防线。

（李春艳）

【保密检查】 5月，区国家保密局在全区开展机关、单位互联网门户网站等保密检查工作。检查80余家机关、单位，各机关、单位检查结果合格。

（李春艳）

【电子政务内网分级保护测评】 6月至9月，区国家保密局协助市局完成电子政务内网进行分级保护测评工作。区保密局对市局没有抽测到的28个机房、36个视频会议室及94台涉密终端（涉密计算机）进行测评。

（李春艳）

【现场督查工作】 7月至10月，区国家保密局对全区87个机关单位实行全覆盖保密自查自评现场督查工作，全部机关、单位均为合格。

（李春艳）

【保密宣传教育培训】 8月，区国家保密局对全区保密工作人员进行保密工作相关知识培训。9月，与区委党校配合开展初任公务员保密培训、处级干部班和中青班保密工作培训，对500余人进行了保密工作知识相关内容进行培训。

（李春艳）

【保密资质（格）随机抽查工作】 11月，区国家保密局协助市局开展保密资质（格）随机抽查工作，增强保密资质（格）单位遵守法律法规的自觉性。

（李春艳）

【颁发涉秘信息系统使用许可证】 12月，区国家保密局颁发门头沟区电子政务内网涉密信息系统使用许可证。

（李春艳）

【涉密载体销毁管理】 年内，区国家保密局执行《门头沟区国家保密局关于进一步加强和规范全区涉密载体销毁管理工作的通知》，统筹安排每年1月、5月、9月开展涉密文件资料销毁工作。

（李春艳）

【保密法制建设】 年内，区国家保密局梳理权力清单，规范保密行政管理行为。开展保密行政执法，做到保密工作检查与行政执法检查系统平台同步管理、同步录入、同步上传，开展保密检查73次，其中党政机关68次，具有保密资质（格）的单位5家。

（李春艳）

【考务保密工作检查】 年内，区国家保密局在高考、中考、成人高考和高自考等考务活动中，对区招生考试中心保密室进行巡视检查，实地检查保密室硬件设施安全保密情况和保密制度的执行情况。

（李春艳）

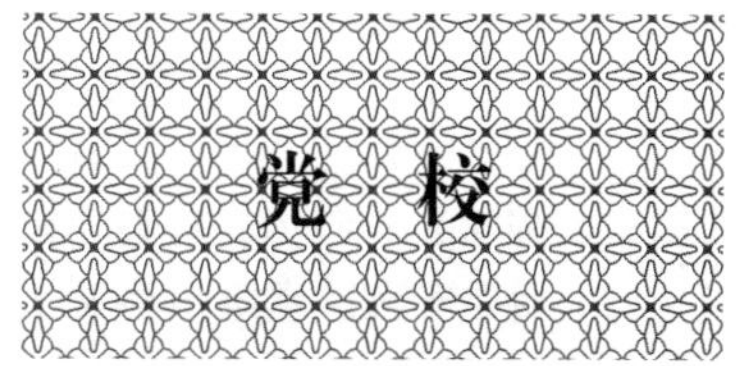

党校

【概况】 2018年，中共门头沟区委党校（区行政学院、区社会主义学院）（简称区委党校）立足党校工作职责，围绕干部教育、思想引领、理论建设、决策咨询四大主要任务，积极开展工作，发挥党校作用。年内，开展党的群众路线教育实践活动，将“两学一做”学习教育常态化制度化纳入“三会一课”等基本制度中，建章立制。完善理论中心组和全体教职工学习制度，规范会前学习。共组织18次中心组学习，13次全体学习，2次主题研讨（党的十九大精神、青年马克思），3次观影（红海行动、厉害我的国、青年马克思），6次主题党日活动。通过组织党员观看视频讲座、领导干部讲党课、青年教师讲堂、外出参观、会议文件学习等多种形式，更新学习内容。年内，举办培训班18类29期，培训学员2964余人次，各班次累计2648学时。通过培训，提高区内广大党员干部和公务员队伍整体水平。年内，发行《理论与实践》刊物3期，2200余册；基层理论宣讲30余场，受众5000余人。完成市级课题1项，区级课题7项，校级课题3项；在各类期刊杂志发表文章16篇；以第三作者出版专著1部；获市委党校系统2016—2017年度优秀科研成果二等奖1项。

单位名称：中国共产党北京市门头沟区委党校
地　　址：北京市门头沟区新桥大街54号
电　　话：69842635
邮　　编：102300

（黄海明）

【周末大课堂】　年内，区委党校完成11期周末大课堂组织协调工作。全年参训领导干部约2200余人次。2018年度周末大课堂内容包括领导干部减压与情绪管理、知识产权保护、突发事件应急管理、领导干部学哲学爱哲学等。为领导干部的理论学习和以后的工作提供有益指导。

（黄海明）

【理论与实践刊物】　年内，《理论与实践》出版3期，发行2200余册。为基层单位干部群众更好地学习党的思想、理论、观点、论断提供理论支持和帮助。《理论与实践》第三期开始进行改版，新开设创城之路、特别关注、红色故里、调查研究、舆情管理、培训工作、他山之石、好书推荐8个栏目。

（黄海明）

【培训工作】　年内，区委党校与区委组织部联合举办1期处级干部进修班、1期处级干部研修班、1期新任处级干部培训班、1期年轻干部培训班、1期人才战略储备研讨班、1期村党组织“第一书记”培训班、1期人才国情研修班、1期低收入村“两委”成员培训班、11期周末大课堂；与区人力社保局联合举办1期公务员科级任职培训班、1期事业单位科级任职培训班、1期公务员初任培训班、1期事业单位初任培训班、1期公务员科级任职培训班、1期事业单位科级任职培训班；与区委统战部联合举办2期党外代表人士培训班；与人民大学联合举办领导干部党建工作能力提升专题研修班；全年共举办培训班18类29期，培训学员2964余人次，各班次累计2648学时。在培训中，制定严格的考勤管理制度；为学员发放制作规范、精致的教学计划；注重结合培训内容为学员配备自学参考书籍；大规模聘请中央级、国家级专家、教授授课；不断尝试实行合班上课，高效利用资源和资金；组织学员到江西井冈山、浙江嘉兴、桐庐进行集中党性锻炼提高学员思想认识，激发党性觉悟。突出红色传承教育，增强知家乡、爱家乡、建家乡的责任感和使命感，开展“京西红色精神现场教学”特色党日活动。

（黄海明）

【理论科研】　年内，区委党校完成市级课题1项，区级课题7项，校级课题3项；以第三作者出版专著1部；全年在各类期刊杂志发表文章16篇，其中市级以上期刊杂志3篇，京西时报发表文章6篇，校级期刊6篇，其他1篇，获市委党校系统2016—2017年度优秀科研成果二等奖1项。

（黄海明）

【理论宣讲】　年内，区委党校到机关单位、村镇社区进行宣讲。共下基层宣讲近30场，听课人数5000余人。

（黄海明）

【教学工作】　年内，区委党校与区委组织部共同开发党性教育课程，《车载教学：京西抗战历史》《体验教学：重走情报小道》《现场教学：妙峰山上的信仰之问》《特色教学：评说京西风云》和《现场教学：斋堂宛平烈士纪念碑》正式上线并进入主体班。

（黄海明）

直属机关工委工作

【概况】　2018年，门头沟区委直属机关工作委员会（简称区直机关工委）认真贯彻区委工作部署，深入落实全面从严治党要求，围绕“服务中心、建设队伍”这两大核心任务，强化思想引领，压实党建责任，规范组织建设，改进机关作风，机关党建各项工作取得明显进展。年内，完成《提升区直机关系统党员教育培训实效问题研究》调研报告并获2018年党建优秀课题三等奖。区直机关工委是负责全区区直机关党的建设和思想政治工作的区委派出机构。区直机关工委行政编制为8名（含纪检、监察编制），其中书记1名（区委办公室主任兼任），常务副书记1名（正处职），副书记1名，科级领导职数3名。截至到2018年底实际工作人员7名。

单位名称：中共北京市门头沟区委直属机关工作委员会
地　　址：北京市门头沟区新桥大街36号
电　　话：69843115
邮　　编：102300

（李　红）

【党建督查】　1月，区直机关工委抽调21名机关干部，组建5个区直机关系统民主生活会督导组，2月，完成系统内43家处级单位2017年民主生活会督导工作。8月至9月，对所属36个单位（15个机关党委、10个党总支和11个党支部）党支部手册、党员手册、十八大以来发展党员、换届选举等基层党组织规范化建设情况进行督查。

（李　红）

【党建工作部署】　2月，区直机关工委制订《区直机关系统2018年基层党建工作重点任务清单》，明确25项具体任务和督查重点。3月22日，召开2018年党建工作大会。所属系统党组书记、党务工作主管领导及基层党组织书记300余人参加。会上，对2018年机关党建工作进行部署，并印发2018年党建工作要点、教育培训计划、党建考评办法、党建联谊会分组等。8月10日，召开全系统党建工作会，对基层党组织规范化建设近期重点工作做部署，67个单位的主管领导参加。22日，组织系统内300余名基层党组织书记就党支部规范化建设开展经验交流和观摩学习。

（李　红）

【机关工会工作】　2月5日至9日，区直机关工委举办“迎新春”棋牌乐活动，342名会员参加7个比赛项目。3月5日，组织80余名女会员进行插花活动。9月8日，组织210余名会员参加第九届徒步大会（斋堂20公里）徒步活动。10月13日，组织200余名会员参加徒步大会清水站“最美红叶”（清水15公里）徒步活动。10月29日至11月1日，举办第十九届“机关杯”篮球赛活动，共有6支男队、3支女队，71人参加。

（李　红）

【慰问活动】　春节期间，区直机关工委共筹集资金11.73万元，慰问困难党员、群众72人。七一期间，共慰问党员61人，发放慰问金7.366万元。

（李　红）

【基层党组织工作】　3月，完成2017年基层党组织书记述职评议考核工作，共有36个基层党组织书记进行现场述职（主会场6个，分会场30个），31个基层党组织书记作书面述职，36个基层党组织书记均评为“好”。4月13日至21日，系统67个单位所属94个法人单位党组织和3121名在职党员全部完成报到任务。4月至12月，围绕“亮身份、学雷锋、践初心，共建京西美好家园”主题，组织系统党员开展调研走访537次，特长活动619次，扶贫济弱341次，志愿服务4970次，承诺践诺1963条，建言献策738条，实事数量704件。7月，组织所属系统开展纪念建党97周年“十个一”系列主题活动。

（李　红）

【捐款活动】　3月至4月，区直机关工委组织所属单位参加博爱在京城捐款活动，共收捐款16万余元。6月，组织所属单位参加“共产党员献爱心”活动，共收捐款19万余元。11月9日至20日，组织开展“爱心暖阳”系列之“冬衣送暖”主题社会捐助活动，共收捐款18万余元。

（李　红）

【教育培训】　4月8日至13日，区直机关工委举办2期党组织书记轮训班，组织系统67个单位300余名基层党组织书记分两批参加培训。4月16日至5月18日，组织系统内2000名党员进行集中轮训，轮训共分4期，每期500人、脱产5天；邀请中央党校、市委党校、首都师范大学、市直机关工委和市委研究室等专家20余人授课。5月29日至31日，组织150余名积极分子暨发展对象进行培训和拓展活动。6月至9月，组织6个党建联谊组，45个单位259名处级领导干部开展40余场学习习近平新时代中国特色社会主义思想专题读书活动，每人集中读书时间累计3天。8月22日，组织300余名基层党组织书记对《习近平新时代中国特色社会主义思想三十讲》进行专题培训学习。

（李　红）

【机关文化建设】　5月，区直机关工委组队40余人参加市总工会举办的职工合唱比赛。10月，组织参加第二十二届“乒协杯”活动，获男子甲组团体比赛第二名。11月2日，组织开展区直机关工委2018年“以毽会友”毽球比赛活动，共99人参加个人赛，35个队参加3人组和5人组团体赛。18日，组织参加第十二届“足协杯”室内五人制足球赛并获甲组第三名。

（李　红）

【换届选举、发展党员】 6月29日，区直机关工委组织83名新发展预备党员到平西情报联络站纪念馆开展以“回顾历史，追忆英烈”主题宣誓活动。8月、11月，对系统党组织开展党组织“体检”工作。年内，新成立机关党委2个（税务局、规土分局）、规范党总支1个（人保局流动党员）、新组建党支部1个（政务办），完成换届选举党组织148个。年内，发展党员103名。

（李 红）

【创城工作】 8月10日，区直机关工委召开机关系统创城工作推进会，党建主管领导66人参会。会上，印发《关于在创建全国文明城区中发挥机关党建引领带动作用的意见》。8月至12月，开展“我参与、我奉献、我快乐”主题教育活动，号召各级党组织和党员切实扛起创城工作的责任和担当，立足本岗、扎实工作，认真履行部门创城职责，全力抓好各项创城任务的落实。系统各单位共开展创城主题教育活动231次，志愿活动269次。

（李 红）

【对口帮扶工作】 10月16日，区直机关工委组织系统内100名机关干部参加门头沟区扶贫协作和支援合作结对地区农副产品帮扶大集。11月8日，组织系统机关干部购买门头沟区对口帮扶的内蒙古自治区武川县农民自产土豆103750斤，为农民创收10万余元。16日，“五进农村”帮扶工作经验交流会，住建委、财政局、人保局等单位作典型发言，全区70余家帮扶单位主管领导参会。年内，落实履行“六个一”帮扶工作职责，及时调整29个区级低收入村帮扶单位，确保市、区两级低收入户结对帮扶全覆盖。年内，所属各单位主要领导带队入村入户调研对接达414次；到村开展党日活动1652人次，机关党员干部参与帮扶工作达到3444人次；各机关单位共为低收入村解决困难和问题309个，折合投入资金1686.9万元。

（李 红）

【党建考评】 11月13日至15日，开展“五型机关”创建考评互评会，以党建联谊组的形式进行现场互评，各单位通过幻灯片对全年开展理论学习型、高效服务型、改革创新型、勤勉担当型和廉洁法治型机关创建情况进行汇报。同时对各单位的“五型机关”创建档案、党建重点工作材料和规范化建设材料进行检查。考评总分在90分以上的，可评为机关党建工作优秀单位。

（李 红）

【党建工作创品牌】 年内，深化“打造亮点、创建品牌”活动，推广《区直机关系统党建工作品牌案例集》中38个典型案例，参加全区开展的“优秀党支部主题党日”评选和“党建创新项目”评比活动，区纪委区监委机关党委、区委办党总支、潭柘寺法庭党支部等5个党组织申报的主题党日活动纳入《门头沟区优秀主题党日案例集》，区检察院《指尖上的支部之家》、区委政法委《传承红色基因 争做政法尖兵——政法委机关党员党性修养提升工程》两个党建创新项目，分别被区委组织部评选为2017年度重点项目和一般项目，并获资金支持。12月，继续开展品牌评审工作，选取43个典型案例汇编成《区直机关系统2018年党建工作品牌案例集》。

（李 红）

【党风廉政建设工作】 年内，区直机关工委召开党风廉政建设专题会4次，机关党风廉政建设部署会1次。年内，征集廉政书画和诗歌作品100余篇（幅），其中4首诗歌作品获全区评比一、二、三等奖，19幅书画作品获优秀奖。年内，在机关内部开展监督检查3次，对发展党员工作这一廉政风险防控项目进行督查1次。3月26日，层层签订党风廉政建设责任书，把“述廉”纳入全系统基层党组织书记述职评议考核的重要内容。7月11日，迎接区纪委区监委全面从严治党主体责任专项检查。8月23日，组织全体机关干部参观门头沟区廉政警示教育基地。

（李 红）

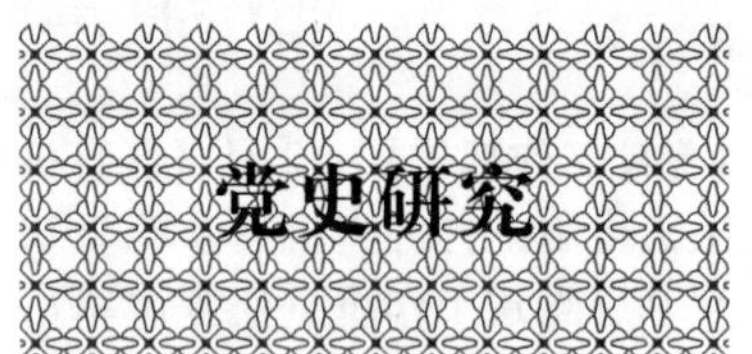

党史研究

【概况】 2018年，门头沟区档案史志局围绕区委、区政府的中心工作，以党史资料为基础，以党史研究为重点，完成《北京市十一次党代会以来大事记（2012－2017）》的审稿反馈工作。配合市党史完成《不忘初心砥砺奋进》一书门头沟区相关资料6000余字。完成市委党史研究室关于抗战现存老兵的口述史资料、影音资料、抗战老兵名单等的征集呈报工作。完成《（2001－2013）历史大事记》终审稿阶段工作。完成《中共北京市门头沟区党史普及读本》方案修改工作，初步完成党史普及读本资料收集工作。完成门头沟区党史宣传月工作。编写北京红色故事门头沟区相关内容，完成7篇红色故事。为

《探索》杂志撰写党史专文6篇。完成《门头沟区2016年历史大事记》初稿。

单位名称：门头沟区档案史志局党史科
地　　址：北京市门头沟区石龙北路31号
电　　话：60800474
邮　　编：102308

（朱晓梅）

【《抗战口述史资料征集》】 5月16日，区档案史志局党史科下发《北京市门头沟区中共抗日战争口述史料征集、整理工作实施方案》。6月，党史科征集区内健在的抗战老兵口述史资料以及回忆录和老战士名单。此次工作从区民政局、光荣院、9个乡镇和4个街道办事处等单位共征集到回忆录2份，文字资料7份，影音资料3份，抗战老兵名单2份，书籍资料1份。

（朱晓梅）

【红色故事宣讲】 5月31日，区档案史志局开展“红色故事宣讲”活动。邀区档案史志局（馆）原局长到大峪中学分校，为学生们讲述两位抗战英雄的生动事迹。到中国武警森林武警警察部队门头沟支队宣讲《关于髽髻山战役》，受到官兵好评。

（朱晓梅）

【《（2001－2013）历史大事记》终审稿】 9月，党史科完成《（2001－2013）历史大事记》终审稿返稿工作。全区33家有关单位和外聘人员再次对书稿进行审核及意见反馈，根据反馈意见，形成送审稿，全书收录十三年来，全区各单位发生的大事、要事。

（朱晓梅）

【党史编研】 年内，区档案史志局联合区雁翅镇委员会编辑出版以纪念门头沟区第一位共产党员崔显芳为主要内容的《田庄生紫荆》《梦回吹角连营》等两部革命史书。

（朱晓梅）

【《门头沟改革开放40年》资料征集】 年内，门头沟区档案史志局向全区有关单位征集改革开放40年专题文章、先进事迹、人物故事等资料。共收到29家单位报送典型事例11篇、典型故事11篇、典型人物30篇、专题文章19篇，25万余字，照片90余幅。

（朱晓梅）

门头沟区人民代表大会

综　述

【概况】　北京市门头沟区人民代表大会常务委会（简称区人大），机构设有办公室、法制办公室、财政经济办公室、教科文卫体办公室、城建环保办公室、农村办公室、代表联络工作室（市代表联络工作处）、研究室等8个工作办、室。办公室机构内设有信访接待室（副处级）、文秘信息科。

2018年，共组织召开常委会会议7次，主任会议10次。履行监督权，依法听取、审议专项工作报告20项，提出审议意见2件，开展专项视察和代表集中视察4次，撰写专题调研报告5篇；履行重大事项决定权，依法对推进全国文明城区创建、批准分区规划和"十三五"规划纲要指标调整方案等事项作出决议、决定8项；履行人事任免权，依法任免国家机关工作人员29人次，完成区十六届人大第四次会议确定的工作任务。

单位名称：北京市门头沟区人民代表大会常务委员会
地　　址：北京市门头沟区新桥大街36号
电　　话：69842136
邮　　编：102300

（张旭东）

【区人大机关全体会】　1月19日，区人大召开机关全体会议。会议对2017年工作进行总结，安排部署2018年工作。

（张旭东）

【党风廉政建设工作会】　2月2日，区人大召开党风廉政建设工作会。会上，传达区纪委十二届四次全会暨全区党风廉政建设工作会议精神并讲话；区人大常委会党组书记与成员之间，党组成员与分管办、室负责人之间签订党风廉政建设责任书。

（张旭东）

【2017年度民主生活会】　2月9日，区人大常委会党组召开2017年度民主生活会，以认真学习领会习近平新时代中国特色社会主义思想，坚定维护以习近平同志为核心的党中央权威和集中统一领导，全面贯彻落实党的十九大各项决策部署为主题，开展批评和自我批评。会上，通报区人大常委会党组2016年度民主生活会整改方案落实情况和此次民主生活会征求意见情况。陈国才代表常委会党组进行对照检查，深刻剖析区人大常委会党组当前存在的主要问题及原因。3月2日，区人大召开常委会党组2017年度民主生活会情况通报会，区人大领导陈国才等出席会议，区人大机关全体党员干部职工参加会议。会上，通报区人大常委会党组2017年度民主生活会情况。

（张旭东）

【机关党支部工作】　3月14日，区人大机关党支部召开2017年度专题组织生活会。区人大领导陈国才等以普通党员身份参加。全体党员互相进行民主评议。30日，区人大召开机关党建工作部署会。区人大机关全体党员干部参加会议。会上，传达区委关于加强党建工作的有关部署，通报《区人大常委会主任、党员副主任指导督促分管联系部门抓党建工作实施办法（试行）》。会上，陈国才同党组成员，党组分管领导同机关办、室负责人签订抓党建工作责任书。4月12日，区人大召开机关党支部党员大会。研究部署在职党员到社区（村）报到工作。20日，区人大召开机关党支部党员大会。会上部署机关党风廉政建设和党建工作，会议通报区纪委纪检一室、第三派驻组对区人大党风廉政检查情况，及针对问题立行立改工作情况。围绕进一步加强和改进机关党建工作，会议强调定期缴纳党费、认真填写党风廉政纪实手册和党员手册等工作要求。5 月 25 日，区人大机关党支部开展主题党日活动。区人大机关党支部组织全体党员干部观看电影《青年马克思》。7 月 6 日，区人大召开创建全国文明城区动员大会。机关党支部书记传达区委书记张力兵在区委理论中心组专题学习上的讲话精神、《关于开展“创建文明城　党员当先锋”周末清洁日大扫除活动的通知》。

（张旭东）

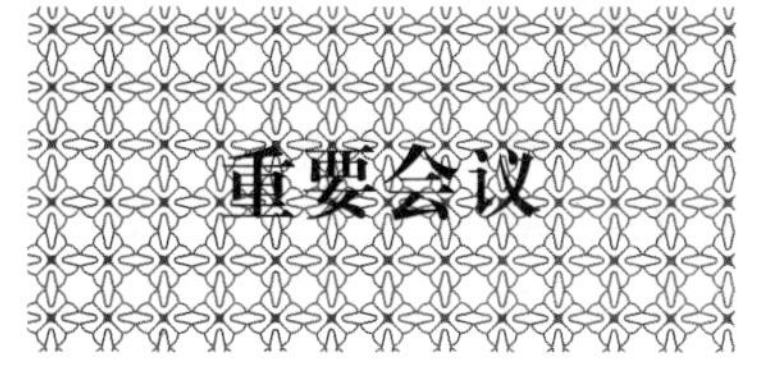

重要会议

【第十六届人民代表大会第四次会议】　1 月 9 日至 12 日，门头沟区第十六届人民代表大会第四次会议在龙泉会堂召开。

（张旭东）

【第十六届人大常委会会议】　2 月 9 日，门头沟区第十六届人大常委会召开第九次会议。区人大常委会组成人员 23 人出席会议。区政府、组织部、区法院、检察院领导；各镇人大主席、人大街道工委主任；区人大常委会机关各办室，区政府办、人保局相关负责人列席会议。会上，传达北京市第十五届人民代表大会第一次会议精神，简要介绍全体代表听取审议市“一府两院”六项工作报告情况，通报大会选举、大会议案、建议提交情况，就门头沟代表团在大会上的履职情况以及张贵林书记的讨论发言做简要通报；讨论通过区人大常委会 2018 年工作要点。区人大常委会 2018 年将依据工作指导思想，重点抓好 4 个方面共 40 项主要工作；会议进行人事任免事项。4 月 24 日，门头沟区第十六届人大常委会召开第十次会议。区人大常委会组成人员 26 人出席会议。区政府、区监委、法院、检察院领导，部分专门委员会组成人员、部分人大代表，区人大常委会机关各办室、政府办、环保局相关负责人列席会议。会上，听取区政府《门头沟区 2017 年环境状况和环境保护目标完成情况的报告》和区人大城建环保委员会的调研意见。会议听取区法院《门头沟区人民法院关于司法体制改革工作情况的报告》和区人大法制委员会的调研意见。听取《关于区十六届人大四次会议代表“建议、批评和意见”交办情况的报告》。区十六届人大四次会议期间，共收到代表建议、批评和意见 67 件，交办区政府 64 件、区委组织部 1 件、京煤集团 2 件；确定 5 件由区人大常委会主任、副主任重点督办的建议。审议通过《北京市门头沟区人民代表大会常务委员会议事规则（修订草案）》和《北京市门头沟区人民代表大会专门委员会工作规则（修订草案）》；审议通过《北京市门头沟区第十六届人民代表大会常务委员会代表资格审查委员会关于代表变动情况的报告》；表决通过《门头沟区人大常委会关于补选区第十六届人大代表的决定》。进行人事任免事项。6 月 28 日，门头沟区第十六届人大常委会召开第十一次会议。区人大常委会组成人员 27 人出席会议。区政府领导；区法院、检察院领导；部分专门委员会组成人员，部分人大代表；区人大常委会机关各办室，区政府办、发改委、财政局、审计局、水务局、体育局、人保局相关负责人列席会议。会上，听取和审议区财政局《门头沟区 2017 年区级决算（草案）报告》、区发改委《门头沟区 2017 年重大投资项目竣工决算及绩效情况的报告》、区审计局《门头沟区 2017 年度区级预算执行和其他财政收支审计工作的报告》和区人大财经委员会的审查结果报告。会议批准门头沟区 2017 年区级决算。听取和审议区政府《门头沟区“河长制”工作开展情况报告》和区人大农村委员会的初审意见。听取区政府《北京国际山地徒步大会工作运行情况的报告》和区人大教科文卫体委员会的调研意见。会议表决通过区人大常委会代表资格审查委员会《关于门头沟区斋堂镇机关联合选区补选门头沟区第十六届人民代表大会代表选举结果报告》。进行人事任免事项。7 月 24 日，门头沟区第十六届人大常委会召开第十二次会议。区人大常委会组成人员 23 人出席会议。区政府、区法院、检察院领导；部分专门委员会组成人员，部分人大代表；区人大常委会机关各办室，区政府办、发改委、财政局相关负责人列席会议。会上，听取区发改委《门头沟区 2018 年国民经济和社会发展计划上半年执行情况的报告》、区财政局《门头沟区 2018 年上半年预算执行情况的报告》和区人大财经委员会的调研报告。表决通过《北京市门头沟区第十六届人民代表大会常务委员会关于推进全国文明城区创建工作的决定》，落实区委决策部署，依法为创城提供法治保障。进行人事任免事项。9 月 28 日，门头沟区第十六届人大常委会召开第十三次会议，区人大常委会组成人员 25 人出席会议。区政府、组织部、区法院、检察院的相关领导；部分区人大专门委员会组成人员，部分人大代表；区人大常委会机关各办室，区政府办、发改委、城市管理委、卫计委相关负责人列席会议。会上，听取区政府《门头沟区国民经济和社会发展第十三个五年规划纲要中期评估报告》和区人大财经委员会的调研意见。会议批准规划纲要指标调整方案。听取和审议区政府《门头沟区市政道路建设工作情况的报告》和区人大城建环保委员会的初审意见。听取区政府《门头沟区分级诊疗制度建设工作情况报告》和区人大教科文卫体委员会的调研意见。会议还进行人事任免事项。10月23日，门头沟区第十六届人大常委会召开第十四次会议，区人大常委会组成人员25人出席会议。区政府、区检察院、区法院的相关领导；部分区人大专门委员会组成人员，部分人大代表；区人大常委会机关各办室，区政府办、发改委、农委、财政局、规划国土分局相关负责人列席会议。会上，听取和审议区政府《门头沟区2018年区级预算调整情况的报告》和区人大财经委员会的初审意见。会议批准2018年区级预算调整方案。听取和审议区政府《门头沟区2018年重点工程部分项目任务目标调整方案》和区人大财经委员会的初审意见。会议批准2018年重点工程部分项目任务目标调整方案。听取区政府《门头沟区政府关于美丽乡村建设情况的报告》和区人大农村委员会的调研意见。会议听取区检察院《门头沟区人民检察院关于行政公益诉讼工作情况的报告》和区人大法制委员会的调研意见。审议通过《门头沟区分区规划（2017年—2035年）》《门头沟区村庄民宅风貌设计导则》《门头沟区人民代表大会常务委员会讨论、决定重大事项的规定》。12月18日，门头沟区第十六届人大常委会召开第十五次会议。区人大常委会组成人员25人出席会议。区政府、组织部、区法院、检察院的相关领导；区人大常委会机关各办室，区政府办、农委、审计局、人力社保局相关负责人列席会议。会上，听取区政府《门头沟区2017年度区级预算执行和其他财政收支审计查出问题整改情况的报告》和区人大财经委员会的调研意见。听取和审议区政府《门头沟区十六届人大四次会议代表建议、批评和意见办理工作情况的报告》和区人大常委会代表联络室《区十六届人大四次会议和闭会期间“代表建议、批评和意见”办理情况的报告》。听取区政府《关于落实〈区十六届人大常委会第六次会议对区人民政府“煤改清洁能源”和“减煤换煤”工作情况报告的审议意见〉的工作报告》和区人大农村委员会的调研意见。讨论通过《门头沟区流动人口管理工作的现状与思考》《预算联网监督在地方人大工作中的运用》《门头沟区分级诊疗制度建设情况的调研报告》《关于对我区市政道路建设工作的调研》和《门头沟区低收入帮扶工作调研报告》等区人大常委会年度调研报告。会议听取区人大财经委员会《关于我区建立国有资产管理情况报告制度的说明》，要求财经委员会与相关政府部门加强沟通，做好该项制度的落实。讨论通过《北京市门头沟区人民代表大会常务委员会2018年工作报告（征求意见稿）》。讨论通过关于召开区十六届人大五次会议有关事项的各项草案，并授权主任会议在常委会议闭会期间对各项草案和大会相关安排做进一步修改、调整。进行人事任免事项。

（张旭东）

各办室工作

【代表联络室工作】 1月8日，市人大门头沟代表团组织开展市十五届人大一次会议门头沟代表团分团活动。21名市人大代表参加活动。市人大研究室，市政府研究室、财政局、发改委、高法、检察院相关负责人列席活动。与会代表推选门头沟代表团团长、副团长；讨论市十五届人大一次会议议程草案；讨论大会主席团、秘书长，计划预算审查委员会，议案审查委员会等名单草案；讨论大会选举办法草案、市人大专门委员会设立及其人选表决办法草案；讨论代表团准备在大会期间提出的各项议案；讨论政府、计划、预算、人大、法院、检察院6项工作报告。会议通报大会期间有关注意事项。代表们对政府、计划、预算、人大、法院、检察院6项工作报告开展讨论，围绕北京市和门头沟区发展布局和功能定位，围绕人民群众关心关注的问题，在企业转型、教育、养老、民俗旅游、生态修复、轨道交通、建筑垃圾消纳以及法治建设等方面提出意见和建议。4月26日，举办人大代表培训班。99名区人大代表、各代表团联络员以及区人大全体机关干部130余人参加。培训班以“贯彻全国两会精神，学习宪法和监察法，提高代表依法履职能力”为主题，对新修订《宪法》和新施行《监察法》的主要内容和重要意义作阐述。5月16日，区人大对门头沟区改革优化营商环境工作进行暗访检查。部分区人大代表先后走访区政务服务中心、国税大厅、地税大厅、不动产登记事务中心、电力服务大厅，对5个窗口部门改革优化营商环境、落实“9+N”政策情况进行监督检查，重点核查市政府暗访发现问题的整改情况。暗访结束后，在区政务服务中心召开现场会，参与暗访检查的代表们就暗访中发现的问题与相关部门负责人进行交流。6月5日，斋堂镇完成补选区第十六届人大代表工作任务。斋堂镇机关联合选区依法补选出席门头沟区第十六届人民代表大会代表1名。补选投票率99.9%，候选人得票率100%。5月至6月，区人大在各镇人大、人大街道工委及京煤集团代表团（组）开展区人大代表联系群众、接待选民活动。活动期间，各代表团（组）积极做好前期各项准备工作，组织开展调研、走访群众3058人次、召开座谈会83次；全区共117名区人大代表、678名选民和群众参加接待活动。各地选民和群众在现场提出的问题与建议共183条，其中涉及城市建设和管理方面等95条；涉及道路交通、水务方面11条；涉及农村工作25条；涉及棚户区、危房及老旧小区改造33条；涉及旅游、生态及文化建设方面9条；涉及医疗卫生方面10条。各代表团（组）经过进一步核实情况、归纳整理，形成31件闭会期间代表建议、批评和意见上报区人大，其中城市建设和管理14件，交通问题5件，农村工作4件，旅游规划4件，医疗、养老金发放等问题4件。8月7日，市人大门头沟代表团开展代表年中集中活动，19名市人大代表参加活动。会议传达市委书记蔡奇在市委十二届五次全会上的工作报告以及讲话精神，讨论关于北京市2017年市级决算草案的报告、2018年预算上半年执行情况的报告、2018年国民经济和社会发展计划上半年执行情况的报告以及市人大常委会2018年上半年主要工作。与会代表对北京市上半年经济社会发展所取得的成绩给予肯定。21日至23日，区创城第二督查组开展实地督查工作。区人大常委会组织部分人大代表到清水镇、斋堂镇、雁翅镇、大台街道办事处、大峪街道办事处进行督导检查。督查组针对前期检查中发现的6个方面问题进行实地检查，现场听取各单位对前期创城工作检查中发现问题、整改措施的汇报，以及未成年人组对社区家长学校和青少年心理健康辅导站点建设情况的专题汇报。28日，区人大代表视察门头沟区西山永定河文化带规划建设情况。130名区人大代表视察龙泉镇琉璃渠村琉璃文化、妙峰山镇古道文化建设情况。代表们实地察看门头沟区琉璃文化和古道文化的保护开发情况，听取区文委关于门头沟区西山永定河文化带建设发展情况的汇报，以及区政府对推进永定河文化带建设工作的进一步阐述。10月22日，市人大门头沟代表团开展市人大代表联系区人大代表和群众活动。会议听取区、镇人大代表和群众代表对《北京市非物质文化遗产条例（征求意见稿》的意见建议。14名市人大代表，14名区镇人大代表，市人大法制办、法规处相关负责人，区文委、文化馆相关负责人以及3位门头沟区非遗项目传承人等40余人参加会议。会上，门头沟区市级非遗潭柘寺紫石砚雕刻传承人、非遗琉璃制造技艺市级代表性传承人、非遗京西太平鼓国家级代表性传承人分别对非遗情况的现状、存在的实际困难和问题进行介绍，与会市、区、镇人大代表及群众代表围绕《北京市非物质文化遗产条例（征求意见稿》，结合门头沟区非遗的实际情况，进行座谈交流，并对《北京市非物质文化遗产条例（征求意见稿）》14处提出修改意见。

（张旭东）

【法制办公室工作】 2月8日，区人大法制委组织召开2018年法治议题交办会，法制办通报2018年区人大常委会监督计划。区政府流管办、区法院、检察院等单位相关负责人参加会议。3月22日，区人大召开第一季度镇人大主席工作会。会议听取各镇人大2018年工作安排情况。区人大领导出席会议。4月10日，区人大法制委员会调研司法体制改革工作情况。区人大法制委员会组成人员实地参观区法院少年家事审判庭，听取区法院关于司法体制改革工作情况的报告。委员们肯定区法院司法体制改革工作取得的成绩，并就正确面对司法改革新情况，进一步完善监督制约机制，进一步加强法院队伍建设等方面提出意见建议。5月24日，区人大法制委员会组成人员和镇人大主席旁听区法院案件审理工作。为增强法制委员会组成人员和镇人大主席的依法履职能力，加强对法院审判工作的监督，法制办组织法制委委员和镇人大主席到区法院旁听一件公民诉北京市规划和国土资源管理委员会门头沟分局撤销不动产证的行政案件。10月11日，区人大法制委员会调研门头沟区行政公益诉讼工作。委员实地到区检察院实地调研行政公益诉讼工作情况，观看行政公益诉讼宣传片并听取相关工作情况汇报。委员们充肯定区检察院行政公益诉讼开展以来取得的成绩，并就进一步加大公益诉讼的宣传教育力度，进一步加强公益诉讼干警队伍建设，进一步破解公益诉讼发现线索难的问题等方面提出意见建议。11月15日，区人大法制办组织法制委员会组成人员、镇人大主席进行专题培训。会上，原文传达全国人大常委会委员长栗战书在深入学习贯彻习近平总书记关于坚持和完善人民代表大会制度的重要思想交流会上的讲话、北京市人大常委会主任在北京市深入学习贯彻习近平总书记关于坚持和完善人民代表大会制度的重要思想交流会上的讲话，并进行讨论发言。

（张旭东）

【教科文卫体办公室工作】 2月28日，区人大教科文卫体委员会召开会议讨论2018年教科文卫体委员会工作计划随后，召开2018年教科文卫体监督工作议题交办会，区教委、卫计委、体育局相关负责人参加会议，区人大领导何渊出席会议。3月27日，区人大常委会视察门头沟区中小学开展素质教育情况。常委会组成人员和教科文卫体委员会部分委员到大峪一小、少年宫和首师大附中永定分校实地视察学校课外活动和特色课程，解各学校素质教育开展情况。随后召开座谈会，听取区教委对全区素质教育开展情况的汇报。委员们肯定区教委素质教育工作取得的成效，并就继续加强素质教育专业人才力量，加大美育、德育建设等方面提出意见和建议。6月7日，区人大教科文卫体委员会调研门头沟区徒步大会举办情况。委员们认真听取区体育局、斋堂镇和妙峰山镇举办北京国际山地徒步大会的情况汇报，充分肯定徒步大会在赛事组织、创新发展、市场运作、塑造品牌、社会影响等方面取得的成绩，并就徒步大会的主要做法、经验效果、存在问题以及今后发展等提出意见和建议。7月25日，区人大教科文卫体委员会召开2018年上半年情况通报会。区教委、科委、文委、卫计委、体育局、食药监局、档案局主管领导参加会议。与会政府部门向委员们通报上半年各单位的重点工作、重点工程推进落实情况，及下半年主要工作安排，并就如何加强新形势下人大教科文卫体委员会工作进行交流和探讨。8月30日，区人大教科文卫体委员会调研门头沟区分级诊疗制度建设情况。委员们实地察看军庄镇社区卫生服务中心和西杨坨村卫生室，随后召开座谈会，听取区卫计委的相关情况汇报。委员们对门头沟区分级诊疗工作在加强医联体建设、提升基层服务能力等方面取得的成绩给予肯定，并结合调研中发现的问题提出意见和建议。11月29日，区人大教科文卫体委员会召开素质教育预算审查工作会。会上，听取区教委关于素质教育预算编制和执行相关情况的报告；结合2018年区人大常委会对全区素质教育工作视察情况，重点对区教委2019年部门预算编制、近几年素质教育预算安排及经费使用情况进行座谈，并提出意见和建议。区教委、财政局相关负责人参加会议。

（张旭东）

【城建环保办公室工作】 2月28日，区人大城建环保委员会召开2018年工作部署会，通报城建环保委员会2018年监督工作计划，学习《北京市各级人民代表大会常务委员会听取和审议人民政府、人民法院和人民检察院专项工作报告办法》。城建环保委员会组成人员、政府相关职能部门负责人参加会议，区人大领导许彪出席会议。3月15日，区人大城建环保委调研门头沟区环境保护工作。区人大城建环保委员会组成人员到西山琉璃瓦厂、城子燃气集中供热厂、区第二再生水厂等企业进行实地调研，并召开座谈会，听取区环保局负责人对门头沟区环境保护工作的汇报。5月29日，区人大常委会视察门头沟区棚户区改造建设工作情况。区人大常委会组成人员、部分区人大城建环保委员会组成人员及部分区人大代表实地视察门头沟区棚改工程的城子D地块、曹各庄北地块棚改项目和石泉B八—1地块商业配套设施建设情况。随后召开座谈会，听取区棚改中心和京门商业投资公司对门头沟区棚改建设进展和相关配套商业资产情况的汇报。委员和代表们对区政府近年来棚户区改造建设工作给予肯定，并就加快棚改工程建设进度、统筹基础设施建设、推进商业设施配套、解决停车难等问题提出意见建议。

（张旭东）

【财政经济办公室工作】 3月1日，区人大财经委员会召开2018年财政经济监督议题交办会，财经办对2018年财政经济监督议题的内容、时间、程序及要求进行说明，区发改委、财政局、审计局、统计局、经信委、商务委、国税局、地税局、石龙管委会等9个政府部门相关负责人参加会议，区人大领导许彪出席会议。2018年区人大财政经济监督议题共9项，主要分为三类：第一类是法定性议题，主要是按照监督法、预算法等法律法规的要求，对国民经济和社会发展计划以及财政预算的编制、执行、调整、绩效等内容进行审查监督；第二类是重大事项议题，主要是对国民经济和社会发展第十三个五年规划纲要实施情况中期评估进行调研监督；第三类是预算监督基础性工作，主要是预算联网监督系统建设，以及财经课题调研和培训等。6月8日，财经委员会召开2017年度区级决算草案初审会议。会议听取区财政局关于2017年区级决算草案的报告、区发改委关于重大投资项目竣工决算及绩效情况的报告、区审计局关于2017年本级预算执行和其他财政收支情况审计结果的报告，并对区级决算草案和决算报告进行初步审查。。7月17日，区人大财政经济委员会召开2018年上半年计划和预算执行情况调研会议。会上，听取区发改委、财政局、税务局、统计局、经信委、商务委、中关村科技园区门头沟园管委会等7个部门关于各领域上半年经济运行情况的报告。财经委员会组成人员、财经代表小组成员以及各部门相关负责人参加会议。9月6日，区人大财经委员会开展“十三五”规划纲要实施情况中期评估工作调研。委员和代表先后视察门头沟区第二再生水厂、北京八中门头沟校区等“十三五”重点工程的建设和运行情况，并召开座谈会听取区发改委关于门头沟区国民经济和社会发展第十三个五年规划纲要实施情况中期评估的报告。区发改委、教委、水务局等单位相关负责人陪同调研。委员和代表们充分肯定“十三五”规划实施以来，全区在规模调控、生态建设、经济转型、城乡统筹、民生保障、社会治理以及改革创新等方面取得的显著成就，就全区硬实力与软实力、发展速度与效益、政府主导与群众参与等问题提出意见和建议。10月11日，区人大财经委员会对门头沟区2018年预算及重点工程部分项目任务目标调整方案进行初步审查。委员们听取区财政局《关于门头沟区2018年区级预算调整情况的报告》、区发改委《关于门头沟区2018年重点工程部分项目任务目标调整情况的报告》。同时，委员和代表提出相关意见和建议11月29日，区人大财经委员会对门头沟区国民经济和社会发展计划草案以及财政预算草案进行初步审查。区人大财经委员会对门头沟区国民经济和社会发展计划草案、财政预算草案进行初步审查。初审会议分两次进行。12月4日，区人大财经委员会对审计查出问题整改情况进行调研，听取区审计局关于2017年区级预算执行和其他财政收支审计查出问题整改情况的报告。

（张旭东）

【农村办公室工作】 4月2日，区人大到陇驾庄村调研软弱涣散村整顿工作。实地查看重点工程进展情况和环境整治工作，参加软弱涣散村整顿工作联席会议，汇报帮扶工作情况和下一步工作思路。6月6日，区人大农村委员会检查门头沟区河长制落实情况。委员们实地检查门头沟区河长制工作落实情况，听取区河长办工作情况汇报，实地察看爱河湾河段治理维护情况。委员们对门头沟区河长制组织机构快速建立、管理标准和考核指标不断完善、水环境质量不断改善等工作成绩给予肯定，提出配齐人员队伍和强化资金保障等意见建议。12日，区人大主任会议视察门头沟区农村产业结构调整情况。实地察看斋堂镇牛战村玫瑰花产业基地和妙峰山镇炭厂村农村旅游产业情况，随后召开座谈会，听取区农委负责人对门头沟区农村产业结构调整总体情况的汇报。委员和代表们从壮大集体经济、搭建农产品销售平台等方面提出意见建议。

（张旭东）

门头沟区人民政府

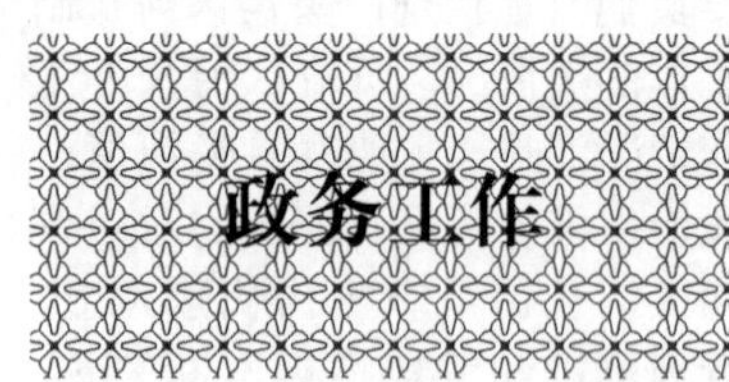

政务工作

【概况】 2018年，区政府办公室围绕市区工作重点，多途径搜集整理信息，为领导科学决策提供依据。不断健全完善约稿、考核、排名通报机制，强化信息员队伍建设，完善信息员沟通联络机制，信息工作更加规范高效。《昨日区情》出刊249期、专刊8期，获区领导批示4条。参加区领导召开的会议、调研等各类活动330余次，撰写领导活动信息330余条。向市政府办公厅上报政务信息300余条、采用100余条，报送舆情信息100余条、采用7条。其中依据地区重点工作、热点问题，报送多篇长篇信息，被市政府办公厅分别采用2条特刊，综合上报2条国办要情，获市领导批示2条。严格遵循《党政机关公文处理工作条例》，统筹做好公文办理、流转等各个环节的工作，在保证质量、安全保密的前提下提高工作效率，实现公文办理工作统一、规范、优化、保密。全年共受理各类请示、报告、函等文3141件；以区政府、区政府办名义印发文件97件，制订公函177件，上报市政府请示报告12件；无号复函280余件；其它类文件57件；传阅文件54期457件；转办信息简报和区委办转交的领导批示689件；收办人民来信300余件；整理2017年纸质档案5000余件。此外，根据工作需要，为实现电子档案的集中管理，长久保存，有效利用和安全共享，为各级领导和工作人员提供全面、优质、高效的档案信息检索查询服务。对2009年至2016年文书档案开展数字化档案工作。完成文字材料撰写工作。完成政府工作报告、向市领导汇报材料、会议讲话、请示公文等文字材料300余篇，撰写会议纪要160余份。2018年组织区政府常务会21次（第12次至第32次），区长办公会28次，区政府专题会议、区领导检查、调研、座谈及各类其他会议240余次。

定期督办市区两级重点督查督办事项，下发督查通知单150余件、绩效通知单50件，转发区领导重要批示90余件，编报《督办专报》60期、《绩效专报》10期，办理市级督查事项46项，整理日报、月报、季报百余项。参与重大活动安排及接待工作，召开重点督查事项协调会并通过实地查看、现场协调等方式，协调解决领导交办的大量重点工作任务。2018年共办理市人大代表建议2件、市政协委员提案4件，办理会议期间区人大代表建议64件、区政协委员提案108件，办理闭会期间区人大代表建议31件、区政协委员提案4件。

完成春节、中非合作论坛北京峰会、全国“两会”、国庆节等重大会议活动和节假日期间的安全服务保障任务。接报并协调处置突发事件和突出情况100余起。推进突发事件协作机制建设，完善突发事件现场管理制度，制定《突发事件现场指挥部设置与运行工作方案》。强化应急系统重点工作，完成门头沟区应急系统十三五规划中期评估。稳固应急指挥技术支撑，保障市级视频会议250余次、保障区政府视频会议100余次。提升高清视频系统覆盖率，保障视频会议和应急指挥系统正常运转。加强信息收集和报送，向市应急办报送突发事件信息27条、各类应急管理信息1000余条，编撰《值班快报》22期、《值班室一周辑录》50期。年内，通过区政府信息公开专栏公开信息6235条，通过网站、微信、微博公众号、门城通APP等渠道公开信息1.7万余条。依法受理答复依申请公开230条。完成年度预算，合理安排支出，认真做好机关大院16个单位的财务管理。

完成个人所得纳税、部门预算、核算及决算工作。认真办理住房公积金、社会保险、工资统发及固定资产账务管理等工作。

单位名称：北京市门头沟区人民政府办公室
地　　址：北京市门头沟区新桥大街36号
电　　话：69844858
邮　　编：102300

（孙少婷）

【“高精尖”产业发展政策发布会】 1月2日，在中关村展示中心召开改革优化营商环境、精准支持“高精尖”产业发展政策发布会。北京市科委主任，中关村管委会主任，区领导张贵林、付兆庚等出席发布会。发布会后，中关村门头沟园发展顾问委员会召开第一次会议。会上，听取各位委员对门头沟科技园相关工作意见和建议。

（孙少婷）

【督察工作】 1月4日，门头沟区召开市委市政府安全生产第七督察组督察情况反馈会。督察组组长通报反馈督察情况，区领导张贵林作表态发言。区人大、区政协主要领导，区委、区政府领导班子成员出席会议。5月31日，召开北京市第三批第二环境保护督察组督察门头沟区情况反馈会。督察组组长、副组长与门头沟区委、区人大、区政府、区政协领导同志，区法院院长、区检察院检察长出席会议。会上，宣读督察反馈意见，张力兵作表态发言。

（孙少婷）

【民主生活会】 1月16日，区政府召开2017年度民主生活会征求意见座谈会。区领导付兆庚等与基层党代表、人大代表、政协委员、企业代表及基层单位代表参加座谈会。2月7日，召开区政府党组2017年度民主生活会。区政府党组成员付兆庚等参加会议。会上，付兆庚通报2017年度民主生活会整改方案落实情况及2018年度民主生活会征求意见情况，代表区政府党组作对照检查发言；区政府党组成员逐一作个人对照检查发言，开展批评和自我批评。2月12日，区领导付兆庚参加龙泉镇2017年度处级班子专题民主生活会。会上，充分肯定龙泉镇2017年的工作，表示龙泉镇党委班子认真进行对照检查，剖析产生问题的思想根源，明确整改措施，是一次高质量的民主生活会。

（孙少婷）

【第十六届人民政府第二次全体（扩大）会】 2月23日，门头沟区召开第十六届人民政府第二次全体（扩大）会。区领导张贵林、付兆庚出席会议。

（孙少婷）

【便民服务设施建设工作专题会】 2月28日，门头沟区召开便民服务设施建设工作专题会。区领导付兆庚等出席会议。会上，听取京门商投公司关于门头沟区便民服务设施建设相关工作推进情况汇报，并就相关问题进行研究部署。

（孙少婷）

【重点项目拆迁政策专题会】 3月7日，门头沟区召开重点项目拆迁政策专题会。区领导付兆庚等听取重点项目拆迁政策研究进展情况汇报。

（孙少婷）

【新棚改安置房建设工程质量管理专题会】 3月8日，门头沟区召开新棚改安置房建设工程质量管理工作专题会，区领导付兆庚等参加。会上，住建委部署进一步加强新棚改安置房建设工程质量管理工作，各项目单位逐一表态发言。

（孙少婷）

【落实北京城市总体规划工作专题会】 3月9日，门头沟区召开落实北京城市总体规划工作及推进门头沟区分区规划工作专题会。区领导付兆庚等听取规划国土分局关于《落实北京城市总体规划门头沟区工作方案（2017年—2020年）》进展情况及《门头沟区分区规划（2017年—2035年）工作方案》有关情况的汇报。

（孙少婷）

【还建商业设施提升工作专题会】 3月13日，门头沟区召开还建商业设施提升工作专题会。区领导付兆庚等听取京门商投公司有关工作情况的汇报，华远地产、北京文化进行补充汇报。

（孙少婷）

【城乡环境建设动员大会】 3月16日，门头沟区召开2018年深入推进疏解整治促提升促进生态文明与城乡环境建设动员大会。区领导付兆庚、陈国才等出席会议。会上，传达北京市相关会议精神并部署全区“疏解整治促提升”专项行动，对分管领域涉及的任务进行部署，付兆庚与相关责任单位代表签订责任书，大峪办事处、城管执法局等相关责任单位进行表态发言。

（孙少婷）

【加强城市精细化管理工作专题会】 3月21日，门头沟区召开加强城市精细化管理工作专题会。

区领导付兆庚等听取城管执法局执法力量下沉后城市管理工作体制机制运行情况及工作建议的汇报，各镇街、相关职能部门进行发言。

（孙少婷）

【2018年安全生产工作大会】 3月30日，门头沟区召开2018年安全生产工作大会。区领导付兆庚等参加会议。会上总结部署安全生产重点工作，宣读安全生产先进单位和先进个人表彰决定，付兆庚与单位代表签订2018年度安全生产目标管理责任书，相关单位进行表态发言。

（孙少婷）

【党员到村报到】 4月18日，区领导付兆庚以普通党员身份到龙泉镇城子村联系村党支部报到。通过手机扫描报到二维码，以普通党员身份完成报到。

（孙少婷）

【优化营商环境工作专题会】 4月20日，区政府召开优化营商环境工作专题会。区领导付兆庚等出席会议。会上，发改委部署区内营商环境暗访中发现问题的整改工作和落实“9＋N”主要政策、对接世行营商环境评价指标工作任务，问题整改任务牵头部门对整改落实情况进行汇报。

（孙少婷）

【2018年防汛工作会】 5月4日，门头沟区召开“河长制”工作推进会暨2018年防汛工作会。区领导付兆庚等听取水务局工作汇报及斋堂镇、妙峰山镇、雁翅镇、军庄镇典型发言，其他镇街和相关单位进行发言。

（孙少婷）

【生态环境部强化督查】 6月12日，门头沟区召开中央环保督察整改落实情况专项督察及生态环境部强化督查部署会。区领导付兆庚等与市环保督察办负责同志出席会议。区环保局部署迎接中央环保督察整改落实情况专项督察及生态环境部强化督查工作，区纪委区监委通报中央纪委通报曝光的六起环境典型问题，市环保督察办一处处长就做好生态环境保护工作提出指导意见。

（孙少婷）

【文物保护与文物安全工作会】 6月12日，门头沟区召开文物保护与文物安全工作会。区领导付兆庚等出席会议。付兆庚与相关镇街签订文物保护与安全责任书，文委、公安分局、消防支队、监委等部门对进一步做好门头沟区文物保护与文物安全工作进行部署。

（孙少婷）

【棚户区改造安置房建设情况调研及专题会】 7月14日，付兆庚到小园8号地块、小园3A地块、曹各庄北地块、液压支架厂地块，检查棚户区改造安置房工程建设进度、建筑质量、现场管理、消防设施、小区绿化等配套设施的有关情况，对检查中发现的问题要求相关单位立即进行整改。随后，区领导付兆庚等召开专题会，听取棚改中心等相关部门的工作汇报。

（孙少婷）

【打击违法建设违法用地工作部署会】 8月1日，门头沟区召开2018年打击违法建设违法用地百日攻坚工作动员部署会。区领导张力兵、付兆庚、陈国才等出席会议。会上，部署工作方案，相关职能部门和镇街代表进行表态发言，付兆庚与永定镇、王平镇、城子街道签订《门头沟区2018年打击违法建设违法用地百日攻坚工作责任书》。

（孙少婷）

【2018年度征兵工作动员大会】 8月3日，门头沟区召开2018年度征兵工作动员大会。区领导付兆庚等出席会议。会上，宣读征兵命令，《门头沟区2017年征兵工作先进单位和个人表彰通报》，就2018年征兵工作形势及要求进行部署。

（孙少婷）

【对接“一企一村”低收入帮扶工作】 9月18日，区领导与北京地铁公司领导对接“一企一村”低收入帮扶工作。付兆庚等与北京地铁公司领导到清水镇椴木沟新村实地参观调研。在随后召开的座谈会上，清水镇与北京地铁公司签订《低收入帮扶宣传协议书》，双方就企业帮扶工作进行座谈。

（孙少婷）

【低收入帮扶工作座谈会】 10月12日，区领导付兆庚等到王平镇西石古岩村、妙峰山镇大沟村；13日到雁翅镇芹峪村、太子墓村、青白口村，斋堂镇东胡林村、白虎头村。在低收入户家中，区领导详细询问家庭人员、收入来源、支出情况、致贫原因及就业增收、建档立卡等各项政策落实的基本情况。入户结束后，区领导在白虎头村村委会召开座谈会，听取农委、各镇、村干部代表、帮扶企业代表及相关职能部门的工作汇报。

（孙少婷）

【西城区对接推动生态涵养区发展工作】 11月3日，西城区到区内对接推动生态涵养区生态保护和绿色发展工作。西城区领导与区领导付兆庚参观京西山区中共第一党支部纪念馆、崔显芳烈士纪念馆，在田庄村、太子墓村低收入户家中，详细了解低收入户致贫原因、家庭收入及帮扶措施落实等有关情况。随后，在雁翅镇召开座谈会。会上两区分别介绍落实市委市政府关于推进生态涵养区保护和绿色发展、结对协作发展工作开展情况及下一步工作思路。

（孙少婷）

【中国国际贸易促进委员会门头沟区支会成立】 11月16日，在石龙创新大厦举行中国国际贸易促进委员会门头沟区支会成立并举行揭牌仪式。区领导付兆庚等，市贸促会主任、副主任，以及其他区贸促支会、内外资企业、专业公司等参观京西创客中心及沙盘展示中心。随后召开会议，市贸促会有关协会、中国出口信用保险公司、精雕公司、西城区贸促支会代表发言。付兆庚与市贸促会主任为贸促会门头沟支会揭牌。

（孙少婷）

【2019年综合经济领域务虚会】 12月21日，区领导付兆庚等到发改委听取2019年工作思路及经济发展形势、存在问题、重要经济指标分析的汇报，财政局、税务局、经信委、统计局等单位结合各自职能进行发言。

（孙少婷）

外事侨务

【概况】 2018年，门头沟区人民政府外事侨务办公室（简称区外侨办）围绕全区发展大局，积极拓宽外事服务渠道，严格因公出访管理审核，扎实推进为侨服务各项工作，为全区经济社会发展做出积极贡献。年内，创新工作方式，开展《外事简报》编写工作，共完成5期。对群众反映强烈的归侨证办理、子女上学、子女落户等工作重点问题进行了解，能解决的及时给予解决。年内，办理华侨、港澳同胞和外籍华人学生到京上中小学批准书1份。

单位名称：北京市门头沟区人民政府外事侨务办公室
地　　址：北京市门头沟区新桥大街36号
电　　话：69845590
邮　　编：102300

（赵泽苹）

【归侨侨眷慰问】 2月8日、9月19日，春节和中秋节两次走访慰问门头沟区6户归侨侨眷，分别送去慰问金，倾听归侨及侨眷的建议诉求，并送上对归侨侨眷的关怀和节日祝福。

（赵泽苹）

【“斯里兰卡文化周in北京”系列活动】 6月1日，“斯里兰卡文化周in北京”文化交流活动开幕式在区少年宫举办。来自斯里兰卡加雅女子学校的学生歌舞团与区少年宫、大峪中学、新桥路中学等学生艺术团同台表演。活动为期5天，除开幕式外，还穿插举办“丝路缘、山海情——中斯友好交流图片展”、中斯青少年“一带一路”绘画比赛获奖作品展、斯里兰卡木雕与木偶剧艺术展示等文化交流活动。

（赵泽苹）

【低收入扶贫】 7月18日，北京市侨办主任带领盛唐时代文化传媒集团、美国世纪发展集团、碧生源控股、中国宝健集团、香港商会等多家优质侨商到清水镇龙王村，详细了解龙王村和清水镇近年的发展规划及村民的生活状况，北京市发展侨务事业基金会为村里资助10万元。

（赵泽苹）

【阿根廷拉斐拉市一行到访】 10月22日，阿根廷拉斐拉市政府何莉真一行到访门头沟，围绕教育和园区合作开展座谈，洽谈双方合作事宜。

（赵泽苹）

【侨法宣传】 11月30日，区外侨办开展侨法宣传咨询志愿活动，采取发放宣传手册及现场咨询等形式，向广大群众宣传侨法，普及相关涉侨优惠政策等相关知识，并发放《北京市涉侨政策》《北京市为侨服务法律顾问》《掌上全球通办》等材料200余份。

（赵泽苹）

【困侨帮扶】 年内，区外侨办对居住在三家店的马来西亚侨眷进行帮扶救助，多次受理来电来访，帮助协调解决其生活难题。

（赵泽苹）

综合行政服务

【概况】 2018年，门头沟区政务服务管理办公室为区政府派出机构，区政务服务中心为其所属公益一类事业单位。区政务服务管理办公室主要职责是：负责组织实施本级政务服务工作，并指导下级政府政务服务相关工作；负责统筹推进门头沟区三级政务服务体系建设和服务方式创新；负责区内政务服务中心运行和监督管理；指导、协调、监督政务服务大厅和下级政务服务中心的建设、运行和管理；协调推进“互联网+政务服务”建设等。

截至2018年底，全区区级44家审批单位全部进驻1个综合大厅和6个专业大厅，部门进驻率达到100%。全区共1685个区级政务服务事项，其中1606个事项进入政务服务大厅，事项进驻率达到95%。按照市政务服务管理局统计，除涉密事项外，门头沟区区级事项100%可进行网上预审，初步实现“一网通办”。通过推进网上办理、快递送件等多方位服务措施的落实，门头沟区“最多跑一次”事项数量占全部事项72.6%。区政务服务中心、民生分中心、不动产登记分中心、婚姻登记分中心及税务大厅、公安出入境大厅、公安交通管理大厅全部实行“一窗受理”，区级政务服务大厅综合窗口办理率达到95%。区政务服务中心实现“一厅通办”，36家进驻单位的910个事项，实行“一窗受理”，每个窗口都能办理即办件和承诺件。

单位名称： 北京市门头沟区政务服务管理办公室
地　　址： 北京市门头沟区滨河路72号
电　　话： 69863380
邮　　编： 102300

（孙建茹）

【“应急救护”培训】 3月6日，区政务服务管理办公室邀请2名专业“应急救护”培训讲师，在综合服务大厅通过视频教学、现场演示、交流互动等形式，对70名窗口服务人员，展示心肺复苏、包扎、互救自救等应急救护方法及现场应急救护技能。

（孙建茹）

【领导小组会议】 4月3日，区政务服务管理办公室在区政府会议楼四层大会议室召开第一次领导小组会议。50家委办局和9镇4街相关同志参加会议。会上，通报政务服务工作领导小组设立相关事项及2017年度市里考核相关工作情况，部署2018年全区政务服务重点工作任务及三级服务体系考核相关工作。7月3日，召开第二次领导小组会议。会上，通报全区2018上半年政务服务工作重点任务完成情况及下半年工作安排，部署2018年全区“一张网”建设工作任务，相关委办局通报营商环境开展及放管服改革情况，大峪街道政务服务中心介绍镇街规范化建设情况。11月22日，召开第三次领导小组会议。会上，通报2018年政务服务工作开展整体情况，就综合窗口建设提出工作要求，同时通报8月至10月第三方考核情况，相关委办局及镇街简要汇报综合窗口建设推进工作情况。

（孙建茹）

【无障碍设施斜挂平台启用】 9月14日，区政务服务中心首次启用无障碍设施斜挂平台。在楼梯间增加无障碍设施，让行动不便的群众能够顺利的办理事项，受到广大群众好评。

（孙建茹）

【红旗窗口评比促进政务服务提升】 10月18日，区政务服务管理办公室通过开展民主评议的方式，从进驻24家窗口单位评选出品德素质优秀、业务技能精湛、服务质量优异、工作成绩显著、文明表率突出、组织纪律严明的红旗窗口。工商分局、质量技术监督局、卫生和计划生育委员会获2018年度第三季度门头沟区政务服务中心“红旗窗口”称号，并予以表彰。

（孙建茹）

【第三方服务外包公司签约入驻】 11月22日，区政务服务管理办公室与北京新广视通科技有限公司签订综合窗口服务外包合同，39名新员工入驻4个综合服务区的28个窗口。

（孙建茹）

【志愿活动】 11月28日，区政务服务管理办公室在一层设立“学雷锋志愿服务站”，至年底共参加14次志愿服务，为办事人员排忧解难300余次。

（孙建茹）

【区政务服务中心实现“一厅通办”】 截至12月10日，区政务服务中心设立新开办企业服务、市场准入服务、综合服务、工程建设服务4个专区，44家区级审批部门全部进驻区综合服务大厅和专业大厅，部门进驻率达到100%，13个镇街的政务服务事项全部进驻本级政务中心。在全区20个政务服务大厅，统一设置总服务台、学雷锋志愿服务岗、无障碍通道、无障碍卫生间等专门设施，完善窗口服务区、自助服务区、等候休息区等软硬件设施。并通过运行“1+3”队伍建设工作机制，充分利用内部教育平台，搭建区级、镇街级、村居级三级政务服务队伍微信群，对全区600余名政务服务工作人员实现常态化网络教育培训。门头沟区区级政务大厅、镇街政务大厅，有效实现对外服务形象规范化、政务中心现场管理规范化、政务服务投诉处置规范化、政务服务队伍管理规范化、政务服务评价规范化。实现企业群众办事由“多门”向变“一门”转变，由“多窗”变“一窗”转变，由“找部门”向“找政府”转变，36家部门910个政务服务事项“一厅通办”，为群众快速办理接件达28544件。

（孙建茹）

【交流座谈】 12月13日，大兴区政务服务办到门头沟区政务服务办座谈交流。参观区政务服务中心，实地查看服务大厅布局、服务专区设置、综合窗口办件等情况。参观结束后开展座谈，双方就推进政务服务体系建设、大厅管理、综合窗口设置等工作进行交流，同时相互沟通部门进驻、“多门”变“一门”“多窗”变“一窗”等情况，并对工作中的难点问题展开讨论。

（孙建茹）

【生活垃圾分类工作】 年内，区政务服务管理办公室对垃圾分类工作通过会议、网络、电子大屏、张贴宣传标语等形式进行宣传，普及垃圾分类有关知识。设有大号垃圾桶3个、中号3个、小号30个、不锈钢垃圾桶4个，分散在室外室内各处，同时，定期检查、填表、报送信息和填写台账。共进行4次垃圾回收，可回收物为459公斤，其他垃圾为1588公斤。

（孙建茹）

【设立三方考核机制】 年内，区政务服务管理办公室和第三方监督机构每月分别运用基础事项评价（占比10%）、加分项（5分）、暗访（35%）、电子监督（35%）、电话满意度（20%）的方式，对区政务服务中心（综合服务大厅）、5家相关委办局设立专业大厅和13家乡镇（街道）政务服务中心大厅进行监督考核评价并汇总。年度考核成绩发区绩效考核办，纳入全区绩效考核，自5月起开始实施，截至年底共实施8次。

（孙建茹）

【领导干部进窗口】 年内，区政务服务中心（综合服务大厅）19家相关委办局领导干部到窗口一线，与干部“面对面”交流、沟通，收集工作情况，对涉企审批事项实现“一窗受理、后台流转，一次申报、全程办结”优化服务表示肯定，并对以后工作提出具体要求。

（孙建茹）

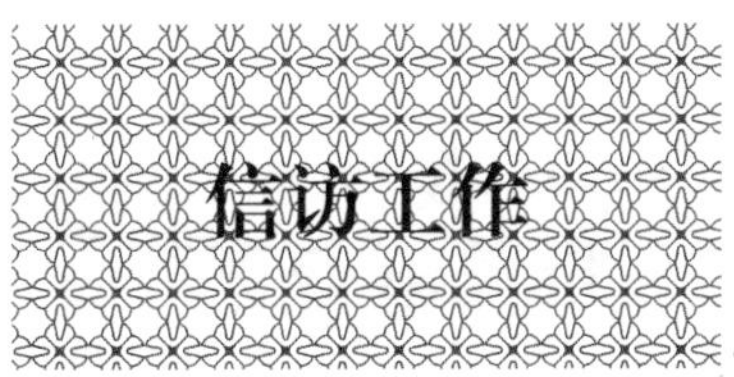

信访工作

【概况】 2018年，区信访办实现重大信访群体性事件、信访极端恶性事件、大规模集体越级上访、敏感时期非正常集体访“四个不发生”的工作目标。全年，共受理群众来信来访1031批2982人次，同比批次下降22.5%，人次下降35.1%。其中受理群众来信450件1155人次，同比件次下降14%，人次下降42.3%。接待群众来访581批1827人次，同比批次下降28%，人次下降29.5%。到区集体访70批1158人次，同比批次下降28.6%，人次下降28.9%。重复信访449批1046人次，同比批次下降6%，人次下降25%。发生到市信访117批278人次，同比批次下降88%，人次下降80%。到市集体访13批148人次，同比批次下降58%，人次下降55%。未发生到重点地区集体访。年内，区信访办成立督查工作领导小组对13个镇街工作落实情况进行督导检查。各镇街各部门均成立以单位一把手任组长的维稳工作领导小组，发挥“一单式”信访代理制和“连民心恳谈室”的作用，基层信访工作能力进一步提升。年内，全区各镇（街）矛盾调处中心共受理群众信访问题293批（件）1079人次，调处化解各类社会矛盾143件，控制越级访116批；各村（居）“连民心恳谈室”共接待群众来访1810批（件）2389人次，化解各类矛盾纠纷1447件，控制越级访249批，大量矛盾纠纷化解在基层，稳控在当地。

单位名称： 中国共产党门头沟区委门头沟区人民政府信访办公室
地　　址： 北京市门头沟区新桥大街12号
电　　话： 69842720
邮　　编： 102300

（刘兆奎）

【领导接访下访】 年内，区领导共开展接访活动45人次，通过接访、下访、约访等形式，共接待和处理信访问题25件46批487人次；镇街及委办局领导干部接待群众968件1040批4119人次，妥善化解大量社会矛盾纠纷。

（刘兆奎）

【网上信访】 年内，全区各级信

访机构坚持每个工作日登录北京市网上信访信息系统，及时签收信访件，签收率达到100%；对自收信访件及时录入信访系统；对受理的信访件在15日内全部作出受理告知单，60日内办结；确因情况复杂不能按期办结的，延期原因及时告知信访人并出具延期告知单。按照信访信息应录尽录要求，对全年以来的信访信息进行全面自查，依法依规进行信息录入，做到不落一项、不漏一件（次）。

（刘兆奎）

【信访法规宣传】 年内，区信访办制定并下发《区信访办2018年法治宣传教育工作要点》，将“七五”普法学习内容与信访矛盾排查调处工作有机的结合起来，组织全区单位举办信访条例宣传月活动，向群众宣传《信访条例》《治安处罚法》《人民调解》等相关法律法规，发放信访宣传材料、宣传品3万余份。同时依托“门头沟区信访办”门户网站和今日头条公众号，及时宣传发布政策法规和各类信息等共356篇，引导教育群众自觉、依法、有序信访。

（刘兆奎）

【矛盾纠纷排查】 年内，区信访办共备案风险评估文件26件。坚持全面排查和专项排查、定期排查和动态排查相结合，切实将各类不稳定因素及时纳入工作视线。累计排查出重点矛盾36件，信访重点人119人。市信访联席办交办区级重点矛盾9件，其中6件已结案。对重点矛盾、重点人按照A、B、C进行风险等级评估，实行等级管理，并全部落实区、镇两级领导包案，有计划、有步骤地加以推动解决。采取实地督查和电话督查相结合的方式，重点对潭柘寺镇、永定镇、大峪街道办事处、城子街道办事处、房屋征收事务中心等信访矛盾较多及涉及重要信访矛盾的单位加强督办，督促各单位依法履职，及时就地化解矛盾。

（刘兆奎）

【化解劳动纠纷】 年内，区信访办针对区内重点工程多、开工面积大等特点，深化和完善处理农民工讨薪问题十方联动机制，主动预防，堵塞漏洞，快速化解劳动纠纷，共妥善处理51批集体访，化解36批民工讨薪事件。

（刘兆奎）

【信访事项复查复核】 年内，区信访办共受理信访复查复核18件，其中17件已按期办结，1件正在规定期限内办理。不存在被责令重新作出答复、超期提交证据材料、不落实终极答复意见、提供虚假或有意隐瞒证据材料等情形。

（刘兆奎）

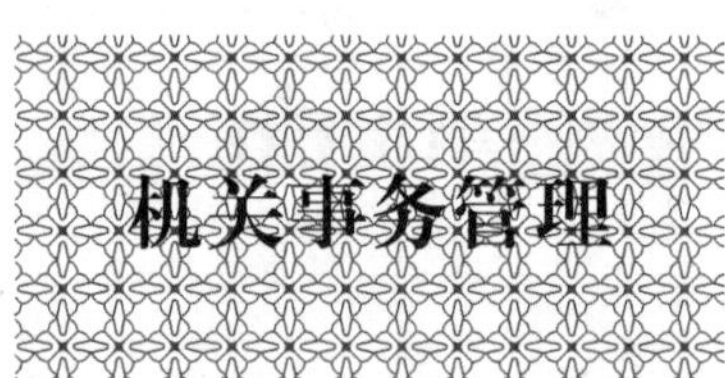

机关事务管理

【概况】 2018年，门头沟区机关后勤服务中心围绕区委、区政府的中心工作和总体部署、要求，坚持“服务、保障、管理”的工作主线，开展好机关后勤的各项服务保障工作。1月，经区委常委会研究决定，成立中共北京市门头沟区机关后勤服务中心党组。

单位名称：北京市门头沟区机关后勤服务中心
地　　址：北京市门头沟区新桥大街36号
电　　话：69829929
邮　　编：102300

（炼宇晴）

【维修保障工作】 2月，区机关后勤服务中心对南五会议室进行土建、音响升级改造；更换各办公楼公共部分LED灯。3月，对会议楼四层会议室土建、音响、话筒升级改造；安装南一层东侧、北侧会议室LED屏；更换应急楼断桥铝门窗以及北楼卫生间顶PVC板。7月，更换院内办公室空调24台。12月，清洗会议楼、应急楼、南楼全部玻璃。年内，更换下水管件56个，井盖加高14个，会议楼后围墙修补粉刷340平方米，维护修缮办公楼吊顶、纱窗627个，新做防水603.92平方米，重新装修办公房屋4间，改造会议室7处，新铺地毯310平方米，会议椅翻新156把，总更换灯具72套，灯带54平方米。

（炼宇晴）

【绿化美化工作】 3月，区机关后勤服务中心对园林景观亭仿古瓦补色，对大院外围铁艺栏杆除锈喷漆。4月，对院内景观喷泉、景观池改造。5月，更换景观灯。年内，铺草坪1800平方米，移除病态树木600棵，新植连翘、月季等鲜花3350株，新栽银杏、迎春、大叶黄杨等树木1524棵。

（炼宇晴）

【食堂工作】 5月，区机关后勤勤服务中心对食堂2个电梯轿厢更换。7月，清洗食堂烟道。8月，改造食堂消防设施。年内，组织保安、保洁、厨师进行专业化培训4次。

（炼宇晴）

【安全保卫工作】 5月，区机关后勤服务中心举行安保人员地面消防栓灭火演练。9月，对院内消防器材、灭火器进行检查更换。10月，对区政府高清车牌识别系统改造升级。年内，针对重大节日对院内单位开展安全大检查3次，检查、部、委、办27个。

（炼宇晴）

【车辆管理工作】 年内，区机关后勤服务中心累计派综合执法用车890余次，完成保养维修任务30余次；综合执法车39辆完成北斗GPS系统安装，51辆完成标识喷涂工作。

（炼宇晴）

政协门头沟区委员会

综　述

【概况】　2018 年，中国人民政治协商会议北京市门头沟区委员会（简称区政协），机构设有提案委员会、经济科技委员会、环境与人口资源委员会、学习与文史委员会、社会法制与民族宗教委员会、教文卫体委员会。办公机构设办公室、研究室、专委会工作一室、专委会工作二室、专委会工作三室、专委会工作四室、专委会工作五室、专委会工作六室，政协办公室下设文秘信息科和委员联络科长。截至 2018 年底第十届委员会共有委员 167 名，常委 33 名。

年内，召开政协常委会会议 6 次，开展专题协商、对口协商、界别协商、提案办理协商 16 项，民主监督议题 8 项，组织视察考察 114 次，形成协商意见 8 篇、调研报告 7 篇、大会发言 15 篇、社情民意信息 40 篇，编发政协信息 37 期。

年内，围绕区委提出的“创建全国文明城区”重大决策，开展“同心创城·同步践行”主题实践活动。在加强生态文明建设，高标准打造京西绿色屏障；加快疏解非首都功能，全力培育经济发展新动能；统筹推进城乡规划建设，着力提升精细化治理能力；落实乡村振兴战略，多措并举建设美丽乡村；切实保障和改善民生，推动发展成果共享普惠等方面形成 70 余条协商意见供区政府参考。围绕落实“三位一体”生态园林景观城市和海绵城市建设召开专题议政性常委会会议，在创新投融资模式、优化审批流程等五个方面提出 12 条协商意见。针对新一轮棚改工作到镇企、工地、社区开展调研座谈，召开对口协商会议，在进一步处理好新棚改与人口、生态、规模三者关系，要与“创城”工作同步共建等五个方面形成 10 条协商意见、3 条具体建议。围绕社区化养老服务体系建设、解决门头沟区教育系统师资不足开展对口协商。围绕现代服务业发展及重点项目落地、创造更多就业机会、分级诊疗工作实施、文化创意产业推进等开展界别协商。把《进一步加强我区开放办医的提案》《关于促进我区商业服务业发展的几点建议》等事关百姓切身利益的提案作为领导督办提案，及时反映百姓需求，积极化解社会矛盾。持续开展“委员基层日”活动，努力推动社会热点难点问题的有效解决和惠民政策的贯彻落实。

年内，将低收入精准帮扶工作作为“十三五”期间持续监督议题，形成《关于精准帮扶工作的建议》大会发言。助推编制实施分区规划、落实乡村振兴战略、抓好“疏整促”专项行动“三件大事”的落实。把《关于进一步推动我区“疏整促”工作的提案》作为领导督办提案，开展视察考察、进行协商议政。推荐特约监督员 54 人，应邀履行监督职责 16 次，参加视察暗访、民主测评 200 余人次。促进重大政策的落地。到相关单位和企业解执行市相关政策及落实“门创 30 条”“高精尖 19 条”情况，在创新驱动、交易平台和信用环境建设等方面提出建议。通过协商座谈、政协信息等形式反映意见建议，努力推进门头沟区营商环境的优化。

年内，开展调查研究，反映人民群众利益诉求，报送的《关于建设好“一腔血”红色文化的建议》《关于启动门头沟区文化名家工程的建议》等社情民意信息。进一步加强提案工作。2018 年共立案 136 件，办复率 100%。充分发挥政协文史作用，倾力服务长城文化带、西山永定河文化带建设。围绕长城文化带建设，举办政协学习报告厅，深入实地考察调研，召开“域内长城文化带建设”专题协商会议，召开“长城文化丛书——门头沟篇”总结研讨会，编辑出版《京西渡口与桥梁》《政协文史第27辑》，启动《京西教育》《京西医药》征集工作，着力打造京西系列文化品牌。

开展纪念“五一口号”发布70周年植绿活动，参观《大道同行——从“五一口号”到协商建国重要史事回顾展》《伟大变革——庆祝改革开放40周年大型展览》，举办纪念改革开放40周年“不忘初心、砥砺奋进”书画摄影作品展，参加市政协“醒狮跑”等活动。与石景山、大兴，重庆开州，河北廊坊、固安等兄弟政协就发展乡村旅游、古村落保护利用、北京小巷治理、永定河文化带建设等方面开展研讨，不断深化交流合作。区政协书画院开展“传承永定河文化——2018书画艺术联展”“文化进万家”“乡情乡韵传统村落写生作品展”等活动。

年内，制定《关于加强委员队伍建设的意见》，严格执行《履职工作简则》要求，继续完善《履职量化记分办法》，进一步加强政协机关干部队伍建设。进一步加强政协机关干部队伍建设，扎实开展习近平总书记关于加强和改进人民政协工作的重要思想学习研讨活动，持续巩固党的群众路线教育实践活动、“三严三实”专题教育和“两学一做”学习教育成果，按照“团结统一、红色传承、向善尊贤、三严三实、互勉包容”干部队伍建设原则，努力打造一支政治坚定、作风优良的机关干部队伍。

单位名称：中国人民政治协商会议北京市门头沟区委员会
地　　址：北京市门头沟区新桥大街36号
电　　话：69843038
邮　　编：102300

（王　婧）

【学习培训】　1月2日，区政协传达学习区委第十二届委员会第五次会议精神。4月3日，区领导付兆庚到政协通报第一季度区情、听取意见并做协商议题开题指导，区长付兆庚就有关问题进行现场回应。12日，举办学习报告厅，中国长城学会常务副会长、著名长城专家董耀会教授作长城文化带建设报告。5月21日，同步视频参加市政协报告会，听取“当前中美经贸关系和我国的对外开放”的报告。6月7日，同步视频参加“市政协系统学习习近平总书记关于加强和改进人民政协工作的重要思想动员部署会”。19日至22日，组织常委读书班，到江苏省宿迁市、福建省福州市，考察两地全国文明城市创建工作。7月6日，党组书记、主席张冰围绕习近平总书记关于加强中国共产党对人民政协领导的重要思想讲党课，机关全体党员进行集体宣誓，重温入党誓词。同日，开展学习贯彻习近平总书记关于加强和改进人民政协工作的重要思想研讨会，结合上半年工作开展情况进行总结回顾，对存在的问题进行深入查摆，并提出下一步整改措施。11日，召开学习贯彻习近平总书记关于加强和改进人民政协工作的重要思想座谈会暨理论研讨会，与会人员对照习近平总书记关于加强和改进人民政协工作的重要思想作专题研讨交流。26日至27日，举办委员暑期读书班，区领导付兆庚通报全区上半年经济与社会发展工作情况，学习加强和改进人民政协工作的重要思想，传达中共门头沟区委十二届六次全会精神，总结区政协上半年工作，并对下半年工作做出部署。同时，动员部署委员参加创城工作，就区政协党风廉政建设和反腐败工作形势进行分析；实地到通州区大运河森林公园、北京城市副中心规划展厅和新通国际社区实地参观考察城市副中心建设以及全国文明城区创建成果。8月28日，同步视频参加市政协学习报告会，听取习近平新时代中国特色社会主义思想专题辅导报告。9月10日，专题学习《中国共产党纪律处分条例》。10月22日，区政协党组在区委常委会上传达学习“北京市政协系统党的建设工作会议”精神，会后，区政协党组召开理论中心组学习（扩大）会议，就加强区政协党的建设工作进行研究部署。11月7日，区政府领导班子来政协通报前三季度区情并听取委员意见建议，区领导出席会议并进行现场回应。27日，党组召开理论中心组学习（扩大）会议，传达学习市委书记蔡奇调研生态涵养区讲话精神、区领导张力兵在调研座谈会上的汇报及在全区领导干部警示教育大会上的讲话。12月3日，党组召开理论中心组学习（扩大）会议，组织全体机关同志学习《中华人民共和国宪法》原文、观看《宪法护航新时代》的学习短片。7日，党组召开理论中心组学习（扩大）会议学习《深刻认识美国对华政策新动向　扎扎实实做好自己的事情》文件。

（王　婧）

【教育活动】　2月9日，区政协召开党组2017年度民主生活会。张冰主持会议并代表党组对2017年度民主生活会整改任务落实情况进行总结，通报此次民主生活会征求意见情况，并代表区政协党组班子作对照检查发言，党组成员逐一发言。张冰就制定政协党组及党组成员整改方案和下一步整改落实工作提出要求。3月12日，区政协党组召开2017年度民主生活会情况通报会，区监委第四联合派驻纪检监察组副组长以及机关全体干部参加会议。会上，通报专题民主生活会情况。12日，召开2018年度党风廉政建设工作会。会上，党组副书记、副主席代表党组作题为《全面加强从严治党扎实推进区政协党风廉政建设和反腐败工作》的报告并部署区政协2018年党风廉政建设工作；各位副主席分别与所分管委室的主任签订党风廉政建设责任书。13日，区政协机关党总支召开专题组织生活会。党总支书记代表党总支班子做专题对照检查；机关党员干部分别在4个党小组内认真开展批评和自我批评。26日，区政协召开党组（扩大）会议传达学习全国两会和市、区领导干部大会精神　区政协党组成员和全体机关干部参加会议。4月23日，召开机关党员大会，部署机关党的建设工作。会上，机关支部各支委分别就机关党总支2018年工作计划、党支部规范化建设工作、“党员E先锋”“北京长城网”操作使用、区纪检监察第四派驻组联络员会议主要精神进行解读、传达。

（王　婧）

【交流活动】　5月17日，区政协参加乌兰察布市人大、政府、政协到门头沟区对口帮扶对接考察工作，区领导陈国才、张冰等出席活动。24日，石景山区政协到门头沟区考察古长城保护情况，实地考察门头沟区长城沿河城段和长城下的古村落灵水村。7月23日至26日，重庆开州区政协到门头沟区考察乡村旅游发展，考察团一行实地考察潭柘寺镇的美丽乡村建设等旅游发展情况，并与区旅游委、相关镇、村的领导进行交流。张冰及政协班子成员与开州区政协考察团全体成员进行交流，8月20日，廊坊市政协到门头沟区考察永定河综合治理、生态修复及永定河文化挖掘方面工作。10月11日，大兴区政协到门头沟区考察古村落文化保护利用情况，并就政协文史队伍建设、文史资料征集等工作进行交流。11月13日，河北省固安县政协到门头沟区考察古村落文化保护利用情况，并就政协文史工作进行交流。

（王　婧）

【走访与视察】　6月8日，副主席走访重点联系企业南丁格尔公司，调研企业发展中遇到的问题，并与相关部门进行沟通协调，并责成工作人员跟进督促。12日，张冰走访重点联系企业北京博雅晟康医学科技有限公司，了解企业生产经营、要素保障等情况，听取企业关于加快发展、改善服务方面的意见和建议。14日，副主席走访重点联系企业北京深港装饰工程有限公司，与公司高管进行座谈交流并回应公司提出的相关问题。8月2日，副主席走访重点联系企业，业之峰诺华家居装饰集团股份有限公司、北京紫竹慧建设服务股份有限公司、北京建磊国际装饰工程股份有限公司、北京建达道桥咨询有限公司，并与负责人进行座谈。10月25日，区委统战部、区政协联合走访政协常委委员，解委员工作情况。27日，张冰带队走访区法院，实地参观院史陈列室、婚姻家庭关系修复中心；了解区法院司法改革、队伍建设、机关文化建设等相关情况；听取区法院年度工作汇报；与会人员进行座谈交流。12月4日，副主席走访委员及所在企业京西昊霖文化科技集团，了解委员的工作、学习和生活情况，及企业的经营情况和发展中遇到的问题，并提出相关指导意见。24日，张冰带队走访慰问宗教界委员—区曹各庄天主教堂区天主教堂主任，听取门头沟区天主教的发展以及天主教工作开展情况的介绍。28日，主席张冰率队走访政协委员、江泰保险经纪股份有限公司董事长。

（王　婧）

【创城工作】　6月19日至22日，区政协到江苏省宿迁市、福建省福州市，围绕全国文明城市创建工作，重点考察两地在全国文明城区创建工作方面的经验做法。7月16日至26日，副主席带领第三督查组与对市场环境建设工作领导组、人文环境建设和文明风尚培育工作领导组、生活环境建设工作领导组，军庄镇、妙峰山镇、王平镇、城子街道办事处开展集中督查。7月17日，召开机关党员大会，传达学习区委十二届六次全会精神，并就创建全国文明城区工作进行动员部署。同日，区政协党组安排部署全国文明城区创建工作，开展“同心创城　同步践行”主题实践活动。8月21日，张冰等及各专委会主任参加创建文明城区“礼让斑马线　文明我点赞”志愿服务活动。21日至22日，副主席参加创城第一督察组对潭柘寺镇、东辛房街道及政务环境工作组创城工作的督查。22日至23日，副主席率创城第三督察组到王平镇、妙峰山镇、军庄镇、城子街道督查创城工作。27日，副主席参加创城第一督察组对永定镇和龙泉镇创城工作的督查。28日，张冰到王平镇调研创城工作，解镇村创城工作开展情况、创城工作中存在问题及村民参与创城情况并提出工作要求。同日，社会法制与民族宗教委员会协调委员参与“法律进社区活动”为“创城”工作。10月10日，张冰等走访政协常委、工会界别组组长，听取委员及所在单位负责人相关工作通报，重点对创城工作的开展情况进行解。

（王　婧）

【加强和改进政协工作研讨会】 11月19日、21日，区政协召开“对标对焦　提质增效”加强和改进政协工作研讨会，分机关干部和政协常委、界别组长两个层面，围绕2018年政协整体工作和2019年工作布局和侧重进行交流座谈。传达学习区创建全国文明城区“比学赶超”擂台赛会议精神，部署政协机关参与公共文明劝导相关工作，交流政协全会筹备情况。

（王　婧）

重要会议

【十届二次全体委员会议】 1月8日至11日，区政协召开十届二次全体会议。会议听取并审议主席张冰所作的常务委员会工作报告和副主席的提案工作报告；听取区属民主党派、人民团体和政协界别代表大会发言；列席区第十六届人民代表大会第四次会议开幕式，听取并讨论区长付兆庚所作的政府工作报告；通过政治决议；表彰优秀提案。市政协副主席出席开幕式，区委、区人大、区政府领导出席开、闭幕式。区领导张贵林在闭幕式上讲话。区属部委办局和镇街的部分领导列席大会。

（王　婧）

【常务委员会会议】 2月2日，区政协召开十届委员会第七次常委会议，传达学习北京市两会精神；听取区监察体制改革及2017年全区党风廉政建设情况的通报，通报2018年协商工作计划、2018年协商工作安排，审议通过2018年工作要点，会议还协商决定人事事项。6月15日，召开十届委员会第八次常委会会议暨学习贯彻习近平总书记关于加强和改进人民政协工作的重要思想学习研讨工作动员部署会，部署学习贯彻习近平总书记关于加强和改进人民政协工作的重要思想学习研讨工作及全国文明城市建设工作，审议通过学习贯彻习近平总书记关于加强和改进人民政协工作的重要思想方案和加强委员队伍建设的意见，传达区委书记张力兵在全国文明城区创建工作动员会上的讲话精神。会后举行常委暑期读书班开班仪式。7月3日，召开十届委员会第九次常委会暨第四次议政会，就“三位一体”生态园林景观城市和海绵城市建设工作进行协商议政，副区长出席会议并进行回应。11月7日，召开十届委员会第十次常委会会议暨第五次议政会，组织全体委员实地视察中关村门头沟科技园创客展示中心等重点建设工程。听取全区前三季度经济社会发展情况和下一阶段区政府重点工作。12月14日，召开十届委员会第十一次常委会会议，会议传达市政协第五次常委会会议精神。审议政协十届三次会议工作事项，协商决定政协门头沟区第十届委员会第三次会议定于2019年1月7日至10日在龙泉宾馆召开。会议审议通过政协十届三次会议中共党员会议议程（草案）、预备会议议程（草案）、大会建议议程（草案）和建议日程（草案）。会议听取2018年委员履职情况的报告和各专委会工作报告。26日，召开十届常委会第十二次会议暨第六次议政会，传达中共门头沟区委十二届七次全会精神，围绕政府工作报告进行议政发言。

（王　婧）

【政协党的建设工作会议】 12月7日，区政协召开政协党的建设工作会议。区领导张力兵出席会议并讲话。会上，宣布区委成立区政协机关党组及任命机关党组成员的决定、同意设立区政协专门委员会分党组的批复，宣布区政协党组关于任命各专门委员会分党组组成人员的决定。会后，各分会场召开分党组扩大会议和机关党组扩大会议。

（王　婧）

专门委员会工作

【提案委员会】 1月17日，召开提案报告撰写小组工作总结会。3月30日，召开提案委员会工作会。五一前夕走访贺国凯委员，实地参观中国人寿研发中心项目工地。10月12日，召开工作会，审议通过提案分析报告和提案线索报告，布置政协十届三次大会提案筹备工作。17日，召开到哈考察工作总结会。26日，召开提案办理情况通报会，通报政协十届二次会议提案办理情况。11月16日，召开2018年度工作会，审议通过十届三次大会提案工作情况的报告和提案委员会2018年工作总结，推荐出2018年度优秀提案目录。

（王　婧）

【学习与文史委员会】　3月6日，召开年度工作会，会议总结2017年学习与文史工作，审议通过学习与文史委员会2018年工作要点。12日，召开“域内长城文化带建设”课题开题会，对课题工作方案进行研讨，中国长城学会副会长，著名长城专家为课题组作开题指导。28日，召开文史征集研讨会，会议总结2017年文史征集工作，明确2018年文史工作的思路。4月19日，课题组实地勘察黄草梁七座楼长城。5月25日，课题组到怀来考察长城保护情况，对怀来县镇边城、横岭城、大营盘的古长城进行实地考察。6月8日，召开长城文化丛书门头沟篇总结研讨会。7月12日，召开半年工作会，会议就半年工作进行总结并进行集中学习，并围绕全国文明城区创建工作等工作进行交流讨论。9月13日，召开专题协商会，围绕课题进行协商议政。

（王　婧）

【教文卫体委员会】　3月7日，召开2018年度工作会就《教文卫体委员会2018年工作要点（征求意见稿）》及全年重点工作进行说明部署。22日，围绕“三位一体”生态园林景观城市和海绵城市建设工作课题，召开协商议题协调会。3月22日，围绕“优化教育结构、引进知名大学或国际学校工作”视察考察议题，召开协商议题协调会，10月17日，召开关于解决门头沟区教育系统师资不足问题对口协商会，听取课题组对口协商议题前期调研情况报告和区教委关于深化教育综合改革等情况汇报区相关部门负责同志出席会议并做出回应。4月17日，召开专题协商开题会。26日，开展专题协商调研活动，课题组实地视察区绿海运动公园、永定湖公园和永定河滨水森林公园建设情况并召开座谈会。5月30日，课题组到怀柔雁栖湖生态发展示范区调研学习，实地考察雁栖湖生态发展示范区园林建设情况，并与当地相关部门进行交流座谈。6月22日，召开专题协商阶段性研讨会，就课题前期调研情况进行总结，与会人员进行探讨交流。8月3日，围绕“门头沟区文化创意产业推进情况”课题，到石龙工业区开展文化产业发展情况调研活动。9月28日，召开门头沟区文化创意产业推进情况界别协商会，听取课题组前期调研情况的报告，区相关部门负责同志出席会议并做出回应。10月19日，围绕“我区分级诊疗工作实施情况”课题，召开界别协商会医药卫生界、文体界部分委员及区卫计委主要领导参加会议。听取区卫计委关于门头沟区分级诊疗制度建设工作情况的报告，并进行深入的探讨交流。

（王　婧）

【社会法制与民族宗教委员会】　3月15日，召开专委会工作会，审议通过2018年专委会工作计划，介绍界别工作计划。20日，围绕“关于在门头沟区实施新一轮棚改的工作探究”课题，召开专题协商工作筹备会，听取门头沟区新一轮棚改情况介绍。29日，召开专题协商工作开题会，听取调研工作方案及提纲说明。5月24日，专题协商课题组实地视察3751地块中冶、中交和中建几个项目的在建工地，并进行座谈。6月14日，实地调研军庄镇及龙泉镇棚改项目。28日，就实地调研事项与区住建委及相关企业负责人进行座谈。8月6日，召开协商议题研讨会，研究讨论调研报告（初稿）。10月31日，召开专题协商会，课题组主笔人就调研成果做报告，课题组成员提出相关意见建议与会各单位负责人参见会议并做出回应。5月17日，围绕“关于门头沟区社会化养老服务体系建设问题”课题，召开对口协商工作开题会，通过调研工作方案，商定调研视察事宜，就门头沟区社会化养老服务体系建设问题进行座谈研讨。7月19日，组织课题组实地调研龙泉镇龙泉雾村爱依幸福晚年驿站及爱暮家老年养护中心，进一步解门头沟区社会化养老服务体系建设情况。10月18日，召开对口协商会，课题组与职能单位进行座谈协商，职能单位负责人对问题进行回应。

（王　婧）

【专委会工作六室】　3月16日，围绕“创造就业岗位　助力决胜小康”课题，召开开题会。5月22日，调研课题组到区人保局进行座谈调研，就门头沟区开展的优化“营商环境”工作中如何促进就业，如何引进高端人才等问题与人保局同志进行交流。4月13日，围绕“充分发掘门头沟区地质资源　服务经济社会发展”课题，召开界别协商调研课题开题会。5月18日，“地质资源”课题组到房山世界地质博物馆等地进行实地考察调研，课题组结合调研成果召开界别协商会议，与政府相关部门进行交流协商，为区委、区政府提出意见建议。6月11日，开展“美丽乡村建设”主题沙龙活动，组织委员们到清水镇达摩庄村，以“讲好达摩庄的故事”为主题开展委员沙龙活动。12月4日，组织开展污染防治工作专项视察，到妙峰山镇陈家庄村等地进行调研。

（王 婧）

【经济科技委员会、环境与人口资源委员会】 3月22日，召开经济科技委员会、环境与人口资源委员会年度工作会。会上，审议通过两个委员会2018年工作要点和协商工作安排。5月8日，张冰等调研妙峰山镇，听取该镇及陈家庄村美丽乡村建设等工作，实地考察陈家庄村和炭厂村美丽乡村建设相关工作。6月6日，到区农委调研门头沟区低收入帮扶项目落地和资金落实情况。12日，重点视察区政务服务中心大厅、大峪办事处社保所服务大厅。7月10日，调研潭柘寺镇南辛房村、桑峪村的低收入帮扶项目进展情况。10月17日，张冰带队调研潭柘寺镇帮扶村，听取潭柘寺镇主要领导等人员汇报低收入帮扶工作进展情况后，共同为帮扶工作会诊把脉。11月1日，举办委员学习报告厅暨美丽乡村建设协商恳谈会，传达北京市政协系统党的建设工作会议精神；听取“实施乡村振兴战略，推进美丽乡村建设”知情明政报告；政协委员围绕美丽乡村建设进行议政发言。11月28日，区政协领导到工商联调研民营企业发展情况，与工商联会员企业北京双龙智博科技开发有限公司、北京东正工程项目管理有限公司、北京顺鼎文化传播有限公司、绿纯生物科技发展中心、北京物美商业集团、北京顺明喷塑厂等企业负责人进行座谈交流。

（王 婧）

【“文化进万家”活动】 1月15日至22日，政协书画院开展“文化进万家”等活动，联合区文联开展写春联送祝福活动；参加“学习十九大精神 传承永定河文化——2018书画艺术联展”活动。

（王 婧）

【界别活动】 3月8日，文体界组织招商引智助力潭柘寺特色小城镇建设对接研讨活动。4月26日，工会界委员实地考察中国人寿研发中心项目，并在参观后进行集体学习。5月9日，文化界委员调研斋堂镇文化创意产业发展情况，参观斋堂镇东斋堂村国家级保护文物东城门和古戏台、柏峪村文化剧场，观看西斋堂梆子戏剧团、柏峪燕歌戏剧团展演的片段，同地区非遗文化传承人进行交流。18日，民宗界别组协调民宗办，并协助民宗办组织门头沟区宗教人士、信众骨干、及各镇街主管民宗工作的领导，到延庆永宁天主堂和泽润寺开展学习交流活动。10月31日，医药卫生界开展“政协委员进社区、健康义诊助创城”健康义诊活动。12月27日，工会界开展会前活动，传达区政协党的建设会议精神，介绍政协机关成立分党组情况，并就十届三次会议联组发言、2019年度工会界重点工作、委员参与创建全国文明城区工作、对口帮扶工作进行研讨。

（王 婧）

【纪念“五一口号”发布70周年植绿活动】 4月24日，区政协举办纪念“五一口号”发布70周年植绿活动，区委书记张力兵等出席活动并讲话，区属民主党派负责人，区政协党组班子、主席班子成员出席活动，区属各民主党派成员、政协各界别委员代表以及政协全体机关干部参加活动。

（王 婧）

【组织参加展览】 5月15日，区政协组织参观《“大道同行”——从“五一口号”到协商建国重要史事回顾展》。12月18日，观看《庆祝改革开放40周年大会》直播，同日举办“纪念改革开放40周年”书画摄影展。19日，主席张冰带队，组织全体委员及全体机关干部到国家博物馆参观改革开放40年展览。

（王 婧）

纪检监察

综　述

【概况】　2018年，中国共产党北京市门头沟区纪律检查委员会北京市门头沟监察委员会（简称区纪委区监委）认真贯彻落实中央纪委三次全会和市纪委四次全会工作部署，牢固树立“四个意识”，坚定“四个自信”，自觉践行“两个维护”，巩固拓展落实中央八项规定精神成果，保持惩治腐败高压态势，党风廉政建设和反腐败工作取得新成效。年内，加强对低收入帮扶、扫黑除恶、创建全国文明城区、大棚房整治、征地拆迁等重点工作的监督检查，启动问责10起、问责党员干部18人，查处扶贫领域违规违纪问题5件、处理5人，梳理涉黑涉恶腐败问题线索34件次；查处违反政治纪律案件4件、处分4人。落实党中央《关于进一步激励广大干部新时代新担当新作为的意见》，查处门头沟区首例诬告案，为受到不实举报的干部作出问题澄清，《中国纪检监察报》以《一张涂改的支出凭单》为题对案件进行报道。初核了结、谈话了结和函询采信共508件次，切实保护干部干事创业的积极性。加强村和社区“两委”换届选举正风肃纪工作，查处2例违规拉票行为，以铁的纪律维护换届工作的严肃性。年内，制订《门头沟区纪委区监委机关谈话函询工作手册》《门头沟区关于进一步加强问题线索处置管理的职责权限清单》，强化对镇街纪检监察组织的指导和督查，充分发挥区、镇（街）、村（社区）三级纪委（检）委员作用，着力提升基层纪检监察工作质量，推动纪律监督和监察监督有效覆盖到“神经末梢”。以问题为导向，开展专项调研，加强对派驻机构的指导、管理、服务和保障，不断增强“派”的权威和“驻”的优势。年内，强化日常监督、过程监督、动态监督，准确运用“四种形态”处理425人次，其中运用第一、二种形态占比超过90%，谈话函询86件次，发出函询通知书66份。建立重要事项专项核查、重大问责案件联动机制，开展专项监督检查884次，发现问题380个，提醒谈话158人次；会同区经管站全面核查313份农村集体经济合同，发现问题101个。推进廉政档案标准化、动态化、信息化，加强选人用人监督，共回复党风廉政意见152人次。全面履行专责机关监督职责，协助区委督导14个专项整治工作，协调区领导约谈考核排名靠后的单位党委（党组）主要负责人，推动全面从严治党政治责任落到实处。年内，建立区委常委、区政府党员副区长牵头，执纪监督部门、派驻纪检监察组主责，相关职能部门参与的整改监督模式，推动巡察整改落实到位。根据被巡察单位特点，聘请专业财务审计人员参与巡察工作，全年开展4轮次对24家单位党组织的巡察，发现问题644个，移交区纪委区监委问题线索83个，立案15件，给予党纪政务处分13人。建立领导督办和专项督办重点信访举报件机制，受理信访举报1169件次，呈现“三下降两上升”态势；查处并通报曝光9起13人次违反中央八项规定精神案件；查处“为官不为”“为官乱为”及群众身边的不正之风和腐败问题73件。紧盯重点领域和关键环节，精准有力惩治腐败，共处置问题线索854个，立案117件，其中处级干部立案12件，移送司法机关4件，处分党员干部和监察对象103人，采取留置措施3人，挽回经济损失23.7万元。加强典型案件综合分析，下发纪律检查建议书、监察建议书13份，制作《房蠹》《插翅难逃》警示教育片，共通报曝光典型案件51件次，印发《以案为鉴》刊物4期1万余册，组织149批次92家单位7000余名党员干部到区警示教育基地参观学习。

单位名称：中共门头沟区纪律检查委员会
地　　址：北京市门头沟区新桥大街36号
电　　话：69843066
邮　　编：102300

（吴大春）

【宣传教育】 5月7日，区领导应邀为200余名农村党支部书记、副书记及市委下派的村第一书记作廉政教育专题讲座。以“风正一帆顺　清廉得民心”为主题，结合《监察法》简要介绍监察委员会成立的目的及其主要职能；运用翔实的数据直观展示门头沟区农村干部近五年的信访举报及案件查处情况，梳理出其中最常见的四种违纪种类；结合大量案例细致讲解农村干部常见的职务犯罪类型，深入剖析涉农违纪违法案件高发环节及表现形式；用“三个想一想”警示大家“铸牢道德防线，严守纪律底线，绝不触碰法律的高压线”。10月22日，区第二届“诗颂京西　廉铸忠诚”反腐倡廉诗歌创作朗诵大赛颁奖典礼暨汇报演出开幕。全区纪检监察干部、宣传干部和基层群众500余人参加。经过为期4个月的创作、选拔和角逐，来自农村社区、教育卫生、政法战线、纪检监察等部门的400余人参与创作，报送作品200余首。最终18首优秀诗歌作品获奖，10家单位获优秀组织奖。11月1日，区纪委区监委主办、团区委承办“我身边的好规矩”舞台剧展演在区少年宫举行，200余名党员干部参加。《不忘初心　廉政为民》《新西游记》《如此规矩》等6个优秀节目参加展演。26日，召开全区领导干部警示教育大会。全区各单位主要领导，各村居书记、主任，区属企业负责人700余人参加会议。会上，传达市委书记蔡奇在全市领导干部警示教育大会上的讲话精神，深入剖析门头沟区全面从严治党存在的突出问题。区委领导通报2018年1月至11月区纪检监察机关执纪审查工作情况。与会人员观看《警钟长鸣——正风反腐在路上》警示教育片。30日，区委常委、区纪委书记、区监委主任闫中以“适应新时代　担当新使命”为主题，为全区纪检监察干部讲授党课。12月20日，全区168个村和106个社区“两委”换届选举工作全部展开。区领导张力兵到镇街督导换届选举工作，并提出具体要求。

（吴大春）

【对口帮扶】 5月28日，区纪委区监委组成调研考察团，到河北省张家口市涿鹿县，对两地纪检监察工作开展调查研究和沟通交流，并签订《门头沟区与涿鹿县纪检监察机关协同推进监督工作机制的协议》。两地纪检监察机关分别对各自基本情况、机构建制、职责定位、工作运行等情况进行充分了解，特别对扶贫领域工作情况进行详细沟通，了解市级3000余万元10余个项目，以及366万区级资金公益岗位项目落实情况，并对援派涿鹿县3名挂职干部重申工作要求。对照上级纪检监察机关要求，就两地建立纪检监察工作联席会议、问题线索移送、审查调查协作配合、联合开展警示教育和交流学习等工作机制进行深入研究。同日，分别与呼和浩特市武川县纪委监委、拉萨市堆龙德庆区纪委监委、乌兰察布市察右后旗纪委监委签订《协同推进扶贫协作监督执纪问责工作机制》。

（吴大春）

【案件线索双向移送工作专题座谈会】 9月19日，区纪委区监委和区检察院就案件线索双向移送工作召开专题座谈会。双方领导签订《案件线索移送工作会议纪要》，就案件线索双向移送、案件线索衔接反馈及信息共享等内容达成一致意见。

（吴大春）

【执纪审查】 年内，区纪委区监委共处置问题线索854件，全区各级纪检监察组织查处各类违纪违法案件117件，其中查处职务犯罪案件6件。2月1日，升级改造后的来访接待场所正式投入使用配备应急药品、安检设备和安保人员。4月，在区纪委区监委机关、镇纪委（监察办）、街道纪工委（监察组）、区直机关纪工委、13个联合派驻纪检监察组设置26个举报箱。7月2日，举办消防知识讲座、应急救援讲座和消防应急演练，邀请区消防队专业队伍对各个办公场所逐一进行检查，查出安全隐患11处。针对发现的问题召开分管领导协调会，明确任务分工，确保检查专项行动落到实处：维修和更新灭火器69个二氧化碳6个，配备消防面具30个、急救绳18条和灭火毯30条。12月11日，区委主要领导收到反映某单位闫某存在违纪违法行为的信访举报，区纪委区监委立即启动案件调查工作，通过大量的调查取证排除闫某存在举报信中所反映问题，系纪某故意伪造证据材料诬告他人，经审查依纪给予纪某党内严重警告处分。

（吴大春）

【区委巡察】 年内，门头沟十二届区委共开展4轮对区人保局、区发改委、区民政局、区民防局、北京京门国有资产经营中心、东辛房街道、区广电中心、区园林局、区交通局、区环卫中心、区环保局、潭柘寺镇、雁翅镇、清水镇、区文委、区委党校、区委宣传部、区文明办、区文联、军庄镇、城子街道、妙峰山镇、大台街道、王平镇等24家单位的巡察工作，并对59家村居党组织开展延伸巡察。经区委组织部、区纪委组织部协调，从36家单位抽调干部132人次组建5个区委巡察组开展巡察。通过巡察，发现被巡察党组织问题644个，移交区纪委区监委问题线索83个，向被巡察单位提出整改意见建议120条，向区委区政府有关职能部门提出意见建议2条。区纪委区监委对巡察移交的问题线索共立案15件，给予党纪政务处分14人，移送司法机关1人。

（吴大春）

重要会议

【第十二届四次全体会议】 1月31日，区纪委第十二届四次全体会议暨全区党风廉政建设工作会议召开，区领导张贵林、市纪委领导到会指导。会上，传达市纪委十二届三次全会精神，听取并审议通过区委领导代表区纪委常委会所作的题为《忠诚履行新时代纪检监察职责使命，推动全面从严治党向纵深发展》的工作报告，签订党风廉政建设主体责任书和纪委监督责任书；全会审议通过《关于中国共产党北京市门头沟区纪律检查委员会委员履行职责的意见（审议稿）》《中国共产党北京市门头沟区第十二届纪律检查委员会第四次全体会议决议（草案）》。

（吴大春）

【区委巡察工作领导小组第四次会议】 5月22日，十二届区委召开区委巡察工作领导小组第四次会议暨区委书记专题会议，听取区委巡察组对东辛房街道、区园林绿化局党组、区广播电视新闻中心党组开展“四风”问题交叉专项巡察的情况报告，听取区委巡察组对区环境保护局党组、区交通局党组、区环境卫生服务中心党组开展常规巡察的情况汇报。

（吴大春）

【第十二届第五次全体会议】 7月27日，区纪委召开第十二届纪律检查委员会第五次全体会议。区委领导提出具体意见。

（吴大春）

【执纪监督工作会】 9月，区纪委区监委召开执纪监督工作会，部署近期创城专项集中监督检查工作，要求全员出动、全力配合、全面检查，严格落实相关工作要求。

（吴大春）

【人防系统腐败问题专项治理工作部署会】 12月10日，区纪委区监委召开全区人防系统腐败问题专项治理工作部署会。区民防局、区住建委、区财政局、区审计局主要领导，区委巡察办，区纪委区监委机关，派驻纪检监察组相关负责人参加会议。部署《门头沟区纪委区监委关于开展对人防系统相关问题专项治理的工作方案》，并提出具体要求。

（吴大春）

监督检查

【元旦和春节期间监督检查】 元旦至2月，区纪委区监委通过抓具体问题、抓“关键少数”、抓“总开关”，明确目标；通过查机关作风、查年节风险点、查全面从严治党专项整治情况，做深监督；通过专门机关监督与群众监督相结合、现场查与信息化相结合、正面引导与反面震慑相结合，务求实效。多聚并措织密监督网络，严防节日腐败，确保年节风清气正。截至春节假期结束，区纪委区监委共出动检查人员257人次，检查基层单位80余家。部署党风政风特约监督员对23处窗口单位及相关场所开展明察暗访61人次，全区各级纪检监察组织开展各类监督检查210余次。对于部分单位存在的公务用车管理不规范、个别窗口单位节前存在的服务质量下降、工作秩序涣散、纪律松弛等7个问题，反馈相关单位并要求及时整改。

（吴大春）

【全区纪检监察组织监督检查】 1月22日，区纪委区监委对全区纪检监察组织和纪检监察干部提出“九严禁”“九不准”，进一步严明纪律规矩、加强作风建设，坚决防止“灯下黑”。“九严禁”包括严禁以权谋私、以案谋私、以查谋私、压案不查、违规违法收集证据、使用违规审查措施、私自处置涉案款物及涉案涉密资料、违规用车用房以及超标准公务接待等内容；“九不准”包括不准传谣信谣、擅离职守、违规接受宴请和收受礼品礼金、未经审批出国（境）、倚仗身份耍特权、诬陷诽谤他人、编织“小圈子”、违规经商办企业、大操大办婚丧喜庆事宜等内容。10月，区纪委区监委组织全区各纪检监察组织开展监督检查，严防“四风”问题反弹回潮。闫中带队到区内大型购物超市、部分党政机关及其内部食堂开展重点抽查。截至国庆假期结束，区纪委区监委机关开展监督检查104次，出动检查人员263人次，发现问题18个；各镇街纪检监察组织对基层单位开展监督检查198次，出动检查人员466人次，发现问题7个；组织特约监督员开展暗访4轮31次，出动检查人员56人次，发现问题4个。

（吴大春）

【党风政风特约监督员明察暗访部署】 2月1日，区纪委区监委部署新聘任党风政风特约监督员明察暗访工作，同时邀请部分上届特约监督员参加。会上，由上一届特约监督员针对明察暗访工作总结经验、做法，并结合自身领域、工作岗位等特点与新一届特约监督员分享感受。会上传达《关于对全区纪检监察组织和纪检监察干部进一步严明纪律规矩加强作风建设的要求》，并要求特约监督员强化自身建设，自觉净化工作圈、社交圈、生活圈，同时要求特约监督员加大春节期间相关明察暗访力度，及时发现问题反映问题，认真履行监督责任。

（吴大春）

【到镇街、委办局调研】 3月，区纪委区监委选取深山区、浅山区和城区不同地域，镇街、委办局各类单位，党政机关干部、专职纪检监察干部、村居干部、居（村）民以及党风政风特约监督员等各类群体，开展阶段性调研。通过问卷调查、座谈交流、实证分析全面摸排门头沟区党员干部在工作中存在的形式主义、官僚主义问题具体表现，推进区内党和国家机关作风建设。

（吴大春）

【扶贫领域腐败和作风问题整治方案】 4月12日，区纪委区监委印发《区纪委区监委关于2018年至2020年开展扶贫领域腐败和作风问题专项整治的工作方案》，在与上级对标对表，认真贯彻中央、市委、区委关于精准扶贫、精准脱贫的重大决策部署精神，紧盯社会救助、对口帮扶和对口协作以及低收入农户增收和低收入村发展等工作中存在的腐败和作风问题的基础上，将扶贫领域涉黑涉恶问题和强化主体责任落实等纳入重点监督检查内容，进一步明确工作措施和纪律要求，为以后3年的监督检查工作提供指导。

（吴大春）

【党风廉政建设责任制约谈会】 4月25日，门头沟区召开党风廉政建设责任制约谈会。对2017年度党风廉政建设责任制检查考核排名靠后的2家单位“一把手”进行面对面、点对点约谈促改、明责加压。会上，区委常委、区纪委书记、区监委主任闫中对2017年区责任制检查考核排名靠后单位主要问题进行通报说明和成因分析。

（吴大春）

【全面从严治党主体责任情况检查考核】 5月27日，区党风廉政建设责任制工作领导小组办公室组织部署启动2018年度全区落实全面从严治党主体责任情况检查考核工作。明确年度检查考核的主线为党委（工委、党组）领导班子和领导干部落实全面从严治党主体责任情况，弱化监督责任履行内容，单独考核。围绕全面从严治党任务，聚焦、分解、细化8项考核内容和45项考核指标，均采用“扣分制”，失责越多，扣分越多，推动工作落实。

（吴大春）

【党风政风特约监督员明察暗访】 5月，区纪委区监委召开执纪监督部门监督工作专题会和派驻纪检监察组监督工作会商会，对发现或存在的18个问题进行交流探讨。通过门头沟廉政网、微信公众号和手机短信发送廉洁提醒700余条。区纪委区监委出动检查人员202人次，检查监督单位69次，组织基层纪检监察组织开展监督检查436次。制定《关于近期党风政风特约监督员开展明察暗访的工作安排》，部署特约监督员分4个工作组开展各类明察暗访31次。对于监督检查发现的部分单位存在公务用车管理不规范、环境监管不到位、书面工作形式化等3类49个问题，进行现场提醒或反馈整改。

（吴大春）

【扫黑除恶工作】 7月16日，区纪委区监委开展扫黑除恶工作。结合门头沟区低收入帮扶及村（居）“两委”换届两项重点工作，全面开展线索排查摸底，重点摸排基层党员干部沦为“村霸”或为“村霸”充当保护伞、村干部勾结黑恶势力欺压群众、向扶贫领域伸黑手等群众反映强烈问题线索，发现一起严办一起，通过典型案例形成震慑，加大引导力度。

（吴大春）

【农业大棚房整治检查】 8月3日，区纪委区监委对“大棚房”专项整治监督执纪问责工作召开专题会。区规划国土分局、区农委、区农业局和区城管执法局等负责人参加。会议传达市纪委市监委关于在全市“大棚房”专项整治中强化监督执纪问责工作会议精神，听取门头沟区“大棚房”专项整治工作进展情况汇报。21日，区纪委区监委联合区规划国土分局启动对9个镇28个点161个农业大棚房整治检查工作。包括潭柘寺镇3个点4个棚、永定镇1个点9个棚、龙泉镇2个点13个棚、军庄镇4个点16个棚、妙峰山镇5个点27个棚、王平镇4个点12个棚、雁翅镇2个点3个棚、斋堂镇2个点36个棚、清水镇5个点13个棚。现场发现问题涵盖堆放无关物品未及时清除、耳房超标、场内道路宽度超过6米、撂荒等问题共7宗。

（吴大春）

民主党派

民盟门头沟区工委

【概况】 2018年，中国民主同盟门头沟区工作委员会（简称民盟区工委）现有在册盟员115人。全体盟员中市政协委员及民盟市委委员1人，区人大代表4人，其中区人大副主任（不驻会）1人。区政协委员8人，其中常委1人，门头沟区第四届青年联合会委员3人，门头沟区服务协会主席1人，盟员中的人大代表和政协委员认真履职，建言献策。年内，民盟区工委带领全体盟员参加盟市委、市区委统战部、市区政协、民盟区工委各级组织的参观、理论学习培训30余次，出席培训人数保持在70%以上。围绕门头沟区“生态涵养区和休闲旅游文化区建设”“创建全国文明城市”工作、“西山永定河文化带建设”和“长城文化带建设”开展调研考察，撰写出报告。深度协同并参与盟市委“8+1”帮扶行动，在区内农村生产合作社发展问题上及精准帮扶贫困攻坚中，送医送药送健康送文化下基层中积极行动并做出贡献。年内，盟工委被民盟北京市委评为“民盟思想宣传工作先进集体”。

单位名称：中国民主同盟北京市门头沟区工作委员会
地　　址：中国共产党北京市门头沟区统一战线工作部
电　　话：69842327
邮　　编：102300

（张金明　张　焱）

【参政议政】 1月8日至12日，民盟区工委人大代表4人和政协委员8人分别出席门头沟区第十六届人大四次会议和区政协十届二次会议履职建言，撰写议案、提案。11日，在区政协十届二次会议上民盟工委做《关于我区城市商业服务业布局及发展的建议》大会发言。委员们撰写提案，就门头沟区教育、古村落、古道保护与旅游开发、农村医疗等方面提出建议。31日，副主委以“区党风政风监督员”的身份出席门头沟区纪委十二届四次全会暨2018年全区党风廉政建设工作会议并参加全年的监督检察活动。10月24日，工委委员全会，确定2019年1月召开的区政协十届三次会上工委发言的题目为“关于加快农民专业合作社发展的若干建议”。

（张金明　张　焱）

【学习培训】 1月21日，民盟区工委“2017年工作总结暨表会”。组织学习门头沟区人大、政协会议的重要文件，学习民盟北京市委十二届三次会议的《工作报告》。3月2日，秘书长出席民盟市委区级组织负责人会议，讨论《民盟北京市委五年工作规划》。5日，部分工委委员参加民盟北京市委妇女委员会在盟市委一层会议厅举办《新征程中民盟参政议政之道与术》讲座。4月11日、9月13日，10余名盟员出席统战部组织“永定河文化与门头沟”专题报告会。主讲人是永定河文化研究会的副会长，民盟盟员。7月8日，盟工委组织盟员参观“真理的力量——伟大革命导师马克思的壮丽人生（马克思诞辰200周年）展览”。40余人参加活动。28日，在龙泉宾馆，门头沟区、石景山区、大兴区工委联合组织2018暑期理论学习班。盟市委领导，区委统战部领导出席开幕式。盟市委领导作统战理论、参政议政的渠道及方式方法重要讲话。9月9日，在永定华润西山墅半山生活馆，民盟区工委与石景山区工委联合举办京西民盟纪念改革开放40周年暨第四节“红烛颂”诗歌朗诵会，庆祝第34届教师节。11月，组织盟员参观“庆祝改革开放40周年大型展览”活动。

（张金明　张　焱）

【社会服务及公益活动】 1月26日，民盟区工委卫生支部组织义诊团队到军庄镇孟悟村送医下乡，为村民义诊，献爱心。4月8日，盟工委和富德基金通过“图书漂流”活动，向学生传递爱心、传播知识。向斋堂中心小学捐赠1000册图书。中华民族非物质文化遗产鲁班暗榫动物造型技艺讲述人为学生们进行“古建相关知识讲座”。24日，副主委带队参加“庆祝‘五一口号’发布70周年”冯村沟南段植树活动。8月，主委带队到清水镇龙王村就低收入情况进行帮扶对接，根据龙王村的需求及特点，协助探险俱乐部考察村内溶洞，为村子的土特产品设计商标初稿。9月8日，副主委带领20名盟员参加红色之旅斋堂至马栏徒步活动。10月19日，主委带领卫生支部医生到斋堂镇军响村送医下乡开展义诊活动。10月至12月，盟工委全程参与“第二届东胡林人论坛”策划准备工作。11月9日，民盟区工委与区致公党支部、区服务行业协会联合举办公益活动，为潭柘寺镇南辛房村低收入群体，开展医疗、按摩、法律咨询、理发、小家电维修、修锁配钥匙、家政服务等便民服务。

（张金明　朱小漫）

【考察调研活动】 7月，民盟区工委编写《强化街道在城市治理中的基础地位，构建和谐优质的城市治理体系》报告。8月，主委带领部分盟员对门头沟区8+1工作中龙王村的低收入情况进行调研分析，撰写《帮扶对象——门头沟区龙王村基本情况》初稿。10月14日，组织盟员参观考察斋堂马栏村、川底下村、黄岭西村，同时考察门头沟区新农村建设及8+1成果。26日，副主委完成“关于加快我区小园地块地下车库启动机制”的调研报告。11月，完成《关于加快门头沟区农民专业合作社发展壮大的若干建议》和《关于农村集体产权制度改革的建议》2篇调研报告。12月，盟工委向盟市委提交《以太极之法打中美贸易持久战》《警惕披着互联网+外衣、以分享经济做幌子的新传销模式》《关于加大劳动仲裁案件对企业法人执行力度的相关建议》3篇报告。

（张金明　张　焱）

【发展成员工作】 年内，民盟区工委组织考察积极分子12人。发展新盟员8人。其中教育支部（界）5人，卫生支部（医药界）2人，综合支部1人。另有2人待批准，2名积极分子在培养中。

（张金明　张　焱）

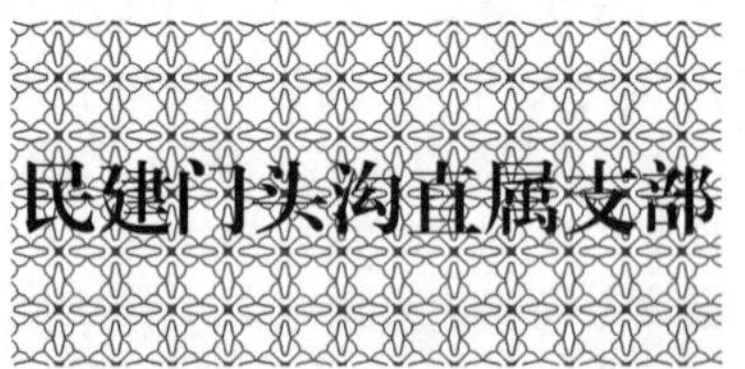

民建门头沟直属支部

【概况】 2018年，民建门头沟区工委共有会员175人，下设8个支部。正高级职称11人，副高级职称2人，高级职称29人，中级职称37人，博士学历4人，硕士研究生学历20人，本科学历108人，全国政协委员1名，北京市人大代表2名，区政协副主席1名，区政协常委2名，区政协副秘书长1名，区政协委员13名。区政协各专委会副主任1名，北京市新联会理事2名，门头沟区新联会秘书长1名，副会长3名，区各部门特邀监督员16名。年内，不定期举办五期“星五沙龙”活动，为会员解决企业落户增项、法律援助问题。年内，围绕门头沟区中心工作，履行党派职责，创新发展，为门头沟区的发展起到积极作用。得到民建北京市委、区委区政府及门头沟区委统战部好评。

单位名称：中国民主建国会门头沟区工作委员会
地　　址：北京市门头沟区滨河大厦632房间
电　　话：69822562－8010
邮　　编：102300

（李　涛）

【强化领导班子建设完善基层组织结构】 年内，民建门头沟区工委开展网上办公模式，发展14名会员。8月4日，成立科技园支部，12月27日，成立民建门头沟区工委监督工作委员会。2名同志当选北京市新联会理事，3名同志当选门头沟区新联会副会长。7名同志当选门头沟区新联会常务理事。1名同志当选民建中央旅游组成员，1名同志当选北京市“学习之星”，1名同志获“首都精神文明建设”奖。与石景山经法支部建立横向交流友好支部。

（李　涛）

【参政议政】 年内，民建门头沟区工委共提交政协提案7份，其中协商议题成果《关于我区疏解整治促提升工作的建议》作为民建门头沟区工委的大会发言材料在会上进行重点汇报。工委提交的《关于进一步推动我区疏解整治促提升工作的建议》获政协门头沟区十届委员会2018年度优秀提案。围绕“创造就业岗位，夯实创城根基”开展议题协商，定为2019年门头沟区“两会”的大会发言材料。完成理论研究成果《关于新时代深化政治交接的思考》《纪念五一口号发布70周年撰文》。提出“民建四问”；开展

《民建人的责任与使命》大讨论。

（李　涛）

【拓宽服务领域精准服务社会】 年内，民建门头沟区工委配合民建北京市委开展“8＋1”系列行动，到王平镇安家庄村，雁翅镇房良村、大村、杨村举办新春送医疗送文化下乡活动，送温暖义诊活动。举办“纪念五一口号植树”活动，与区禁毒办、区向日葵青少年禁毒与法律咨询中心共建禁毒教育基地。

（李　涛）

【对口支援帮扶】 年内，民建门头沟区工委扶贫助困工作捐资捐款达110万元。在毕节试验区黔西县深度贫困村花溪乡沙坝村脱贫攻坚大决战中做出突出成绩，为内蒙古乌兰察布市察右后旗捐赠电脑87台；武川县捐赠电脑53台，义务举办电商培训10次，捐赠幼儿园物资1万余元，捐赠急救用品1万余元。签订“京沈对口帮扶”合作发展意向书。

（李　涛）

【扶贫协作和低收入帮扶】 年内，民建门头沟区工委组织会员到斋堂镇林字台村购买扶贫产品2万余元，帮助清水镇腾达联社销售扶贫产品2万余元，组织企业家会员与雁翅镇签订“万企帮万村”10余份协议。举办电商培训班4次。

（李　涛）

【宣传工作】 年内，民建门头沟区工委组织会员参加民建中央、中央社会主义学院、民建北京市委、区委统战部等部门举办的组织建设培训。年内，依托会员企业优势，开发工委宣传工作“合作前行微平台”，工委信息报送工作。全年被民建中央采纳12篇，民建市委采纳58篇，门头沟区政协及区委统战部采纳25篇。1名同志被评为“2018年民建北京市委网站优秀通讯员”。

（李　涛）

民进门头沟区总支部委员会

【概况】 2018年，中国民主促进会北京市门头沟区工作委员会（简称民进门头沟区工委）现有会员84人，分设中等职业学校支部、进修学校支部、新桥路中学支部、永定支部。会员中有北京市政协委员1人，区政协委员9人。年内，民进门头沟区工委以纪念“五一口号”发布70周年活动为主题，组织会员参与相关主题纪念活动，引领广大会员增强参政意识；青年工作委员会、老龄工作委员会和议政工作委员会3个专门工作委员会积极履职，组织活力明显加强；全员参与调查研究和参政议政活动，首都参政职能得到充分发挥。在区政协十届二次会议上《关于进一步做好精准帮扶工作的建议》获区政协优秀提案。

单位名称： 中国民主促进会北京市门头沟区工作委员会

地　　址： 中国共产党北京市门头沟区统一战线工作部

电　　话： 69842327

邮　　编： 102300

（郑华军）

【陈家庄文化下乡】 1月21日，民进门头沟区工委组织书画家们来到陈家庄村，现场为社区居民们书写春联200余幅、写福字300余个，送上新春的祝福。

（郑华军）

【工作年会暨春节慰问活动】 2月3日，民进门头沟区工委在新桥路中学体育馆举行2018工作年会暨春节慰问活动。工委主委总结民进区工委2017年工作并对2018年工作安排做说明。副主委向全体会员汇报活动经费使用情况和会员参加活动情况。对在参政议政和社会服务方面表现突出的优秀会员进行表彰。会员中的书画家们还专门为会员们书写春联、送祝“福”。

（郑华军）

【地质资源调研课题】 4月13日，民进门头沟区工委、区政协专委会六室在区政协召开《充分发掘门头沟区地质资源　服务经济社会发展》课题开题会。受邀专家北京市地质调查研究院原副总工程师、北京地质学会理事和永定河研究会名誉会长为课题组成员作开题指导和地质学研究讲座。会上，经研讨通过课题工作方案。5月18日，民进区工委“地质资源”课题组到房山世界地质博物馆等地进行实地考察调研。通过调研课题组成员对“北京西山——中国地质学的摇篮”有更深刻理解。

（郑华军）

【纪念“五一口号”发布70周年活动】 5月19日，民进门头沟区工委联合民进通州区工委共同组织纪念“五一口号”发布70周年活动。工委同民进通州区工委领导就组织建设、参政议政和社会服务等方面进行工作交流。参观北京市行政副中心功能区的发展建设情况，调研运河文化带建设情况，参观百年老校潞河中学。

（郑华军）

【参观纪念马克思诞辰主题展览】 7月19日，民进门头沟区工委组织部分民进会员到中国国家博物馆参观“真理的力量——纪念马克思诞辰200周年主题展览”。

（郑华军）

【“培养爱国主义情怀 欢度快乐暑假”活动】 7月25日，民进门头沟区工委联合门头沟区福利院开展“培养爱国主义情怀 欢度快乐暑假”主题活动。民进会员与福利院的孩子们参观卢沟桥，在卢沟桥畔的晓月湖共同游戏。会员们与福利院儿童还一起参观北京汽车博物馆，学习汽车在设计、生产、制造等方面的知识。

（郑华军）

【暑期夏令营活动】 8月22日至26日，民进门头沟区工委联合潭柘寺镇桑峪村，开展以“治城先育人，携手共建文明城”为主题的暑期夏令营活动。在5天的夏令营活动中，民进门头沟工委的教师、律师、心理咨询师、艺术家会员们为孩子们准备国画、传统儿戏、童话剧体验、阳台蔬菜种植、青少年法治课、传统茶艺、心理健康、国学图书分享会等课程。民进北京市委、区政协、潭柘寺镇等领导与区工委会员及桑峪村村民一同欣赏小朋友们的汇报演出。

（郑华军）

【精准扶贫工作实地调研】 8月28日至29日，民进门头沟区工委精准扶贫调研小组与工委副主委一同到门头沟区深山区进行精准扶贫工作实地调研。调研小组邀请区政协二室主任参加活动。调研组一行先后到清水镇李家庄村调研奇异莓和芦笋扶贫产业项目，到斋堂镇牛战村解牛站村矮化苹果和玫瑰花产业园2个扶贫项目。

（郑华军）

【申请“MINJINMTG”公众号】 8月，民进门头沟区工委申请“MINJINMTG”公众号作为区工委的宣传工具。截至年底已为工委制作11期宣传内容。除做工委活动的宣传外，还分别为3位会员做先进人物事迹宣传及新会章的宣传。

（郑华军）

【永定河文化考察】 10月6日至7日，民进门头沟区工委组织会员开展永定河文化考察活动。考察组先后实地考察位于永定河上游桑干河的泥河湾古人类发现地，小长梁东谷坨发掘现场。在张家口市阳原县泥河湾博物馆参观旧石器时代遗址群风貌以及大量化石、石器文物。考察永定河上游壶流河边古代“燕云十六州”之一的蔚县。考察活动邀请2名永定河研究专家为大家全程讲解。

（郑华军）

【参观庆祝改革开放40周年大型展览】 11月20日，民进门头沟区工委组织部分会员到国家博物馆参观《伟大的变革——庆祝改革开放40周年大型展览》。

（郑华军）

【会史会章学习活动】 12月1日，民进门头沟区工委召开会史会章学习活动。通过通读《中国民主促进会章程》形式学习新党章，重温民进前辈成立民进组织的初心。在对历史的回顾中阐释民进组织自觉接受中国共产党领导、“爱国、民主、团结、求实”和立会为公这三个优良传统形成的历史背景和深刻意义。

（郑华军）

【参政议政工作会】 12月1日，民进门头沟区工委召开参政议政工作会。与会的20余位会员围绕创城长效机制建设、区域文化的传承与利用、精准扶贫、中小学校幼儿园师资配备、减轻学生和家长教育负担、加强学校艺术与体育教育、建立教育事故处理机制、完善学校法制教育等纷纷提出意见建议，为即将召开的市、区政协全会收集社情民意和提案线索。

（郑华军）

农工党门头沟区工委

【概况】 2018年，农工党门头沟区工委组织农工党员参加社会调研、反映社情民意、开展社会服务，开展健康京郊行义诊和妙峰山敬老院敬老爱老慰问活动，推进“8＋1”名医团品牌项目，被农工党北京市委评为2017年度先进集体。在区政协十届二次会议上提交的党派提案《关于加强门头沟区院前医疗急救体系建设的建议》和个人提案《关于加快我区乡村旅游发展的建议》被评为优秀提案。年内，发展新党员6名，培养发展对象3名。

单位名称：中国农工民主党北京市门头沟区工作委员会

地　　址：北京市门头沟区新桥大街36号

电　　话：69842327

邮　　编：102300

（刘克杰）

【参政议政】　1月8日至11日，门头沟区两会期间，农工界别共提交集体提案2篇、个人提案10篇，农工党区工委副主委代表农工界别做题为《关于进一步加强我区开放办医的建议》大会发言，工委委员代表农工界别在第一联组讨论中做题为《关于在我区建设滑雪场推动群众性雪上运动项目发展建议》发言。

（刘克杰）

【敬老慰问活动】　2月12日，农工党区工委班子成员到妙峰山敬老院开展敬老爱老慰问活动，为老人们送去生活慰问品。农工党区工委3个支部分别到离任老主任、老党员家中走访慰问。10月16日，农工党区工委组织党员到妙峰山敬老院开展敬老爱老慰问活动，为老人们送去生活慰问品。

（刘克杰）

【参加“五一口号”纪念活动】　4月24日，农工党区工委组织党员参加门头沟区政协举办的纪念“五一口号”发布70周年植绿活动，重温统一战线和多党合作光荣历史。

（刘克杰）

【健康京郊行帮扶活动】　7月13日，农工党区工委组织农工医疗专家团队到雁翅镇田庄村，开展《农工情健康京郊行》低收入村帮扶活动，来自眼科、耳鼻喉科、中医骨科的医疗专家为村民测量血压和血糖，提供诊疗咨询、建立健康档案，服务148人次。

（刘克杰）

【参观“真理的力量”主题展览】　8月5日，农工党区工委组织农工党员到国家博物馆参观“真理的力量—纪念马克思诞辰200周年”大型展览。参观结束后，党员在农工党挚友群中展开讨论，分享参观体会。

（刘克杰）

【健康扶贫项目】　9月5日，中国社会福利基金会城乡发展基金委员会继续向门头沟区20户因病致困山区群众捐助10万元。

（刘克杰）

【推进“8+1”名医团项目】　10月31日，首家农工党名医工作室在雁翅镇青白口村成立。农工党北京市委整合党派优势资源，对所结对的门头沟雁翅镇青白口村开展义诊咨询、文化下乡及捐赠书包、药品、党费等活动，服务500余人次。

（刘克杰）

【参观“伟大的变革”主题展览】　11月16日、12月22日，农工党区工委两次组织党员到国家博物馆参观“伟大的变革”—庆祝改革开放40周年大型展览。参观结束后，党员们在农工党挚友群中展开讨论，抒发参观感言，撰写心得体会。

（刘克杰）

【参加“门头沟四问”提问活动】　11月23日，农工党区工委组织农工党员参加“门头沟四问”（你是门头沟人么？你爱门头沟么？你愿意门头沟好么？你怎样从我做起？）活动，撰写提交社情民意信息和学习体会2篇，其中社情民意信息被区委统战部录用报送。

（刘克杰）

【参加摄影作品征集活动】　11月30日，农工党区工委组织党员参加区政协举办的摄影作品征集活动，共提交作品15幅。其中5幅作品被采用参加“两会”区政协改革开放40周年书画摄影作品展览。

（刘克杰）

【“三学一讲”活动】　12月12日，农工党区工委组织党员开展“三学一讲”（“三学”是指深入学习贯彻习近平新时代中国特色社会主义思想和中共十九大精神，学习贯彻《中华人民共和国宪法》，学习贯彻农工党中央十六大精神和党章党史、多党合作优良传统。“一讲”是由各级组织主委带头，领导干部、专家学者、广大党员积极参与，以“三学”内容为主题讲党课。）专题活动。会上，工委副主委宣读《农工党门头沟区工委“三学一讲”活动计划》，副主委带领党员共同学习农工党十六大精神和《中国农工民主党章程》，主委以“勠力同心，砥砺前行，助力区域发展”为题做辅导报告。

（刘克杰）

【社会调研和参政议政】　年内，农工党区工委联合民盟开展关于门头沟区农民合作社发展情况课题的调查研究；围绕门头沟区分区规划“打造优质区域医疗中心目标”开展调研，就医疗人才培养、优势专科建设及服务管理等方面提出建议；在创建全国文明城区工作中，主要围绕养犬、规范停车、废旧家具处理、提升公交车站牌智能化和加强社区自治等方面提出意见建议20余条，其中农工党区工委在区政协举办的“勠力同心创建全国文明城区”中秋座谈会上提出的有关创城的建议被“门头沟信息”采用，农工党员撰写的《关于加强社区自治的建议》被区政协刊物采用。区工委副主委提出的关于创建文明城的几点建议和年轻新党员提出的关于门城地区率先实现完整的垃圾分类体系的提案，被评为2018年度优秀政协提案。

（刘克杰）

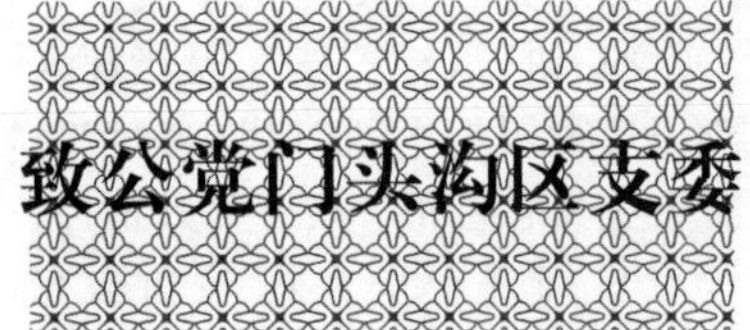

致公党门头沟区支委

【概况】 2018年，中国致公党北京市门头沟区支部委员会（简称致公党门头沟支部）成立于2009年5月，现有党员60名。支部主委1名，副主委2名。支部党员发挥自身优势，在参加政协组织的调查研究、考察中积极发挥作用，围绕门头沟区委、区政府的中心工作，建言献策，发挥民主党派的优势，履行参政议政和民主监督的职能。

单位名称：中国共产党北京市门头沟区统一战线工作部

地　　址：北京市门头沟区新桥大街36号

电　　话：69826638

邮　　编：102300

（柴华林）

【参政议政】 年内，致公党门头沟支部参加区政协《关于中关村门头沟科技园创新创业相关问题》的课题调研，形成调研报告1份；在区政协第十届第三次全体会议上做《关于中关村门头沟科技园“高精尖”产业政策实施的几点建议》大会发言；支部撰写党派提案《防控老年人购买、服用虚假、夸大疗效保健品受骗的建议》获区政协2018年度优秀提案奖。

（柴华林）

【社会服务】 年内，致公党门头沟支部在龙泉镇水闸西路社区举行志愿者站揭牌仪式，揭牌仪式后，组织公益理发活动。为落实“8+1”行动，引进优质教育资源，自2014年5月起为三家店铁路中学捐赠陶笛、书籍和教学光盘，并请来致公党党员为学生授课。1月12日，三家店铁路中学举办“支教在路上　陶声远悠扬”陶笛社团汇报展示，三家店铁路中学为致公党北京市委赠送锦旗。支部主委发起和捐助“侨爱工程·青苗计划”签约仪式在北京八中京西附属小学举行，活动包括“传统文化进校园”“园艺课程”“森林学校”3个项目。北京市侨联、中国孔子基金会、北京春藤社会工作促进中心参加签约活动。支部党员慰问门头沟福利院10余名儿童，为他们送去日用品，并打扫福利院的环境卫生、与孩子们互动做游戏，为智障儿童送去温暖。支部组织党员参观五里坨民俗陈列馆，通过参观上世纪60至80年代的生产生活用品的展示，党员们深切感受到改革开放四十年给人民生活带来的巨大变化。

（柴华林）

【精准帮扶】 年内，北京市人大常委会副主任、致公党北京市委主委到斋堂镇张家村开展低收入对口帮扶调研，实地考察张家村险村搬迁改造工程、村庄环境整治建设等情况，与门头沟区、斋堂镇、张家村等相关领导进行座谈。支部党员到斋堂镇张家村开展扶贫调研工作。通过调研，支部掌握斋堂镇张家村的第一手资料，根据调研情况起草扶贫调研报告上报市委。为市委制定精准扶贫措施提供参考。致公党北京市委组织民宿旅游专家到斋堂镇张家村，对该村利用闲置农宅开展民宿旅游项目的可行性进行考察调研。调研组与张家村领导班子成员进行座谈，了解张家村所处区位特点、农产品种类、邻近的自然和历史景观、产业发展沿革等，实地察看该村在建民居的布局和房屋结构，对该村发展民宿旅游项目可借助的资源进行分析，探索盘活村内闲置民宅资源，发展民宿旅游项目带动农民脱贫致富。年内，支部与民盟门头沟工委、区便民服务业协会共同开展南辛房村低收入帮扶活动，为村民提供中医按摩服务19人次、家电维修服务26人次、修锁配钥匙28人次、义诊服务15人次、家政服务2户。

（柴华林）

【创城工作】 年内，致公党门头沟支部召开“我为创城做贡献”主题讲座，学习《创城文件解读》，加强创城队伍建设，为创建文明城区工作做贡献。

（柴华林）

九三学社门头沟支社

【概况】 2018年，九三学社门头沟支社共有社员63人，比上年增加5人，转出3人。门头沟区政协委员7人，北京市政协委员1人，北京市人大代表1人，门头沟区青联委员3人。年内，在门头沟区政协第十届三次会议上提交10篇个人提案及2篇党派提案。在政协十届二次会议上提交

《关于推进我区历史文化资源保护和发展的建议》的党派提案获门头沟区政协第十届委员会2018年度优秀提案奖。

单位名称：九三学社门头沟支社

地　　址：中国共产党北京市门头沟区统一战线工作部

电　　话：69842327

邮　　编：102300

（安长生）

【组织建设】 1月，九三学社门头沟支社召开2017年度工作总结大会。10名社员被评选为优秀社员。春节前夕，支社组织慰问退休老社员并送去慰问品。7月，为社员和积极分子讲授摄影知识和文字报道写作等方面的内容。11月，成立"九三微跑团门头沟团"。12月，为社员讲授"文明城区创建""美丽乡村建设"讲座。

（安长生）

【社会服务】 春节前，九三学社门头沟支社人员到妙峰山镇慰问困难家庭。3月，九三学社（北京）双创基地揭牌成立中关村科技园门头沟分园。6月，九三书画院的书画家们到桃园村为"九三学社名医工作室"和"九三学社科技助农示范小院"创作书画作品。6月，联合九三学社阜外医院支社、北京市中西医结合医院内二党支部，到城子街道社区和大台卫生院开展健康讲座和义诊活动。9月，联合北京同仁医院支社专家到妙峰山镇海军91918部队与炭厂村、上苇甸村，开展军民融合健康科普讲座和义诊活动。重阳节，到龙泉镇龙泉雾村慰问看望孤寡老人，送去慰问品，并提供基本医疗服务。10月，与蒙恩社会组织到社区进行调研并撰写《我区隔代教育现状的调研课题》，针对社区未成年人及家长开展心理辅导培训，关注未成年人成长助力创城活动。11月，组织医疗专家到新老宿舍社区为居民提供中医问诊，营养咨询，外科诊疗等义诊服务。

（李跃华）

【参政议政】 年内，九三学社门头沟支社向区委统战部、区政协及九三市委报送信息12篇，向统战部报送社情民意信息4篇，其中《以"创城"为契机，着力完善家庭教育工作的建议》被门头沟区委采纳并刊登。在政治协商工作中，完成《关于我区环保工作开展情况》《关于美丽乡村建设》《关于我区隔代教育现状》等议题的调研协商工作。在纪念"五一口号"发布70周年活动中，完成"不忘初心，继续携手前进"征文活动，在京西时报专版介绍九三学社门头沟支社历年成绩，以及多年来为门头沟发展做出的贡献。同时向市政协供稿《如何认识人民政协是专门协商机构》。

（安长生）

人民团体

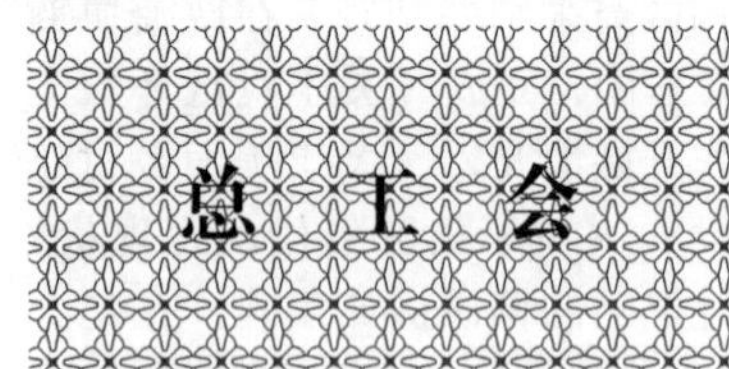

总 工 会

【概况】 2018年，全区共有直属基层工会91个，涵盖单位1884个，专职工会干部137人，兼职工会干部1911人，会员总数48611人。2018年，全区共有直属基层工会91个，涵盖单位1884个，专职工会干部137人，兼职工会干部1911人，会员总数48611人。年内，区总工会根据树立一个理念，做强两个中心，加强三个建设，抓好四个基础，落实好九项工作，“12349”的工作思路，在区委的领导下，全区各级工会组织全心全意服务职工，切实维护职工合法权益，各项工作取得较好成绩。特别是，在全市各区总工会中成立首家职工文化艺术协会，成立门头沟区首家劳模创新工作室，举办门头沟区首届便民服务业服务技术大赛，启动首届“门头沟最美工匠”选树工作，为更好地服务大局、服务职工发挥积极作用。

单位名称：北京市门头沟区总工会

地　　址：北京市门头沟区新桥大街34号

电　　话：69843871

邮　　编：102300

（王　丹）

【劳模工作】 1月25日，区总工会开展劳模摸底调查工作，全国劳模共10名，其中特殊困难1名，生活困难2名。北京市劳模共149名，其中特殊困难17名、生活困难13名，向市总工会申请特殊困难和生活困难劳模的专项补助金。年内，慰问劳模158人，慰问金50.9万元。3月15日，成立全区首家“劳模创新工作室”，在科技创新活动中更好地起到“孵化人才、孵化科技成果”的作用。3月30日、4月26日，分2次组织劳模、工会干部开展义务植树活动。7月18日，组织49名劳模分2批先后到云南腾冲、甘肃张掖疗养基地休养。9月至11月，组织全区81名劳模分批次到北京康复医院参加免费健康体检。11月21日，区首家企业北京精雕集团成立劳模创新工作室。

（王　丹）

【送文化下基层】 2月28日，区总工会金辉职工艺术团“迎新春　群众文化大联欢”到龙泉镇中门家园社区演出。8月16日，开展放映《功夫瑜伽》送电影进社区活动。9月28日，在城子办事处龙门社区开展“和谐创城迎国庆”戏曲专场演出。11月21日，区总工会职工文化艺术协会所属音乐家协会，到城子大街社区，为社区居民进行艺术辅导。

（王　丹）

【职工文化活动】 3月1日，区总工会在影剧院为全区女职工安排观看电影《红海行动》。9日，举办“职业女性　品位着装”首都女职工流动课堂，233名全区不同岗位的女职工参加。4月2日，开展“快乐相‘缝’”职业女性缝艺大赛。5月19日至20日，门头沟区第七届“职工杯”乒乓球比赛在区体育馆举行。全区各行业工会组织39支代表队，201名运动员参加。7月19日，组织职工参加市总工会第35届“五月的鲜花”合唱比赛，获三等奖。9月20日，开展“喜迎中秋　欢度国庆”系列普惠职工活动，活动分批次免费领取绿纯蜂蜜3000份、有机小苹果4000份、粮油3000份、察右后旗农畜特产2000份，以及协同辖区内企业开展免费配镜。12月26日，开展“迎元旦　庆新年”系列普惠职工活动，活动分批次免费领取电子血压计3000份、电影兑换券6000张、理发服务3000份。年内，开展会员活动29个，投入资金442万元，同比增长196.4%，受益职工21.5万人次。

（王　丹）

【九届八次委员（扩大）会召开】 3月23日，区总工会召开九届八次委员（扩大）会议。区总工会领导作题为《锐意改革共谋新发展　凝心聚力奋进新时代　团结动员广大职工为全面开创宜居宜业宜游现代化生态新区建设新局面作出新的更大贡献》的工作报告。

（王　丹）

【“五一”劳动节表彰会召开】 4月25日，召开“五一”劳动节表彰大会。区领导向获得首都劳动奖章、首都劳动奖状和北京市工人先锋号的个人和集体颁发荣誉证书和奖牌。

（王　丹）

【扶贫协作和支援合作】 6月26日，区总工会领导先后分批次到涿鹿县总工会、武川县总工会、察右后旗总工会进行协作帮扶调研工作。慰问涿鹿县、察右后旗、武川县3个地区9名困难职工，慰问金1.8万元。资助堆龙德庆区总工会20万元，主要用于困难职工脱贫脱困。9月20日，通过会员活动，帮助察右后旗集体经济组织销售土特产2000盒，出资20万元。27日，与察右后旗总工会签署脱贫攻坚战三年行动计划框架协议，帮扶资金60万元。

（王　丹）

【创城工作】 7月7日，区总工会组织机关党支部党员在新桥大街，参加“创建文明城　党员当先锋”周末卫生大扫除活动。8月2日，召开机关“创城”工作动员部署会。26日，在区河滩路口开展“文明交通我点赞”交通引导志愿服务活动。29日，开展以“法治宣传伴您行全民创城齐行动”为主题的普法宣传活动。9月28日，在城子办事处龙门社区开展“和谐创城迎国庆”戏曲专场演出活动。12月6日，以“门头沟区争创城，劳动模范当先锋”为主题，举办第一期劳模大讲堂。

（王　丹）

【低收入村帮扶】 7月26日，坤鼎投资管理集团股份有限公司与苇子水村结对共建帮扶启动会在苇子水村党员活动室举行，共捐赠3万元帮扶资金，价值4800元的防暑饮料。同月，正一味餐饮公司工会为杜家庄村捐款5万元、发放3万元的防暑饮料。在杜家庄村建立党员联系困难家庭台账，平均每名党员联系3.7户低收入家庭。在杜家庄和苇子水村成立便民服务站，定期开展免费理发、配钥匙、修家电、中医按摩等便民服务活动。12月12日至13日，开展“精准帮扶送温暖”活动，为预定成功的会员免费发放杜家庄村特产黄芪1500份。

（王　丹）

【首届便民服务业服务技能大赛】 8月21日，门头沟区首届便民服务业服务技能大赛正式启动。9月7日，养老护理项目初赛在区人保局开赛，参赛队员62人，其中30名进入决赛。10月23日至24日，餐饮服务礼仪、厨师冷拼雕刻初赛分别在龙泉宾馆和中等职业学校开赛。参赛队员79人，其中有17名取得决赛资格。27日、29日，首届便民服务业服务技能大赛3个项目决赛分别在区人保大厦和龙泉宾馆开赛。评出一等奖3人、二等奖6人、三等奖9人。11月23日，门头沟区首届便民服务业服务技能大赛闭幕式在龙泉宾馆举行，区领导出席闭幕式并讲话，区总工会领导为大赛致辞。

（王　丹）

【组织建设】 9月18日，区总工会对龙泉镇总工会下属1家百人以上新建会企业、2家非公企业进行“职工之家”建设工作验收。10月12日，分别到城子街道办事处公共区域职工之家、大峪派出所暖心驿站、百人以上新建会企业北京金城阜业房地产经纪有限公司职工之家，对基层工会职工之家建设情况进行指检查指导。截至11月，区职工服务中心共验收合格职工之家10家、职工暖心驿站284家，超额完成市总任务目标，职工之家实体化建设完成。年内，新建工会组织44家，其中百人以上企业8家，发展会员4206人。

（王　丹）

【职工文化艺术协会】 9月29日，北京市门头沟区总工会职工文化艺术协会启动仪式在利德衡大厦举行。11月21日，所属音乐家协会，为城子大街社区居民进行艺术辅导。随后，舞蹈家协会、书画家协会也分别开展走基层文化辅导培训工作。

（王　丹）

【慰问活动】 年内，区总工会两节送温暖慰问一线职工2400人次，投入资金49万元，慰问困难职工279户，投入资金133.1万元。夏季送清凉慰问一线职工1400人次，投入资金23万元。

（王　丹）

【劳动争议调解】 年内，区总工会受理劳动争议调解案件542件，同比增长111.6%。涉及职工813人次。调解成功317件，调解成功率58.5%。

（王　丹）

【调查研究】 年内，区总工会开展4次集中调研工作，分别形成《关于门头沟区职工文化活动开展情况的调研报告》等6篇调研报告，其中1篇被市总工会报刊发表。

（王 丹）

共青团门头沟区委员会

【概况】 2018年，共青团门头沟区委员会（简称团区委）以落实共青团改革、发挥青联组织优势为依托，以增强共青团政治性、先进性、群众性，提升服务能力为目标，紧扣青年成长成才，推动青年创新创业，维护青少年合法权益，提高青年志愿服务水平。注重基层组织建设，全面推进区域化团建工作，促进社区青年汇科学化发展。不断完善自身制度建设、作风建设。

单位名称：中国共产主义青年团北京市门头沟区委员会
地　　址：北京市门头沟区新桥大街36号
电　　话：69842938
邮　　编：102300

（史 岩 曹 琛）

【生活困难家庭青少年帮扶】 1月22日至23日，团区委在北京国际青年营举办门头沟区“这个冬天不太冷”生活困难家庭青少年冬令营活动。帮扶50余人次并送去米、油、面、文具等。

（史 岩 曹 琛）

【社区青年汇新年文艺汇演】 2月9日，门头沟区社区青年汇举办“春风送暖辞旧岁　情满社区贺新年”文艺汇演。

（史 岩 曹 琛）

【组织生活会暨换届选举大会】 3月23日，团区委机关党支部召开党员大会，选举产生新一届党支部委员会。召开专题组织生活会，并进行民主评议党员工作。

（史 岩 曹 琛）

【十四届全委（扩大）会】 4月12日，门头沟共青团召开十四届三次常委会议，门头沟共青团十四届常务委员会委员参加会议。审议通过团区委2017年工作总结及2018年工作要点，讨论通过共青团门头沟区委员会关于十四届委员会委员、候补委员卸职递补方案，讨论决定召开共青团门头沟区十四届六次全委（扩大）会。20日，门头沟共青团召开十四届六次全委（扩大）会议。门头沟共青团十四届委员会委员、候补委员、各直属团组织负责人参加会议。会上，团区委作工作报告，总结2017年门头沟共青团工作，部署2018年工作要点。

（史 岩 曹 琛）

【绿色银行】 4月18日，由团区委和区园林局、绿化办共同主办的2018年门头沟区“绿色银行”植树活动暨门头沟区“青年人才生态林”建设活动在永定河畔开幕。门头沟区2018年第一期处级干部进修班的学员，市、区青联委员和门头沟区青年人才100余人参加此次植树活动。

（史 岩 曹 琛）

【创新创业大赛】 5月3日，门头沟区共青团“五四”主题团日活动暨青年创新创业大赛决赛举办。区领导张力兵、付兆庚，团市委书记及门头沟区委、区政府、北京农商银行等相关领导出席比赛，全区200余名团员青年到场观赛。枭龙科技AR智能眼镜和新一代环保钛电池获冠军。

（史 岩 曹 琛）

【医路向西志愿服务活动】 5月9日，团区委组织北京中医医院、北京世纪坛医院、北京朝阳医院（西院）三家市级医院医疗志愿者30余人到军庄镇低收入村开展“医路向西”志愿服务活动，200余名村民参与义诊活动。

（史 岩 曹 琛）

【周末卫生大扫除志愿服务活动】 5月26日，团区委、文明办、团区委、社工委、综治办、民政局、大峪办事处联合在全区组织开展“美丽街巷　志愿有我”周末卫生大扫除活动，500余支志愿团队、2万余人参与活动。

（史 岩 曹 琛）

【精准助力低收入帮扶村】 5月28日至6月8日，区青联委员以界别为单位，充分运用“6＋1”工作模式（即每个界别组要完成6项帮扶任务，每一位青联委员至少参加一次区青联组织的集体项目），助力门头沟区低收入村精准帮扶工作。

（史 岩 曹 琛）

【交友联谊活动】 6月2日，团区委在龙泉宾馆小剧场举办“青春同行　遇爱寻缘”青年交友联谊活动，来自全市200余位单身男女青年到场参加。11月11日，团区委、社区青年汇、城子街道办事处在城子文化中心共同开展“缘来是你　相约青春”交友联谊活动。

（史 岩 曹 琛）

【团干部培训班】 6月8日至13日，门头沟区2018年第一期团干部培训班举办。全区直属团组织负责人、团干部以及团区委全体机关干部60余人参加培训。11月7日至9日，团区委举办门头沟区2018年第二期团干部培训班。培训班围绕党的十九大、习近平总书记“7·2”重要讲话及团十八大精神展开学习讨论，全区各直属团组织的团干部、团建督导员、青年汇社工以及对口帮扶地区团干部60余人参加培训。

（史 岩 曹 琛）

【对口支援和扶贫协作对接】 6月25日至26日，团区委、区青年联合会、区志愿服务联合会共同到内蒙古察右后旗、武川县开展“京蒙携手凝聚青春力量 脱贫攻坚共伴同心同行”京蒙对口帮扶活动，捐赠图书、文具、体育用品、办公用品等物资共计10万余元。9月28日，团区委到河北省张家口市涿鹿县开展帮扶对接工作，并与涿鹿团县委签订《门头沟团区委、涿鹿团县委对口帮扶协作框架协议》。

（史 岩 曹 琛）

【“七彩假期关爱成长”夏令营】 7月16日至8月1日，团区委开展“七彩假期关爱成长”夏令营活动，100余名青少年参加包含舞蹈、声乐、国画和戏剧等主题的夏令营活动。

（史 岩 曹 琛）

【阳光地带社区青年汇挂牌运营】 7月30日，门头沟区阳光地带社区青年汇在大峪街道绿岛家园社区揭牌运营，阳光地带社区青年汇主要以维护青少年合法权益、服务青少年健康成长、预防青少年违法犯罪为工作内容。

（史 岩 曹 琛）

【团员回社区报到】 8月25日至26日，门头沟区与北京市首批试点单位同步完成团员注册成为志愿者回社区（村）报到工作。门头沟区217个社区（村）共接待2156名团员青年回社区报到。

（史 岩 曹 琛）

【“六个一”结对帮扶调研】 8月29日至31日，门头沟团区委组织45个基层团组织分别到雁翅、斋堂、清水的低收入结对村开展帮扶工作。

（史 岩 曹 琛）

【“创城”志愿服务活动】 8月至10月，团区委组织动员全区各级志愿服务组织开展“创城”志愿服务，在全区各主要干道、交通路口以及蓝立方志愿岗亭开展环境整治、交通引导和便民咨询等志愿服务活动，4000人次参与“创城”志愿服务。

（史 岩 曹 琛）

【“九一八”纪念活动】 9月18日，团区委组织团员青年到斋堂镇马栏村开展“不忘初心红色马栏 八路军第四纵队创建80周年”主题纪念活动。

（史 岩 曹 琛）

【医务志愿行】 10月至11月，团区委开展“爱满京西 情系深山”医务志愿行活动，到雁翅镇、清水镇、斋堂镇的10个低收入村进行义诊，惠及深山区群众1000余人。

（史 岩 曹 琛）

【门头沟区青联培训班】 10月18日至19日，区青联举办为期两天的青联委员培训班。门头沟团区委领导及来自门头沟区各界别组50余名青联委员参加此次培训。

（史 岩 曹 琛）

【门头沟区第一次少先队员代表大会】 10月31日，中国少年先锋队北京市门头沟区第一次代表大会在区少年宫举行。会议选举产生中国少年先锋队北京市门头沟区第一届工作委员会。

（史 岩 曹 琛）

【门头沟青年宣讲团成立】 11月9日，门头沟青年宣讲团成立仪式在团干部培训班过程中举行，团区委领导出席仪式。青年宣讲团成员以及全区50余名团干部参加仪式。仪式上，团区委书记、副书记为门头沟青年宣讲团成员颁发聘书，5名宣讲员为与会团干部做首讲。

（史 岩 曹 琛）

【“青年大学习”集体学习】 12月7日，团区委组织全区各直属团组织开展集体学习活动，全区各直属团组织的团干部及团建督导员100余人参加。

（史 岩 曹 琛）

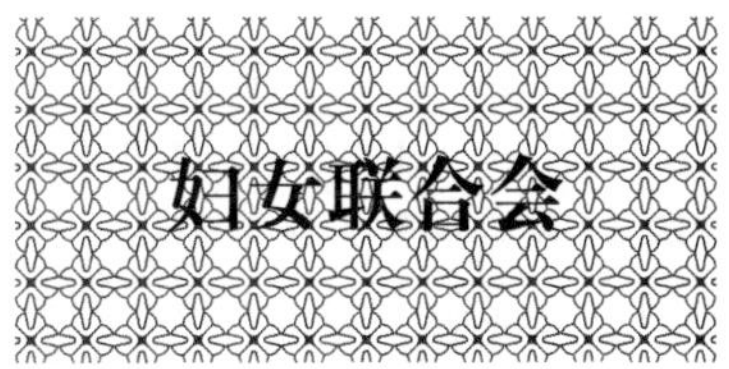

妇女联合会

【概况】 2018年，区妇联全面贯彻党的十九大精神，深入学习习近平新时代中国特色社会主义思想，围绕区域发展总原则，以强“三性”去“四化”为目标，着力推进改革、创新发展、团结凝聚、焕发活力，为创建全国文明城区、建设现代化生态新区贡献了巾帼力量。2018年区妇联按照“一二三四五”的工作格局稳步推进全年工作，即围绕一条主线，引领广大妇女坚定不移跟党走、着力两项重点，凝聚巾帼力量担当奉献谱新篇、抓住三个契机，聚焦最美她们巾帼建功展风采、开展四种活动，带动妇女儿童弘扬文化增活力、办好五件实事，促使妇女儿童幸福指数再提升。4月底，区妇女儿童活动中心龙山家园公益童书馆获“全国家庭亲子阅读体验基地”称号。5月15日，门头沟区杨少陪家庭被中国妇女联合会评为“2018年全国最美家庭”和“首都最美家庭标兵家庭”。张广林、李东梅家庭被评为“2018全国五好家庭”。夏淑强等22户家庭被评“首都最美家庭”。

单位名称：北京市门头沟区妇女联合会
地　　址：北京市门头沟区新桥大街36号
电　　话：69842568
邮　　编：102300

（刘　静　高　倩）

【“两节”慰问】　1月底，市人大常委会原副主任、北京妇女儿童发展基金会名誉理事长，市妇联党组书记、主席，市妇联党组副书记、副主席到门头沟区走访慰问“两癌”患病困难妇女家庭和老妇救会主任。区委常委、组织部长，党组书记、主席一同走访慰问。区妇联启动“营造温暖之家，共享美好生活”走访慰问活动，先后到大峪街道、龙泉镇、城子办事处、清水镇等实地入户看望机关退休干部、贫困“两癌”患者和妇救会主任。活动共走访慰问辖区内9镇、3街道13名农村贫困母亲“两癌”患者、42名妇救会主任，发放慰问金17.3万元。

（蒋　玫）

【法治宣传活动】　2月28日，区妇联联合区综治办、区公安分局、区检察院、区法院、区司法局、区民政局等相关部门，在区影剧院门前联合开展“巾帼宣传月启动仪式暨纪念《反家庭暴力法》颁布实施两周年”大型法治宣传活动。区领导，区妇联、区综治办、区公安分局、区检察院、区法院、区司法局、区民政局等相关领导出席活动现场。基层妇联主席和全区9户平安家庭代表及社区妇女群众200余人参与活动。现场发放宣传材料3000余份。8月21日、22日、24日，区妇联干部到永定镇四道桥村、上岸村、石门营村，开展巾帼维权送法到村，助力全区创城法治宣传。在群众集中密集的场所滚动广播“法治宣传伴您行　全民创城齐行动”——致市民朋友们一封信，累计发放《妇女生活法律指南》等宣传手册2000余份。参与活动的群众覆盖到坝房子村、四道桥村、卫星队村、曹各庄新一区、上岸村和石门营村6个村800余名村民和居民。11月26日，区妇联干部到大峪街道新桥社区和增产路社区百户居民家中走访，并发放《中华人民共和国宪法》读本100余册。同时，发放妇女权益保障法宣传折页、《妇女生活法律指南》读本及禁毒、反邪教等相关宣传材料500余册，促进社区居民不断提升尊崇和维护宪法意识。30日，区妇联权益部全体工作人员在区科技馆门前开展12.4“弘扬宪法精神　维护宪法权威”主题宣传活动。活动中发放婚姻法、反家庭暴力法、反邪教法宣传折页以及维权环保购物袋、禁毒挂历、手机环等宣传品4000余份。

（于　冬）

【组织参观家风主题展】　3月2日，区妇联组织“最美家庭”80余人参观“中华家风”文化主题展。

（郑美娜）

【春风送暖科技下乡服务活动】
3月5日，区妇联在雁翅镇益农缘生态农业合作社举行“科技助力门头沟　精准帮扶农家女”主题活动暨“春风送暖农家女”慰问活动。市科委农村处、市妇联、区科委、区妇联、雁翅镇等领导出席活动。全区各镇妇联、种植业、民俗旅游专业户负责人和社员代表50人参加活动。北京益农缘生态农业专业合作社理事长和北京市斋韵旅游开发有限公司经理代表农家女发言。北京市农科院信息所博士开展食用菌栽培技术专题讲座。现场市、区科委领导、区妇联领导还向门头沟区农家女代表赠送食药两用蔬菜种子和科普图书以及12396科技服务热线材料。

（蒋　玫）

【“维权先行”女性集中教育活动】　3月6日，区妇联联合区司法局所属阳光中途之家共同组织全区10名女性社区服刑人员，开展以“维权先行”为主题的女性集中教育活动。活动中，邀请专业律师从家庭关系、妇女保障、财产继承等方面进行讲法和释法，并对女性所关心的问题进行解答。向女性社区服刑人员发放妇女权益保障法、反家庭暴力法等宣传材料100余份。

（于　冬）

【参观巾帼精品民宿、优秀企业活

动】 3月7日，组织全区女领导干部、市妇女代表、人大政协女代表女委员、女企业家等各界优秀女性到房山区参观巾帼精品民宿与优秀企业，共庆节日，共谋发展。

（蒋 玫）

【女性·家庭·社会大讲堂】 3月9日，区妇联、区总工会联合举办“职业女性 品位着装”女性·家庭·社会大讲堂活动。邀请国家高级礼仪培训师导师讲解女性着装与色彩搭配的技巧和注意事项。

（郑美娜）

【关爱两癌姐妹康复项目启动仪式】 3月9日，区妇联举办“暖流行动——健康计划”关爱“两癌”姐妹康复项目启动仪式。市妇女儿童发展基金会秘书长、区妇联主席、区蒙恩关爱家庭中心主任出席活动现场。活动邀请专家围绕“慢性病的康复管理”进行讲解，各镇街妇女干部和患“两癌”姐妹60余人参加活动。

（蒋 玫）

【十届七次执委会议】 3月21日，区妇联召开十届七次执委会议，区委常委、组织部部长出席会议并讲话。会上，区妇联党组书记、主席传达北京市妇联十三届八次执委会精神，并代表区妇联常委会作题为《深入贯彻落实党的十九大精神 推动全区妇女事业踏上新征程实现新发展》工作报告。

（刘 静）

【妇女儿童统计年报培训会】 4月10日，在区统计局视频会议室，全区妇儿工委成员单位参加市妇儿工委、市统计局组织的妇女儿童统计年报培训会。会上，市妇儿工委办公室常务副主任、市妇联副巡视员，市统计局副局长对做好统计工作提出要求。工作人员就2017年社会发展基本情况和妇女儿童统计年报进行培训，并部署2018年社会及妇女儿童统计工作。

（白 平）

【手工编织毛衣活动】 4月14日，区妇联开展“恒爱行动——百万家庭亲情一线牵”手工编织爱心毛衣活动结束。来自大峪街道、城子街道、永定镇、龙泉镇的40名爱心妈妈为新疆儿童编织毛衣，奉献爱心暖情。

（郑美娜）

【妇女儿童工作会】 4月27日，区妇儿工委办公室组织召开2018年度妇女儿童工作会暨“十三五”妇女儿童发展规划中期评估工作部署会，区妇儿工委成员单位50余人参加会议。市妇儿工委办公室常务副主任、市妇联副巡视员、区领导付兆庚出席会议。区妇儿工委主任、副区长主持会议并提出要求。

（白 平）

【双学双比基地等项目评估】 4月底，由市妇联发展部部长带队，市农委、市科委等相关单位组成的专家组对门头沟区申报双学双比基地、休闲观光园项目基地及2017年低收入妇女技能项目基地进行现场评估。专家组对门头沟区“双学双比”基地、休闲观光项目基地及2017年低收入妇女技能项目基地的发展给予肯定，并从项目绩效评价的角度对如何规范实施项目、留存资料、社会效益等项目验收方面提出具体要求。

（蒋 玫）

【农村妇女创新创业项目签字仪式】 4月，区妇联召开2018年度农村妇女创新创业项目工作会。6个镇妇联干部以及2018年拟扶持的双学双比示范基地、休闲观光示范园、乡村旅游示范户参加会议。区妇联主席分别与项目负责人签订《2018年北京农村妇女创新创业项目资金使用协议》，并就下一步如何做好项目工作提出要求。

（蒋 玫）

【龙山家园公益童书馆揭牌】 5月12日，区妇联在龙山家园公益童书馆举办“全国亲子阅读体验基地”揭牌仪式，并在现场为北京妇儿中心公益童书馆——龙山家园馆招募的10组“公益家庭”颁发荣誉证书，“公益家庭”代表向所有家庭发出“亲子阅读在行动，书香满家筑幸福”——亲子阅读“四个一”行动倡议书。

（李丽君）

【专家讲家风活动】 5月16日，区妇联联合相关部门在全区副处级领导干部中开展“清风满家·门头沟区家庭助廉系列活动——专家讲家风”活动，邀请全国家庭教育专家围绕社会主义核心价值观讲述党员干部特别是领导干部如何坚定信念树家风、培养情怀育家风、掌握本领传家风。

（郑美娜）

【“手拉手 一起走”家庭亲子活动】 5月27日，区妇联与京西杂谈志愿者团队联合举办“手拉手 一起走”——亲近自然，共享亲子最美时光活动。来自清水学校15户家庭同15户最美家庭参加活动。活动分为家庭户外拓展、摄影知识讲解、家庭多肉微景观培训3个内容。

（郑美娜）

【“以案释法”讲座活动】 5月31日、6月7日、7月27日、8月10日，区妇联邀请市级女律师，分别在龙泉镇龙泉雾村、新桥路中学、潭柘寺镇人民政府、便民服务业协会组织“以案释法”讲座。全区累计340名妇女姐妹及在校学生参加活动。活动现场发放巾帼维权宣传折页和宣传品300余份，收回有效调查问卷215份，满意率达到95%以上。

（于　冬）

【“全国巾帼文明岗”专项检查】 6月10日，市“巾帼建功”活动协调小组一行7人到区婚姻登记中心开展“全国巾帼文明岗”专项检查工作。北京市“全国文明岗”检查组组长、市妇联发展部部长对创建工作给予肯定。

（蒋　玫）

【巾帼民俗旅游专业技能培训班】 6月20日至22日，举办第一期民俗旅游专业技能培训班。各镇妇联干部，区巾帼休闲观光示范园、巾帼乡村旅游示范户负责人，“双学双比”妇字号基地负责人以及民俗旅游户的女性负责人及低收入妇女等70余人参加培训。7月3日至5日，举办为期三天的门头沟巾帼民俗旅游专业技能培训。培训由门头沟区2018年巾帼休闲观光示范园负责人、巾帼乡村旅游示范户负责人、获市级及以上“双学双比”妇字号基地负责人、从事民俗旅游户的女性负责人、各镇妇联干部及有培训意愿的低收入妇女等80余人参加。经对学员满意度进行测评，各项指标满意度达到100%。

（蒋　玫）

【“七一”主题党日活动】 6月28日，区委组织部、区妇联举办“巾帼心向党　建功新时代——最美的她们”风采展示暨“传承红色基因　牢记初心使命”主题党日活动。区领导张力兵致辞，并代表区委、区人大、区政府、区政协向获“最美的她们”称号的单位和集体表示祝贺，对全区工作在各个领域、各条战线的优秀女性表示慰问。市妇联党组书记、主席，区领导张力兵、付兆庚、陈国才等出席并为获奖者颁奖。

（李丽君）

【参观马克思诞辰200周年主题展】 6月29日，区妇联组织各界妇女代表和机关全体党员干部到国家博物馆参观“真理的力量——纪念马克思诞辰200周年主题展览”，80余人参加活动。

（白　平）

【妇女儿童发展规划中期评估督导工作会】 7月24日，门头沟区召开“十三五”时期妇女儿童发展规划中期评估督导工作会。市妇女儿童工作委员会办公室常务副主任、市“十三五”妇女儿童规划中期评估督导组组长，副区长、区妇儿工委主任出席会议。区妇儿工委34个成员单位的主管领导参加会议。督导组听取门头沟区“十三五”时期妇女儿童发展规划中期实施情况的汇报并查阅相关档案，实地考察实验二小永定分校附属幼儿园、区法院诉讼服务中心和少年家事审判庭。

（白　平）

【对口支援帮扶工作】 7月至8月，区妇联与河北省涿鹿县、内蒙古察右后旗、武川县妇联开展两省三地对口支援帮扶工作。通过对口帮扶，与三地妇联组织对接，初步达成手工制作、成立巧娘工作室，开展异地巾帼擂台赛，建立巾帼合作社基地实施农产品进京销售等意向。

（蒋　玫）

【家长学校建设】 8月3日，区妇联组织召开教委、社工委三家的社区家长学校建设协调会。6日，召开各镇街副书记和妇联主席的参加的社区家长学校工作部署会，就社区家长学校如何开展工作进行部署，制作社区家长学校铜牌和社区家长学校制度展板，下拨专项讲课费，保障社区家长学校工作开展。建立由区妇联、区教委、区社工委、镇街干部组成的社区家长学校负责人微信群方便工作开展。10日，全区95所社区家长学校全部挂牌，其中大峪街道向阳东里等10个社区为社区家长学校示范校。8月至9月，全区社区家长学校开展讲座190场，包括法律知识、暑期安全教育、心理健康、营养膳食、助力创城社区实践活动、家庭教育等方面，参与家长达万余人次。

（郑美娜）

【巾帼志愿者家庭宣传日活动】 8月18日，区妇联组织开展巾帼志愿者家庭宣传日活动，分别在大峪、城子、东辛房、龙泉镇、永定镇设置宣传点，发放“致最美家庭的一封信”1000份，并同时发放家风家训格言扑克1000副。

（郑美娜）

【新任基层妇联组织成员培训班】 8月28日，区妇联举办新任基层妇联组织成员初任培训班。全区各镇、街道妇联专兼职副主席、新任妇联执委180人参加培训。区妇联副主席结合基层妇联工作实际，从妇联历史沿革、《章程》解读、妇联主要工作内容等进行讲解，使新任基层妇联组织成员了解妇联组织的工作职能及妇联工作内容。

（白　平）

【市区妇女代表日活动】　9月29日，区妇联组织市区妇女代表日活动并召开改革开放40周年座谈会，市妇联副主席参加活动。活动中，代表们参观雁翅镇碣石村的槐井石舍民宿和清水镇台上村北京九仙草农业科技园，考察九仙草农业和槐井石舍的发展及前景。座谈会上，代表们围绕自身工作和发展畅谈改革开放40周年带来的翻天覆地的发展和变化。

（蒋　玫）

【参加对口支援帮扶大集活动】　10月16日，区妇联组织前期参加对口支援帮扶的区“女能人”参加区扶贫协作和对口支援帮扶大集活动。当天区妇联4个展位销售产品6500余元。

（蒋　玫）

【三级妇联干部培训班】　10月22日至24日，区妇联举办三级妇联干部培训班。来自区妇联机关、各镇街的妇联主席、副主席及其主管领导、各委办局妇委会主任及其主管领导、工会女工委员会主任、各村居妇联主席共160余人参加培训。

（白　平）

【捐冬衣、献爱心活动】　10月25日，区妇联发倡议，各镇、街妇联组织发动全区妇女姐妹为对口支援西藏自治区拉萨市堆龙德庆区、内蒙古乌兰察布市察哈尔右翼后旗、内蒙古呼和浩特市武川县贫困家庭捐冬衣，献爱心，送温暖。截至10月31日，各镇、街妇联组织收集900件冬衣，送往西藏和内蒙对口支援地。

（蒋　玫）

【巾帼致富带头人素质提升班】　11月13日至14日，区妇联举办巾帼致富带头人培训班。会上，中国妇女十二大代表、区妇联党组书记、主席传达中国妇女第十二次全国代表大会会议精神。9个镇的妇联领导和54个“妇字号”基地负责人70余人报名参加。

（蒋　玫）

【全区村（社区）妇联换届工作部署培训会】　11月21日，区妇联召开全区村（社区）妇联换届工作部署培训会。区妇联副主席对《关于在全市村（社区）换届选举中推进女性进“两委”和做好妇联换届工作的意见》的文件精神进行传达，就村（社区）“两委”妇联换届工作的具体政策、时间节点、工作流程和关键环节进行讲解。区妇联党组书记、主席出席会议并讲话。全区各镇、街道妇联干部30余人参加会议。

（白　平）

【女干部学习中国妇女十二大精神】　11月21日，区妇联召开专题会议向全区副处级以上女干部学习传达中国妇女第十二次全国代表大会精神。区委常委、组织部长从学习宣传贯彻十二大精神、实现妇女工作创新发展、扎实做好家庭工作、深入推进妇联改革、加强女干部自身建设5个方面，对各位女干部和广大妇女工作者提出要求。

（白　平）

【巧娘素质提升培训班】　12月20日至21日，区妇联举办巧娘素质提升培训班。培训班分别邀请民间手工艺高级技师，北京工美艺术研究院设计部主任和国家一级美术师授课。全区6个巧娘工作室50余名巧娘姐妹们参加培训班。

（蒋　玫）

科学技术协会

【概况】　2018年，北京市门头沟区科学技术协会（简称区科协）以深入实施《北京市全民科学素质行动计划纲要》为核心，结合门头沟区“十三五”规划，以普及科学知识为切入点，完成全年各项工作任务。年内，组织开展“科普之春”“科技周”“全国科技工作者日”“科普之夏”“科普日”“青少年科技创新大赛”等科普品牌活动；完成《关于加强我区全民科学素质工作的思考》调研报告1篇；针对不同人群需求，开展科普“进社区、进军营、进学校、进场馆、进企业”等活动，加大科技知识在全社会的宣传覆盖面，提高公众参与率，有效提升全区公众科学素质；对全区农村和社区106处科普画廊更换包括创建全国文明城区等宣传内容2次，并对8处科普画廊进行全面更新维修。根据创建文明区精神，区科协在科普画廊增加创建全国文明城区等内容。

单位名称：北京市门头沟区科学技术协会
地　　址：北京市门头沟区新桥大街40号
电　　话：69843535
邮　　编：102300

（李春先）

【参加第18届北京青少年机器人竞赛】 1月，区科协组织区内4所学校11名中小学生及教练员参加第18届北京青少年机器人竞赛。分别获小学组、初中组、高中组三等奖3项，小学组二等奖1项，大峪中学老师付丽敏被评第十七届北京青少年机器人竞赛“优秀教练员”。

（王　榕）

【农村科普之春活动】 2月，区科协在区内9个镇组织开展农村科技需求调查工作，根据农村需求有针对性地开展实用技术培训。全年开展农村科技培训8次，发放书籍400余册，受益农民200人次。

（王　榕）

【参加第38届北京青少年科技创新大赛】 3月，区科协组织门头沟区代表队参加北京市第38届青少年科技创新大赛。北京市赛中获66个奖项，其中科技创新成果二等奖5项、三等奖8项；科技实践活动二等奖1项；少年儿童科学幻想绘画一等奖5项、二等奖9项、三等奖20项；优秀科技辅导员科技创新项目一等奖1项、二等奖2项、三等奖4项，科技创意项目二等奖3项、三等奖2项，创客国际交流展示三等奖2项，青少年机器人竞赛二等奖1项，三等奖3项。科技辅导员科技教育创新成果竞赛一等奖1项。1项科技辅导员科技创新项目和1项创意作品报送参加第33届全国青少年科技创新大赛。

（王　榕）

【科普宣传员岗前培训】 4月13日，区科协工作人员到妙峰山镇政府对全镇所有科普宣传员开展岗位培训。会上再次明确科普宣传员的工作职责、工作任务、工作目标和工作要求，并结合2017年度宣传员工作的打分排名，指出工作中的不足，对工作中容易出现的问题作详细解答。

（李　程）

【2018年度科普宣传员工作会】 4月27日，区科协组织召开2018年科普宣传员工作会，全区各镇街科协秘书长、部分科普宣传员以及区科协工作人员180人参加会议。会上区科协领导对2017年科普宣传员工作进行总结，对2018年度工作进行部署，并对工作表现突出的78名优秀科普宣传员进行表彰。

（李　程）

【科技工作者培训会】 4月27日，区科协举办科技工作者培训会。邀请区委办公室信息科工作人员进行授课，培训以“信息工作实务”为题，从信息的概念、如何写信息、提升信息质量等方面进行讲解。全区13个镇街180名科普宣传员、镇街科协秘书长及工作人员参加培训。

（李　程）

【科技周活动】 5月10日，区科协向区全民科学素质工作领导小组成员单位、镇（街）科协、学协会转发《北京市科委、市委宣传部、市科协关于举办2018年科技周活动的通知》，要求各单位围绕“科技创新　强国富民”的主题，开展形式多样的科普活动。25日，区科协带领40余名科技工作者，参观“2018年北京科技周”主会场。科技周期间，区科协组织基层开展科普活动200余项。

（李　程）

【科技人员登山比赛活动】 5月11日，区科协组织全民科学素质领导小组成员单位、所属学（协）会、镇（街）科协的科技人员代表27支队伍，在妙峰山镇涧沟村玫瑰园举办“门头沟区第十四届科技人员登山比赛”。教育学会等3支代表队获一等奖；大台街道等3支代表队获二等奖。

（李　程）

【基层科普行动计划实施工作】 5月24日，区科协召开2018年度北京市基层科普行动计划项目申报工作部署会，安排部署关于开展2018年度北京市基层科普行动计划项目申报工作。申报单位深入实施地址，了解情况，及时对接，填写项目申报书、制定实施方案等材料，区科协对申报材料加强指导，严格审核把关，并对申报项目进行网上公示。经区科协初审，申报社区科普益民工程项目4个、首都公民科学素质提升工程项目1个。由市科协组织专家评审组对项目进行评审。经初评、现场答辩、终评等环节，最终区内申报的“YI’起来科普，创造和谐人文社区”—门头沟惠民科技创新工程和“科普促进发展，智慧健康惠民生”2个项目获资助。

（李　程）

【全国科技工作者日座谈会】 5月30日，区科协召开“全国科技工作者日”座谈会，部分全民科学素质领导小组成员单位主管领导、镇街科协主管领导及秘书长35人参加座谈会。参会科技工作者围绕“如何能够更加有效地提升我区广大公众的科学文化素质，如何加强科普宣传员队伍的管理”等内容建言献策，收集整理科技工作者意见和建议40余条。

（李　程）

【整合资源出版农业技术指导丛书】 6月，区科协编写《门头沟区果树栽培管理指南》，该书针对性强、图文并茂、通俗易懂，为果农提供标准的全年果树栽培管理操作指南。

（王　榕）

【参观天津科技馆活动】 7月18日，区科协组织全区镇街科技工作人员及优秀青年工程师代表参观天津市科学技术馆等科普基地。展区280余件（套）展品运用各种不同展示技术，将科学原理与综合应用相结合，科学技术与人文、文艺相结合，向观众们展示人与自然和谐统一。

（李　程）

【科普之夏暨文明城区创建活动】 7月31日，区科协在滨河公园开展“2018年科普之夏暨文明城区创建活动”。活动通过宣传展台向市民发放文明城区创建活动倡议书，张贴宣传海报，引导市民扫描进入科普微信平台解科普信息，利用户外科普显示屏滚动播放科普和文明创城宣传知识等方式，向过往市民开展活动宣传，让市民更直观的解和感受科普及创城的相关活动。活动现场还开展扇子手工绘画，营造出人人参与科普的良好氛围。

（李　程）

【学生科技节】 9月，区科协与区教委等单位共同举办第38届“学生科技节”。期间开展形式多样、内容丰富的青少年科技活动，在青少年当中营造科技创新氛围。

（王　榕）

【文明城区创建暨“全国科普日”活动】 9月12日，区科协开展以“创新引领时代，智慧点亮生活”为主题的“文明城区创建　我参与　我奉献　我快乐　暨门头沟区全国科普日宣传活动”。活动现场设立“文明城区创建知识及科普知识竞答区”“科普互动展品体验区”“义诊咨询服务区”“宣传资料发放区”“微信平台扫描区”5个区域。区质量技术监督局、教育协会、医学会、气象局、驻区部队、大峪街道等12个单位参加高涨日活动。

（李　程）

【青少年科普夏令营活动】 10月，组织门头沟区八中附小40名师生参与由北京青少年科技中心和北京市动物园举办的“青少年科普夏令营——探秘北京动物园”活动。

（王　榕）

【实施青少年科技后备人才早期培养计划】 11月，区科协选拔区大峪中学8名优秀高中学生参加北京市后备人才培养计划，进入重点实验室。

（王　榕）

【门头沟区第39届科技创新大赛评审】 12月，区科协开展门头沟区第39届青少年科技创新大赛评审工作。共征集到区内30余所中小学校学生和老师作品332项。经过专家评审，141个项目获奖，其中科技创新成果一等奖13项、科技创新成果二等奖11项、三等奖8项；少年儿童科学幻想绘画一等奖20项、二等奖22项、三等奖61项；优秀科技辅导员科技创新项目一等奖3项、二等奖3项；

（王　榕）

【科普微信平台管理】 年内，区科协对科普微信公众号新增“区级活动”“基层活动”2个模块进行升级。平台还广泛宣传节能环保、网络技术、家庭必备、健康饮食、居民安全、就业致富、健康医疗等科学知识。全年发送科普信息300余条。

（李　程）

【科普惠农兴村计划实施】 年内，开展2018年科普惠农兴村计划实施，在军庄镇西杨坨村开展立体种植技术提升项目，该项目共设计“立体种植技术提升”“绿色创意种植竞赛”“建设西杨坨微信公众号”三大部分内容并提供22篇相关论文和5段微视频。开展“立体种植培训”活动，包括科普讲座4场，参观中国农业科学院2次，西杨坨立体种植体验馆2次，绿色创意种植竞赛1场，立体种植培训活动受益人数1100人次。西杨坨微信公众号受益人数2000余人次。共3100人次。

（王　榕）

【建设北京市科普示范e站】 年内，区科协积极打造符合“五有”条件的大峪街道承泽苑社区科普示范e站建设。通过一年建设，使承泽苑社区科普e站具备在门头沟区域独立组织开展科普活动、科普服务和科普培训的能力，推动信息技术与科学传播深度融合，推进基层科普阵地建设。

（李　程）

【大学生暑期实践】 年内，区科协组织首都师范大学在校学生开展暑期实践活动。大学生们走上区科技馆“学习雷锋志愿服务岗”开展志愿服务，引导市民参观科技馆展厅，发放科普及创城宣传手册。

（安飞屹）

【科普夏令营】 年内，区科技馆组织临镜苑社区的居民开展科普夏令营活动，组织50余人参观北京汽车博物馆。

（安飞屹）

【科学技术大宣传活动】 年内，科技馆结合实际，分别在在实验二小永定分校、向阳东里社区、向阳社区、临镜苑社区、大峪一小开展“科学技术大宣传”系列活动，通过在学校和社区等地进行科学宣传活动，向人民群众传递科学知识。

（安飞屹）

【都市型现代农业示范基站】 年内，继续在瓜草地生态观光园建设好都市型现代农业示范基站工作，建设好专家工作站与科技社团对接，全年聘请农业专家进行技术指导6次，共有265人参加，引进新品种5个。

（王　榕）

【组织科普惠农兴村计划的实施】 年内，开展2018年科普惠农兴村计划的实施，在军庄镇西杨坨村开展立体种植技术提升项目，该项目共设计“立体种植技术提升”“绿色创意种植竞赛”“建设西杨坨微信公众号”三大部分的内容并提供22篇相关论文和5段微视频。开展“立体种植培训”活动，包括科普讲座4场，参观中国农业科学院2次，西杨坨立体种植体验馆2次，绿色创意种植竞赛1场，立体种植培训活动的总受益人数1100人次。西杨坨微信公众号受益人数2000余人次。共3100人次。

（王　榕）

【科普报告进社区】 年内，区科协联合门头沟区京煤集团总医院、中医院、区医院、龙泉医院、爱眼协会等专家组成的讲师团，走进区大峪街道、城子街道、东辛房街道、永定镇、龙泉镇、军庄镇6个镇街开展“科普讲座进社区”活动，专家们以通俗易懂的语言及易于接受的方式，为社区居民分别作《小学生口腔保健常识》《修身养性》《心里压力缓解》《近视防控趣味科普》《养生穴位按摩方法》等78场专题讲座。此次巡讲活动参与居民6000余人，解答居民问题300余条。

（李　程）

【科普互动进农村】 年内，区科协聘请科技公司，到深山区农村，为农民开展20场微生物“黑科技”互动体验讲座，活动现场通过显微镜观察体验、健康测试仪指标检测、发放宣传资料和宣传品等多种形式，使科普知识走进深山区镇村。宣传活动涉及人体健康、农村用水安全、节约能源、环境保护、食品安全等各类科普知识。

（李　程）

【创建全国文明城区科普伴你行活动】 年内，区科协围绕“创建全国文明城区，提高广大公众素质”为目标，在开展的科普活动中，把创建文明城区的内容纳入进来，做到科普工作与创建工作相互融合；全区350名科普宣传员入户宣传科普知识。区科协对各镇街内的科普设施现状进行逐一排查，并对排查结果进行汇总，制成台账，针对问题情况及时联系科技公司进行统一维修，确保宣传平台的持续完好；加大对室外科普小屋、科普视窗、科普长廊和科普橱窗的清洁工作力度，保持科普设施的干净整洁。

（李　程）

【科普宣传员规范管理】 年内，区科协重新修定《科普宣传员考核办法》《关于做好科普宣传员工作的通知》，进一步明确科普宣传员的条件、工作职责、工作任务和工作目标，逐步完善科普宣传员工作机制；重新印制全科素调查问卷，改版印制科普知识进万家系列丛书，科普宣传员全年共入户发放问卷4万余份、系列丛书5万余册；健全科普宣传员考核领导小组，加大科普宣传员工作的考核力度，通过查验材料、电话回访和实地入户走访的方式检验科普宣传员工作的完成情况。

（李　程）

工　商　联

【概况】 2018年，门头沟区工商业联合会（简称区工商联）认真履行各项职能，完成全年工作任务。通过多种途径，促进企业转型升级；发挥政治引领作用，为区域经济发展建言献策；加强与区电视台、《京西时报》的合作，宣传区民营企业的成绩；组织主席会，常委会、执委会及各种活动20余次；引导广大非公经济人士勇于承担社会责任，参与“送温暖、献爱心”、产业扶贫和社会慈善事业，据不完全统计，截至12月底会员企业累计捐款、捐物100余万元；不断壮大会员及执、常委队伍，发展新会员13家，会员总数643家，执委总数82人。年内，刊登在《中华工商时报》、新浪网、中国网等刊登区非公有制经济发展的先进典型报道5篇。利用工商联app手机客户端、向上级机关报送企业动态及成就30余条，刊发35条。

单位名称：北京市门头沟区工商业联合会
地　　址：北京市门头沟区新桥大街36号
电　　话：69842495　69852380
邮　　编：102300

（安　鑫）

【商会工作】　5月3日，区工商联、团区委、中关村门头沟科技园共同主办，区工商联青年创业发展协会承办的青年创新创业大赛决赛举办。区领导张力兵、陈国才、张冰，团市委书记及门头沟区委、区政府、北京农商银行等相关领导出席比赛。6月6日，门头沟区2018年全国爱眼日活动暨全区小学生爱眼护眼知识竞赛在区少年宫举行。2018年是第23个全国爱眼日，主题为“科学矫正近视　关注孩子眼健康”。区政协主席张冰，区总工会、教委、科协及工商联等相关部门领导及专家参加。13日，世界中联首届非物质文化遗产高峰论坛在北京开幕，来自中国、意大利、蒙古和加蓬等国家和地区200余名专家学者参加论坛，中国外交部原部长、中国人民外交学会名誉会长出席并讲话。京西中医药健康产业发展商会承办活动。互联网商会承办“北京永定河文化带协同发展促进会暨永定河文化带发展论坛”召开。社会各界人士300余人参加，区领导、北京文联领导、浙江丽水商会常务副会长到会致辞。

（安　鑫）

【光彩事业】　年内，会员企业参与“博爱在京城”和慈善协会活动，慰问区儿童福利院、敬老院、“八一”慰问官兵、捐资助学、“两节”送温暖，向对口帮扶单位捐助产业发展资金、开展慰问困难群众等公益活动。

（安　鑫）

【村企帮扶】　年内，区工商联开展促进低收入村、低收入户精准帮扶工作。民营企业在全区低收入村中开展的智力帮扶、技术帮扶、资金帮扶、就业帮扶，收到良好效果。京西中医药健康产业发展商会在斋堂镇11个村和潭柘寺镇2村撂荒的800余亩土地上，以提供市场信息、包技术服务、保底价收购的方式，扶持村种植中草药，并获得较好收益，为精准帮扶提供好做法好经验。对接低收入村的会员企业有22家。

（安　鑫）

【对口帮扶支援协作】　年内，区工商联组织商协会、会员企业，邀请中国关心下一代健康体育基金会，参加门头沟区扶贫协作和对口支援帮扶大集；与内蒙古武川县、察右后旗和河北省涿鹿县对接；由青创会、爱眼协会等基层组织牵头，组织民营企业家和爱心人士到涿鹿县黑山寺小学捐赠文体用品、为教职工体检；北京益农缘以建立合作社的形式对接武川县、察右后旗、涿鹿县等地，扩展三地农副产品的销售渠道；双龙智博为察右后旗捐赠87台电脑，满足察右后旗所有村的信息交流需求。年内，会员企业有10余家企业以不同的方式参与扶贫协作助力精准扶贫工作中。

（安　鑫）

【民营企业百强调研】　年内，区工商联开展对北京民营企业百强调研与发布工作，历时3个多月，完成区内49家总收入1亿元以上的民营企业的调研。在市工商联召开的“2018北京市民营企业百强发布会”上，门头沟区有6家企业入围。

（安　鑫）

法　治

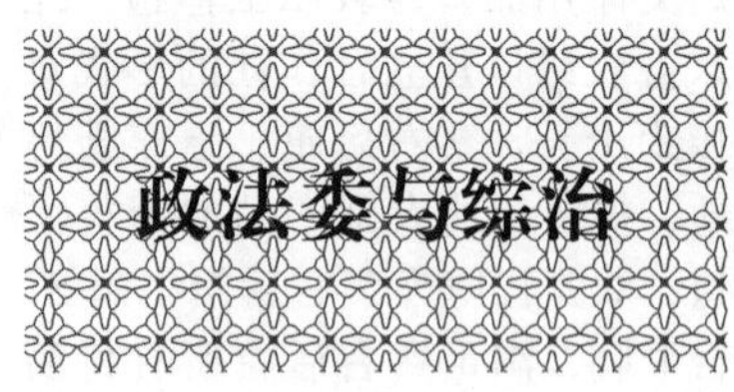

政法委与综治

政法委工作

【概况】　2018年，区委政法委深化社会稳定风险评估，累计出具《社会稳定风险评估报告》备案意见28个，梳理更新第三方评估机构9家、评估专家28名。保持建筑领域稳定态势，累计处置讨薪案事件47起，为342名农民工追回薪资403万元，未出现越级访事件。坚持社会矛盾常态化解，落实“谁主管，谁负责”及“属地管理，分级负责”原则、“三到位一处理”要求和涉法涉诉信访改革，研究谋划《门头沟区涉法涉诉信访终结案件移交工作暂行规定》，举办涉法涉诉信访改革专题培训活动。保持整体联动，组织召开维稳定期会商和房屋征收安置、农民工工资支付、城市运行保障等重点领域专题会商50次，统筹解决重点矛盾纠纷160件，督办重点问题51件。固化战时模式，完成全国“两会”“中非论坛”北京峰会等维稳安保任务。畅通应急指挥，有效稳控棚改2万户、原北岭东山五村、军温路改造、三家店东街8号院等群体性纠纷，未发生重大涉稳案事件。年内，落实创城专项小组任务，成立争创“全国文明城区”法治和环境安全建设工作领导组及办公室，研究制定《门头沟区创建全国文明城区法治和环境安全建设专项工作组实施方案（2018年—2023年）》，梳理确定测评体系标准5项、材料申报23项、考察内容10项、负面清单10项、群众调查3项，按期上报完成建设社会主义法治文化、维护公民合法权益、公民权益保护、公共安全保障、食品药品安全监管、饮用水安全、突发公共事件应急处理、安全生产、治安管理等9个领域23项材料申报，按期整改完毕单位社区四防设施、城市避难场所应急功能等模拟测评实地考察问题44项，专题研究制定提升法治宣传教育、公共安全体系建设和社会治安群众满意度具体措施，组织实施法治宣传教育群众知晓率攻坚行动和“打整控”联合执法整治行动，实现在第二轮模拟测评中群众满意度大幅提升。健全社会治安防控体系，基本完成市级挂账城乡结合部重点地区、社会治安重点地区和首都综治办挂牌督办重点地区整治任务，累计拆除永定镇万佛堂村、侯庄子村出租大院27处、5675平方米冯西园地区涉黄赌发案量、城子职高公交站周边地区城管举报量同比分别下降88.5%和100%，潭柘寺镇刑事案件量、治安案件量和城管热线举报量同比下降20%以上。坚持专群结合方针，重点时期启动社会面等级防控机制，“环京护城河”“7+7+X”区域警务合作与群防群治力量联勤联动，部署防控点位1125个，发动群防群治力量74.5万人次，累计排查处置隐患691起。加快科技创安步伐，组织开展2020年“雪亮工程”国家重点支持区申报评审，推进全区公共安全视频监控重点项目建设和视频资源联网整合，累计新建高清探头541路、车辆微卡口140路、人脸卡口27路，学校等重点部位、电力等重点单位视频监控覆盖率分别达到100%和90%以上，利用视频监控协助破获各类案件178件、抓获违法犯罪嫌疑人275名。推进群防群治创新，实地踏勘确定门城主要大街防控点位39处，分别投入170万元和370万元，为1.5万余名治安志愿者配备执勤服装、发放慰问品，组织600名骨干治安志愿者举办综合培训活动，表彰奖励优秀治安志愿者500名。加强流动人口服务管理，制定《门头沟区 2018—2020 年违法群租房专项整治工作方案》，组织开展侯庄子地区等群租房专项整治行动，累计整治违法群租房 136 处，组织开展清理整治行动 44 次，清查出租房屋 4.3 万间，抓获网上在逃人员 9 名、违法犯罪人员 56 名。年内，推动思想政治工作创新，相继举办政法系统党员领导干部政治轮训班、政法系统处级领导干部贯彻学习习近平新时代中国特色社会主义思想专题读书、政法干部党性修养专题培训班、政法年轻干部党性修养培训班等教育活动，打牢政法干警高举旗帜、听党指挥、忠诚使命的思想根基。全面加强基层党建，研究制定《区委政法委领导班子成员指导督促政法系统各单位党委、党组抓党建工作实施办法》和《区委政法委领导班子成员抓党建工作责任书》，《传承红色基因，争做政法尖兵——政法委机关党员党性修养提升工程》被评为区级基层党建创新项目，以《学习交流促提升，凝心聚力保稳定——区委政法委机关党支部主题党日活动》申报全区优秀党支部主题党日评选活动典型案例，按照“B + T + X”体系加强党支部规范化建设。营造风清气正良好生态，严格执行《领导干部干预司法活动、插手具体案件处理的记录、通报和责任追究规定》和《司法机关内部人员过问案件的记录和责任追究规定》，组织政法各单位参加第二届“诗诵京西廉铸忠诚”门头沟区反腐倡廉诗歌创作朗诵比赛比赛，区委政法委获优秀组织奖，2 部作品获全区一等奖，4 部作品获全区二等奖。

单位名称：中国共产党北京市门头沟区委政法委员会
地　　址：北京市门头沟区新桥大街 46 号
电　　话：69866310
邮　　编：102300

（刘　峥）

【**警示宣传教育**】　1 月至 11 月，区委政法委开展反邪教宣传教育“六进”活动，累计完成反邪教宣讲 150 场，发放反邪教宣传品、宣传材料等 2.1 万余份，受教育群众约 5 万人次。8 月至 11 月，结合“创城”、法制宣传等主题内容，编创反邪教“三句半”，诗歌朗诵等文艺展演节目，开展反邪教宣传文艺展演 12 场，受教育群众 4800 余人次。

（李立国）

【**干部教育培训**】　4 月 15 日至 21 日，在中共湘潭市委党校（韶山干部学院）举办门头沟区政法系统党性修养专题培训班，46 名政法干部参加培训。9 月 25 日至 28 日，在门头沟区举办 2018 年门头沟区政法系统年轻干部党性修养专题培训班，50 名政法年轻干部参加培训。10 月 22 日至 23 日、25 日至 26 日，在门头沟区举办 2 期门头沟区政法系统党员领导干部政治轮训班，136 名政法干部参加培训。12 月 5 日至 7 日，在门头沟区举办全区政法领导干部学习贯彻习近平新时代中国特色社会主义思想专题研讨班，100 名政法干部参加培训。

（殷顺凤）

【**重点时期、重大活动安保工作**】　9 月 2 日至 4 日，中非合作论坛北京峰会暨第七届部长级会议在北京举行。区维稳办协调全区维稳成员单位共同做好全国“两会”期间安保工作，实现“五个坚决防止”和“大事不出、小事也不出”的工作目标，确保首都和地区社会平稳。

（马　力）

【**先进典型报告会**】　11 月 27 日，在门头沟区人民法院大法庭组织召开全区政法系统先进典型报告会，“先进个人”“先进集体”和“先进经验”报告人共 10 人作报告，全区政法各单位主管领导、中层领导干部、基层党组织书记代表等 180 人参加报告会。

（殷顺凤）

社会治安综合治理工作

【**概况**】　2018 年，门头沟区社会治安综合治理委员会办公室（简称区综治办）深入推进更高水平的平安门头沟建设，在加强立体化信息化治安防控体系建设、社会矛盾排查化解、公共安全领域综合治理、群众安全感整体提升和综治基层基础工作上破难题、补短板、谋长远，不断完善和发展精治、共治、法治的城市治理体系，切实增强人民群众获得感、幸福感、安全感，着力提高社会治理社会化、法治化、智能化、专业化水平，为全面推进宜居宜业宜游的现代化生态新区建设创造安全稳定的社会环境。

单位名称：北京市门头沟区社会管理综合治理委员会办公室
地　　址：北京市门头沟区新桥大街 46 号
电　　话：69851674
邮　　编：102300

（李根谛）

【**综治委全会**】　4 月 4 日，区综治办召开区综治委第一次全体（扩大）会议。会上，总结 2017

年综治工作，部署2018年重点任务。

（李根谛）

【社会面防控】 年内，全国“两会”“中非论坛”、北戴河暑期安保、市委巡视组巡视门头沟期间等重点时期区综治办启动社会面等级防控机制，启动环京“护城河工程”和“7+7+X”区域警务合作机制，加强专群力量捆绑作战、联勤联动、“双对接”“双同步”工作模式，在全区范围内部署防控点位1125个，发动群防群治力量74.5万余人次，累计排查化解各类矛盾隐患691起，确保社会面绝对安全。

（李根谛）

【雪亮工程】 年内，区综治办组织开展2020年“雪亮工程”国家重点支持区申报评审工作，争取中央、市级项目及资金支持。加快全区公共安全视频监控重点项目建设和视频资源的联网整合，新建高清探头541路，车辆微卡口140路，人脸卡口27路。各级学校、教育培训机构、园林、卫计等重点部位视频监控实现覆盖率100%。关系国计民生设施的电力、电信、供水、供气、供热、油库、加油站等重点单位覆盖率达到90%以上。拓展视频监控在城市管理、为民服务等方面智能化应用，利用视频监控共协助办案单位破获各类案件178件，其中破获刑事类案件75起，抓获违法犯罪嫌疑人275人。

（李根谛）

【实体化综合执法平台建设】 年内，区综治办制定并印发《门头沟区关于进一步加强镇街实体化综合执法平台建设的实施方案》（门办发【2018】23号），以实现“三近三好一高”即“贴近群众服务好，贴近问题解决好，贴近一线配合好，实现服务执法快速高效”为目标，建立以城管执法队为主体、4个单位常驻、多个非常驻单位固定联络的“1+4+N”派驻机制。制订《门头沟区综合执法中心工作规则》，建立健全考核机制，明确“哨响后半小时内响应”，实行“一哨一考核”。开展专项督导检查23次，13个镇街全部完成实体化平台建设。年内，各镇街共“吹哨”675次，围绕违法建设、消防安全、停车管理、私挖盗采、生态保护等10个方面，解决问题635项。

（李根谛）

【生态涵养环境保障】 年内，区综治办组织打击非挖盗采联合执法11次，召开现场协调会4次。累计出动执法车辆113车次，执法人员275人次，对16个关停矿场，70余个关停小煤窑，8处叶腊石矿脉疑似盗采点进行执法检查。5月24日至6月24日，结合扫黑除恶专项行动，开展为期一个月的打击非法盗采回头看专项行动，抓获盗采人员6名，查获盗采运输设备1套，缴获发电机1台、风镐1把、手推车1辆，均予以销毁。

（李根谛）

【城乡结合部重点地区整治】 年内，区综治办组织协调公安、城管、食药、安监等相关部门对市级挂账的永定镇侯庄子村、万佛堂村开展联合执法26次，共累计清理违法出租房屋36处，清退流动人口352人，拆除出租大院27个，拆除面积共计5675平方米，各类安全隐患问题得到有效缓解，完成整治任务。

（李根谛）

【社会治安重点地区整治】 年内，冯西园地区发案数量与2017年同期下降88.5%，公交“城子职高”站周边地区1月至9月该地区城管举报数量同比下降100%。区内市级挂账重点地区所有问题达到整治标准，首都综治办予以完全销账。

（李根谛）

【重点挂牌督办整治】 年内，区综治办对重点挂牌单位进行督办整治。潭柘寺镇未发生重大以上案件、事故，刑事案件同比2017年下降58.8%、社区可防性案件下降50%、治安案件同比去年下降36.84%，城管举报量同比2017年下降60%，各类突出公共安全隐患得到有效消除，综治基层基础工作明显加强。

（李根谛）

【综治中心建设】 年内，区综治办开展第三批综治中心规范化建设工作，召开专题协调会7次，研究解决专项问题14项，镇街级、社区村级综治中心规范化建设达100%。开展综治中心数据信息录入工作，全区271个综治中心全部进行规范化标注。年内，各级综治中心共接待群众反映问题1021件，发现矛盾纠纷212起，化解率98%。

（李根谛）

法制政府建设

【概况】 2018年，区政府法制办深入贯彻中共中央、国务院《法治政府建设实施纲要（2015—2020年）》，加强依法行政培训，推进法治政府示范项目创建，推行政府法律顾问制度，规范行政执法活动，严格合法性审查，依法办理行政复议及行政应诉案件，围绕全区中心工作积极发挥政府参谋、助手和法律顾问的作用，推进法治政府建设进程。

单位名称：北京市门头沟区人民政府法制办公室
地　　址：北京市门头沟区新桥大街36号
电　　话：69843642
邮　　编：102300

（徐　静）

【推行政府法律顾问制度】　9月，区政府法制办召开政府法律顾问座谈会，促成区政府签约22家市、区知名律所，为各镇街及区属部门共66家单位提供常年法律顾问服务，实现外聘政府法律顾问全覆盖。11月，制订《门头沟区外聘政府法律顾问工作管理规定》，规范外聘政府法律顾问聘用、考核等方面管理。

（徐　静）

【行政处罚案卷评查】　9月5日至6日，区政府法制办依托北京市行政执法信息服务平台随机抽取区城管执法局、环保局等25个行政执法部门的行政处罚卷案47卷，评查人员15名，开展行政处罚案卷集中督查工作，进一步规范行政执法文书制作。

（徐　静）

【加强领导干部依法行政培训】年内，区政府法制办制定2018年区政府常务会学法计划，全年安排会前学法5次。5月29日至31日、10月16日至18日，组织2期依法行政专题研讨班，培训全区副处级、科级领导干部240余人次。培训内容涉及政府信息公开、政府文件起草、公平竞争审查制度、行政诉讼法解释、民法典等方面。

（徐　静）

【依法行政组织工作】　年内，区政府法制办起草《门头沟区2018年推进法治政府建设工作要点》《门头沟区2018年法治政府建设示范项目创建方案》等文件，组织行政执法考核指标培训，加强法治政府建设统筹协调；制订《门头沟区2018年度依法行政专项考核细则》，严格落实依法行政考核制度。

（徐　静）

【行政复议应诉案件办理】　年内，区政府法制办收到复议申请21件，受理19件，不予受理2件，截至年底审结16件，其中维持14件、驳回1件、终止1件，接待群众有关行政复议方面的咨询百余人次；办理区政府行政应诉案件75件，其中一审案件29件，二审案件46件，区领导出庭应诉2件。

（徐　静）

【行政执法监督】　年内，区政府法制办联合区编办共同完成城市管理领域行政处罚及行政强制职权划转工作；制定《"街乡吹哨、部门报到"重点领域执法导则》；组织落实执法资格证件换发和考试工作；依托北京市行政执法信息服务平台，定期统计分析行政执法情况，区属28家行政执法单位全年开展行政执法检查量为4.4万次，作出行政处罚决定4740起。

（徐　静）

【合法性审查及规范性文件管理】

年内，区政府法制办开展合法性审查工作，出具法律意见56件，其中协议类16件，通告公告类6件，行政措施类27件，其他7件；向市政府法制办备案行政规范性文件3件；反馈区政府部门征求法律意见57件；反馈市政府规章草案征求意见9件；组织涉及产权保护、私营经济发展的规范性文件专项清理。

（徐　静）

【概况】　2018年，门头沟分局以平安门头沟建设为主线，全面提升风险防控、打击防范、业务实战能力，确保全区社会稳定和"中非论坛"等维稳安保任务的完成。年内，门头沟分局投入警力1678人次，完成14次上级领导考察调研活动、21项50场次大型活动的安保任务。坚持深化"敲门行动"和"净网斗争"等专项打击，确保了全区政治稳定。健全完善反恐防恐工作机制和应急处置体系，从全区124家参评单位中确定39家重点目标单位，同时强化《反恐怖主义法》宣传及举报奖励等措施，发放宣传品3万余份，发送提示短信30余万条。稳妥处置群体访102批1901人次，依法处理扰序上访人员57名；建立"6 + X"舆情应对机制，监控互联网信息110万余条，过滤涉恐等负面信息15万余条，发现上报敏感线索850余条，落地封堵辖区涉拆、涉稳、涉警等敏感线索50余条，清理违法信息2.6万余条，关闭栏目31个；依托"平安门头沟"双微平台等，发布舆情引导信息1.5万条，确保辖区网上维稳安全；着眼筑牢应急处置防火墙，完善各类方案预案10项，并组织开展实兵、实装、实景、全流程演练23次。立足打整管控，强化社会面整体防控能力。建立扫黑除恶线索核查“四长”制、线上线下举报等工作机制，累计抓获涉黑涉恶犯罪人员166人，破获刑事案件30起，按期完成市局督办案件3起、打掉团伙6个；深入推进打击各类违法犯罪活动，共破获各类刑事案件391起，同比上升42.7%，其中八类案件破案率高于市局标准13个百分点，命案破案率100%，入室盗窃破获率同比上升288.8%；同时抓获涉毒违法犯罪嫌疑人68人，破获涉毒案件9起，缴毒578.82克。深入贯彻“街巷吹哨、部门报到”要求，整合“忠诚·2018平安行动”“创城”等专项平台资源，组建2支区级、14支镇街级执法小分队，深入推进综合整治，累计开展集中整治行动198次，被检单位2034家次；清查出租房屋4.7万余间，核查流动人口8.2万人次，取缔群租房、网络短租房、违法出租房40户，清理“三无”人员276人；查处黄赌违法犯罪人员126人；查获非法经营药品等案件4起、非法盗采案件1起，刑事拘留15人，行政拘留6人；处罚排放污水企业2家、违法运输车辆7500辆，罚款172万元。坚持点面结合、人机结合、专群结合，强化全区45个社区警组、193个社区网格、15个“7×24”警务室职能，发挥11967名群防群治力量和397人专职巡防队作用，有效提升动态化条件下立体防控水平，累计抓获各类违法犯罪人员36人。以创安、缓堵、治乱为主线，加大道路交通管理力度，累计交通执法24万起，处罚违法停车5.9万起、货车违法7.6万起，查处酒后驾驶212人；查破交通肇事逃逸案件8起，抓获违法犯罪嫌疑人5人，案件侦破率100%；发生交通事故49起，伤59人，亡17人，死亡人数同比持平。提升防灾救灾能力，累计检查单位6682家，发现消除火灾隐患7105处，下发《责令改正通知书》4276份，临时查封135起，责令三停71家，罚款309起345.95万元，拘留10人；发生火灾39起，直接财产损失15.81万元，同比下降44%。以缉枪治爆专项行动为牵动，严打枪爆违法犯罪活动，累计出动警力1238人次，检查“枪爆剧放”涉危单位576家次；查获涉危、涉爆及易制爆案件27起，行政拘留13人；收缴非法烟花爆竹350箱，管制刀具、枪支等各类危险品49件。以确保创建“五型监所”为重点，强化监管场所安全管理，共收押犯罪嫌疑人371人，同比增加35%；提讯提解1542次，同比增加21%；送交执行142人，同比增加41%；接待家属、律师会见834人次，所内就医533人次，出所就医46次，收押各类患病在押人员59人；获取并转递线索6件，协助破案7起，刑拘1人。立足公安改革，强化警务实战保障能力。突出“雪亮工程”建设引领，预算金额2.046亿元，大力推进“雪亮工程”15个建设项目；搭建分局管综系统平台，完成安装395个场所884个点位无线WIFI采集系统，采集互联网数据8亿余条，全市排名第一；对全区各类重点人开展公安网动态管控，提供动态轨迹1600余人，同比上升220%；落地处置各类线索800余条，首控一级临控人员120人，直接抓获人员72人；获得市局电子数据勘验“e搏杯”大比武二等奖。发现整改执法问题500余件，实现执法问题稳步下降。开展各类学习活动25次，党委学习研讨33次；举办“开启公安工作新征程”知识竞赛、“诗韵忠诚”“不忘初心、牢记使命”清明缅怀公安先烈、“9·30”烈士纪念等系列活动11次；制定出台《党建工作折子工程》《党建工作责任清单》和《党建督促检查手册》等文件，并被区委推广使用；推进改革落地，29个内设机构全部挂牌实体化运行；编纂政工专刊《身边》共10期，制作拍摄宣传片和“MTV”3部，印发表彰通报15期，为17人记功嘉奖；积极落实爱警措施，慰问帮扶因病住院、去世民警及家属和困难职工236人次；组织慰问民警18人，民警家属30人；开展2018年烈士纪念日走访慰问活动，共向6名烈属发放慰问金2万元；解决两地分居、民警子女入托入学困难16名；同时组织开展“庙会进警营”、警体四项运动会等文体活动。坚持把主动廉政、主动反腐的工作理念贯穿工作的全过程，组织开展各层级集体廉政谈话23次，组织学习上级印发的违法违纪通报23份，组织开展《巡视利剑》《清风北京》等反腐警示片学习教育活动；强化“人车酒枪密网”管理，开展各类专项督察40余项，检查单位1000余个次，民警3200余人次；受理并核查群众投诉405件，纠正各类问题351件，提出督察建议55条，印发《公安督察通知书》12份、《公安督察提示单》24份，依纪依规处理22人。

单位名称：北京市公安局门头沟分局
地　　址：北京市门头沟区新桥大街45号
电　　话：69842494　69857024
邮　　编：102300

（任成壮）

【安全秩序维护工作】 2017年12月30日至2018年1月1日，门头沟分局出动交警230余人次、协警及协管员380余人次；处理路面各类警情172起，疏导车辆8500余辆次、行人15700余人次，完成2018年元旦期间交通安保工作。1月8日至12日，门头沟区第十六届人民代表大会第四次会议和政协第十届委员会第二次会议在龙泉宾馆召开。门头沟分局每日派出16名会场安保，16名前置巡逻备勤，32名动态备勤警力，完成两会期间交通安保工作。10日至12日，门头沟分局派出警力24余人次，车辆10余辆次，保安员28人次，内保人员12人次，完成区育园中学考点，198个考场，1639名学生参加的春季高中会考安保工作。2月15日至21日，完成春节期间道路交通安保工作。出动交警780余人次、协警及协管力量650余人次；疏导车辆37400余辆次，群众9.12万余人次；快速高效处置事故、拥堵、反映“三类警情”224次。春节期间全区未发生重大交通事故和严重交通拥堵。3月2日至3日，大台办事处举办2018年千军台、庄户幡会活动。活动共有30档幡（花）会进行走幡和花会表演，2000余人次的村民及游客参与。分局组织执勤民警64人，协助工作人员、保安员维护现场治安秩序和交通疏导工作。17日至24日，门头沟分局出动警力52人次，警车24辆次，保安员36人次，保卫人员35人次对大峪中学、首师大永定分校，峪分学校、新桥路中学、斋堂中学、八中京西校和存放试卷保密室进行安全隐患排查和消防设施检查，对考点周边及沿线的经营环境和交通秩序进行规范。完成1521名考生参加的2018年中、高考英语机考安保工作。5月22日，门头沟分局组织14名警力，完成潭柘寺、戒台寺、白瀑寺等寺院举办佛教重要传统节日——“浴佛节”活动，确保活动平安有序进行。6月7日至8日，门头沟分局部署警力120人次，协警、协管员112人次；疏导车辆3200余辆次，人员3500余人次。确保大峪中学考点936名考生的交通安全和辖区道路交通畅通。16日至18日，门头沟分局共出动交警、辅警、协管员450余人次，疏导车辆3.62万余辆、行人5.94万余人，处置各类警情170起（事故警情113起，拥堵警情1起，反映类警情56起），完成端午节道路交通安保工作。24日至26日，门头沟分局组织警力114余人次，车辆60余辆次，保安员48人次，内部保卫人员32人次，城管、供电、工商等部门工作人员30余人次，完成门头沟区新桥路中学、首师大附中永定分校、斋堂中学3个考点，共37个考场，涉考考生1047人中考期间安保工作。9月24日，门头沟分局完成中秋节交通安保工作。共出动交警273人次，协警、协管员、保安员470人次；疏导车辆2.4万余辆，行人5.7万余人。10月1日至7日，门头沟分局完成十一黄金周交通安保工作。出动交警870余人次，协警和协管力量830余人次；共疏导车辆4.72万余辆次，游人9.01万余人次；处置各类警情474起，其中事故警情334起，反映类警情113起，拥堵警情27起。

（任成壮）

【反恐防恐宣传活动】 1月3日，门头沟分局在影剧院门前开展普法宣传活动。分局长等领导及分局所属相关单位参加。通过展示警用装备、悬挂横幅等方式，向群众宣传反恐防恐知识，并互动交流。发放各类宣传资料1000余份，解答、咨询100余人次。

（任成壮）

【110宣传日活动】 1月10日，门头沟分局开展以“110守护新时代美好生活”为主题集中宣传活动。分局指挥处、大峪派出所等单位领导及民警10余人次，在黑山公园门前110宣传点，向过往群众发放宣传材料5000余份，宣传群众400余人次，解答群众咨询100余人次，征求意见建议30余条。其余派出所、社区在繁华地段也设立宣传点，开展宣传活动。

（任成壮）

【主题演讲比赛决赛】 1月30日，门头沟分局举办“不忘初心跟党走，青春建功新时代”主题演讲比赛决赛。局属各单位主要领导、团支部书记、青年民警代表100余人观看。从局属25个单位的作品中，经预、复赛，10位选手入围决赛。反特巡民警演讲的《身边》获一等奖。3名民警获二等奖；6名民警获三等奖。

（任成壮）

【基层述职述廉】 1月，门头沟分局完成14个派出所76名社区民警“不忘初心、为民保平安”述职述廉工作。召开报告会83场，邀请5139名社会群众，发放民主测评表5559份；群众对派出所平均满意率为99.32%、基本满意率为0.68%、不满意率为零；对社区民警平均满意率为98.60%、基本满意率为1.40%、不满意率为零。

（任成壮）

【烟花爆竹禁放宣传】 2月7日，门头沟分局开展春节期间烟花爆竹禁放集中宣传咨询活动。以区影剧院为中心宣传点，分局领导参加活动。全区镇、街道在辖区设立13处分宣传点。区广电中心在主会场现场报导，分局有关部门领导也通过电视镜头向全区群众发出倡导和号召，对禁放区域及相关要求进行宣传，对安全燃放事项作提示。活动悬挂横幅16条，摆放展板46块，发放《加强烟花爆竹安全管理工作的通告》等6种宣传材料4万余份，宣传购物袋、卡片等5000余个，受教人数10万余人。

（任成壮）

【交通疏导工作】 3月2日，门头沟分局出动交警137人次，协警及协管员124人次；疏导车辆6700余辆，群众1.95万余人。4月5日至7日，门头沟分局完成清明节期间交通秩序维护工作。共出动交警510余人次，协警等470余人次；疏导车辆5.52万余辆次；群众25.4万余人次；全区未发生重大拥堵和重大事故。4月29日至5月1日，门头沟分局共出动警力340余人次，协警、协管员280余人次；疏导车辆5.47万余辆，行人7.92万余人，处置事故、拥堵、反映“三类警情”267次，确保五一期间道路交通畅通有序。

（任成壮）

【“打拐”宣传】 3月6日至8日，门头沟分局“打拐办”组织“三八”妇女节打拐宣传活动。与各派出所、社区干部、志愿者、保安员等深入到社区、村镇等基层开展宣传工作。举办讲座26场、发放宣传材料3200余份，利用电子屏滚动播放打拐防拐宣传标语等方式，向群众介绍拐卖分子的惯用手法以及预防、减少、打击拐卖妇女儿童的相关措施等。

（任成壮）

【民俗文化香会安保检查】 5月17日，门头沟分局长带领指挥处、治安、交通、消防及妙峰山派出所等单位领导检查妙峰山春季民俗文化香会活动现场安保工作。听取消防和主办单位工作汇报；察看人员分工、器材配备等情况；对娘娘庙、文艺广场、妙峰古道等部位进行实地检查；对消防管理、秩序维护、交通疏导和防范大人流等方面提出具体意见和要求。

（任成壮）

【打改装整涉牌夜查行动】 7月6日，门头沟分局开展打改装整涉牌“围点”夜查行动。6日，交通支队接122举报“妙峰山附近有车辆飙车”后，立即报分局指挥处协调辖区派出所参加行动。副支队长带领两组6名交警、协警到现场，与妙峰山派出所两组6名民警一道展开“围点”行动，共核查车辆25辆，查处涉牌涉证、逾期未检摩托车3辆；处罚非法改装小客车14辆；暂扣违法摩托车3辆。

（任成壮）

【汛期应急保障部署】 7月16日至17日，门头沟分局迅速落实市区防汛应急保障部署，启动战时工作机制，截至17日16时，出动警力210余人次、辅警协管190余人次，处理各类警情92起（事故警情60起，反映类警情31起，拥堵警情1起），参加房屋、路面积水抢险4次，确保辖区道路交通平稳有序。

（任成壮）

【秋粥节安监工作】 8月7日，门头沟分局组织35名执勤民警，完成斋堂镇灵水村举办的“第十八届灵水举人秋粥节活动”。共接待游客1000余人，车辆260余台次。

（任成壮）

【歌舞厅集中检查】 8月8日，门头沟分局、区文委等组成检查组对辖区友乐汇、晨光、麦颂等歌舞厅进行集中检查，重点检查保安员配备、从业人员刷卡上岗、视频监控、房间长明灯以及各类宣传提示标语张贴情况，对发现的隐患问题当场督促落实整改，并对场所负责人和从业人员进行安保工作再动员再教育。

（任成壮）

【歌舞娱乐场所专项整治】 8月20日，门头沟分局开展“清洁四号”歌舞娱乐场所集中清整专项行动。分局治安、消防、刑侦、反特巡以及大峪、永定、月季园、三家店派出所共25名警力，对辖区8家歌舞娱乐场所逐一检查场所硬件设施及安全制度落实情况；对从业人员进行核录和尿检；检查消防设施、制度等，并进行消防报警测试；检查从业人员IC卡管理制度和保安员配备上岗情况。共核录及尿检从业人员73人，发现问题3件，当场整改2件，限期整改1件。

（任成壮）

【中非论坛安保检查】 8月21日，北京市公安局党委委员、消防局长到区内检查指导“论坛”安保工作。市局和分局领导及消防支队领导参加。在芹峪口听取分局和检查站落实“论坛”安保情况汇报，了解外围整体运行情况，检查设卡盘查情况，查看检查站各库室，慰问执勤民警、文职辅警和武警官兵，并就加强对进京车辆等工作提出要求；在忠良书院中控室，检查消防责任和措施落实情况，询问负责人和值班员履职等情况，检查消防控制主机等设施运行情况，随机抽取点位，拉动微型消防站，听取消防支队落实“论坛”防范和应急救援的汇报，并对加强火灾隐患排查整治等工作提出要求；在龙泉消防中队了解执勤战备等情况，慰问全体官兵，并提出要求。

（任成壮）

【接待来访群众】 8月22日，门头沟分局长在法制、治安和东辛房、大峪派出所等单位领导的陪同下，接待信访群众3批4人次。听取来访群众的诉求，解答提出的问题，并针对提出的合理诉求，责成相关部门认真研究，及时解决，尽快给来访群众一个满意的答复，切实为群众解决实际问题、排忧解难。

（任成壮）

【新学期勤务工作】 9月3日，门头沟分局启动一级高峰勤务，抽调机关13名警力，联合属地派出所对门城地区27所学校开展一校一警值守任务。局属督察、治安对勤务工作进行检查。执勤民警按时到岗，认真履职。

（任成壮）

【中央领导考察警卫工作】 9月11日至12日，中央政治局委员、书记处书记、中宣部部长黄坤明到门头沟区城子办事处、石龙高科园开展考察活动；中央精神文明建设指导委员会副主任郭金龙先后到灵山风景区、雁翅镇碣石村、永定河文化博物馆、戒台寺景区开展考察活动。分局领导分别到警卫勤务一线，现场检查指导各单位的勤务落实情况；共组织144名警力，完成两位中央领导到门头沟区考察活动的警卫勤务工作。

（任成壮）

【迎中秋文艺演出安监工作】 9月24日，在滨河世纪广场举办的“月圆京城　情系中华”中秋主题文艺演出活动。门头沟分局局长现场指挥，31名执勤警力协助工作人员、保安员维护中秋文艺演出现场治安秩序。

（任成壮）

【节前保安行业集中检查】 9月，门头沟分局开展为期一周的保安行业专项集中检查，对辖区娱乐场所、医院、银行和中小学幼儿园等人员密集场所的保安驻勤点进行检查。重点检查保安员持证上岗、各项制度落实以及应急处突等工作落实情况。出动警力25人次，检查保安驻勤点30余个，宣传教育保安员40余人次，发现隐患问题5件，责令现场整改3件，处罚2件、警告2起。

（任成壮）

【市领导调研警卫工作】 11月5日，北京市市长陈吉宁在相关市区领导的陪同下，先后到门头沟区妙峰山镇炭厂村、中关村门头沟科技园创客大厦和夏禾科技有限公司调研。门头沟分局组织52名执勤警力，全力做好调研现场和途经路线的安保警卫工作。

（任成壮）

【社区民警全科式培训】 11月21日至22日、27日至28日，门头沟分局集中利用4天时间，组织全局社区民警开展“全科式”专项培训，局属14个户籍派出所的181名民警参加培训。共设置18个培训课题，通过采取理论授课、提问互动的方式，组织培训实施，使培训工作取得成效。

（任成壮）

【换届候选人资格联审工作】 11月3日，门头沟分局对区委组织部下发的第一批次2265名现任“两委”班子成员和新提名人员，按照“十不能”标准逐一进行联审，共审核出受到行政拘留以上处理人员127名，不符合当选条件人员73名，完成全区村、社区“两委”换届选举第一批次候选人资格联审工作。

（任成壮）

【黄赌打击整治行动】 12月12日，门头沟分局投入警力64人，警辅34人；区综治、城管、工商、食药、安监和龙泉镇执法力量20人，开展对梨园地区治安整治专项行动。分局长及局属有关单位领导参加。共清查出租房屋226间，核查流动人口762人；清查足疗、发廊、棋牌室重点场所22家，核查从业人员36人，依法取缔足疗店1家、棋牌室1家，处罚违法出租房主4人，审查无有效身份证件人员12人；发现并消除出租房屋存在安全隐患24件。

（任成壮）

案例选辑

【贩卖毒品嫌疑人抓获】 1月9日，门头沟分局接报“刘某有贩毒嫌疑”后，会同东辛房派出所，将正在交易的犯罪嫌疑人刘某（男，47岁）抓获，当场起获毒品美沙酮1037.26克。经查，刘某对贩卖毒品行为供认不讳，此案审理中。

（任成壮）

【破获刑事案件】 1月16日，门头沟分局看守所发挥“第二战场”职能作用，促使在押人员陈某于2017年12月9日检举王某某（因故意伤害罪在押）盗窃机动车的犯罪线索。经查，核实2016年4月12日王某某用铁片打着车，盗窃一辆未锁车门的蓝色奥拓汽车并销赃的犯罪事实。

（任成壮）

【抓获诈骗嫌疑人】 1月23日，门头沟分局抓获诈骗嫌疑人刘某（男，49岁，山西人）。2015年，事主王某某（女，门头沟人，住惠民家园）经人介绍陆续通过网银转账等方式向刘某汇款共计89万余元，后发现被骗报案。经工作，最终确定嫌疑人暂住通州董村一出租屋的临时落脚点，并迅速出击将嫌疑人刘某抓获，被依法刑拘。

（任成壮）

【抓获制造假币嫌疑人】 2月6日，门头沟分局接报“有两名男子涉嫌吸毒并制造假币”后立即制定方案，分两组开展侦查。经工作，一组在城子西七棵树90号院内，将犯罪嫌疑人李某（男，37岁，门头沟区人）抓获，当场起获20元、10元面值假币220余张，价值2140元，制造假币电脑、打印机各1台，印章6枚，制造假币用纸400余张。另组在三家店蔡家府地区将犯罪嫌疑人姜某某（男，61岁，西城区人，现暂住蔡家府一出租房内）抓获，当场起获20元面值假币800余张，价值1.6万余元，制造假币电脑、打印机各1台、印章8枚，制造假币用纸4000余张。经审，两名嫌疑人对犯罪事实供认不讳，此案进一步审理中。

（任成壮）

【处置涉爆警情】 3月3日，门头沟分局接电台布警称：永定河文化广场正门人行道路上有疑似爆炸包裹。反恐怖和特巡警支队接警后，立即带领2711特警武装处突车组和特警排爆车组赶赴现场，根据涉爆处置流程，迅速制定方案，架设屏蔽仪，利用X光机对可疑物甄别，排爆民警凭借专业技能和仪器排除爆炸装置。

（任成壮）

【破获系列入室盗窃案】 3月12日，门头沟分局破获“3·01”系列入室盗窃案。接报，东辛房A6小区发生一起入室盗窃案。经工作与东辛房所成功将嫌疑人刘某某（男，30岁，云南省昭通彝良人，有多次入室盗窃前科）、程某某（女，32岁，云南省昭通彝良人）抓获，并起获现金1万余元及手套、划片等作案工具。经审，再于2日夜组成联合抓捕组到大兴，经13小时蹲守将嫌疑人宋某某（男，27岁，云南省昭通彝良人，有多次入室盗窃前科）抓获，同时将同屋人员迟某（男，34岁，云南省昭通彝良人）、陈某（男，31岁，云南省昭通彝良人）、吴某（女，25岁，云南省昭通彝良人，与陈永海是夫妻）、田某（女，23岁，云南省昭通彝良人，房东）等4人带回。

（任成壮）

【查获一级临控人员】 3月18日，门头沟分局民警带领协警在双峪路口设卡执勤时，发现一辆津AE8668半挂货车由北向东行驶。民警立即对该车进行拦截检查，发现驾驶人闫某某（男，41岁，河北承德人）为一级临控人员，随即将其控制。经查，闫某某有进京滋事的行为，被河北驻京工作组列为一级临控人员。移交月季园派出所审查处理。

（任成壮）

【破获重特大集资诈骗案】 4月17日，门头沟分局抓获犯罪嫌疑人李某某（女，47岁，门头沟区人）、闫某某（男、56岁，门头沟区人）等6名犯罪嫌疑人，对郭某某（女，50岁，门头沟区人）等3人上网追逃。经查犯罪团伙自2016年9月开始，以美国公司“核星国际”“广达国际”“盛世嘉”为名，许诺投资人10%—15%的高额返利吸引投资等形式实施集资诈骗。专案组受理报案人130余人，涉及金额共计人民币2545万余元。

（任成壮）

【破获运输毒品案】 4月19日，门头沟分局在北京市大兴区南大红门兴龙加油站内将涉嫌运输毒品的犯罪嫌疑人李某抓获，当场起获毒品冰毒395.47克。李某通过湖北省仙桃市至北京市的大巴车运输毒品。3月30日、4月5日分别将芮某某、余某抓获。李某等3人对犯罪事实供认不讳，依法刑事拘留。

（任成壮）

【打掉涉恶团伙】 6月8日，门头沟分局“扫黑办”打掉一涉恶团伙，刑事拘留4人。4月，大峪派出所辖区发生一起撞车事件，被撞方王某在网络发帖称撞车方张某为黑恶势力。经调查，王某等人为争夺工程，多次组织人员干扰张某雇佣的运输车辆正常行驶，造成恶劣影响。涉案人员对犯罪事实供认不讳，涉恶团伙嫌疑人王某及两名从犯因寻衅滋事罪被依法刑事拘留；对涉嫌故意毁坏公私财物的犯罪嫌疑人张某依法刑事拘留。

（任成壮）

【查获非法收购药品窝点】 6月29日，门头沟分局通过缜密侦查，在辖区城子地区一出租房内查获一非法收购药品窝点，当场收缴各类药品14箱162种，价值人民币24万余元。案件审查中。

（任成壮）

【查获被盗车辆案】 7月24日，门头沟分局查获一被盗车辆。24日15时30分许，芹峪口中队接杜家庄站派出所电话称：在109国道与张马路交叉路口处有一辆比亚迪小客车（冀FYM320）在此已停放4天，存在可疑，请求协助核查车辆信息。芹峪口中队领导立即带队赶到现场，通过核查车辆，联系车主李某某（男，30岁，河北涞水县人），得知该车为被盗车辆。移交河北涞水县公安局。

（任成壮）

【侦破交通肇事逃逸案】 8月8日，门头沟分局接报，在石担路一辆京牌黑色小客车由南向北行驶，与由东向西横过人行横道的钱某某身体相接触，造成钱某某倒地受伤，送医院抢救无效死亡，小客车驾驶员弃车逃逸事件。办案民警连夜组织侦破，确定肇事嫌疑人，并迅速开展抓捕工作。8月9日，犯罪嫌疑人率某（男，36岁，门头沟人）迫于追捕压力，在其家人的劝导下投案，并供认事实，被依法刑事拘留。

（任成壮）

【打掉百家乐赌博窝点】 9月3日，门头沟分局妙峰山派出所接110报警："妙峰山牌楼内有百家乐赌博"。在治安、刑侦、反特巡及门城六所警力的增援下，打掉百家乐赌博窝点，查获嫌疑人10余名，收缴大量筹码、赌资及赌博工具。

（任成壮）

【抓获电信诈骗犯罪嫌疑人】 9月14日，门头沟分局9月5日接报，王某某接冒充联通人员、公检法人员电话，称被害人涉嫌犯罪，需配合调查，并询问事主多张银行卡号、密码和余额。次日，嫌疑人委派一名年轻女子，到被害人住所，将存折、身份证原件拿走。从门头沟邮储银行、民生银行、工商银行，共计取走现金30万元。经通过技术手段及摸排、蹲守等侦查，14日在昌平一酒店内将犯罪嫌疑人杜某某（23岁、陕西榆林人）抓获，当场缴获作案所用证件及事主存折等物品。犯罪嫌疑人交待诈骗事主王某某及在北京另作案5起，骗取5位事主，诈骗金额共计70余万的犯罪事实，被刑事拘留。

（任成壮）

【处置多人酒后滋事事件】 9月24日，门头沟分局接报"夜色嘉华KTV有多人酒后滋事，打砸店内物品，殴打工作人员"。大峪派出所接警后，迅速出警当场控制6名酒后滋事人员。经查，王某等6人均系社会闲散人员，常勾连闲聚，当晚因刘某对KTV服务不满意，其余5人假借兄弟仗义，对KTV进行滋事报复。4名嫌疑人依法治安拘留。

（任成壮）

【抓获砸车盗嫌疑人】 10月中旬以来，门头沟分局连续抓获2名砸车盗窃嫌疑人，核破撬砸机动车案件50余起。28日夜，分局视频巡控员在对大峪中学外西南角开展视频巡控时，发现一名男子形迹可疑，立即通报街面巡控警力一路秘密跟随至滨河路辅路绿岛水岸小区附近，将正在进行盗窃作案的嫌疑人陈某（男，38岁，北京市房山区人）抓获，初步核破砸车盗窃案件6起；29日夜，侦查员在石龙西路丽景长安小区门前，当慕某某（男，甘肃人，30岁，2010年、2014年两次因盗窃被刑事拘留）再次作案时被民警抓获，现场起获作案工具及被盗物品，经核实撬砸机动车盗窃案件48起，二人均被依法刑事拘留。

（任成壮）

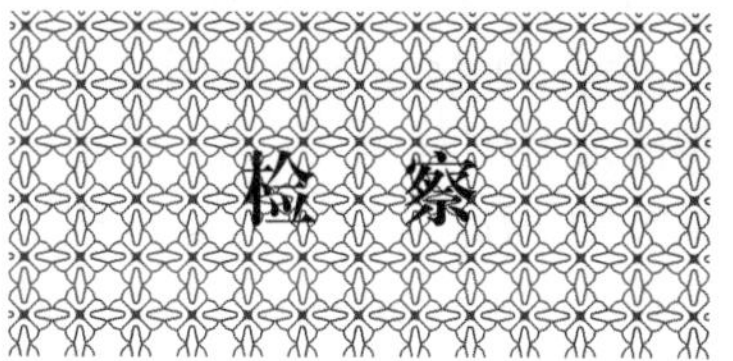

检 察

【概况】 2018年，门头沟区人民检察院摸排行政公益诉讼线索26件，立案24件，向多个行政机关制发诉前检察建议21件，立案数及制发诉前检察建议数连续两年位居全市前列。开展"永定河流域生态环境和资源保护专项监督行动"，推进"疏解整治促提升"专项行动，助力"基本无违建区"创建，还永定河健康生态空间；督促解决永定河沿岸周自齐墓、宝峰寺、张家铺天主教堂3处区级重点文物保护单位年久失修问题，妥善保护区内文物资源；，督促规范20余家网络餐饮服务提供者的经营行为，守护舌尖上的安全；督促查处12个社区的制售饮水机不符合用水卫生问题，解决人民群众喝上安全的水、放心的水。严格适用逮捕条件，无捕后不诉案件，无捕后无罪判决案件，无不捕后复议复核案件。受理审查起诉案件237件287人，提起公诉213年256人，分别比较去年上升了22%和13%，结案率和有罪判决率连续三年达100%、位居全市第一，全面确保案件质量。适用认罪认罚从宽程序案件，占公诉案件的52%，高于全国、全市平均比例。深入推进扫黑除恶专项斗争，联合公安、法院制定办理涉黑涉恶案件信息通报工作机制和案件会商机制。严厉打击涉众性经济犯罪，保护群众经济安全。依法惩治侵犯知识产权犯罪，针对全市百强民营企业自主知识产权受侵害一案，我院积极作为，靠前服务，为企业提供法律维权服务，列明取证提纲27项引导公安机关侦查，帮助民营企业解决了实际困难。办理涉未案件14件18人，实现法律援助、社会调查、合适成年人到场率100%，首次办理对未达到刑事责任年龄的未成年人特殊预防案件2件2人。建立未成年人小额资金爱心救助绿色通道，对3人4次救助1.1万元。办理监委会移送基层人员贪腐案件4件4人，涉案金额达50万元。办理监察体制改革后门头沟区第一起职务犯罪案件。年内，发出监督类纠正违法通知书10份，监督类检察建议12份，提起抗诉1件，监督成效明显。强化侦查监督，开展侦查活动监督，督促侦查机关补正案件瑕疵证据72项，保证侦查质量。加强立案监督，监督侦查机关立撤案6件6人，监督行政执法机关移送涉嫌犯罪案件5件5人，保障有罪的人得到应有惩罚，无罪的人不受刑事追究。充分发挥捕诉合一机制优势，共引导办案15件28人，引导办案率位居全市前列。保障被羁押人合法权益，对17起案件发出变更强制措施建议、均获采纳。提出羁押必要性审查建议采纳率位居全市第一，并在全市羁押必要性审查工作经验交流会上作典型发言。强化调查核实和释法说理，共接访259人次，妥善化解一批敏感案件。依托办案向发案单位制发综合治理类检察建议19份，收到整改回函18份，督促其完善棚改项目工地管理、公房拆迁监督管理、社区门诊药品监管等制度。举办主题宣传活动70余次，发放宣传材料7000余册，受众2000余人。

单位名称：北京市门头沟区人民检察院
地　　址：北京市门头沟区滨河路21号
电　　话：59908182
邮　　编：102300

（任　鑫）

【院工作报告在区人大获全票通过】　1月12日，在门头沟区第十六届人民代表大会第四次会议上，经全体与会代表举手表决，门头沟区检察院检察工作报告获人大代表全票通过。

（任　鑫）

【党风廉政建设和反腐败工作会】　3月28日，区检察院召开2018年党风廉政建设和反腐败工作会。区检察院党组书记、检察长，党组成员，检委会专职委员及全体干警参加会议。杨淑雅检察长带领全院干警学习党的十八大以来全面从严治党的基本经验，总结院内近三年在全面从严治党方面取得的成绩，客观全面分析党风廉政建设存在的问题，并对2018年党风廉政建设工作提出四点要求。

（任　鑫）

【组织参加首次检察官大会视频会】　3月29日，北京市人民检察院召开首次检察官大会暨检察官协会第六次会员代表大会，门头沟区检察院为分会场之一。门头沟区检察院领导班子成员和全体检察干警观看视频。

（任　鑫）

【评估司法体制改革工作】　4月4日，由5位专家学者组成的中国法学会司法改革评估一组到区检察院评估司法改革工作。区检察院党组书记、检察长，市检察院法律政策研究室副主任，市委政法委执法监督处相关人员，区检察院部分党组成员、检察官及20余名干警代表参加座谈。杨淑雅检察长围绕员额制改革和职业保障、司法责任制落实、办案质效三方面介绍检察院司法体制改革工作落实情况。

（任　鑫）

【调研座谈】　4月9日，河北省黄骅市人民检察院党组书记、检察长带领8人到区检察院专题调研机关党建、检察文化、人才培养、行政公益诉讼、教育培训等工作。11日，安徽省侦查逻辑办案研究会会长、研究会办公室副主任等3人到区检察院调研检察监督工作。6月4日，市院检察管理监督部主任带领市院新型检察管理监督机制试点工作组4人，到区检察院实地考察“两中心”建设情况。21日，新型检察管理监督机制试点工作专题调研座谈会在区检察院召开，北京市检察院党组书记、检察长，市院、市检一分院、市检四分院、石景山区院、门头沟区检察院相关领导参加调研，市检一分院、市检四分院、石景山区院、门头沟区检察院进行交流发言。22日，辽宁省鞍山市检察院检委会专职委员，鞍山市台安县检察院党组书记、检察长7人到区检察院专题调研检察信息化平台建设、立体化考核成果等亮点工作。7月4日，湖北省荆州市人民检察院党组书记、检察长带领荆州市6个市县检察院领导及相关人员18人到区检察院专题调研检察信息化平台建设、立体化考核成果等亮点工作。9日，市院副检察长带领市院审查逮捕部主任等到区检察院开展调整内设机构优化职能配置工作推进情况调研。10月11日，区人大代表、区人大常委会副主任等7人到区检察院专题调研行政公益诉讼开展情况。11月12日，国家检察官学院组织的第三期检察机关提起公益诉讼案件办理专题研修班到区检察院调研，观看区检察院行政公益诉讼工作总结片，并实地调研区检察院制发行政公益诉讼诉前检察建议后、行政机关督促拆除永定河沿岸违法建设情况。

（任　鑫）

【检察长应邀讲授法治课】　4月19日，区检察院党组书记、检察长应中国政法大学光明新闻传播学院邀请，为内蒙古自治区陈巴尔虎旗公检法司70余名政法干警讲授法治课。

（任　鑫）

【政治工作会议】　4月28日，区检察院召开2018年政治工作会议。会上，总结2017年门头沟区检察院政治工作开展情况，部署区检察院2018年政治工作建设重点任务，并对区检察院2017年度先进集体和个人进行表彰。

（任　鑫）

【全院干警大会召开】　5月28日，区检察院召开全院干警大会，传达北京市检察机关巡视工作会议暨巡视工作动员部署会议精神。

（任　鑫）

【检察工作会召开】　5月28日，区检察院召开2018年检察工作会。会上，贯彻落实中央、最高检及市院重要会议文件精神，回顾总结区检察院2017年检察工作，并部署2018年重点工作任务。

（任　鑫）

【主题公众开放日活动】　5月30日，区检察院开展“关爱祖国未来·擦亮未检品牌”公众开放日活动。活动邀请20余名市、区人大代表，政协委员以及城子小学师生代表到区检察院参观、交流。区人大代表联络室主任，团区委副书记，区教委副主任，区检察院党组书记、检察长，部分党组成员，相关部门负责人及青年干警代表参加活动。

（任　鑫）

【第一期公检法联合培训】　6月20日至22日，区检察院联合区法院、区公安分局在国家检察官学院（北京分院）举办2018年第一期公检法联合培训。区委常委、区委统战部部长，区检察院党组书记、检察长，区法院党组书记、院长，区公安分局党委副书记、政委，区检察院部分党组成员、检委会专职委员以及公检法60余名参训人员参加。

（任　鑫）

【市检察机关行政公益诉讼工作现场会】　7月12日，北京市检察机关行政公益诉讼工作现场会在区检察院召开。市院党组成员、副检察长，区检察院党组书记、检察长参加会议。

（任　鑫）

【首次不起诉公开宣告听证会】　7月25日，区检察院召开首次不起诉公开宣告听证会，对王某某涉嫌故意伤害罪一案公开审查，这是门头沟区检察院自《北京市检察机关不起诉公开宣告工作指引（试行）》下发后首次对不起诉案件适用公开审查程序，实现案件的法律效果与社会效果的有机统一。

（任　鑫）

【案件线索双向移送工作座谈会】　9月19日，区检察院与区监委会就案件线索双向移送工作召开专题座谈会，并签订会议纪要。区委常委、纪委书记、监委会主任闫中，区检察院党组书记、检察长，两单位相关负责人参加会议。

（任　鑫）

【检察长作行政公益诉讼工作情况报告】　10月23日，在门头沟区第十六届人大常委会第14次会议上，区检察院党组书记、检察长专题报告门头沟区检察院行政公益诉讼工作情况。

（任　鑫）

【立案监督案件获全市优秀案件】　11月22日，在北京市检察员组织开展的2018年全市“两个专项”立案监督活动精品案件评选活动中，区检察院办理的白洪明等人销售假药案获“优秀案件”荣誉称号。这是该院办理的首例食药领域立案监督案件。

（任　鑫）

【公众开放日活动】 12月6日，区检察院举办“弘扬宪法精神，共话门检发展”主题公众开放日活动。区检察院建院以来第六任检察长，第七任检察长，市区人大代表，区政协委员，“十进百家、千人普法”主题活动走进的单位代表等20余人，区检察院党组书记、检察长等参加活动。

（任 鑫）

【入选“北京市十大政府法治事例”】 12月19日，北京市法学会行政法学研究会2018年年会暨法治政府建设论坛发布2018年度“北京市十大政府法治事例”，门头沟区检察院“行政公益诉讼发力，两份检察建议‘清’走两万吨垃圾”排名首位入选。

（任 鑫）

法 院

【概况】 2018年，区法院以“最高标准、最严要求、最好效果”服务保障区域中心工作，依法公正高效审理各类案件，扎实推进司法体制综合配套改革，不断加强队伍建设，为维护和谐稳定的社会秩序，为全区开创现代化生态新区绿色发展新局面提供有力的司法服务和保障。全年受理各类案件11240件，同比上升9.1%，办结11287件，同比上升9.3%，收结案数均创历史新高。区法院深化司法体制综合配套改革，全面落实司法责任制、不断深化司法为民、持续推进司法公开，努力实现让地区群众看得见、信得过、等得起、实现得了的公平正义。

单位名称：北京市门头沟区人民法院
地　　址：北京市门头沟区滨河路74号
电　　话：61868000
邮　　编：102300

（孙冬冬）

【加大司法为民力度】 1月2日，区法院审监庭审结一起极易造成不良社会影响的纠纷，并向原告赵某发放被告北京某公司给付的抚恤金及生活困难补助费等各项费用160万元。3月22日，诉讼服务办公室党支部与北方工业大学文法学院举行大学生法律志愿者服务启动仪式暨第一期专题培训，提升法律志愿者诉讼服务能力和水平。5月22日，刑庭与区司法局就刑事律师辩护工作的开展进行交流，年内新收案件律师辩护率达到100%，有效保障被告人合法权利。8月1日，区法院作为全市五家试点法院之一，就新收案件先行落实审判流程信息公开工作。年内，区法院设置专门窗口，通过窗口预约方式向当事人送达各类诉讼文书1116人次，成功率达100%。

（孙冬冬）

【党建工作】 1月3日，区法院机关党委开展支部规范化建设，规范支部组织结构。2月6日，召开2017年度专题民主生活会，增强党组班子的凝聚力、战斗力和向心力。3月13日，召开“不忘初心 牢记使命”2017年度专题组织生活会，开展民主评议党员工作。4月11日，开展“社区吹哨 党员报到”活动，组织145名在职党员在线回社区报到，充分发挥党员在基层社会治理中的作用。6月28日，区委政法委到区法院督查指导党建工作。7月18日，组织在职党员参观“真理的力量纪念——马克思诞辰200周年主题展览”。20日，区法院院长为全院干警讲授《于历史的回望中坚定文化自信——在司法实践中培育、践行和弘扬社会主义核心价值观》专题党课，该党课在全市法院第十五届党课评比中荣获“最佳党课”。9月4日，市高院政治部主任到区法院专题调研党建队建工作，并听取市人大代表、市政协委员的意见和建议。9月，制订《门头沟法院学习习近平新时代中国特色社会主义思想测试卷》，组织全体党员干部群众进行闭卷考试。10月15日，开展“传承法庭精神”主题党日活动，深入学习贯彻市高院院长调研慰问斋堂法庭时的讲话精神。11月，院史馆筹建完成并投入试运行，各党支部组织干警进馆参观，进一步增进干警的自豪感、幸福感、归属感。

（孙冬冬）

【“多元调解+速裁”工作模式】 1月3日，区法院到通州法院就民商事速裁和多元纠纷解决机制改革情况进行学习交流。1月，速裁庭组织开展多元调解业务培训。2月6日，与区司法局就诉前调解工作交流座谈。4月12日，速裁庭干警马钢锤荣获北京市法院“优秀速裁法官”、人民调解员孙启涛获北京市法院“十佳特邀调解员”。6月，与司法局联合开展“诉前调解参与度”调研。12月10日，到区人力资源和社会保障局为2018年基层调解组织培训会授课。11日，举办“分调裁一体化”平台培训会。年内，区法院多元调解成功和速裁结案4178件，占同期民事案件总结案量的62%，“多元调解+速裁”工作绩效在全市17家基层法院中排名第三。

（孙冬冬）

【区法院工作报告获全票通过】 1月11日，区法院党组书记、院长在门头沟区第十六届人民代表大会第四次会议上作2017年法院工作报告。12日，该报告获全票通过。

（孙冬冬）

【深化家事审判方式改革】 1月16日，到区康馨社会工作事务所，就社会调查以及社会观护问题进行座谈。2月，区法院联合区妇联、区教委、区民政局、区司法局、团区委、区老龄办、区文明办等8家单位共同成立门头沟区婚姻家庭关系修复中心。3月6日，召开家事调解员见面会。4月21日，参加“第五届中国婚姻家事法实务论坛”。6月12日，未审庭编写的《北京市门头沟区人民法院借力中华文化经典提升家事案件审判质效》被最高人民法院信息专刊刊载、推广。7月3日，未审庭负责人应邀参加最高人民法院调研北京法院未成年人审判工作座谈会，7日，参加由中华女子学院法学院主办的“社会工作硕士”人才培养暨社会工作介入妇女儿童维权工作研讨会，并作主题发言。24日，北京市妇儿工委办公室常务副主任、市妇联副巡视员率北京市“十三五”妇女儿童规划中期评估督导组到区法院调研指导少年家事审判工作。7月，未审庭负责人张莹获“全国法院家事审判工作先进个人”称号。11月8日，“心理健康辅导站”案例获“2018年度首都未成年人思想道德建设优秀案例”创新优秀案例提名，并被《北京日报》专版刊发。

（孙冬冬）

【司法廉洁教育】 1月18日，区法院召开“廉洁·担当·奉献”2018年廉政监察员总结培训会，20名廉政监察员及9位来自各行业的特邀监督员代表参加。4月12日，召开2018年党风廉政建设暨反腐败工作会议，进一步严明纪律，筑牢思想防线。13日，向全院干警下发《门头沟法院2018年党风廉政建设资料汇编》。6月，组织开展司法作风问题专项督察工作。7月13日，组织全体中层干部、廉政监察员对《中华人民共和国监察法》进行集体学习。8月，举办廉政文化书法比赛，有效增强法院廉政文化的吸引力、感召力，区纪委宣传部公众号“清风门头沟”予以刊载宣传。9月13日，举行特邀监督员聘书颁发仪式，为18名特邀监督员颁发聘书。18日，区法院院长及党组全体成员到区廉政警示教育基地参观“强化依法履职意识　维护国家监察权威”主题展览。9月，组织党员干警学习新修订《中国共产党纪律处分条例》。

（孙冬冬）

【司法责任制落实】 1月18日，区法院召开第一次院级法官会议，就民一庭提请讨论的一起案件进行研讨。23日，民一庭召开法官助理会议，建立法官助理自治机制。7月17日，出台《聘用制审判辅助人员管理办法》和《聘用制审判辅助人员考核管理实施细则（试行）》，对聘用制审判辅助人员确立保障规范化、培养定向化、管理制度化、薪酬系统化、成长规律化的管理模式。8月22日，市高院党组书记、代院长在区法院报送的《门头沟法院调研合议庭审判责任运行的制约因素并提出对策》的信息上作出重要批示：“各项对策很有现实意义，请审管办研究。”10月16日，北京市法学会联合门头沟区法学会举办“法治文化基层行暨司法改革回头看”主题研讨会，区法院4名法官分别作重点发言。22日，区法院院长主持召开审判委员会会议，讨论首例由市监察委员会指定管辖的职务犯罪案件，区检察院副检察长列席会议。29日，召开案件质量专项讲评会。年内，院庭长带头审理疑难复杂案件，总共办结案件6060件，结案总数占全院结案数的55%，位列全市法院第二。

（孙冬冬）

【参与乡村治理体系构建】 1月19日，斋堂法庭获“北京市法院十佳人民法庭”称号，王平村法庭获“人民法庭单项工作突出贡献奖”。4月26日，王平村法庭与妙峰山镇政府、司法所以王某诉王某案为例，就法庭参与基层社会治理进行沟通交流。5月8日，王平村法庭到大台街道落坡岭社区，就乡村社会老人赡养法律问题进行普法授课。6月1日，潭柘寺法庭党支部举行“党群服务中心”成立仪式，设立北京市首家专业型“党群服务中心”，区委组织部副部长、潭柘寺镇党委书记出席并为“党群服务中心”揭牌，潭柘寺镇辖区12个村党支部书记出席该仪式。7月，潭柘寺法庭党支部联合百度公司开展“参与综治　助力安全”主题党日活动，并就地图导航、地图数据更好服务道路交通综合治理交流座谈。9月27日，法制日报以《一个中心　一张地图　一份章程　潭柘寺派出法庭走出党建新路》为题，报道潭柘寺法庭借助打造“辐射型”党支部，参与乡村治理、服务辖区百姓的事迹。10月，斋堂法庭与清水、斋堂、雁翅三镇党委、政府，就人民法庭参与基层社会治理工作进行交流。11月22日，斋堂法庭与清水镇司法所座谈，并就法庭诉讼与基层民调深度合作达成一揽子规划。年内，持续开展“和谐无讼村居”创建。

（孙冬冬）

【学术讨论和调研工作】 1月24日，区法院干警撰写《引入专业财务审计　解决法人被执行人隐匿财产问题》刊载于《人民法院报》理论版。3月22日，举办知网使用讲座及“获奖作者面对面”论文写作交流。5月9日，区法院干警撰写《家事案件执行难的原因和对策》刊载于《人民法院报》理论版。7月8日，在中国法学会主办的第十三届中国法学青年论坛中，研究室2名干警撰写论文《新形势下乡土法官调解模式的检视与完善》获一等奖，是北京法院系统荣获的最高奖项，1名干警被遴选为论坛报告人并作主旨报告。12月20日，在中国法学会审判理论研究会审判管理理论专业委员会2018年年会征文中，区法院干警撰写《推进司法实质性公开的审判管理路径探究——以庭审直播形式化问题解决为视角》《案例自发性运用规则的发现及适用研究——以统一裁判尺度的功能发挥为视角》2篇论文获一等奖。全年，4篇案例被《中国法院年度案例》收录。在全国法院系统第三十届学术讨论会上再创佳绩，9篇论文分获二、三等奖和优秀奖，在全市法院总得分排名第一，其中二等奖获奖篇数（6篇）在全国排名第二，连续五年获全国法院学术讨论优秀组织奖，连续23年获北京法院学术讨论优秀组织奖。

（孙冬冬）

【人民陪审员制度改革】 1月25日，区法院应邀参加《人民陪审员法（草案）专家研讨会》暨中国法学会2018年第8期立法专家咨询会。3月15日，人民陪审员王金锁作为特邀嘉宾参加“《最高人民法院工作报告》系列解读之四——深入推进司法体制综合配套改革”访谈节目，介绍区法院人民陪审员改革经验做法，新华网、人民网、法制网、新浪网等多家媒体全程直播。5月17日，民二庭适用“3+4”大陪审员模式审理案件，这是《人民陪审员法》出台后，北京法院首次适用“3+4”大合议庭审理涉征地拆迁案。6月1日，民一庭庭长梅宇参与撰写《<中国人民陪审员法>条文理解与适用》正式发行。7月1日，中央电视台社会与法频道播出《立法监督“无袍法官”》，推介区法院人民陪审员工作。17日，人民陪审员王金锁在北京市法院2018年人民陪审员工作培训班座谈会上交流发言。11月29日至30日，民一庭庭长到湘潭大学参加“中国司法改革的镜鉴：人民陪审员制度改革与立法”“陪审案件事实问题与法律问题区分的规则与程序”学术沙龙及研讨会，并作主题发言。

（孙冬冬）

【实质性化解行政纠纷】 1月30日，区法院行政庭就消防执法问题与区公安消防支队召开行政诉讼工作座谈会。4月，制发2017年度行政审判年度报告。5月24日，适用“3+4”大合议庭模式审理一起房屋登记行政案件，区人保局、区司法局、区规划国土分局等180余名行政机关工作人员旁听。6月20日，就原告韩某诉被告北京市规划和国土资源管理委员会行政处罚、中华人民共和国国土资源部行政复议一案，向原国土资源部发出司法建议，并收到现自然资源部回函。8月8日，行政庭受邀到雁翅镇就拆除违法建设与雁翅镇领导班子座谈。21日，公开开庭审理一起拆除违法建设典型案件，区财政局、公安分局执法人员以及由区委政法委组织的乡镇干部100余人旁听。11月，行政庭干警受邀到区维稳例会授课，各镇街、委办局负责维稳领导80余人参加。12月7日，区法院院长在全区政法领导干部学习贯彻习近平新时代中国特色社会主义思想专题研讨班上，作题为《坚持公正司法　努力让人民群众在每一个司法案件中感受到公平正义》专题授课。年内，配合推进行政机关负责人出庭应诉，区领导作为行政机关负责人出庭应诉，取得良好效果；非诉执行案件裁定准予执行率达100%，四分之一以上的涉区行政机关案件通过协调方式解决。

（孙冬冬）

【基本解决执行难取得成效】 2月8日，执行局获第十届北京市“人民满意的政法单位”争创奖。4月，执结一起物权保护纠纷案件，长期抢占某村村委会房屋的被执行人王某等具结悔过。5月24日，在国家法官学院执行学院成立揭牌仪式上，最高人民法院院长点名表扬区法院执行工作。31日，国家法官学院专门委派专家到区法院实地调研，提炼执行工作经验。7月1日，区法院作为唯一一家基层法院，被最高人民法院确定为全国五家“解决执行难样板法院”之一。8月10日，最高人民法院第四巡查组副组长到区法院巡查基本解决执行难工作。11月，执结一批涉东方龙泉装饰砖有限责任公司员工宿舍楼的群体腾退案件，在未采取强制措施的情况下，执毕36起涉房屋腾退案件。12月25日，新华社《瞭望东方周刊》以《“老赖”的代价》为题推介区法院执行工作，网络浏览量破百万。年内，先后召开“‘搜查+审计’解决法人类案件执行难”“家事类案件执行工作”“打击拒执犯罪攻坚执行难”新闻通报会，多次受邀在地方法院执行人员培训班上交流区法院信息化执行团队工作经验，全国百余家高、中、基层法院前来学习。

（孙冬冬）

【安保维稳工作】 2月26日，区法院全面启动“战时”安保维稳工作机制。6月27日，参加区委政法委组织召开的涉法涉诉信访改革专题培训。7月13日，法警大队安检法警查获一把仿真手枪，并按规定予以没收。18日，到河北省徐水县走访重点信访人吴某某，并做矛盾化解工作。27日，召开会议学习北京法院“中非论坛”安保维稳工作部署会议精神，研究具体贯彻落实举措。8月1日，审监庭就该庭审结的一起长期未结案，开展后续协调收尾工作，确保重大敏感时期平稳过度。9月10日，召开涉诉信访案件化解工作研讨会，对在账涉诉信访案件及重点人逐案指导、分析。11月13日，与延庆法院就重点信访终结案件审查工作开展联合座谈。12月，法警大队迅速妥善处理一起声称因生活所迫欲在法院门口上吊吸引围观的恶性事件。

（孙冬冬）

【培育践行和弘扬社会主义核心价值观】 3月14日，区法院到平谷区法院，就培育、践行和弘扬社会主义核心价值观工作进行学习交流。21日，举办“社会主义核心价值观融入司法裁判研究”调研课题专家论证会，来自全国人大、中央党校、人民日报、中国法学会、最高人民法院、司法部等部门的专家领导对课题的理论价值和实践意义给予肯定。6月8日，召开“培育、践行和弘扬社会主义核心价值观”典型案例新闻通报会暨人大代表征求意见座谈会，10位市人大代表到区法院视察调研，市高院研究室主任，办公室副主任陪同调研、座谈。8月1日，院长就区法院培育、践行和弘扬社会主义核心价值观工作接待新华社到访记者。12月，区法院干警撰写的《核心价值观的公信表达与裁判文书说理》在第十三届“环渤海区域法治论坛”征文中获二等奖，并在2018年北京市“百名法学家百场报告会”首都法学家专场报告会（原首都法学家论坛）中获优秀奖。年内，《社会主义核心价值观融入司法裁判研究》调研课题通过最高人民法院司法案例研究院结项评审。

（孙冬冬）

【自觉接受人大、政协监督】 3月16日，区法院颁发《门头沟法院2018年人大代表联络工作方案》。4月10日，区人大常委会副主任、区人大法制委员会主任委员一行到区法院调研视察。24日，区法院副院长、政治处主任在区第十六届人大常委会第十次会议上就司法改革工作情况作汇报。6月28日，市人大常委会内务司法办公室主任，区人大常委会主任陈国才等市人大代表一行到区法院专项调研解决执行难工作。11月27日，区政协主席张冰等，各室主任及部分政协委员，特邀监督员15人到区法院调研指导工作。11月，执毕全国人大代表关注的中国华融资产管理股份有限公司北京市分公司申请执行中康酒店管理有限公司等六案。年内，建立与市区人大代表结对联络机制，开通代表联络手机信息平台，邀请市区人大代表、政协委员视察法院31场。

（孙冬冬）

【电子卷宗同步生成及应用工作】 3月20日，区法院参加2018年北京市法院信息化工作部署会暨办案规范信息化工作推进会。4月24日，诉服办与立案庭、技术室、影研公司扫描人员针对电子卷宗及深度应用召开座谈会。9月6日，诉服办、立案庭与技术室召开座谈会，共同探讨电子卷宗立案前扫描的流程及技术需求。12日，与市高院诉服办座谈，汇报立案前扫描工作具体流程及技术需求。11月27日，市高院诉服办副主任4人到区法院调研并指导电子卷宗随案同步生成和深度应用工作。12月11日，立案庭正式采用“立案指引—卷宗扫描—立案登记”模式进行诉前扫描。12日，市高院党组副书记、副院长到区法院调研指导电子卷宗随案同步生成和深度应用工作。26日，召开电子卷宗随案同步生成和深度应用培训会。年内，区法院成立电子卷宗随案同步生成工作推进领导小组，并先后到江苏、江西、河北、吉林、深圳五地法院考察电子卷宗随案同步生成与深度应用工作。

（孙冬冬）

【扫黑除恶专项斗争工作】 3月30日，区法院刑庭与区公安分局刑侦支队就扫黑除恶专项斗争工作进行沟通，提前摸清案件底数，确保扫黑除恶工作有序推进。6月1日，市高院党组成员、副院长到区法院调研指导扫黑除恶专项斗争工作。6月，与区检察院、区公安分局联合举办2018年第一期公检法培训，就扫黑除恶专项斗争工作会商机制、信息通报机制达成共识。8月，完成区现任村、社区“两委”干部资格复审工作。11月20日，召开扫黑除恶专项斗争联席会议第一次会议，成立扫黑除恶专项斗争办公室。12月25日，召开扫黑除恶联席会议第二次会议，对各部门上报的涉黑涉恶线索进行审议。年内，在诉讼服务大厅设置专门窗口，专人接待举报黑恶势力犯罪线索的来访群众，建立“入户式、巡回式”宣传发动机制，先后4次开展专项斗争宣传，为扫黑除恶专项斗争营造有力声势；对2013年以来受理的2万余件案件进行线索摸排，移交案件线索16件。

（孙冬冬）

【法治宣传活动】 4月13日，区法院民二庭到滨河西区社区开展“规范民间借贷　远离高利诱惑”法治宣传活动。5月8日，民二庭组织40余名华北电力大学师生观摩某股东损害公司债权人利益责任纠纷案庭审，推进法治宣传教育。6月27日，刑庭公开审理耿某诈骗一案，区公安分局组织10余名民警到场旁听，多家媒体记者到场进行宣传报道。7月5日，速裁庭到中门寺南坡小区开展“普法丝丝沁润　社区处处和谐”普法宣传活动，发放宣传材料90余份，解答群众法律问题30余次。8月28日，举办第二期外宣专题培训会，邀请区委网信办舆情、宣传工作兼“京西门头沟”微信公号负责人到院授课。国庆期间，原创《我爱你，中国》MV受到社会关注，被人民日报、新华网、最高人民法院、全国少工委等媒体转发，仅国庆当天点击率就达25万余次，并被最高人民法院作为样板向全国法院进行作品征集。10月10日，未审庭干警以“远离校园暴力　尽享美好青春”为主题，到北京科技高级技术学校讲授法治课。12月4日，民一庭公开开庭审理一起装饰装修合同纠纷案件，北京电视台等媒体进行现场采访。年内，区法院被评为“全国法院新闻宣传先进单位”“2018年度在司法宣传工作中做出突出成绩的人民法院”。

（孙冬冬）

【优化营商法治环境】 5月9日，区法院召开“劳务合同纠纷典型案例”新闻通报会，强化诚信劳动关系建设。9月4日，利用集约送达一体化平台对一起民间借贷纠纷案件完成首次电子送达。11月9日，到区石龙经济技术开发区，实地考察北京精雕科技集团、北京遨博智能科技有限公司等民营企业，就服务保障民营企业发展进行专项调研，区委常委副区长、石龙开发区管委会工委书记参加调研。12日，到区司法局交流电子送达工作，就提高商事案件电子送达使用率相关事宜进行磋商。12月29日，《门头沟法院通过分步化解、调解贯穿，为企业产业转移提供有力司法保障》案例获北京法院为“疏解整治促提升”专项行动提供司法保障优秀案例。

（孙冬冬）

【创建全国文明城区工作】 8月10日，区法院未审庭联合区司法局共同举办“创城进行时　法治伴我行”苗苗普法夏令营法院开放日活动。27日，区创城办到区法院检查未成年人心理健康辅导站建设情况。8月至9月，各部门纷到社区开展“法治宣传伴您行　全民创城齐行动”为主题的普法宣传系列活动。9月29日，速裁庭党支部组织全体干警在永定河畔开展“清洁环境卫生助力创城　创建美丽家园　你我先行”主题党日活动。年内，区法院共计为到院群众发放创城宣传手册600余册，发送创城倡议短信1000余条，并组织各党支部参加区“公共文明劝导”志愿活动，助力全国文明城区创建工作；区委宣传部部长、副区长先后到区法院调研指导“创建全国文明城区”工作。

（孙冬冬）

【司法服务和保障】 11月21日，斋堂法庭到斋堂镇政府、爨柏景区，联络协调旅游案件巡回审判点建设工作。27日，到斋堂镇政府旅游科座谈，推进旅游案件巡回审判工作和巡回审判点建设工作。12月27日，斋堂法庭在爨柏景区正式挂牌设立“北京市门头沟区人民法院斋堂人民法庭旅游案件巡回审判点”。年内，探索由潭柘寺法庭集中管辖生态环境保护类案件，加强环境资源审判专业化建设。

（孙冬冬）

【院史馆筹建完成并投入试运行】 11月，区法院院史馆完成建设及布展工作，并投入试运行。院史馆分为“瞻彼西山　肃然望慕”“审思明辨　善尽职守”“执义秉德　明体达用”“以文化人　美成在久”四大板块，多角度、全景式集中展示区法院的历史轨迹。年内，各党支部开展“忆院史　寻初心”“以史为镜　知往鉴今”等主题党日活动，组织200余名干警积极进馆参观。

（孙冬冬）

【干警综合能力提升】　年内，制订《关于开展青年干警到镇街跟班学习的实施办法（2018年）》，全年共分期选派20名青年法官助理到乡镇、政府部门等基层一线跟班锻炼，《人民日报》评论员文章以“从生活中汲取司法智慧”为题对该做法给予肯定。1月，1名干警入选北京市“百名法学英才”培养计划。3月，研究室获“第十届北京市法院系统先进集体”，诉讼服务中心获“北京市三八红旗集体”，执行局获“第三届北京市模范法官”，潭柘寺法庭1人获“第十届北京市法院系统先进法官”，2人获“第十届北京市法院系统先进工作者”。4月19日，立案庭在2017年度北京市法院立案审判工作先进单位和个人的评选活动中，获“立案登记先进单位”称号，共产党员先锋岗1人获“立案工作先进个人”称号。8月3日，在首届北京法院“模范审判团队”“先进审判团队”评选中，执行局王磊审判团队获“北京市法院模范审判团队”称号，未审庭王丽娟审判团队、潭柘寺法庭左慧玲审判团队获“北京市法院先进审判团队”称号。10月31日，4人被聘任为第六届北京市法官兼职教师。年内，区法院副院长、院长分获第三届、第四届“北京市审判业务专家”称号，2人分获第三届、第四届“北京市审判业务专家”提名奖。12月18日，区法院与中央财经大学法学院举行“法治实践教学与研究战略合作协议”签约暨“法学教学实践基地”揭牌仪式。

（孙冬冬）

【下属单位情况】

单位名称：北京市门头沟区人民法院斋堂人民法庭
地　　址：门头沟区斋堂镇斋堂大街10号
电　　话：61868285
邮　　编：102309

单位名称：北京市门头沟区人民法院王平村人民法庭
地　　址：门头沟区王平镇惠和新苑小区13号楼
电　　话：61859615
邮　　编：102301

单位名称：北京市门头沟区人民法院潭柘寺人民法庭
地　　址：门头沟区京潭大街与208村道交叉口东北200米
电　　话：61868976
邮　　编：102308

（孙冬冬）

司法行政

【概况】　2018年，门头沟区司法局机关内设行政科室8个，即办公室、政工科、法制宣传科、基层工作科、公证律师管理科、法律援助指导科、社区矫正和帮教安置科、法制科。机关公务员编制28个，实有25人，机关工勤2人；基层司法所13个，司法助理员编制46个，实有44人；参照公务员管理事业单位1个，即法律援助中心，编制5个，实有5人；全额拨款事业单位1个，即阳光中途之家，编制7个，实有7人；自收自支事业单位1个，即北京市华夏公证处，编制8个，实有7人。

年内，深入推进“两学一做”学习教育常态化制度化延伸和发展，开展领导讲党课活动；邀请中央党校教授解读习近平新时代中国特色社会主义思想形成和基本方略；组织30余名党员干部参观“伟大的变革——庆祝改革开放40周年大型展览”；加强党支部规范化建设，充分利用“一规一表一册一网”对表对标检查，开展党支部情景模拟专业化教学，着力提升基层党支部规范化建设水平和基层党支部书记的专业化实操能力；开展党员和党组织双报到工作；加强律师行业党建工作力量，成立律师行业党支部；完成律师行业支部换届，将会长和副会长两名律师党员纳入党支部班子；修订《门头沟区律师协会章程》和各律所章程，将“坚持以习近平新时代中国特色社会主义思想为指导”和加强党的建设工作写入协会和各律所章程。强化作风建设，重新梳理制定《区司法局“三重一大”实施细则》，持续深化“为官不为　为官乱为”问题专项治理工作。开展“人人都是螺丝钉”主题教育活动。年内，全区法治宣传教育工作以“七五”普法中期检查验收为重点，以服务大局和保障民生为出发点和落脚点，牢牢把握宣传重点，扎实推进各项工作。围绕创建全国文明城区、扫黑除恶、国家安全日和宪法学习宣传等重点工作，开展线上线下宣传。建立落实普法责任制联席会议制度，明确27家联席会议成员。积极开展“12·4”国家宪法日及宪法宣传周系列宣传活动。进一步深化“苗苗”品牌建设，创新推出“拍案看法”静态电影，在军响中心小学揭牌成立“苗苗”法治文化示范校，开发“苗苗”普法夏令营主题实践活动，推进普法精品化建设。推进“法治文艺大赛”活动，选送的少儿京剧《上任》在北京市法治文艺大赛总决赛中获一等奖。举办镇街级法治文艺演出13场，村居自行组织150余场。年内，发放宣传品、宣传资料16万余册（份），发送普法短信44万条，受教育或影响30余万人。区法宣办获法治文艺大赛、法治动漫微电影征集展映活动优秀组织奖。年内，开展“我最闪耀”大比武系列活动，相继推出青年干警交心会、法治微课堂、人人都是螺丝钉征文活动，评选出矫正之星、法援之星、法宣之星、调解之星，提升司法所每名工作人员的单兵作战能力。坚持和发展“枫桥经验”实现矛盾不上交，落实人民调解参与信访化解试点工作，成立门头沟区信访诉求人民调解委员会，全年共化解矛盾纠纷28件，其中妙峰山司法所上报的《丁某某与沈某、孙某某损害赔偿纠纷调解案》被评选为北京市司法局坚持发展“枫桥经验”实现矛盾不上交十大典型案例。联合区人民法院，在扩大诉前调解案件范围、搭建多元调解平台、将调解延伸至诉讼阶段等方面进行探索研究，形成《门头沟区人民调解与诉讼衔接现状与探索》调研报告。加强司法所规范化建设，各司法所办公及业务用房面积达2058.8平方米。全年各级人民调解组织共调解纠纷3635件，调解成功3632件，成功率为99.91%，协议涉及金额393.6万元。按纠纷协议形式分为口头协议3533件，书面协议99件，履行3632件；排查纠纷295次，预防纠纷46件。加强执法督察力度，除日常对矫正工作档案、人员专业知识掌握情况等内容进行督察外，引入第三方力量参与社会调查、社区评议工作，提高执法准确性和有效性。坚持基础课和专业课相结合，探索集中教育新模式，以社区服刑人员自然属性、犯罪类别、管控等级等特征，开设基础课程，同时以社会主义核心价值观、宪法等内容为主题开设专业课程。全年接收社区服刑人员96人，解除社区服刑人员59人，开展居住地核实87件，开展矫前社会调查51件，核查入监所服刑人员156人次，刑满释放人员材料核实、转递117人次，完成视频会见29例，独立开展集中教育10次，完成对社区服刑人员重新违法犯罪危险性心理评估259人次。公证和律师管理工作服务全区中心工作、重点工程项目，为回迁房选房、农转非名额分配等主动提供综合性、全方位的公证法律服务。全年办理公证案件2427件，其中民事1505件、经济111件、涉外811件。固化“法律服务村居行”可持续模式，加大考核力度，丰富检查评估方式，确保律师服务质量不断提升，全年共提供法律服务3202次、法律咨询2656人次，同时，为群众开展法治讲座、参与纠纷调解、代写法律文书等各类服务活动。成立区律师服务民营企业团队，开展服务民营企业座谈会3次，法治讲座5次，法律咨询7次，提供法律意见10条。推行“双随机、一公开”、年度律师业务档案检查工作常态化，实现行政处罚“零突破”。加大对律师办案的监督指导，实行律师跟案制度，2018年在中央政法委高度关注的一起重点敏感案件中，区司法局高度重视，成立工作专班，多次约谈该名律师，并做好与中央政法委、当地法院以及司法局的接洽沟通，最终确保该律师在庭审中依法依规执业，得到中央政法委、当地政法委以及司法厅等部门对局内工作的认可。年内，律师范翔获“北京市律师行业优秀共产党员”称号，陈军花获“北京市律师行业优秀党务工作者”称号，周保民被评为“北京市司法行政系统法治好青年”，郝永芳获北京市“寻找律师楷模”活动提名奖，李永在北京市律协“优秀辩论词、代理词原音重现”活动中获“最佳口才奖”，张俊卿律师被推介参选北京市司法行政系统“新时代司法为民好榜样”。年内，推进“区级—镇街级—村居级”三级实体平台建设，完成区级公共法律服务中心选址工作，13个镇街级公共法律服务站以及298个村居级公共法律服务室的标识牌制作安装完成。推进农民工、未成年人、妇女、老年人、军人军属等特殊人群专项维权，全年受理法律援助案件1137件，其中受理行政案件6件；受理刑事案件327件（普通程序48件、速裁、认罪认罚279件）；受理民事案件804件（其中受理农民工讨薪援助案件521人次）。共办结法律援助案件812件，挽回经济损失1269余万元。年内，扫黑除恶专项行动成立领导小组、制发工作方案、加强督导检查，全面推动工作落实。建立健全律师事务所代理涉黑涉恶案件的请示报告、收结案登记、集体讨论等制度，全年接收报告备案律师代理涉黑涉恶案件1件，到外省市现场指导1次；对全区821名所管“两类人员”档案全面翻阅排查，积极配合区委做好“两委”换届资格审查工作；发动全区调解员力量开展扫黑除恶线索摸排；充分运用“一网两微”、户外LED屏等投放扫黑除恶宣传片、宣传标语等，共计张贴标语40余条，发放宣传资料1万余份，录制“扫黑除恶法治护航”《法治一刻》专题片并制成光盘发放到全区各单位、各村居。年内，区法宣办获2017年度“法律十进”工作先进单位；区司法局工会经审会获“门头沟区2017年度经审工作规范化建设示范单位”；华夏公证处在门头沟区“巾帼心向党　建功新时代”主题活动中，被评为“最美的她们”；区雁翅镇人民调解委员会被评为“北京市特色人民调解组织”；矫正干警武真获“全国最美法律服务人”；华夏公证处主任路明英获“北京市三八红旗”奖章以及首都司法行政系统“担当有为好青年”荣誉称号；大峪司法所所长安福军获北京市“十佳司法所长”；龙泉司法所所长刘亚非被评为北京市“最美人民调解员”；区惠农法律援助中心工作人员康玉波被评为“门头沟区优秀人才”。

单位名称：北京市门头沟区司法局
地　　址：北京市门头沟区增产路大街46号
电　　话：69842353
邮　　编：102300

（杜　鹃）

【当选全国“新时代最美法律服务人”】　1月，社区矫正干警武真在司法部与新华社共同举办的“砥砺奋进的五年·司法行政故事”新时代最美法律服务人主题宣传活动中，作为全市唯一一名社区矫正工作者代表，当选“新时代最美法律服务人”（社区矫正工作者）。

（杜　鹃）

【分类教育课程被评精品课程】1月17日，区阳光中途之家工作人员王宇讲授的职务类犯罪分类教育课程被北京市司法局评为2017年全市社区矫正教育精品课程。

（杜　鹃）

【社区矫正案例入选司法部案例库】　1月26日，区司法局社区矫正案例《暂予监外执行社区服刑人员刘某被收监执行案例》被司法部主办的12348中国法网——司法行政（法律服务）案例库采登。

（杜　鹃）

【社区矫正微信公众号开通】　2月14日，区司法局社区矫正微信公众号“门头沟社区矫正”正式上线开通。“门头沟社区矫正”公众号日常维护和内容创作均为区司法局从事社区矫正工作的人员，先后编发30期内容。

（杜　鹃）

【公益法律志愿服务活动】　3月2日，区司法局组建法律咨询热线志愿服务队，在滨河公园广场参与全区志愿服务便民大集，围绕婚姻家庭、财产继承、劳动者维权、交通安全等群众法律需求热点开展志愿法律服务，共发放各类宣传资料300余份，解答法律咨询10人次。

（杜　鹃）

【督察社区矫正工作】　3月14日，市司法局社区矫正执法督察队到军庄司法所督察社区矫正工作。现场听取司法所社区矫正工作汇报，重点对“两会”期间社区服刑人员管理情况、社区矫正工作中存在的问题等进行督察。督察队对军庄司法所各项工作予以肯定。

（杜　鹃）

【建立落实普法责任制联席会议制度】　4月24日，区法宣办下发《关于印发<门头沟区落实普法责任制联席会议制度>的通知》，正式建立门头沟区落实普法责任制联席会议制度。联席会议由区委政法委、区人大法制办、区法院等27个部门单位组成，区司法局为牵头单位，相关成员单位分管同志为联席会议成员。主要承担组织、协调、指导、督促全区各有关部门落实“谁执法谁普法”普法责任制，组织总结交流和宣传典型经验等职责。

（杜　鹃）

【法治宣传教育领导小组工作会】　4月28日，区法宣办组织召开法治宣传教育领导小组工作会。会上，回顾2017年全区普法工作，通报2017年“七五”普法综治考核情况，对“七五”普法中期检查、法治文艺大赛、宪法主题宣传等年度重点普法任务及建立门头沟区落实普法责任制联席会议制度等进行重点部署。区领导出席会议，区法宣领导小组成员及各镇街主管领导参会。

（杜　鹃）

【村居法律顾问示范课】　5月11日，4名村居法律顾问通过案例解析、法条解读的方式，分别以妇女权益保护、家庭理财、防诈骗和安全保障义务等为主题开展示范课，与全体村居法律顾问分享主题选择、语言风格、授课形式和内容等方面经验。

（杜　鹃）

【青少年法治宣传教育活动】　5月16日，区法宣办联合市法宣办、区教委，组织大峪中学和妙峰山民族学校师生及工作人员80余人到北京航空航天大学，通过讲授法治课、参观博物馆等方式，围绕国家安全和校园欺凌开展普法宣传，为北航“青春船长”团队6名学生颁发“门头沟区

2018—2020年校园法治教员”聘书。

（杜　鹃）

【区律师行业第一次支部党员大会】　5月18日，区律师行业党支部召开第一次支部党员大会。会上，组织全体律师党员重温入党誓词，开展以习近平总书记《牢固树立“四个意识”，维护党中央权威》等讲话精神为内容的政治学习，并发布2018年门头沟区律师行业党支部工作要点。

（杜　鹃）

【法治思维养成与法治政府建设培训班】　5月24日至25日，门头沟区举办2018年法治思维养成与法治政府建设专题培训班。以课堂集中授课和法治实践课相结合的方式，围绕宪法修正案和领导干部行政履职法律风险防范进行解读，并到区法院观摩行政案件庭审。全区78家普法责任制单位主管领导参训。

（杜　鹃）

【人民调解员培训】　5月28日至30日，区司法局组织开展集中培训，各镇街调委会、各村居调委会、专业行业调委会骨干人民调解员以及专职人民调解员、人民调解志愿者等80人参加。培训围绕《习近平新时代中国特色社会主义思想的形成及其基本方略》《调解的程序和技巧》、民事调解纠纷中的情与法、调解文书及卷宗制作规范、物业类案件相关法律法规、议案说法等内容，结合课程和参训人员特点，邀请教授、律师、法官、心理学专家等作为授课教师，形成区内外相结合、高校学者与业内专家相结合的师资格局，积极满足培训需求。

（杜　鹃）

【普法嘉年华庆“六一”活动】
5月31日，区法宣办联合区司法局、区教委、斋堂镇、区团委，到军响中心小学开展普法嘉年华活动；采取“游戏闯关”形式进行趣味普法，活动共设“法网恢恢”“法行天下”等6个挑战游戏，将“法律知识就是力量”的理念贯穿始终。

（杜　鹃）

【办结首起行政处罚案件】　6月，区司法局对一名律师私设办公场所承揽业务情况，开展立案调查，最终依法作出不予处罚决定并责令改正。

（杜　鹃）

【社区矫正工作廉政风险提示“微课堂”】　6月5日、7日，区司法局分2批次为司法助理员、矫正干警、矫正协管员开设“微讲堂”，提示社区矫正工作人员从身份意识、风险意识、责任意识三方面提高廉政风险防范意识，从规范执法、优化服务、强化留痕3个维度增强风险防控、廉洁从政能力。

（杜　鹃）

【矫正帮教岗位练兵培训】　6月5日至8日，区司法局举办2018年矫正帮教岗位练兵培训。各司法所所长、副所长、司法助理员、协管员、矫正干警104人分两批次参加培训。培训邀请社区矫正管理支队、局属各部门业务骨干等围绕执法工作中的检察监督、涉矫正帮教工作信访案件处置、个案管教、重点人管控等容易出现问题的业务领域从风险防控角度着重分析、精细讲解。结业考试除分岗位笔试外，增设情景剧考核方式，参加考核人员根据现场表演，甄别其中的错误点。

（杜　鹃）

【法治文艺益民服务队成立】　6月14日，门头沟区举办法治文艺益民服务队成立暨基层巡演启动仪式。仪式上宣布成立“门头沟区法治文艺益民服务队”并授旗。法治文艺益民服务队全区优秀法治文艺骨干组成，负责深入基层配合镇街、村居做好法治文艺演出。

（杜　鹃）

【第八届司法行政开放日活动】
6月23日，区司法局以“司法行政在身边——公共法律服务伴你行”为主题，在大峪街道丽湾西园社区设置主会场，举办第八届司法行政开放日活动。市司法局基层工作处处长、区司法局领导参加。同时，各司法所、华夏公证处、区法援中心、区阳光中途之家及亚太、京典两家律所设分会场。活动综合运用张贴海报、邀请参观、举办普法讲座、发放宣传资料、解答法律咨询、现场推介等方式，全面介绍司法行政具体职能、机构设置及“智惠”服务等亮点工作。

（杜　鹃）

【党务专业情景模拟】　6月27日，区司法局开展党务专业情景模拟活动。通过角色扮演，把党支部换届选举、预备党员接收、召开组织生活会及民主评议党员等工作场景、内容进行情境预设和演练，并组织观摩、点评，着力提升党支部规范化建设水平和党务工作者的专业化能力。

（杜　鹃）

【入选北京市总部经济中介组织库】　7月，北京市京典律师事务所、北京乾同律师事务所经过区级初审、市级复审、联席会议审核，入选2018年北京市总部经济中介组织库。

（杜　鹃）

【区信访诉求人民调解委员会成立】　7月4日，门头沟区成立区信访诉求人民调解委员会，办公地点设在区信访接待室。

（杜　鹃）

【宪法专题辅导】　7月6日，区法宣办联合区委宣传部，邀请中国人民大学二级教授、法学博士、博士生导师，以《新时代的宪法发展与依宪治国》为题，从新时代依宪治国的重要性、2018年宪法修改的主要内容及领导干部学习宪法的意义等方面，在区委理论中心组学习（扩大）会议上作宪法专题辅导。区领导、法检“两长”、区二级单位主要领导及各镇街成员170余人参加。

（杜　鹃）

【法治文艺演出进军营活动】　7月12日，区法宣办联合区司法局、区双拥办、军庄镇到驻区某部队，为官兵献上相声、戏曲、魔术、快板、大鼓等原创普法节目，寓教于乐普及与生活密切相关的法律法规知识。

（杜　鹃）

【区人民调解协会换届选举工作】　7月19日，门头沟区人民调解协会换届选举工作完成。会议审议通过修改后的《北京市门头沟区人民调解协会章程》，选举产生新一届协会的理事会和监事会领导机构，11人当选为理事、3人当选为监事。副局长主持会议，市司法局基层处处长到场指导。

（杜　鹃）

【法治文艺大赛暨颁奖典礼】　7月20日，门头沟区举办“同心共筑中国梦　法治文艺京城行”2018年法治文艺大赛暨颁奖典礼。市法宣办副主任、市司法局副局长，区委常委、区委宣传部部长、区法宣领导小组副组长出席活动。12个初赛节目入围决赛，均为各单位、群众自编自导的原创节目，涉及相声、戏曲、三句半、诗朗诵、小品等形式。大峪街道选送的少儿京剧《上任》和区委政法委选送的歌曲《在没有硝烟的战场上》获大赛一等奖。全区78家普法责任制单位主管领导和社区居民代表600余人参加活动。

（杜　鹃）

【苗苗普法夏令营活动】　8月7日至10日，区法宣办联合区司法局、区法院、区教委、区纪委区监委、区地震局等单位，以普法形象代言人“苗苗”为核心，结合创建全国文明城区工作，通过参与体验智能法律服务、防震减灾科普、模拟法庭等内容，开展“创城在行动　法治伴我行”主题普法夏令营活动，中门花园社区25名青少年参加。

（杜　鹃）

【创城法治宣传活动】　8月18日，区司法局在东辛房街道主会场和其他镇街分会场开展以“法治宣传伴您行　全民创城齐行动”为主题的创城法治宣传活动。主会场包括室外、室内两个区域，室外设置法治资料发放台、法律咨询台、普法微信扫码台等，40余名村居法律顾问、公证员现场解答市民法律咨询。室内举办防诈骗“律师微课堂”和创城主题法治文艺演出。

（杜　鹃）

【法治宣传伴您行主题宣传月活动】　8月中旬至9月中旬。13个镇街、78家普法责任制单位举办“法治宣传伴您行　全民创城齐行动”主题宣传月活动。举办400余场，律师参与活动200余场；在门城湖公园沿线广播站点每天早晚人流高峰时段投放创城普法广播；在中央二套、北京科教、北京文艺等3个电视频道以每台每晚24次高频次投放创城标语口号；依托移动、联通大数据平台，发送创城普法短信44万条；利用“京西门头沟”微博、微信，“门头沟普法”微信等区级新媒体平台投放致市民朋友们的一封信和“法治宣传教育知多少”系列海报。

（杜　鹃）

【“中非论坛”安保专项督察】　8月21日，门头沟区司法局社区矫正管理支队制发“中非论坛”安保方案，结合“中非论坛”安保维稳工作需要，从隐患排查、重点人衔接、矫正措施落实、开展针对性教育、做好应急值守等8个方面对“中非论坛”安保维稳工作开展全面督察检查，确保2018年中非合作论坛北京峰会安全顺利进行。

（杜　鹃）

【区第二届律师代表大会第一次会议】　8月25日，门头沟区召开第二届律师代表大会第一次会议，区司法局领导出席，律师代表及其他律师、实习律师50余人参加。会上，回顾第一届区律师协会工作，审议通过《北京市门头沟区第二届律师协会理事会工作报告》《北京市门头沟区律师协会章程》（修订版），选举产生门头沟区第二届律师协会理事、监事以及会长、副会长、监事长、秘书长，其中理事7名、监事3名。

（杜　鹃）

【变更外聘法律顾问】 9月1日，全区各部门政府法律顾问由各自聘任改为区政府统一聘任，区司法局外聘法律顾问变更为致诚律师事务所、恒德律师事务所。

（杜 鹃）

【教育训诫工作】 9月13日，区司法局联合区法院原审法官，针对社区服刑人员张某违纪情况进行谈话教育。重申社区矫正相关事宜，要求其牢固树立服刑身份意识，认真遵守社区矫正管理规定。

（杜 鹃）

【更新行政权力清单】 9月，区司法局梳理更新9+X权力清单，细化完善相关内容并在局外网公示。

（杜 鹃）

【入驻区公共政务服务中心】 10月11日，区司法局法律援助、律师执业核准等8大项19项政务服务（公共服务）事项全部入驻区政务服务中心实体大厅，网上可办率实现100%。

（杜 鹃）

【律师工作培训会】 10月27日，全区50余名社会律师、公职律师、实习律师参加门头沟区2018年律师工作培训会，局领导、区律师协会会长出席。此次培训以“规范、提升和发展”为主题，采用授课和座谈两种形式，讲解中小律所的管理和发展，讨论、交流律师发展问题，并由区律协惩戒委主任和区司法局律管干部进行律师执业规范和执业纪律培训。

（杜 鹃）

【在押服刑人员未成年子女排查帮扶】 11月1日，区司法局以门头沟区特殊人群专项组办公室名义下发《关于开展2018年度服刑人员未成年子女排查帮扶工作的通知》开展为期一个月的排查帮扶工作。通过加强与监所沟通协作，互通门头沟籍在押服刑人员及其未成年子女情况并建立台账。组织户籍地司法所以走访社区、入户排查、个别谈话等方式，逐一核实每名未成年子女的监护人情况、心理动向、学习状况、经济状况等。动员近亲属对在押服刑人员未成年子女多陪伴、关爱，促进其身心健康发展，并协调民政、教育等有关部门做好救助帮扶工作。共排查出门头沟籍在押服刑人员未成年子女46人，未发现失学、流浪、无人监护和违法犯罪现象。

（杜 鹃）

【“七五”普法中期检查工作汇报会】 11月2日，区法宣办召开“七五”普法中期检查工作汇报会，全区13个街镇、37家部委办局参加会议。区法宣办汇报门头沟区“七五”普法以来规划实施情况；区教委、大峪街道、军庄镇等6家单位作工作汇报。区司法局负责人对各街镇、各单位“七五”普法工作给予肯定，并就下一步落实“七五”普法规划提出工作要求。

（杜 鹃）

【新入职人员培训】 11月2日，区司法局组织2017—2018年新入职人员在大峪司法所开展入职培训，大峪司法所所长作经验分享，并举办“心起点·新起航”新人座谈会。局领导参加座谈，并对新人成长成才提出具体要求。13日，区司法局组织新入职人员到区阳光中途之家听取区阳光中途之家情况介绍，学习了解矫正帮教业务知识，观看市司法局录制的北京市社区矫正巡礼宣传片，并现场观摩矫中阶段社区服刑人员重新违法犯罪危险性心理评估活动。

（杜 鹃）

【法律援助初审员联络员培训】 11月5日至6日，区司法局举办法律援助初审员、联络员业务知识培训班。采取集中培训的方式，围绕“法律援助业务”和“公共法律服务体系建设”等主题进行讲解，并邀请经验丰富法律援助律师开展以案释法讲座。全区13个镇街的280余名初审员、联络员接受培训。

（杜 鹃）

【法律援助律师业务培训】 11月14日至15日，区司法局组织全区50余名法律援助律师开展业务培训。培训采取集中授课和座谈讨论相结合的方式，邀请心理咨询专家毕金仪讲授律师与当事人沟通技巧，市律协婚姻家庭委员会副主任分享法律援助办案经验和心得体会。并就律师办理法律援助案件时效性、档案规范化以及律师在实际工作中的疑问、困难展开座谈。

（杜 鹃）

【青年干警交心会】 11月16日，区司法局组织开展以“成长·责任·目标”为主题的青年干警交心会。全局40余名青年干警参加。副局长作主题发言，从时代背景、成长等6个方面与青年干警共话成长。青年干警围绕人生目标及理想进行交流发言。局领导从把握好“初心与实践、读书与思考、现状与规则、信仰与目标”四对关系入手为青年干警寄语。

（杜　鹃）

【人民调解员必备法律常识系列讲座】　11月19日，区司法局联合京典律师事务所在律所内开展以“人民调解法+家事纠纷”为主题的讲座，讲座通过律师讲课、互动交流等方式进行。全区30余名专职人民调解员和各镇街骨干调解员参加。

（杜　鹃）

【首个宪法文化亭揭牌仪式】　11月22日，区法宣办联合区司法局、妙峰山镇在妙峰山镇斜河涧村举办门头沟区首个宪法文化亭揭牌仪式。宪法文化亭将法治楹联、宣传标牌等法治元素融入到休闲椅、秋千和凉亭等休闲娱乐设施中。

（杜　鹃）

【法治微课堂大比拼活动】　11月23日，区司法局组织各司法所共选派12名讲师就《行政诉讼法》《最高人民法院关于适用<中华人民共和国行政诉讼法>的解释》进行解读，全局50余名司法行政干警投票选出一、二、三等奖，潭柘寺司法所所长获门头沟区司法局“法宣之星”。

（杜　鹃）

【国家宪法日系列宣传活动启动仪式】　11月30日，区法宣办在区影剧院举办2018年“12·4”国家宪法日系列宣传活动启动仪式暨专场演出。区领导出席活动。演出节目围绕宪法及相关法律法规，涉及歌舞、快板、相声和魔术等，通过群众喜闻乐见的形式在全社会树立法治信仰、提高法治素养、形成法治风尚。全区普法责任制单位、各镇街主管领导及普法骨干和社区居民代表400余人共同观看演出。

（杜　鹃）

【“宪法宣传周”律师集体宣誓活动】　11月30日，区司法局首个回应北京市司法局工作部署，组织全体律师进行宪法宣誓。区律协会长担任领誓人、局领导作为监誓人参加活动。

（杜　鹃）

【对口帮扶村调研】　11月，区司法局党总支2次到白虎头村开展调研。通过座谈、走访等形式了解脱贫情况，摸清村里低收入户增收、产业发展、新增硬件设施等现状，与村委会班子座谈了解该村现实困难，就引进企业、助销小枣、建立特色主题党日活动基地、硬件支持等帮扶举措初步达成一致意见。

（杜　鹃）

【打造社区矫正线上教育新模式】

12月4日，区司法局社区矫正管理支队召开“法培在线”教育平台应用推进培训会，对软件的使用方法和相关注意事项进行现场指导。该教育平台是门头沟区司法局与新浪司法频道合作，将“互联网+”思维应用于实践。社区服刑人员可以通过手机微信端的“法培在线平台”的学习课件进行学习，内容涉及“法制教育、警示教育、心理健康、普法直播”等，该平台以真实庭审案例数据为研究素材，邀请专业讲师授课；以微信公众号为载体，为社区服刑人员提供验证、在线学习、答题、撰写心得等服务，为社区服刑人员提供专业、丰富、规范的课程内容和便利的在线学习方式。

（杜　鹃）

【青少年万人集体朗读宪法活动】

12月4日，区法宣办联合区司法局、区教委，在全区38所中小学2.6万余名师生中开展“尊崇宪法、学习宪法、遵守宪法、维护宪法、运用宪法”青少年万人集体朗读宪法活动。主会场设在新桥路中学，现场师生整齐列队齐声朗读宪法，并组成“12·4”造型的学生方阵高举“弘扬宪法精神　树立宪法权威”的红色旗，活动情况同时在全市“12·4”活动会场直播。区法宣办主任、区司法局领导，区教工委领导等出席主会场活动，并带领全校师生一同朗读宪法。

（杜　鹃）

【“讲真话、吐真言、走好矫正路”主题活动】　12月20日，区阳光中途之家组织11名社区服刑人员开展“讲真话、吐真言、走好矫正路”主题活动。每名社区服刑人员结合自身实际，讲述接受矫正后的感触、自身存在的问题及以后努力方向。区阳光中途之家工作人员结合当前形式，以案说法进行警示教育。

（杜　鹃）

【区律师服务民营企业团队成立】

12月，区司法局联合区律协，挑选优秀专业律师15名，组建区级律师服务民营企业团队，并制定工作方案，明确团队的组织架构、工作职责、工作程序、工作纪律等内容。

（杜　鹃）

【首部原创普法童话】　12月，区司法局以原创故事、原创插画、原创音频方式，在《门头沟法治季风》及“门头沟普法”微信公众号，同步推出区司法局首部原创普法童话《黑白森林与魔法笔》。

（杜　鹏）

【下属单位情况】

单位名称：北京市门头沟区大峪司法所
地　　址：北京市门头沟区龙山家园3号院龙山二区居委会三楼
电　　话：69827922
邮　　编：102300

单位名称：北京市门头沟区城子司法所
地　　址：北京市门头沟区龙门B9城子办事处
电　　话：69827440
邮　　编：102300

单位名称：北京市门头沟区东辛房司法所
地　　址：北京市门头沟区石门营新区紫金路南口（东辛房办事处院内）
电　　话：69842867
邮　　编：102300

单位名称：北京市门头沟区潭柘寺司法所
地　　址：北京市门头沟区潭柘寺镇赵家台村后
电　　话：60860689
邮　　编：102308

单位名称：北京市门头沟区龙泉司法所
地　　址：门头沟区门头沟路24号龙泉镇政府院内
电　　话：69839436
邮　　编：102300

单位名称：北京市门头沟区永定司法所
地　　址：北京市门头沟区永定镇政府石龙西路58号（永定镇政府）
电　　话：60850043
邮　　编：102300

单位名称：北京市门头沟区军庄司法所
地　　址：北京市门头沟区军庄镇政府
电　　话：60810545
邮　　编：102300

单位名称：北京市门头沟区妙峰山司法所
地　　址：北京市门头沟区妙峰山镇政府
电　　话：61880021
邮　　编：102300

单位名称：北京市门头沟区王平司法所
地　　址：北京市门头沟区王平大街东路9号（王平镇政府）
电　　话：61857278
邮　　编：102300

单位名称：北京市门头沟区雁翅司法所
地　　址：北京市门头沟区雁翅镇雁翅村公路北164号
电　　话：61839750
邮　　编：102305

单位名称：北京市门头沟区斋堂司法所
地　　址：北京市门头沟区斋堂镇大街45号
电　　话：69819036
邮　　编：102309

单位名称：北京市门头沟区清水司法所
地　　址：北京市门头沟区清水镇上清水村河西60号（清水镇政府）
电　　话：60855452
邮　　编：102311

单位名称：北京市门头沟区大台司法所
地　　址：北京市门头沟区大台路8号（大台街道办事处）
电　　话：61870462
邮　　编：102303

单位名称：北京市门头沟区法律援助中心
地　　址：北京市门头沟区增产路7号楼底商
电　　话：69843075
邮　　编：102300

单位名称：北京市门头沟区阳光中途之家
地　　址：北京市门头沟区龙泉镇三家店西老店村282号
电　　话：60864866
邮　　编：102300

单位名称：北京市华夏公证处
地　　址：北京市门头沟区增产路46号
电　　话：60864866
邮　　编：102300

（杜　鹏）

军　事

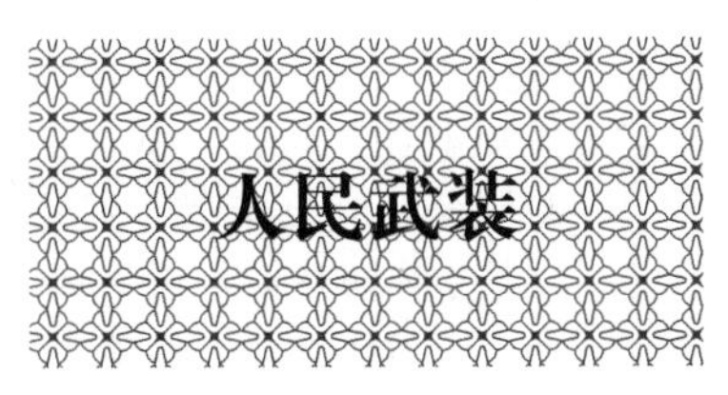

【概况】 2018年，中国人民解放军北京市门头沟区人民武装部（简称区人武部）完成政治教育、民兵整组、军事训练、民兵执勤、年度征兵、后勤保障等各项工作任务，单位全面建设不断得到加强和巩固。

单位名称：中国人民解放军北京市门头沟区人民武装部
地　　址：北京市门头沟区中门寺街18号
电　　话：61892306
邮　　编：102300

（赵兰陵　门韶兴）

【兵役登记启动仪式】 1月19日，区人武部在首都师范大学永定分校组织2018年度兵役登记启动仪式，传达和解读兵役登记有关政策精神，进行动员部署，推进兵役登记工作高标准高质量落实。启动仪式上就兵役登记工作开展步骤环节进行重点讲解。

（赵兰陵　门韶兴）

【军政座谈会召开】 2月8日，在区政府会议楼组织召开军政座谈会，区领导张贵林、付兆庚等，各相关区委办局领导，驻区连以上部队军政主官80余人参会。会上，区民政局长汇报2017年双拥工作情况，付兆庚通报2017年全区经济社会发展情况，驻区部队领导进行发言。

（喻军午）

【民兵整组培训会】 3月16日，区人武部组织召开2018年度民兵整组业务培训会。区相关委办局及各镇、街道武装部40余家单位参加培训。会上，明确2018年民兵编组任务，部署门头沟整组工作，通报下一步的主要军事工作并提出要求。军事科、政工科进行具体业务培训。

（门韶兴　喻军午）

【卫戍区副司令员调研】 4月10日，卫戍区副司令员对区人武部进行调研，副司令员对值班室、荣誉室等进行检查指导，最后听取武装部关于组织民兵高炮连参加北京卫戍区实弹战术考核工作汇报，进行讲话。

（喻军午）

【军民融合工作座谈会】 4月19日，区人装部联合石龙管委，在门头沟科技园区石龙创新大厦，召开军民融合工作暨民兵高科技连建设座谈会。区领导以及驻区部队团以上主官、科技园区企业代表参加会议。通过参观园区企业，交流和探索军民融合研究和创新成果，深入推进军民融合发展，促进军民科技基础要素融合，推动军民通用装备器材协同创新。

（门韶兴）

【军事设施保护委员会全体会议】 6月8日，在区政府会议楼四层召开门头沟区2018年度军事设施保护工作会议，相关委办局、各镇（街）武装部长和驻区部队团以上单位主要领导参加会议。会上传达全国军事设施保护业务骨干集训会议精神，部署区内军事设施保护区域划定、重新登记工作。

（杨迎峰）

【征兵宣传进校园】 6月24日，区人装部在大峪中学开展征兵宣传进校园活动，宣传征兵政策规定，培养全民国防意识，激发有志青年报效祖国，应征入伍的热情。活动中，学生和家长踊跃咨询政策规定。

（喻军午　门韶兴）

【高炮分队实弹射击战术演练】 7月1日至10日，区民兵高炮连到河北乐亭进行实弹射击演练，历时10天。考核射击成绩优秀，完成实弹战术演练任务，中央电视台、北京电视台分别作报道。

（门韶兴　喻军午）

【区领导过“军事日”活动】 7月30日，区人武部联系部队组织区领导在驻区部队公安部警卫局培训中心潭柘寺基地组织过军事日活动，活动时间半天。主要组织观摩实战化训练科目、参观营区建设情况和座谈交流等内容。

（喻军午）

【预征青年役前培训】 8月25日，区人武部组织体检合格预征青年在中部战区陆军学兵训练队进行为期5天培训。培训内容为新兵入伍科目基本内容，并进行录像辅导和授课讲解。

（门韶兴　喻军午）

【驻区部文明城区创建工作会】 8月29日，门头沟区召开驻区部队“参与第二故乡发展助力文明城区创建”工作会。会上，部署《关于在驻区部队中开展“参与第二故乡发展，助力文明城区创建”活动方案》，军地双方签订“参与第二故乡发展，助力文明城区创建”工作结对责任书，并向驻区部队发放“创城”宣传品。

（喻军午）

【夏秋季新兵欢送大会】 9月7日，在区总工会三层会议室召开2018年夏秋季新兵欢送大会。会上，新兵代表和新兵家长代表进行表态发言，宣读门头沟区籍受表彰优秀士兵奖励通报。

（门韶兴　喻军午）

【全民国防教育日活动】 9月15日，区人武部联合斋堂镇武装部在某部队围绕“传承红色基因，汇聚强军力量”为主题，组织第十八个全民国防教育日暨军营开放日活动，斋堂镇应急分队民兵和斋堂中学学生130余人参加。

（喻军午）

【民兵调整改革落实情况检查】 11月20日，全国民兵调整改革检查第二考评组一行6人，对区人武部和永定镇武装部民兵调整改革落实情况进行检查考评。检查组围绕组织领导、组织建设、政治工作、军事训练和管理使用5大项、13个分项、34个小项内容（其中区人武部本级5大项、13个分项、31个小项，基层武装部3大项、4个分项、6个小项），采取听取汇报、查阅相关软件资料、现地拉动区民兵应急连、实地到永定镇武装部核查、电话抽点基干民兵花名册询问等方法，对68个评分项目（区人武部61个评分项目，基层武装部7个评分项目）进行量化考评。

（门韶兴　喻军午）

【驻区部队消防安全检查】 11月26日至12月21日，区人武部联合区消防支队对全区19家驻区部队进行消防安全检查。查找各类安全隐患34处，对发现的问题要求立即整改和限期整改。

（杨迎峰）

【停止有偿服务任务完成】 年内，区政府领导、人武部领导多次实地查看停偿项目，组织区法院、司法局等职能部门以及相关镇街和停偿任务部队召开工作推进会，按照“一案一议”的方式，逐个项目询问进展情况，研究工作推进具体方案，明确军地单位责任，并就组织联合执法、加快法院审理进程、确保社会安定有序等具体问题作明确指示。截至年底，驻区部队涉及停偿任务3个单位按时完成停偿任务。

（刘　伟）

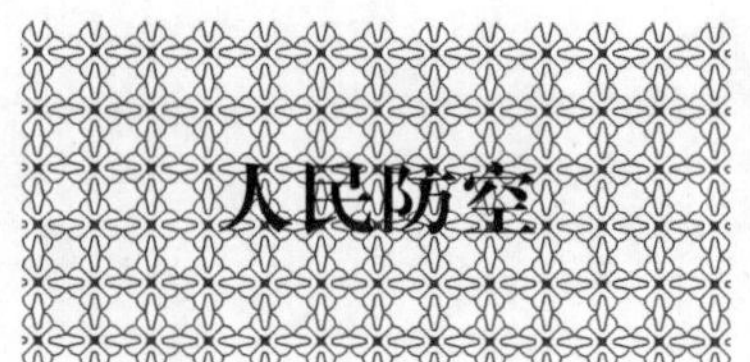

人民防空

【概况】 2018年，门头沟区民防局围绕“十三五”时期民防改革建设发展蓝图，履行“战时防空、平时服务、应急支援”使命任务，立足于民防建设发展目标、重点任务、政策措施等工作落实，开展人防工程安全检查1060人次，检查人防工程350处次，下发《人防工程限期整改通知书》15份，完成整改，对5家单位或个人进行行政处罚。完成全市民防系统视频会议保障18次、单位会议音视频保障20余次、区应急办视频会议联调5次，执行节日备勤任务32天，97人次。组织开展人防法制宣传教育活动，发放宣传资料2800余份，解答群众咨询50余次，讲解家庭防灾系列展板20次。

单位名称：北京市门头沟区民防局
地　　址：北京市门头沟区新桥大街36号
电　　话：69842578
邮　　编：102300

（张文翠）

【工作交流】 1月17日，区民防局与房山区民防局就如何做好人防工程建设审批、管理、执法检查和依法行政等相关工作进行交流座谈。4月17日，江苏省昆山市民防局一行6人到防空防灾宣教体验馆参观交流。年内，江苏省无锡市民防局、广东省人防办等组织人员到门头沟区防空防灾宣教体验馆参观交流。

（张文翠　雷　平）

【执法检查】　2月13日，区民防局对熙旺中心、PLUS365、京客隆、临镜苑、汇江大厦及倚山嘉园等人防工程进行消防安全检查。24日，对辖区人员密集区域人防工程进行安全检查。2月27日至3月7日，开展人防工程安全隐患排查。重点排查人防工程有无住人、安全疏散通道、可燃物清理和消防设备设施等。6月6日，对双峪熙望中心、冯村365购物中心人防工程进行消防安全夜查。重点检查安全用电、有限空间安全管理、消防设备设施和应急疏散通道等情况。

（张文翠　周　彭　艾建顺）

【宣传教育】　2月24日，区民防局开展“3·1国际民防日”宣传活动，组织多种形式的防灾减灾宣传活动。5月12日，开展以“行动起来　减轻身边的灾害风险”为主题的“全国防灾减灾日”宣传活动。8月8日，苗苗普法夏令营的小同学们到区防空防灾宣教体验馆参观学习，模拟“少年法厅”开庭审案，学习安全知识，体验灾害危险防护。

（张文翠　张国庆　雷　平）

【应急演练】　2月，区民防局与区应急办开展应急演练。对应急指挥车进行测试，与区应急办进行卫星联调。

（张文翠　刘燕新）

【民防为民】　3月13日，区民防局就人防工程便民为民公益化使用工作与区红十字会和物业公司三方对接。6月，组织大峪街道、浩天救援队和相关社区人员，到朝阳区甘露西园“地瓜社区”和兴隆家园“兴隆家园邻里之家文化活动中心”学习交流人防工程公益化使用经验做法。

（张文翠　艾建顺）

【回应人大代表建议】　4月8日，区民防局与区人大代表乔丽彬沟通“关于充分利用地下人防空间拓展居民活动场所的建议”办理进展情况。向人大代表通报棚改项目石门营A、B地块人防、规划、消防等手续办理进展情况，与人大代表建立定期沟通机制，及时将新进展情况通报给人大代表。6月12日，区人大代表乔丽彬到棚改项目石门营地块调研人防工程设备设施维护维修情况。

（张文翠　周　彭）

【地下空间规划专题研究会】　4月11日，区民防局与北京工大规划设计院有限公司及相关部门召开地下空间规划专题研究会。课题组部署课题安排，提出具体工作要求，相关单位提出工作建议。5月10日，召开地下空间发展规划研讨推进会。北京工大规划设计院从工作背景、规划研究、实施保障三个方面对地下空间发展规划进行汇报，参会人员对规划提出建议和意见。9月，与北工大规划研究院召开地下空间规划研究研讨会。提出地下空间综合开发的目标、思路及开发与利用的规划策略。

（张文翠　周　彭　范　萌）

【地下空间综合整治】　4月19日，区民防局召开地下空间安全隐患大排查大清理大整治行动挂账隐患“回头看”工作部署会。

（张文翠　杨文华）

【指挥通信演练】　4月23日至27日，区民防局参加市民防局在某地组织指挥通信车驻训。5月7日至13日，参加2018年京津冀人防跨区联合支援通信演练，前期在河北和天津两地展开。11日，河北省廊坊市人防办到门头沟参观、交流指挥通信车操作流程及发动机启动工作。6月5日，与河北省人防办、天津市人防办开展短波电台联合组网训练。11日至15日，参加河北省张家口市人防办组织的在山西省大同市“联演—2018”跨区联合支援通信演练。演练主要围绕使用卫星系统、北斗导航系统、短波通信系统等操作技能，指挥车的通联训练、超短波通信业务训练等活动。10月9日，与河北省人防办、天津市人防办开展短波电台联合组网训练。

（张文翠　孙　帅　苑拥军）

【防汛工作】　6月7日，区民防局召开2018年人防工程防汛工作会。部署2018年人防工程防汛工作任务，落实防汛工作措施，建立应急值守制度，组建应急抢险队伍，签订《门头沟区人防工程防汛责任书》。在梧桐苑八号院进行人防工程防汛应急演练。7月16日，对人防应急物资储备库、区妇幼保健院、京客隆超市（新桥店）等人员密集区域重点人防工程进行防汛检查。

（张文翠　解英鹏　杨文华　艾建顺）

【防空警报器鸣放活动】　9月11日，区民防局召开2018年警报鸣放工作部署会。15日，开展防空警报鸣放活动，在警报试鸣期间组织绮霞苑社区居民开展防空袭疏散掩蔽演练。

（张文翠　苑拥军　雷　平）

【镇街应急指挥中心建设】　10

月25日，区民防局与市民防局、区经信委等有关单位对城子街道、军庄镇2处镇街民防应急指挥中心建设项目进行竣工验收。市民防局领导检查街镇指挥所建设情况。

（张文翠 罗 强 苑拥军）

【人防工程维护维修验收】 11月13日至15日，对28处维护工程及1处维修工程进行竣工验收。

（张文翠 周 彭）

【防护工程标准审查规划项目会】 11月27日，完成2处建设项目修建人民防空防护工程标准审查。

（张文翠 杨文华）

综合经济管理

经济社会发展与综合调控

【概况】 2018 年，门头沟区发展和改革委员会（区发改委）切实发挥综合协调部门职能，推动全区经济质量持续向好的同时，疏解整治促提升、扶贫协作和对口支援、防范和化解金融风险、优化营商环境等工作亦均取得较大进展。全年完成地区生产总值 188.1 亿元，同比增长 6.2%；一般公共预算收入 31.58 亿元，同比增长 6.6%；全社会固定资产投资 132.5 亿元，其中建安投资 78.7 亿元，超额完成市级下达的 60 亿元任务指标；社会消费品零售额 69.4 亿元，同比增长 5.4%；全体居民人均可支配收入 49298 元，同比增长 7.4%；地区资源依赖度持续下降，能源消耗总量控制在 62.47 万吨标准煤左右，万元地区生产总值能耗同比下降 4.82%。

单位名称：北京市门头沟区发展和改革委员会
地　　址：北京市门头沟区新桥南大街甲 28 号
电　　话：69842187
邮　　编：102300

（胡晓颖）

【防范和打击非法集资宣月】 6 月 8 日，区发改委组织各镇街、驻区金融机构、行业主管部门等 59 个单位参加防范和打击非法集资工作部署会，聚焦重点区域、重点领域、重点人群，落实防范金融风险的各项要求，开展防范和打击非法集资宣月活动。活动采取悬挂条幅、讲师授课、张贴海报、发放宣传材料、播放公益宣传片、展板、广播站、自媒体、公众号、电子屏、视频窗、微博专栏、网站报道、新闻报道、发送短信等方式开展，发放宣传品近 2 万份，参与群众 6000 余人。

（鄢泽照）

【防范和化解金融风险工作领导小组成立】 8 月 9 日，区委办公室、区政府办公室发文，成立门头沟区防范和化解金融风险工作领导小组。部署落实市委市政府有关防范和化解金融风险工作，协调、解决防范和化解金融风险中遇到的困难和重大问题，全面守住地区不发生系统性金融风险底线。领导小组办公室设在区发展和改革委员会。

（鄢泽照）

【《门头沟区非法集资处置预案》制定】 8 月，区防范和化解金融风险工作领导小组办公室起草《门头沟区非法集资处置预案》，明确非法集资信息收集、信息上报、会商机制、风险处置、责任落实等各环节工作要求。10 月 22 日，文件由区政府办公室印发至各镇街、区各委、办、局、区直属机构。

（鄢泽照）

【打造新首钢滨河地区城市复兴新地标】 11 月 27 日，首钢集团党委书记、董事长、总经理带队到门头沟区调研交流。座谈后双方签订《合作发展框架协议》，决定在新首钢高端产业综合服务区门头沟滨河地区 4.1 平方公里区域，开启绿色高质量发展的新模式，并研究制定《门头沟区贯彻落实新首钢打造新时代首都城市复兴新地标三年行动计划工作方案》。

（安　宁）

【协同联动发展合作】 11 月 30 日，石景山区委书记到门头沟区围绕“落实新版北京城市总规，加强区域合作，推动共同发展”开展主题交流学习活动，双方签署合作发展框架协议。

（安　宁）

【西城、门头沟结对携手共谋发展】 11 月 30 日，西城区和门头沟区签订《推动生态涵养区生态保护和绿色发展结对协作框架协议（2019 年—2022 年），两区成立乡村绿色产业发展专项资金，打造精品民宿，发展绿色产业。组建工作专班，开展低收入帮扶合作、助力门头沟生态保护建设、促进门头沟产业发展、支持门头沟区公共服务和基础设施建设。

（唐忠华）

【固定资产投资】 年内，完成全社会固定资产投资 132.5 亿元，其中建安投资完成 78.7 亿元，完成年度任务目标的 131.1%，完成比例居于全市首位。其中政府投资完成 38.7 亿元，占全社会固定资产投资完成额的 29.2%；社会投资完成 93.8 亿元，占全社会固定资产投资完成额的 70.8%。83 项区级重点工程全年投资任务 51.8 亿元，实际完成 39 亿元，其中建安投资 29.3 亿元，占全区建安投资比重 37.2%。

（王亚涛）

【重点工程建安投资发挥重要支撑作用】 年内，全区安排实施区级重点工程 83 项，计划完成投资 51.8 亿元，计划完成建安投资 39.5 亿元，实际完成投资 39 亿元，完成建安投资 29.3 亿元，占全区建安投资比重 37.2%，在全区建安投资任务完成中发挥重要的支撑作用。

（曹　芳）

【永定河滨水森林公园工程】 年内，门头沟区永定河滨水森林公园工程建设项目位于门头沟区永定河西岸，分为南区、北区两部分。其中，北区（北侧地块）东至滨河公园景观大道，西至规划商业用地，南至高压走廊，北至侯庄子桥；北区（南侧地块）东至滨河公园景观大道，西至规划商业用地及西六环路，南至西长安街沿线，北至高压走廊；南区东至滨河公园景观大道，西至西六环路，南至西峰寺沟，北至西长安街沿线。项目总占地约 61.4 公顷，建设内容包括：绿化工程、庭院工程、给排水等配套基础设施和公共服务设施。工程总投资 11472.51 万元。

（马　滨）

【京津风沙源治理二期工程推进】 年内，继续推进京津风沙源治理二期工程。完成 2015 年项目区级预验收，并根据市级验收意见完成整改，启动竣工决算编制准备。完成 2016 年项目建设和专业自查，2017 年项目基本完工，2018 年项目林业工程 1.5 万亩困难立地造林基本完工，小流域综合治理工程、易地搬迁工程加快施工招标；2019 年项目取得实施方案批复。

（赵　振）

【扶贫协作和支援合作工作】 年内，区主要领导带队 7 次到河北涿鹿县、内蒙古武川县和察右后旗、西藏堆龙德庆区进行调研对接，与结对受援地区党政负责同志共同谋划扶贫协作和携手奔小康工作。成立“门头沟区扶贫协作和支援合作领导小组”，区委书记、区长任组长；7 名区委常委和 4 名副区长任副组长，明确常务副区长为主管区领导；43 家区属部门、镇、街道、群团组织及前方挂职干部为成员单位。研究制定《门头沟区扶贫协作和支援合作精准帮扶工作实施方案（2018—2020 年）》《门头沟区扶贫协作和支援合作专项资金管理暂行办法》《门头沟区助力涿鹿县、武川县、察右后旗、堆龙德庆区打好精准脱贫攻坚战三年行动计划》等 8 个文件，形成规范的扶贫支援工作制度体系。除市级统筹资金外，全年共向四地援助区级东西部扶贫协作携手奔小康资金 1010 万元，动员引导社会力量捐款 524 万元，捐物折款 199.5 万元，有其中西藏堆龙德庆区已实现脱贫摘帽，其它地区完成年度脱贫任务。继续深化与湖北省神农架林区开展对口协作，捐赠 96 万元设置 200 个生态管护岗。

（赵　振）

【人口调控工作任务】 年内，区发改委将全年人口调控目标任务分解细化到各镇街，与各镇街签订《2018 年人口调控工作责任书》，全年将全区常住人口规模控制在 33.1 万人，完成年度人口调控任务目标。

（王晓娜）

【“疏解整治促提升”专项行动工作】 年内，区发改委制定《门头沟区“疏解整治促提升”专项行动 2018 年工作计划》，明确各牵头部门专项行动任务，与区政府签署《2018 年“疏解整治促提升”专项行动责任书》，全年市级上账任务中涉及门头沟区 7 类 13 小项任务中，6 项超进度完成任务，7 项任务提前完成任务。完善信息报送长效机制，强化“周信息、月报告、季度分析”，出版《“疏解整治促提升”专项行动简报》16 期，其中专刊 9 期。

（王晓娜）

【门头沟区战略和产业发展专题研究】 年内，委托波士顿咨询公司开展门头沟区战略和产业发展专题规划，更深入挖掘和剖析区域内三次产业发展的根源性问题，分析潜在产业要素与机遇，提出“打造中国山地经济 2.0 模式的发展示范”的门头沟区产业发展定位和聚焦“文旅体验、医药健康、科创智能”三大重点方向，以及重点打造四大产业集聚区的产业空间布局蓝图。

（安　宁）

【公共资源交易门头沟区分平台整合完成】　年内，公共资源交易门头沟区分平台整合完成，地址在滨河路18号住建委办公楼一、二、三层。设5间开标室，6间评标室，以及答疑室、等候室、专家休息室、档案室等，加上公共服务区、办公区1400余平方米。分平台可实现工程招标投标、政府集中采购、分散采购、散小工程、场地预约、电子评标等功能，各类交易信息、主体信息、信用信息、监管信息自动推送到市公共资源交易平台，实现数据共享。12月6日，区承发包中心、区采购中心入驻并开始系统、场地测试。

（刘永婷）

【进一步优化营商环境三年行动计划出台】　年内，区发改委制定包括政务服务提质增效行动、投资贸易扩大开放行动、双创生态部署打造行动、诚信法治环境提升行动、宜居宜业环境建设行动“五大”行动计划，在21个方面制定77项具体任务，明确牵头单位及责任部门，包括政务服务、投资贸易、创新创业、诚信法治及基础环境建设等方面。文件由区委印发。

（刘永婷）

【物价监督检查】　年内，区发改委开展价格专项检查11项，节假日和重大活动价格专项检查7项。通过检查，规范经营者价格行为，营造良好的市场价格环境。全年共办理价格举报238和价格投诉19件，查处价格违法案件10件，罚款34613.64元，协调退款2056元。

（曲泽琛）

【2018年采购招标任务完成】
年内，区发改委规范政府采购行为，降低采购成本，提高政府财政资金的使用效益。2018年完成财政部门下达的招标工作任务，全年采购预算6.95亿元（不含定点供应商招标），当年完成6.63亿元，合同金额6.42亿元，节约资金0.21亿元；另完成去年结转的采购任务1.38亿元，结转下年招标0.32亿元；完成采购批次118次，完成项目验收30次。

（索　镜）

财　政

【概况】　2018年，门头沟区财政局继续推进各项财政体制改革，不断加强财政统筹保障能力，确保门头沟区经济社会环境健康稳定发展。全区经济保持稳定增长态势，财政收支执行情况总体平衡，完成全年预算任务。年内，门头沟区一般公共预算收入315761万元，同比增长6.6%，一般公共预算支出1063385万元，同比增长11.7%。年内，区财政局获北京市三八红旗集体。

单位名称：北京市门头沟区财政局
地　　址：北京市门头沟区滨河路56号
电　　话：69844680
邮　　编：102300

（孙　庞）

【支持商务系统疏解整治促提升】
2017年至2018年，区财政局共安排137万元用于支持门头沟区商务系统落实“疏解整治促提升”专项行动。支持“好望农副产品市场中心转型升级”项目。疏解81户散乱摊贩、疏解从业人员30余人，引进稻香村等企业，实现集约发展、提升街区面貌和服务品质。支持“门头沟区便民网点电子地图”项目。完成门城地区信息采集工作，待山区信息采集完成后，将以微信公众号形式为门头沟区居民提供便民网点地址、介绍、导航等服务。支持门头沟区“生活服务业网点品质提升”项目。根据市专项考核结果，门头沟区13家便民网点通过考核，成为门头沟区提升生活性服务业规范化、品牌化、便利化的新标杆。支持“生活性服务业设施规划”编制项目，细化商业配套设施配备标准，加强生活性服务业配套建设。

（陈　杰）

【保障国家卫生区建设】　2017年至2018年，区财政局安排专项资金628万元，通过政府购买服务方式，由区卫计委招标专业消杀公司，在门头沟区门城地区建立完善专业病媒生物防制体系，确保门城地区鼠、蚊、蝇密度始终控制在国家标准以内。

（王亚杰）

【支持科普实验室建设】　2017年至2018年，区财政局投入80.194万元支持区科技开发实验基地实验室建设，使实验室具备植物种子资源保育、土壤测试分析、农产品质量安全、植物生理生化、植物组织培养和生态修复等方面常规分析、测试和化验功能。

（张桂玲）

【财政绩效评价工作】 年内，区财政局不断推进绩效评价工作。探索预算绩效管理方式。选取21家预算部门作为试点，建立预算绩效管理体系。共梳理出重点职责79项，职责变动3家，明确交叉职责边界10项，建立“部门职责—工作内容”目录212项。设立职责绩效目标79项、工作内容绩效目标212项，绩效指标832个。强化绩效目标管理。绩效目标随预算同上报、同审核、同批复，部门、单位和资金覆盖面均达100%，使全过程绩效管理有依可循。并对专业性较强、资金规模较大、超出财政业务研判范围的项目，开展事前绩效评估辅助审核，凡不予支持的项目一律不予安排资金，从源头控制没有绩效和低效的财政支出。加强绩效跟踪与监控。加强日常支出进度和重大项目、重点领域资金监控的同时，建立以问题为导向的事后评价机制，实施“双监控”。建立宣传机制。通过区电视台、京西时报等公众媒体等宣传预算绩效管理理念，形成讲绩效、重绩效、用绩效的良好氛围，为预算绩效管理营造良好舆论环境。

（周秀勇）

【镇街财政管理体制改革】 年内，区财政局继续完善镇街财政管理体制改革。制定《门头沟区强化镇街自主经费保障方案》，根据镇街事权建立八大类“清单式”财政管理体制，按照“约束性任务”和“指导性任务”不同，明确资金支出范围及要求，提高镇街自主统筹能力，提高资金使用效益。制定完成《门头沟区街镇非在编人员清理整合试点工作方案（试行）》，通过非在编人员清理整合工作，理顺条块关系，推动工作力量和工作重心下沉基层，同时整合优化队伍，实施减量发展。加强对镇级预算信息公开的指导，要求各镇进一步细化公开内容，完善公开形式，不断提升全区预决算信息的规范性、统一性和透明度。强化镇街财政专项监督检查，以问题为导向，重点检查镇街非在编人员资金使用情况，保障财政资金安全运行。

（郭　凯）

【政府采购监管】 年内，区财政局继续加强采购监管工作。加大制度监管，转发市局采购政策文件10件，结合区域管理出台车辆维修、会计审计服务、工程造价咨询、办公设备等6类定点服务（供应）商管理办法，制定《门头沟区政府采购代理机构信用评价和监督管理》（暂行办法）。全面落实“双随机一公开”要求，建立完善常态化的政府采购监督检查工作机制，4月，对在门头沟区进行代理服务的招标代理机构，进行开评标场所专项检查。10月，开展对区采购中心的监督考核工作。完成新政府采购系统的上线工作。解决采购审批手续繁琐，工作效率低等问题。对在2017年采购代理机构检查中发现存在违法行为线索的单位进行立案调查，根据调查结果对其做出行政处罚决定，并将行政处罚决定书公布于北京市政府采购网和门头沟区政府采购网。落实全市采购目录和标准，2018年通过政府采购平台完成政府采购预算18.24亿元，实际采购金额15.79亿元，节约率13.43%。

（周　丹）

【国库改革工作】 年内，区财政局深入推进国库改革工作。加强国库资金精细化管理，探索建立库款现金流量监控和预测机制，动态掌握库款变化情况，合理控制库款规模，提高存量国库资金使用效益。在全区范围内开展2017年度政府财务报告编制试点工作。全面、完整地反映政府财务状况和运营情况，推进政府会计改革。全面启动实施国库集中支付电子化改造工作。10月，实现实拨、直接支付业务顺利上线。全面升级动态监控系统，优化预警规则设置，扩大监控广度和监控维度，形成涵盖事前预警、事中提醒、事后监控的全方位多角度的监控规则体系。同时出台《预算单位现金提取和使用管理办法》，巩固公务卡制度成果，完善动态监控制度依据。

（蒋晶晶）

【落实组收工作任务】 年内，区财政局落实组收工作任务。定期召开收入联席会，围绕年中节点组收、招商引资、临时纳税管控、房地产业、“高精尖”产业等主题研讨，为政府决策及收入调控提供准确数据支撑。持续优化营商环境，为压缩企业开办时间，提高企业入驻门头沟区的竞争力，为招商引资工作添活力，税收增加助动力。精准支持门头沟区“高精尖”产业发展政策，结合区域交通及生态特点，致力于重点企业及优秀杰出人才的深度服务，努力实现“高精尖”企业发展与区内财政收入增长的良性互动。联合税务部门密切追踪区级财政收入走势，加大非税收入监控力度，保障税收占比，提高区收入质量，提升财政收入增长的均衡性、可比性。按照市财政局要求建立收入均衡摊入机制。年底根据各部门收入、招商引资情况完成情况，结合区内财政收入工作考核奖惩措施对涉及部门逐一比对、考核，确保目标落实有保障、组织收入有抓手。

（许婷婷）

【提升镇街自主统筹资金能力】 年内，区财政局着力提升镇街自主统筹资金能力。梳理各镇街的职能、事权及支出责任，按照事权与财权相匹配的原则，建立“大专项加任务清单”的财政预算管理体制，镇街可以在大专项资金使用范围内自主调剂使用预算资金，集中财力办大事，提高资金统筹使用效率。建立项目储备预审批机制，提高项目自主实施进度。印发出台《门头沟区强化镇街自主经费保障方案》，在年度部门预算中安排镇街自主经费，赋予镇街更多经费使用自主权。

（连 擎）

【规范街镇非在编人员管理】 年内，区财政局规范门头沟区街镇非在编人员管理工作。对街镇非在编人员实施分类整合，根据资金来源、岗位性质和岗位职责将非在编人员按取消类、保留类和整合类进行分类处理。打破条块壁垒，对保留整合后的非在编人员队伍进行统筹管理、调剂使用，最大程度提高人员使用效率。坚持额度管理原则，建立非在编人员队伍总量控制机制，严格人数总量控制。调整经费保障方式，赋予街镇更多经费使用自主权。规范非在编人员薪酬管理模式以及绩效考核，保障人员经费合理高效使用。

（连 擎）

【清理政府欠款专项工作】 年内，区财政局对政府欠款有关情况进行新一轮排查统计，逐个项目梳理，实行各部门“一把手”责任制，严肃问责，并将统计结果以区政府名义报市财政局。截至2018年12月底，门头沟区历年政府欠款清理完毕，且无新增政府欠款。

（李 青）

【“三农”工作】 年内，区财政局进一步推进“三农”工作。狠抓支出进度管理，加快农口单位预算项目执行，支出进度未达时间进度，核减下年度预算规模。着重监管低收帮扶等重点支农资金。提早筹划预算编制，做好项目调研、储备工作，对较为成熟的项目提前完成审核，为预算编制、加快执行创造条件。完善政策制度体系，规范支农资金使用，建立美丽乡村建设、新一轮百万亩造林绿化等新增重点事项的管理制度。健全绩效管理机制，突出评价结果应用，梳理农口单位职责、政策，形成“花钱问效，无效问责”的工作机制。

（刘 玥）

【保障新一轮百万亩造林绿化工程】 年内，门头沟区启动新一轮百万亩造林工程46252亩。区财政局积极筹措资金，确保按施工进度拨付资金。安排浅山区绿化建设资金36859万元，用于平缓地造林6130亩、山坡台地造林面积13796亩、拆迁腾退地造林24亩。安排土地流转费1995万元，按照每亩每年1000元标准，为平缓地造林、山坡台地及拆迁腾退地造林流转土地19950亩。安排资金1432万元完成门头沟区2018年疏解整治促提升“留白增绿”工程总任务219.15亩。安排资金2935.51万元，用于推进采空棚户区改造石泉砖厂A、B地块代征公共绿地公园88.5亩及东辛称C地块东区公共绿地公园35.25亩两个城市工业绿地绿化工程项目。

（王 娟）

【保障美丽乡村建设项目】 年内，门头沟区启动美丽乡村建设工作，区财政加大资金扶持力度，整合现有各项政策，统筹推进门头沟区139个未拆迁行政村的美丽乡村建设。年内，投入资金23679.53万元，主要用于编制村庄规划和美丽乡村建设实施方案、全面整治农村环境、培育绿色产业、农村基础设施和公共服务建设、农村社会治理、农村基础设施和环境整治的长效管护机制建设。

（郝 宇）

【保障受灾和困难群众温暖过冬】 年内，区财政局足额安排资金保障门头沟区受灾和困难群众温暖过冬。安排农村农业保险项目240万元，为门头沟区8809.33亩农作物、4973亩露地花卉和7314户危险山区农户房屋投保，将极端天气对农民农作物的危害降到最低。安排优质燃煤补贴资金3360.8万元，用于2018年至2019年供暖季山区农户冬季用煤补贴。加大2018年困难群众救助资金投入15813万元，同比增长7.0%。

（郝 宇 于乐乐）

【低收入帮扶招商引资工作】 年内，区财政局积极推动地区低收入帮扶招商引资工作。研究制定《门头沟区低收入帮扶招商引资工作办法》，清晰划分各单位职责，明确招商引资奖励标准及奖励资金使用方向。登记备案各镇上报的低收入村招引企业信息，并核定招引企业产生的区级收入。定期汇总整理各镇低收入村招引工作进展情况，报送区领导决策参考。配合区农委，协调工商税务等部门，主动服务，提升为企业服务质量。

（连 擎）

【残疾人就业帮扶工作】 年内，区财政局全面推进区内残疾人就业帮扶工作。依据《关于进一步促进残疾人就业工作的若干措施》的各项补贴标准，按照门头沟区残疾人实际就业情况调整资金安排。支持门头沟区残疾人开展插花、面点、美甲、音频主播等多领域的技能培训，累计培训613人次，拓宽残疾人的就业渠道。扶持建设助残增收基地。调动农村残疾人自食其力的积极性，促进低收入残疾人农户就业和农村主导产业发展。

（苏 然）

【构建高精尖经济结构】 年内，区财政局积极涵养税源构建高精尖经济结构。以“引税”为起点，改善门头沟区营商环境。加快推进供给侧结构性改革，落实“门创三十条”“高精尖十九条”，加强软件布局。支持石龙园区三期、五期工程开展，优化硬件建设。积极筹备设立“高精尖”企业扶持专项基金，进一步撬动社会资本参与行业市场建设，从行业甄别、企业维护等方面加大政策支持，实现财政政策“大孵化”作用。以“增税”为目标，促进优势产业反哺区域财政。重点培育“一主三辅”产业格局，支持潜力企业和绩优企业个性化服务，带动一批科技含量高、环境友善型的税源增长点，实现财政资金“大杠杆”作用。以“护税”为长效，确保财政资金使用安全。深入研究资金绩效管理和区域产业（链）成长的内在规律，及时调整财政投入的精度和力度。同时，提升政府性投资风险管理意识，健全投（注）资退出机制，实现财政管理“大数据”作用。

（陈 杰）

【依法行政工作】 年内，区财政局认真落实依法行政工作。认真梳理行政处罚权力清单，将权力清单细化分解到各执法科室，制订《门头沟区财政局2018年行政检查和行政处罚工作意见》，组织行政处罚案卷制作规范化专题培训，对案卷制作进行详细讲解，提高干部职工执法水平。完成141件行政检查工作和5件行政处罚工作。落实会前学法和党组会、局务会、科务会三级学法制度。组织全局干部职工、行政事业单位学习宣传《会计法》《政府会计制度》等财政相关法律法规，提高财政人员业务水平。积极宣传“4·15”全民国家安全教育日活动，参与门头沟区2018年法治文艺大赛活动，组织法院旁听案件审理活动，丰富法制宣传形式。开展“法治宣传伴您行 全民创城齐行动”主题法治宣传教育活动，使创城活动家喻户晓，赢得广大群众的理解和支持。

（董瑞英）

【行政事业单位内控建设工作】 年内，区财政局开展全区行政事业内控建设工作。组织开展行政事业单位内部控制报告编报工作，对全区234家行政事业单位2017年内部控制制度建设情况进行编制和上报。组织内部控制外部评价工作。抽取资金流量较大、医疗、卫生等重点行业和领域的16家单位开展评价检查，通过外评的结果看，各单位内控体系建设工作基本完成，多数单位处于内控制度实施阶段，部分单位已逐步实现信息化管控。

（白凤首）

【财政评审监督管理】 年内，区财政局推进评审监督管理工作。加大评审业务工作指导，积极探索构建财政评审组织、监督、审核相结合的评审模式。简化评审程序，建立复核机制。开展项目单位自主评审，项目完成后将评审结论报财政备案，区财政评审中心将对投资额在500万元以内的项目进行抽查复核，500万元以上的项目进行全面复核。强化监督管控，不定期抽查和复核备案工程项目。加强对造价咨询机构的监督管理，严格委托评审工作纪律。增强服务意识，加强投资评审知识培训，进一步提高评审工作效率和质量。

（赵玉花）

【保障安全生产工作】 年内，区财政局全力保障安全生产工作。加强资金统筹。安排资金976.13万元，重点支持镇街（园区）安全生产专职安全员队伍建设和安全生产隐患排查项目。注重资金绩效。选取群众关心的、专业性强的、对地方安全生产影响较大的项目纳入财政绩效评价，依据评价结果调整项目方案，确保绩效目标实现。强化政府引导。加大对“高精尖”产业和所在区域的安全生产投入，改善门头沟区域发展环境，引导入区企业重视安全生产。

（陈超琪）

【完成乡村公路建设】 年内，区财政局累计投入资金5395.76万元充分保障444.15公里乡村公路日常专业化养护工程、5条乡村公路大修工程、3座桥梁改造修复工程、43.32公里安全生命防护工程及道路、桥梁定期检测任务。

（陆 宽）

【支持体育代表队参赛】 年内，区财政局支持区体育代表队出征“北京市第十五届运动会”，此届市运会首次引入群众体育项目，投入资金384.662万元，分别支持青少年竞技比赛和群众项目竞赛，其中训练经费比重均达60%以上。

（张桂玲）

【支持防汛工作】 年内，为区财政局安排防汛专项资金327.84万元，用于汛期安全度汛宣传短信安全提示、防汛监控指挥系统及通讯设备维修维护、防汛抗旱物资管养及购置泥浆泵。

（谭保东）

【支持森林防火安全工作】 年内，区财政局四方面支持森林防火安全工作。安排32万元支持森林公安4个派出所基础建设，保障派出所办案及防火巡逻。安排118万元维护森林防火指挥系统，确保指挥系统正常运转。安排521万元支持门头沟区健康营林森林防火基础设施建设项目。安排414万元支持应急管理局森林消防局支队靠前驻防项目。

（王 娟）

【助力新星幼儿园改制】 年内，区财政局安排资金41.69万元，解决新星幼儿园改制中最为突出的职工分流安置问题，推进改制工作，迈出门头沟区国有企业非经营性资产剥离的第一步。

（陈超琪）

【动物疫情防控保障工作】 年内，区财政局三方面保障动物疫情防控工作。安排资金用于购置常规防疫物资、实验室试剂耗材、免疫疫苗等物资，确保防疫物资充足储备。资金保障对从业人员进行应急演练、非洲猪瘟防控和无害化处理、畜牧兽医精细化管理信息系统操作等培训，提高区镇村动物防疫体系人员对各类动物疫病防控认识和防疫技术水平。重点投入用于京津冀区域联防，规范统一联防措施，有效防控重大动物疫病及动物源性食品安全事件发生。

（刘 玥）

【人才建设】 年内，区财政局打造财政铁军助力财政工作。加强人才培养的顶层设计。结合局内现有人员结构和实际情况，分析和估计未来人才资源需求和供给状况，诊断人力资源状况，进行职能性统一规划，努力形成务实管用、系统前瞻的人才工作整体思路。开展针对性培训。综合分析不同人群，不同层次的学习需求，安排相关课程，努力提高职工工作能力和财政业务水平。完善人事管理制度。出台《门头沟区财政局公务员平时考核管理办法》，修订《门头沟区财政局考勤管理办法》《门头沟区财政局职工慰问管理规定》等制度，使各项工作有章可循。注重思想建团。坚持青年为主，加强团员思想教育，通过思想碰撞促进团员之间的思想沟通。

（高雪梅）

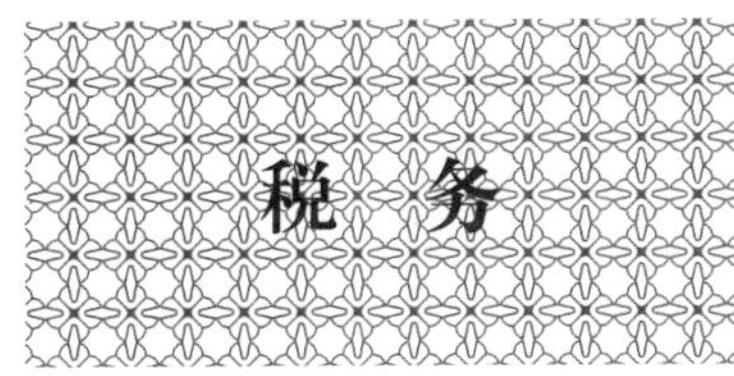

【概况】 2018年，门头沟区税务局共有在编干部职工526人，共有31个单位，其中15个内设机构，另设机关党委办公室和老干部科，1个纪检组，2个事业单位，11个派出机构。所辖税务登记企业32929户。年内，原门头沟区国家税务局和原门头沟区地方税务局的机构合并，门头沟区委组织部签发《关于同意北京市国家税务局、地方税务局联合党委改设国家税务总局北京市门头沟区税务局党委的批复》，国家税务总局北京市税务局发布《关于各区（地区）税务机构改革有关事项的公告》，门头沟区税务局印发印发《中共国家税务总局北京市门头沟区税务局委员会工作规则（试行）》《国家税务总局北京市门头沟区税务局工作规则（试行）》等文件，实现改革攻坚和税收工作“两不误、两促进”，展现新机构、新气象、新作为，各项工作取得显著成效。全年累计组织各项税费收入98.98亿元，同比增长14.5%，完成市局下达各项税费收入任务的101.2%。其中地方公共财政预算收入54.56亿元，同比增长19.1%，完成市税务局年度任务53.57亿元的101.9%。区级地方公共财政预算收入25.04亿元，同比增长16.5%，完成区政府下达区级收入任务的109.2%。

单位名称：国家税务总局北京市门头沟区税务局
地　　址：北京市门头沟区石龙工业区龙园路4号
电　　话：69865090
邮　　编：102300

（钟智钢）

【纳税服务】 1月3日、4日，原区地税局走访中铁三局集团第四工程有限公司、北京京煤集团总医院，就相关涉税问题与企业负责人进行交流。19日，原区地税局举办首都税收宣传员座谈会。3月8日，原区地税局与区环保局联合举办环保税纳税人业务培训会，解读环保税法政策，解答纳税人普遍关心的纳税申报、信息采集、计算方法等问题。20日，原区国税局组织20名纳税人代表参加北京市国家税务局第四直属分局（12366北京中心）举办的“走进话务间，体验看得见的热线服务”活动。4月12日，原区国税局、地税局联合举办高新技术企业和研发费加计扣除政策专项培训会。26日，原区国税局、地税局联合举办2017年度企业所得税汇算清缴培训会，向企业讲解企业所得税汇算清缴政策、新版企业所得税报表如何填写及填写数据口径。6月25日，原区地税局举办北京市网上税务局操作培训会，为纳税人介绍系统界面、操作流程和步骤。9月27日，区税务局选派优秀青年业务骨干为中关村门头沟园创客咖啡青年创业者宣讲新个税法。11月1日，区税务局召开辖区内出租车汽车经营单位座谈会，辅导新个人所得税政策。3日至16日，区税务局先后到北京德山科技有限公司、北京剑江制衣集团、北京医保中洋大药房有限公司等13家企业上门走访辅导，征求意见和建议。

（钟智钢）

【党风廉政建设】 1月11日，原区地税局举办2018年第1期“党建小课堂”，深入学习贯彻党的十九大精神，研讨加强基层党组织建设的方法路子。18日，原区地税局召开党风廉政建设工作专题会。4月4日，原区地税局召开2017年度基层党建工作述职评议考核会议。19日，原区地税局举办2018年第2期“党建小课堂”，讲解《党支部工作手册》《党员手册》。5月10日，原区地税局分2批组织开展“党建小课堂”培训，辅导规范填写《党支部工作手册》《党员手册》，介绍发展党员工作流程。6月6日，原区地税局党风政风监督检查小组对各办公区进行行政综合检查，开展市局检查组暗访反馈问题回头看。9月27日，区税务局开展节前廉政教育。10月11日，门头沟区税务局选送的《三代税务人》在区第三届“我身边的好规矩”舞台剧比赛荣获三等奖。17日，区税务局召开全局党员大会，选举产生第一届机关党委委员和机关纪委委员。11月9日，区税务局召开党建工作推进会暨党委理论中心组专题研讨扩大会。

（钟智钢）

【教育培训工作】 1月30日，原区国税局开办针对青年干部的“六点钟”课堂。3月15日至19日，原区地税局举办内部控制监督平台业务培训会。5月10日，原区国税局、地税局联合开展“一厅通办”培训。8月28日，区税务局开展税收业务融合培训，为原地税干部讲解增值税发票管理。29日，区税务局开展税收业务融合培训，为原国税干部讲解个人所得税、环境保护税等相关业务。11月7日至9日，区税务局为基层干部开展税收业务融合培训。14日至16日，区税务局为机关干部开展税收业务融合培训。

（钟智钢）

【税务文化】 2月7日、8日，原区地税局举办2018年退休干部新春团拜会和2018年春节联欢游艺会。9日，原区国税局举办离退休干部团拜会和“迎新春”联欢会。4月24日，原区地税局开展第二季“健康达人”评比活动。5月19日，原区地税局参加原北京市地税系统第七届“友谊杯”棋牌比赛获团体比赛冠军。7月19日，区税务局组织全局复转军人参观军事博物馆。26日，区税务局到驻区空军某雷达站开展走访慰问活动。30日，区税务局召开复转军人座谈会。12月27日，区税务局邀请北京市消防中心教授以《全民参与　防治火灾》为主题，讲授消防安全知识。

（钟智钢）

【优化营商环境】 4月11日、17日，原区地税局组织检查第一税务所纳税服务大厅、第二税务所优化营商环境工作措施落实情况。23日，原区地税局组织优化营商环境相关纳税服务举措及规范培训。5月24日，原区地税局走访骏宇房地产开发有限公司。11月16日，区税务局举办“问需求　查短板　帮发展”民营企业税收座谈会。

（钟智钢）

【税收宣传】 4月12日，原区国税局、地税局联合区教委、区司法局、首师大附中永定分校共同开展“税收·身边·成长”青少年税法课堂及办税体验主题活动。20日，原区国税局、地税局联合举办“普法宣传下乡村　纳税服务春风行”税法宣传活动。8月29日，区税务局组织“新机构、新服务、新形象”税务开放日活动。

（钟智钢）

【税收法治建设】 4月13日，原区地税局组织“4.15国家安全教育日”活动。8月6日至9日，区税务局组织普法宣讲团送法进村，先后到东龙门村、大峪村、东辛房村等5个村镇进行普法宣讲。11月30日，区税务局以“尊崇宪法、学习宪法、遵守宪法、维护宪法、运用宪法”为主题，通过悬挂宣传横幅、设置宣传展板、散发宣传资料、设置咨询台等形式开展宪法日宣传活动。

（钟智钢）

【国税地税征管体制改革】 4月13日，原区国税局、地税局联合召开推进综合办税服务厅“一厅通办”工作专题会，研究制定“一厅通办”实施方案。5月2日，原区地税局检查办税服务厅“一厅通办”工作改进落实情况。10日，原区国税局、地税局联合开展“一厅通办”综合业务培训，集中讲授综合窗口业务流程、征收管理税种与申报、互联网地税局软件业务介绍等内容。6月1日，原区国税局与测试纳税人实时互动，对实际申报数据和逻辑校验进行申报验证。26日，原区国税局、地税局召开综合部门集中办公会议，研究推进集中办公。7月5日，国家税务总局北京市门头沟区税务局正式挂牌。9日，区税务局召开机构改革工作推进会，通报近期机构改革工作推进情况，部署下一阶段重点工作任务。12日，第七联络（督导）组实地调研门头沟区税务局办税服务厅。18日，区税务局与区人保局进行全区社保费征收基本资源及情况的交流调研。8月6日，区税务局召开国税地税征管体制改革资产清查工作专题会议。9月21日，区税务局召开科级干部任命暨宪法宣誓会议。28日，区税务局专题向区领导张力兵汇报机构改革“三定”规定落实情况。10月25日，区税务局召开机构改革专题民主生活会。12月21日，市局党委成员、副局长到区税务局督导检查个税改革工作情况。26日，区税务局开展办税服务厅个税改革专项应急服务演练，对申报系统网络故障、取号设备故障、纳税人激增拥堵等突发事件开展模拟演练。

（钟智钢）

【下属单位情况】

单位名称：国家税务总局北京市门头沟区税务局第一税务所
地　　址：门头沟区石龙工业区雅安路9号
电　　话：60806741
邮　　编：102300

单位名称：国家税务总局北京市门头沟区税务局第二税务所
地　　址：门头沟区石龙工业区雅安路6号
电　　话：69832234
邮　　编：102300

单位名称：国家税务总局北京市门头沟区税务局第三税务所
地　　址：门头沟区石龙工业区龙园路5号
电　　话：69860721
邮　　编：102300

单位名称：国家税务总局北京市门头沟区税务局石龙税务所
地　　址：门头沟区石龙开发区龙园路5号
电　　话：69828536
邮　　编：102300

单位名称：国家税务总局北京市门头沟区税务局永定税务所
地　　址：门头沟区石龙工业区龙园路5号
电　　话：60806537
邮　　编：102300

单位名称：国家税务总局北京市门头沟区税务局潭柘寺税务所
地　　址：门头沟区石龙工业区龙园路5号
电　　话：60803000
邮　　编：102300

单位名称：国家税务总局北京市门头沟区税务局龙泉税务所
地　　址：门头沟区斋堂镇斋堂大街8号
电　　话：61860852
邮　　编：102300

单位名称：国家税务总局北京市门头沟区税务局大峪税务所
地　　址：门头沟区新桥南大街39号
电　　话：69804076
邮　　编：102300

单位名称：国家税务总局北京市门头沟区税务局军庄税务所
地　　址：门头沟区滨河路52号
电　　话：60804546
邮　　编：102300

单位名称：国家税务总局北京市门头沟区税务局妙峰山税务所
地　　址：门头沟区滨河路52号
电　　话：69801809
邮　　编：102300

单位名称：国家税务总局北京市门头沟区税务局斋堂税务所
地　　址：门头沟区斋堂镇斋堂大街8号
电　　话：69816874
邮　　编：102300

（钟智钢）

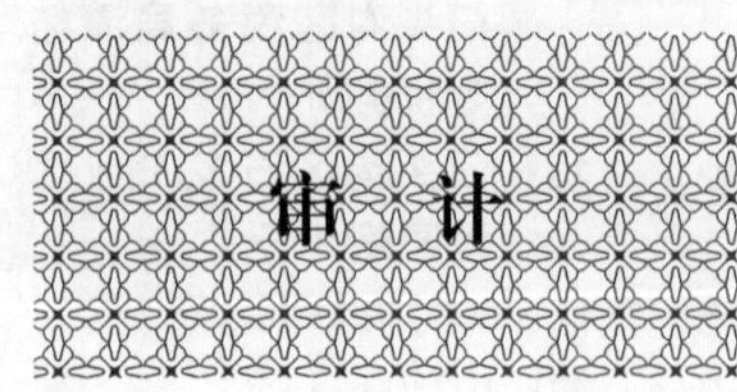

审计

【概况】 2018年，门头沟区审计局围绕区域工作重心，发挥监督职能。年内，完成审计项目安排39项，主要注重审查重大政策落实和“三大攻坚战”推进情况，注重揭示区域财政财务管理中的体制机制问题，注重促进公共资金安全运行和公共权力规范使用。

单位名称：北京市门头沟区审计局
地　　址：北京市门头沟区滨河路72号
电　　话：69842121
邮　　编：102300

（刘皓楠）

【审计工作】 1月，区审计局召开科长座谈会广泛听取意见和建议，共同商讨2018审计工作。会上，各科室负责人对2017年审计工作进行总结回顾，并就2018年工作重点提出切实可行的建议。局领导对2017年全局各项工作取得的成绩给予肯定，并对2018年审计工作提出具体要求。

（吴云云）

【计算机辅助审计方法交流会】 2月，区审计局召开计算机辅助审计方法交流会，培养审计干部特别是年轻审计干部运用计算机辅助审计的能力。交流会以案例分析的方式着重讲解三方面问题：如何用Excel软件预处理相关数据，如何编制需要的数据中间表，以及如何利用SQL sever软件分析数据。

（范丹阳）

【预算执行审计实施方案论证会】 2月26日，区审计局召开2017年度预算执行审计实施方案论证会，着重就实施方案编制内容的完整性、准确性、可行性进行分析讨论。

（范丹阳）

【内部审计工作】 5月8日，区审计局召开区属重点单位内部审计工作会。会上，内审指导中心从审计主体、审计内容和重点、审计方式三个方面对内部审计工作提出指导意见。

（刘雪融）

【提升审计业务素质】 8月，区审计局举办培训、总结、互评，提高审计干部的业务素质，强化本部门的基础工作。区审计局组织35岁以下审计干部参加《政府会计准则》培训及考试，增加审计知识储备。组织审计干部总结经验方法形成体系，增强大数据审计应用能力。组织各审计组互相检查审计档案，促进审计干部提高业务水平，规范审计程序，加强审计业务基础建设。

（殷　浩）

【领导干部自然资源资产离任审计】 11月，区审计局开展领导干部自然资源资产离任审计，坚持“权责对等”原则，围绕领导干部应承担的“履行自然资源管理和生态环境保护职责情况”确定审计重点内容：一是关注政策制度、管理体制、保护措施、补偿机制的执行情况和监督责任的履行情况；二是关注自然资源资产管理和生态环境保护约束性指标、目标责任制完成情况；三是关注自然资源资产开发利用和生态环境保护重大决策情况；四是关注自然资源资产开发利用和生态环境保护相关资金征管用和项目建设运行情况。

（范丹阳）

【市政基础设施项目审计调查】 11月，区审计局组织对区城市管理委员会负责的政府投资市政基础设施项目进行审计调查。审计组运用数据分析、资料审查、谈话询问、查看现场等多种审计方法，对区城市管理委员会的项目前期规划设计、基本建设程序履行、项目推进、参建单位履职以及建设资金管理等5个方面进行审计。

（郭　冬）

【公证处审计工作】 11月，区审计局对区内1家公证处近3年财政财务收支情况进行审计。结合相关收费标准，通过业务数据与财务收费比对，审查公证收费事项的规范性与合理性。结合原始报销凭证，审查支出总额是否符合相关总额控制标准。审查结余分配、事业基金计提是否符合国家的有关规定。审查收入分配制度、财务报销制度、固定资产管理制度等制度建立健全情况。

（吴云云）

【预算执行审计工作】 年内，区审计局开展预算执行审计项目16项，部门覆盖面达到20%以上。在取得预算、指标、国库集中支付、国库账务、部门账务等区域财政财务数据基础上，由审前调查分析小组根据“围绕中心、全面覆盖、突出重点、问题导向”的工作原则进行数据分析，以部门资金规模、审计全覆盖要求、数据分析疑点等方面为切入点，有针对性的确定预算执行审计对象和审计重点。

（田宝华）

【经济责任审计工作】 年内，区审计局安排经济责任审计项目12项，其中离任审计9项，任中审计3项。对领导干部任职数据和近5年各部门接受审计情况数据进行分析，在保障落实审计全覆盖的基础上，改变逢离必审的被动局面，加大任中审计比例，紧扣“经济责任”主题，遵循“三个区分开来”客观界定领导责任和问题定性。

（田宝华）

【政府投资审计工作】 年内，区审计局规范政府投资审计工作，严格实行政府投资审计计划管理，对纳入审计计划范围内的政府投资市政基础设施项目审计调查等项目独立开展审计监督。

（田宝华）

【市、区联动审计工作】 年内，区审计局配合市、区联动审计项目，开展政策落实跟踪审计，组织公证系统财务收支审计，抽调人员配合市局2017年保障性安居工程审计和促进低收入农户增收及农村经济薄弱地区发展政策落实情况审计。

（田宝华）

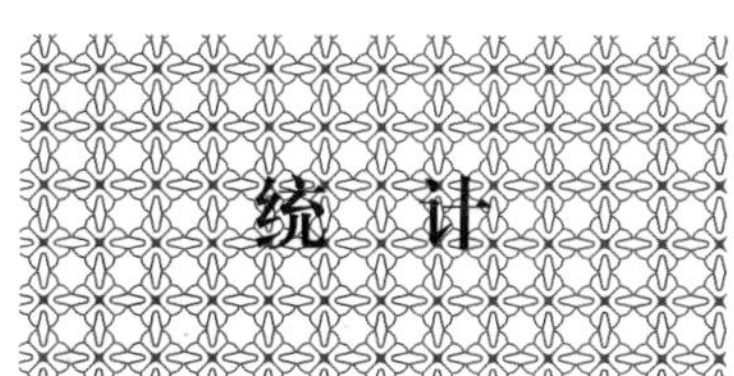

统计

【概况】 2018年，区统计局、调查队开展第四次全国经济普查清查。完成四经普区、街镇两级普查领导小组及其办公室的组建，选聘761名普查人员，统筹落实普查经费，实现经费使用的全流程痕迹化管理，研究制定经普宣传方案，积极拓宽宣传渠道，在线上、线下开展持续性、系统性广泛宣传。针对门头沟区企业异地经营多的情况，联合区税务局、工商局推送清查告知短信，开展“地毯式”清查。在清查后期抽调人员，组建质量抽查组，实地检验基层清查工作质量。截至10月底，清查工作全部结束，完成13个街镇和石龙开发区共17617家单位、6564家个体工商户清查登记，为经济普查正式登记工作开展打下基础。年内，区统计局获2017年度北京市优秀统计分析报告评比一等奖、二等奖、三等奖各1篇。获2017年度政府统计工作综合考核评价第三名。军庄统计所获北京市第三次全国农业普查先进集体。获2018年北京市统计建模选拔赛优胜奖。获首都精神文明单位称号。获2018年门头沟区法治文艺大赛优秀奖。获北京市统计系统第八届文化艺术节文艺汇演一等奖。

单位名称：北京市门头沟区统计局、北京市门头沟区经济社会调查队

地　　址：北京市门头沟区中门寺街16号东楼6—8层

电　　话：69842503

邮　　编：102300

（马晓晴）

【统计年鉴印发】 1月10日，编印完成《北京市门头沟区统计年鉴2017》。共十五章5.8万字。

（马晓晴）

【统计调查与研究】 1月17日，区统计局启动2017年度门头沟区党政群机关绩效管理公众评价调查。2月2日，建立春节期间重点领域统计监测机制。3月5日，开展节后外来就业人口监测工作。16日，基本完成住户收支与生活状况调查新样本首季度调查工作。4月10日，完成2017年调查单位基本情况年报工作。5月2日，开展北京首个“民宿联盟”专题调研。3日，开展制造业企业“增值税改革”监测研究。9日，开展新建商品住宅项目有关情况快速调研。14日，开展门头沟区城市运行保障情况调研。7月10日，开展规模以下工业PPI样本企业调查。12日，开展夏季旅游景区预警监测。8月2日，启动2018年服务业发展新动能企业调研。13日，开展文明城区问卷调查。9月3日，完成北京市养老现状与需求调查工作。18日，完成民办教育专题调研工作。同日，强化开展工业企业绿色生态发展指标监测。11月20日，区统计局队开展小微企业融资状况调查。12月20日，建立年定报数据质量控制体系。

（马晓晴）

【统计信息化建设】 1月19日，基层统计信息化平台项目汇报。8月27日，门头沟基层统计信息化平台正式投入运营。

（马晓晴）

【统计法治建设】 1月23日，区统计局启动2018年统计执法工作。5月15日，开展行政事业单位统计基础工作专项检查。6月25日，完成行政事业单位统计基础专项检查工作。7月12日，召开2017年度“统计诚信单位”表彰会。8月16日，开展“以案释法”提升全员依法统计意识。11月1日，超额完成全年执法检查任务。30日，开展“12.4”普法宣传活动。12月7日，在黑山大街开展法制宣传活动。28日，完成行政许可与行政处罚“双公示”。

（马晓晴）

【基层调研】 2月5日，区统计局领导到妙峰山统计所、王平统计所调研。4月19日，市统计局设管处一行到局队调研指导基层统计调查工作。5月24日，开展企业用工状况调研。7月19日，召开行政事业单位统计基础专项检查工作座谈会。

（马晓晴）

【统计队伍建设与党团活动】 4月4日，区统计局组织召开统计执法资格考试培训会。7月6日，区统计局团支部到妙峰山镇走古道、温历史、访先进，开展“党建带团建，庆团十八大、迎党七·一”主题活动。9月8日，组织干部职工参加第九届山地徒步大会。

（马晓晴）

【精准帮扶】 6月26日，市统计局党组班子和区统计局结对调研西胡林村，慰问建国前老党员及困难党员，切实掌握西胡林村基本情况、低收入户台账、帮扶需求等。年内，邀请市级对口部门参与和支持门头沟区低收入精准帮扶工作，与区领导、农委、斋堂镇等相关部门沟通对接，结合门头沟区低收入村精准帮扶工作实际和局队具体帮扶工作情况，与市统计局党组对接。年内，实地调研、座谈4次。

（马晓晴）

【经济普查】 8月14日，区经普办召开清查培训会，正式启动第四次全国经济普查清查工作。21日，市经普办到门头沟区检查单位清查培训工作。9月8日，组织开展门头沟区经普清查宣传日活动。20日，与中关村门头沟科技园区开展四经普专题统计开放日活动。10月11日，区经普办召开门头沟区第三次清查工作推进会。11日，区经普办到地税局调研经普清查工作配合情况。13日至14日，专业人员开展四经普清查单位行业编码核实工作。15日，召开门头沟区第四次全国经济普查清查工作推进会。17日，市统计局副局长一行到门头沟区督导检查四经普清查工作。11月7日，区经普办召开四经普清查事后质量抽查培训会。12日，区经普办参加北京市第四次全国经济普查暨2018年年定报工作动员布置会。13日，区四经普领导小组成员单位对四经普清查结果进行部门认定，各街镇对本街镇清查结果进行认定。21日至23日，区经普办开展门头沟区第四次全国经济普查清查经费物资督导检查工作。26日至28日，门头沟区接受北京市第四次全国经济普查清查阶段市级数据质量抽查。12月6日至18日，区经普办组织召开四经普报表培训会。26日，区经普办组织开展门头沟区第四次全国经济普查宣传日活动。

（马晓晴）

【区域经济发展监测】 年内，区统计局与市统计局对接，建立起以GDP为核心的重点指标监测预警体系，定期召开企业座谈会，每月召开经济形势分析会，在对重点指标进行常态化监测的基础上，深入剖析数据指标，对每个重点监测指标逐一推算预警区间，建立区间预警制，对趋势性、苗头性问题及早发现、提前预警。同时走访重点企业、新兴行业企业，实地摸清企业运营实际情况和行业未来发展趋势，对数据反映出的发展短板早发现早预警。

（马晓晴）

【门头沟区自然资源资产负债表编制】 年内，区统计局牵头协调区国土局、园林绿化局、水务局、农业局参加由市级部门召开的“北京市自然资源资产负债表编制培训会”。会上，明确任务分工及工作进度安排，共同开展门头沟区自然资源资产负债表编制工作。区统计局牵头制订《门头沟区自然资源资产负债表编制工作方案》，经区政府常务会讨论通过后以区政府办名义发文执行。年内，完成在各相关单位试填工作。开展重点统计指标监测工作。针对统计部门负责的11个重点指标，制作监测台帐，每季度对能源消费总量、单位GDP能源消耗降低率、居民人均可支配收入等绿色发展指标体系中重点统计指标开展跟踪监测。

（马晓晴）

【低收入监测】 年内，区统计局与区农委、经管站等部门建立定期沟通制度，共享政策和数据信息，共同推进低收入工作，确保信息完整性和及时性。同时，规范完善区级业务制度，走访基层开展调研、综合检查，面向基层住户调查人员开展有针对性、系统化培训，有效提升低收入监测数据质量，为区委、区政府制定有针对性政策措施提供可靠依据。

（马晓晴）

【人口动态监测】 年内，区统计局以人口监测台账为抓手、月度例会为载体，形成政府统一协调、部门联合发力的协作形式开展人口动态监测工作。以移动用户数据为途径，及时反映疏解非首都功能的实施效果。按照时间序列锁定稳定用户增减情况，按地区精准分析移动用户职住逆差情况，在梨园、三家店、冯村等外来人口聚集区域设立监测点，追踪人口净流量和人口密度，助力疏解行动有效开展。

（马晓晴）

【党风廉政建设】 年内，区统计局深入贯彻落实党风廉政建设责任制，进一步明确党组在抓党风廉政建设中的组织领导地位和领导责任。一是完善党风廉政建设主体责任全程记实制度，并将其延伸至局队科级领导干部，逐级填写《主体责任全程记实手册》，构建清单化明责、痕迹化履责、台账化记责三项机制。二是持续狠抓“为官不为”“为官乱为”专项治理工作，在2017年的基础上，进一步细化完善专项治理活动方案，查找出5方面突出问题，制定具体的整改措施，并深入细致抓落实，专项治理工作取得积极效果。三是严格落实廉政警示教育，组织全体干部职工收看反腐倡廉警示教育录像片，先后3次组织党员干部到冀察热挺进军司令部、中组部驻门头沟区学习教育基地京西古道博物馆、区廉政教育基地等实地参观见学；注重重要时期节点教育提醒，紧盯重要时间节点，在“元旦”“春节”等节日期间，认真组织廉洁自律教育提醒，积极开展监督检查，切实严明工作纪律，防止“四风”问题反弹回潮，树立统计部门良好形象。

（马晓晴）

【统计法治工作】 年内，区统计局规范管理，聘用律师作为局队常年法律顾问，为局队重大事项决策提供法律咨询意见，为局队处置涉法涉诉案件、信访案件和重大突发事件提供法律服务，为局队制定规范性文件提供合法性审查意见，制订《门头沟局队合同签订流程及管理规定》，确定由主管局长全面审查、法律顾问合法性审查、局队班子会审议通过的合同三级审查机制，确保内部管理合法合规。强化执法检查力度，全年共检查企、事业法人单位180家，其中日常规执法50家，专项执法检查130家，超额完成全年执法检查任务的138.5%。共立案21家，其中一般程序8家，简易程序13家。创新开展行政事业单位统计基础工作专项检查，对全区近80%的行政事业单位进行专项执法检查。结合在检查过程中发现的问题，执法人员一方面对单位进行现场指导，找出造成基础工作不足的深层次原因，给出合理化建议，另一方面定期跟踪回访，确保问题整改落实到位。

（马晓晴）

【统计信息化】 年内，区统计局将统计触角延伸到基层，在全区实现统计信息化全覆盖管理，完成门头沟区基层统计信息化平台验收，并投入使用。创新设计的基层统计信息化平台进入实际应用阶段，切实减少基层统计人员在手动填报、录入数据过程中的质量偏差、提高人员及资产的管理效率，有效改善基层统计数据采集方式，显著提升基层统计数据质量。同时，不断强化教育培训与监督检查，进一步完善社区（村）统计管理制度，通过阶段性巡查、制度报表事后质量抽查的方式，针对基础数据、统计台账、制度报表报送流程的规范性和数据的真实性进行督导检查。

（马晓晴）

国有资产监管

【概况】 2018年，门头沟区人民政府国有资产监督管理委员会（简称区国资委）以国资监管为中心，以改革发展为主线，以党建工作为引领，锐意进取，勇于担当，有效推进了国资国企、党建和创城工作的落实。年内，区国资委进一步规范基层党组织设置，撤销3个党委6个支部，新成立2个党总支和3个党支部，完成31个基层党组织的换届选举工作。配齐配强企业领导班子，研究任用国企高管9人。国资系统566名在职党员全部按时完成“双报到”工作，完成率100%。制定《关于直属企（事）业单位及非公企业党组织党费收缴使用和管理的暂行规定》。培养发展新党员23人。年内，《门头沟区区属国有企业负责人履职待遇、业务支出管理暂行办法》《门头沟区区属国有企业负责人经营业绩考核暂行办法》《门头沟区区属国有企业负责人薪酬管理暂行办法》《门头沟区区属国有企业领导人员经济责任审计工作暂行规定》和《门头沟区区属国有企业内部经济责任审计工作暂行规定》。

单位名称：北京市门头沟区人民政府国有资产监督管理委员会
地　　址：北京市门头沟区新桥大街36号
电　　话：69854234
邮　　编：102300

（李　建）

【优化商业布局】 年内，区国资委指导京门商投公司优化10万平方米商业布局，完成中昂项目资金置换小白楼2万平方米商业工作和曹各庄、小园地块配套商业房屋的接收。黑山菜市场升级改造为生鲜超市。

（李　建）

【重点项目实施】 年内，区国资委指导门城基础公司整合区内公共资源，推进焦家坡垃圾综合处理厂、体育文化中心等29项重点工程的实施。指导京西置地公司与金融街（北京）置地有限公司联合以6亿元底价拍下永定镇石门营项目，为门头沟区国有土地出让工作服务。

（李 建）

【旅游资产接收】 年内，区国资委研究解决龙门涧景区资产收购，理顺经营权和经营关系。灵山资产已完成区教委、财政局、农业局、百花山管理处、发改委、民防局6处房产的接收。

（李 建）

【国资国企改革】 年内，区国资委在全区率先完成市政市容施工队和商业网点两例事转企工作。京门商投公司等所属8家企业兼并重组和恒溢源中心公司制改革工作完成。指导新成立的京西置地公司、保障房投资公司健全法人治理结构，召开监管企业董事会工作专题汇报会。制定剥离区属国有企业非经营性资产实施方案，做好资产清查及资产移交协议签署，在全市率先完成区属国企2755户19万平方米的非经营性资产移交工作。

（李 建）

【国有产权管理】 年内，区国资委完成16家国有企业产权登记及变更和6个监管企（事）业单位房地资产出租情况的调查摸底工作。完成国有资本收益收缴898.24万元。

（李 建）

【审计监督工作】 年内，区国资委开展企业负责人离任及任中经济责任审计、财务决算审计、专项审计等15个项目，审计金额30.76亿元。

（李 建）

【国有资产统计】 年内，区国资委监管企业资产总额88.1亿元，同比增长6.0%；负债总额36.6亿元，同比增长1.6%；所有者权益51.5亿元，同比增长9.5%；资产负债率41.5%，同比下降1.8个百分点。实现营业收入8亿元，同比增长19.4%；实现利润总额2800万元，同比增长31.3%。

（李 建）

【业绩考核】 年内，区国资委完成2017年企业负责人经营业绩考核、薪酬兑现及企业副职薪酬备案工作。落实政府向人大常委会报告国有资产管理情况制度要求，对2017年度企业国有资产管理情况进行汇总，上报企业国有资产管理情况报告。与6家企业负责人签订2018年经营业绩考核责任书。

（李 建）

【为民办实事工程】 年内，区国资委指导保障房投资公司做好区内104套人才公寓、安康小区廉租房项目的运营管理及1000余套保障房的验收摸底调查工作。指导京门国资中心积极协调解决企业债权债务等历史遗留问题。做好国资系统47万平方米自管老旧小区的物业管理工作。

（李 建）

【国资委系统帮扶工作】 年内，区国资委对军庄镇军庄村、清水镇张家庄村等6个村610户低收入户开展推荐就业岗位、销售土特产品等对口帮扶工作；配合市国资委、西城区，做好国有企业对口帮扶低收入村沟通协调工作。

（李 建）

【安全维稳工作】 年内，区国资委开展安全维稳检查108次。拆除企业违法建筑750余平方米。做好信访接待，接待来访36件86人次。

（李 建）

【创城工作】 年内，区国资委召开系统300名党员参加创城工作推进会；在44处悬挂创城横幅标语，张贴创城海报或宣传画1080张，设立58块创城宣传栏，禁烟标识76处，投资247万元设立建筑围挡11601延米，利用9块电子屏播放宣传标语；为国资系统17家企事业单位安装创城20字总原则等宣传文化框51块，到永定镇、军庄镇6个村居开展创城法治宣传，共发放创城法治宣传品5100份。构建“三级创城”体系，制定工作方案，在国资系统中启动开展“文明我先行 党员做先锋”主题实践活动，推动创城工作深入持续开展。

（李 建）

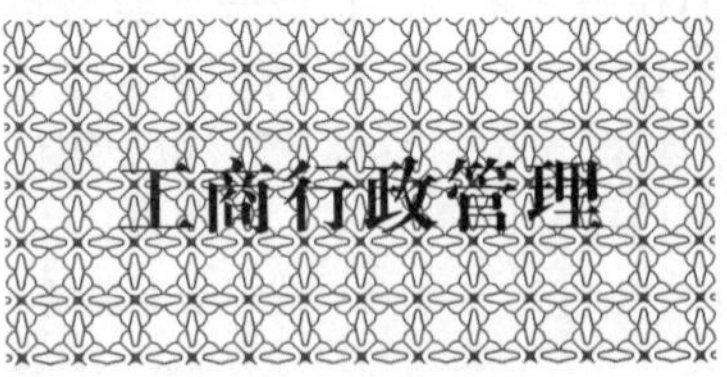

工商行政管理

【概况】 2018年，门头沟工商分局全面优化营商环境，积极推动“疏整促”行动，围绕区域特色，主动作为积极履职，促进地区经济社会在更高水平上健康发展。一是坚持党建统领。深入学习十九大精神和习近平新时代中国特色社会主义思想，全面推进从严治党，开展督查并通报整改问题10余项。二是打好创建文明城区攻坚战，召开专题会议进行部署，制定创建文明城区工作方案。规范机关及工商所“学雷锋志愿服务岗”8处，完善无障碍设施3处，印发宣传材料2500余份。三是不断深化“放管服”改革。年内，企业注册5天内完成，网上办理占比近100%。稳步推进个体登记制度试点，实现个体工商户名称、开业两表合一。年内，全区市场主体达到39628户，其中新设市场主体5150户。年内，“疏整促”专项行动，治理完成“开墙打洞”33户，无证无照经营108户。完成商品质量抽检67组，抽检合格率99%。年内，做好企业年度报告公示工作，2017年度企业年报率93.55%，个体工商户年报率96.7%，农专社年报率100%。落实“双随机、一公开”监管，全年共开展抽查14批次，抽查市场主体3171户，抽查结果全部通过企业信用信息网予以公示。推动建立门头沟区市场信用协同监管平台，完善跨部门信用联合惩戒。年内，共受理消费者投诉2036件，举报554件，为消费者挽回经济损失34.19万元。年内，分局共作出行政处罚决定案件1646件，罚没款196.86万元。

单位名称：北京市工商行政管理局门头沟分局

地　　址：北京市门头沟区滨河路70号

电　　话：69869749

邮　　编：102300

（陈凤友　毕贺申）

【春节期间消费者权益保障工作】 春节期间，门头沟工商分局加强值班值守，确保投诉渠道畅通。合理调配人员，随时处置可能出现的各种突发问题。共接收投诉6件、举报2件、咨询1件，均进行调查处理。

（陈凤友　毕贺申）

【获得荣誉】 3月4日，门头沟工商分局红盾志愿服务站在市委宣传部、首都文明办、市志愿服务联合会等单位组织开展的第三批首都学雷锋志愿服务站（岗）、示范站（岗）申报命名活动中获第三批首都学雷锋志愿服务示范站称号。4月19日，获北京市2017年度“疏解整治促提升”专项行动先进集体。

（陈凤友　毕贺申）

【首个“新设立企业办理专区”设立】 3月23日，门头沟工商分局在区一站式政务服务大厅设立北京市首个“新设立企业办理专区”，企业登记设立实现“只进一门，只对一窗”的一站式办理流程。在该专区，企业登记申请当天即可在现场领取营业执照和“法人一证通”，免费办理公章，并在申报完国税业务后可立即申领发票，实现最快两天内办理完全部登记手续。

（陈凤友　毕贺申）

【农资经营主体专项检查】 4月8日，门头沟工商分局对辖区农资经营主体开展专项检查。重点检查主体资格、进销货台账、索证索票制度、商品合格证明、检验报告等内容。共检查2户次，未发现违法经营行为。

（陈凤友　毕贺申）

【知识产权宣传周活动】 4月，门头沟工商分局组织开展“4·26知识产权宣传周”活动。上街和社区宣传，向群众讲解知识产权相关知识，累计接受群众咨询40余人次。组织开展商标代理机构座谈交流，代理机构进行经验交流，工商部门结合地区实际情况阐述当前区内商标代理工作中存在的问题，对规范以后商标代理行为提出具体要求。

（陈凤友　毕贺申）

【“全民国家安全教育日”主题宣传】 4月，门头沟工商分局组织开展“全民国家安全教育日”宣传教育活动。在商场、超市等人流密集场所，以及工商工作站、社区宣传栏等张贴宣传海报40张，悬挂横幅2条。同时联合各级媒体开展宣传，在微信、微博播发宣传视频、主题图文，阅读量达8000余次。

（陈凤友　毕贺申）

【山区经营主体检查】 “五一”期间，门头沟工商分局对山区商户开展专项检查。重点查看商户经营资质、商标标识、进货渠道、广告发布等情况。共检查25户次，未发现违法行为。对妙峰山、爨柏景区等开展旅游市场专项检查。共检查5户次，对1户轻微违规行为进行提示整改。

（陈凤友　毕贺申）

【打击传销进校园宣传活动】 5月17日，门头沟工商分局在北京科技高级技术学校开展“打击传销进校园”宣传活动。通过摆放展板、发放宣传材料、现场答疑解惑等多种形式，向学生讲解传销相关知识。共发放宣传手提袋、宣传笔记本等各类宣传材料1500余份，现场答疑解惑32人次。活动通过分局官方微博进行图文直播，阅读量达2.4万余次。

（陈凤友　毕贺申）

【窃听窃照专用器材检查】 高考前夕，门头沟工商分局会同公安等部门对区内电子器材经营主体进行检查，严禁销售具有窃听窃照功能的专用器材。工商部门重点检查经营资质并告知销售窃听窃照设备将被严厉查处，情节严重者移送公安机关处理。共检查22户次，未发现违法销售行为。

（陈凤友　毕贺申）

【“以案释法”法规宣传】　6月7日，门头沟工商分局到区内直销企业开展送法进企活动。向在场直销企业员工以及市民宣讲什么是传销、传销活动的特点、抵制传销、如何保护自身权益等相关知识。并深入解读与直销相关的政策法规，要求企业加强自身管理，不从事传销或变相开展传销活动。

（陈凤友　毕贺申）

【“限塑”专项检查】　6月8日，门头沟工商分局对区内农副产品批发市场内商户使用塑料购物袋情况进行检查，重点检查销售蔬菜、水果、副食调料等商户，是否存在向消费者无偿或变相无偿提供塑料购物袋、销售使用不合格塑料购物袋等行为。共发现违法行为10起，均立案进行查处。

（陈凤友　毕贺申）

【市场秩序保障工作】　“端午节”期间，门头沟工商分局以节日促销、户外广告、店堂广告、合同履约等为重点内容，以主要旅游景点及周边为重点地区，加强对手工艺品店、土特产销售点、旅游纪念品等旅游业经营主体的商品监管力度，检查进货渠道，禁止销售假冒伪劣和违禁商品，杜绝欺客、宰客现象发生。共检查各类经营户109户次，其中商场超市32户次，有形市场4个次，景区5个次，针对发现的轻微违法行为做出行政指导5次。

（陈凤友　毕贺申）

【市局领导调研】　6月28日，市局领导到到城子工商所听取汇报，对该所工作予以肯定，并提出工作要求。随后到分局听取汇报，对分局工作予以肯定，对下一步工作要求进行强调。

（陈凤友　毕贺申）

【智能客服机器人“小e”在微信上线】　7月15日，登记注册智能客服机器人“小e”在门头沟工商分局微信公众号正式上线。该机器人是一种建立在微信、网页的基础上，可以自动应答的交互技术。主要用于为企业提供登记注册咨询服务，解答广大申请人的咨询难问题。提供图解、动画、视频等多种解答方式。申请人通过咨询“小e”，能够快速获取准确答案，而咨询电话的服务人员则能够有更多的时间去服务解答疑难问题，提高问题解决效率。

（陈凤友　毕贺申）

【金融投资理财类主体专项检查】　7月18日，门头沟工商分局联合月季园派出所开展金融投资理财类主体专项检查工作，对倚山家园、滨河西区实址经营的经营主体进行检查。对营业执照上的名称、经营地点、经营范围与实际情况进行核实。同时，检查店堂内有无发布虚假广告以及是否张贴投资风险提示。共检查经营主体5户，对其中4户进行约谈。

（陈凤友　毕贺申）

【《中华人民共和国反垄断法》十周年宣传】　7月至8月，门头沟工商分局开展多种形式的《中华人民共和国反垄断法》十周年宣传活动。通过进社区、进企业、组织座谈等方式开展现场宣传，向在职居民、企业员工等受众群体宣传《反垄断法》及配套法律法规，要求企业依法、合规经营，提高消费者自身合法权益的意识。通过投放站台广告、工商工作站、电视、报纸等多种媒体进行《反垄断法》宣传，在辖区的主要大街以及商业聚集区的公交站台投放宣传广告2块，全面提升社会法律意识，强化公平竞争理念。利用互联网、微博、微信、网站等媒体，采取线上宣传的方式进一步增强宣传效果。通过“门头沟京西杂谈”微信公众号发布《反垄断法》十周年宣传文章，方便市民学习转发。

（陈凤友　毕贺申）

【一对一助学帮扶活动】　9月17日，京西志愿服务站和门头沟区私营个体经济协会组织理事、会员代表和社会各领域爱心人士到清水中心学校，为因父母病残、单亲家庭、收入较低或父母外出打工等原因生活困难的学生交纳每月200元的餐费，帮助学生完成学业。

（陈凤友　毕贺申）

【企业约谈】　9月20日，针对三大运营商发布的“流量不限量”广告存在误导消费者的情况，门头沟工商分局对辖区三大运营商、3家杂志社、2家广告企业开展集中约谈。会上，工商部门就三大运营商发布“流量不限量”套餐广告与实际不符的情况进行通报，并对企业进行行政提示。要求企业停止发布含有“流量不限量”内容的电信类广告，要充分认识到虚假违法广告的危害性，规范广告发布行为。要求广告发布单位严格按照《广告法》及有关法律法规，加大广告审核力度，落实广告发布审查责任，不为虚假违法广告提供宣传渠道。依照《广告法》等法律法规，全面进行自查整改。

（陈凤友　毕贺申）

【打击传销防范金融风险宣传】9月27日至28日，门头沟工商分局开展“进校园、进社区、进农村、进军营、进企业”五进系列宣传活动。分别到北京科技高级技术学校、门头沟浦东小区、碳厂村、门头沟区某部队等地开展宣传。张贴海报和悬挂横幅，现场讲解非法集资、网络P2P等借贷平台的特点及危害。向部队官兵们发放宣传玻璃杯、宣传手册、宣传杯垫、宣传扇子等打击传销宣传用品。向企业员工讲解非法集资的危害性，要求企业不参与类似违法金融活动。10月11日，到爨底下景区进行宣传。悬挂宣传标语横幅2幅，张贴海报2张。向景区游客发放宣传手册、宣传笔记本等宣传品1000余份。现场接受咨询20余人次。

（陈凤友　毕贺申）

【首户全程电子化注销登记】　10月15日，门头沟工商分局完成首户全程电子化注销登记企业核准，北京天安腾达科技有限公司通过“无介质、无纸化、全程网上办理”的新模式完成企业注销全程电子化登记。自该日起，除设立登记外，变更、备案，注销登记也可全程在网上进行。内资有限公司变更名称、住所、经营范围、经营期限、章程备案、清算组备案，以及注销登记业务均全面实现全程电子化登记模式，申请人可选择窗口提交纸质材料和网上提交电子材料两种登记方式。

（陈凤友　毕贺申）

【“放心消费在社区”主题宣传】10月31日，门头沟工商分局联合区司法局、区消费者协会等部门以及多家银行，在滨河西区社区广场开展“放心消费在社区”主题宣传活动。活动中，各部门、各机构向社区居民发放《致全区居民的一封信》宣传折页、《新消法》图册、《家庭消费科普知识》宣传折页等各类宣传品5500余份。同时结合《消费者权益保护法》《产品质量法》等法律法规，向群众讲解消费相关知识，提示消费者加强自我维权意识。

（陈凤友　毕贺申）

【首次跨部门双随机抽查】　11月8日，工商部门利用新上线的区“市场主体信用协同监管平台”，联合区环保局对辖区内餐饮企业进行首次跨部门双随机实地抽查。工商分局和区环保局在平台名单库中随机抽取执法干部作为本次抽查人员，同时在企业名单库中随机抽取10户餐饮企业作为被抽查对象。经检查，10户餐饮企业均未发现违法行为。

（陈凤友　毕贺申）

【首例行政复议机关负责人出庭应诉】　11月22日，北京市门头沟区人民法院公开审理闫会伦不服工商分局不予立案的举报答复，以及不服区政府维持工商分局举报答复复议决定案。门头沟区人民政府副区长以行政复议机关负责人身份出庭应诉，门头沟区工商分局副局长以举报答复机关负责人身份出庭应诉，这是工商分局首例行政复议机关负责人出庭应诉的案件。

（陈凤友　毕贺申）

【打击传销工作联席会】　12月4日，门头沟区召开2018年打击传销工作联系会暨创建无传销社区（村）工作部署会。区领导及各成员部门、各镇街负责同志参会。对2018年门头沟区打击传销工作进行总结，公布《门头沟区创建无传销社区（村）工作实施方案》，并就2019年打击传销工作作下一步部署。

（陈凤友　毕贺申）

【“12·4”国家宪法日宣传】12月，门头沟工商分局开展“12·4”国家宪法日暨全国法制宣传日系列活动。在辖区主要大街通过悬挂条幅标语、展出宣传展板、散发宣传资料、开展法律咨询和便民服务等多种形式进行宣传。对《宪法》《广告法》等10余部法律进行普及。共发放宣传书包、普法杯垫等20余种宣传用品3000余份，现场接待法律咨询100余人次。积极与地方镇政府、街道办事处、司法局等部门联合开展进社区宪法宣传活动，形成法制普法联动阵营。到校园为峪园小学的学生上普法教育课，发放专门为学生制作的书包、铅笔盒等宣传品100余份，现场接受咨询30余人次。

（陈凤友　毕贺申）

【优化营商环境】　年内，门头沟工商分局多举措不断优化营商环境。一是完善以“门创30条”为核心的创新创业政策体系，出台精准支持高精尖产业发展19条实际举措，举全区之力打造政策高地。设立4支创投基金，缓解初创期、成长型高精尖企业和项目资金压力。二是深入推进“放管服”改革，取消调整涉及群众办事创业各类证明162项。2017年，“五证合一”“一照一码”营业执照发放17575张，全程电子化发放营业执照51张。三是成立中关村门头沟园发展顾问委员会，中国工程院院士、中国科学院院士及高校校长、高新企业代表对入园“高精尖”企业或者前沿性技术落地项目，根据企业或项目实际需求，实施“一企一策”“一事一策”的高精尖项目精准服务。

（陈凤友　毕贺申）

【服务企业个体年报工作】　年内，门头沟工商分局利用手机短信、工商电子显示屏、微博、微信等公众平台加大年报提示推送，告知不进行年报的影响。在登记注册、企业回访、日常检查等环节对企业进行年报提示，同时联合区电视台等媒体进行扩大宣传。为企业及个体工商户提供上门年报服务，为经营者讲解相关法律政策、申报方式、期限及注意事项，现场演示网上申报流程，并协助企业及个体进行年报。三是优化平台服务。各所设置年报公示窗口，由专人提供咨询服务，提供公用电脑，方便不具备申报条件的经营主体进行年报，设置年报咨询热线，为有疑问的企业及个体工商户答疑解惑。

（陈凤友　毕贺申）

【抽检工作】　年内，门头沟工商分局完成357组关乎日常生活的轮胎、儿童服装、电动车充电器、卫生杀虫用品、凉席、箱包、插座等商品的抽检工作。通过抽检，促使商家严把质量关口、规范经营行为。

（陈凤友　毕贺申）

【假冒伪劣专项整治】　年内，门头沟工商分局保护知识产权打击假冒伪劣专项整治开展普查侵权“ASICS”运动跑鞋专项行动1次，查处违法商户1家，查扣涉嫌侵犯“ASICS”商标运动鞋467双，涉及商品金额16万元。开展侵犯苹果注册商标专用权专项整治行动2次，扣押侵权商品288件，涉及商品金额6万余元，罚没款2.48万元。开展酒类侵权检查专项行动3次，期间联合洋河、剑南春、五粮液等10余家酒厂权利人，对酒类商品集散地、主要大街两侧和住宅小区底商及周边的白酒批发、零售等商户检查，查处侵权酒类案件11件，扣押侵权白酒156瓶，罚没款4.75万元。开展日化用品专项检查1次，发现问题商户3户，扣押“飘柔”“海飞丝”“潘婷”等品牌侵权商品145瓶。

（陈凤友　毕贺申）

【消费纠纷解决渠道畅通】　年内，门头沟工商分局多措施畅通消费纠纷解决渠道。一是深化推进消费环节经营者首问制度。鼓励大型商超、电商平台等建立先行赔付制度，并监督经营者全面落实网购七日无理由退货制度，召开企业座谈会3次。二是多渠道受理投诉举报。加大对12315、区政务服务热线等举报电话的宣传力度，进一步畅通现场受理、来信举报、网上咨询等服务渠道。三是与区法院加强消费纠纷调解衔接。在发生疑难投诉、群访群诉等情况时与法院及时进行会商，建立工作信息通报机制。指导消费争议快速和解企业学习《产品质量法》《消费者权益保护法》等法律法规，要求企业完善小额争议快速解决、一站式退换货、先行赔付等形式的消费争议解决工作机制。开展流通领域商品质量监管培训5次。针对商场、综合超市易发消费者投诉举报的侵犯知识产权、广告违法、虚假宣传等违法行为，以案讲法，指导企业规范经营。六是鼓励引导辖区企业践行社会责任，组织开展“门头沟绿通公益”八一拥军活动，向部队送上家用电器和厨房用口品、日常生活用品、文体用具等慰问品。

（陈凤友　毕贺申）

【大气污染治理】　年内，门头沟工商分局开展2018年大气污染治理工作。共抽检煤炭商品10组，合格率100%。依法办理散煤销售点注销登记1户。开展成品油、车用尿素、建筑类涂料和胶粘剂等商品的抽检工作。共抽检车用尿素商品3组、成品油19组，合格率100%。春节期间，加强除夕、“破五”、“十五”等重点时间段监管，主管领导带队对区内烟花爆竹销售点进行检查，查看商户资质，要求商户加强进销货管理。利用抽查检查、社区宣传、媒体报道、微博微信等途径普及大气污染治理知识，引导大众参与环境共治。

（陈凤友　毕贺申）

【助力民营企业发展】　年内，门头沟工商分局多措并举助力民营企业发展。一是营造公平竞争环境。在商事领域实行“无差别”受理；深入推进“多证合一”改革，将24项涉企证照事项纳入改革范围，实现“二十四证合一”。二是降低企业融资成本。与邮储银行、珠江村镇银行合作，为企业搭建贷款平台，解决生产经营中遇到的资金瓶颈问题，共为44家民营企业申请贷款1.04亿元。组织开展合同、融资等业务培训8次，为企业搭建融资平台。共办理动产抵押17件，融资7.01亿元。三是构建亲清政商关系。结合门头沟山区面积较大、部分地区信息闭塞的特点，到山区民营企业进行走访千余次，宣传最新法律和政策。解企业经营中的困难和政策诉求，积极作为、靠前服务，协助2000余户个体企业进行网上年报。

（陈凤友　毕贺申）

【营造和谐消费环境】　年内，门头沟工商分局不断完善消费维权机制，发挥职能优势，努力成为辖区消费者维权的坚强后盾。一是畅通维权渠道。加大对12315、区政务服务热线等举报电话的宣传力度，进一步畅通现场受理、来信举报、网上咨询等服务渠道。与区法院加强消费纠纷调解衔接，建立工作信息通报机制。二是加强对企指导。指导消费争议快速和解企业学习《产品质量法》《消费者权益保护法》等法律法规，要求企业完善小额争议快速解决、一站式退换货、先行赔付等形式的消费争议解决工作机制。开展流通领域商品质量监管培训5次。利用展板、宣传单、户外显示屏、日常检查等形式，提示消费者依法依规经营。打造“红盾京彩行”消费宣教品牌，着重培育10家具有突出地域特色的教育体验基地，共开展各类消费教育引导30余场，受众1400余人次，覆盖社区20余个。

（陈凤友　毕贺申）

【广告监管】　年内，门头沟工商分局多措并举加强广告市场监管。一是严格把关。加强广告登记发布审查，严禁广告中含有虚假宣传等欺骗或者误导消费者的违法违规内容。二是加强监测。通过广告监测、网络抽查、投诉举报等多种途径，解各经营主体促销情况，对发现的虚假广告、虚假宣传等侵犯消费者权益行为及时进行查处。共监测广告34122条次，对发现的违法行为及时录入处理。三是强化教育。通过现场检查、约见广告发布单位等形式，对企业进行提示教育，要求企业规范自身经营行为，禁止发布不符合法律法规规定的内容。四是加强协同。加强与城管、公安、卫生等部门的协调配合，围绕重点区域，突出分类处置，提升监管效能，保持广告监管高压态势。五是广泛宣传。利用各类宣传日到主要大街、社区等人流集中的地区开展《广告法》《互联网广告管理办法》等相关法律法规宣传。共接受咨询260余人次。同时，通过微信、微博等多种方式，实行线上线下双宣传。

（陈凤友　毕贺申）

【下属单位情况】

单位名称：门城工商所
地　　址：双峪路35号熙旺中心B座9层
电　　话：69850701
邮　　编：102300

单位名称：永定工商所
地　　址：石龙南路甲12号
电　　话：69802734
邮　　编：102308

单位名称：城子工商所
地　　址：惠民家园一区东70米
电　　话：69869772
邮　　编：102300

单位名称：军庄工商所
地　　址：军庄镇军庄中学旁
电　　话：60811024
邮　　编：102300

单位名称：王平工商所
地　　址：王平大街东路7号
电　　话：61859467
邮　　编：102301

单位名称：斋堂工商所
地　　址：斋堂大街53号
电　　话：69816729
邮　　编：102309

（陈凤友　毕贺申）

质量技术监督

【概况】　2018年，门头沟区质量技术监督局（简称区质监局）做好特种设备和产品质量的安全监管工作，全面履行质监职能，在全区范围内大力开展质量提升行动。继续深入学习贯彻党的十九大精神，认真落实党风廉政建设的主体责任，做好全局的党建工作。截至2018年12月底共开展行政执法检查1036起，出动执法人员2072人次，人均检查量64.75件。完成行政执法案件209件，罚没款25926.3元。受理投诉举报74件，全年未发生行政复议和行政诉讼案件；检定特种设备2680台套，检定计量器具4200台件。年内，联合区住建委、安监局、属地政府等部门，共同推进高风险电梯隐患安全治理工作，重大隐患及时通报安委会挂账督办。开展电站锅炉内的压力管道隐患排查专项行动，部署北京首钢生物质能源公司排除隐患，完成整改。特检所及时更新检验检测设备，提高检验水平，有力保障全区特种设备安全平稳运行。每月对液化石油气瓶充装单位进行监督检查，督促充装单位加强气瓶安全管理，杜绝违法行为，对重点设备的监管做到心中有数。分别开展中非论坛大气保障、有机认证产品专项执法、无证违法行为监管查处工作、消防领域电动车综合治理等专项执法工作32

起，出动执法人员68人，确保重点时期、重点领域相关产品质量安全。对煤炭、家具制造、车用尿素生产企业和涂料生产企业开展执法检查40次。年内，以老旧小区为重点，梳理上报门头沟区5台符合要求的电梯，主要为公共场所的电梯。并与市特检中心联系，对风险电梯开展评估工作。全力支持石龙老年养护院开展标准化建设工作，多次实地开展指导座谈，提出具体业务建议。联合区民政局对爱暮佳老年养护中心开展养老服务机构服务质量星级评定工作，该机构通过二星级评定。联合辖地政府开展京白梨地理标志保护产品专项检查。在“国庆”“中秋”“端午”等重要时间点开展专项检查，以现场抽检的方式保证商品称重误差符合标准。开展对加油站、集贸市场、餐饮业、粮食市场、医疗卫生系统等重大领域的日常检查共检查各类民生计量单位117家次，出动执法人员500余人次。年内，开展机关党建工作，丰富质监文化建设，扎实推进“两学一做”学习教育常态化制度化。继续开展创先争优活动，评选表彰12名优秀共产党员。先后组织党员到红色教育基地“平西情报站”纪念馆和京西山区中共第一党支部参观学习并重温入党誓词，提振精神风貌，凝聚团队力量。开展“博爱在京城”和“共产党员献爱心”捐献活动，弘扬扶贫济困的传统美德。坚持开展质监人论坛，为全局干部职工提供一个展示自我与相互交流的平台，已坚持7年，共开展54期。年内，门头沟区质监局获“2017年度全市质量技术监督系统先进集体”称号。年内，在门头沟区社会平安建设考核工作被评为优秀。

单位名称：北京市门头沟区质量技术监督局
地　　址：北京市门头沟区新桥大街60号
电　　话：69842304
邮　　编：102300

（高　宇）

【现场核查锅炉使用管理情况】 1月10日，区质监局对永定镇侯庄子村民委员会锅炉使用情况进行现场核查。

（高　宇）

【执法检查】 1月11日，区质监局对京客隆超市开展执法检查。经查，该单位在用价格标签秤8台，均在检定有限期内使用，未发现计量违法行为。24日，区质监局对龙山家园小区电梯开展执法检查。共检查小区电梯44部。在检查过程中发现1台电梯呼救电话线路存在故障，执法人员要求物业公司立刻安排人员进行维修。2月6日，区质监局开展加油站计量执法检查，活动共检查加油站4家，加油机16台，在受检加油站中，没有发现计量作弊行为。3月3日，区质监局对京煤集团总医院开展计量执法检查。4月11日，区质监局加强对承压类特种设备使用单位的监察力度，共出动执法人员16人次，检查企业8家次，发现问题2处，对存在问题的单位依法进行行政处罚。5月15日，区质监局执法人员对神泉峡景区正在施工的大型游乐设施进行安装前执法检查。6月，区质监局集中开展餐饮行业计量执法检查，检查过程中，对存在问题的8家单位进行当场处罚。7月18日，区质监局执法人员对辖区大峪第一小学开展特种设备双随机抽查。经查，未发现安全隐患问题。8月15日，区质监局对一家餐饮单位开展“双随机”执法检查。检查发现，该饭店存在使用未经检定计量器具的行为，执法人员要求其停止使用不合格计量器具立刻送检，并对该单位进行现场处罚。8月，区质监局对梧桐苑小区底商开展计量器具执法检查，对存在电子计价秤未检定使用问题的10余家商户进行现场处罚，并责令其立即改正。9月7日，区质监局对石龙商业大厦开展执法检查。10日，区质监局对北京万辉双鹤药业有限公司开展执法检查。19日，区质监局对辖区内超市开展计量专项执法检查。检查过程中，执法人员发现个别商品存在未去皮称量的情况，当场指出并要求超市予以改正。10月23日，区质监局对北京富根电气有限公司开展执法检查。经查，未发现超范围生产的情况。11月7日，区质监局对昊华能源股份有限公司检测站进行执法检查。28日，区质监局对区妇幼保健院、门矿医院等4家医疗卫生单位开展计量监督检查。12月28日，区质监局对新开业的中昂小时代广场电梯运行情况进行执法检查。中昂小时代广场新安装直梯24台、扶梯12台，完成安装监检及注册登记手续。12月底，区质监局计量监督检查活动，共计出动执法人员9人次，检查单位3家，检查计量器具100余台件，未发现违法行为。

（高　宇）

【金银饰品交易场所计量检查】 1月25日，区质监局执法人员对金银饰品交易场所开展计量专项执法检查。活动共检查金银首饰店9家，计量器具9台件，计量器具合格率为百分之百。

（高　宇）

【S1线电梯使用单位进行服务指

导】 1月30日，区质监局对S1线电梯使用管理单位进行服务指导。S1线电梯75台套，投入使用。

（高　宇）

【油气回收在线监控改造防爆验收工作】 1月，区质监局组织辖区内加油站开展油气回收在线监控改造防爆验收工作。全区4家年售油量在5000吨以上的加油站完成检查验收。

（高　宇）

【结对帮扶】 2月6日，区质监局班子成员及党总支相关同志到雁翅镇松树村，走访慰问该村生活困难的低收入家庭，并送去米、面、食用油等生活用品。

（高　宇）

【联合执法检查】 2月7日，区质监局会同区粮食局、区发改委等单位，对物美双峪环岛店、双峪菜市场开展粮食市场联合执法检查。3月6日，区质监局会同区环保局、区公安分局治安支队开展道路联合执法专项行动，区电视台对此次执法行动进行全程报道。5月9日，区质监局协同市商务委、区工商局及区食药监对2家有机蔬菜销售企业开展联合执法。9月，区质监局联合军庄、王平、妙峰山、潭柘寺属地镇政府开展2018年度京白梨地理标志产品专项监督检查工作。

（高　宇）

【供暖季燃煤质量监管工作】 3月1日，区质监局执法人员对型煤生产企业开展停产核查。

（高　宇）

【供暖锅炉安全检验】 3月5日，区质监局工作人员对华源热力7台“煤改气”供暖锅炉进行安全检验。经检验，7台锅炉的联锁保护装置均可靠、有效，使用单位体系运转正常，具备安全运行条件。

（高　宇）

【棚户区电梯检验工作】 3月12日至13日，区质监局特种设备检验人员对石门营棚户区的26部乘客电梯进行载荷试验。通过确认，26部乘客电梯的载荷试验均符合国家规定。

（高　宇）

【“3·15”宣传活动】 3月15日，区质监局设立宣传点开展“3·15”宣传咨询活动，宣传活动共发放宣传册1000余份，受理咨询200余人次。

（高　宇）

【许可证实地核查】 3月20日，区质监局会同专家组对北京恒合信业技术股份有限公司开展工业产品生产许可证实地核查工作。

（高　宇）

【医疗卫生系统计量监督检查】 3月29日，区质监局开展医疗卫生系统计量监督专项检查，此次活动共检查医院7家，计量器具1000余台件。

（高　宇）

【建立检验检测机构信息档案】 3月底，区质监局启动辖区内检验检测机构信息采集工作。全区17家检测机构信息档案建立完成。

（高　宇）

【不合格产品罚没工作】 4月18日，区质监局开展不合格产品没收工作，共没收3家企业违法生产的不合格产品6件。

（高　宇）

【电动车销售企业监督检查】 4月29日，区质监局执法人员对辖区6家电动车销售企业进行监督检查。经查，6家企业均为正规厂家代理商，生产许可证标识齐全，未发现违法行为。

（高　宇）

【强制性认证产品检查】 5月10日，区质监局组织开展强制性认证产品生产企业检查行动。

（高　宇）

【计量管理工作会】 5月16日，区质监局召开全区2018年计量管理工作会，辖区内45家企、事业单位的计量管理负责同志参加会议。

（高　宇）

【“计量宣传进校园”活动】 5月17日，区质监局开展“计量宣传进校园活动”。邀请新桥路中学30余名学生到计量检测所，通过发放计量知识宣传册、观看计量科普宣传片、组织计量科普知识小课堂等方式，培养学生对计量科学的兴趣爱好。

（高　宇）

【计量服务进社区活动】 5月31日，区质监局党员干部在向阳社区开展“计量惠民　服务社区”宣传咨询暨党员志愿服务日活动。

（高　宇）

【重点场所特种设备应急演练】 6月7日，区质监局指导区液化气站进行特种设备突发事件应急演练，执法人员针对演练情况进行讲评、对气瓶充装注意事项提出要求。

（高　宇）

【安全月宣传活动】 6月13日，区质监局工作人员到西山雅园小区开展电梯安全知识进社区活动。

（高 宇）

【工业产品生产许可证企业工作会】 6月25日，区质监局召开工业产品生产许可证企业工作会，辖区内11家企业参会。执法人员向企业讲解新颁布的《工业产品生产许可证实施通则》，帮助企业熟悉掌握新政策。

（高 宇）

【定量包装商品净含量监督抽查】 7月10日，区质监局开展定量包装商品净含量计量监督专项随机抽查。执法人员突击抽查辖区内3家定量包装商品生产企业，共抽查酸奶、矿泉水2类商品，8个批次共433件商品。

（高 宇）

【双随机检查】 7月19日，区质监局执法人员对辖区万佛华侨陵园有限公司开展双随机监督检查。

（高 宇）

【特种设备隐患治理工作会】 7月31日，区质监局组织召开危险化学品相关特种设备隐患排查治理工作会，26家危险化学品相关特种设备的使用单位参会。会上，对全区承压类特种设备安全监察工作重点进行部署。

（高 宇）

【供暖锅炉内部检验】 8月13日，区质监局对承泽苑、德露苑地片供暖服务站的4台热水锅炉进行内部检验。

（高 宇）

【“质量月”宣传活动】 9月12日，区质监局在新桥大街开展“质量月”宣传活动。

（高 宇）

【特种设备专项治理】 9月12日，区质监局对中石化销售有限公司的天然气储罐进行专项执法检查。检查中发现特种设备使用登记证未张贴在值班室的显著位置，要求使用单位及时整改。

（高 宇）

【计量资质审查】 9月25日，区质监局配合市稽查大队、专家组对全区机动车检测场开展计量资质检查。

（高 宇）

【重点场所安全大检查活动】 9月26日，区质监局开展重点场所人员密集区域特种设备安全大检查，执法人员到潭柘寺景区对观光旅游车和锅炉的使用情况进行检查。

（高 宇）

【大型游乐设施安全检查】 10月15日，区质监局联合旅游委、安监局到神泉峡景区开展大型游乐设施安全检查。

（高 宇）

【第54期“质监人论坛”】 10月19日，区质监局开展“质监人论坛”活动，3名“新人”逐一自我进行介绍。

（高 宇）

【养老服务机构星级评定】 10月24日，区民政局、质监局联合对辖区首家公建民营养老服务机构——北京爱暮佳老年养护中心开展养老服务机构服务质量星级评定工作。经评审组综合评定，该养老服务机构通过二星级评定。

（高 宇）

【优质煤生产企业监督检查】 10月30日，区质监局工作人员对优质煤供应企业开展监督抽查，执法人员共抽查低硫煤制品样品2份，备样2份，区电视台记者跟踪报道，实时记录抽样过程。

（高 宇）

【供暖锅炉内部检验工作】 10月30日，区质监局对斋堂、军庄、灰峪及门城地区供暖锅炉进行集中内部检验。

（高 宇）

【涉粮企业计量器具检查】 11月7日，区质监局对全区涉粮企业开展计量专项检查。共检查粮食收储库2家，检查计量器具10台件。

（高 宇）

【压力容器安装单位检查】 11月23日，区质监局执法人员对京煤集团总医院正在安装压力容器的施工单位进行监督检查。

（高 宇）

【冬季供暖锅炉专项检查】 11月23日，区质监局对辖区供暖锅炉开展专项监督检查，此次专项检查，共出动执法人员16人次，检查供暖单位8家，检查锅炉20台。

（高 宇）

【人员密集场所特种设备检查】 12月14日，区质监局对全区人员密集场所内使用的特种设备开展专项监督检查工作。

（高 宇）

【2018年度工作总结会】 12月17日，区质监局召开2018年度工

作总结会暨述职述廉大会。会上，各科室负责人和随机抽取的5名职工代表就2018年工作进行总结，并对报送信息先进科室和个人进行表彰。随后，局领导班子成员作个人述职述廉报告。

（高　宇）

安全生产监督管理

【概况】　2018年，门头沟区安全监督管理局（简称区安监局）围绕全年安全生产目标责任书和年度重点工作要求，压实安全生产监管工作，完善制度体系建设，巩固基层基础工作，全力提升治理能力、压减生产安全事故，为全区经济社会持续稳定发展提供有力保障。年内，全区各类生产安全事故死亡5人，同比上年8人，下降37.5%，超额完成责任书下降5%任务指标，事故死亡控制率在全市各区名列前茅；安全生产责任保险投保企业399家，区域企业年参保率任务指标为10%，实际完成率13.7%，在生态涵养区中位列第一；安全生产标准化创建任务40家，实际完成40家，完成率达100%；“安全生产大培训”任务为844人，实际完成培训844人，目标完成率100%；举办门头沟区领导干部安全生产专题培训班，培训各级领导干部134人次；在区级媒体设立安全生产专栏，宣传安全生产方针、政策、安全生产法律法规和安全知识，共播出16期“直击安全现场”栏目，刊发安全生产月专栏1期，安全生产督查专题2期；全区13家加油站贯标改造任务全部完成。50家危险化学品经营企业完成安全风险辨识及等级评定，建立危险化学品企业安全风险分布档案。186家企业完成安全风险评估，形成区级重大安全风险源清单和安全风险源电子地图，制定门头沟区城市安全风险管控办法，安全风险云服务系统填报率达100%。

单位名称：北京市门头沟区安全生产监督管理局

地　　址：北京市门头沟区中门寺街16号民生大厅

电　　话：69842130

邮　　编：102300

（林劲北）

【元旦安全生产检查】　2017年12月30日至2018年1月1日，区安全监管局共出动执法检查人员12人次，4车次，检查生产经营单位12家，发现安全生产隐患问题2项，下达责令限期整改指令书1份。针对检查中发现的电梯间堆放货物、货物侵占安全疏散通道的问题责令立即改正，整改完毕。

（林劲北）

【餐饮单位联合安全检查】　1月5日，区领导带领区安全监管局、区商务委、区公安分局消防支队、区食药局、大峪街道办事处等部门对物美大卖场及其餐饮单位开展联合安全检查。检查中针对发现的大卖场入口处存有阻碍消防逃生的地桩，二层手扶梯顶部有漏水现象，眉州东坡电梯处违规设置待餐区，影响通道畅通等安全隐患，下发责令整改指令书，要求企业限期整改，消除隐患。

（林劲北）

【“两会”执法检查】　1月5日，区安委会办公室牵头组织区旅游委、区质监局、区工商分局、区公安分局消防支队、龙泉镇对区“两会”会议驻地龙泉宾馆开展专项执法检查。针对检查中发现的应急预案不完备、高压配电室人员值守不到位的问题与被检单位负责人进行现场反馈，并就客房电暖器安全使用提出具体工作要求。同日，区安委会办公室牵头组织区旅游委、区质监局、区工商分局、区公安消防支队、龙泉镇对区“两会”会议驻地龙泉宾馆开展专项执法检查。针对检查中发现的应急预案不完备、高压配电室人员值守不到位的问题下发责令限期整改指令书并与被检单位负责人进行现场反馈。

（林劲北　刘艳峰）

【烟花爆竹安全检查】　2月15日，区安监局领导分别带队对区内烟花爆竹零售网点进行安全检查。针对除夕、“初一”“初五”等重点时段进行不间断巡查。同时强化对烟花爆竹举报投诉电话的宣传，对全部烟花爆竹零售单位发放市安全监管局统一制作的宣传海报，要求各零售网点切实落实“三禁止、三报告、一登记”的要求，保障烟花爆竹销售安全。期间，区局会同各镇街共检查烟花爆竹零售网点8家次，未发现明显安全隐患。

（王　磊）

【安全生产监督检查】　2月15日至21日，区安监局每天由局领导带队对全区人员密集场所、危险化学品、烟花爆竹等重点行业领域进行检查。各检查组重点检查各生产经营单位各项安全管理措施、节日期间应急值守等落实情况。共检查单位23家，发现并消除安全隐患2项，下达责令限期整改指令书1份。3月12日至16日，区安监局对北京金福龙加油站、北京西昊宇加油站有限公司等5家加油站进行安全生产检查，发现消除安全隐患6项，下达责改指令书2份。执法人员重点检查加油站“两会”期间应急值守，个人防护用品和应急救援设备的配备，员工的安全教育培训，储存设备设施以及散装油的销售等情况。

（林劲北）

【烟花爆竹回收入库】 截至2月20日，熊猫烟花公司共向门头沟区烟花爆竹零售网点批发烟花爆竹210箱，共剩余烟花爆竹4箱，已督促有关零售点按照规定进行处理。同时，收回4家烟花爆竹零售网点的烟花爆竹零售经营许可证和标志牌，未发现烟花爆竹零售网点销售非法烟花爆竹现象，烟花爆竹销售期间安全平稳。

（王　磊）

【全国两会安全保障专题会】 2月26日，区安监局召开专题会议。会上，传达部署《2018年全国“两会”期间安全生产保障工作方案》，结合门头沟区安全生产实际，明确组织机构、重点任务和工作安排，要求各执法科室及属地镇、街及石龙工业区重点围绕危险化学品经营使用单位、非煤矿山、工业企业、建筑施工、人员密集场所、职业卫生及有限空间作业等行业领域开展安全生产执法检查。

（林劲北）

【职业安全工作协调会】 3月12日，区安监局组织召开职业安全工作协调会。区卫生局、区人力社保局、区总工会等部门的主管领导参加会议。会上，总结各部门2017年职业卫生监管情况，重点就门头沟区2018年职业卫生监管工作进行周密部署。

（赵　轩）

【重点危化经营单位进行检查】 3月29日，区安监局对10家加油站进行安全检查。执法人员重点对各单位安全生产责任制落实情况、应急物质储备情况、安全设备设施情况等进行检查。对检查中发现的加油岛附近有杂物、卸油口未上锁等隐患要求相关单位立即整改。执法人员要求各危化经营单位要严格落实各项安全管理措施，强化应急值守，特别是要加强清明节期间安全管理工作，保障清明节期间安全稳定。经复查，隐患整改完毕。

（王　磊）

【有限空间作业安全生产工作会】 3月29日，区安委会办公室组织召开有限空间作业安全生产工作会，全区涉及有限空间作业的行业管理部门、属地政府及作业单位相关负责人参加会议。会上，区安委会办公室对有限空间作业安全生产工作进行部署。

（白　璐）

【安全生产标准化工作部署会】 3月30日，区安监局组织召开2108年安全生产标准化工作部署会。相关评审机构、审核机构，各有关部门、镇、街及企业参加会议。会上，对2017年标准化工作进行总结，传达近期市安全监管局近期有关文件精神，对百项地标进行宣贯，组织观看安全生产典型事故案例宣传片。区安全监管局主管局长就2108年安全生产标准化工作提出要求。

（杨　岳）

【安全生产大培训再部署】 4月26日，区安监局组织属地镇街、石龙管委召开会议，对安全生产大培训工作进行再部署。会上，区安全监管局要求参会人员提高重视程度，及时将会议精神向单位主要领导汇报，确保此项为民办实事项目能够保质保量落实到位；进一步明确培训对象，优先将辖区重点企业、难点企业纳入此次培训范围；加快推进培训各项工作，按照市局时限，完成全区安全生产大培训工作。

（谷　征）

【有限空间作业安全宣传培训】 4月，区安监局联合区旅游委、商务委、住建委、歌华有线电视门头沟分公司等部门先后组织各行业、各系统召开有限空间安全生产专项整治工作培训会。各部门主管领导、企业负责人分别参加培训。会上，传达市安委会办公室有关有限空间安全生产工作会议文件精神，通报全市近几年发生的有限空间作业生产安全事故案例及处理情况，对企业如何开展有限空间辨认建立管理台账、作业场所风险辨识、承发包管理等进行详细讲解。

（白　璐）

【职业病防治法宣传活动】 5月10日，区安监局会同区卫计委、区人力资源和社会保障局、区总工会、区疾病预防控制中心和京煤集团，在木城涧煤矿、大台煤矿开展以“健康中国、健康企业、职业健康先行”为主题的大型职业病防治宣传活动。此次宣传，共发放职业病防治法百问、职业病防治问答、预防食物中毒宣传册、职业病防治法宣传画等材料5600余份，摆放宣传展板41块，解答职工咨询79余人次，木城涧煤矿、大台煤矿800余名矿工参加活动，营造浓厚的《职业病防治法》宣传氛围。

（赵　轩）

【强化部署安全生产标准化工作】　5月25日，门头沟区政府召开门头沟区安全生产标准化工作部署会，全区67家安委会成员单位（全部单位）参加会议，副区长出席会议并讲话。会上，对2017年及2018年一季度安全生产标准化工作进行总结，对全区2018年标准化工作进一步进行强化部署，明确、压实各部门、镇街工作任务；重点行业主管部门、属地政府进行表态发言。

（杨　岳）

【工贸行业有限空间作业条件确认】　5月至10月，区安监局组织开展工贸行业有限空间作业条件确认专项检查。制定印发《门头沟区有限空间作业安全生产专项整治工作方案》《关于转发粉尘防爆和有限空间专项治理工作相关文件的通知》等文件。组织开展工贸行业涉及有限空间企业安全培训，规范企业有限空间作业基础台账的辨识及填报工作。此次专项检查建立完善《门头沟区工业企业有限空间作业条件确认工作汇总表》《门头沟区工贸企业有限空间辨识管理台账》等基础台账。共检查有限空间作业单位68家次，消除安全隐患106项，立案处罚5起，共计罚款2.6万元。严厉打击有限空间企业的违法行为。

（白　璐）

【液化气站应急演练】　6月7日，区液化气站进行特种设备突发事件应急演练。演练分为两项内容，一是在运输液化气瓶途中发生液化气瓶角阀渗漏，启动应急预案组织进行检修、抢救，消除安全隐患；二是站内液化气储罐发生阀门损坏，事故应急抢修小组对储罐进行罐体降温、稀释、排除故障等应急处置。

（李晨曦）

【城乡结合部专项整治】　6月，区安监局会同军庄镇、龙泉镇对城乡结合部地区各类生产经营单位进行调查摸底工作。经查，城乡结合部共涉及各类生产经营单位176家。其中军庄镇6村共有各类生产经营单位24家，龙泉镇三家店部分区域共有152家。主要经营业态为小餐饮、小卖部、小美容美发、小洗浴、小汽修、小诊所等“五小”企业和“六小”场所。

（刘艳峰）

【全国高考和“上合峰会”期间夜查】　6月15日，区安监局对石龙大厦、金涛圆宾馆、欢乐颂歌厅进行安全生产夜查行动。针对检查中发现的杂物未及时清理、防火门未关闭的问题责令当场整改。

（刘艳峰）

【安全生产月主题宣传】　6月16日，区安委会办公室组织区应急办、住建委、市政市容委等22个职能部门以及永定镇、石龙管委和北京科技高级技术学校、区供电公司、人保财险门头沟区分公司，在北京科技高级技术学校设立安全宣传主咨询站，紧密围绕“生命至上，安全发展”的安全生产月活动主题，开展生产安全、公共安全、公共卫生安全等方面的安全宣传活动。各职能部门领导到场发放宣传材料，并与工作人员一起解答群众有关安全方面的问题。区安全监管局在主会场设立VR安全教育体验区，通过身临其境的方式，让体验者进入“施工工地”，以第一视角方式经历基坑坍塌、室内火灾、机械伤害、高空坠落、物体打击等生产安全事故，警示教育工人时刻绷紧安全生产这根弦。同时，邀请现场群众关注门头沟安全生产微信公众号，参与安全用电有奖答题。各镇、办事处、各有关部门周密部署，在本地区分别设立安全咨询站，认真组织，利用多种形式，广泛进行安全宣传。全区共设立安全宣传咨询站22个，设置安全宣传展板355块，发放宣传材料10万余份，悬挂横幅324幅，张贴标语、宣传画700余张，设宣传栏、板报2100余块，受教育人数达10万余人。

（谷　征）

【端午节安全检查】　6月17日，区安监局重点对综地加油站、浩达通盛加油站、龙泉宾馆、北斗星酒店开展端午节期间安全生产应急值守及防汛工作专项检查。共出动执法人员2人，执法车辆1车，检查企业4家。针对检查中发现排水沟有杂物问题，执法人员责令当场改正。

（刘艳峰）

【公交集团第四客运分公司应急演练】　6月22日，区安监局、区交通局联合北京公交集团第四客运分公司在龙泉西快四公交场站进行应急处突综合演练。演练分别进行“车辆运营中遇发动机起火疏散及扑救演练”“车辆运营中遇不法分子抛洒传单、打横幅实操演练”“车辆运营中遇有恐怖分子上车扬言爆炸应急演练”“公交场站发生火情应急演练”等4个科目演练。

（李晨曦）

【安全生产大培训】 7月26日，区安监局正式启动生产经营单位主要负责人和安全生产管理人员安全生产培训工作，培训分为8期，每期2天共计16学时，惠及420余家重点企业840余人。

（谷 征）

【老年养护院警示约谈】 8月20日，区安监局就北京石龙老年养护院液氧罐安全距离不符合规范标准的问题对该单位进行约谈。会上，区安全监管局通报近期3次对北京石龙老年养护院就该问题进行检查的简要情况，提出针对性的整改意见和工作要求。

（王 磊）

【中非论坛保障会】 8月23日，区安监局召开工作部署会。会上，对“中非合作论坛”战时严控阶段安全生产保障工作进行再部署、再落实。执法大队通报8月22日市安全监管局安全生产保障工作会议精神，结合区内安全生产实际，对危险化学品、非煤矿山、有限空间、工业企业、人员密集场所、建筑施工等行业领域的安全执法检查重点进行部署。

（林劲北）

【安全宣传进社区】 8月29日至31日，区安监局在永定镇永兴嘉园社区、永安社区、信园社区、永兴社区和龙泉镇城子村开展“法治宣传伴您行、全民创城齐行动”普法进基层系列活动。区安全监管局执法人员针对居民日常接触较多的用电安全、燃气安全相关知识和法律法规进行深入讲解；对近年屡屡发生火灾事故的电动车充电及使用相关规定进行重点提示；以“哈尔滨太阳岛火灾事故”等事故为例，对火灾安全知识、应急逃生知识进行现场指导；同时，对参加培训社区群众咨询的日常生活中的安全问题进行答复，发放安全知识宣传折页扇等宣传品并对创城工作进行宣讲，倡议大家共参与、齐行动。

（谷 征）

【有限空间作业集中执法检查】 9月12日，区安监局开展有限空间集中执法检查。结合辖区实际此次集中检查白天采取街边巡查、作业单位检查相结合的方式，夜间重点对门城地区主要大街进行全覆盖的突击巡查。检查共出动执法人员6人，执法车辆2辆，检查作业单位4家，下达责令限期整改指令书2份，发现安全隐患4项。主要存在有限空间检查记录不规范、应急救援预案人员变更未及时更新、有限空间设备未专区存放等问题。经复查相关企业全部按期整改完成。

（白 璐）

【国庆节安全检查】 10月1日至7日，区安监局分别由领导带队，对辖区危化经营单位、人员密集场所等单位开展“四不两直”安全检查。期间共出动执法检查人员18人次，8车次，检查生产经营单位22家，发现消除安全生产隐患问题10项，下达责令限期整改指令书5份。期间未发生生产安全事故及影响稳定的突发事件或突出情况。

（王 磊）

【安全生产讲座】 10月25日，区安监局党组书记、局长为区内秋季干部培训班各参训学员作题为“《地方党政领导干部安全生产责任制规定》解读”安全生产工作专题讲座。全区各镇街、各部门40余名干部学员参加此次讲座。局长深刻剖析《规定》重要意义和目的。结合全区安全生产工作实际，对安全生产工作责任、职责和责任制的含义和联系作梳理阐述，对各级党委、政府等领导干部在安全生产工作中应承担的职责进行解读。

（谷 征）

【标准化达标创建工作】 截至10月底，门头沟区组织40家企业（其中三级达标创建企业30家、小微达标创建企业10家）完成标准化达标创建。

（杨 岳）

【危险化学品经营及制药企业安全生产】 11月9日，区安监局组织全区13家加油站及3家制药企业参加北京市安全监管局组织的北京市危险化学品重点工作推进会。会后，区安全监管局召开区内危险化学品经营及制药企业安全生产工作推进会。会上，区安全监管局就危险化学品专项整治三年行动、城市风险评估进展情况进行通报，并提出工作要求；对危险化学品及制药企业安全生产标准化工作进行再动员再部署。

（王 磊）

【加油站应急演练】 11月15日，区安监局采取“四不两直”方式对北京金福龙加油站应急工作进行检查。重点对应急演练记录、应急物资储备等情况进行检查，同时要求加油站立即开展一次反恐应急演练。演练模拟加油站紧急处置一起投掷燃烧瓶，企图点燃加油机的突发事件，加油站工作人员能够按照应急预案的程序较好完成此次演练。

（李晨曦）

【国家宪法日宣传】 11月30日，区安监局在区体育馆开展安全生产法律法规宣传。向过路群众发放《北京市民安全手册》《烟花爆竹安全燃放读本》《安全生产主体责任手册》、安全生产标语手提袋等宣传品，讲解安全生产法律法规，现场解答群众关于安全生产相关工作的疑问。

（谷　征）

【岁末年初危险化学品工作部署】 12月2日，区安监局召开安全生产专题会，对岁末年初危险化学品安全监管工作进行部署。会上，区安委会办公室对近期安全生产形势进行通报，针对使用危险化学品的重点行业领域提出工作要求。

（王　磊）

【圣诞节教堂专项安全检查】 12月24日，区安监局对曹各庄天主教堂、基督教堂门头沟堂进行专项安全检查。

（刘艳峰）

【职业病危害防治情况】 年内，区安监局共监督检查企业116家次，下达执法文书数量56份，消除安全隐患114项，行政处罚立案29起，处罚金额23.6万元。组织区卫计委、区人力资源和社会保障局、区总工会等有关部门召开职业安全专题会3次，部署和落实市局有关工作要求，制发文件12份，报送安全监察信息44条，受理涉及职业病鉴定、职工职业健康体检、职业危害因素劳动合同告知、作业场所环境治理、个人防护用品发放等多种类型职业安全投诉举报72起，接待上访群众和现场调查取证共计96人次，督促协调有关部门和责任企业依法为劳动者解决实际困难，依法及时纠正用人单位的违法违规行为，化解职工和企业的矛盾，并及时把调查处理情况回复给投诉举报人，案件回复率达100%。开展职业健康执法年活动、《金属制品业职业卫生技术规范》贯标行动、汽修行业职业危害“回头看”专项检查、职业危害普查、高温天气防暑降温安全生产专项治理行动，组织力量对各部门、各企业专项治理工作落实情况督查8次，有效促进安全生产工作的落实，2018年区内未发生职业中毒和职业病群体进京上访事件。

（赵　轩）

【职业卫生培训工作】 年内，区安监局组织企业负责人和安全管理人员参加北京市职业卫生培训班。全区135名企业负责人和安全管理人员通过考试取得资质证书。

（赵　轩）

【查处职业安全健康投诉举报案件】 年内，区安监局对职业卫生举报案件进行认真查处，协调相关部门联合执法，对投诉举报案件做到件件有落实，事事有回音。全年共处理职业安全投诉举报案件72起，接待上访群众96人次，案件回复率达到100%。

（赵　轩）

【职业健康执法年活动】 年内，区安监局开展《职业健康执法年活动》专项检查，对存在职业病危害的企业进行专项检查，突出非煤矿山、汽修、危化经营、高温、电子等行业领域，共检查企业116家次，下达指令书56份，消除安全隐患114项。

（赵　轩）

【高温天气防暑降温安全生产专项治理】 年内，区安委会下发《门头沟区关于切实做好高温天气防暑降温工作的通知》，要求各相关部门切实发挥行业主管和属地安全监管责任，贯彻落实国家安监总局《防暑降温措施管理办法》。7月至9月，区安委会组织各有关部门重点对全区大型建筑工地、露天作业场所、高温作业车间进行安全生产大检查，各有关部门共查建筑工地、高温作业企业178家次，发现排除安全隐患56处，现场发放防暑降温知识手册、宣传页、宣传画等材料2800余份，保护职工健康权益，严防高温中暑伤亡事故的发生。

（赵　轩）

【机动车维修企业职业危害专项检查】 年内，区安监局开展机动车维修企业职业危害“回头看”专项检查。制定并下发专项治理工作方案，重点推动企业工程防护设施升级改造，落实职业卫生管理措施，巩固2017年机动车维修企业尘毒危害专项治理行动成果，专项行动共检查企业16家次，监督企业投入安全整改资金34.6万元，消除安全隐患18处，促进机动车维修企业作业现场防护设施和个人防护用品的升级改造，有效改善职工作业环境，提高区内机动车维修企业职业卫生管理水平。

（赵　轩）

【职业病危害普查工作】 年内，市安监局在全市范围内组织开展重点行业领域生产经营单位职业病危害基本情况普查工作。区内共有300家生产经营单位在此次普查范围之内。7月17日，区安监局职业病危害普查工作办公室召开普查工作会，发放发送普查宣传材料和普查宣传短信，组织镇街和普查机构负责人进行详细的工作沟通并展开工作。截至8月22日，完成300家生产经营单位的普查工作。

（赵 轩）

【职业健康宣讲员巡回宣讲工作】 年内，区安监局组织开展大型职业健康宣讲活动4次，镇街职业健康宣讲员结合日常检查工作经历，分别以“职业安全重在治未病”“安全员的坚持与坚守”为主题，全程使用音响、幻灯片、案例分析等多种形式，向广大企业职工讲授职业卫生法律法规。

（林劲北）

【施工工地安全执法检查】 年内，区安监局共检查施工工地344家次，下发责令改正指令书134份，查出各企业共存在隐患278项。对所有隐患进行复查，全部整改完毕。加大行政处罚力度，对查出违反安全生产法和不符合行业安全标准的福州景祥建筑劳务有限公司、北京鼎盛天顺设备安装有限公司、北京亚泰盛创建设工程有限公司等32个生产经营单位的违法行为依法给予行政处罚，共立案32起，罚款59.4万元。

（陈观刚）

【查处建筑行业举报案件】 年内，区安监局共接慕少伟栗园庄北京建工工地受伤举报、陈某某举报中天建设集团14号楼施工现场没有防护措施举报等6起举报投诉案件，调查处理6起，办结率100%，举报人满意率100%。

（陈观刚）

食品药品监督管理

【概况】 2018年，门头沟区食品药品监督管理局（简称区食药监局）出台《北京市门头沟区关于落实食品安全党政同责的实施方案》，区领导与各镇街签订《北京市门头沟区人民政府2018年度食品药品安全工作目标责任书》。区食药安委会和区食药安办组织召开各类专题会议11次，涉及全国“两会”食品药品安全保障工作部署会、落实食品安全党政同责工作、创建食品安全示范区、食品安全突发事件应急演练等内容。先后获全国文明单位、“五型机关”先进单位、市食药监系统党的十九大精神暨党规党纪知识竞赛活动中获第三名、门头沟区“最美的她们”、首都控烟先进集体、北京市药品不良反应组织协调工作单位等荣誉。

单位名称：北京市门头沟区食品药品监督管理局
地　　址：北京市门头沟区滨河路87号
电　　话：69848954
邮　　编：102300

（穆鑫亚）

【专项检查】 年内，区食药监局执法人员根据不同企业生产经营规模、条件、品种及其风险高低确定监督检查频次，采取现场核查、飞行检查、“双随机”检查、跟踪检查、联合执法等方式，累计检查生产经营主体10573户次，出动执法人员21546人次，其中开展专项检查41个，包括河豚鱼、校园周边（两次）、酒类、冰糖燕窝、网络食品安全、猪肉产品质量安全、无菌植入医疗器械、含蜂胶原料保健食品、打击违法违规经营医疗器械、打击欺诈骗取医疗保障基金、保健食品虚假和欺诈等专项检查，共检查4826户次，出动执法人员10786人次。

（穆鑫亚）

【监督抽检】 年内，区食药监局完成国抽、市抽、区抽任务2476批次，其中食品抽检2000批次，收到检测报告1746批次，不合格产品15批次，合格率为99.14%，药品抽检（含医疗器械、化妆品）476批次，发现不合格产品1批次，合格率为99.74%。完成各类快检2050批次，发现不合格产品1批次，合格率为99.95%。

（穆鑫亚）

【执法工作】 年内，区食药监局办理行政处罚一般程序案件87件，罚款1967580.82元，没收违法所得21084.3元，罚没款合计1988665.12元；办理简易程序案件32件，均为警告；依法不予处罚案件4件（含1件没收物品，但免于其他行政处罚案件）；行刑衔接案件1件，为餐饮环节超限量添加食品添加剂案件。一般程序案件和简易程序案件数量分别比去年增长81.25%和88.24%；在“四公开一监督”、打击畜产品违法犯罪“利刃”行动、药品净网2018等专项工作中共立案43起，办结29起，正在办理中14起，罚款金额120.4万元。区食药监局应对行政复议13件，是去年的4.3倍，复议终止6件，撤销处罚决定1件，中止审理2件，正在办理中2件，维持行政处罚决定2件；发生行政诉讼4件，其中2件原告为职业举报人，诉讼结果为当事人撤回诉讼请求，其余2件正在办理。

（穆鑫亚）

【安全保障工作】 年内，区食药监局完成各类安全保障24次，其中开展门头沟区两会、2018年“斯里兰卡文化周in北京”活动、中办老干部局到门头沟区等驻会保障工作5次，出动执法人员76

人次、开展快速检测 134 件，保障就餐 60 餐次、保证 7585 人次饮食安全；开展 2018 全国“两会”、中非论坛社会防控 2 次，出动 1119 人次，监督检查各类食品药品生产经营单位 512 户次，抽检样品 18 件，快速检测 6 件，合格率为 100%；属地食药所主动强化保障意识，开展保障活动 17 次，保障就餐 70 餐次。

（穆鑫亚）

【“阳光餐饮”工程】 年内，区食药监局建设“阳光餐饮”工程，凝心聚力推动餐饮品质提升，辖区 858 家餐饮单位达到“阳光餐饮”工程要求，占全区总数的 98%，打造“阳光餐饮”示范街区 4 条，首批 200 家餐饮品质提升示范店通过验收。

（穆鑫亚）

【“创城”工作】 年内，区食药监局召开食药领域动员部署会 2 次整合生产经营企业、行业协会、志愿者等力量；更新宣传展板 20 组，制作桌签插页 2 万张，宣传海报 3000 张；开辟“全国文明单位”交通引导专岗，开展“讲文明、迎佳节——创城在行动”，到社区开展“创城”宣讲，各部门围绕“创城”开展宣传活动 16 次。

（穆鑫亚）

【群众热线及网络平台】 年内，区食药监局加强与市局“12331”“12345”“96156”为民服务热线全面对接，设立 69828800 投诉举报专线，在区局官网、微信公众号、今日头条等平台公布举报电话和邮箱，严格“三率两度”的定期考核和通报，共受理投诉举报 870 件，其中食品类 821 件、药品类 49 件（含医疗器械、化妆品），立案 145 件，办结率 100%，立案率 24.83%。坚持每天关注《北京日报》“政府与市民”版块，快速接收市局和区网管办转办的食药安全舆情，共处置微博曝光的舆情事件 5 起，妥善处理，未造成不良社会影响。

（穆鑫亚）

【食品药品科普宣传】 年内，区食药监局集中开展“12331”“食品安全周”、安全用药月、创建食品安全示范区等主题宣传活动，各部门和食药所到村居、校园、机关、工地、景区等场所，采取“送法下乡”“食药安全进社区”“走进军营”等宣传形式，累计组织各类宣传活动 131 次，发挥知识角、宣传栏、LED 显示屏、广播电视、纸质媒体等优势，全方位宣传食品安全知识，发放海报、宣传册、致百姓一封信、文化衫、马甲等宣传品 16.6 万份，在区局官网、首都之窗网站发布政务信息 365 篇，被《监管动态》《京西时报》《中国医药报》《中国食品报》《首都食品安全周刊》、首都文明办等媒体刊物刊发 478 篇次，在门头沟区电视台策划投放公益广告 3 期，制作区局刊物《京西悟道》3 期，在区局公众号制作刊发信息 123 篇，今日头条号发布信息 64 篇，市局公众号刊发信息 25 篇，累计阅读量 10.8 余万。

（穆鑫亚）

【农村帮扶】 年内，区食药监局对杨家村贫困户进行慰问，赠送价值 3000 元的米面粮油等食用产品。5 月，到斋堂镇食药所、斋堂镇杨家村开展帮扶捐赠工作。共捐赠价值 6 万余元生活用品、日常用品等物品，向村民发放宣传海报、食品安全知识手册、安全用药知识手册等宣传资料 800 余份，并邀请斋堂医院医务人员为村民们开展健康体检及指导；专门为“空巢老人”开展送温暖活动，走访慰问空巢老人 10 余户，发挥职业专长，开展食药安全知识咨询服务，帮助老年人掌握更多食药安全常识并发放宣传品 80 余份。

（穆鑫亚）

【下属单位情况】

单位名称：北京市门头沟区大峪街道食品药品监督管理所
地　　址：北京市门头沟区滨河路 72 号
电　　话：69847155
邮　　编：102300

单位名称：北京市门头沟区永定镇食品药品监督管理所
地　　址：北京市门头沟区永定镇石龙西路 58 号
电　　话：60850130
邮　　编：102308

单位名称：北京市门头沟区城子食品药品监督管理所
地　　址：北京市门头沟区门头沟路 24 号综地公司院内城子办事处
电　　话：61898177
邮　　编：102300

单位名称：北京市门头沟区龙泉镇食品药品监督管理所
地　　址：北京市门头沟区中门寺街 35 号
电　　话：69839462
邮　　编：102300

单位名称：北京市门头沟区东辛房街道食品药品监督

管理所
地　　址：门头沟区石门营新区文体大楼
电　　话：61893135
邮　　编：102300

单位名称：北京市门头沟区妙峰山镇食品药品监督管理所
地　　址：门头沟区妙峰山镇政府大院南楼后排平房
电　　话：60815674
邮　　编：102300

单位名称：北京市门头沟区潭柘寺镇食品药品监督管理所
地　　址：门头沟区潭柘寺镇赵家台村
电　　话：18010283720
邮　　编：102308

单位名称：北京市门头沟区军庄镇食品药品监督管理所
地　　址：北京市门头沟区军庄镇人民政府院内西跨院2层
电　　话：20360810748
邮　　编：102300

单位名称：北京市门头沟区王平镇食品药品监督管理所
地　　址：北京市门头沟区王平镇王平大街东路18号
电　　话：61857115
邮　　编：102301

单位名称：北京市门头沟区大台街道食品药品监督管理所
地　　址：门头沟区大台街道大台路8号
电　　话：61870311
邮　　编：102303

单位名称：北京市门头沟区雁翅镇食品药品监督管理所
地　　址：门头沟区雁翅镇雁翅村公路北164号
电　　话：61839311
邮　　编：102305

单位名称：北京市门头沟区斋堂镇食品药品监督管理所
地　　址：北京市门头沟区斋堂镇镇政府南楼四层
电　　话：69812630
邮　　编：102309

单位名称：北京市门头沟区清水镇食品药品监督管理所
地　　址：北京市门头沟区清水镇镇政府一层西侧
电　　话：59260153
邮　　编：102311

单位名称：北京市门头沟区食品药品稽查大队
地　　址：门头沟区石龙南路甲12号
电　　话：69828800
邮　　编：102300

单位名称：北京市门头沟区食品药品安全监控中心
地　　址：北京市门头沟区大峪南路6号
电　　话：69832041
邮　　编：102300

（穆鑫亚）

金融服务管理

工商银行

【概况】　2018年，中国工商银行股份有限公司门头沟支行全年实现本外币拨备前利润3.52亿元，实现中间业务收入6517万元。支行积极落实“大小新优”的策略安排，各项融资业务稳定发展。支行深挖存量客户需求，不断提高议价能力，通过批量开户与场景建设等方式开拓新的客源，夯实存款业务根基。深化网点智能化转型，调整网点布局，持续优化网点人员结构，从客户视角推动服务“痛点”整治，持续抓好厅堂服务温度和服务效率提升。坚持“两个从严”，落实“一岗双责”，不断推动党建工作发展。支行党委将继续把党建工作与经营管理工作有机结合，以党建工作的进步推动支行改革发展进程，进一步完善党建工作机制，积极引导，切实提升基层党员干部党建工作能力。严格落实监察制度，始终保持高压态势，强化基层党员及群众的监督作用，党风廉政建设落到实处，持之以恒正风肃纪，保持支行队伍的先进性和纯洁性。坚定不移地执行党管干部、党管人才原则，完善干部人才培养机制，建设一支忠诚干净担当的高素质党员干部队伍。重点打造和发挥基层党支部的战斗堡垒作用，进一步提升基层支部向心力和凝聚力。

单位名称：中国工商银行股份有限公司北京门头沟支

行

地　　址：北京市门头沟区新桥大街16号

电　　话：69863476

邮　　编：102300

（陈　瑶）

【制定目标】　年初，门头沟支行召开2018年年初工作会，总结上一年度经营结果，布置安排全年工作；同时，开展“开门红”短途劳动竞赛活动。

（陈　瑶）

【公益活动】　3月，门头沟支行组织举办学雷锋义务活动。4月，与区科委共同到定都峰进行义务植树活动。7月，到相关单位进行公益宣传活动。

（陈　瑶）

【消保宣传】　3月，门头沟支行开展金融消费者主题宣教活动。6月，到军庄镇西杨坨村进行以“普及金融知识，守住‘钱袋子’”为主题的义务宣讲活动。9月，全面推动“金融知识普及月　金融知识进万家”暨“提升金融素养　争做金融好网民”活动。

（陈　瑶）

【员工培育】　8月，门头沟支行开展针对新入职员工的服务礼仪和工作规范方面的专题培训。9月，开展“深化投诉管理　践行消保理念”培训。11月，支行开展“厅堂服务管理的艺术”服务培训。

（陈　瑶）

建设银行

【概况】　2018年，建行门头沟支行中长期劳动合同人员141人，平均年龄39岁，其中本科及以上学历人员101人，党员71人；下设9个部室（含营业部），4个营业中心，1个个人金融中心。年内，建行门头沟支行共开展12次党委中心组学习，为每名党员购置《十九大学习笔记本》，定期开展自学，记录学习轨迹。组织全体员工到马栏村参观“冀热察挺进军司令部旧址”，听老村支书讲党课，接受爱国主义教育，提高党性修养。召开十九大知识和党规党章知识培训会。组织全体党员到国家大剧院观看“在希望的田野上”主题音乐会。组织十九大“这一年”主题征文比赛，总结一年来的收获与感悟。年内，本外币全口径存款时点余额117.22亿元；本外币各项贷款时点余额23.38亿元；不良率0.009%。

单位名称：中国建设银行股份有限公司北京门头沟支行

地　　址：北京市门头沟区双峪路22号

电　　话：69835874

邮　　编：102300

（曹飞鸿）

【银政共建活动】　11月15日，建行门头沟支行与区发改委金融办开展联学共建，到马栏村宣传打击“非法集资”，演示“裕农通”产品便捷的金融服务，密切与政府部门的合作。

（曹飞鸿）

【打通金融最后一公里】　年内，建行门头沟支行签约裕农通业务13户，其中低收入村1户，人行空白服务点5户。探索出“裕农通+慧兜圈”“裕农通+党建”的普惠金融模式，为百姓提供“村口银行”服务。

（曹飞鸿）

【强化风险管控】　年内，建行门头沟支行堵截假存单1起、冒名开户2起，组织开展多次进社区、进学校、进企业金融知识及防诈骗宣传活动，保护客户权益。

（曹飞鸿）

【助力创城建设劳动者港湾】　年内，建行门头沟支行在各网点建设“劳动者港湾”，为环卫工人、出租司机、交通警察等户外工作者提供“歇歇脚”“充充电”“暖心窝”等贴心服务，为门头沟区争创全国文明城区贡献力量。

（曹飞鸿）

【精准帮扶温暖人心】　年内，建行门头沟支行与马栏村精准对接，开展定点帮扶工作。多次通过金融知识下乡、公益捐赠、联学共建、提供金融服务等方式，切实将帮扶工作落到实处，履行国有大行的社会责任。

（曹飞鸿）

农村商业银行

【概况】　2018年，北京农商银行门头沟支行实现各项存款余额139.86亿元，贷款余额33.21亿元，经济利润1.38亿元，不良贷款率0.006%。门头沟支行对外营业网点14家，建立乡村便利店30家、简易助农取款点35家、投放ATM57台，实现门头沟乡镇全覆盖。

单位名称：北京农商银行门头沟支行

地　　址：北京市门头沟区滨河路115号滨河大厦一

层、十二层
电　　话：69835548
邮　　编：102300

（王　茉）

【“金融消费者权益日”宣传活动】　3月，国际消费者权益保护日期间，门头沟支行辖内网点开展“金融消费者权益日”等宣传活动。网点支行与所在区域街道办事处、镇工商所、食药所等共建单位联合开展宣传活动，在石门营社区、农副产品市场、石龙工业园区、蓝龙社区活动中心等地开展公益宣讲，为社区居民发放金融消费者权益日宣传手册，宣传防范诈骗、识别假币等知识，引导金融消费者选择适当的金融产品和服务，远离非法金融活动。

（王　茉）

【农商银行杯青年创新创业大赛】　5月3日，门头沟区“团聚青春　门创未来”农商银行杯青年创新创业大赛决赛开赛。总行党委书记、董事长与区领导张力兵等、团市委领导进行出席活动。此次活动由门头沟支行作为独家冠名单位，进一步深化农商行与门头沟团区委的合作。最终枭龙科技、AR智能眼镜和新一代环保钛电池获大赛冠军。

（王　茉）

【何各庄分理处智能银行建设】　年内，农商行领导到何各庄网点支行视察智能银行建设情况，对智能机具布局和功能优化以及未来的建设发展提出指导意见。

（王　茉）

【市领导调研】　年内，北京市副市长一行到门头沟区妙峰山镇炭厂村实地调研解农村金融环境建设和银行支农惠农情况，并到乡村便利店进行工作指导。区领导张力兵、付兆庚等及各相关委办局领导参加调研市领导赞扬北京农商银行在支农惠农方面的突出贡献。

（王　茉）

【参加扶贫协作和对口支援帮扶大集】　年内，参加门头沟区扶贫协作和对口支援帮扶大集活动，配合开展反假币、防诈骗、防非法集资等金融知识宣传以及关于普惠金融服务的其他工作。

（王　茉）

【红十字会会员红卡发卡工作】　年内，门头沟支行启动红十字会会员红卡发卡工作。北京农商银行将根据客户信用卡持卡消费额，按比例向北京市红十字会捐款，用于开展救灾、援助、生命关爱等红十字会公益活动。召开门头沟区红十字会会员卡工作部署及培训会，全区所有机关事业单位及部分企业参会，对会员红卡的背景、意义及功能进行讲解，全年对74个单位开展营销走访，累计进件1780张。

（王　茉）

【宣教活动】　年内，门头沟支行联合区社区服务中心开展社区金融宣传活动，加大产品及服务的宣传力度。讲座主要内容包括防诈骗及非法集资、金融理财知识、养老助残卡卡片讲解及相关产品等。全年完成宣讲场次100余场。

（王　茉）

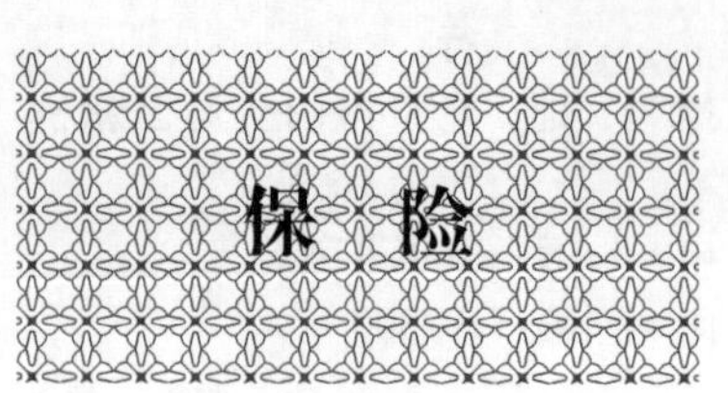

财产保险

【概况】　2018年，人保财险门头沟支公司主要涉及业务有车险及商业非车险，其中商业非车险包括财产险、农险、安责险、诉讼保全保险、船货险等。公司设有总经理室、综合部、出单分中心、非车险直销业务部、车险直销业务部、车商/中介业务部、农村保险事业部/农村普惠金融事业部、永定营销服务部。

单位名称：人保财险门头沟支公司
地　　址：北京市门头沟新桥大街18号
电　　话：69843284
邮　　编：102300

（高　娜）

【业务经营指标】　年内，人保财险门头沟支公司实现保费收入11087.78万元，完成全年计划指标的90.8%。其中农险实现保费收入710万元。全年农险累计赔款291万元。农房保险累计赔款62万元。

（高　娜）

【非车险高质量发展】　年内，人保财险门头沟支公司在农房保险、乡村干部保险、安责险、诉讼保全保险方面都取得一定成效。其中安责险签约360余户。农险方面公司推进“承保理赔到户”工程，切实提高服务质量。

（高　娜）

人寿保险

【概况】 2018年，中国人寿保险股份有限公司北京市门头沟支公司个险渠道实现期交保费2029.65万元，其中标保1037.65万，十年期产品949.65万元，保障型产品658.4万元，短险保费270.22万元；团险渠道短期险达成355万元，达成率65%。同比增长37%，短险创费达成133%，同比增长126%。银保渠道标保达成173.2万元，达成率57.73%，完成分公司下达的必保目标，同比增长154.92%，已经达成分公司必保指标；首年期交目标为1550万元，达成保费515.81万元，达成率33.28%，同期增长99.97%，渠道排名第二；保障型任务目标为55万元，达成保费70.4%，达成率132%，渠道排名第三；短险任务50万元，达成15.65%，达成率31.3%。保险规划师季均有效人力四季度达成率75%，达成率131%，均排名渠道第一。年内，公司被首都文明委授予“首都文明单位”荣誉称号。

单位名称：中国人寿保险股份有限公司北京市门头沟支公司
地　　址：北京市门头沟区滨河路64号
电　　话：69866673
邮　　编：102300

（金利梅）

【精准帮扶业务】 10月，中国人寿保险股份有限公司北京市门头沟支公司新开拓农委精准帮扶人群意外险业务，新增保费49万余元，意外险保费实现同比正增长43%，同比提升67个百分点，赔付率40%，下降21个百分点，经营效益大幅提升，销售费用实现正增长。团险渠道加大《基本法》管理力度，优化队伍结构，激发团队业务开拓能力，提高人均产能，提升代理人队伍素质。

（金利梅）

【银保优化业务结构】 年内，中国人寿保险股份有限公司北京市门头沟支公司通过强化10年期产品培训和销售技能培训，提高销售人员的销售能力，达到推动10年期保费销售的目标。坚持扩量提质，队伍管理高标准，以队伍发展带动业务发展。以抓长出勤为重点，保险规划师团队日常出勤人数由上年的10人增长至20人。

（金利梅）

【客服做好后援保障】 年内，中国人寿保险股份有限公司北京市门头沟支公司客服做好后援保障工作。一是柜面发挥高效服务，大力推动无纸化投保。通过骨干柜员到个险晨会宣导讲解，面对面的指导答疑，并以无纸化第一单进行案例经验分享，使业务员增强信心转变思维模式更快的接受无纸化投保，通过无纸化投保，推进电子化服务。二是筛选新的销售人员加入柜面精英驻场服务队伍，为柜面的咨询引导工作注入新鲜的力量。三是发挥柜面服务优势，全力投入颗粒归仓活动，为公司收取保费52.69万元。

（金利梅）

【创新发展社区医疗创新项目】 年内，中国人寿保险股份有限公司北京市门头沟支公司与丰台支公司和阜成门支公司三家公司联合申报社区医疗创新项目，项目通过向10家社区卫生服务中心推荐5000名客户进行家医签约服务。

（金利梅）

工　业

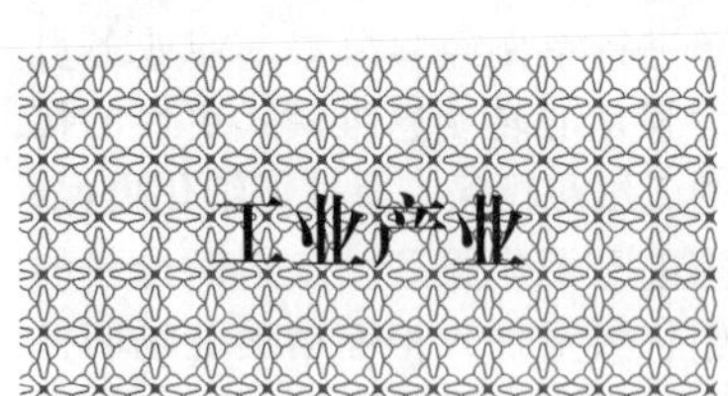

【概况】　2018年，门头沟区经济和信息化委员会（简称区经信委）开展区公共资源交易平台建设，完成门户网站、交易场地等软硬件信息化设施的开发部署。加快信用门头沟建设，推动区域信用工作。组织开展门头沟区软件正版化工作培训，推进政府网站集约化建设工作。加强政务网络与信息系统安全保障，做好市级部门联合检查迎检工作等。年内，全区规模以上工业企业累计完成总产值75.1亿元，同比下降10.3%；实现主营营业收入80.9亿元，同比增长9.9%；实现利润14亿元，同比增长92%；完成出口交货值19.8亿元，同比增长4.2%。2018年，全区软件和信息服务业实现收入3.6亿元，同比减少24.7%。

单位名称：北京市门头沟区经济和信息化委员会
地　　址：北京市门头沟区新桥大街46号
电　　话：69864977
邮　　编：102300

（魏立童）

【节前网络安全检查】　2月13日，区经信委主任带队对区内联通分公司、区信息中心开展网络安全专项检查工作。在检查过程中，重点查看机房运行环境、管理制度和应急预案等情况，要求进一步加强春节期间网络安全和应急预案保障，做好应急值守等工作。同时对联通营业厅进行安全生产指导，查看营业厅的运行情况，要求做好节假日期间安全保障工作。

（刘　力）

【智慧城市建设经验交流】　3月14日，延庆区经信委到门头沟区经信委交流智慧城市建设经验，详细了解区内“门城通”建设内容和应用推广过程。交流会上，区经信委汇报“门城通”建设内容，现场演示主要功能和操作流程，正在逐步完善功能，做好运行推广等工作。延庆区经信委就“门城通”各项服务功能展开具体交流和讨论，区经信委主任对移动端平台建设提出建议。此外，双方还就智慧城市建设进行探讨。

（刘　力）

【参与野外搜救演练】　4月20日，区经信委参加2018年度野外搜救演练。为确保妙峰山涧沟村周边搜救区域的无线通讯畅通，满足救援演练工作的需要，区经信委迅速协调电信运营商的应急通讯车和应急技术人员到达指定现场，对演练现场周边移动通讯网络质量与容量进行全方位的测试与分析，利用应急通讯车对通讯网络进行优化，提升演练区域的通讯质量，确保此次野外搜救演练通讯畅通。

（刘　力）

【区政协委员听取“门城通”汇报】　5月21日，区政协机关人员及政协委员听取区经信委关于“门城通”的汇报，了解“门城通”的运行和推广情况。会上，区经信委详细介绍“门城通”建设实施过程及建设内容，项目建设“门城通”平台和11个二级应用服务，是门头沟区落实“互联网+政务服务”，推进移动端便民服务的重要探索和尝试。“门城通”正式上线运行以来，开展持续的运营推广，在政府单位、街道社区组织培训和宣传活动，初步取得应用效果。

（刘　力）

【光缆整改】　7月，区经信委到区移动、联通、歌华有线等运营商进行实地督查，要求各运营商对所属光缆进行全面梳理，对光缆飞线情况立即进行排查和整改。按照区经信委要求，各运营商制定相关工作方案，推进整改工作实施。各运营商高度重视，立即采取行动部署光缆整改工作。一是对现有光缆进行线路及设备的勘查，制定光缆整改和恢复方案，及时完成冯村西里小区等地区的飞线整改工作。二是根据区内实际情况，加大对老旧小区等重点地区的排查力度，对重点区域进行自查清查。三是对区内同类型的基站和光缆飞线情况进行核实，对发现的问题汇总分类，达到处理一个问题解决一类问题的效果。四是加大现场巡检力度，对巡查过程中发现的疑难问题，组织专门队伍、专项资金重点解决。

（刘　力）

【信用信息基础设施建设】 7月，区经信委加大对信用信息基础设施的建设，双公示栏目改版升级为“信用门头沟”专栏，丰富栏目内容，及时发布相关社会信用方面的信息，规范双公示报送的数据格式。通过门头沟区信用信息归集系统，完成“双公示”信息及时归集和报送，并将区级采集的数据及时推送至“信用北京”网站，完善区内政务信息资源共享交换机制，推动行政许可和行政处罚公示、信用信息公示的解决，为社会提供“一站式”查询服务。

（刘　力）

【网络安全检查】 8月22日，北京市关键信息基础设施网络安全检查组到区内进行网络安全实地检查工作。检查组听取门头沟区关于关键信息基础设施网络安全检查工作情况的汇报，查阅管理制度、技术文档和应急预案等材料，同时对3个重要应用系统进行现场检测，检查组对门头沟区网络安全工作予以肯定。

（刘　力）

【2018年软件正版化工作培训】 9月7日，区经信委组织开展门头沟区2018年软件正版化工作培训。区级机关单位、事业单位及重点国有企业单位的软件正版化具体工作人员90余人参加培训。会上，由首都版权产业联盟的工作人员解析北京市相关工作要求，明确市里检查考核标准。随后讲解2018年需要使用的3种工具和上报表格的填写规范，并对相关问题进行解答。最后由金山公司的工作人员介绍WPS办公软件，并进行现场答疑。

（刘　力）

【集约化工作研讨会召开】 9月29日，区经信委组织召开集约化工作研讨会。会上，重点讲解政府网站集约化实施步骤，梳理栏目，将全区政府网站群整合迁移至区政府门户网站。

（刘　力）

【公共资源交易平台初验会召开】 12月7日，区经信委在区住建委三层会议室组织召开公共资源交易平台初验会。区发改委、项目监理单位、项目承建方和信息化专家参加此次验收会。会上，区经信委介绍区公共资源交易分平台信息化建设的背景，项目承建单位详细汇报平台建设情况和建设内容，包括门户网站、场地管理、数据交换等系统，现场演示各子系统的功能运行情况。各单位及参会专家听取项目建设内容汇报，并到公共资源交易平台场所查看机房和硬件设备建设情况。随后，项目监理方汇报监理意见，与会专家经过质询与讨论，同意项目通过初验。

（刘　力）

【工业和信息化固定资产投资】 年内，区经信委完成办理北京市非政府投资工业和信息化固定资产投资项目备案18件，涉及总投资合计53491.77万元。

（魏立童）

【疏解一般制造业企业】 年内，区经信委完成2家一般制造业企业整体退出和1家一般制造业企业环节退出。

（魏立童）

【工业领域空气重污染应急】 年内，区经信委确定2018年至2019年工业领域空气重污染停限产企业15家，其中区级6家，镇级9家。在空气重污染期间，及时启动并严格落实应急预案，督促停限产企业严格执行“一厂一策”工作方案，减少污染物排放，并加大现场检查力度，确保空气重污染应急工作落实到位。

（魏立童）

【采暖期工业企业错峰运输】 年内，区经信委确定2家企业开展采暖期错峰运输工作。采暖期期间，督促两家错峰运输企业按照“一厂一策”要求制定并落实秋冬季错峰运输实施方案。

（魏立童）

【中小企业服务】 年内，区经信委组织举办中小企业相关政策培训会、专项法规解读、小微课堂等多种形式培训服务，全年组织企业参加相关政策法规培训7次。组织企业申报第二批北京市中小企业公共服务示范平台认定和第二批北京市小型微型企业创业创新示范基地认定，北京德山科技有限公司成功申报北京市小型微型企业创业创新示范基地。

（贾岩琦）

【微信公众平台】 年内，利用“中小企业之友”微信公众平台，共发布159余条政策、融资、就业等信息。

（贾岩琦）

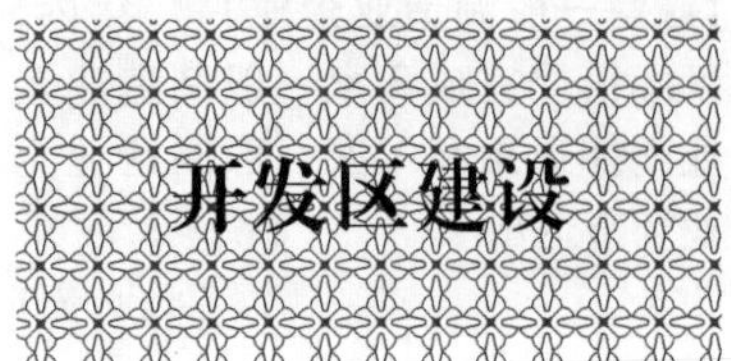

开发区建设

【概况】 2012年10月，经国务院批复，北京石龙经济开发区划入中关村示范区，定名为中关村门头沟科技园，由石龙开发区管委会负责管理。园区占地面积188.96公顷，东至华园路、规划S1线、西苑路，南至京原路、小园安置房用地北边界，西至三石路，北至石龙东路、北京锅炉厂南路西延线。2013年5月13日，门头沟园获授牌。园区始建于1992年1月，位于门头沟区新城南部，2000年经市政府批准为市级开发区。经过20余年的发展，拥有驻地企业100余家，注册企业1万余家。以北京精雕科技有限公司为代表的智能装备制造产业组团、北京万辉双鹤药业有限责任公司为代表的医药健康产业组团、北京利德衡环保工程有限公司为代表的节能环保产业组团，成为区财政收入的重要组成部分。园区为入区企业提供完备的“九通一平”基础设施和税务、邮政、电信、银行等系列配套设施，为企业和职工提供良好的生产环境。拥有110万伏变电站1座，装有3150千伏安变压器2台，供电容量能满足产出规模基本运营需要；建成金源热力有限公司，安装有3台80吨燃煤热水锅炉，热力供应有足够保障；自来水管网供水充足，接用方便；再生水厂日处理污水4万吨，区内的生产与生活废水均可得到集中处理，达到再生水标准；完成8条主要道路及市政基础设施的升级改造和绿化、美化工程，涉及绿化、街牌、道路牌等18个要素。石龙产业孵化中心引进一批有房屋产权的企业入驻，有12家企业在原有土地上开始企业总部基地建设。北京城西总部新基地将发展高端制造业、网络金融业、现代服务业三大产业，打造企业研发中心、结算中心、行政中心、销售中心“四位一体”的总部集群。在京津冀协同发展和非首都功能疏解的总目标下，门头沟园围绕北京建设全国科技创新中心的功能定位，园区与中关村核心区紧密融合形成创新创业发展带，明确了以互联网产业为核心，以智能制造、医疗健康、节能环保三大产业为支撑的“一主三辅”的产业体系，着力构建“高精尖”产业结构。门头沟园将落实“门创30条”“高精尖19条”政策，重点实施“创新创业门头沟”7个行动计划，为园区企业提供多级叠加的政策服务体系。

2018年，园区企业实现三级税收36.66亿元，同比增长19.8%，占全区税收的37.6%。完成区级财政留成8.76亿元，同比增长16.5%，财政留成增速创历史新高。年内，园区新登记注册企业831家，注册资金155亿元，其中注册资金超过亿元的知名企业39家。园区坚持“高精尖”产业导向，门头沟园高新技术企业认定突破200家，其中规模以上企业63家。年内，园区规模以上高新技术企业实现总收入253.4亿元，同比增长43.0%，高端产业功能区绩效指标地均产出率134.1亿元/平方公里，同比增长43.0%，劳均产出率194.6万元/人，同比增长70.6%，总收入、劳均、地均增速排名均在中关村示范区排名第1位。高新技术企业质量效益稳步提升。科技活动方面，专利申请数195件，同比增长77.3%，专利授权数120件，同比增长50.0%。园区产业集聚能力不断提升，产业创新能力不断增强。随着科技企业集聚发展，一批符合“高精尖”经济结构的优秀人才到门头沟区发展。截至年底，园区共有外籍专家75人；拥有留学归国人员46人，比上年同期增加10人；人才学历层次不断提升，本科以上学历从业人数突破3000人，在园区从业人员中的占比由28.4%提升至30.7%；拥有中高级职称从业人员1624人，同比增加超200人；人才年龄结构趋于合理，40岁以下从业人员占比为73.1%，占比较上年扩大1个百分点；专业技术人员同比增长41.3%，占比较上年扩大4.5个百分点。三年来，先后制定出台“门创30条”“高精尖19条”产业政策，园区约833家次企业申请获各级产业政策支持资金5.58亿元。年内，园区已投入运营的总部大厦7个，共23.5万平方米，在建总部大厦包括东方博特、三聚裕进、思源科技以及石龙三期总部企业基地，总建筑规模约26.1万平方米，正在有序推进之中。定位于“人工智能科技园”的石龙五期一级开发项目已移交中关村发展集团，该项目土地一级开发即将完成，建筑规模59.62万平方米，完成产业、空间、生态和人口规划，将成为园区产业集聚发展的新引擎。

单位名称：北京石龙经济开发区
地　　址：北京市门头沟区永安路20号
电　　话：69803404

邮　　编：102308

（韩海建）

【“高精尖19条”发布】　1月2日，在中关村国家自主创新示范区展示交易中心发布《门头沟区关于改革优化营商环境　精准支持“高精尖”产业发展的若干政策》（简称“高精尖19条”）。以后“高精尖”企业入驻门头沟科技园，“高精尖”人才在门头沟科技园落户，均可享受到启动资金、生活服务、技术认定、产品营销、成果转化等19种政策支持。截至年内，已有872家企业在园区登记注册，同比增长23.3%，注册资金316亿元，其中亿元以上的企业64家。园区已投入运营的总部大厦6个，共23.5万平方米，在建总部大厦包括东方博特、三聚裕进、思源科技以及石龙三期总部企业基地，总建筑规模约26.1万平方米，正在有序推进之中。

（韩海建）

【门头沟园发展顾问委员会会议】　1月2日，中关村门头沟科技园发展顾问委员会在中关村展示中心召开首次会议。区领导张贵林、付兆庚等及顾委会成员出席此次会议。会上，就2017年中关村门头沟科技园科技创新及产业发展情况作重点报告。随后，驻区优秀企业家代表谈入园以来的切身感受。顾委会主任、副主任以及其他顾委会委员肯定石龙五期——人工智能产业园示范型工程的高标准、大格局，就AI领域的科技产业发展布局、园区营商环境、高精尖中心建设等方面提出意见建议。

（韩海建）

【中关村门头沟科技园创新发展指数】　1月至10月，园区规模以上高新技术企业实现总收入222.7亿元，同比增长43.2%，增速在中关村示范区排名第一；其中技术收入31.1亿元，同比增长32.7%；商品销售收入52.5亿元，同比增长50.2%；其他收入72.4亿元，同比增长171.3%。实缴税费总额12.5亿元，同比增长18.2%。利润总额17.5亿元，同比增长15.6%。高端产业功能区绩效指标地均产出率117.8亿元/平方公里，同比增长43.2%；劳均产出率169.5万元/人，同比增长69.4%，地均劳均增速在中关村示范区均排名第一。园区产业集聚能力不断提升，产业创新能力不断增强。

（韩海建）

【精准扶贫送温暖】　2月12日，园区工委书记到结对扶贫村—清水镇梁家铺村进行春节慰问。在走访的过程当中，对贫困户慰问对象嘘寒问暖、关怀备至，详细了解他们的生活和家庭收入情况，询问在医疗、就业和子女上学等方面遇到的困难，并向困难群众积极宣传党的十九大精神和惠民政策，并送去大米、食用油等过节必备品。

（韩海建）

【人工智能触觉芯片科技企业落户园区】　3月15日，北京他山科技有限公司与软银中国、沐盟集团投资签约仪式，在中关村门头沟科技园举行。门头沟石龙管委党工委书记、他山科技董事长、软银中国合伙人、沐盟集团董事长、奥特易总经理等人出席签约仪式。北京他山科技有限公司2017年年底成立，由中关村门头沟科技园区企业北京奥特易作为自主技术方创建，他山科技是国内首家致力于人工智能触摸传感器芯片产业化的高科技公司。同时这一技术可以应用在工业及仿生机器人、汽车、家电、医疗等领域，符合十三五规划中智能制造的战略方向，具有数万亿的潜在市场规模。他山科技的触摸传感器技术已申请10余项发明和实用新型专利。软银中国作为主投资方，到硅谷进行完整的行业调研，在确认他山科技的技术领先性后，联合沐盟机器人产业基金完成天使轮投资。

（韩海建）

【人工智能创新论坛】　3月15日，中关村门头沟科技园人工智能创新论坛暨路演活动在园区创新大厦嘉言厅举行。门头沟区石龙管委、京西创客工场、软银中国合伙人、沐盟集团技术投资专家、北京他山科技总经理等领导及来宾出席此次论坛。论坛上，中关村京西建设公司副总讲解中关村人工智能科技园的规划。软银中国博士在论坛上对软银中国的具体投资方向进行讲解。特邀嘉宾北京进化者机器人公司总裁在论坛上对“人工智能和智能制造的关系”进行解说。中关村门头沟科技园区共有6家企业进行路演，分别是北京九星智元科技有限公司、北京华之杰微视技术有限公司、遨博（北京）智能科技有限公司、北京九鼎图业科技有限公司、北京捷润科技有限公司、北京多彩多宜网络科技有限公司。各家企业通过路演使投资方及园区企业对各方的经营内容、发展方向及融资需求增进了解，并在路演结束后进行交流及项目对接。

（韩海建）

【九三学社（北京）双创基地落

户门头沟园】 3月28日，九三学社（北京）双创基地落户中关村科技园门头沟园揭牌仪式在园区创新大厦5层会议中心举行。来自北京大学和中国政法大学的教授团队，清华大学的项目团队以及企业家们40余人参加活动。会上，九三学社北京市委理论研究会会长介绍九三学社（北京）双创基地筹备情况，并对基地的成立给予肯定与支持。揭牌仪式后，首批进驻九三学社（北京）双创基地的7个项目团队向与会者做介绍，分别是北京大学“高端声学装备研发与制造”项目、北京大学“水下机器人”项目、北京大学“极光引擎”项目、清华团队“高铁智能化检修核心光电部件产业化”项目、美国硅谷“iheart—心电贴—心电采集分析系统”项目、首都师范大学“阅童英语教育”项目及北京大学医学部学生创业团队“MedFinace”项目。会后，与会人员参观园区规划沙盘及成果展示中心。

（韩海建）

【2018年党建暨党风廉政建设工作会】 3月30日，中关村门头沟科技园在创新大厦五层创客艺术中心召开2018年党建暨党风廉政建设工作大会。园区石龙工委委员，各基层党组织书记、党群工作员，石龙管委会、石龙公司、京西建设公司全体党员及积极分子等200余人参加大会。会上，石龙工委书记总结2017年园区工作并部署2018年工作；石龙工委委员总结2017年园区党风廉政建设工作和部署2018年党风廉政建设工作。工委领导与部分单位党组织书记和个人签订党建工作责任书、党风廉政建设责任书（其它会后签）。第四派驻组组长传达区第十二届纪律检查委员会第四次会议精神，并对工委班子成员提出要求和希望。

（韩海建）

【首届大健康区块链产业发展协作论坛】 4月13日，首届“大健康区块链产业发展协作论坛”在中关村门头沟园区举行。会上，石龙经济开发区管委会副主任介绍中关村门头沟科技园的基本情况，园区的相关扶持政策。中国电子商务协会区块链与产业金融研究院院长，融泽汇海（北京）资产管理股份有限公司董事、中国中医科学院基础所特约研究员等专家分别发表主旨演讲。举行“新中关孵化器开业仪式”与“大健康联盟区块链启动仪式”，并由园区管委会副主任宣读《大健康联盟区块链发起人倡议书》。此次论坛由中关村门头沟科技园、中国电子商务协会区块链与产业金融研究院、北京大学数字经济产业发展研究中心、中国健康产业扶贫工程主办，远程视界集团、京西创客工场、融泽汇海（北京）资产管理股份有限公司联合主办，由北京新中关众筹企业孵化器中心、北京十方慧海咨询有限公司、世邦控股、德山生物医药孵化器联合承办。论坛汇聚来自政府、大健康领域、医疗服务行业、医药制造与流通企业、大学及科研机构、区块链技术领域等方面200余位专家学者和产业代表，共同探讨大健康产业“+区块链”的可行性、产业价值及发展方向，共商产业协作机制，重构产业生态，再造产业格局。

（韩海建）

【产业培训班】 4月24日，由园区管委牵头，区相关部门联合举办为期两天“优化营商环境，加快培育‘高精尖’产业培训班”在中关村门头沟科技园创新大厦五层创客艺术中心开班。园区高科技企业负责人、园区管委会及石龙公司相关部门人员等200余人参加培训。此次培训班由园区领导讲解“党建引领园区高精尖产业发展的探索和实践”，区经信委邀请市经信委专家讲解“北京市十个高精尖产业指导意见”，区人保局相关部门讲解“北京市引进人才管理办法”，区教委领导讲解“门头沟区企业子女入学政策”，区政府相关部门讲解“北京市优化营商环境、9+N新政策”，区规划国土分局领导讲解“北京市关于加快科技创新构建高精尖经济结构用地政策”，中关村发展集团专家讲解“人工智能产业发展介绍”等内容。

（韩海建）

【防震减灾宣传站设立】 5月10日，石龙管委在园区设立防震减灾宣传站，向开发区企业及广大职工发放有关地震科普知识光盘、折页、书刊、画册等宣传材料5000余份，发放手提袋、救援哨、指南针等应急自救及纪念品500余件，活动过程中展示地震、防火、防空等各类急重险情时的应对措施，讲解防灾害减灾的知识和重要性。

（韩海建）

【“驻京知名企业投资门头沟行”活动】 5月23日，在创新大厦举行“驻京知名企业投资门头沟行”活动，来自北京外商投资企业协会、中国日本商会、中国香港（地区）商会和日本贸易振兴机构等驻京知名企业和机构负责人40余人参加此次活动。北京市投资促进局党委书记、局长，区领导张力兵出席活动并致辞。在推介会上，张力兵从交通、生态、文化、服务4个方面向参会企业家们介绍门头沟区情况。区投资促进局局长就门头沟区以及中关村门头沟科技园进行专题推介。最后，企业家们与出席活动的领导及委办局进行对话和交流。

（韩海建）

【2017年度园区先进工作者表彰大会】 6月1日，门头沟科技园召开2017年度园区先进工作者表彰大会。表彰门头沟科技园所属企业中涌现出来的先进工作者。会上，作2018年石龙开发区工会工作情况报告，并对下半年开发区工会开发的活动项目做简要介绍说明。宣读石龙工委表彰决定，对54名园区先进工作者进行表彰。来自北京精雕科技集团有限公司、北京夏禾科技有限公司、北京东西分析仪器有限公司的3名先进工作者分别代表优秀一线职工、创新创业人才、优秀匠人作发言。

（韩海建）

【人工智能科技企业走进AI－PARK】 6月8日，中关村管委会资审处和产业处及工业互联网联盟带领华胜天成、航天云网、金山云、东土科技、明略数据等18家中关村创新型企业到中关村门头沟园，中关村京西发展做中关村人工智能科技园AI－PARK园区推介。此次到访企业主要是智能物联、云服务等人工智能领域高新技术企业，具有较强的行业影响力，与中关村人工智能科技园的产业定位高度契合。其中华胜天成是IT综合服务提供商，旗下拥有2家主板上市公司和3家新三板挂牌公司，2017年营业收入超过50亿元；航天云网拥有多个国家级技术平台，已发展成为中国工业互联网产业领航者；金山云是金山软件和小米公司合作成立的专门从事云计算、大数据、人工智能等技术研究和产品服务的公司，2017年营收13亿元，估值超过23亿美元，持续保持国内前三的行业地位；东土科技主导制订中国工业通信及工业互联网标准等多项国内国际行业标准，承担完成“核高基”“863”等重大科研任务；明略数据是以知识图谱为支撑的行业人工智能解决方案提供商，晋级成为独角兽企业；汉能控股发展成全球薄膜太阳能产业的领导者，被MIT评为“最具创新力全球50强企业”第23名。座谈现场，企业家们表示对门头沟园宜居宜业的生态环境、积极向上的产业氛围、优厚务实的产业政策和高效周到的营商服务留下深刻印象，并看好中关村人工智能科技园的建设发展，对该项目先进完善的规划理念、现代灵动的设计形态给予好评，7家企业明确表达入驻意向。其中华胜天成、东土科技希望能进一步对接；航天云网、金山云、明略数据、易加三维、派和科技等希望通过租赁物业的方式落户园区；科锐配电、汉能科技、高能时代等公司则希望从电力建设、智能光伏、矿山修复等方面参与园区和区域建设。

（韩海建）

【帮扶工作】 6月13日至15日，北京市中关村门头沟科技园、石龙经济开发区管理委员会副主任带领3家公司与4个党群服务中心负责人到内蒙察右后旗实地帮扶调研并签订《门头沟区石龙经济开发区与察右后旗贫困村签订打好精准脱贫攻坚战三年行动计划框架协议》。石龙工委调研组一行先后到察右后旗当郎忽洞苏木、土牧尔台镇、大六号镇、贲红镇和白音察干镇，就村集体经济发展、产业扶贫情况、就业扶贫情况和乡村振兴战略等情况进行实地调研；并与察右后旗的大六号镇晨阳村、贲红镇贲红村、白音察干镇大井子村3个深度贫困村达成企业一对一的帮扶对接，分别在3个深度贫困村召开座谈会详细制定帮扶计划。石龙工委与察右后旗深度贫困村框架协议签约仪式上，大六号镇晨阳村与北京利德衡环保工程有限公司；白音察干镇大井子村与北京德山科技有限公司；贲红镇贲红村与北京石龙经济开发区投资开发有限公司分别签订《门头沟区石龙经济开发区与察右后旗贫困村签订打好精准脱贫攻坚战三年行动计划框架协议》。

（韩海建）

【2018门头沟文化创意大赛】 6月20日，“邮储银行杯”2018门头沟文化创意大赛——暨北京文化创意大赛（门头沟分赛场）初赛在中关村门头沟科技园阳光大厦24层举行。2018门头沟文化创意大赛由区委宣传部、区文委指导，区文化创意产业促进中心主办，中关村门头沟科技园协办。项目征集期间（5月28日至6月10日）共56个项目报名参赛，经过预审33个项目入围初赛的项目进行现场演示，经过专家评审，最终宜创图云HEXYUN、彩虹泡泡跑、《越野路书》等12个项目进入决赛。在赛事的组织上，设置永定河文化特别奖，跨省邀请对口帮扶地区——涿鹿、察右后旗、武川等地文创项目参加比赛。

（韩海建）

【高精尖产业及共有产权房政策解读会】 6月22日，石龙管委产业促进部在洪源智能工坊召开区高精尖政策及共有产权房政策解读会。园区招商部门等相关业务科室及80余家园区企业参加会议。邀请区经济和信息化委员会主任解读高精尖产业发展定位报告。区保障房事务中心人员对《北京市共有产权房住房管理办法》进行解读。

（韩海建）

【园区特色党建活动获奖】 6月27日，北京市社工委召开北京市社会领域纪念建党97周年暨党建工作推进会。会上，对社会领域先进基层党组织、优秀共产党员、优秀党务工作者和优秀党建活动品牌进行表彰。由园区申报的《马克思主义读书会》党建活动，被评为2018年度北京市社会领域优秀党建活动品牌。

（韩海建）

【“七一”主题走访慰问活动】 6月28日，园区工委委员、管委副主任带领工委办人员和北京石龙大厦有限责任公司到清水镇梁家铺村，走访慰问困难党员、低收入户家庭。石龙商业大厦发放25份慰问品5000元的米面油用品；园区工委带去扶贫资金1.5万元，并送到15户党员和困难群众手中。

（韩海建）

【存量土地及空间资源盘活改造项目核查】 7月16日，中关村管委会规划处相关负责人员与第三方审查机构到园区，对2018年度中关村门头沟园存量土地及空间资源盘活改造项目申报单位进行审查。中关村项目审查人员分别对德山科技有限公司的北京德山机械设备租赁有限公司硅胶生产厂房盘活改造项目及融创亿达科技发展（北京）有限公司的北京凝华机电科技有限公司闲置厂房盘活改造项目进行现场核查。核查人员听取企业负责人对项目总体情况以及盘活项目方案的汇报，由第三方核查机构对项目申报材料的规范、真实性进行梳理并逐一核对相关材料原件。对两个项目的盘活改造现场进行情况核查，并参观入驻的部分优秀企业。

（韩海建）

【“午间微课堂”】 7月19日，由石龙管委产业促进部举办“午间微课堂”活动第二讲在中关村门头沟高精尖服务中心开课。活动共有20余家相关企业参加。此次课程围绕促进创新创业与产业发展专项资金申报工作进行讲解。

（韩海建）

【全国文明城区创建工作誓师大会】 7月25日，在门头沟科技园广场召开中关村门头沟科技园全力以赴投身全国文明城区创建工作誓师大会。区领导，区文明办副主任、石龙管委全体工作人员及园区企业代表参加。会上，由石龙工委书记作创城动员讲话。举行授旗仪式，由区领导为石龙管委成立的“山青水秀、绿色发展”“科技创新、生态富民”“底蕴深厚、弘扬文化”“向上尊贤、文明首善”“党建引领、团结稳定”5支创城小分队授旗。

（韩海建）

【结对共建启动仪式】 8月2日，“中关村门头沟园楼宇统战授牌暨德山非公联合党支部结对共建启动仪式”在科技园的德山大厦举行。区政协主席张冰等出席启动仪式；清华大学党委办公室副主任、清华医学院药学院学生工作组组长、区食药监局党组书记局长等结对共建单位的领导，区委组织部、区委统战部、区委社工委、区工商联、石龙管委，以及园区医药健康企业的负责人50余人出席启动仪式。

（韩海建）

【参观中关村智造大街】 8月15日，中关村门头沟科技园管委会高精尖服务部组织园区智能制造企业负责人及研发人员20余人参观海淀区五道口的中关村智造大街。参观过程中，智造大街运营平台公司有关负责人介绍智造大街的基本情况、生态模式及智造大街现阶段取得的优异成绩，参观快制中心实验室、创新壹中心、智造小站、星云环影720度安防产品、美国硅谷孵化器PNP中国总部等，同时还了解海淀扶持原创硬科技实现从0到1，布局硬科技创新转化核心节点等工作情况。参观后，园区企业人员现场与解说人员提问交流，并与星云环影负责人建立联系方便后续对接。

（韩海建）

【党风廉政党课】 8月16日，在石龙创新大厦五层会议室，区纪委区监委第四联合纪检监察派驻组组长为园区管委会、石龙公司及下属公司的党员干部职工100余人讲《牢固树立责任意识，加强党风廉政建设》的党风廉政党课。石龙管委副主任，第四派驻组副组长，石龙公司负责人等参加此次党课学习。课前，石龙园区管委副主任介绍园区上半年的党风廉政工作情况。

（韩海建）

【波士顿咨询公司到园区访谈】 8月22日至23日，8月27日，石龙管委协助发改委开展为期三天的园区调研访谈工作。石龙管委及遨博科技、七芯中创、沙东生物等9家园区重点企业受邀参与。活动中，石龙管委领导代表园区接受波士顿咨询公司的访谈，访谈列席人员有发改委相关部门负责人及石龙管委产业促进部相关负责人。受访企业围绕企业自身发展现状、发展瓶颈及未来发展方向等方面，针对访谈人员提出的各项问题逐一进行解答。

（韩海建）

【传感领域专家京西行】　8月22日，中关村门头沟科技园招商三部邀请北京市传感器重点实验室（北京信息科技大学传感技术研究中心）专家到园区参观考察。此次活动由北京信息科技大学理学院院长带队，重点实验室相关专家同行，参观园区科技成果展示中心，沙盘并观看园区宣传片，随后进行座谈交流。座谈会上，管委会相关领导对来访的专家、教授介绍园区在政策支持、营商环境以及相关的生活配套设施方面的情况。高教授对传感器重点实验室和学校整体情况进行介绍。23日，招商服务二部邀请北京企业管理咨询协会会员企业参加多彩京西行活动。来访机构包括：北京潞安投资管理有限公司、新商界集团、中国科学院老专家技术中心、国家总部经济研究院课题组、北京金源汇科技有限公司等21家机构。企业家们参观京西创客工场展示中心和园区规划沙盘，了解中关村科技园区门头沟园的产业定位以及发展规划，随后进行交流座谈会。

（韩海建）

【股权投资协议签约】　8月30日，北京夏禾科技有限公司与荷塘创业投资管理（北京）有限公司股权投资协议签约仪式在中关村门头沟园区举行。夏禾科技监事中科院院士、清华大学教授，清华大学技术转移研究院院长，夏禾科技董事、清华大学教授及中关村门头沟科技园管委会副主任出席签约仪式。夏禾科技董事长、董事、副总经理与荷塘基金投资总经理、投资总监分别代表双方签署股权投资合作协议。

（韩海建）

【中关村先行先试政策宣讲】　8月30日，政策宣讲“天团”到中关村门头沟科技园，园区代表企业200余人参加宣讲活动。宣讲会上，由中关村管委会、市财政局、市税务局和市工商局组成的中关村政策宣讲团向园区企业代表们解读七项政策，为大家解决对政策“想用”而不知“如何用”的问题。市财政局税政处相关负责人，对科技型中小企业研究开发费用税前加计扣除政策等进行解读。市税务局所得税处相关负责人，对进一步扩大小型微利企业所得税优惠政策范围政策等进行解读。市工商局注册处相关负责人，对优化营商环境、提高企业开办效率政策进行解读。中关村管委会创新处相关负责人，对中关村提升创新能力、优化创新环境支持资金政策进行解读。

（韩海建）

【门头沟园医药健康专委会学习交流】　9月4日，德山M－Lab生物医药孵化器组织门头沟科技园医药健康专委会成员，到海格威尔研究院实地参观学习交流。园区企业协会秘书长，园区医药健康产业专委会秘书长、北京德山科技有限公司（德山M－Lab生物孵化器）总经理，北京百花百汇生物科技有限公司总经理、北京博雅晟康科技有限公司总经理，北京瑞格瑞特科技有限公司总经理，以及九发药业和园区生物医药企业负责人参加学习交流活动。

（韩海建）

【政策微课堂】　9月6日，中关村门头沟科技园“政策微课堂”在园区高精尖产业服务中心开讲。30余家园区企业参加。邀请市经信委产业规划发展处处长，为大家解析高精尖产业政策，使企业进一步深化对“高精尖”的认识与理解。会后，市经信委及区经信委领导与参会者展开积极沟通，就具体问题进行探讨。11月22日，中关村门头沟科技园“政策微课堂”第十四讲开讲，课程由园区产业促进部、高精尖企业服务部部长主持，20余家园区企业参加。此次课程由中关村管委会人才处干部带来支持北京创新发展20项出入境政策措施（中关村地区先行先试）宣传培训活动。对背景概述、政策解读、办理流程进行解读，并一一解答企业提问。

（韩海建）

【政务开放日活动】　9月6日，中关村科技园门头沟园开展“文明创建、你我同行”政务开放日活动。邀请区人大代表、政协委员、园区企业代表到门头沟园区了解园区发展历程、创新成果、企业风采，感受科技魅力。区领导，石龙工委班子成员，区政府办相关人员也参加此次活动。

（韩海建）

【表彰先进凝心聚力—强化党建引领发展】　9月7日，石龙工委在创新大厦5层创客艺术中心召开“中关村门头沟园党建工作先进表彰大会暨石龙工委书记讲党课活动”。区社会工委、石龙工委、石龙总公司相关领导、石龙管委全体职工、石龙公司及直属公司全体员工、入区企业党员代表及园区非公党组织书记、党群工作员、联络员，2018年入党积极分子，获表彰先进党组织、优秀人员200余人参会。会上，石龙工委书记、管委副主任部署《中关村门头沟科技园党建引领高精尖产业发展的工作方案》；石龙工委委员、管委副主任宣读表彰决定；北京夏禾科技有限公司、优秀党组织书记北京东西分析仪器有限公司、优秀共产党员北京精雕科技集团有限公司双强六好企业代表先后发言。石龙工委书记讲党课。

（韩海建）

【“职工暖心驿站”验收完成】 9月25日，石龙工会为摸底辖区内企业基层工会“职工暖心驿站”建设工作进度，工作人员相继走访北京大源非织造股份有限公司工会委员会、北京宏华电器有限公司工会、北京石龙经济开发区投资开发有限公司工会委员会、北京石龙商业大厦有限责任公司工会委员会、北京石龙京西物业管理有限公司工会委员会等6家基层工会。经工会人员核查，6家企业“职工暖心驿站”工作均验收合格，并正式投入使用。

（韩海建）

【国庆节前检查安全生产工作】 9月29日，石龙工委书记、管委副主任带领管委相关部室，先后到北京石龙经济开发区产业孵化中心三期工地、北京大源非织造股份有限公司、北京奥特尼克科技有限公司，检查国庆期间安全生产情况，实地查看消防设施、中控室、紧急疏散通道等安全设施。

（韩海建）

【第四届双创周暨2018年京西创新论坛】 10月9日，中关村门头沟科技园双创周开幕式暨2018年京西创新论坛在石龙创新大厦正式开幕。出席的嘉宾主要有浙江省丽水市政协副主席，北京市政协副秘书长，中关村管委会副主任，北京市科委高新处处长，区领导张力兵、付兆庚、张冰等，以及众多专家学者、知名创客、投资机构代表等，分享科技创新新视野，探讨制度创新新思路，充分展示园区建设新成果，显现园区创客新风采。此次活动主要包括2017年科技进步奖和科技成果推广奖表彰仪式、园区重点招商项目签约仪式、双创周开幕启动仪式、由倪光南院士、胡盛寿院士、陶建华研究员带来的有关医工智能与人工智能主题演讲，高端对话——聚焦人工智能·实现高质量发展等精彩环节。

（韩海建）

【人工智能教育领先起航】 10月9日，以“创城助推冠军精神，人工智能教育领先起航”为主题的系列活动在中关村门头沟园石龙阳光大厦举办。活动首先宣读“2018世界机器人大会全国青少年无人机小学组对抗赛”获奖信息，并为“2018世界机器人大会全国青少年无人机高中组对抗赛”全国总冠军进行颁奖。随后进行授牌仪式，向北京梦创未来教育科技有限公司授牌。最后进行签约仪式，由全国青少年机器人技术等级考试中心向北京梦创未来教育科技有限公司签约授权。

（韩海建）

【创领开源－PostgreSQL2018京西站】 10月10日，“双创助力象行中国”开源数据库领域的技术主题分享与论坛活动，在中关村门头沟园创新大厦五层举办。此届“创领开源－PostgreSQL 2018京西站”活动，有来自国内知名企业的信息管理部门技术人员、国产数据库支持者；以及数据库内核开发人员嘉宾；还有阿里云数据库、去哪儿网、探探、摩拜科技、优炫软件、成都文武等国内知名数据研发团队，共同参与探索与推PostgreSQL更加开放的思路与方向。活动期间，由知名数据专家，与区中等职业学校联合发起PG梦想实验班正式揭牌，并向校方捐赠由张文升编撰的《PostgreSQL实战》教材图书。此次以技术分享为主题活动正式启动，其中技术专家与百位嘉宾进行技术分享。

（韩海建）

【专题讲座】 10月11日，在门头沟区石龙创新大厦举办主题为《贸易战背景下中小企业战略选择与国际化道路》的专题讲座。讲座聚焦于中小企业，在利好政策与国际进程中发掘双向良机，力主为与会企业家创造更多的可能性。

（韩海建）

【“门涿协同—牵手双创”启动仪式】 10月12日，“门涿协同、牵手双创”行动启动仪式在门头沟园利德衡绿创空间举行，门头沟区及河北省涿鹿县领导出席活动。会上，涿鹿县副县长从地理、交通以及产业布局等方面，阐述涿鹿县经济发展的优势。北京利德衡环保工程有限公司常务副总经理发布《门涿协同牵手双创行动倡议书》。进行《政企协同双创协议》以及涿鹿县重点招商项目的签约仪式。签约仪式后，涿鹿县领导、区领导共同为“门涿协同创新基地”进行授牌。

（韩海建）

【精准服务高精尖企业】　10月15日，“中关村门头沟科技园精准服务高精尖企业系列成果发布会”在创新大厦召开。此次发布会由中关村门头沟科技园与首都科技发展战略研究院联合举办。首都科技发展战略研究院院长、区领导等出席活动。石龙工委书记、管委会副主任围绕精准服务高精尖企业的“精准服务、精准监测、精准评价”方面解读中关村门头沟科技园高精尖企业的系列成果及工作举措。首科院副院长围绕创新型企业、成长总部型企业、科技服务型企业三类分别进行高精尖企业的评价认定工作，解读高精尖企业精准评价的指标体系，明晰园区高精尖企业评价的各项指标内涵。发布仪式结束后，双方合作代表签署战略合作协议。

（韩海建）

【搭建创新创业平台—展出优秀双创成果】　10月16日，2018“CCTV中国创业榜样”启动仪式暨2018《创业英雄汇》双创成果展在中关村门头沟科技园举办。在2018“CCTV中国创业榜样”启动仪式上，各级领导、著名企业家及投资家，往届中国创业榜样代表、50余家创业企业负责人及30余家“央视创投智库”成员参加。此次活动以中关村门头沟科技园为平台，邀请全国范围内双创企业参加展览，交流创新创业经验，分享双创成果。作为央视唯一一档创投节目，《创业英雄汇》开播四年来，坚守“真创业，真投资，真价值”的价值理念，努力构筑一公平、真实、透明的“创”“投”沟通平台，使资本和项目精准对接。

（韩海建）

【走访园区企业党支部规范化建设情况】　10月17日，园区工委书记、工委委员及工委办工作人员对西山九园、夏禾、利德衡、德山、精雕5个基层党组织的支部规范化建设工作进行走访检查。此次走访主要检查各基层党组织落实市委提出的“B+T+X”体系和“一规一表一册一网”工作载体以及区委编制的《党支部工作手册》《党员手册》落实情况及党费使用情况。各党支部书记汇报党支部规范化建设情况及支部学习、活动开展情况。工委领导具体查看“一规一表一册一网”落实情况。园区工委书记对各支部规范化建设情况进行点评。

（韩海建）

【午间路演会举办】　10月29日，中关村门头沟科技园午间路演会在园区西山创客咖啡举办。首次路演活动邀请园区捷润科技、睿尔曼、京地政通3家企业主要负责人，园区管委会领导、石龙公司领导、区科委、区经信委等相关负责人参加。路演会上，捷润科技、睿尔曼、京地政通3家公司主要负责人首先介绍企业基本情况，包括经营情况、主营业务等，同时也表明企业的需求，包括融资、招聘需求，园区管委会领导与企业亲切交流，在座的科委、经信委及园区科研、人才、金融工作负责人也与企业积极沟通，互留联系方式，建立联系。最后园区管委会领导对此次午间路演会活动进行总结。11月13日，中关村门头沟科技园第二次午间路演会在园区西山创客咖啡举办此次午间路演会由企业自愿报名参与，已入园企业黛露诗雨、浩大健桥、中海云智慧3家公司创业者，园区管委会工委书记、副主任，区科委、园区管委会产业促进部、石龙公司创投事业部相关负责人参加。路演会上，黛露诗雨、浩大健桥、中海云智慧3家公司主要负责人首先介绍企业基本情况，包括经营情况、主营业务等，同时也表明企业的需求，园区管委会领导与企业交流，在座的科委高新科主要负责人，园区科研、人才、金融工作负责人与企业积极沟通，建立联系，企业之间也互留联系方式，方便后续业务合作。

（韩海建）

【第七届“石龙杯”消防技能竞赛】　11月2日，中关村门头沟园区管委会联合区消防支队在北京科技高级技术学校举行第二十八届119消防宣传月活动启动仪式暨第七届“石龙杯”消防技能竞赛第三届微型消防站消防大比武活动。北京市、门头沟区有关领导及相关部门、企业代表以及运动员代表共500余人参加活动。启动仪式上，播放消防公益视频片，宣读《门头沟区防火安全委员会关于对2018年度消防工作先进单位及先进个人予以表彰的通报》。与会领导为先进单位和先进个人代表颁发证书，市消防总队副总队长做讲话。启动仪式后，与会人员参观消防知识展板、消防特种器材、消防产品、消防宣传车、微型消防站消防车，穿着体验消防战斗服，进行疏散逃生演练。同时第七届“石龙杯”消防技能竞赛、第三届微型消防站消防大比武活动正式开始。竞赛分为男子一人两盘水带连接、两人五盘水带连接、女子一人穿战斗服答题50米折返跑比赛、男女混合50米手持灭火器接力灭火4个项目2个杯赛，最终决出第七届“石龙杯”消防技能竞赛团体1、2、3等奖和微型消防站大比武团体1、2、3等奖共12个团体奖项，竞赛还决出多个个人竞赛项目奖项。

（韩海建）

【山西省潞城参观园区并召开对接会】 11月9日，山西省长治市招商局局长，潞城市市委书记、潞城市常务副市长等人到园区参观考察精雕集团公司并召开招商引资专场对接会。考察团先后参观集团产品展示厅和生产车间、玻璃面板加工自动化生产线、3C产品加工专用机床、在机测量技术等北京精雕的最新研发成果。参观过程中，潞城市领导对精雕数控机床的卓越性能、公司的科研成果、北京精雕的产业布局给予高度评价，并期望能与精雕集团有进一步的合作。随后，在阳光大厦24层举办潞城（中关村科技园门头沟园）招商引资专场对接会。潞城市5家企业与园区相关产业14家企业负责人共同参加会议并发言，部分企业代表表示后续将会与潞城市经开区开展相关项目合作。20日，北京新锐得环保科技有限公司会后受邀到潞城市对以玉米秸秆为主的农作物秸秆分级综合利用示范项目进行考察。经考察，双方一致认为该项目可有效提高秸秆综合利用率，对于改善农业生产条件、防治大气污染具有积极意义。25日，双方签订《推进秸秆分级综合利用合作意向书》。

（韩海建）

【门头沟园第二场校园招聘会举办】 11月22日，中关村门头沟科技园在北京信息科技大学进行第二场招聘会。此次专场招聘会共组织园区数十余家知名企业到校招聘，招聘专业涉及机械工程类、软件工程类、计算机类、管理类等相关专业，共提供工作岗位200余个，吸引近千名毕业生参加。此次招聘会，实现企业与高校毕业生的有效对接，为有需求的企业引进急需的优秀的专业人才，让即将步入社会的大学生，有更简单的渠道获得一个展示自我的机会，互惠且双赢。

（韩海建）

【中关村“1＋4”政策直通车·助企业坐享空投福利】 11月29日，园区邀请中关村管委会青年政策宣讲团在创新大厦五层活动中心召开中关村“1＋4”政策宣讲会。园区70余家优秀企业代表及管委会相关业务人员参会聆听。此次宣讲会是中关村青年宣讲团成立以来第一次到门头沟园，并在会前对园区重点企业芯盾时代科技有限公司及遨博智能科技有限公司进行考察调研。由高促中心、经济分析处、创新处任旭、产业处及人才处5位讲师，分别围绕“1＋4”政策体系概况、科技金融政策、创新扶持政策、产业扶持政策以及人才政策方面进行详细解读，包括政策的基本情况、使用范围、申报标准、申报流程等。并在会后与企业代表进行答疑互动。

（韩海建）

【新公司入驻门头沟园】 12月10日，北京智博可见光通信技术有限公司入驻园区阳光大厦402室，入驻面积200余平方米。北京智博可见光通信技术有限公司（以下简称智博可见光）成立于2018年，是东莞信大融合创新研究院下属的高科技企业。东莞信大融合创新研究院是东莞市政府与战略支援部队解放军信息工程大学联合组建的新型军民融合研发机构。

（韩海建）

【中关村创新示范区党建联席会】 12月13日，中关村国家自主创新示范区党建工作联席会在中关村门头沟科技园创新大厦召开。中关村管委会党组成员、副主任、机关党委书记，区领导，市委组织部组织二处调研员和各分园党建工作主要负责人参加会议。与会人员参观创新大厦一层的创新创业成果；到创新大厦四层参观马克思主义读书会、书记议事厅以及中关村门头沟科技园规划展示中心，了解门头沟科技园特色党建品牌和园区规划建设、转型升级蓬勃发展概况。门头沟园、海淀园、怀柔园、石景山园、昌平园分别介绍党建工作的典型经验和工作亮点。其中门头沟园介绍围绕党建引领高精尖产业发展，抓好“党建强，发展强”开展的系列党建工作，促进园区从工业园向科技园转型升级，努力探索形成“队伍融合、阵地结合、经费整合、工作契合”工作机制，成立“马克思主义读书会”，加强思想引领；以“书记议事厅”为抓手，做好发展引领。

（韩海建）

农业与农村经济

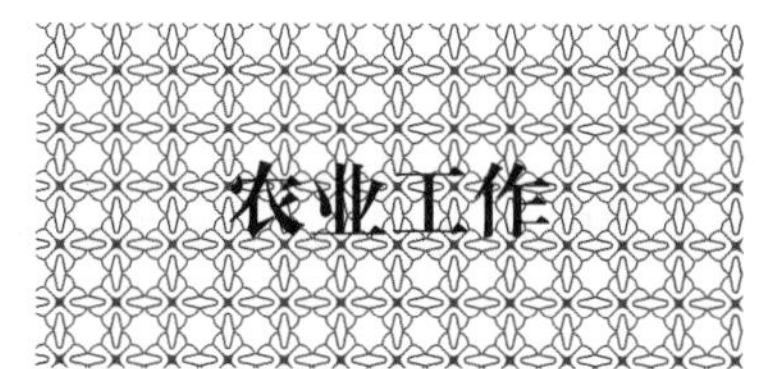

农业工作

【概况】 2018年，门头沟区农村工作委员会（简称区农委）加快落实乡村振兴战略，扎实抓好美丽乡村建设、低收入帮扶、险村搬迁、煤改清洁能源等各项工作，低收入农户收入稳步增长，农业农村经济保持平稳发展态势。全区城乡居民人均可支配收入继续保持较快增长态势，民生领域发展质量进一步提高。1月至12月，全体居民人均可支配收入为49298元，同比增长7.4%。全区农村集体经济总收入10亿元，同比减少24.1%，农民人均所得22298元，同比增长10.6%。全区低收入农户人均可支配收入12427元，同比增长17.5%，高于全市平均增速0.4个百分点。全区实现农林牧渔业总产值75922.9万元，同比增长181.4%。其中农业产值3536.4万元，同比下降60.3%；林业产值70184.4万元，同比增长433.9%；牧业产值1324.6万元，同比下降67.4%；农林牧渔专业及辅助性活动产值877.5万元，与上年持平。农业方面，受鲜品食用菌产业退出，"明星水果"樱桃、京白梨减产的双重因素影响，全年传统农业种植业产值大幅下降。牧业方面，全区进一步保护水源涵养地和生态屏障，着力提升生态保护水平，养殖区域不规范、环保不达标和散养的养殖户基本退出，猪、牛、羊等主要畜禽存（出）栏量和畜禽产品产量同比均大幅下降。林业方面，全区全面提升生态涵养功能，在新一轮百万亩造林工程、京津风沙源治理二期工程的拉动下，林业产值实现同比大幅增长。

单位名称：中共北京市门头沟区委农村工作委员会
北京市门头沟区农村工作委员会
地　　址：北京市门头沟区石龙北路33号农林大厦
电　　话：69842675
邮　　编：102300

（符乃清）

【减煤换煤】 2017年至2018年，采暖季累计完成减煤换煤任务2.8万吨，其中减煤完成1.04万吨，优质型煤替代完成1.76万吨。

（符乃清）

【农村工作会】 4月26日，门头沟区召开2018年农村工作电视电话会。区四大部门领导及区新农村建设领导小组各成员单位负责人在主会场出席会议，各镇领导班子成员、各村"两委"负责人、市区选派第一书记和辖区市级示范社负责人在镇村视频分会场参加会议。会上，区领导作农村工作报告，部署2018年度美丽乡村工作，清水镇党委书记、斋堂镇青龙涧村党支部书记和清水镇梁家庄村党组织第一书记分别就开展就业帮扶、加强环境整治、发挥第一书记作用作典型发言，区领导张力兵就贯彻落实中央、北京市农村工作会议精神提出相关工作要求。

（符乃清）

【村党组织书记培训】 5月7日至11日，区委农工委与区委组织部联合举办主题为"深入贯彻落实十九大精神，全力实施乡村振兴战略"的"门头沟区2018年村党组织书记培训班"。全区各村党组织书记、副书记，市、区选派"第一书记"，以及各镇党委副书记、组织委员、党建办负责人等共计280余人参加培训。区领导张力兵等现场授课。

（符乃清）

【市、区领导考察】 5月24日，西城区领导带队先后到雁翅镇青白口村、清水镇李家庄村、斋堂镇马栏村，实地考察李家庄村低收入项目奇异莓种植基地、马栏村冀热察挺进军司令部旧址陈列馆，详细了解民营企业吸收低收入农户就业和促进低收入农户增收情况以及红色旅游带动村民就业增收情况，并入户慰问低收入户。9月15日，首农食品集团党委书记、董事长等实地察看李家庄和天河水两个村现有资源、村容村貌、基础设施情况，慰问特困家庭和驻村“第一书记”，并发放慰问金及慰问品。

（符乃清）

【第一书记培训】 5月28日至30日，区农委组织全区45个低收入村“第一书记”参加全市低收入村党组织“第一书记”抓经济发展专题培训班。

（符乃清）

【督导测评】 6月7日至8日，市农委副巡视员及市相关专家等组成的督导测评组对区内5个镇10个“北京最美的乡村”（洪水口村、八亩堰村、川底下村、灵水村、韭园村、樱桃沟村、岭角村、涧沟村、水峪嘴村、赵家台村）进行实地督导检查并提出相关工作要求。

（符乃清）

【农工委系统党员培训班】 6月11日至15日、25日至29日，区委农工委组织召开2018年农工委系统党员培训班2期。邀请市、区专家和领导围绕党的十九大精神、党章党规、党风廉政建设、习近平总书记视察北京重要讲话精神、意识形态、反邪教、党性修养、党员教育管理等相关内容进行专题培训，2期240名党员参加培训。

（符乃清）

【农工委系统党务工作者培训班】 6月20日至22日，区委农工委举办2018年区委农工委系统党务工作者培训班。此次培训班重点围绕党的十九大精神、党员教育管理工作实务、党章学习、信息写作、意识形态等内容，邀请区相关部门领导对系统各单位负责党建工作的主管领导、科长及工作人员进行为期3天的培训，系统各单位70人参加。

（符乃清）

【低收入帮扶和美丽乡村建设签约仪式】 7月3日，市委常委、统战部部长到门头沟区调研“8+1”行动，并举行深化“8+1”专项行动推进会暨助力门头沟区低收入帮扶和美丽乡村建设签约仪式。

（符乃清）

【对接帮扶】 7月5日，市国资公司党委书记、董事长等人到清水镇梁家庄村开展对接帮扶工作。6日，市经信委副局级领导等到门头沟区开展精准扶贫对接工作，7家企业与北京软件和信息服务业协会参加对接。10月18日，北京地铁公司党委书记、董事长到清水镇椴木沟村与清水镇镇长签订《北京市地铁运营有限公司与门头沟区清水镇低收入帮扶宣传协议书》。

（符乃清）

【低收入村“两委”干部专题培训】 7月16日至20日，区委组织部、区委农工委、区委党校共同举办全区低收入村“两委”干部专题培训班，并邀请对口帮扶地区内蒙古武川县、察右后旗和河北涿鹿县选调部分镇村干部，与全区45个低收入村的“两委”成员共130余人一同参加培训。

（符乃清）

【大型群众合唱比赛】 9月12日，区委农工委组织各镇举办“农口系统纪念改革开放40周年——‘拥抱新时代·开启新征程’门头沟区大型群众合唱比赛活动”预赛。共有来自7个镇的7支队伍400余人报名参加比赛。

（符乃清）

【低收入农户分布情况】 年内，全区低收入农户5007户，9129人，分布在8个镇，123村。其中深山区清水镇、斋堂镇、雁翅镇3个镇3964户，占比79.1%；浅山区潭柘寺镇、军庄镇、妙峰山镇、王平镇4个镇1029户，占比20.6%；门城地区14户，占比0.3%。其中永定镇无低收入户农户。

（符乃清）

【低收入村分布情况】 年内，全区共有市级标准低收入村45个，包括潭柘寺镇2个村、雁翅镇13个村、斋堂镇10个村、清水镇20个村，深山区低收入村占比95.6%。

（符乃清）

【低收入帮扶】 年内，在45个市级标准低收入村的基础上，确定29个行政村为区级标准低收入村。制订《门头沟区关于市级单位结对帮扶低收入村工作指导意见》，实现45个市级标准低收入村村企对接全覆盖。落实《门头沟区低收入帮扶招商引资工作办法》，开展招商引资工作。出台《门头沟区低收入农户帮扶基金管理办法（试行）》，从助医、助学、体检、保险、特殊案例“一事一议”等5个方面对低收入农户开展救助工作，发挥社会保障兜底作用。及时更新“北京门头沟精准帮扶信息网”专题网站，编发《低收入增收工作简报》，持续加大帮扶宣传力度。2018 年，门头沟区低收入农户人均可支配收入 12427 元，同比增长 17.5%，高于全市平均增速 0.4 个百分点，帮扶效果逐步显现。

（符乃清）

【低收入产业情况】 年内，区农委统筹使用涉农资金，重点支持低收入村、低收入农户发展符合区域功能定位的特色产业，主要资金和项目集中在雁翅、斋堂、清水 3 个深山镇，项目多以果树、中草药、玫瑰花等种植产业为主，还有少量蜜蜂养殖项目。通过增强自身造血能力，确保低收入农户持续稳定增收。

（符乃清）

【美丽乡村建设】 年内，区农委制订《门头沟区关于开展“实施乡村振兴战略，扎实推进美丽乡村建设”专项行动（2018—2020 年）实施方案》等文件，明确全区美丽乡村建设任务、职责分工、资金标准等内容，同时出台村庄规划、公厕改造等系列专项文件。全面启动村庄规划编制工作，编制完成 70 个村庄规划，其中 6 个试点村的村庄规划及实施方案编制工作全部完成。建立完善固定资产台账和基础设施动态台账，修订完善运行维护长效管护机制。在全区 138 个未拆迁村庄集中开展打造美丽乡村环境综合整治专项行动，制订《门头沟区关于开展农村人居环境整治和美丽乡村建设督查考评工作的实施方案》，围绕清脏、增绿、治乱，全面推进环境整治各项工作。

（符乃清）

【险村险户搬迁】 年内，全区涉及 5 个镇 38 个村 6152 户 10756 人，按照大景区组团、精品旅游村、新农村建设三种类型因地制宜稳步推进。年末，共有 19 个村完工，19 个村正在有序推进。

（符乃清）

【一事一议项目】 年内，全区一事一议项目共 26 个，总投资 3627 万元，涉及 5 个镇 26 个村，惠及 12 个险村搬迁村及 10 个低收入村。

（符乃清）

【沟域经济】 年内，区农委重点打造清水镇百花沟域，总面积约 68 平方公里，涵盖清水镇 11 个村庄。其中低收入村 6 个、低收入户 468 户，低收入人口 841 人。项目全面启动。

（符乃清）

【煤改电】 年内，区农委完成 7 个村的清洁能源采暖设备安装工作。

（符乃清）

【农村农业保险】 年内，区农委共开设政策性农业保险、蜂业气象指数保险、核桃种植保险、农村房屋保险、乡村干部责任保险、露地花卉保险、密植园果树树体保险等 7 大类险种。其中政策性农业保险共承保 786 户，8809.3（亩/群），总保费 287.56 万元；密植保险共投保 8 户（人），648 亩，总保费 45.802 万元；房屋保险共承保 7314 户，总保费 44.57 万元；村干部保险共承保 1128 人，总保费 22.56 万元；露地花卉保险、梨种植保险、梨树树体保险 4973 亩，总保费 149.61 万元。

（符乃清）

【智慧乡村建设】 年内，区农委选取清水镇李家庄村、斋堂镇向阳口村、雁翅镇碣石村、雁翅镇田庄村、妙峰山镇陈家庄村等 5 个村开展 2018 年智慧乡村建设。建设内容包括：建立村级网站、微信公众平台；制作 360°虚拟全景，集成到微信公共平台中，实现移动互联终端的在线虚拟游；安装村域安防视频监控系统，安装全彩 LED 显示屏等。

（符乃清）

【信息入户工作】 年内，区农委在北京大山鑫港核桃种植专业合作社、北京泗家水香椿种植专业合作社、北京胡林谷农产品产销专业合作社、北京聚兰兴养殖专业合作社、桃园农业科技发展中心 5 家园区建设专业型益农信息社，利用互联网、物联网等信息化手段，针对园区生产经营管理等环节提供全产业链服务，提升智慧农业水平，通过开展公益服务、便民服务、电子商务服务、培训体验等服务，实现信息精准到户、服务方便到村。

（符乃清）

【农村实用人才培训】 年内，区委农工委组织各镇农村实用人才参加 2018 年中组部、农业农村部举办的农村实用人才带头人培训班 1 期，参加市委农工委开办的农村创业创新、休闲农业与乡村旅游培训班 2 期。区农工委与区社区学院联合举办农民手机应用、互联网 + 农产品营销和计算机应用技能 3 期农村实用人才培训班，全区各村“两委”班子、全科农技员、农民专业合作社骨干及新型农业经营主体带头人 280 人参加培训。

（符乃清）

【首届农民丰收节服务保障】 年

内，区农委配合农业农村部和市农委做好首届“中国农民丰收节”全国主会场各项服务保障工作，组织60名京西太平鼓民间艺术团成员参加现场文艺表演活动。

（符乃清）

农村发展服务

【概况】 2018年，门头沟区农业局扎实开展低收入帮扶工作，充分发挥种植、养殖技术服务队和15个科技帮扶小组作用，为45个低收入村提供针对性的农业技术服务与指导，根据各低收入村生产实际与需求，为17村推广发放优良作物种苗，为11村15个补贴对象配发有机肥1400吨。落实农业机械数量摸底及尾气排放监管任务，广泛宣传农机安全操作和维修保养知识，配合市、区相关部门完成112台拖拉机尾气排放情况检查，并结合春季农机集中检验完成96台拖拉机尾气检测，责令9台不合格车辆做好整改。研究制定《2018年门头沟区农作物秸秆综合利用工作方案》，向各镇统一配发手扶单行玉米收割秸秆粉碎机31台、手扶秸秆粉碎机89台及相关工作经费，由镇政府牵头采取就地粉碎还田的方式处理辖区农作物秸秆。补贴推广使用有机肥，按照“财政补贴80%、申购主体自行负担20%”标准，在我区优质、特色农产品生产地块实施有机肥补贴，累计向全区9镇63村完成发放有机肥6282吨，切实减少化肥施用污染，推广绿色生产。推进第二次污染源普查农业源普查工作，开展门头沟区“疏解整治促提升推进畜禽生态养殖”工作。积极开展全区设施农业集中清理整治工作，全区共清查出设施农业（塑料大棚、日光温室、连栋温室）63宗259栋，其中44宗224栋按要求接受市验收组现场逐棚核查，合格率达100%。全力以赴做好非洲猪瘟疫情的防控工作，包括驻区单位、部队在内共计144养殖场户3766头全部完成清退工作，实现辖区生猪养殖数为“零”，整体工作平稳有序。多举措强化动物防疫工作基础，区疫控中心实验室CMA体系投入正常运转，高效务实推进动物防疫员岗位向社会公益性就业组织过渡工作。年内，推动门头沟区“京西农业”微信公众号安全稳定运行。研究编制公众号管理办法，严格规范文章推送审批程序，定期发布适用于我区农情的农业服务信息共231篇。

单位名称：北京市门头沟区农业局
地　　址：北京市门头沟区石龙北路33号
电　　话：69843135
邮　　编：102300

（安　然）

【农资打假】 2月26日，区农业局农业综合执法队采取措施加强农资市场监管力度。开展农资市场专项执法检查行动。执法队对种子、农药和肥料市场进行执法检查。先后检查三家店生产日杂商店、城子兴盛农资有限公司、宜农园种子商店、利田种苗开发中心等6家农资经营企业（单位），出动执法人员30人次。开展春季农资打假护农宣传活动。通过宣传活动，引导农民群众理性购买、科学用种。此次宣传共发放《购种宣传手册》《如何区分真假肥料》《如何识别失效农药》等各类农资宣传材料300份。

（安　然）

【农业机械集中检验】 4月4日起，区农业局农业综合执法队集中9天时间到全区各镇，开展“一站式”农业机械年度检验送检下乡活动。期间，累计检验农业机械车辆89台，发放荧光条534条，代上保险82份，发放农业机械宣传材料400余份，接受群众咨询40人次。

（安　然）

【培训工作】 4月16日，区农业综合服务中心开展为期两周的全科农林技术员职业技能培训，共培训218人次，内容涵盖果树蔬菜种植技术、当前农村土地政策分析、农技员常用信息技术软件介绍等多方面内容。

（安　然）

【农业执法行动】 4月24日，区农业局农业综合执法队联合区水务局水政监察大队对永定河龙泉湾及三家店水闸段水域集中实施“净网行动”，集中清缴水域中设置的地笼等违法网具。

（安　然）

【宣传教育】 9月28日，区农业局动物疫病预防控制中心在永兴嘉园小区周边开展第12个“世界狂犬病日”主题宣传活动，宣传狂犬病防控知识。

（安　然）

【低收入帮扶】 10月16日，区农业局党组组织所属5个党支部的115名党员和积极分子到结对帮扶村雁翅镇苇子水村开展主题党日活动，深化党建领域低收入帮扶工作。区农业局党组领导班子集体参加活动。

（安　然）

【重大动植物疫病防控】 年内，区农业局针对禽流感、口蹄疫和新城疫等5种重大动物疫病共实施15次集中强制免疫，累计免疫各种畜禽39.62万头只次，应免畜禽免疫率达到100%；共采集血样2365份，实验室监测疫病样本7463份；加强犬狂犬病防治。依法落实狂犬病强制免疫制度，发放疫苗9850头份，免疫标识9850份，全力确保不发生区域内源性人、畜狂犬病事件。深化应急管理体系建设。根据政策形势及时修订完善应急预案；组织全区百人应急队伍开展重大动物疫情防控应急演练培训，提高面对突发灾情疫情的快速反应、应急处理和协调作战能力。开展病虫测报、强化植物检疫、完成4.21万亩农田灭鼠及鼠情监测工作、完成豚草密度调查与灭除工作。

（安　然）

【农产品质量安全及农业生产安全体系】 年内，区农业局推进门头沟区国家农产品质量安全监管示范县建设，严格按照制度程序做好样品检测。各镇完成快速检测样本1万余个，区级定量检测样本320余个；发挥农产品安全检验检测中心作用，完成276个自检样品的采集与指标检测，102个第三方检测样品采集以及市环监站43个土样采集任务。

（安　然）

【农业综合执法】 年内，区农业局围绕动物卫生、兽医医政、农业投入品经营使用、渔政及农机等农业综合执法全领域，累计共出动执法人员9860人次，检查监管对象3024个次，受理核查市民举报案件35件，立案查处违法案件63起，已结案案件罚没款18739元。为保障执法行为的公正性，有序推进“双随机”执法机制，共有29名人纳入执法人员库，47家监管对象纳入监管对象库，已进行“双随机”执法24次。

（安　然）

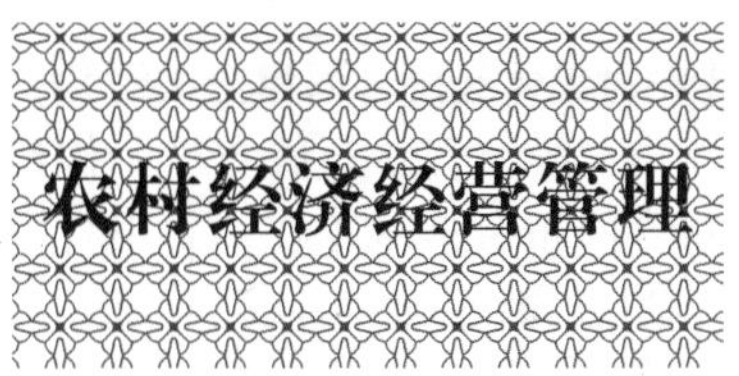

农村经济经营管理

【概况】 2018年，门头沟区农村合作经济经营管理站（简你区经管站）围绕“三四三三”工程，全面完成100项目标管理任务，推进农村经管工作取得新的进展。年内，研究制定“村地镇管”意见，对农户家庭经营承包土地、农村集体统一经营农用地、农村集体建设产业用地、农村宅基地等“四块地”的管理使用提出规范性要求。

单位名称：北京市门头沟区农村合作经济经营管理站
地　　址：北京市门头沟区石龙北路33号农林大厦
电　　话：69844255
邮　　编：102300

（丁新玲）

【领导调研】 5月初，区经管站领导班子走访各镇，开展调研督查，就如何深化农村经管工作，解决实际问题，与主管镇长、镇经管站长和“三资”中心主任等相关人员进行交流座谈。

（丁新玲）

【农民专业合作社发展】 9月26日，清水镇百安园食用菌种植专业合作社接受市农经办检查。检查组实地查看建设情况，听取情况汇报，并对项目推进及政策落实进行指导。

（丁新玲）

【接待交流】 10月中旬，湖北省十堰市考察团实地查看区花露蝴蝶养殖农民专业合作社，与区经管站交流合作社发展思路，表示支持两地合作社加强业务往来合作。

（丁新玲）

【农村土地承包经营权确权登记颁证】 年内，门头沟区5个镇95个村实测土地面积4.02万亩，其中93个村完成颁证前准备工作，斋堂镇牛战村、火村等两村未完成签字确认工作。82个村具备颁证条件，王平镇11个村经市农委同意暂不颁证。

（丁新玲）

【农村产权交易】 年内，第十二批农村产权交易项目全部实现签约。6个农村产权交易项目涉及军庄、雁翅、清水等3个镇5个村，成交土地面积1983亩，交易金额2410万元。

（丁新玲）

【“三资”监管定期检查】 年内，区经管站完成9个镇91个村的农村集体“三资”监管定期检查工作，对农村集体“三资”管理制度落实执行情况、2017年度财政资金使用、财务票据管理以及相关农村重大事项民主程序履行情况等方面进行重点检查。

（丁新玲）

【“三资”平台财务审查】 年内，区经管站累计查看504个村次34452笔账目，发出预警23次，涉及金额1.6亿余元。督促镇、村整改21笔账目，相关问题已解决。

（丁新玲）

【清产核资】 年内，成立由区长任组长、主管副区长任副组长的农村集体资产清产核资工作领导小组；召开动员部署会；修订实施细则；组织开展培训班；各镇制定实施方案，组织会计师事务所核实173个村集体经济组织资产数据。

（丁新玲）

【农村村干部任期和离任经济责任审计】 年内，村“两委”换届前完成村“两委”主要负责人经济责任审计工作，涉及9个镇181个村282人。

（丁新玲）

【村级财务公开】 年内，区经管站开展村级财务公开情况检查，4月下旬至5月上旬，检查4个镇14个村，10月下旬至11月上旬，检查9个镇33个村。

（丁新玲）

【农村集体经济合同租金催缴】 年内，区经管站开展农村集体经济合同租金催缴工作，兑现合同32份，累计金额153.2万元。

（丁新玲）

【农民负担监督管理执法检查】 年内，区经管站完成农民负担执法检查，区内各项涉农收费减免政策已落实到位，未发现增加农民负担等违法违规现象。

（丁新玲）

【农村管理信息化】 年内，区经管站动态开展农村管理信息化四级网络、“农经平台”和“村管系统”管护，完成四级网络巡检工作。

（丁新玲）

【教育培训】 年内，区经管站组织开展“三资”管理、农经统计、清产核资等各类培训班5期600余人次。

（丁新玲）

商贸　旅游

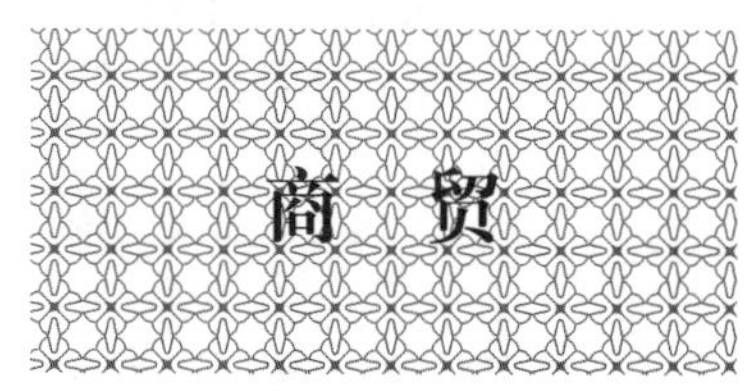

商贸

【概况】　2018年，门头沟区商务委员会（简称区商务委）围绕“一二三三”发展总格局，积极传承和弘扬“讲奉献、争第一”的门头沟精神，严格落实“疏整促”工作任务，全力推进社零额、生活性服务业品质提升、粮食安全区长负责制等市级绩效考核任务。开展行业促消费、精准帮扶、营商环境建设、文明城区创建等重点工作；全力保障商务行业安全生产，行业发展稳中提质。消费市场稳步增长，全区累计实现零售额62.2亿元，同比增长5.4%。外贸发展呈现企稳态势，全区进出口额累计28.36亿元，同比增长17.5%；其中出口15.5亿元，同比增长25.4%；进口12.7亿元，同比增长9.1%。实际利用外资累计2851万美元，同比增长14.5%，全年利用外资稳中有升。推进粮食区长责任制考核工作，完成市粮食安全区长责任制考核抽查工作。保障行业安全稳定，相继开展商务行业安全生产大检查。围绕“安全生产月”和“五大重点节日”，开展多种形式的宣传活动，积极营造“安全第一、预防为主”的良好氛围。年内，区商务委组织开展13次“送货下乡及进社区活动”。

单位名称：北京市门头沟区商务委员会
地　　址：北京市门头沟区双峪路39－1
电　　话：69842571
邮　　编：102300

（王　倩）

【参展参会工作】　5月28日至6月1日，区商务委参加2018年北京国际服务贸易交易会。门头沟区外资企业缤果可为（北京）科技有限公司、外贸企业捷赛厨电（北京）科技有限公司分别在京交会的电子商务展区和综合展区参展。11月5日至11日，区领导带领门头沟分团到上海参加首届中国国际进口博览会。全区共有30家企业、119人参与，现场签署意向采购协议4000余万美元。

（王　倩）

【首届婴幼儿护理行业技能大赛】　6月9日，区商务委举办首届“舒心妈妈　爱心呵护”婴幼儿护理比赛。通过赛前培训、组织初赛，20余位优秀选手晋级市级复赛、决赛，提高行业技能水平，增强行业从业人员素质。

（王　倩）

【外资企业备案监督检查工作】　8月，区商务委开展外商投资企业备案监督检查工作，按照“双随机、一公开”原则，以3%的抽查比例抽取4家外商投资企业开展备案监督检查。经检查，备案情况良好，未发现违反《外商投资企业设立及变更备案管理暂行办法（修订）》行为。

（王　倩）

【机构设置工作】　11月16日，区商务委举行门头沟区贸促支会揭牌仪式。门头沟区贸促支会主要负责参与拟定全区对外贸易促进和展览业的发展规划和年度计划，并组织开展贸促机构的交流合作，协助有关企业争取贸易促进相关政策资金支持等工作。

（王　倩）

【餐饮行业技能大赛】　11月29日，区商务委举办2018年“食在门头沟”之“粒米成箩　节约你我　共享创城乐生活”餐饮技能大赛主题活动。区内10家餐饮企业和各行各业的30名专家评委、30余位厨师参加比赛。今天假日、北斗星获一等奖；百年食府、轩和、美辰酒楼获二等奖；晨光、七零后餐饮、七号院、浑河春、锦森林获三等奖。

（王　倩）

【便民服务网点建设】 年内，区商务委完成新建或规范提升各类商业便民网点51个；市级督查3个空白社区中蔬菜零售网点建成投入使用。

（王　倩）

【生活性服务业品质提升】 年内，区商务委完成新建或规范提升各类商业便民网点51个，其中蔬菜零售网点12个；便民商业网点连锁化率提升5.2个百分点，城镇社区覆盖率达到94.3%。超额完成年度40个考核任务。

（王　倩）

【疏解整治促提升专项行动】 年内，区商务委完成提升农副产品市场1家。完成北京东方国利信农副产品市场提升改造任务，面积900平方米，涉及商户60户，涉及人口179人。由原菜市场转型升级为连锁品牌生鲜超市，销售蔬果、肉、蛋等生鲜类食品为主，搭载主食厨房等便民服务内容。

（王　倩）

【优化商业布局，扩大服务消费】 年内，区商务委完成《北京市门头沟区生活性服务业配置规划》编制；与区规土局、住建委、属地等部门建立定期沟通机制，跟进项目建设进展情况，做好业态需求调查；对接市级相关部门，引导、推进知名商业企业到区内发展。组织开展节日促销活动，筹划部署年度促销活动；调研区内重点服务业企业现状，促进商业服务业发展；组织召开商业便民政策宣讲会，利用政策资金鼓励和支持带动企业发展。

（王　倩）

【保障生活必需品应急物资供应】 年内，区商务委开展2018年防汛基础工作自查，核对库存应急物资情况；签署2018年应急物资存储、运输协议书，完成应急物资的轮换工作。

（王　倩）

【商业专项资金扶持】 年内，区商务委完成2018年度商业专项资金申报工作，组织区内30余家企业参加商业便民服务设施项目投资补助、商务发展项目政策宣讲会，广泛征集项目。共5个项目通过市级终审，获246.875万元支持资金。

（王　倩）

【对口帮扶】 年内，区商务委制定2018年度区商务委对口帮扶协作工作计划及三年行动计划；推进对口帮扶地区农副产品进京销售企业对接会；发挥商务流通领域优势，到帮扶地区开展对接活动；在7家社区便利店内免费设立帮扶地区农副产品销售专柜，实现销售收入44万余元，对口帮扶地区179人建档立卡户受益。帮助对口帮扶清水镇张家铺村销售栗蘑，通过商品进社区展卖活动、门头沟电视信息高速路栏目进行推广销售，共销售2000余斤。

（王　倩）

【电子地图和规划编制】 年内，区商务委完成便民商业网点电子地图的制作，区政府网站和“门头沟商务”微信公众号可进行查询。完成《北京市门头沟区生活性服务业配置规划》编制，区政府31次常务会讨论并通过。

（王　倩）

【优质服务商店申报】 年内，区商务委组织区内规模以上零售企业申报北京市“优质服务商店”。北京京客隆首超商业有限公司门头沟新桥店、黑山店，同仁堂善和医药、东方饺子王常通路店4家商店评为优质服务商店。

（王　倩）

【参加市级行业技能培训】 年内，区商务委组织区内20余位家政服务优秀选手参加市级行业技能大赛复赛、决赛，获全市第6名和第37名，并获“金手指”奖杯和北京市市级技术能手荣誉称号。

（王　倩）

【商务部信息监测报送】 年内，区商务委完成商务部商贸流通业统计监测系统报送工作。组织商贸统计企业完成2017年度年报、2018年度季报及月报，报送率达到百分百。组织60余家监测企业召开信息监测工作培训总结会2次，评选出5位2018年度优秀信息员。

（王　倩）

【直销企业网点确认及核查】 年内，区商务委完成2家直销企业在区内设立直销服务网点的核查；2家直销企业服务网点地址变更的核查。

（王　倩）

【拍卖年检】 年内，区商务委审核完成2017年度拍卖企业年审初审。新批准设立1家拍卖企业。

（王　倩）

【典当年检】 年内，区商务委完成2017年典当企业年审和审计工作，为1家典当企业出具迁址函。

（王　倩）

【加油站年检】 年内，区商务委

完成区内成品油经营企业台账统计，定期对加油站进行日常检查；完成2017年度12家成品油经营企业年检工作。

（王 倩）

【行业安全工作】 年内，区商务委全面推进安全生产标准化建设、安责险试点推广等工作。全年共出动执法人员700余人次，检查企业292家次，发现各类安全隐患153处，督促企业全部整改完毕，企业未发生各类安全生产事故。安全生产行政处罚2起，累计罚款金额1万元。

（王 倩）

【商务执法检查】 年内，区商务委加强对区内商务领域行政执法工作力度，全年共作出行政处罚64起，其中安全生产一般行政处罚2起，罚款金额共计1万元。美容美发领域执法做出简易处罚案件53起，家电维修服务业执法检查做出简易行政处罚案件7起，粮食综合执法检查做出简易行政处罚案件2起。

（王 倩）

【宣传培训】 年内，区商务委以全国安全生产月、全市安全生产培训日、“12.4法治宣传日”围绕商务行业“两个安全生产规定”，结合全年各阶段安全生产活动，通过上街宣传、悬挂横幅、下发通知等形式，宣传安全生产。结合商务行业安全生产事故特点，设计印制安全生产宣传册、宣传品1000份，并在各项宣传活动中发放。1月17日，面向全区商务行业单位500余名从业人员开展消防安全大培训。

（王 倩）

【退耕还林补助粮食发放】 年内，区商务委及时为退耕户发放补助粮食。退耕还林验收合格面积22529.860亩，累计涉及8个镇183个村5110户村民，发放特一粉292.73吨，特等大米460.403吨。

（王 倩）

【外贸企业备案工作】 年内，区商务委办理对外贸易经营者备案116件，其中新增64件，变更52件。年内，区商务委受理外商投资企业设立及变更备案申请73件，出具设立备案回执15件，变更备案回执58件。

（王 倩）

【总部经济工作】 年内，门头沟区4家中介组织首次入选《北京市总部经济中介组织库》，实现总部经济中介组织零的突破。

（王 倩）

【外资企业联合年报】 年内，门头沟区76家外商投资企业开展2018年外商投资企业年度投资经营信息联合报告工作，申报率为100%。

（王 倩）

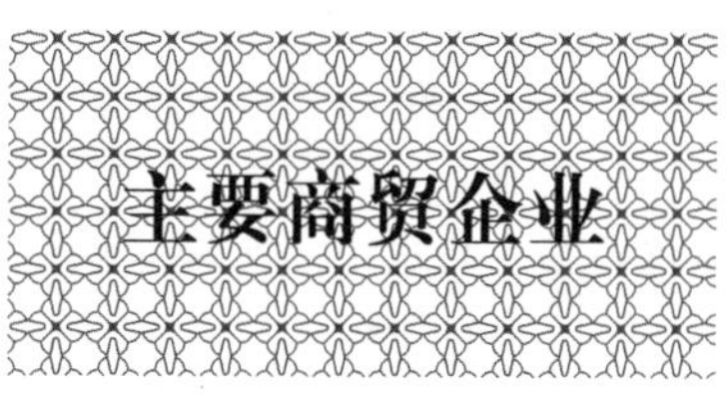

主要商贸企业

京门良实

【概况】 2018年，北京京门良实国有资产经营管理有限公司（简称京门良实公司）全面推进仓储精细化管理工作，创新开展监管工作，新增3个异地成品粮代储库点，异地储备规划达16.8万吨，占公司总库存的61%。年内，推进”5S“管理及粮库智能化升级工作。公司资产总额41906万元，实现营业总收入8.8亿元，实现利润总额811万元。储备粮存储总量30.7万吨，安全储粮率达到100%，完成20.9万吨储备粮的出入库任务和政策性供应任务。军粮供应实现销售350万元。退耕还林补助粮食供应工作完成1121吨。

单位名称：北京京门良实国有资产经营管理公司
地　　址：北京市门头沟区滨河南路3号
电　　话：69842491
邮　　编：102308

（张希瑶）

【慰问工作】 2月6日至13日，京门良实公司开展慰问活动，走访29人次，其中困难党员3人、困难职工18人、困难劳模3人、老党员2人、离休干部3人，发放慰问金及慰问品2.8万元。

（张希瑶）

【拆除工作】 4月1日和6日，三家店粮库保障房项目和斋堂粮库地下仓改扩建项目开始动工拆除。年内，拆除完毕。

（张希瑶）

【重点工程建设】 年内，石门营粮库迁建工程，完成高大平房仓、军粮供应库等建设项目，完成土地预审、初步设计及设计概算等工作。三家店粮库保障房项目，完成地上物的全部拆除。斋堂粮库地下仓改扩建项目，完成原地下仓全部拆除工作。东北基地扩大仓储规模建设项目，实现压仓装粮。定州国家粮食储备有限公司新库，完成前期调研。

（张希瑶）

【粮油检验培训】 4月11日，京门良实公司组织粮油检验培训，学习稻谷脂肪酸值测定的称样、提取、过滤、滴定四大步骤，提高检化验业务水平。

（张希瑶）

【知识竞赛】 7月30日，京门良实公司在北斗星宾馆举办第五届职工知识竞赛。竞赛内容包括党章、党纪、党规、十九大精神及工会、安全、法务等方面知识。

（张希瑶）

【安全生产工作】 年内，京门良实公司开展安全隐患大排查大清理大整治，拆除非阻燃彩钢板648平方米，更换阻燃彩钢板3000余平方米，开展应急演练6次，硬件建设投入资金110万元，实现安全生产“零”事故。

（张希瑶）

【机动车检测】 年内，京门良实公司对场内环境、检测设备等进行升级改造，提高服务能力，共检测车辆63423辆，实现收入1858万元，实现利润444万元。

（张希瑶）

【粮食贸易】 年内，京粮盛隆贸易有限公司完成粮食销售32万吨，实现收入7.8亿元，实现利润202万元。

（张希瑶）

【内部管理】 年内，京门良实公司完成所辖13户企业的股东名称变更工作，完成双峪招待所、稻谷香粮油食品销售中心、汽车场及检测站的注销工作，推进岗位职责清单管理工作。全年起草合同130份，修改和审核合同241份。进行低端业态清退工作，清退面积1751平方米。

（张希瑶）

【不动产经营】 年内，京门良实公司进行资产的开发盘活，不动产经营收入447万元。

（张希瑶）

供销合作社

【概况】 2018年，门头沟区供销社是集体所有制合作经济组织。现有1个基层联社由斋堂供销社、妙峰山供销社（包括永定供销社、军庄供销社和雁翅供销社）、潭柘寺供销社组成；2个直属单位：回收公司和贸易大楼，（其中清水供销社并入回收公司，贸易大楼和日杂公司合并）。截至2018年底，在册职工116人。年内，营业收入完成858.7万元，同比减幅7.6%；营业外收入854.9万元，同比增幅21.2%；销售、管理、财务3项费用1666.4万元，增幅1.5%；上缴税金51.2万元，同比减幅2%；利润净额－19.7万元，负增长4%；资产负债率84%，同比增幅3个百分点。全员工资852万元，同比增幅0.3%；在岗职工工资833.9万元，同比增幅1.1%。

单位名称：北京市门头沟区供销合作社
地　　址：北京市门头沟区新桥大街2号
电　　话：69842992
邮　　编：102300

（王咏梅）

【工会第六届换届选举工作】 7月，区供销社系统工会及各基层单位工会完成换届选举工作。区社系统工会选举出工会负责人1人，副主席1人，委员5人。

（王咏梅）

【党支部工作】 11月，区供销社机关、回收公司、贸易大楼和基层联社4个党支部，完成换届选举工作。同月，回收公司、贸易大楼和基层联社接收中共预备党员3人，回收公司、贸易大楼和基层联社预备党员按期转正6人。

（王咏梅）

【东胡林产业融合建设项目】 12月，东胡林产业融合建设项目完成整体验收，北京市供销合作总社、百花蜂产品公司、门头沟供销合作社，三方主要领导进行多次实地验收。完成整体验收工作。

（王咏梅）

【再生资源回收进社区、进农村】 年内，北京龙欣顺达再生物资利用有限公司与区内150余家企事业单位、学校和医院等签订《北京市再生资源收集运输服务合同》，在部分街区设立收购站点23个，为再生资源进社区，进农村奠定基础。

（王咏梅）

【概况】 2018年，门头沟区旅游发展委员会（简称区旅游委），围绕全区创城、拆违、精准扶贫等重点任务，深化旅游产业供给侧改革，打造精品旅游、精品村镇，做到旅游发展惠民利民富民；坚持弘扬文化为内涵，打造产业融合升级版，培育旅游文化体育休闲产业。年内，区旅行社分社、

服务网点备案实现网上办理。网上业务办理系统涵盖旅行社分社设立、变更、撤销申请和服务网点设立、变更、撤销申请6个具体事项。企业根据要求在系统上填写、上传相关资料的扫描件后，经过预审、受理、审核、制证4个环节，即可到政务服务大厅领取备案登记证，全部在网上进行。年内，区旅游委组织各相关镇街及景区完成2019年旅游产业发展引导资金项目征集、申报等工作，获支持项目7个，争取市级旅游发展引导资金2198.36万元。该资金项目主要涉及旅游精品村、低收入村旅游配套设施、厕所革命、红色景区建设等内容，在充分挖掘内在潜力的前提下，着力打造精品旅游、精品文化，开放视野，提升乡村生活品质和环境，推动乡村旅游提质升级。年内，区旅游委组织各镇、各旅游企业举办乡村旅游新业态、星级民俗旅游户授牌仪式。为2016年7家乡村旅游新业态、9户星级民俗旅游户颁发标牌，同时部署2018年门头沟区乡村旅游特色业态、等级民俗村（户）创建与评定工作。年内，区内共有乡村旅游新业态50家，星级民俗旅游村6个，星级民俗旅游户249户，其中五星级民俗旅游户15户，四星级民俗旅游户51户。

单位名称：北京市门头沟区旅游发展委员会
地　　址：北京市门头沟区新桥大街46号
电　　话：69862525
邮　　编：102300

（贾贺然）

【假日旅游接待】　2017年12月30日至2018年1月1日，全区接待游客3.38万人次，同比增长34.66%，旅游综合收入279.28万元，同比增长23.34%。2月15日至21日，全区接待游客17.23万人次，同比增长71.78%；旅游综合收入1475.82万元，同比增长39.98%。4月5日至7日，全区接待游客5.88万人次；旅游综合收入416.02万元。4月29日至5月1日，全区接待旅游游客12.65万人次，同比增长28.95%，旅游综合收入960.54万元，同比增长32%。6月16日至18日，全区接待游客7.39万人次，同比减少3.52%，旅游综合收入549.94万元，同比增长9.31%。9月22日至24日，全区接待游客8.23万人次，同比2016年基本持平，旅游综合收入632.93万元，同比2016年增长14.8%。10月1日至7日，全区共接待游客22.81万人次，同比增长19.55%；旅游综合收入1593.71万元，同比增长13.07%。

（贾贺然）

【综合执法检查】　1月5日，区旅游委联合区安监局、区质监局、区公安消防支队、工商分局、龙泉镇对区“两会”会议驻地龙泉宾馆开展综合执法。检查组重点检查龙泉宾馆安全生产责任制的落实，高压配电室、消防中控室、液化气间、锅炉房、客房等重点部位人员配备值守及消防安全、用电安全、锅炉安全等情况。要求针对检查中发现的问题逐一进行整改，认真落实安全生产责任制，加强员工安全教育，切实提高应急处置能力，进一步完善“两会”期间安全保卫方案和应急预案，加强安全巡查，切实做好“两会”期间的服务接待和安全保障工作。

（贾贺然）

【八奇洞景区获评国家AAA级景区】　1月10日，八奇洞正式批准为国家AAA级旅游景区，至此门头沟区A级景区数量达到17家。其中AAAA级旅游景区2家，AAA级旅游景区12家，AA级旅游景区3家。

（贾贺然）

【行业消防培训】　1月19日，区旅游委召开春节假日旅游安全工作会。会上，部署春节假日旅游行业安全生产、森林防火、烟花爆竹和煤气中毒等工作，区消防支队有关同志针对消防管理和隐患排查等工作进行部署，区内各镇旅游管理人员、各企业负责人、一线岗位从业人员和民俗旅游经营者280余人参加会议。会后，区旅游委对与会者开展旅游行业全民消防大培训。

（贾贺然）

【市领导考察】　1月24日，市旅游委副主任带队到区内调研。实地到斋堂镇沿河城村、沿河口村、雁翅镇槐井石舍、妙峰山镇普拉托度假小镇进行考察调研。并提出具体建议。

（贾贺然）

【民俗旅游工作会】　3月21日，区旅游委召开区内民俗旅游工作会。会上，主要内容为部署全区2018年民俗旅游工作，并推出5项措施促进区内乡村游品质提升。

（贾贺然）

【参加西安丝绸之路国际旅游博览会】　3月30日至4月1日，区旅游委组织宣传部门工作人员参加市旅游委在陕西西安举办的第五届西安丝绸之路国际旅游博览会。展会工作人员与现场观众进行互动，宣传门头沟区的旅游资源，并接受新闻媒体采访和现场观众咨询。截至展会结束，区旅游委发放宣传资料及纪念商品2000余份，接受现场咨询3000余人次。

（贾贺然）

【防汛工作】 3月，区旅游委开展旅游行业防汛工作检查工作，举办防灾减灾宣传活动，组织景区负责人防汛培训。6月1日，全市正式上汛后，区旅游委及时召开旅游系统防汛工作部署会，对重点旅游景区进行防汛工作检查，扎实推进各项防汛备汛措施的落实。8日，区旅游委、妙峰山镇联合组织神泉峡景区开展汛期防汛疏散演练活动。妙峰山镇辖区内旅游景区、重点民俗户负责人和从业人员60余人观摩演练。

（贾贺然）

【赏花季推介活动】 4月4日，区旅游委以潭柘寺景区二乔玉兰观赏季为序幕，推出“花开山水间”——2018年门头沟赏花季活动。此次活动与北京广播电台《103.9慧旅行》栏目合作，以线上直播+线下体验的形式，宣传门头沟区赏花季旅游资源。

（贾贺然）

【宣传活动】 5月12日，区旅游委组织区内旅游企业开展防灾减灾集中宣传活动。活动现场发放《北京市突发地质灾害防治知识手册》和《地质灾害防治避险公益宣传片》、旅游安全宣传材料等宣传品。并向前来咨询的市民进行防灾减灾知识宣传讲解。6月12日，区旅游委分别在滨河公园旅游咨询服务中心和潭柘寺景区开展防范非法集资宣传活动。共发出防骗各类宣传资料800余份。宣传活动受众群体包括区内居民、市民和各类游客。

（贾贺然）

【5·19中国旅游日】 5月19日，区旅游委举办“全域旅游，美好生活”为主题的“5·19中国旅游日”咨询服务活动。此次活动共设立奥森公园、双峪路口咨询站、永定楼、区科技馆、潭柘寺景区、戒台寺景区等6个分会场，通过设置宣传展板、发放宣传资料、接受现场咨询等形式，向广大市民和游客发放《乐游山水间，自在门头沟》旅游地图、《门头沟区精品旅游资源推荐》宣传折页、《门头沟旅游徒步导览地图》《文明旅游，快乐出行》文明旅游手册等多种宣传资料。此次活动共计发放宣传资料1.2万余份，手机扣、遮阳帽、硅胶水杯等小礼品1万余个。

（贾贺然）

【北京国际旅游博览会】 端午节期间，区旅游委组织区内12家A级旅游景区参加2018年北京国际旅游博览会。共接待参观流量1万余人次，发放旅游宣传资料、宣传品、抽奖礼品1万余份，接受现场咨询1000余人次。展会期间推出定都阁、灵水举人村、珍珠湖、京西十八潭、八奇洞景区特价门票。

（贾贺然）

【安全生产工作】 6月16日，区旅游委参加在北京科技高级技师学校举办全区2018年安全生产宣传咨询日活动。活动现场，工作人员向全区重点企业和广大市民发放百余份有关防火、防汛、安全用电、旅游安全等宣传折页、宣传画等材料。安全生产月期间，区旅游委在全区旅游行业全面开展“生命至上、安全发展”为主题的安全生产月活动，集中组织企业开展安全隐患排查治理工作，围绕安全用电、应急知识、消防安全知识、防灾减灾救灾常识等安全知识与技能，开展宣传咨询活动，组织重点景区和饭店进行消防、防汛、地震等预案演习。

（贾贺然）

【文明城区创建】 7月至11月底，区旅游委组织开展旅游景区“五比一创”活动。活动主题是“争创文明旅游景区 全面促进三区创建”。“三区”是指文明城区、国家全域旅游示范区、国家级旅游业改革创新先行区。活动对全区旅游景区安全、环境、宣传、服务、创新、文明景区创建等6方面进行量化评比。年内，区旅游委组织各镇、景区饭店、星级民俗村、乡村旅游特色业态、星级民俗户等80余名负责人召开旅游系统创建文明城区动员部署会。对旅游系统文明城区创建工作任务进行部署，并下发《门头沟区旅游系统创建全国文明区宣传工作方案》《门头沟区创建全国文明城区倡议书》和《门头沟区创建全国文明城区宣传口号》等宣传材料80余份。制订《门头沟区旅游委创建“全国文明城区”工作实施方案》，组织全委党员干部召开创建全国文明城区动员部署会。并对旅游委创建全国文明城区工作进行任务分解。到潭柘寺、戒台寺等旅游企业进行实地督导检查，督促企业按照创城指标任务分解，严格落实各项工作。旅游企业共设置各类宣传条幅24条，粘贴海报31份。设计制作光盘行动、志愿服务等各类宣传资料，建立健全各项指标体系。向景区、新业态、旅游村厕所补贴1000余万元，完成旅游厕所提升改造建设84座。改造提升旅游厕所14座，全部开工建设，并对潭柘寺、戒台寺、妙峰山、爨柏等重点景区旅游厕所内安装新风除臭系统。

（贾贺然）

【创城普法宣传活动】 8月16日至9月10日，区旅游委开展“法治宣传伴你行　全民创城齐行动”为主题法治宣传教育活动。利用网站、微信公众号等渠道宣传普法常识，分别对增产路社区、增产路东区、月季园一区、月季园二区的社区群众进行创城法治宣传教育活动。

（贾贺然）

【党日活动】 9月13日，区旅游委党支部组织党员、积极分子、团员青年，在潭柘寺、戒台寺、定都阁、八奇洞4个景区开展文明旅游志愿服务活动。活动现场，发放首都公民文明旅游出行指南、京津冀红色旅游、北京红色旅游路书、门头沟旅游地图、门头沟旅游口袋书和各类宣传品等2000余份。同时，还对各景区的创建全国文明城区工作进行现场检查和指导。

（贾贺然）

【太庙“推介展”】 9月26日至28日，区旅游委在北京市劳动人民文化宫（太庙）举办“门头沟区旅游走进”太庙“推介展”，展览集中展示、推介区内传统旅游资源文化，将优质的景区、宾馆、饭店、星级民宿、旅游商品等旅游业态。现场开设咨询服务台。门头沟区旅游企业推出旅游商品预售服务，凡是现场预定的市民、游客可享受商品原价9.5折的优惠。另外，每个景区、宾馆、旅游企业都开设自己展位的互动环节，微信“扫一扫”、关注公众号、现场答题、抽奖等，为每一位参与到互动的市民和游客准备丰富的旅游纪念品，共发出宣传手册、资料、旅游纪念品1000余份。

（贾贺然）

【十一期间旅游活动】 10月2日，区内在永定楼广场举办以“西山永定河，多彩门头沟”为主题的第二十届北京国际旅游节门头沟分会场活动。一是助力全国文明城区建设，发布门头沟“文明旅游十条”。二是中外风采演出交相辉映，为游客市民呈现视觉听觉盛宴。三是黄芩仙谷景区举行刨红薯、“糯薯地”认领活动。四是潭柘寺景区举办以“柘就有福”为主题的首届柘树文化节。

（贾贺然）

【旅游进社区】 11月3日，区旅游委与区内10家景区及宾馆，在海淀区世纪新景园小区开展第二场“2018年门头沟旅游进社区”活动。活动共发放旅游图300份，旅游宣传手册200份，旅游折页100份。

（贾贺然）

【厕所革命工作】 11月6日，区旅游委召开2018年旅游厕所革命工作现场会。2018年，区旅游委向旅游企业补贴改造资金229.8万元，改造、新增旅游厕所16座，新增卫生间3处，通过验收，超额完成市旅游委下达的年度任务指标。同时，为改善游客如厕体验，投资270万为30座旅游厕所加装新风除臭系统，年内可交付使用。

（贾贺然）

【旅游博览会】 11月23日至25日，区旅游委参加在海南省海口市举办的“海南世界休闲旅游博览会”。此次博览会上共发放门头沟区宣传资料及纪念商品3000余份，接受现场咨询3000余人次。

（贾贺然）

【民宿分会成立】 年内，区旅游行业协会成立北京市首个民宿分会（暨“民宿联盟”）。主要是为精品民宿企业搭建经验交流、信息共享和市场对接的平台，整合各类社会资源，探索统筹民宿旅游发展和管理的新模式，推进全区精品民宿的建设和发展。

（贾贺然）

【国家中医药健康旅游示范基地】 年内，“潭柘寺中医药健康旅游产业园”获国家旅游局、国家中医药管理局批准的第一批国家中医药健康旅游示范基地创建单位。潭柘寺中医药健康旅游产业园综合项目规划建设成为集中医药文化和旅游观光体验等功能。

（贾贺然）

【保险投保续保】 年内，区旅游委组织“京郊保”保险投保续保工作。一是召开全区京郊险投保续保工作会，对2018年京郊险工作进行安排部署。二是对符合参保条件的15家旅游景区、50家乡村旅游特色业态和239家星级民俗旅游户相关信息进行梳理和汇总，扩大保险政策宣传覆盖面，确保旅游企业在自愿投保的前提下应保尽保。三是邀请保险公司负责人对各镇、旅游企业人员进行保险知识培训，提高经营者参保意识，强化规范经营理念，强调责任事故处理程序等相关事宜。四是做好协调沟通和服务工作。年内，全区有13家AAA级及以下旅游景区、41户新业态单位和150余户星级民俗旅游户投保完成（其中赵家台业态集体投保）。门头沟区AAA级及以下旅游景区投保率为100%，新业态投保率为

82%，民俗户投保率为62%。其中妙峰山镇、雁翅镇、王平镇、军庄镇民俗旅游经营户投保率较高，达到80%以上。

（贾贺然）

【旅游厕所建设管理】 年内，区旅游委累计向景区、新业态、旅游村补贴600余万元，完成37座旅游厕所的提升改造建设。自2013年起，区旅游委共牵头组织改造提升旅游厕所75座。在管理方面，区旅游委制订《旅游景区公共厕所保洁员服务标准》《旅游景区公共厕所保洁员服岗位职责》等制度，明确景区厕所日常保洁及管理标准和考核办法，制作120块管理标牌，在区内主要旅游景区的旅游公厕内进行管理公示，提升旅游厕所管理维护的规范性。

（贾贺然）

【老年旅游接待】 年内，区旅游委组织召开2018年门头沟区老年旅游工作专题会。会上，宣传贯彻老年旅游各项政策，为做好老年旅游服务接待工作提供政策保障；部署区内老年旅游基地创建工作，引导老年旅游接待场所设施建设和开发老年旅游服务项目。征集老年旅游奖励资金项目，鼓励开展老年团队游线路的旅行社积极申报奖励资金；宣传贯彻《北京市旅游条例》及电子行程单制度要求，规范旅行社经营行为；通报区内旅游投诉情况，强调游客服务意识，推进游客满意度提升。全区各旅游景区、宾馆饭店、旅行社40余家旅游企业参加会议。

（贾贺然）

【红色旅游】 年内，区旅游委申报旅游产业发展引导资金440余万元，对马栏、京西第一党支部纪念馆、平西情报交通联络站标识系统、房屋、卫生间等公共服务配套设施进行升级改造，进一步提升红色旅游景区管理水平和服务质量。利用《假日自助游》、地铁《请您欣赏》、微信微博、宣传折页等方式宣传推介冀热察挺进军司令部、王家山惨案旧址等红色旅游资源，并与人民网和中国国旅合作，研发整合红色旅游产品，提升红色文化旅游品牌的影响力。组织平西情报交通联络站、京西第一党支部等红色旅游景区管理员和讲解员参加北京市红色旅游景区管理员和讲解员培训，搭建红色旅游交流平台，共享红色旅游发展成果，不断开拓发展思路，提升红色景区管理和讲解水平。评定冀热察挺进军司令部旧址陈列馆、平西情报交通联络站等市级红色旅游景区，推动红色旅游发展。

（贾贺然）

【文明旅游主题宣传】 年内，区旅游委开展文明旅游主题宣传活动。利用新桥大街、龙泉宾馆、冯村等3个人流密集公交车站广告牌匾发布“中国公民文明旅游公约”“文明旅游十大提醒语”等文明旅游公益广告，为景区、宾馆饭店等旅游企业发放文明旅游宣传资料80余份，并要求景区公布旅游投诉电话，并利用官方微信微博等新媒体宣传文明旅游。

（贾贺然）

【旅游志愿者服务站】 年内，门头沟区建设17家旅游志愿者服务站，提升旅游服务水平。区旅游委为全区16家A级景区和1家旅游咨询站统一配齐站牌、桌台、台账、服务规范等学雷锋志愿者服务站设备设施，发放景区志愿者袖标、劝导员袖标500个，旅游景区学雷锋志愿者服务站正式启用。

（贾贺然）

【假日旅游安全保障】 年内，区旅游委加强节日期间安全监管，强化应急值守。一是节前，区假日办（旅游委）召开全区中秋、国庆假日旅游工作会，研究部署节日期间各项旅游安全工作。二是假日期间，加强对潭柘寺、戒台寺等重点单位安全巡查，督导企业做好消防安全、治安反恐和游客、车辆疏导工作；10月1日、2日，组织公安、消防、安监、交通等部门加强对第二十届北京国际旅游节门头沟分会场安全检查，百余名民警和安保人员坚守岗位。三是坚持领导在岗带班和24小时应急值守，及时传达市区会议精神和领导工作要求，同时每天值班人员随时了解和掌握企业安全管理情况，及时处置各种投诉和突发情况。

（贾贺然）

交通　邮政　通信

交通运输管理

公路建设

【概况】 2018年12月10日，门头沟公路分局名称变更为“北京市交通委员会门头沟公路分局”（公路分局），是北京市交通委员会在门头沟区的派出机构，行使门头沟区域内县级及以上公路的规划、建设、养护、安全、应急、路政执法、高速公路路政管理以及农村公路的监督、指导等职能。公路分局为参照公务员管理全额拨款事业单位，下设11个机关科室和1个直属路政大队。截至2018年底，分局在编人员68名，其中党员56名，参公人员61名，工勤人员7名。截至2018年底，辖区内公路总里程983.422公里，公路密度67.79公里/百平方公里。按行政等级分：国道里程178.862公里（其中国家高速18.83公里），省道73.133公里，县道254.277公里，乡道255.458公里，村道161.899公里，专用公路59.793公里。按技术等级分：高速公路18.83公里，一级公路36.449公里，二级公路234.115公里，三级公路276.111公里，四级公路417.917公里。国道中二级以上等级道路里程比率85.9%，省道中二级以上等级道路里程比率70.5%。其中门头沟公路分局管养里程462.842公里，按行政等级分：国道里程160.032公里，省道73.133公里，县道229.677公里；按技术等级分：一级公路36.449公里，二级公路203.907公里，三级公路216.911公里，四级公路5.575公里。2018年，门头沟公路分局深入践行“精细管理，无痕服务”，持续推动门头沟公路行业的健康发展。全年计划内公路建设、养护、尾款清理计划总投资1.66亿元，使用资金计划1.61亿元，实际完成投资1.66亿元，使用资金1.61亿元，完成年度投资计划的100%，年度资金支付率99.7%以上，其中新增固定资产项目完成投资7907万元、养护类工程年度完成投资8738万元。

单位名称：北京市交通委员会路政局门头沟公路分局
地　　址：北京市门头沟区龙泉花园1号楼
电　　话：69828999
邮　　编：102300

（黄鑫嫣）

【双大路二期（柏峪—斋幽路）道路工程】 2017年12月，双大路二期（柏峪—斋幽路）道路工程完成招投标工作。2018年12月底，双大路二期全线施工便道基本修筑完成。该项目西起斋堂镇柏峪村北侧，与双大路一期相接，向东经天津关村、岩坡顶村、刘家峪村、龙门口村、沿河口村后，至终点斋幽路，道路全长17.9公里。

（黄鑫嫣）

【军温路改建工程】 2017年12月，军温路（G109军庄路口—六环路大觉寺立交）改建工程启动招标工作。2018年12月26日，军温路改建工程开工建设。该项目位于军庄镇和海淀区温泉镇，道路起点为京大公路（即现况109国道），沿线经过军庄镇中心、杨坨、郝家坊、老庙、灰口、寨口等村镇，终点至六环路大觉寺立交，与现况军温路相接，道路全长6.45公里，其中门头沟段4.76公里，海淀段1.69公里。

（黄鑫嫣）

【领导检查、慰问】 1月3日，区领导针对门头沟下安路K5+900处大规模塌方再次召开现场办公会，各抢险单位参加。31日，市交通委路政局局长带队，局计划处、办公室、安监处、路网中心有关负责同志参加组成检查组，检查门头沟公路分局2018年春节交通基础设施安全应急保障工作。3月21日，路政局副局长带队检查分局防汛准备工作，高养处、公养处相关负责同志陪同检查。7月17日，市领导带队到门头沟检查指导防汛工作。19日，路政局副局长带队检查G109京拉线和S219道南雁路的公路水毁情况和公路抢通现场作业情况。8月21日，路政局党委领导到分局，检查考核分局全面从严治党主体责任的落实情况。28日，路政局副局长带队，局办公室、后勤中心、公养处有关负责同志参加，检查门头沟公路分局中非论坛北京峰会安全工作。9月26日，路政局领导带队，局公管处、安监处、公养处有关负责同志参加组成检查组，督查门头沟公路分局国庆节前安全应急维稳保障工作。10月11日，路政局安监处领导带队，交通部公路科学研究院及相关专家组成的检查组，监督检查门头沟公路分局安全管理工作。11月8日，路政局副局长带队检查分局铲冰除雪安全应急保障工作。

（黄鑫嫣）

【行政执法】 1月3日，区治理车辆超限超载工作领导小组办公室组织相关部门开展流动治超联合执法行动。分局路政大队，协同区交通局、交通支队、区环保局、区城管局等部门参加。4月9日至10日，分局路政大队协同区交通局、交通支队、城管执法监察局、环保局等部门开展防治空气污染治理大货车联合执法夜查行动。7月3日至5日，分局路政大队协同区交通局、交通支队、区环保局、区城管局等部门，在军庄六环路出口联合开展治超夜查行动。8月6日，路政大队对西苑路K4+368—558处污水管网工程进行批后监管检查。9月11日至13日，分局路政大队协同区交通局、交通支队、区环保局、区城管局等部门，在军庄六环路出口联合开展治超行动。10月24日，在昌平区温南路与水南路交叉口，分局路政大队与路政局督察队、昌平区路政、交管、环保、运政和延庆路政等部门开展跨区域联合执法行动。

（黄鑫嫣）

【安全、应急、防汛工作】 1月4日，门头沟下安路K5+900处大规模塌方启动爆破，危岩体全部卸载清除。9日，分局养护抢险单位对下安路K5+900处隐患山体成功实施爆破后崩塌落石进行清理。17日，召开安全隐患大排查大清理大整治专项行动专题会。3月11日，公路分局积极处置新桥大街k3+300路面沉陷。当晚19：50路面修复完毕，恢复通车。4月4日，公路分局安全质量监督科、乡村公路管理科有关负责同志组成检查组，检查丁家滩桥清明节前安全教育培训工作。5月10日，公路分局安全质量监督科、养护管理科、宣传科相关负责人员组成检查组，对斋柏路、双大路、上燕路地质灾害防治工程施工现场进行安全监督检查。25日，分局安全质量监督科、养护管理科有关负责同志组成检查组，到石担路排水泵站现场进行有限空间安全专项检查。6月7日，公路分局举行2018年防汛应急演练。8日，公路分局积极处置石担路k1+210处发生路面沉陷。15：00，回填和路面恢复完成，交通恢复正常运。14日，分局安全质量监督科、工程管理科有关负责同志，对部队进出口道路工程施工现场进行“端午节”前安全检查。22日，分局安全质量监督科、工程管理科、养护管理科会同门头沟区安监局执法队有关负责同志组成检查组，到部队路王梁路改建工程、鲁坨路绿化工程施工现场，开展安全执法检查。7月9日，分局要求在施2018年地质灾害治理工程等项目经理部组织一线施工作业人员进行体验式安全教育。11日至13日，分局安全质量监督科组织5名参赛人员参加市交通委路政局主办、北京市政设施管理培训中心承办的赛前有限空间作业安全生产知识及实操培训。18日，分局对三温路曹家沟地质灾害隐患点成功实施排险。8月23日，分局对下安路中修工程及下苇甸道班进行2018年中非论坛北京峰会前安全应急保障专项检查。27日，分局组织开展2018年中非论坛北京峰会前隧道机电设施及桥下空间安全隐患专项督查工作。28日至29日，分局组织行业各施工、监理单位主要负责人及安全生产管理人员，各项目部项目经理、总监及安全管理人员共20人参加区2018年生产经营单位主要负责人和安全生产管理人员安全生产培训第八期培训班。9月4日，分局安全质量监督科、养护管理科及试验检测单位相关负责同志组成检查组，对斋柏路、上燕路地质灾害防治工程施工现场进行安全质量监督检查。20日，分局安全质量监督科、养护管理科到下安路中修工程施工现场进行中秋节前安全质量监督检查。28日，分局组织“国庆”节前公路养护检查暨安全应急维稳保障专项督查。10月30日，分局办公室组织全员开展消防知识培训暨消防疏散、反恐疏散综合演练。31日，分局副局长带队，安全质量监督科、工程管理科有关负责同志组成检查组，对双大路二期（柏峪—斋幽路）道路工程“平安工地”进行初期考核前安全专项检查。11月1日，组织养护作业单位瑞通八处开展以路面积雪结冰处置为主题的应急演练。2日，分局组织冬防期间工作检查。22日，分局安全质量监督科组织分局干部职工参观门头沟区防空防灾体验馆。29日，分局在机关开展“11.9”消防宣传月活动。30日，在中交一局五公司双大路二期项目部，开展系列消防宣传活动。12月13日，分局办公室对分局机关办公楼、青工宿舍、琉璃渠家属房、三家店家属楼进行消防设施、用电线路的安全专项检查。

（黄鑫嫣）

【路网工作】 1月26日，公路分局组织开展路网外场设施、隧道机电设施安全保障专项督查工作。2月15日至21日，分局路网管理科组织运维人员对内、外场设备和网络进行保障。4月10日，顺义公路分局路网管理科相关工作人员到局内交流调研机房改造及数据中心建设工作。6月14日，分局路网管理科组织开展端午节前隧道机电设施专项检查。12月6日，召开2018年门头沟区公路路网交通信息采集与发布设施建设工程交（竣）工验收会。

（黄鑫嫣）

【党建工作】 1月31日，丁家滩村党支部书记、副书记、村主任一行向公路分局送来一面题有“不忘初心架设民心桥，牢记使命再铺致富路”的锦旗，感谢分局重新修建丁家滩桥和丁家滩村北环路。同日，公路分局副局长带队到雁翅镇付家台村与两委干部一起开展“践行十九大精神，走进低收入村，情系低收入老龄人”主题党日活动。7月27日，分局机关第一党支部组织全体党员听取党课。支部书记以“坚定理想信念，加强党性修养”为题为党员进行授课。8月2日，分局机关第二党支部开展支部书记讲党课活动。支部书记以《昂扬精神状态　强化责任担当，争做想干事、能干事、干成事的“行家里手”》为题为大家讲党课。10月22日，分局团支部获2017年度北京市交通委“五四红旗团支部”荣誉称号。

（黄鑫嫣）

【乡村公路】 3月26日，公路分局召开付珠路K4+400崩塌抢险工程动部署会。5月4日、18日，妙峰山镇丁家滩桥、雁翅镇青杨路一号桥、二号桥陆续完工通车，标志着门头沟区2017年乡村公路计划桥梁改造工程全部完工。9月27日，门头沟区2018年乡村公路安全生命防护工程完成施工、监理的招标工作。29日，门头沟区2018年乡村公路养护计划正式启动施工和监理的招标工作。12月20日，门头沟区2018年乡村公路安全生命防护工程完成预验收工作。

（黄鑫嫣）

【养护工作】 4月27日，2018年门头沟区公路生命安全防护工程及路网调整道路交通标志、里程桩完善改造工程正式开工。8月29日，2018年门头沟区公路绿化工程完工。9月底，2018年门头沟区公路生命安全防护工程完工。11月30日，水源地保护专项整治工程完工。同日，2018年清千路地质灾害防治工程完工。12月18日、19日，分局养护科组织分局相关科室、施工单位、监理单位对2018年中小修、地灾治理、生命防护、公路网交通标志调整、绿化工程，进行为期两天的内、外业验收工作。27日，分局完成绿化冬防作业。

（黄鑫嫣）

运输管理

【概况】 2018年，全区共有客运公交企业3家，公交场站18处，五级客运站34处，公交线路80条，配车950部，日均发车班次5000余车次，日均运送乘客47万人次。出租汽车企业1家61辆车，个体出租车19辆，从业人员110人。货物运输企业694户，总车数1336辆，货运量231.89万吨、周转量18041.39万吨千米。危险化学品运输企业4户，车辆57辆。机动车维修企业44家，其中一类汽车维修企业6家，二类汽车维修企业22家，三类汽车维修企业23家。驾培机构1家，教练车125辆（其中10辆摩托车），教练员134人，训练场地总面积16.65万平方米（训练场地面积5.7万平方米）。监管铁路道口9个，安全迎送列车83327列次，其中客车20826列次、货车62501列次。水域游船单位1家（双龙峡景区），其中非自航船舶30艘。救生员4人，相关从业人员60余人。

单位名称：北京市门头沟区交通局
地　　址：北京市门头沟区滨河路60号
电　　话：69842840
邮　　编：102300

（刘天通）

【“元旦”期间交通执法检查】 2017年12月30日至2018年至1月1日，区交通局主要检查门城地区所监管铁路道口、客运场站和S1线、危化运输企业及客、货运输线路秩序。共计检查化危企业3家、客运场站5家和S1线、铁路道口6个，出动执法人员42人次。

（刘天通）

【3条公交线路新开调整】 1月3日，区交通局协调新开公交M25路、M26路，并优化调整公交964路。其中M25路共21站，由门头沟圈门至桥户营发车时间：05：20—08：50、晚17：00—20：40。由桥户营至门头沟圈门发车时间：06：00—09：30、晚17：35—21：20。M26路共8站，由小园公交场站至潭柘新区，发车时间：05：10—08：40、晚17：00—21：30。由潭柘新区至小园公交场站，发车时间：05：30—09：00、晚17：20—21：50。964路（东山—紫金路南口）更改为M1路，长度由18.8公里延长至21.6公里。调整后东山至紫金路南口的首末站不变，线路由东山发出，沿964路原路由至三家店西口，经滨河路、水厂路至城子大街，沿964路原路由至冯村，经石龙东路、新城大街、泰安路、华园路、永安路、上园路、紫金路至紫金路南口。

（刘天通）

【2条公交线路优化调整】 2月8日，区优化调整M11、M12公交线路，通达柏峪村、黄岭村和百花山管理处等地。M11公交线路起点为地铁苹果园站，终点为百花山站，途径清水、王平村、龙泉雾、侯庄子等站，营业时间为早6时至下午17时，每日发车6次。M12公交路线起点为斋堂公交场站，终点为末站柏峪村，途径斋堂、斋堂西口、西斋堂、川底村路口、黄岭西路口、黄岭西村、双石头、川底下村、柏峪村，营业时间为早6时20分至上午9时20分、下午14时至晚上18时，反向时间为早7时10分至上午10时15分、下午15时至晚上19时，每日发车8次。

（刘天通）

【“两会”期间交通执法保障】 3月1日至15日，全国“两会”期间，区交通局开展交通执法检查，共检查企业72户、道口23处，车辆626台，查扣车辆4台，处以2万元罚款。出动执法人员555人次。

（刘天通）

【空气重污染期间大货车专项联合执法】 3月13日至15日，空气重污染期间，区交通局联合区交通支队、城管执法监察局、公路分局、环保局等部门，开展大货车专项联合执法行动。共检查车次84辆次，暂扣涉嫌违法车辆2辆。出动执法人员22人次。

（刘天通）

【空气重污染期间交通运输管理】 3月25日，空气重污染橙色预警期间，区交通局检查企业3户次、运输车辆65辆，（其中柴油车60辆），出动执法人员24人次。

（刘天通）

【市政协领导执法检查工作】 3月28日，市政协副主席一行到芹峪口检查站、石门营六环出口调研防治空气污染重型柴油车执法检查工作。区政协主席张冰等陪同调研。

（刘天通）

【山区公交15条线路停驶】 4月4日，因下雪路面湿滑，山区公交M4、948、M16、M23、M10、M7、M11、M5、M15、M8、M9、M19、M17、M28、892等15条线路采取双向停驶。

（刘天通）

【清明节期间交通服务保障】 4月5日至7日，区交通局检查化危企业1家、运场站2家、铁路道口5个，主要检查门城地区所监管铁路道口、客运场站、危化运输企业及客、货运输线路秩序。出动执法人员18人次。

（刘天通）

【双龙峡景区水上游船开航前安全检查】 4月8日，区交通局到双龙峡景区进行游船开航前安全检查。一是对景区30艘脚踏船进行检验；重点对游船码头见新、船舶见新、监控设施、消防救援设备等逐项进行检查；严禁“带病”船舶投入运营，消防救援设备配备不足或不符合规定的严禁开航。二是对游船从业人员60名进行岗前安全培训，要求从业人员劝导游客乘船必须穿好救生衣、严把乘船人数、禁止超员载客，切实提高从业人员安全意识。三是针对防治水污染方面，要求景区负责人继续按照要求进行垃圾分类回收，杜绝因游客乘船中随意丢弃垃圾而造成水污染。四是要求景区密切关注天气变化，如遇恶劣天气及时采取停航措施；如遇突发事件及时启动应急预案，并在规定时限内上报相关管理部门。

（刘天通）

【公交979路增加运力】 4月18

日，公交979路配车由14部增加至15部，日计划发车由140次增至150次，早晚高峰最小间隔由原来的8分钟缩短至7分钟，平峰最大间隔25分钟，并延长首末车运营时间，首站梧桐苑公交场站：5时30分至21时30分，末站玉泉路口南：6时至22时。

（刘天通）

【快速直达专线26路开通】 4月26日，门头沟区新开1条快速直达专线26路，由中门寺生态园到中关村南，共12站。发车时间：早7时、7时20分。由中关村南到中门寺生态园，发车时间：晚18时、18时20分。节假日停驶，采取早晚高峰时间段运营。票价15元，刷卡10元。

（刘天通）

【五一期间交通运输安全检查】 4月29日至5月1日，区交通局检查化危企业2家、客运场站8家、铁路道口8个，主要检查门城地区所监管铁路道口、客运场站、危化运输企业及客、货运输线路秩序，出动执法人员40人次。

（刘天通）

【一卡通充值点建成使用】 5月4日，位于大峪一卡通充值点在旧址拆除基础上，按新安全标准建设完工，正式投入使用，为市民公交出行，特别是学生这一特殊群体提供便利。

（刘天通）

【防灾减灾应急演练】 5月14日，区交通局在龙泉西公交场站开展防灾减灾应急演练活动。通过沙盘推演处置突发事件，通过模拟摆放防汛沙袋、排除场站内积水开展防汛应急演练。

（刘天通）

【出租汽车行业换证检查】 5月16日，区交通局开展出租汽车行业换证检查工作，主要对建银出租和个体出租共80辆运营车辆进行检查，对检查出1台不规范车辆限期完善。

（刘天通）

【应急处突综合演练】 6月22日，区交通局联合北京公交集团第四客运分公司在龙泉西快四公交场站进行应急处突综合演练，共组织“车辆运营中遇发动机起火疏散及扑救演练”“车辆运营中遇不法分子抛洒传单、打横幅实操演练”“车辆运营中遇有恐怖分子上车扬言爆炸应急演练”“公交场站发生火情应急演练”等4个科目演练。

（刘天通）

【超限超载车辆治理工作会】 6月28日，2018年治理车辆超限超载工作会召开。会上，听取《工作报告，部署治超工作，与各镇街签订2018年治理车辆超限超载工作责任书。

（刘天通）

【汛期水域游船运营安全检查】 7月5日，区交通局对双龙峡景区内的安全监控设备进行检查，并实地查看景区内2个水库游船的整体运营情况，从源头上预防和消除各种安全隐患。

（刘天通）

【109国道交通管理措施宣传】 8月14日，区治超办联合区交通支队、公路分局、环保局、城管执法局及芹峪口综检站驻站单位，在芹峪口开展109国道交通管理措施宣传活动。自9月1日起，109国道门头沟段进京方向自芹峪口至军庄路口之间路段，全天禁止核定载质量外埠8吨以上（含）的外埠载货车汽车通行。通过入户宣传、源头宣传、网络宣传、电视宣传和禁行路段设置交通标志、监控设施等方式，向全市及外省市司机、经营者解答通告精神，要求遵守通告规定，履行治理和减排义务，规范运输经营行为。

（刘天通）

【109国道进京部分路段禁止通行】 9月1日，109国道进京方向自芹峪口至军庄路口之间路段，全天禁止核定载质量8吨以上（含）的外埠载货汽车通行措施正式实施。禁行路段共设置交通标志133套，非现场抓拍监控设备1套。

（刘天通）

【快速直达专线171路开通】 9月10日，快速直达专线171路新开通，由梧桐苑公交场站到金沟河东路，共6站。发车时间：早7：15、7：45。采取早晚高峰时间段运营。票价10元，刷卡7元。

（刘天通）

【流动治超联合执法】 9月11日至13日，门头沟区治超办联合区交通局、交通支队、环保局、公路分局、城管执法局开展流动治超联合执法行动，共检查车辆48台，区交通局查处涉嫌违法车辆4辆，罚款3万余元。

（刘天通）

【石厂临时公交场站正式清退】 9月20日，石厂临时公交场站正式清退，迁至新建的石厂、小园公交场站。涉及到公交959路、960路、981路3条线路，74台车辆。清退后，公交959路、960路进行站位调整，石厂村上车站由路西迁移至路东。

（刘天通）

【运通2条公交线路更新纯电动公交车】 9月26日，运通112路、116路更新纯电动公交车。其中运通112路更新8部，116路更新20部。该公交车长10.5米，采用轻量化设计，具有清洁、环保、节能的优势，最大续航里程达200公里以上。

（刘天通）

【2条公交线路开通】 9月30日，公交M29、M30路线路开通，方便碣石村、黄土贵村、樱桃沟村、水峪嘴村、斜河涧村等地区百姓出行。M29路由斋堂公交场站到碣石村，共11站，发车时间：早7：30，晚16：10。由碣石村到斋堂公交场站，共11站，发车时间：早8：20，晚17时。执行分段计价，无人售票，最高票价5元。M30路由河滩到樱桃沟村，共16站，发车时间：早6时、9：30，晚17时。由樱桃沟村到河滩，共16站，发车时间：早7时、10：30，晚18时。执行分段计价，无人售票，最高票价5元。

（刘天通）

【大货车非法运输检查】 11月18日，区交通局在108国道潭柘寺路段鲁家滩矿周边地区开展大货车非法运输检查，依法查扣正在非法运输的5台改装大货车。出动执法人员12人，执法车辆3台。

（刘天通）

【非法运输行为整治】 11月20日，区交通局在六环路石门营出口、108国道鲁坨路检查站周边路段开展非法运输行为专项整治行动，查扣违法运输车辆5台、非法改装车1台。出动执法人员13人，执法车辆3台。

（刘天通）

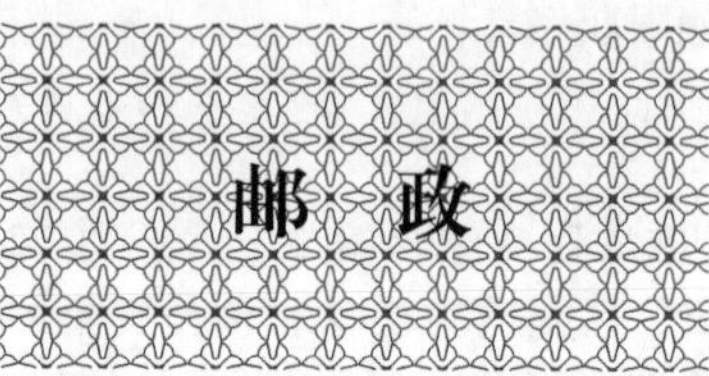

邮政

【概况】 2018年，门头沟区邮政分公司机构设置为6部（人力资源部、计财财务部、监督检查保障部、市场经营部、寄递事业部、党委党建工作部）1室（办公室）4个专业局（商函分局、代理业务分局、分销业务分局、报刊发行分局）1个专业公司（集邮公司）。下辖分支机构共3个邮政支局17个邮政所。职工352人，其中正式工182人，劳务用工125人，劳务承揽45人。全局共设有投递道段47条，普邮道段34条（其中城区23条，农村地区11条），快递包裹专段13条。日投递总里程为1671.3公里。邮运趟车邮路4条，日里程为414.8公里。

单位名称：中国邮政集团公司北京市门头沟区分公司

地　　址：北京市门头沟区河滩路2号

电　　话：69842560

邮　　编：102300

（杨　旭）

【总体收入指标】 年内，门头沟区邮政分公司实现业务收入7542.73万元，完成预算指标的97.38%，比上年同期下降0.17%。利润总额1435.57万元，完成预算指标的110.43%。劳产率完成25.57万元，完成进度99.03%，同比下降2.2%。

（杨　旭）

【各专业指标】 年内，函件专业实现业务收入197万元，完成全年指标的112.57%；包裹专业实现业务收入321.86万元，完成全年预算指标的97.24%；集邮专业实现业务收入1038.47万元，完成预算进度的100.34%；发行专业实现收入341.1万元，完成预算指标的100.01%；电商专业实现收入306.6万元，完成全年预算指标的134.5%；分销专业实现业务收入267.2万元，完成全年预算指标的127.3%；代理金融专业实现业务收入5079.73万元，同比下降3.5%，完成全年计划指标的92.93%。

（杨　旭）

【机制政策引领】 年内，门头沟区邮政分公司实施三级督导机制，代理金融局、部室、专业局对支行一对一帮扶支撑，在全局形成“金融强、门邮兴、职工富”的思想共识和发展氛围。制订《柜员积分评级管理转型办法》《支行长激励考核办法》充分调动一线干部员工经营积极性。主动调整余额结构，以服务提效益。以“活动+服务”营造厅堂氛围，以“金融+邮务”外拓宣传，以“储蓄+理财+保险”的资产配置进行转变，提高客户总资产。客户总资产净增3.48亿，资产总规模近42亿，客户19万，同比增长4158户，邮银市场占有率18.31%。以“1元优惠购”活动为契机，加大外拓宣传，其中四季度激活3024户，提前44天完成市公司“赢在未来”活动指标。

（杨　旭）

【劳动竞赛】 年内，门头沟区邮政分公司开展“邮储亮剑，一策到底”2018 年金融专业劳动竞赛活动，全局共有 76 名职工参与营销，共策反他行资金 2734 万元。开展“哼通狗年旺福到，邮享生活幸福年”12 期主题大换购活动，利用春节、端午等节气节日开展连续性的特色主题营销换购活动，截至 12 月，通过活动一年期存款累计净增 2.37 亿元，占全年余额增长的 53%。联合天安保险公司、中邮保险公司分别开展了“VIP 客户生日会”“过腊八、迎新年”“感恩母亲、邮储有爱”“芬芳三月、美丽女人节”等特色节日活动共计 12 场，共邀约客户 400 余人次，营销保险 100 余万元，策反他行余额 300 余万元，理财销售 120 余万元。

（杨　旭）

【主题邮局设置】 年内，门头沟区邮政分公司申请设置“狗牙山、猪场地、野猪林临时邮局”，均被集团公司评为“2018 生肖原地邮局”称号。在付家台中心小学成立青少年主题邮局，以传播邮文化打开校园市场。

（杨　旭）

【融入地方经济　打造特色邮文化】 年内，门头沟区邮政分公司开发《不忘初心·清正廉洁》田庄第一党支部纪念邮折、《室雅兰香》玉兰明信片、“斋堂中小学实践教育基地”纪念邮折、《邮走京西》等纪念邮品项目。集邮专业以“狗牙山”“猪场地”“野猪林”为题材申请生肖原地局，借助生肖的热点优势，开发特色文化产品，取得较好的营销效果。

（杨　旭）

【无人机项目】 年内，门头沟区邮政分公司在斋堂邮政支局成功试飞无人机投递。以全新科技手段提升地区服务效率得到区政府的赞扬，提升邮政品牌形象。

（杨　旭）

【常州邮展】 年内，门头沟区邮政分公司参加江苏省常州市国际会展中心举办的第 18 届中华全国集邮展览。

（杨　旭）

【时光邮筒活动】 年内，门头沟区邮政分公司与大台中心小学共同举办“邮校相伴，筑梦十年”主题活动。在大峪二小开展“时光邮筒”主题实践活动，同学们聆听邮票里的故事与知识，参与多彩邮票我来画活动，寄语未来的自己，亲自体验邮寄信件的乐趣。

（杨　旭）

【新媒体项目】 年内，门头沟区邮政分公司利用“互联网+”、朋友圈广告等资源，开发国泰商场、鸿韦教育公司、万盛行投资有限公司等商函新媒体业务，创收 10 余万元；开发“不忘初心清正廉洁、田庄第一党支部”等定向媒体产品；开展集邮网厅上线两周年活动，打开线上销售平台，收入 70 余万元。

（杨　旭）

【政务图书项目】 年内，门头沟区邮政分公司走访政府部门、事业单位、国有企业等大客户，多种方式销售“两会”系列图书和《习近平谈治国理政》（第二卷），抢先组织、抢先上门、抢先合作，抢占市场份额，积极销售政务图书。

（杨　旭）

【服务三农项目】 年内，门头沟区邮政分公司先后与清水镇的北京阿芳嫂黄芩种植专业合作社、北京百安园食用菌种植专业合作社等多家合作社实现合作或达成合作意向。通过邮政电商分销平台线上、线下销售阿芳嫂黄芩茶、黄安坨香机香果、有机黑木耳，清水云峰奇异莓、大沟村樱桃等 10 余款区域农产品。

（杨　旭）

【专业联动】 年内，门头沟区邮政分公司函件、集邮专业围绕京西文化以传统节日、民俗、“十二时辰”等开展邮资机宣传戳系列活动。围绕潭、戒两寺开展“玉兰节”“玉佛节”“丁香节”等活动，设计制作相应的邮资机宣传戳、封片产品，开展节假日旅游营销，吸引众多游客和邮迷参与，通过邮文化拉动函件收入。

（杨　旭）

【安全生产管理】 年内，门头沟区邮政分公司针对驾驶人员，加强教育，全面提高驾驶员安全责任意识；加强监督检查频次，车管干部通过现场车辆检查与 GPS 相结合的检查方式，共检查维修机动车 270 余辆次，电动三轮车 200 余辆次，安全行驶 59 万余公里。为确保全年交通安全工作不发生重大交通安全问题，严格执行车辆派车单管理制度，每天出车前必须执行对车辆进行三检制度，确保车辆状况正常运行，坚决杜绝带病车上路行驶。

（杨　旭）

【职业鉴定】 年内，门头沟区邮政分公司有 27 名员工参加职业鉴定考试，涉及 6 个工种，全局通信生产人员岗位持证率达到 77.71%。

（杨　旭）

【局所建设】 年内，门头沟区邮政分公司完成梧桐苑邮政所统建配套装修改造，11月23日正式开业。完成传送皮带机的购置安装及交付使用工作，减轻出进口和投递人员装卸车压力。安装52台包裹柜，完成市公司下达指标35台的148%，全部正常投入使用。

（杨 旭）

【一届七次职工代表大会召开】 年内，门头沟区邮政分公司召开一届七次职工代表大会。会上，审议通过关于“以新思想引领高质量发展 确保门头沟邮政各项工作取得新突破”工作报告、上半年财务收支情况和招待费支出情况报告、上半年人工成本使用情况和绩效考核办法说明的报告、上半年为职工办实事完成情况和下半年办实事项目情况，按照既定程序完成预定的各项会议议程，共有28名职工代表和18名列席代表参加此次会议。

（杨 旭）

【党建工作】 年内，门头沟区邮政分公司召开“意识形态”专题会议，明确党委对意识形态工作的主体责任，落实党建工作责任清单，各单位签订党风廉政建设责任书。组织各支部开展“文明创建进社区 深度融合促发展”活动，开展邮政“三进、三讲、三服务”活动，（即进社区、进校园、进开发区；宣讲书信文化、集邮文化、金融知识；开展便民服务、智能服务、公益服务）。开展“邮文化”进校园活动，既丰富孩子的课余生活，又进一步传承中华传统文化。进开发区集邮巡展，区政府领导现场观展，并对门头沟邮政对地区创新工作所做出的贡献给予肯定。组织全体党员到延庆沙塘沟村平北红色第一村参观学习。参加区妇联组织的以“传承红色基因，牢记初心使命—京西女性纪念建党97周年主题党日”为主题——最美的她们展演活动。分公司党委联合清水镇政府在天河水村开展“精准帮扶暨爱心邮路”启动活动。投递员杜正清作为“北京屋脊”上的“爱心邮路”使者，继续为山区百姓服务。

（杨 旭）

【先进单位、集体】 年内，门头沟区邮政分公司获北京市“交通安全先进单位”。被中国通信企业协会授予“2018年信息通信行业用户满意企业”荣誉称号。被首都精神文明建设委员会评为“首都文明单位标兵”。门头沟区寄递事业部、大峪邮政支局获北京市邮政分公司“先进集体”。寄递事业部门头沟营业部、大峪邮政支局营业班组、大峪邮政支局三家店支行、大峪邮政支局军庄支行获北京市邮政分公司“先进班组”。

（杨 旭）

【分支机构情况】

单位名称：大峪支局
地　　址：门头沟河滩路6号
电　　话：69842515
邮　　编：102300

单位名称：军庄所
地　　址：门头沟军庄镇
电　　话：60811504
邮　　编：102300

单位名称：三家店所
地　　址：三家店水闸路11号
电　　话：69842177
邮　　编：102300

单位名称：承泽苑所
地　　址：滨河居住区承泽苑2号楼一层
电　　话：61864313
邮　　编：102300

单位名称：龙泉所
地　　址：龙门西三区B9区7号楼底商
电　　话：69833126
邮　　编：102399

单位名称：妙峰山所
地　　址：担礼村
电　　话：61883414
邮　　编：102399

单位名称：斋堂支局
地　　址：斋堂镇西斋堂
电　　话：69816804
邮　　编：102309

单位名称：王平村所
地　　址：王平镇西村
电　　话：61859647
邮　　编：102301

单位名称：大台所
地　　址：大台矿内
电　　话：61870374
邮　　编：102303

单位名称：木城涧所
地　　址：木城涧玉皇庙
电　　话：61872380
邮　　编：102304

单位名称：清水所
地　　址：清水镇上清水
电　　话：60855495
邮　　编：102311

单位名称：雁翅所
地　　址：雁翅镇雁翅村
电　　话：61830189
邮　　编：102305

单位名称：石龙支局

地　　址：门头沟石龙北路62号
电　　话：69804026
邮　　编：102308

单位名称：双峪路所
地　　址：门头沟大峪南路2号
电　　话：69842523
邮　　编：102300

单位名称：潭柘寺所
地　　址：潭柘寺镇
电　　话：60862394
邮　　编：102308

单位名称：石门营所
地　　址：石门营小区A4地块14号楼底商
电　　话：60865012
邮　　编：102308

（杨　旭）

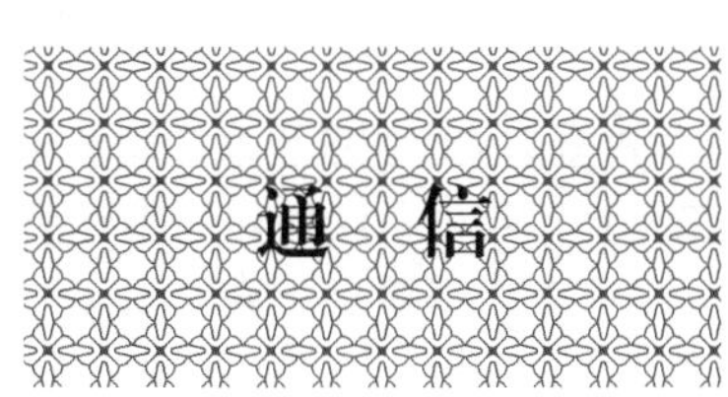

【概况】　2018年，北京联通门头沟区分公司坚定不移贯彻落实集团公司聚焦战略，转机制增活力，转作风抓落实，转思路抓转型，推动落实互联网化转型，扎实做好全年各项工作，取得较好经营业绩。

单位名称：中国联合网络通信有限公司北京市门头沟区分公司
地　　址：北京市门头沟区新桥大街4、6、8、10号
电　　话：69842616
邮　　编：102300

（郭壮丽）

【精准投资建设提升移动网络信号质量】　年内，北京联通门头沟区分公司的宽带接入专业共立项投资239.04万元。完成四季怡园、上悦嘉园、小园8地块等公众住宅小区的宽带接入工程，新增FTTH端口2688个，覆盖用户4913户；政企客户专业，完成大客户工单投资159.84万元，完成公安局社区监控、交通局红绿灯监控、机要局组网等重要大客户组网项目20个，合计投资603.32万元；传送网专业，完成雅安路西延、滨河路南延等市政管道建设项目，新增各式管道11.22沟公里；全年处理室内外基站故障1523站次，针对移网信号质量问题，对322个规划站点进行地图审核和实地测试规划，通过优化调整、加装信号放大器、障碍排查、新建站点等方式解决投诉402件，确保网络质量不下降，提升用户感知。

（郭壮丽）

【落实改革发展，优化资源配置】　年内，北京联通门头沟区分公司完成机构合并、干部首聘、部门班组设置、人员选聘工作。

（郭壮丽）

【服务体系进一步完善】　年内，北京联通门头沟区分公司通过完善制度流程从后向前推动各服务触点严格执行服务规范、业务规范，加强全量工单监控，通过建立“三机制”、组织“两清理”、明确“一要求”、搭建横向支撑等工作举措，有效提升投诉处理效率与质量，全量投诉办结率达87.06%，同比上升4.87%；资费争议调账金额同比下降3.4%，装移修投诉率改善44.9%。

（郭壮丽）

【党建工作责任制】　年内，北京联通门头沟区分公司制订《门头沟分公司基础党建工作考核办法（试行）》，基层党建工作涵盖更广泛，标准更统一。按季度开展基层党建工作互查评比，讨论交流，提高党建工作水平；组织制订《门头沟区分公司2018年党建工作重点事项清单》《门头沟分公司党委意识形态工作责任制实施细则》《门头沟分公司推进两学一做学习教育常态化制度化实施方案》等文件10余项，组织党委、各支部开展多轮自查和互查，党建工作基础扎实细致，分公司在党建工作督导中取得较好的成绩；建立支部双层结对子工作制度，党支部间互促互进强党建结对，党支部与综合网格结对，2018年开展结对子活动10次。

（郭壮丽）

生态保护

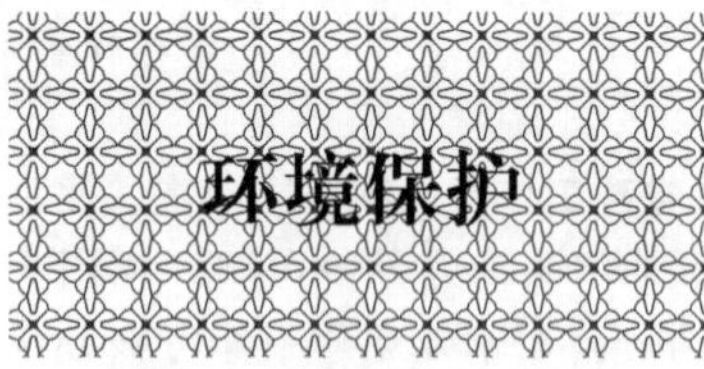

环境保护

【概况】 2018年，门头沟区大气、水、土壤环境得到有效改善，各项指标完成。二氧化硫、二氧化氮、可吸入颗粒物和PM2.5的平均浓度分别为5、35、77和47微克/立方米，分别同比2017年下降28.6%、10.3%、4.9%和13.0%。尤其是PM2.5年均浓度为47微克/立方米，低于目标值7微克/立方米，全市排名第4。水污染防治完成市级考核目标，无黑臭水体。区内土壤环境质量总体状况良好，全区3个土壤国控监测点位均达到国家标准。5项主要污染物总量减排完成年度任务。年内，中央环保督察反馈意见涉及门头沟区22项整改工作，整改完成率100%。

单位名称：北京市门头沟区环境保护局

地　　址：北京市门头沟区石龙北路20号

电　　话：69842681

邮　　编：102300

（王　珊）

【空气重污染应急】 年内，区环保局启动空气重污染应急预警10次，其中蓝色预警2次，黄色预警5次，橙色预警3次。加强环境应急能力标准化建设，强化环境安全隐患排查和整治，全力保障环境安全，守住环境安全底线。组织各单位、各镇街完善更新区级应急减排清单及镇街级应急减排清单，切实做到“削峰降速”。

（王　珊）

【蓝天保卫战强化督查】 年内，区环保局制订《门头沟区做好2018—2019年蓝天保卫战重点区域强化督查工作方案》，着力强化日常监管机制，重点加大对薄弱环节、重点顽疾整治力度，强化问责。涉及问题11起，全部整改完成。

（王　珊）

【落实北京市环保督察整改工作】 年内，门头沟区落实北京市环保督察整改工作，共梳理问题41项。结合问题，制订《北京市环境保护督察反馈意见门头沟区整改落实方案》，建立周报机制，定期跟踪督办整改工作落实情况。完成整改任务，完成率100%。

（王　珊）

【落实“绿盾2018”监督检查专项行动】 年内，区环保局制订《门头沟区“绿盾2018”自然保护区监督检查专项行动工作方案》，建立专项整改月报制度，对表对标抓整改并按时上报。“绿盾2017”专项行动下发310个点位，整改率99.6%。“绿盾2018”专项行动下发21个疑似点位，全部整改完成。

（王　珊）

【推进全国文明城区生态环境美化工程】 年内，区环保局组织召开专项工作部署会，成立生态环境建设工作组。制订《创建全国文明城区“生态环境美化工程”专项工作组测评指标动态管理台账》，定期对89项指标进行汇总并及时上报。建立微信公众号，发布信息19篇，发放宣传品1.5万个；开展讲座29场；开展志愿者服务宣传活动1次；张贴和发放宣传海报15万余张；收回“热点活动”有效问卷1.04万份。

（王　珊）

【移动源排放监管】 年内，区环保局强化移动源排放监管工作。严把进京口检查站和“一控两防”卡控岗等重点路段关口，建立交警、交通局等部门联合执法机制，开展“日检+夜查”工作模式，并针对辖区内物流园区、货物集散地、工业企业等重型柴油车辆集中停放区域，开展机动车排放入户执法检查。累计检查重型柴油车5万余辆，处罚8246起，其中入户检查重型柴油车2万辆。加强对非道路移动机械排放超标的执法检查和在用叉车的精准监管，建立健全非道路移动机械台账。处罚超标排放非道路移动机械42起，罚款21万元。门头沟区无新增加使用登记的叉车，所有在用设备均在检验期内。召开建筑工地移动污染源监管工作会，签订环保达标承诺书。严格落实油气回收设施改造。区内3家年销售汽油量超过2000吨（含）的加油站完成油气回收在线监控改造施工任务。严把成品油质量抽检，开展流通领域建筑类涂料和胶粘剂类商品质量抽检以及其他相关商品的抽检工作，抽检成品油41组、车用尿素9组，全部合格。

（王　珊）

【扬尘污染控制】　年内，区环保局加强扬尘污染控制。联合执法224次，加大施工扬尘、车辆道路遗撒等违法行为的打击力度。查处涉及相关案件515起，罚款480.8万元。全区城市道路“冲、扫、洗、收”新工艺作业覆盖率达90%。全区日最大冲洗道路用水量达500立方米左右。严格管控渣土车，开展渣土车联合执法和定期督导检查，对区内备案9家注册从事渣土运输的企业的89辆运输车辆进行抽样检查。与车辆运输企业签订《自律承诺书》。完善扬尘管理考评体系，推进镇街颗粒物监测网络建设。以龙泉镇、大峪街道办事处为试点，强化重点区域精细化管理工作，建立健全基层精细化工作体制。建设完成大气粗颗粒物监测站点44个。实行“月会商”制度，对镇街施工扬尘、道路扬尘等管理情况进行排名考评。

（王　珊）

【挥发性有机物治理】　年内，门头沟区淘汰退出不符合首都功能定位的一般制造业企业2家，同时，完成计划外北京格兰中创液压泵有限公司的环节退出工作任务，超额完成任务。加强“散乱污”企业排查治理，实现“动态清零”。对2018年上账6家散乱污企业5家关停，1家查封，推广使用低挥发性有机物含量产品，对区域范围内所有生产企业建筑类涂料和胶粘剂产品抽测。全区196个工程进行建筑材料采购备案。开展餐饮行业专项执法检查工作，检查4905家次。查处露天烧烤、露天焚烧等违法行为31起，罚款1.52万元。

（王　珊）

【农村散煤治理】　年内，区环保局制订《2018年门头沟区农村地区村庄冬季清洁取暖工作实施方案》《2018年门头沟区优质燃煤替代工程实施方案》。完成清水镇煤改电改造户涉及5村977户，采暖设备安装、调试完成，具备采暖条件。

（王　珊）

【第二次全国污染源普查工作】　年内，门头沟区第二次全国污染源普查工作完成入户调查、表格填报和数据上报工作。工业源完成数据上报123家；集中式污染治理设施完成数据上报20家；农业源11家；入河排污口2处。

（王　珊）

【“双随机”执法检查】　年内，区环保局执行环境执法“双随机”制度，严惩违法排污行为，并利用热点网格实施全时、精准执法。检查排污单位1425家次，处罚20起，罚款148.8万元。加强宣传引导，通过京西时报媒体平台，通报区内空气质量情况以及社会监督情况，主动公开，响应社会监督，引导群众参与到环保工作中来。加强对婚庆公司和酒店、饭店的全面摸底调查，组织群防群治力量走上街头、沉入社区、看门护院，劝阻市民禁放烟花爆竹。继续开展有奖举报活动，鼓励公众对环境问题进行举报，营造人人关注环境的良好氛围。

（王　珊）

【水污染防治】　年内，区环保局完成区级和镇村级饮用水水源地环境状况评估工作，根据监测数据，区级水源地各项监测指标未出现超标，综合评价为达标水源，区级水源地保护区环境保护状况综合评估得分为98.5分。镇村级饮用水水源地环境保护状况整体良好。完成水源地排查工作。对辖区内市级、区级饮用水水源地进行全面排查，针对排查结果制定整治方案。对接各相关镇街，逐步开展整治工作。定期对区内新河小区、西老店、妙峰山、王平、军庄、雁翅、斋堂等部分安装在线监控设施的污水站进行现场检查，并更换3台COD监测设备，加强对污水站的监管力度，每月按期对各站进行监督检查，保证其正常运行。

（王　珊）

【土壤污染防治】　年内，区环保局制订《门头沟区土壤污染防治工作方案2018年任务分解》，共分解为25条重点任务，主要从推进土壤污染状况详查、完善土壤环境质量监测网络、防范建设用地新增污染等加大土壤污染防治工作力度。门头沟区确定污染地块为2处，即北京大峪化工厂地块和军庄奕帆汽修厂。其中北京大峪化工厂地块完成《污染地块土壤环境管理办法》中要求的污染地块调查、治理与修复工作。开展耕地土壤环境质量类别划分工作。编制土壤质量调查及评估工作方案初稿。

（王 珊）

【建设项目环评审批】 年内，区环保局完成建设项目环评审批工作31件，全部为报告表项目，自主备案212件。行政审批受理办结率100%。2018年办理辐射安全许可证5件，备案9项。

（王 珊）

【环境信访工作】 年内，区环保局接到信访总数640件。其中“12369”环保投诉举报咨询中心接收273件、“61696156”为民服务中心接收324件、来电来访接收39件，北京市网上信访信息系统接收4件，全部办结，办结率达100%。在全部信访件中：水污染79件、大气污染397件、噪声污染107件、其它类57件。

（王 珊）

【环境保护宣传】 年内，区环保局利用“4.12”地球日、“六.五”世界环境日等主题宣传日，开展“美丽中国　我是行动者”主题开展系列活动。“线上”通过微博、微信、QQ等宣传方式对《环境保护法》等环保政策和法律法规，对打赢蓝天保卫战工作等环保知识加强宣传。“线下”通过“五进”广泛宣传环境保护。“进学校”与大峪中学、大峪第二小学合作，选派中小学生参加北京市环保宣教中心组织的环保主题演讲比赛。“进企业”按照谁执法、谁普法，加大对机动车用车大户、重点排污企业宣讲《环保法》等环境保护相关法律法规。“进镇街”，聘请专家到9镇4街开展环保主题讲座25场次。“进社区”到龙门、城子西街、西辛房、龙新街、平洞、建设街等社区开展讲座。“进单位”，与党校合作，对新入职的公务员讲授环保主题课程。在干教网，录制生态文明课件。区环保局主要领导通过“会前讲法”，为全区处级以上干部释义《排污许可管理办法》。2018年，发放《北京绿色出行达人手册》《现代女娲补天——你应当知道的臭氧空洞》《北京市民绿色消费指南》等宣传材料10万份，发放宣传品3万份。

（王 珊）

环境卫生

【概况】 2018年，门头沟区环境卫生服务中心（简称区环卫中心）在编干部、职工128人。中心机关下设办公室、业务科、设施设备管理科、财务科、人事教育科、安全监管科、调度指挥部等7个科室。中心下设6个正科级专业作业单位，分别为环卫中心一队、环卫中心二队、环卫中心三队、门头沟区生活垃圾转运站、门头沟区斋堂环卫所、门头沟区粪便无害化处理厂（委托北京隆润公司管理）。

单位名称：北京市门头沟区环境卫生服务中心

地　　址：北京市门头沟区冯村西里

电　　话：69843036　69836154

邮　　编：102308

（周 莹）

【演练和应急保障】 3月27日，区环卫中心多措并举做好重污染天气环境保障工作。一是加强值守，加强督促检查。各项部署有序开展，并组成业务检查组，每天不间断的进行巡视检查；二是加大保洁频次，降低扬尘污染。全面加强机扫、机保，有效提高新工艺道路清扫保洁力度；三是坚持标本根治，开展背街小巷环境治理；四是严格规范作业流程，形成长效机制。5月24日，环卫中心三队在院内开展有限空间作业安全演练。此次安全演练主要内容为化粪池安全清理。活动中，操作人员首先在化粪池安全作业范围区域设置安全告知牌，所有作业人员穿戴专业有限空间作业装备，佩戴防护面具，用专业的有限空间有害气体检测装置测试空气指标，确保万无一失后迅速进行化粪池清理作业，清理完成后，又对化粪池周围进行彻底检测和清理。9月7日，环卫三队出动11名工作人员，5台作业车辆，到灵水村、斋堂、大三里等地进行移动公厕摆放。徒步大会活动当天，三队职工对所有移动公厕进行监管和保洁工作。10月9日，斋堂所启动大风天气应急预案，成立应急安全小组，明确人员分工。扫班及时捡拾白色污染，清理树挂，落叶随落随扫，同时增加机械清扫和降尘频次。11月19日，区环卫中心开展“2018—2019环卫中心扫雪铲冰应急演练”。演练中，中心各单位认真查找环卫系统在扫雪铲冰工作中的问题和不足，把增强实战能力贯穿应急演练的全过程，完善应急机制，加强应急准备，提升应急处置能力，并提升各部门、各科室、各队、站、所之间的协作能力。扫雪铲冰应急演练工作结束后，各成员单位认真组织总结经验，找出工作漏洞和不足，研究解决措施，逐步完善扫雪铲冰工作机制，不断提高应急工作水平。24日至26日，区环卫中心启动相关应急预案开展作业，12月1日至2日，斋堂所启动空气重污染黄色预警。对重点道路每日增加1次以上清扫保洁，减少交通扬尘污染。7日，因市政管道漏水，导致石龙工业区内上园路50米长、3米宽的路面结冰。环卫中心接到情况后立即组织人员、车辆进行清理。

（周　莹）

【参观和考察】　4月10日，区环卫中心组织参观2018京津冀第十九届国际环保环卫与市政清洗设施设施展览会。7月23日，区环卫中心党组书记、主任带队组织业务副主任、业务科、一队、二队、三队等10余人，到通州区、大兴区针对城市道路机械、人工清扫保洁，道路沿线果皮箱、护栏等设施保洁，垃圾分类小区的垃圾清转运及公厕日常保洁及管理工作情况进行考察学习。

（周　莹）

【环境治理】　4月17日，斋堂环卫所组织职工开展春季环境综合治理，着重治理斋堂生活垃圾填埋场的白色污染问题。20日，区环卫三队出动5辆作业车协助转运站进行污泥、污水清理抽运工作，共抽运15车次，污物百余吨。

（周　莹）

【专项检查】　5月8日，区环卫中心邀请区环保局对斋堂所作业车辆尾气进行检测。14日，环卫中心对环卫管辖公厕、门城地区主要道路及相关设备设施保洁等情况进行联合检查。23日，区环卫中心开展安全联合大检查。区环卫中心党组书记、中心主任带队到各队、站、所，对环卫各队、站、所、垃圾填埋场、公厕、粪便处理厂安全生产工作进行全面检查。6月7日，区环卫中心安监科邀请区环保局对环卫一队作业车辆进行环保尾气检测。区环保局工作人员先后对5辆中扫副机尾气及4辆步道清扫车尾气进行检测，检测结果均符合环保标准。25日，区环卫中心安监科开展夜间安全检查。此次夜查重点是对夜间环卫作业车辆的灯光、刹车、制动以及驾驶员是否酒后驾车、携带驾驶证进行检查。27日，环卫中心安监科对斋堂所和填埋场的防汛、消防、燃气和车辆灯光等问题进行安全检查。9月18日，环卫中心检查组开展危险化学品安全检查。检查组先后对环卫中心院内加油站、加气站的用电安全、消防器材设施、周边可燃物及油、气站档案资料进行检查。20日，设备科、安监科会同各监理单位联合检查施工工地文明作业及工地安全情况，并针对查出问题提出限期整改要求。10月9日，环卫中心主任对城镇旱厕施工现场风情园1号2号、陇驾庄西口公厕、三家店四局旱厕和卧龙岗健身广场公厕等10座公厕实地进行检查，各施工单位和监理单位汇报了工程进度。14日，环卫中心主任带领联合检查组对石门营清扫班、垃圾楼的用电安全、消防安全、环保安全、车辆安全进行安全检查。11月19日，环卫中心主要领导实地检查德露苑公厕、大峪二小公厕、卧龙岗健身广场公厕、粪便处理厂改造项目等施工现场和工人宿舍。

（周　莹）

【帮扶工作】　5月30日，区环卫中心团支部到斋堂镇沿河口村开展低收入村帮扶工作。帮助沿河口村购置15套清扫工具（笤帚、簸箕、扫把）和20个果皮箱。7月5日，区环卫中心到军庄镇帮扶村灰峪村，与村干部，群众代表话家常，了解群众生产生活中的实际困难，赠送50个垃圾桶，用于收集村民日常生活垃圾，以缓解农村环卫基础设施不足的问题。

（周　莹）

【安全检查】　6月11日，区环卫中心安监科对环卫中心院内加油站、加气站的消防设施设备、配电柜、用电线路进行安全检查。13日，区环卫中心安监科对环卫一队、二队、三队的消防安全、用电安全、电动车充电安全进行检查。8月1日，区环卫中心安监科对各队、站的安全生产检查工作进行了检查。检查组对食堂燃气、办公用电、消防器材、电动作业车充电进行重点检查。8月10日，区环卫中心安全检查组对环卫一队夜间作业车辆及驾驶员进行安全检查。检查组重点检查作业车辆的灯光是否齐全、驾驶员是否携带驾驶证、是否酒驾以及车辆的车容车貌。经现场酒精检测，11名驾驶员均未酒驾，11辆作业车辆灯光齐全，驾驶员全部持驾驶证作业。27日，区环卫中心开展安全夜查，重点检查各队、站、所夜间安全保卫情况。安监科在检查过程中提出要求。9月29日至30日，环卫中心检查组开展“国庆节”前安全大检查。检查组重点检查各队、站等各责任区用电安全、消防安全、燃气安全及安全保卫情况。检查中发现2处安全隐患，并立即进行整改。12月6日，环卫中心主要领导带领安监科对各队、站、粪便处理厂进行安全检查。检查中共发现消防安全、用电安全、施工安全、环保安全25项安全隐患，检查组当场开具《安全隐患整改通知书》，并要求限期整改。7日，区环卫中心主要领导带队对环卫加油站、加气站进行安全检查。主要领导在检查过程中对2家单位提出要求。

（周　莹）

【摆放移动公布厕】　7月16日，环卫中心三队到大峪一小及中门寺垃圾楼旁摆放移动公厕。切实解决因一小公厕和中门寺垃圾楼旁公厕改造导致附近群居如厕不便的问题。

（周　莹）

【创建全国文明城区】　7月31日，区环卫中心对中心各工程施工地点增设创城标语。8月9日，环卫中心业务科组织公厕保洁公司召开“助力创城，提升公厕环境”工作会。会上，按照创建全国文明城区的标准，以提高公厕服务管理规范化，提高公厕服务管理水平为目的，对保洁公司提出工作要求。11月29日，区环卫中心开展业务安全联合检查，推进“创城”工作。12月25日，斋堂所参与斋堂镇政府组织的创城联合检查，重点检查斋堂主要大街的道路卫生、垃圾桶、果皮箱和车站、树坑等卫生死角的环境情况。

（周　莹）

【突击整治】　8月13日，道路清扫保洁公司对辖区内的全线路段，开展突击整治活动，对路段的便道、树坑、果皮箱、水道口等情况进行排查，对存在的问题及时进行纠正和整治。

（周　莹）

【节日保障】　国庆节期间，区环卫中心出动人员6791人次，各类作业车及检查车2502部次，清扫、保洁道路323万平方米，共清运垃圾1795.94吨；转运垃圾吨1691.36吨；清掏粪便1049.7吨。

（周　莹）

【公厕验收】　11月13日，区环卫中心业务科协同设备科、斋堂所、清水镇环境办、施工单位、监理单位和公厕保洁公司到清水镇对升级改造的10座公共厕所进行验收交接。

（周　莹）

【冬季灭鼠活动】　11月26日至30日，区环卫中心组织开展冬季灭鼠活动。对责任区内鼠类经常栖息和活动的公厕周围、密闭式清洁站、垃圾站点、垃圾转运站、垃圾填埋场等区域严格按照“灭鼠”药物的投放密度和周边位置进行药物投放，以确保“灭鼠”工作达到目的。

（周　莹）

百花山国家级自然保护

【概况】　2018年，门头沟区百花山管理处落实区委区政府《关于推动生态涵养区生态保护和绿色发展的实施意见》41项具体任务，百花山作为北京市面积最大的国家级自然保护区，围绕生态文明建设，结合保护区二期总体规划，以科技为支撑，推动保护区能力建设。百花山管理处积极适应发展新常态的要求，坚持科学规划引领，围绕京津冀协同发展和环首都国家公园环建设；围绕现代化生态新区和首都西部综合服务区建设，启动《北京百花山国家级自然保护区总体规划（2018—2027年）》（二期规划）及《北京百花山国际级自然保护区科学考察报告》（二期科考）编制项目，投资260万余元。二期规划以发挥巨大生态功能作用为中心，以区域生态、社会、经济协调发展为宗旨，遵循积极保护、科学恢复、突出重点、持续发展的原则，从保护区实际情况出发，开展自然资源保护、管理与可持续发展，推进百花山保护区生态系统良性健康循环，着力构筑结构稳定、功能完善的京西绿色屏障。该项目编制工作委托国家林业局调查规划设计院负责，其中二期规划项目编制6月13日第19次区政府常务会上通过。年内，推进二期保护区建设，二期科考进行专家评审，根据专家意见修改完善。

单位名称：北京市门头沟区百花山管理处
地　　址：北京市门头沟区清水镇百花山张家铺路102号
电　　话：69836484
邮　　编：102300

（李　娜）

【党建工作】　年初，小龙门、清水、马栏3个林场划入百花山管理处管理。3月，百花山管理处成立百花山管理处党总支，同时下设5个党支部。4月，完成各党支部的换届选举工作，选出支部书记和委员。年内，管理处全面提升意识形态工作水平，落实意识形态工作研究报告制度和商研判制度，制订《百花山管理处2018

年意识形态工作要点》。上半年处领导班子成员带队对管理处的重大项目、重点工作以及党风廉政建设落实情况等进行监督检查10次，发现问题及时督促整改，推动全面从严治党在我处向纵深发展。全年研究意识形态工作2次、开展会商研判4次、召开全体中层干部意识形态情况通报会4次、全体党员意识形态情况通报会2次、向农工委上报意识形态工作总结。

（李　娜）

【创城宣传】 年内，区百花山管理处、站通过张贴海报40张，微信推送3条，电子宣传屏2块、宣传栏1组，硬质横幅9条，建筑围挡海报240平方米等宣传载体形式，进行宣传创城工作。在百花山保护区组织开展“保护环境，从我做起”活动，通过向访客发放环保垃圾袋、环保手册，向访客宣传环保理念，倡导自己的垃圾带回。活动结束后，对访客带回的垃圾进行称重统计，并发送纪念品。活动开展共4场，回收垃圾累计100余公斤。在清水镇黄安坨村开展“文明礼仪伴我行”活动，发放倡议书50余份，悬挂“说文明话，办文明事，做文明人，建文明区”横幅，摆放“文明礼仪伴我行，讲文明，树新风”易拉宝，提高居民对创城的认识，倡导文明行动，传播创城理念。

（李　娜）

【监督检查专项行动】 年内，百花山管理处对区内自然保护地现状、管理机构设立情况、范围、交叉重叠情况进行梳理，填写表格，保护地自查和疑似图斑实地排查，以及排查保护区存在问题。经自查，北京百花山国家级自然保护区与9个自然保护地（包括国有林场）存在重叠。19处遥感疑似点位经初步核查，1处位于核心区，无变化；6处位于缓冲区，3处为水池，2处无变化，1处为牛棚和护坡，位于齐家庄瓦窑，限期拆除牛棚；12处位于实验区，2处无变化，3处其他人工设施已由森林公安当时进行立案处理，4处扶唇垒堰设施有相关手续，1处营地，具备相关手续审批，1处堆土已恢复，1处简易房，位于田寺鹿场内，限期拆除。同时根据大检查要求，对保护区内其他破坏资源的行为进行梳理，小龙门和百花山森林公安2017年以来，处理保护区内及周边各类案件29件，罚款20余万元，有效打击和遏制破坏森林资源的违法行为。

（李　娜）

【资源保护】 年内，百花山管理处开展极小种群野生动植物资源拯救项目。50万元中央资金，项目主要内容为百花山葡萄等极度濒危野生植物拯救保护设施设备建设和开展野外调查工作。同时，野外调查中，在保护区2个地点新纪录到去年北京新发表的物种北京无喙兰3株。200万自然步道和解说标识建设项目。在百花草甸，建设内容包括翻建巡护栈道，翻建观测平台3处，翻建瞭望平台1处，设观测点3处，增加宣传牌等。引导公众在规定的区域游览，减少人员对草甸的踩踏，提高公众保护意识，加强亚高山草甸的保护。珍稀濒危植物近地保护实验苗圃管理维护。主要购置相关材料工具以及进行日常维护。对百花山花楸、甘草、刺五加、北重楼、北五味子、手参等进行栽植实验，同时与北林中科院植物所等专业机构合作推进百花山葡萄、大花杓兰的扩繁。保护区一期建设界牌、界桩等1064个，2018年百花山保护区加强管理完善标识进一步补充保护宣传标识牌18个，边界警示标识设施164个。结合保护区二期总规，对百花山区域原有的标识进行修复或加密布设新的标识。

（李　娜）

【科研监测与疫源疫病监控】 年内，百花山管理处开展11次科研实习活动，对科研、实习活动审批、开展以及获取成果工作进行严格管理。以获取科研成果寄蝇名录，动物监测数据（百花山管理站），地质灾害雨量监测数据等，通过科学研究提高保护区的本底资料，为以后开展科研工作奠定基础。野生动物和疫源疫病监测：布放红外相机，珍稀动物救护站于百花山、小龙门和马栏管理站布设并取回红外相机共计50台，收集影像资料3万余张，保存有价值资料照片200余张、视频20余个。观测到褐马鸡、野猪、狍子、斑羚等国家保护动物。中科院动物研究所继续加强交流与合作，救护站工作人员在进行常规预防收集样品单位粪便的同时，燕子窑、马栏管理站收集蜱等样本，扩大疫源疫病监测范围。预防为主、有效防控，广泛宣传，夯实非洲猪瘟和其他野生动物疫病防控预警工作基础。此外草甸区域发现有五步蛇活动，疑似人为放生。病虫害监测：各站每月收取监测结果共安置各类诱捕器约200个，捕捉以红脂大小蠹为主的各类害虫200余只。委托专业机构进行昆虫资源情况监测调查，2018年较往年干旱严重，早春山顶白桦出现大面积病虫害，秋季清水镇公路周边出现大量阔叶树被食叶害虫啃食情况。野生植物监测：加强对重点保护植物的监测，对山顶80余丛大花杓兰进行人工传粉，促进其结实，青枣架沟受2018年周边猕猴桃产业影响，干扰其授粉。华北落叶松年内几乎没有结实。

（李　娜）

【科普宣教】　年内，百花山管理处完成保护区新闻工作动态、科普宣教活动等信息数据的更新，网站发布124条，微信12条，led屏宣传8次，报送相关宣传信息5篇。制作宣教制品：制作主题为《我们都生活在百花山》的科普读本，向大众展示百花山丰富的动植物资源，展示人与自然和谐共生的美好画面；将保护区的历史文化内涵、多年的建设成果及今后的发展思路做成展板在宣教大厅展示。设置科普宣教主题专栏，对国家公园最新图解、保护区相关法律法规和相关政策、主题活动等内容进行宣传。开展科普活动：完成七五普法中期检查及普法宣传工作。开展主题宣传活动。组织“扫黑除恶”、学习宪法修订案、保护区相关法规法规宣传等活动，通过发放普法材料，现场解答社区民众的法律问题，切实强化普法效果，提升周边社区居民法律观念；利用保护区的天然动植物资源在爱鸟周、生物多样性日等主题日开展宣传活动，使访客在体验大自然的同时也能学习法律知识，提高保护生态的意识，树立正确的生态保护观念和建立爱护自然的热情。2018年志愿者招募：从北京林业大学、北京农学院等高校招募10名志愿者。利用志愿者平台，一是完善课程设计，开展暑期开展自然认知、自然野趣、保护环境从我做起等科普活动与针对老年人的生态知识宣讲活动；二是补充、更新保护区标本室标本，并对保护区工作人员开展标本制作培训；三是参与各科室整理档案、动植物照片等日常工作。加强国际交流与合作：与美国仙那度国家公园保持联系，交流工作经验。

（李　娜）

【旅游服务设施完善】　年内，在百花草甸翻建巡护栈道，翻建观测平台3处，翻建瞭望平台1处，设观测点3处，增加宣传牌等。引导公众在规定的区域游览，减少人员对草甸的踩踏，提高公众保护意识，加强亚高山草甸的保护。

（李　娜）

【帮扶工作】　年内，百花山管理处通过实地走访、调查研究完成“保护区领导班子和党员干部队伍建设的调查与思考”“探索国家公园体制改革背景下百花山自然保护区的发展模式”和“保护区低收入帮扶之路怎么走，帮扶工作怎么干”3个课题切实可行的调研报告。

（李　娜）

城市建设与管理

规划和国土资源管理

综 述

【概况】 2018年，北京市规划和国土资源管理委员会门头沟分局（简称分局）下设内设机构12个，分别是办公室、法制科（信访与信息公开科）、规划编制与城市设计科、规划实施与土地利用科、市政交通科、综合审批科（规划土地核验科）、土地整理与耕地保护科、地籍地名科、地质环境与矿产资源科、财务科、机关党委（党建工作科、人事科）、纪检办公室。所属8个事业单位：北京市土地整理储备中心门头沟区分中心、北京市门头沟区不动产登记事务中心、北京市门头沟区土地利用事务中心，北京市门头沟区城市建设档案信息中心，北京市门头沟区规划研究中心，北京市门头沟区规划和国土资源执法队及北京市规划国土委门头沟分局第一、第二、第三、第四规划和国土资源管理所（办公地点分别设在永定、龙泉、王平、斋堂）。编制182名，实有人数133名。

经北京市门头沟区机构编制委员会审批，2016年11月21日成立北京市门头沟区土地储备事务中心，归口区住房城乡建设委管理，人员及日常业务工作由区国土分局管理。编制19名，实有人数14名。年内，分局办理规划国土行政审批事项251件，其中城乡规划类214件，占总量的85%；国土资源类37件，占总量的15%。年内分局核发的审批事项中，建设工程规划许可证、规划核验（验收）数量较多，分别占核发总量的33%和15%。办理建设工程项目审批手续86件，道路及市政管线总长度207.86公里，道路及市政交通场站用地面积149.7万平方米。

单位名称：北京市规划和国土资源管理委员会门头沟分局
地　　址：北京市门头沟区新桥大街51号
电　　话：69829676
邮　　编：102300

（聂燕杰）

【门头沟分局挂牌成立】 3月27日，北京市规划和国土资源管理委员会门头沟分局正式挂牌成立。5月至6月，完成分局内设部门的构架工作，科级领导干部、科室其他成员正式定岗定责。11月5日，分局机关党委成立。经大会选举，产生第一届机关党委委员并明确委员分工。12月3日，分局工会委员会成立。经大会选举，产生第一届工会委员会、第一届女职工委员会、第一届经费审查委员会。

（聂燕杰）

【检查防汛工作】 5月18日，市规土委副巡视员带队到门头沟区检查汛前地灾防治工作落实情况。实地视查妙峰山镇丁家滩村、王平镇西马各庄村除除工程进展情况，并入户对明白卡的张贴、一点一预案的落实、除险工程的绩效进行检查。6月7日，由市规土委副巡视员任组长，市防办、规土、安监、经信委等4部门组成的市防汛指挥部第三督查组到区内检查防汛工作。检查组到王平镇西王平村特大泥石流隐患点和永定河爱河湾段进行现场检查。14日，市规划国土委副巡视员等对门头沟区废弃矿山项目进行“四不直”检查。重点对妙峰山镇水峪嘴村、龙泉镇麦子峪村废弃矿山实施生态修复治理项目施工质量和安全措施落实等内容进行检查。

（聂燕杰）

【地灾防治检查】 7月20日，市规土委纪检组长等到门头沟山区检查地灾防治工作。实地到此次降水较大的雁翅镇田庄村查看隐患点，询问地灾防治工作落实和治理工程进展情况，并对群测群防员表示慰问。22日，区领导张力兵检查门头沟区地灾防治工作落实情况。实地查看公路S219K26＋300崩塌点处置工作，并检查雁翅镇淤白村应急值守情况。23日，区领导付兆庚带领政府办、规划国土分局、公路分局、水务局相关人员到清水镇、斋堂镇、雁翅镇和大台街道检查防汛工作落实情况。重点检查地质灾害防治重点村、泥石流沟值守、水库、沿线公路险情和镇村值班值守、转移安置情况。

（聂燕杰）

【大台灰地崩塌应急工作】 7月20日14点46分，大台灰地社区入口道路西坡发生崩塌，塌方260方，未造成人员伤亡。分局接报后率应急调查队技术人员到现场调查。提出应急措施。21日，区领导、分局局长、公路局副局长等到达现场，成立7.20大台灰地崩塌应急指挥部，同时成立监测组、除险组、专家顾问组、后勤保障组，并提出应急抢险措施。

（聂燕杰）

【审批事项进驻区政务服务中心】 12月10日，规划国土审批事项全部进驻区政务服务中心，并实现“前台综合受理、后台分类审批、窗口统一出件”的工作模式。

（聂燕杰）

【调查研究】 年内，分局完成《门头沟商业居住与商服用地调查研究报告》《试论宅基地管理制度的改革与完善》《关于提高纪检监察干部思想政治水平和业务能力的思考》3篇调查研究报告。

（聂燕杰）

【行政督察】 年内，分局开展市政府对区政府绩效考核任务、市政府折子工程、区政府折子工程、区重大项目重点任务、北京市第二次区委书记会，部署任务工作台账、区重点工程项目手续办理进展及涉及分局的市重点工程、区委常委会决策、蔡奇第四次调研、陈吉宁调研共130项、102次。

（聂燕杰）

【信息公开】 年内，分局发布2191条信息，其中工作动态1766条，在委组织的政府网站分局栏目维护执行情况检查结果中以86.5分的成绩在16个参评分局中排名第一。受理依申请信息公开217件，主要涉及征地、土地登记、规划审批等信息，均严格按照程序进行了办理。

（聂燕杰）

【信访工作】 年内，分局制订《信访诉求办理工作办法》，开展信访积案排查和矛盾排查化解3次，定期召开信访工作分析会商会。办理群众信访诉求102件。未发生群众越级访、缠访及闹访等情况。办理为民服务平台案件166件。

（聂燕杰）

【执法监察】 年内，统计2017年度自然资源部卫片监测门头沟区变化图斑157个，其中土地卫片154个，矿产卫片3个（经拆分图斑后为4个）。通过外业核查和内业审核，查清全部图斑情况。按照年度卫片执法检查要求，土地卫片违法图斑49个（经违法分类，包括市级以上重点工程17宗、公共公益7宗、一户一宅2宗、一般违法23宗）。计入警示约谈未整改到位违法用地面积0亩，违法占用耕地面积0亩，整改到位率100%，全市排名第一。矿产卫片合法1宗，伪变化3宗，履职到位率100%。6月，年度卫片执法检查工作通过市级考核验收。“大棚房”清理整治专项工作中，门头沟区大棚类设施农业项目44宗（224栋大棚），非大棚类设施农业项目54宗。逐宗核查整改，建立一棚一档，8月30日，率先通过市级验收。浅山区违法占地违法建设专项治理下发门头沟区违法图斑158个（经违法分类，包括保障房23宗、重点工程28宗、公共公益55宗、宅基地19宗、一般性违法30宗、2009年及以前建成3宗），总面积6073.8亩。30宗一般性违法整改到位26宗，整改到位率86.7%。未整改到位4宗，正在整改中。

（聂燕杰）

【地籍地名管理】 年内，分局完成全区72条不规范道路名称清理整治工作，其中命名道路14条。完成门头沟区潭柘寺镇中心区地名规划编制，获市政府批复。开展“美丽中国，地名寻梦”地名文化短视频征集工作，“沿河城、马栏村”和“三家店村、琉璃渠村”两部短视频，入选全国地名文化短视频评选作品。

（聂燕杰）

【获奖情况】 年内，分局获“市级住房保障先进单位”称号。获委财务处授予的“财务管理综合业务突出单位、财务管理、核算管理、政府采购单项业务突出单位和财务管理工作业绩突出个人”荣誉称号。不动产登记事务中心获区工会和区妇联联合授予的“最美的她们”集体称号。规划实施与土地利用科科长获区教委授予的“先进教育工作者”荣誉称号。规划编制与城市设计科科长获市园林绿化局和人保局联合授予的“绿化先进个人”荣誉称号。地质矿产资源科同志获区安委会授予的“安全生产工作先进个人”荣誉称号。机关党委白婧获中国职工保险互助会北京办事处授予的“2018 年度职工互助保障工作优秀个人”荣誉称号。

（聂燕杰）

城乡规划

【概况】 门头沟区位于首都西部，长安街西延长线与永定河水系和西山山脉交汇处，是新版北京市城市总体规划中明确的生态涵养区之一。分局主要编制完成《门头沟区分区规划（2017 年—2035 年）》《门头沟区村庄民宅风貌设计导则》，并成立门头沟区规划建设委员会，进一步提升门头沟区城乡规划建设管理水平，推动政府治理体制机制创新，适应新形势下城乡环境建设精细化管理的要求，有效提升全区城乡环境建设品质。

（聂燕杰）

【规划编制】 年内，分局启动《门头沟区分区规划（2017 年—2035 年）》（以下简称《分区规划》）编制工作分为总体编制及 22 项分专题。12 月底《分区规划》草案作为第一批《分区规划》成果由区政府联合市规划自然委上报市政府，并在政府官网启动《分区规划》草案公告工作。工作总体进度在全市居于前列。

（聂燕杰）

【城市设计】 年内，分局组织编制《门头沟区村庄民宅风貌设计导则》。导则提出色彩、屋顶、高度等 15 项管控内容，并形成易于操作执行的图集和村民手册，12 月底组织召开《导则》宣贯培训会。S1 线 01 地块城市设计条件市政府审议同意并将其纳入土地上市要求。

（聂燕杰）

【历史文化名城保护】 12 月底，在分区规划及专题研究、村庄民宅风貌导则及传统村落保护规划等多个层面落实历史文化资源保护工作，完成 2018 年历史文化名城保护工作总结并上报市规划自然委。

（聂燕杰）

【村庄规划】 年内，分局完成村庄规划编制审查 68 个，包含 58 个 2018 年市级美丽乡村创建村，区长办公会审议通过，完成年度村庄规划编制任务。

（聂燕杰）

【规划管理】 年内，分局共办理规划监督合格 39 件。其中规划验线 2 件，建筑规模约 5.2 万平方米；规划验收 37 件，验收规模约 93.9 万平方米。验收项目主要包括保利自住房、城建自住房、石龙经济开发区产业孵化中心二期 C 区、小园小学、泷悦长安、华远商业楼等。按照性质划分：政策性住房 36.5 万平方米，占 39%；纯商品房 24.2 万平方米，占 26%；商业办公类 19.1 万平方米，占 20%；教育等公共服务类 7.8 万平方米，占 8%；科研类 6.5 万平方米，占 7%。

（聂燕杰）

土地资源

【概况】 门头沟区位于北京市西部，坐标为北纬 3948′—4010′，东经 11525′—11610′。东临海淀区和石景山区，南接房山区和丰台区，西部及西北部与河北省的涞水县、涿鹿县以及怀来县接壤，北与昌平区为邻。辖区设 13 个街道办事处（镇）。根据 2017 年度土地变更调查数据。全区土地总面积现为 1447.85 平方公里，土地利用现状面积详见表。

门头沟区2018年度土地利用现状统计表

<table>
<tr><th colspan="2">地类</th><th>面积（公顷）</th><th>占比例%</th></tr>
<tr><td colspan="2">合计</td><td>144785.26</td><td>100%</td></tr>
<tr><td rowspan="5">农用地</td><td>小计</td><td>107318.81</td><td>74.12%</td></tr>
<tr><td>耕地</td><td>885.87</td><td></td></tr>
<tr><td>园地</td><td>5116.30</td><td></td></tr>
<tr><td>林地</td><td>100439.00</td><td></td></tr>
<tr><td>水利及其他用地</td><td>877.64</td><td></td></tr>
<tr><td rowspan="10">建设用地</td><td>小计</td><td>9809.09</td><td>6.77%</td></tr>
<tr><td>城市</td><td>1186.52</td><td></td></tr>
<tr><td>建制镇</td><td>3082.28</td><td></td></tr>
<tr><td>村庄</td><td>1242.02</td><td></td></tr>
<tr><td>采矿用地</td><td>1811.26</td><td></td></tr>
<tr><td>风景名胜</td><td>903.83</td><td></td></tr>
<tr><td>铁路用地</td><td>254.49</td><td></td></tr>
<tr><td>公路用地</td><td>780.82</td><td></td></tr>
<tr><td>水库水面</td><td>471.42</td><td></td></tr>
<tr><td>水工建筑</td><td>76.45</td><td></td></tr>
<tr><td rowspan="2">未利用地</td><td>小计</td><td>27657.36</td><td>19.11%</td></tr>
<tr><td>未利用土地</td><td>27657.36</td><td></td></tr>
</table>

（聂燕杰）

【土地利用规划】 年内，分局完成建设项目规划动态维护5件。

（聂燕杰）

【耕地保护与土地整治】 年内，分局完成2018年耕地保护责任书签订工作，签订市—区、区—镇、镇—村三级责任书42份。核销1个耕地占补平衡项目，补充耕地合计3.3685公顷（50.5275亩）。3个项目耕地耕作层土壤剥离利用实施方案通过评审。经区委区政府同意，《门头沟关于贯彻落实加强耕地保护和改进占补平衡的实施方案》印发执行。

（聂燕杰）

【集体建设用地】 年内，分局完成集体土地征收前期工作7项，面积191.2449公顷，农转非安置人数475人，估算征地补偿费73838.61万元。取得北京市政府征地批复2项，涉及土地总面积79.0663公顷，农转非安置人数192人，估算征地补偿费34791.34万元。完成征地结案工作2项，涉及土地总面积16.5050

公顷，农转非安置人数45人，征地补偿费4697.41万元。完成农转用前期工作2项（含2018年集租房项目），项目总用地面积11.7497公顷。办结集体占地项目4项（含2017年集租房项目剩余0.0563公顷），共涉及占用集体土地3.4225公顷。完成2018年门头沟区集体土地建设租赁住房项目5公顷供地任务。

（聂燕杰）

【土地储备与土地市场】　年内，实施土地一级开发项目16个，其中市区联储及分中心为主体项目10个，企业为主体项目6个。完成土地储备开发投资7.88亿元。完成开发面积41.68公顷。完成供应商品住宅用地（含共有产权住房用地）46.99公顷，完成比例为112%；其中完成供应共有产权住房用地16.46公顷，完成比例为127%，实现商品住宅供地任务总量和结构双完成。其中完成交易4宗，土地成交总价103.5亿元，共实现政府收益42.8亿元；发布挂牌入市交易公告3宗。

（聂燕杰）

【土地利用】　年内，分局编制完成《2018年度土地供应计划》。完成土地供应162.19公顷，其中公共管理与公共服务用地3.71公顷，交通运输、水利设施及特殊用地8公顷，商品住宅用地46.99公顷（其中共有产权房用地16.46公顷），商服用地5.04公顷，集体土地租赁住房用地7.42公顷，保障性安居工程用地91.03公顷。

（聂燕杰）

【不动产登记】　年内，分局受理完成不动产登记15448件，收取登记费共计人民币6289713元，收取土地出让金人民币8360756元；利用“互联网+”技术，完成年度土地利用现状变更调查和遥感监测工作；完成不动产登记档案数字化23018卷，按照规定要求接待查询4190卷次。

（聂燕杰）

【权籍调查】　年内，分局完成不动产权籍调查74件，完成区采空棚户区安置房、市政配套工程等62个项目用地权属审查告知工作，为征地单位和其他部门提供地类、权属或面积查询证明24件，出具土地利用现状图193张，配合7个预审项目审查用地权属和土地利用现状情况，为12个建设项目，核查20个村集体土地面积，15619公顷，统计留白增绿项目拆迁地块权属6次、涉及宗地852宗，调查31宗地地类权属现状。

（聂燕杰）

地质·矿产资源

【概况】　门头沟区矿产资源较为丰富，主要矿种包括煤炭、石灰石、叶腊石、砂石等。截至年底，门头沟区有采矿权6个，其中煤矿1个，分别是北京昊华能源股份有限公司大台煤矿；非金属矿2个，分别是北京首钢鲁家山石灰石矿有限公司（南区）和北京潭龙鑫磊矿业有限公司叶蜡石矿；矿泉水3个，分别是北京中宝饮用水有限公司、北京中门清泉矿泉水厂和北京双龙峡矿泉饮料有限公司（已停产）。

（聂燕杰）

【地质灾害】　1月至5月，分局对全区各类地质灾害隐患691个逐一排查，并将隐患台账分别移送各镇街及公路、旅游、教委等部门。5月，印发《北京市门头沟区2018年度突发性地质灾害防治方案》，召开区地质灾害防治工作会，部署2018年度地质灾害防治工作，对98名群测群防员进行培训。由主管区长与各镇街、各部门签订《地质灾害防治工作责任书》。

（聂燕杰）

【地质遗迹】　年内，分局完成全部9条路线66处地质遗迹调查。

（聂燕杰）

【矿山地质环境】　年内，分局对辖区6家矿山平均每月至少检查1次，全年未发现越界开采行为；完成上年度矿山年检，合格率100%。2018年实施并完成妙峰山水峪嘴、龙泉镇麦子峪、永定镇小店子8个治理区生态修复治理，共治理面积31.14公倾。

（聂燕杰）

【地质资料管理及矿产储量评审】　年内，定期与固体矿山图纸交换，监督矿山严格按照《矿产资源开发利用方案》开采。

（聂燕杰）

【概况】　2018年，在门头沟区注册的房地产开发企业107家，完成房地产开发投资约72.2亿元，受理办结开发企业资质73项；受理建设工程招投标项目53项，投资金额76.54亿元，建设规模120.29万平方米，道路及管

线里程 37.75 千米；全区开复工面积 516.22 万平方米，在施工程面积 421.50 万平方米，同比减少 10.3%，竣工面积 95.41 万平方米，同比减少 -12.58%；保障性住房开工建设 2269 套，竣工 6093 套；新申请公共租赁房 1285 户，公共租赁住房补贴备案 218 户，市场租赁补贴备案 652 户，对门头沟区西山梧桐共有产权住房项目 588 套房源公开摇号、分配。全区经济适用房、限价商品房轮候家庭全部解决，对符合条件的公租房、人才公租房和市场租赁住房三类补贴金共计 3267.77 万元。公租房采用人脸识别设备系统与门禁系统相结合，运用信息技术手段提升使用监管水平。完成棚户区改造 1375 户，超额完成 2018 年度市政府下达的棚户区改造任务。房屋交易共办理预售许可 11 件，受理商品房投诉 365 件，存量房网签 1735 件，出售新建商品房 1230 套，均价 55120 元/平方米；全 2017 年全委做出行政处罚 306 起；受理来信来访 160 件，信息公开 96 件次，全部办结为民服务中心转办案件 2671 件。

单位名称：北京市门头沟区住房和城乡建设委员会
地　　址：北京市门头沟区滨河路 18 号院
电　　话：69842655
邮　　编：102308

（陈　琢）

【汛期房屋安全管理】　汛期，区住建委组织 1 支抢险队共集结上岗值班 24 次，上岗值班人数达到了 240 人次。雨中巡查房屋 300 间次，出动巡视人员 120 余人次，出动车辆 30 车次，抽排水 1 处 24 余次，清通水道 2 处。汛期共修复平房漏雨 23 处，楼房 8 处。

（韩少伟　王　志）

【工程安全质量监管】　年内，区住建委实施拉网式监督检查。全区开复工工程总计 96 项，其中房建开复工面积 417.79 万平方米，道路开复工总里程 17.99 米，全年开展安全质量检查 538 次，出动安全质量检查人员 1614 人次，查出隐患 1506 条，下发责令改正通知书 9 份，处罚 124 起，罚款共计 92.4996 万元。通过短信平台传达各类安全、应急信息 14 万余条。

（李　冰）

【建筑市场管理】　年内，区住建委共受理建设工程招投标项目 53 项，投资金额 76.54 亿元，建设规模 120.29 万平方米，道路及管线里程 37.75 千米。项目全部为国有投资项目，其中政府投资项目 29 项，投资金额 5.48 亿元，建设规模 3 万平方米，道路及管线里程 37.75 千米；根据《门头沟区建设工程领域负面清单管理办法》，对出现质量安全问题、违法违规行为的 24 家施工、监理单位及 24 名项目经理等主要管理人员进行列管，禁止其在列管期内进入门头沟区有形建筑市场承揽工程。

（刘　华）

【房屋安全鉴定情况】　年内，区住建委共受理房屋安全鉴定申请 13 件，总建筑面积为 616 平方米。其中低保户（困难户）房屋安全鉴定 1 件，建筑面积为 75 平方米；廉租房房屋安全鉴定 7 件，建筑面积为 221 平方米；依据产权人申请进行的房屋安全鉴定 5 件，建筑面积为 320 平方米，经鉴定后的房屋无一例得到投诉并且其鉴定结果得到广大人民群众好评，群众满意率达到 100%。

（池宝全）

【保障性住房建设】　年内，保障性住房开工 2269 套，其中门头沟区永定镇冯村、何各庄地区 3751—C 地块棚户区改造及环境整治项目（一期）590 套，门头沟区杨坨二期棚改定向安置房项目 1100 套，门头沟区永定镇冯村南街棚户区改造和环境整治项目 579 套。保障性住房竣工（基本建成）任务 1700 套，实际完成 6093 套。其中冯村、何各庄地区土地一级开发项目 A 地块公共租赁住房项目 373 套，门头沟区永定镇 MC00－0015－0059 等地块 R2 二类居住用地、S4 社会停车场库用地、A33 基础教育用地（配建公共租赁）项目 1342 套，门头沟 S1 线区域组团土地一级开发项目 03 地块配建公租房项目 285 套，门头沟 S1 线区域组团土地一级开发项目 05 地块配建限价商品房项目 298 套，门头沟 S1 线区域组团 12 地块土地一级开发定向安置房项目 535 套，采空棚户区改造中门寺地块定向安置房项目 3260 套。

（王　鹏）

【保障性住房审核分配】　年内，新申请公共租赁房 1285 户，公共租赁住房补贴备案 218 户，市场租赁补贴备案 652 户。12 月 17 日，对西山梧桐共有产权住房项目公开摇号。28 日至 31 日，组织公租房申请家庭选房。截至年底，全区经济适用房轮候家庭和限价商品房轮候家庭全部解决。

（魏英慧）

【保障性住房资金管理】　年内，发放公租房、人才公租房和市场租赁住房三类补贴金 3267.77 万元。

（魏英慧）

【保障性住房使用监督管理】 年内，门头沟区市保障房中心运营的燕保龙泉家园安装人脸识别系统和采集信息并使用。月季园房管所运营的燕保龙泉家园1号楼人才公租房项目，由专业系统公司进行人脸识别的软硬件设备安装测试，信息采集导入工作基本完成。永和新苑人才公租房安装人脸识别，并与门禁系统关联。

（殷国雄）

【棚户区改造工作】 年内，门头沟区棚户区改造任务200户。截至12月底，累计完成改造1375户，超额完成年度目标任务。年初，区住建委会同相关部门对门头沟区年度改造任务进行分解，将任务落实到具体项目。同时加大沟通协调力度，督促项目实施主体做好拆迁腾退工作，确保区内2018年棚改工作开展，提前在一季度完成全年200户的目标任务，是全市第一批完成改造任务的区之一。

（张 林）

【房屋市场整体情况】 年内，区住建委办理预售许可11件，存量房网签1735件，受理房源核验107件（4月取消房源核验），受理投诉365件（截至7月）。出售新建商品房1230套，均价55120元/平方米，新建商品房销售（含预售商品房和现售商品房）价格较2017年同比下降5.6%。全区备案房地产经纪机构39家，分支机构36家。其中在门头沟区实际经营的经纪机构共4家。全年共开展房地产开发企业在售项目销售现场执法检查23次；房地产经纪机构执法检查103次；违法群租执法检查95处次，检查面积12579平方米。共开展房地产经纪机构行政处罚1起，处罚对象为北京易鸿悦房地产经纪有限公司，处罚金额3万元。

（李拥涛 李 萌）

【房屋实测绘成果审核】 年内，区住建委共受理房产审核业务95件，累计建筑面积3775698.26平方米。其中实测绘成果审核项目62件，建筑面积2316318.56平方米，实测绘成果变更审核项目3件，建筑面积149928.29平方米，实预测数据对应项目30件，建筑面积1309431.41平方米，共计出现场实地查看30次，办结92件。

（康小淇 王景海）

【房屋安全普查】 年内，全区共检查房屋782.97万平方米，其中楼房1368栋，756.38万平方米；平房10598间，26.59万平方米；涉及9个乡镇、4个办事处、22个自管房单位、22个物业企业。

（韩少伟）

【城镇低收入家庭危房治理】 年内，区住建委开展城镇低收入家庭危房治理工作，核定2间21.63平方米（拆除2间21.63平方米危房，新建2间21.63平方米），涉及城镇居民低保家庭1户、低收入人口3人。

（韩少伟）

【普通地下室安全检查】 年内，区住建委共出动检查人员568人次，对216处普通地下室进行检查，发现隐患169个，立即整改169个，地下室改变规划用途17处，全部清理完毕，未发现散租住人现象。

（韩少伟）

【公租房管理】 年内，城子中街燕保龙泉家园1号楼人才公租房，共有住房320套，截至12月底，入住293套，空置25套。全年收取房租585.2万元，收缴率100%。办理新入住人员17人，退房41人。年底，安装完成人脸识别系统并且采集承租人员基础数据采集280余户。冬季安全大排查中共清理楼道堆积杂物4车，跟随物业对消防设备和电梯进行巡检，做到没有安全隐患。

（王月罚）

【直管公房房屋安全普查】 年内，区住建委对直管公房进行安全普查，组成1个查房小组，动用工日90个，查房率为100%。共检查楼房58栋、平房370间，共11.07万平方米，对检查中发现的三、四类以上房屋进行复查，确保房屋住用安全。

（郭 晶）

【物业企业及人员管理】 年内，全区从事经营服务的物业服务企业43家，管理的小区或服务项目共79个（其中居住小区58个），共计769.96万平方米，从业人员2600余人。

（谭 笑）

【企业资质与人员注册管理】 年内，区住建委累计审批建筑业企业资质625家，其中办理新设立建筑业企业资质证书560家，资质增项65项，资质初审68家。累计办理二级建造师执业资格注册：4873人，其中初始注册578人，重新注册1563人，增项注册29人，延期注册198人，执业企业变更1488人，遗失补办10人，注销注册1007人。门头沟区建筑施工企业三类人员《安全生产考核合格证书》继续教育续期工作共计1896人，其中A本219人，B本675人，C本1002人。资质证书变更478家。

（马爱华）

【建筑节能日常监管情况】 年内，区住建委共办理建筑节能设计审查备案手续18项，备案节能建筑9.79万平方米。共办理建筑节能专项验收备案建筑单体99个，63.1761万平方米。全区204家施工单位对在施工程进行建设工程材料采购备案，占比77%。

（刘　静）

工程服务

【概况】 2018年，区公共工程服务中心内设综合管理科、人事科、财务科、前期科、合同预算科、工程技术科、项目管理科7个科室；区建筑行业管理处企业管理科、外地施工队伍管理科2个科室。主要负责政府投资200万元（含200万元）以上或者建筑面积在2000平方米以上的社会公益性建设项目建设期间的统一建设集中管理工作。负责协助落实本区建筑业、建筑市场规范管理的事务性工作，承担建筑企业资质管理、施工管理和劳务队伍管理的日常工作。年内，区工程中心共负责实施蓝皮书重点项目4项，总建筑面积11.3万平方米，总投资8.49亿元。

2016年2月根据北京市机构编制委员会办公室《关于门头沟区处级自设机构清理情况的批复》（京编办事［2015］55号）、区编委《关于组建北京市门头沟区公共工程服务中心（北京市门头沟区建筑行业管理处）的通知》（门编委字［2015］51号），组建“北京市门头沟区公共工程服务中心（北京市门头沟区建筑行业管理处）”，为区政府直属的相当于正处级财政补助（全额拨款）公益一类事业单位，归口区住房城乡建设委员会管理。

单位名称：北京市门头沟区公共工程服务中心
地　　址：北京市门头沟区新桥大街51号
电　　话：69867334　69850512
邮　　编：102300

（李玉梅）

【军庄消防站建设工程】 年内，军庄消防站建设工程取得立项批复、方案审查意见、初步设计及概算、占用林地批复，完成招标，进行现场踏勘。

（李玉梅）

【区教师进修学校综合教学楼改造工程】 年内，区教师进修学校综合教学楼改造工程取得规划条件、立项批复、建设工程规划许可证、园林绿化审查、人防备案、初步设计及概算、施工图审查，完成招标，进行现场踏勘。

（李玉梅）

【北京景山学校门头沟校区新建工程】 年内，北京景山学校门头沟校区新建工程前期手续齐全。完成Ⅰ标段（小学部）1#挡墙，正在进行2#、4#、5#挡土墙施工，1号楼基础降方，1#车库、食堂基槽开挖完成40%，深基坑边坡支护完成30%；Ⅱ标段（中学部）注浆填充全部完成，10#仰斜式挡墙完成，8#、9#挡墙地基处理夯扩桩完成，11#板肋挡墙锚杆、锚索完成。6#地下车库正在进行筏板施工，5#宿舍楼基槽开槽。

（李玉梅）

【灵水村古村落保护修缮工程】 年内，灵水村古村落9座文保院落保护修缮工程开工，其中5套院落基本完成，另外1套完成总工程量的60%，其余3套院落房主放弃修缮；一期及旅游接待中心工程的47套院完成20套。旅游接待中心3栋平房完成，另外3栋由于基础挡墙坍塌，无法施工，待村、镇重新规划后，并报区政府同意后实施；二期155套施工图概及算全部完成，待一期专家给出结论后再进行深化，汇报后招标；市政基础设施工程基本完成。

（李玉梅）

市政管理

【概况】 北京市门头沟区城市管理委员会（简称区城管委）是负责门头沟区城乡环境建设、城市管理的综合协调、市政基础设施、市政公用事业、市容环境卫生、能源日常运行等管理的区政府工作部门。工作内容包括对全区城市管理工作的业务指导、组织协调、指挥调度、专项整治、检查评价的职责、地下综合管廊规划、建设和运营的综合协调管理职责、地下综合管廊运营的监督管理职责、煤、电、油等能源日常运行管理城市管理、煤炭行业管理、再生资源回收行业管理、指挥平台和网格化体系的建设、运行和日常管理的职责、电源点的行业管理、新能源汽车充电桩（站）建设和运营管理职责。行政编制23名，设主任1名、副主任3名、区城乡环境建设管理委员会办公室专职副主任1名。内设办公室、财务审计科、市政综合管理科、城乡环境建设管理科、市容卫生管理科、能源运行管理科等6个科室。下设事业单位4个，分别为门头沟区市政市容服务中心、门头沟区城市管理指挥中心、门头沟区垃圾无害化处理中心和门头沟液化气站。2018年，区城市管理委完成全年工作任务目标完成市政重点工程建设任务。开展养护维修，现状管养范围包括市政道路133条、桥梁62座、路灯8849基、景观照明23万余套（个）。制定城市道路大中修三年（2019—2021年）工作计划，共涉及道路29条，将逐年实施。完成门城地区主要大街路灯节能改造任务。完善环境检查机制，结合创建全国文明城区任务，实现“周检查、周通报、月考评、月排名”的检查工作模式。建立由人大、政协、第三方共同参与的检查机制开展空间秩序专项治理，编制完成《门头沟区户外广告规划》《门头沟区夜景照明规划》2项规划。开展背街小巷整治工作，在城区三办两镇实施15条背街小巷环境整治提升。完成春节、国庆节等重大活动的环境布置和环境保障任务。完成日常安全生产监督检查，持续开展送气下乡，完成平价气审核阶段性任务。供热面积1200万平方米，居民供热面积980万平方米，供暖季运行稳定正常。推进再生资源回收工作、公厕革命、垃圾分类、餐厨垃圾规范管理、制定《门头沟区再生资源回收体系建设实施方案》。完成城市管理指挥中心设立的改革要求，完成与区总工会的工作交接，制订《门头沟区城市管理指挥平台管理运行方案》，初步构建门头沟区城市服务管理体系。落实安全生产监管“党政同责”和“一岗双责”。

单位名称：北京市门头沟区城市管理委员会
地　　址：北京市门头沟区双峪路39－1号
电　　话：69854076　69854077
邮　　编：102300

（那日松）

【城指中心工作交接】　3月，区城管委完成与区总工会关于区城市管理指挥中心暨为民服务中心交接工作，同时制定《门头沟区城市管理指挥平台管理运行方案》。

（藏海啸）

【落实平价气审核工作】　7月1日起实施平价气审核工作。

（黄　伟）

【强化城乡环境整治工作督办】　年内，区环境建设管理办建立日巡查、日督办工作机制，每天建立城乡环境整治滚动台账，明确牵头单位、责任单位、整改时限，留存前后对比照片。市区脏乱点上账2431处（其中市级台账616处，区级台账1815处）按整治时限完成整治工作，下发督办单123个，整治环境脏乱区域2000余处，协调各责任单位及时高效地按照环境标准严格进行整改，其中616处市级台账全部按整改时限治理完毕并保持着100%的整改率。

（何冬阳）

【强化环境建设管理监督和考核评价】　年内，区城管委建立由人大、政协、第三方共同参与的检查机制，加大督导检查力度，将“月检查、月考评、月通报”更改为“周检查、周通报、月考评、月排名”的检查工作机制。进一步细化完善《门头沟区城乡环境问题举报工作实施办法》，建立环境问题曝光制度，在电视台、京西时报每周对环境脏乱点进行曝光，加大群众举报奖励宣传力度。坚持从月专项检查、台账整改、热线举报、迎检成果等方面每月进行考核排名，每季度进行群众满意度评价；坚持每月在区政府常务会上通报考核结果，在区政府院内进行公示，对连续排名靠后的属地主要负责人由区领导进行约谈；坚持将年度综合考核结果纳入区政府绩效考核，实施奖励机制。年内，接到群众举报各类环境问题1198件，其中1180件得到有效处理，达标率为98.5%，解决市民反映的环境脏乱问题。

（何冬阳）

【环境建设市民满意度评价】　年内，区环境建设管理办进行满意度调查工作，透过民意把握环境建设的重点，着力解决市民最关心的环境问题。每季度调查2500个样本，共1万个样本，从调查结果看，门头沟区居民环境建设满意度稳中有升，平均满意度得分为80.43分，达到“比较满意”水平。从各个主要调查指标来看，在秩序环境、设施环境方面占有一定优势，均在80分以上，达到“比较满意”水平。每季度调查出来的突出问题，如公厕卫生打扫不及时，垃圾桶周边有异味，道路清扫保洁和小广告多清理不及时，废品回收站点摆放杂乱等问题及时得到解决。坚持将满意度调查结果纳入各镇、街道环境建设季度考核评比，一方面促进各镇、街道的环境综合治理能力的提高，另一方面也促进全区环境建设满意度的提升。

（何冬阳）

【城市道路公共服务设施规范管理】　年内，区城管委在全区开展公共服务设施集中治理行动。

针对设施现状及存在的突出问题，特别是对门城主要大街、重点区域、达标道路等重点道路，以及道路交叉口、公园、过街天桥等人流密集地区等重点区域，对城市道路公共服务设施实施进行整治。6月，启动门头沟区二维码建设工作，挑选11条大街作为2018年二维码建设道路，整体进行建设改造。

（王　兵）

【加强城市夜景照明管理】　年内，区城管委完成S1线沿线、葡山公园、U型山水楼等建（构）筑物亮化工程。先后对主要大街、春节景观节点、S1线、葡山公园、U型山水写字楼等夜景照明效果和应急保障制度进行检查工作。

（王　兵）

【户外广告安全管理】　年内，区城管委组织户外广告安全自查和抽查工作，要求各镇街及相关部门对抽查不合格的户外广告进行督查整改，加强日常巡查工作，及时查处非法设置的户外广告，减少户外广告对人民群众生命和财产安全的威胁，配合做好户外广告突发应急事件的处置和有关事宜。

（王　兵）

【提升生活垃圾处理能力】　年内，全区生活垃圾清运量为9.2万余吨，厨余垃圾清运量850余吨，粪便清运量5万余吨，餐厨垃圾7000余吨，无害化处理率100%。共有生活垃圾处理设施4座，其中垃圾转运站1座、焚烧厂1座、填埋场2座。

（董　谦）

【重大活动环境保障】　年内，结合"中非论坛"、十一、空气重污染等重大活动、极端天气，积极做好环境卫生保障工作。一是要求各镇、办事处认真落实属地管理责任，突出小区、背街小巷、门前三包、院落等卫生死角，严格执行环境卫生有关作业标准和规范，做到辖区干净整洁。二是督促环卫专业作业单位要严格执行城市道路清扫保洁质量与作业要求标准，根据环境卫生责任区域，安排人员、车辆、设备，增加作业力量，提高作业频次，减少道路扬尘污染。

（李彦姣）

【厕所革命工作】　年内，区城管委完成30座公厕改造，其中深山区10座，浅山区8座，门城核心区12座。农村、城镇地区及景区100座厕所完成改造提升工作。

（李彦姣）

【垃圾分类示范片区工作】　年内，区城管委制订《2018年门头沟区生活垃圾日常运行管理检查考核办法》，并将垃圾分类第三方检查评比结果纳入区环境建设管理办检查考评体系。同时制订《门头沟区2018年垃圾分类示范片区创建工作推进方案》，并建立门头沟区生活垃圾分类推进联席会议制度，2018年完成东辛房街道垃圾分类示范片区创建工作，同步启动大峪办事处、永定镇、王平镇、龙泉镇、城子办事处的垃圾分类示范片区创建工作。

（张　瑞）

【农村垃圾分类示范区创建】　年内，区城管委在9镇1办开展农村生活垃圾分类和资源化利用示范区创建工作，王平示范镇试运行阶段，并总结王平经验，形成可复制可推广收运体系模板。

（董　谦）

【餐厨垃圾规范管理工作】　年内，区城管委建立餐饮单位管理台账524家。采用通知、公告、发放宣传彩页等多种方式对餐厨垃圾分类、收运、处理的内容、意义等进行宣传，共发放宣传单895余张，签署《餐厨垃圾收运处置合同书》524份，《餐厨垃圾调查登记表》524份，规范率为100%，共配备24辆垃圾收运车辆，共收运餐厨垃圾7000余吨。餐厨垃圾进行规范收运工作自2017年9月15日开始启动。

（董　谦）

【节日景观布置工作】　年内，区城管委完成春节、国庆等节日景观布置工作。布置以"国旗、道旗、发光灯笼、发光中国结、串灯灯带、景观小品、实景造型和夜景灯光秀"等为主题元素，对入区口道路、主要大街、群众居民区、S1线沿线、背街小巷等30余条路，6个重点点位进行景观布置。出于节能及安全考虑，设置时间控制器6个、稳压器6个。共布置灯带735米、灯串1.33万米、造型树65颗，灯饰小挂件3万余个；双峪路至永定楼前道旗悬挂19组；冯村桥、永定楼桥、河滩桥装饰共装饰24个写有"福满京城　春贺神州"扇面。与此同时在新桥大街、新桥南大街、景观大道、石担路、石龙经济开发、区莲石湖西路等11条道路灯杆上设置发光中国结448套、发光灯笼453套。S1线沿线建筑安装洗墙灯、线条灯、投光灯等5000余套，葡山公园山体及滨河路北侧建筑安装洗墙灯、线条灯、投光灯等5200余套。

（孙　璐）

【背街小巷环境整治提升工作】 年内，区城管委在城区3办2镇范围开展背街小巷环境整治提升行动。组建背街小巷环境整治提升督导组，区领导任组长，全区20余个职能部门为成员单位，统一领导部署。制定工作方案，检查台账，验收方案细则等，明确职责分工和任务台帐，层层签订责任书，做到标准统一、任务明确、责任到位、时限清楚。相关镇街严格按照标准进行规划设计、组织实施，同时将辖区划分成若干个责任区，街长、巷长和理事长，做到责任到人、无缝对接。完成15条背街小巷环境整治提升工作，完成道路平整6万平方米，拆除违建7000余平方米，绿化面积2000平方米，新设停车场2个，规范停车位约1300个。加强日常检查，共巡查40余次，参加区领导检查10余次。

（孙　璐）

【环境综合整治工程】 年内，区城管委完成月季园东里、大峪一小、桥东街等道路疏解整治促提升工程，外墙砖铺设3266余平方米，门窗更换1600余平方米，更换石材台阶1200余平方米，广告牌更换450余延米，同时开展滨河西区违规避风阁整治工作。对月季园东里、滨河西区底商沿线违规避风阁进行拆除，结合不同街区特色，从建筑物外立面、广告牌匾、空调室外机等进行景观提升，共更换广告牌匾460平方米。

（孙　璐）

【施工程现场安全和景观照明保障】 年内，区城管委完成节日期间在施工程现场安全和景观照明保障工作。一是要求施工单位制定节日期间安全保障应急预案和值班表。落实好春节期间安全保障应急救援组织机构等应急资源，达到有效防范和应对突发事故的发生；在节前做好景观照明调试工作，确保景观照明亮灯率。要求监理单位监督施工单位严格落实安全保障应急工作，并将检查监督情况上报区城管委。二是节前和节日期间加强人员配备。强化巡查力度，按照每日轮流巡视的模式，对停工现场防火、防盗、场容场貌、工棚用电等况制订相应措施并进行重点检查，提前排除各种隐患，同时安排好专人值班，公布值班电话，严肃值班纪律，值班人员一定要坚守岗位，尽职尽责，做好上情下达，下情上报工作，保证24小时值班信息畅通，明确负责人。并将值班表张贴在施工现场，完善信息沟通机制。三是区城管委针对节日期间巡查出现问题下发通知单，并组织施工、监理单位及时整改，将整改情况上报区城管委。对长安街西延（门头沟段）环保检查，检查长安街共苫盖7万平方米，围挡搭设6000平方米，灭火器配备23个，民工维权公示牌4个，防寒总面积2.17万平方米。

（孙　璐）

【市、区重点景观提升工程】 年内，区城管委完成6项景观提升工程分别是城子大街市级达标道路工程，石龙经济开发区城市景观提升工程三期工程，滨河路西段市级达标道路工程，门城地区城市景观提升二期工程，开墙打洞整治及环境秩序示范街景观提升工程，滨河西区遮雨棚及底商外立面工程，推进长安街西延门头沟段城市景观提升工程，S1线门头沟段城市景观提升工程，62341部队（原853部队）拆违绿化工程，王平镇安家庄区域环境综合整治工程，石龙经济开发区城市景观提升工程四期工程。年内，共组织相关单位、施工单位、监理单位召开会议60余次。

（孙　璐）

【616为民服务平台案件回复工作】 年内，区城管委共接到为民服务平台转件关于景观提升环境问题300余件，妥善答复，办理率100%。

（孙　璐）

【落实燃气经营行政许可管理】 年内，全区发放《燃气经营许可证》企业共7家（区液化气站、燕华液化气站、四处液化气站、华原世纪公司、新河佳园液化气站、华港创新清洁能源有限公司门头沟分公司、北京华油联合燃气开发有限公司门头沟分公司），北京燃气集团、信园液化气站持有总公司所在区发放《燃气经营许可证》，全区加强燃气行业监管工作。

（黄　伟）

【推进燃气设施建设】 年内，门城地区中压管网布局初具规模，形成相对稳定的供气网络。现有场站1座（生产基地），燃气管网约320余公里，其中次高压管网17.6公里，中压管网109公里，庭院管网193公里，调压箱（柜）291余座。天然气居民用户9.8万余户，公服用户129家，工业用户5家。

（黄　伟）

【送气下乡】 年内，区燃气办继续在斋堂、清水、雁翅、王平、妙峰山、大台、龙泉、永定、军庄、潭柘寺9镇1办实施送气下乡工程，截至12月底，共销售液化气153929余瓶。

（黄　伟）

【燃气行业标准化建设】 年内，区燃气办重点完成去年区燃气企业综合评价工作，聘请北京市劳动保护研究所对全区燃气企业进行第一轮企业综合评价工作，对存在问题企业给予书面记录，由其整改后再进行复查。组织全区燃气企业安全生产标准化工作，组织北京市劳动保护研究所对全区7家燃气企业进行标准化评价工作。

（黄 伟）

【燃气安全应急演练】 年内，为加强燃气行业的应急处置能力，区燃气办狠抓各个燃气企业应急演练工作。燃气企业逐一进行一次应急演练，区液化气站、华油燃气公司、燕华液化气站都组织大型应急演练工作。

（黄 伟）

【燃气管理执法检查】 年内，区燃气办每月对辖区所有企业进行例行检查，和安全检查相结合，共进行124次检查。

（黄 伟）

【送气下乡换瓶站修缮工程】 年内，对现有大台、大村、妙峰山、王平、斋堂、清水、付家台等7个瓶装液化气供应站修复工程，全部完工。

（黄 伟）

【送气下乡一期车辆采购工作】 年内，区燃气办与财政局沟通，更换一期送气下乡工程运营车辆20辆，完成车辆交付工作，投入运行。

（黄 伟）

【电力应急保障】 年内，区燃气办完成重要政治活动与节日电力应急保障工作，并针对高考、迎峰度夏、迎峰度冬、防汛等重要时段进行应急演练。组织修订《门头沟区电力突发事件应急预案》《门头沟区大面积停电事件应急预案》。

（谭世杰）

【集中供暖情况】 截至2018年采暖季，门头沟区16家供热单位，35座锅炉房，全部为燃气和燃电锅炉。供热面积1200万平方米，居民供热面积980万平方米。门头沟区35座锅炉房全部点火运行，经区城管委检查，各锅炉房、热力站、管线均运行稳定正常。

（贾妙帅）

【供暖服务热线建立新的联合处理机制】 年内，供暖服务热线建立新的联合处理机制。门头沟区城区90%供热面积由热力集团门头沟分公司承担，同时引进热力集团体系“96069”热线服务平台。自11月7日至30日24时供热试运行，96069热线受理3388件，其中96069坐席受理2089件，12345热线交办685件，门头沟区61696156热线转接505件，掌上热力67件，微信25件，市供热办委派13件，舆情4件。启用96069供热投诉服务平台后，门头沟区级热线受理量同比去年下降49.4%。

（贾妙帅）

【老旧小区改造工程情况】 年内，区城管委完成年度内老旧供热管网改造工程。区内老旧供热管网改造工程涉及13个小区，涉及改造面积271839平方米，改造户数3166户，改造二次管线12560米，改造楼底盘管20210米，10月15日前全部完成改造工作。其中市级为民办实事任务6个小区包含在此次改造工程中，按时完成。

（贾妙帅）

【加强地下管线管理】 年内，全区地下管线工作分为地下管线基础信息统计工作体系、地下管线运行管理体制、地下管线自身结构性隐患排查治理管理体系、挖掘工程地下管线运行安全防护、地下管线检查井井盖监督管理、地下管线防汛应急管理等6大板块。全区地下管线总长度为3424.24公里，占全市城市地下管线总长的1.75%；井盖类设施数量为57031套，占全市井盖类设施总数的1.73%。管线密度为2.36公里/平方公里，井盖类设施密度为39.31套/平方公里，万人管线保有量为106.34公里/万人，万人井盖类设施保有量为1771.15套/万人。全区城市地下管线长度排前三位的专业是供热、供水和电力，分别占门头沟区城市地下管线长度的22.66%、21.29%和18.28%；井盖类设施数量排前三位的专业是排水、供水和通信，分别占门头沟区井盖类设施数量的32.26%、26.24%和18.24%。单位管线井盖类设施保有量排前三位的专业是排水（38.09套/公里）、通信（24.82套/公里）和供水（20.53套/公里）。经过实施全区地下管线普查工程，建立完成地下管线管理信息系统。

（宋 浩）

【市政设施管理】 年内，区城管委完成市政重点工程建设任务，27项年度蓝皮书任务，交付一批市政道路，完成焦家坡综合处理厂主体建设。推进分区规划和工程手续，完成区市政基础设施专项规划和绿色能源专题规划工作，规划编制成果稳定；完善施工许可办理，银辉北路道路工程等8项工程实现施工许可后进场施工，高家园安置房等7项开工项目取得施工许可证。

（纪　寅）

【为民办实事项目】　年内，区城管委完成为民办实事项目。畅通工程打通谭园路的断头路现状，修复燕保家园周边等7条道路，切实解决出行的最后一公里问题；静态交通提升整治工程，解决多处违规乱停车、道路标志牌错误等问题；公交港湾项目，新建蓝龙家园和西山御园公交车站位置公交港湾2处；城市照明提升工程，实施潭柘寺镇、军庄镇、卧龙岗村等地区有路无灯路段整治；同时，完成4条道路大修工程，涉及育园路、城子东街、水厂北路、体北路。

（纪　寅）

【完善网格化城市管理体系】　年内，区城管委构建覆盖城乡、功能齐全、三级联动的网格化城市管理工作体系，实现城市管理问题的“六个统一”。在全区划分基础网格664个，采集7大类、173小类，共108278个城市部件数据。设置区级专职网格化城市管理巡查员50人，镇街级网格巡查员70人。全年巡查上报案件9.5万件。

（藏海啸）

【为民服务信息系统升级改造项目】　年内，为民服务信息系统升级改造项目以181.2万元确定中标公司。9月，该项目通过验收小组初步验收。12月，完成项目终验，系统平稳运行。

（马　达）

【热线受理情况】　年内，区城市管理指挥中心共受理群众来电9万余件，其中61696156政府热线受理5.7万件，12345热线交办2.2万件，所有事项中诉求类事项近5万件，信息咨询3.2件，其他类0.9万件。中心累计交办人民网地方领导留言板47件，政风行风热线受理意见和建议165件。

（藏海啸）

【强化诉求处置化解】　年内，区城管委针对疑难问题专题督办调度，组织召开现场会商会7次、专题调度会3次，出示现场10余次，上报批办单4件，报送舆情专报6期。

（薛　鑫　谢宜珈）

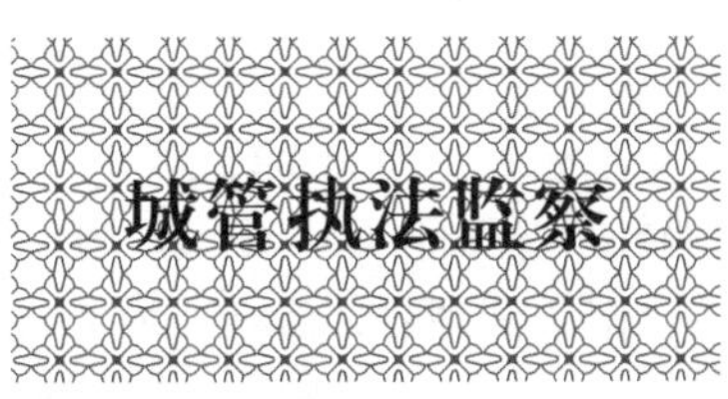

城管执法监察

【概况】　2018年，门头沟区城市管理综合行政执法监察局（简称区城管执法监察局）聚焦“疏解整治促提升”专项行动、创建全国文明城区、大气污染防治等重点任务，加大执法力度，各项工作取得成效。年内，全年共办结群众举报2697件，立案处罚3233起，罚款人民币523万余元。

单位名称：北京市门头沟区城市管理综合行政执法监察局

地　　址：北京市门头沟区龙泉花园D座1单元

电　　话：69861597

邮　　编：102300

（慈彦超）

【聚焦队伍管理教育】　年内，区城管执法监察局组织4次集中培训，培训人员450余人次。同时面向各执法队法制员开展业务培训11期，讲授最新法律法规知识，指导执法队开展法制工作。在全市城管执法系统千分制考核中，取得连续两个季度全市排名第四、生态涵养区排名第一。

（慈彦超）

【占道经营整治】　年内，区城管执法监察局会同镇街对年度挂账重点点位进行实地调研，完成点位编码和图像采集等基础工作，并针对部分管理责任、界限不清、存在争议的区域点位，组织召开专题协调会，明确责任主体。坚持问题导向，定期对举报情况进行梳理分析，督促相应镇街加大举报高发点位的日常监督检查。推广区域便民服务备案管理机制，鼓励、带动基层村居两委在不占用公共区域、不影响环境秩序的前提下，选取固定地点开办便民经营项目。拓宽热线投诉渠道，缩短问题受理时限。统一协调环境秩序保安人员，科学分配至重点点位进行盯守管控，助推属地落实治理整顿主体责任，遏制违法行为季节反弹趋势。13个镇街动态清零率100%。

（慈彦超）

【打击违法建设百日攻坚行动】　年内，区城管执法监察局牵头开展百日攻坚行动，严厉打击违法建设违法用地，拓展查处违法建设技术手段，破解巡查难、发现难的问题，引入第三方测绘公司卫星遥感数据进行违建比对，提高工作效率。同时，增加巡查频次，完善发现机制，把新生违建遏制在萌芽状态，按照动态清零标准，持续保持新生违建“零增长”目标。全年开展“打击违法建设百日攻坚”行动，拆除违法建设146.86万平方米，完成市级任务14.7倍。

（慈彦超）

【整治环境秩序】 年内，区城管执法监察局聚焦背街小巷、老旧小区、城乡结合部、门前三包等薄弱环节，对照生态文明建设示范城区测评体系指标，一户一户做宣传，一家一家明规范，一项一项抓落实，并不断创新方法，成立商户自治联盟，以自治促整治。同时，坚持“三个结合”，即执法与属地镇街紧密结合，共管共治；执法与服务群众紧密结合，有的放矢；执法与行管部门紧密结合，综合治理。强化日常管控，提升精细化管理水平，让城市每个角落都整洁安全有序。

（慈彦超）

【大气污染综合治理】 年内，区城管执法监察局围绕蓝天保卫战2018年行动计划、大气污染综合治理攻坚等专项行动，以热线举报问题为导向，定期摸排施工现场，完善工作台帐，不定期对相关在建施工单位、转运渣土公司负责人进行重点宣传，提高责任主体在施工、运输期间的环境保护意识。检查中发现的施工扬尘、道路遗撒等问题，要求责任人立即整改，逾期未改正的，进行高限处罚。对不属于城管职责的问题，及时移交相关部门进行处理，充分发挥城管监察职能。与各属地镇街及责任部门签订《露天焚烧、秸秆焚烧及街头无照售煤责任书》，明确管理目标及责任，层层压实管理责任。

（慈彦超）

【燃气安全专项执法】 年内，区城管执法监察局开展燃气安全相关违法行为普法宣传和执法检查。累计检查燃气供应企业及餐饮经营单位2550余家次，责令改正燃气安全隐患40余起，立案处罚83起。

（慈彦超）

【餐厨垃圾整治】 年内，区城管执法监察局分两波次开展“餐厨垃圾专项整治”行动，强化源头管控，深入分析影响辖区餐厨垃圾管理的突出问题，切实做到底数清、情况明、有对策，打牢执法前期基础，提高工作的针对性和时效性。同时，将“门前三包”、燃气安全、生活垃圾和餐厨垃圾分类情况“三合一”捆绑执法，结合到一次执法检查行动中，以细致、严谨为标准，由店外到店内逐一进行，提高执法成效。

（慈彦超）

【严查非法小广告】 年内，区城管执法监察局会同区社会办、属地政府，督促物业公司、村（居）委会落实清理主体责任，加大对辖区老旧社区、非封闭式社区内非法小广告问题的综合治理，逐步健全长效机制。全年累计移送停机非法小广告号码64个，处罚523个。同时，在加大处罚、停机、移交的基础上，申报“城管志愿者清理非法小广告”为民办实事项目。组建“蓝马甲”志愿服务队，招募社会志愿者50余人，分成8个小组，坚持每天对门城、新南城、三家店、石门营等主要大街小广告进行清理，全年累计清理非法小广告40万余张。

（慈彦超）

【督察监督】 年内，区城管执法监察局开展环境秩序综合治理，充分发挥综合执法、综合监管、综合协调职能作用。进行街面秩序督察检查520余次，向执法队反馈问题1907处，向属地镇街及相关委办局派发区级监管通知单728件，协调解决施工工地、无照经营、堆物堆料、违规设置广告牌匾、暴露垃圾等城市管理热点、难点问题。

（慈彦超）

棚户区改造

【概况】 2018年，门头沟区采空棚户区改造建设中心（简称区棚改中心）全体干部员工团结协作、狠抓落实，完成年度交房任务。年内，完成全年固定资产投资任务17.94亿元。完成区政府年度安置房建设及交付任务，小园8号地块、曹各庄北地块、小园4、5号地块及石门营经改棚小园3号地块、城子村委会等7个安置房项目，共计14307套安置房的入住交钥匙工作完成，安置人口3万余人。坚持依法依规行政，有序加快前期手续办理速度。其中老200万平方米定向安置房项目完成土地划拨和协议出让，同步加快建设工程规划许可证办理工作。新增100万平方米安置房项目手续办理工作快速推进。

单位名称：北京市门头沟区采空棚户区改造建设中心
地　　址：北京市门头沟区门头沟路10号南楼
电　　话：69820206
邮　　编：102300

（李文朝）

【督导检查】 5月29日，区领导陈国才带领区人大各副主任及人大代表，到小园8号地对棚改工程建设情况进行实地考察。11月22日，区领导付兆庚等及区各委办局一行到曹A、小园3A地块、小园3#、4#地块（经改棚）

视察。检查棚户区改造安置房项目有关情况，重点解各项目施工进度、存在问题以及现场落实安全生产有关情况。

（李文朝）

【棚改工程成果】 年内，完成14307余套安置房的入住交钥匙工作，安置人口约3万人。7月，小园8号地块交付978套安置房。9月，曹北地块交付1788套安置房。11月，小园4、5号地块交付2427套安置房。12月底，城子村委会地块交付1256套安置房。小园3A号地块交付968套安置房。12月，曹各庄A地块交付2108套安置房。石门营地块（小园经改棚3号、4号）交付4782套安置房。

（李文朝）

供　水

【概况】 北京市自来水集团有限责任公司门头沟分公司是北京市较早的一座地表水厂。1953年由北京市自来水公司兴建，原名城子水厂。2001年公司改制后更名为北京市自来水集团门城自来水有限公司。2009年由子公司变更为分公司，以加工、制造、销售自来水为主营业务，兼营安装、修理防腐供水设备，水管，水表等业务。公司占地5.3万平方米，一期设计生产能力4.32万立方米/日，二期设计生产能力8.64万立方米/日，厂外补压井设计生产能力2.1万立方米/日，总供水能力10.74万立方米/日。采用树状独立管网，管网总长度425.44千米。原水依托“东水西调给水工程”，由团城湖经玉泉山、杏石口、麻峪三级泵站送至城子水厂。2014年年底，开始使用南水北调水源。并与禹通公司配合，完成门头沟分公司28.8公里管网喷涂及换管改造工程。2015年，水厂二期改扩建全部完工，在原有混凝、沉淀、过滤、活性炭吸附、消毒的基础上，新增臭氧与压力式超滤膜深度处理系统。2016年3月，作为北京市自来水集团第一座压力式超滤膜，该系统完成调试投产运行。主要供水区域包括为：门城镇地区及石景山的广宁、麻峪、五里坨、黑石头地区。现有25座加压泵站，18眼补压井。分公司下设管理部、综合保障部、维修工程部、营销部、配水车间、净水车间6个部门，在职职工总数120人。年内，分公司总供水量2331.86万立方米。

单位名称：北京市自来水集团有限责任公司门头沟分公司
地　　址：北京市门头沟区城子大街128号
电　　话：69842649
邮　　编：102300

（张雯珺）

【“一企一村”帮扶】 年内，门头沟分公司对清水镇齐家庄村进行结对帮扶，充分发挥企业优势，做到精准帮扶、技术支持，投入4万余元对村内自来水管线进行维修；提供维修和绿化岗位，解决8名贫困人员就业问题；“七一”期间对村里老共产党员进行慰问，春节前对全村村民进行慰问。

（张雯珺）

【“三供一业”移交】 年内，门头沟分公司推动国有企业职工家属区“三供一业”分离移交工作，接收原京煤集团管辖的18个地块，28个小区从总表至楼门表之间的管线，移交住户1.4万余户。

（张雯珺）

供　电

【概况】 国网北京市电力公司门头沟供电公司（简称门头沟公司）是国网北京市电力公司直属供电企业，负责门头沟地区1455平方公里范围内的电网规划建设、运行管理、电力销售和19.39万客户的供电服务工作，肩负着为门头沟地区经济社会发展和地区生产、生活安全供电的光荣使命。截至2018年底，门头沟公司所属110千伏变电站7座，变压器16台，变电容量663MVA；拥有35千伏变电站5座，变压器10台，变电容量140MVA。门头沟公司负责运维的110千伏架空输电线路7条，65.12公里；负责运维35千伏架空输电线24条，159.25公里。负责运维10千伏架空线路长度910.014千米；10千伏电缆线路长度617.57千米。年内，完成35千伏潭柘寺变电站主变改造工程、35千伏韭园变电站主变改造工程、35千伏灵山变电站主变改造工程，为潭柘寺、韭园、清水地区冬季采暖负荷提供保障；完成“两会”和“中非合作论坛”2项特级供电保障工作，实现保电期间主配网“零故障”、设备“零闪动”；完成12座变电站、159座开闭站配电室的溢水报警装置安装；开展雨前雨中雨后特巡，及时处理杆塔基础护坡缺陷，完成迎峰度夏和防汛工作。年内，完成售电量11.8622亿kWh；完成线损率6.92%；完成业扩送电项目5081个，送电容量61594千伏安，送电容量61594千伏安；完成接收居民用户15881户，35千伏用户变电站8座及全部居民小区用户配电资产。完成35个村9703户农村“煤改电”配套电力工程建设任务。

单位名称：国网北京市电力公司门头沟供电公司
地　　址：北京市门头沟区滨河路66号
电　　话：69844354
邮　　编：102300

（谭久俞）

【服务地区发展建设】 1月30日，王平110千伏变电站竣工投产，为山区“煤改电”负荷接入提供坚强保障。2月8日，王平变电站在投产10天内完成配套10千伏切改送出，带上地区煤改电负荷。3月17日，门头沟公司领导带队到潭柘寺镇政府走访调研，了解用电诉求以及需要供电公司协调处理的用电问题，就进一步加强地方电网建设和优质服务交换意见。28日，公司营销部工作人员走访阜外心血管病医院和北京精雕科技集团，开展“三零”服务宣传。4月3日，门头沟公司与区自来水公司进行座谈交流，就“多表合一”工作、分布式光伏增容和共同服务地方发展等问题与自来水公司进行沟通。7月24日，门头沟公司完成门头沟棚改区改造项目曹北地块3个小区配电室的送电任务，为居民及时入住提供保障。8月7日，门头沟区政府召开“网格化”电网规划审核会，专题审议并通过门头沟地区“网格化”电网规划。27日，门头沟公司与京煤集团签署供电分离移交实施协议，标志京煤集团“三供一业”供电分离移交工作进入实施阶段。9月30日，35千伏韭园变电站主变增容工程竣工，有效提升妙峰山地区供电能力。10月31日，门头沟公司35千伏潭柘寺变电站主变增容工程竣工，有效提升潭柘寺地区供电能力。12月20日，门头沟公司完成“三供一业”用户变电站隐患排查及接收工作，与京煤集团、506厂签订“三供一业”供电资产分离移交协议，接收用户变电站5座。26日，门头沟公司完成“三供一业”供电分离移交协议签署工作，涉及北京京煤集团有限责任公司、北京昊华能源股份有限公司、北京东方机电有限公司、中铁三局集团第四工程有限公司4家国有企业。

（谭久俞）

【保障地区电网安全】 2月7日，门头沟公司组织运维人员对辖区高低压线路设备进行全面巡检，对党政机关、供暖企业、医院等重要单位和用户的供电设施进行仔细检查消缺，并有针对性地制定出应急预案。3月3日，门头沟公司组织专业人员对4条220千伏输电通道加强巡查和监管力度，及时发现、消除隐患，全力确保全国政协会议开幕式期间辖区电网的安全稳定运行。4月26日，门头沟公司经理、党委书记、副经理到区教委走访调研，主动服务，护航学校安全用电。11月12日，门头沟公司永定供电所线路运行人员对“煤改电”村线路、设备开展夜间巡视及测温测负荷，采取多项措施保障供暖季“煤改电”区域可靠用电。

（谭久俞）

【督导检查】 2月9日，区领导带队到门头沟公司重要变电站检查春节期间供电保障工作。14日，区领导付兆庚一行到门头沟公司，慰问春节期间依然坚守在工作岗位的供电一线员工，并送上慰问品。4月13日，付兆庚带队到门头沟公司就营商环境措施落实情况进行调研检查。8月1日，区领导一行到门头沟公司慰问调研，区住建委、区城管委、规划国土分局负责人及潭柘寺、永定镇政府相关人员陪同调研。6日，区领导张力兵等到门头沟公司110千伏城子变电站，就电力设备运维、度夏防汛、应急处置等工作开展现场督导。

（谭久俞）

【共产党员服务队活动】 3月1日，门头沟公司共产党员服务队到区第一幼儿园组织“电力安全知识进校园”活动。服务队向小朋友们介绍电力设施保护及安全用电常识，共同上好新学期电力安全第一课。5月31日，门头沟公司共产党员分队到区幼儿园，组织开展“善用电更安全”公益活动，介绍电力设施保护及安全用电常识的同时，与小朋友们共度六一儿童节。8月26日，门头沟公司作为“全国文明单位”，组织共产党员先锋队开展创建全国文明城区志愿服务活动，帮助市民提升文明交通素质，共同努力构建安全畅通文明有序的交通环境。9月15日，门头沟公司在滨河西区举办以“掌上电力随心购　便捷生活随心享”为主题的全市电费交费日宣传活动。11月14日，门头沟公司龙泉供电所党员服务队队员到倚山嘉园社区，向社区居民发放服务卡、安全用电手册，将“电力服务热线”送到百姓身边。12月6日，门头沟公司共产党员服务队“电力”老师到区幼儿园给孩子们讲解安全用电知识。28 日，门头沟公司龙泉党员服务队到三家店东南街社区举行安全用电消防知识讲座，对“三零”服务，便民渠道购电，故障抢修等作介绍。

（谭久俞）

【保电任务】 3 月 10 日，门头沟公司完成门头沟区 2018 年高考英语听力考试保电工作。20 日，完成两会保电任务。24 日，门头沟公司启动三级政治供电任务，保电人员放弃周末休息上岗值守，完成门头沟区 2018 年中考英语听力考试保电任务。9 月 5 日，门头沟公司开展各项保障工作，确保输电通道设施和城市运行供电保障万无一失，完成中非论坛供电保障工作。

（谭久俞）

【公众开放活动】 3 月 15 日，门头沟公司开展“优化营商环境，共享卓越服务”主题宣传活动，在石龙工业区管理委员会召开“三零”服务及优质服务座谈会，宣传推广“三零”服务举措，介绍石龙地区电费电价、服务流程和安全用电等相关服务流程，推广综合能源节能项目。5 月 14 日，门头沟公司联合市城管委召开“提升获得电力、助力小微企业”新闻发布会，介绍公司优化营商环境“三零”服务创新举措和最新成效。17 日，门头沟公司与区政府办、公安分局、中国电信等单位联合开展“三电”设施保护宣传活动，共发放各类宣传资料 300 余份，接受咨询 60 余人次。24 日，门头沟公司联合区城管委、公安分局联合开展电力设施保护宣传活动。11 月 15 日，门头沟公司分别在所辖龙泉、永定、潭柘寺等村镇及各营业厅开展以“情系万家电暖京城”为主题专项活动，展示公司实施“煤改电”工程、落实供暖保障措施，为首都空气污染防治所做的努力和取得的成效。12 月 6 日，门头沟公司清水供电所与清水镇政府联合开展志愿服务活动，组织员工到洪水口村为村民提供掌上电力推广、“煤改电”入户走访及便民举措宣传等服务。

（谭久俞）

【表扬表彰】 6 月 4 日，西杨坨村委会书记将一面印有“情系百姓鼎力相助”的锦旗送到门头沟公司，感谢供电所快速反应、延伸服务，及时为村民消除配电隐患恢复供电。7 月 26 日，北京振远护卫中心将一面印有“严谨树行业标杆高效服务展电力风采”的锦旗送到门头沟公司妙峰山供电所，感谢供电所快速响应、冒雨抢修，连夜为护卫中心恢复供电。10 月 17 日，新河西路社区负责人到龙泉供电所，将一面写有“高效快捷服务优心系百姓促创城”的锦旗送到龙泉供电所，对该所紧急处理客户内部故障、开展延伸服务表示感谢。24 日，门头沟区住建委主任一行，将 2 面锦旗送到门头沟公司，对公司在棚户区改造安置房的供电配套项目建设中主动参与、真诚服务表示感谢。11 月 27 日，区领导付兆庚一行到北京市电力公司，赠送印有“人民电业为人民服务民生见真情”的锦旗，感谢门头沟公司在促进地区经济社会发展、服务重大民生项目等方面的大力支持和坚强供电保障。

（谭久俞）

【推进清洁替代工程】 9 月 14 日，门头沟公司完成 35 个村 9703 户农村“煤改电”配套电力工程建设任务，电费直补工作全部到位，用户如期用上电采暖。完成外部节能收入 116 万元、完成节约电量 326.1 万千瓦时、完成节约电力 0.1 万千瓦。12 月 21 日，门头沟公司分别在所辖龙泉、永定、斋堂等村镇及各营业厅开展以“首都卫蓝暖心服务日——贯彻落实习总书记提出北方地区清洁取暖指示两周年”为主题的专项活动，全面展示公司积极履行社会责任，全面落实公司供暖保障措施，宣传公司为首都空气污染防治举措所付出的不懈努力和取得的丰硕成果，营造为民服务的良好氛围，树立国家电网服务民生的责任央企形象。

（谭久俞）

【下属单位情况】

单位名称：国网北京市电力公司门头沟供电公司龙泉供电所
电　　话：69844656

单位名称：国网北京市电力公司门头沟供电公司永定供电所
电　　话：69804934

单位名称：国网北京市电力公司门头沟供电公司妙峰山供电所
电　　话：61881412

单位名称：国网北京市电力公司门头沟供电公司雁翅供电所
电　　话：61830371

单位名称：国网北京市电力公司门头沟供电公司斋堂供电所
电　　话：69819754

单位名称：国网北京市电力公司

门头沟供电公司清水供电所
电　　话：60855075

（谭久俞）

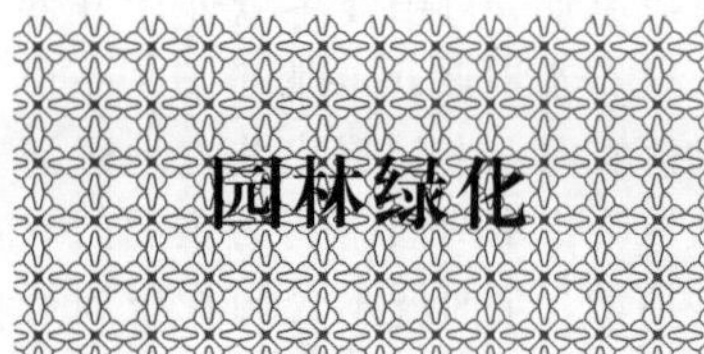

【概况】　2018年，门头沟区园林绿化局完成年度各项目标任务。截至年底，全区林地面积13.46万公顷，森林覆盖率为46.61%，林木绿化率为70.02%。绿化覆盖面积1719.48公顷，园林绿地面积1643.39公顷；绿地率为44.12%，绿化覆盖率（含水面）为46.16%，人均绿地面积为62.39平方米，人均公园绿地面积为29.99平方米。

单位名称：北京市门头沟区园林绿化局
地　　址：北京市门头沟区石龙北路33号农林大厦
电　　话：69842575
邮　　编：102300

（杨　超）

【行政许可】　3月6日，区园林绿化局建立“两纵两横三明确”工作体制机制。

（杨　超）

【绿海运动公园建设项目】　3月15日，区绿海运动公园建设项目启动施工。该项目位于门头沟新城中部，呈东北向西南带状分布。北至中门寺沟，南至冯村沟堤坝，东西边界以两侧规划路为界。建设总面积53.36公顷，总投资1.5亿余元。

（杨　超）

【义务植树】　3月30日，区领导及各界代表160余人在区永定河森林公园参加以“弘扬生态文明，建设宜居宜业宜游门头沟”为主题的全民义务植树活动，共栽植树木330余株。年内，区绿委共发动1.8万余人参加植树、抚育、宣传等活动，栽植树木3.6万余株，养护树木59.8万余株。在繁华路口设立宣传咨询站13个，发放“义务植树宣传手册”“碳汇知识宣传手册”“种子法”“林木病虫害防治手册”“森林防火宣传材料”绿色生态购物袋、宣传折页等15种1.8万份。

（杨　超）

【绿化美化创建服务指导】　6月13日，区绿化办工作人员先后到区北京第八中学京西校区、大峪二小等创建单位进行绿化美化创建服务指导工作，对在绿化美化建设中存在的绿地裸露、绿篱缺失等问题及时指出并提出合理化建议，同时对其绿化美化整体布局、种类配置等栽植技术进行指导，并根据创建单位的绿化美化实际需求给予月季花卉的绿化支持。

（杨　超）

【创城工作】　7月17日，区园林绿化服务中心及各公园在公园设置宣传橱窗70余块，安放文明宣传牌500余块，发放“文明游园须知”等宣传材料3000余份。

（杨　超）

【新一轮百万亩造林】　年内，区园林绿化局山区完成新一轮百万亩造林工程。完成造林栽植面积4.5万亩。其中山坡台地及拆迁腾退地造林项目整体全部完成，栽植面积1.382万亩；山前平缓地造林项目完成栽植面积6130亩。荒山造林项目工程完成栽植面积2.505万亩。留白增绿项目全年总任务14.61公顷，全部完成。

（杨　超）

【京津风沙源治理二期工程】　年内，区园林绿化局完成2018年京津风沙源治理二期工程。实施面积1.5万亩，共计33个地块，总投资7500万元，共栽植各类苗木88万余株。配套措施包括水管84919.2米，水泵184台，临时蓄水池169座。

（杨　超）

【森林健康经营林木抚育项目】　年内，区园林绿化局完成森林健康经营林木抚育任务，建设任务8.7万亩，投资3560.7万元，完成建设2个示范区，分别为清水达摩庄示范区、妙峰山岭角示范区。

（杨　超）

【林业产业发展】　年内，区园林绿化局完成果园基础设施提升项目园区1个，总面积60亩。建设规模化养蜂基地1400平方米。发放“猛力28”氨基酸果树专用肥1万桶，惠及果园面积6000亩。举办果蜂各类培训班8次，培训果农、蜂农、技术人员1000余人次。组织开展退耕还林钱粮兑现工作，验收合格面积22529.86亩，兑现原粮112.65万公斤，发放现金补助45.06万元。

（杨　超）

【国家级公益林管护项目】　年内，区园林绿化局完成国家级公益林管护项目建设任务，中幼林抚育1.6万亩，涉及清水、斋堂、雁翅3个镇，具体抚育措施包括疏伐、补植、割灌和人工促进天然更新等。

（杨　超）

【保障性苗圃名录库成立】 年内，区园林绿化局通过公开招标的方式成立门头沟区保障性苗圃名录库，现有保障性苗圃企业18个，其中北京11个，山东1个，河北2个，天津1个，河南3个。

（杨 超）

【古树保护】 年内，区园林绿化局完成古树抢救复壮、病虫害防治195株，普查古树1700余株。

（杨 超）

【果品安全】 年内，区园林绿化局完成检测果品120份，共计360公斤，其中向北京市食用林产品质量安全监督管理事务中心和北京市农林科学院林业果树研究所送检果品和蜂产品72份。包括樱桃、鲜杏等10余个品种，对送检果品的农药残留情况、重金属等有害物质含量进行检测，检测合格率达到100%。

（杨 超）

【林业保护】 年内，区园林绿化局优化完善测报点470个，测报虫种25种，测报人员229名，覆盖全区9个镇，5个林场，6个相关单位。飞机防治林业有害生物50架次，预防面积7.5万余亩。共签发产地检疫合格证15份，签发植物调运检疫要求书1800份。首次购买社会化服务公司进行现场检疫调查工作。完成木材检查，共检查苗木运输车辆54辆，共计4.68万株。

（杨 超）

【绿地养护】 年内，区园林绿化局完成全区公园绿地养护任务。明确划片分工职责等措施，对全区365.73万平方米的绿地实施精准养护。

（杨 超）

【下属单位情况】

单位名称：北京市公安局门头沟分局西峰寺森林公安派出所
地　　址：永定镇景观大道南段（河提路）
电　　话：61803514
邮　　编：102300

单位名称：北京市公安局门头沟分局色树坟森林公安派出所
地　　址：王平镇王平大街东路16号
电　　话：61859437
邮　　编：102300

单位名称：北京市公安局门头沟分局百花山森林公安派出所
地　　址：清水镇清水林场院内
电　　话：60855814
邮　　编：102311

单位名称：北京市公安局门头沟分局小龙门森林公安派出所
地　　址：清水镇小龙门林场院内
电　　话：61827899
邮　　编：102311

单位名称：北京市门头沟区应急救援大队
地　　址：雁翅镇成人教育中心
电　　话：61871119
邮　　编：102305

单位名称：北京市门头沟区西峰寺林场
地　　址：门头沟区石龙西路临1号
电　　话：60804909
邮　　编：102308

单位名称：北京市门头沟区林业工作站
地　　址：门头沟区石龙北路33号农林大厦10层
电　　话：69804941
邮　　编：102300

单位名称：北京市门头沟区林业保护站
地　　址：门头沟区石龙北路33号农林大厦10层
电　　话：61864246
邮　　编：102300

单位名称：北京市门头沟区园林绿化服务中心
地　　址：门头沟区滨河路22号
电　　话：69858419
邮　　编：102300

单位名称：北京市门头沟区黑山公园
地　　址：门头沟区黑山大街12号
电　　话：69842990
邮　　编：102300

单位名称：北京市门头沟区滨河公园
地　　址：门头沟区双峪路20号
电　　话：69827551
邮　　编：102300

单位名称：北京市门头沟区滨河世纪广场公园
地　　址：门头沟区滨河路22号
电　　话：61807576
邮　　编：102300

单位名称：北京市门头沟区京浪岛文化体育公园
地　　址：门头沟区三家店
电　　话：54718523
邮　　编：102300

单位名称：北京市门头沟区永定河森林公园
地　　址：门头沟区景观大道
电　　话：60800897
邮　　编：102300

单位名称：北京市门头沟区永定河公园
地　　址：门头沟区滨河路
邮　　编：102300

（杨　超）

水资源开发利用

【概况】　2018 年，门头沟区完成门城水厂主体工程和潭柘寺供水干线工程建设，潭柘寺镇供水紧张形势得到缓解。实施农村污水管网建设工程，完成 110 千米建设任务，实施农村污水处理设施 PPP 项目，完成 31 个村的污水处理厂站新改建任务。河长制工作稳步推进，对 66 条 658 千米河道实施全覆盖，510 名河长（区级河长 15 名、镇街级河长 139 名、村居级河长 356 名）职责进一步明确，防汛应急能力有序提升，水务日常管理水平稳步增强，党建引领地位不断提高。

单位名称：北京市门头沟区水务局
地　　址：北京市门头沟区石龙北路 33 号 7 层
电　　话：69842049
邮　　编：102300

（张福芬）

【水土保持监测与科研】　8 月 28 日，区水务局编发《门头沟区水土保持公报 2017》。完成龙凤岭科技园区、南涧文化墙改造工程，完成南涧沟道站改造及数据传输到总站的工作。编制完成 2019——2035 水土保持规划，并通过政府会审议实施。汛前完成担礼、田寺、清水、南涧沟监测点的仪器检测检修工作，暂停南涧沟道站的观测。完成田寺、清水、南涧沟、担礼水土保持监测点的坡地径流场观测工作，现场监测时间为 5 月 1 日至 9 月 30 日。经统计：田寺出流 7 次，清水 4 次，担礼 12 次。对南沟、南涧沟、河北、西达摩、田寺、上苇甸 6 条典型小流域水质调查监测。

（高顺光）

【优化营商环境　深化行政审批流程】　年内，区水务局优化营商环境深化行政审批流程，清理所有“兜底条款”审批前置条件和申报材料，完善对外公示材料；水影响评价与环境影响评价、交通影响评价等评价通过“多规合一”协同平台同步开展，同时通过平台加强事中事后监管。优化、精简排水接入报装手续及办理时限，并入驻政务大厅，由对外窗口统一受理接件，与燃气等市政公用基础设施接入环节一起实现“一站式”窗口服务，并联办理。调整市、区两级部门“9 + X”行政职权事项，将原有区级 5 项公共服务事项精简至 1 项，并对所有事项受理材料、办理时间、办理地点等办事要素信息进行全面梳理。全年办结行政许可事项 83 件，受理且办结平台投诉转办案件 908 件，接待来人、电话咨询 110 件。

（张福芬）

【水行政执法监管】　年内，区水务局深化“双随机一公开”水行政执法监管机制，进一步加强水行政执法力度，执法数据录入北京市行政执法信息平台。全年水政执法检查 1977 次，出动人数 800 人次，出动车辆 230 车次，其中联合执法 50 次，出动人数 200 人。查处违法行为 40 起，在地表水饮用水水源一级保护区游泳 7 起，在地表水饮用水水源一级保护区钓鱼 14 起，清理垂钓、游泳人员 410 余人次。一般程序立案 15 起，结案 15 起，罚款 28.38 万元。当场处罚简易程序 25 个，罚款 3050 元。

（刘腾飞）

【法律法规宣传】　年内，区水务局完善水法律顾问制度强化水法律法规宣传，为推进全区水务的法治化发展，与中瑞律师事务所和营建律师事务所建立法律顾问制度，专门接受水务各类涉法事项咨询和案件受理事项。以“3.22 世界水日”“5.12 防灾减灾日”“12.4 国家宪法日”等宣传活动日为契机，以创建文明城区法治宣传为立足点，组织成立多个宣传小组。全年共向广大市民发放宣传材料 5.6 万份，现场接受咨询、服务 2.8 万人次。

（赵　鹏）

【水资源管理】　年内，区水务局实行计划管理总量控制，落实最严格水资源管理制度考核，全年严格实行单月预警，双月考核制度，全年实际用水量为 4991.94 万立方米，其中农业用水 399.05 万立方米、工业用水 279.2 万立方米、生活及公共服务用水 2881.73 万立方米、生态环境用水 1431.96 万立方米，其中新水用量 4283.87 万立方米，再生水用量 708.07 万立方米，实现用水总量控制在 5715 万立方米计划指标内。

（李德龙）

【地下水监测情况】 年内，门头沟区现有地下水监测井8眼，其中人工观测井5眼，主要分布在山区，平原地区共设有地下水水位自动监测井3眼；据简报井观测资料，2018年地下水平均埋深为16.96米。

（吕 晶）

【供水管理】 年内，区水务局投资24787万元实施门城水厂工程，建设规模10万立方米/天。截至年底，完成工程的80%。投资8306万元完成潭柘寺镇中心区供水干线工程且具备通水条件。军庄镇供水干线工程正在推进中。接收王平水厂，推进水厂及供水管线的改扩建工程。

（王海琨）

【农村污水处理设施PPP项目】 年内，区水务局引入社会资本21200万元亿元实施农村污水处理设施PPP项目，新建、改建130座污水处理站，总处理规模15230立方米/天，涉及妙峰山镇、王平镇、大台办事处等9个镇（街）91个村庄、17个景区和9个部队，该项目5月开工，截至年底完成工程的35%。

（李 响）

【污水管网改造完善工程】 年内，农村生活污水处理项目—污水管网建设工程完成污水管网建设260千米，完成投资20198万元。完成老城区排水管网提升改造工程（一期）。推进老旧小区排水改造工程，计划改建管线2535米、排水沟676米，新建检查井103座、雨水口120个。项目建议书已批复，且完成环境影响评价、水影响评价、用地意见和规划意见等手续，区发改委正式批复立项。

（李 响）

【排水设施管护和再生水利用】 年内，加强201.8千米的雨水、污水管线管护，全年巡视管线5.2万千米，处置污水应急事件2次。2017年11月31日门头沟区第二再生水厂投入运营，新城地区污水由门头沟区第二再生水厂进行处理。2017年11月31日原门城污水处理厂正式停止运行。2018年3月13日门头沟区再生水厂正式停止运行。对第二再生水厂和镇级污水处理厂的运行开展监督管理，聘请第三方检测进出水水质171个、巡查132次，对农村污水处理设施管护检查1072次，发现的问题全部整改完成。保证年处理污水1587万立方米，年再生水利用量708万立方米。

（李 响）

【节水管理】 年内，区水务局投资313.525万元创建节水型单位40个、节水型小区2个、节水型村庄5个（斋堂镇5个民俗旅游村），完成20个用水单位的用水分析。项目主要内容包括：水平衡测试，完善计量水表、节水器具、制定各项管理制度、开展节水宣传、节水技术培训服务、制作节水宣传栏、发放节水宣传资料等，开展节水宣传讲座等。安装水表288块、更换节水型器具12221件套、安装LED宣传屏35块、亚克力宣传画244块。开展城镇居民家庭节水器具普及率调查。

（李德龙）

【节水宣传力度】 年内，区水务局与区广电、民防局、教委及科协联合开展媒体宣传，启动社区、学校、公园及繁华地段LED屏162块，在宣传周期间滚动播出节水宣传口号、公益宣传片，开展节水宣传。利用斋堂镇、王平镇、妙峰山镇、军庄镇8个村的LED屏开展节水宣传。以“实施国家节水行动、让节水成为习惯”为主题开设居民家庭节水知识讲堂，向居民讲解节水常识、节水器具的识别及节水小窍门。以“节约用水就是保护生态，保护水源就是保护家园”为主题，为村民讲解节水知识，解答村民关于节水、用水的热点难点问题。累计发放节水宣传材料（单、册、画）3100份，接待咨询260人。

（李德龙）

【防汛抗旱】 年内，区水务局发布气象暴雨预警19次，（黄色Ⅲ级预警8次、蓝色Ⅳ级预警11次），启动防汛应急响应7次（黄色Ⅲ级响应1次、蓝色Ⅳ级响应6次），地质灾害气象风险预警17次（橙色Ⅱ5次、黄色Ⅲ级8次、蓝色Ⅳ级4次）。汛期多次利用广播、电视、互联网、村无线预警广播发布预警，发布联通、移动提示预警短信100万人次，发放清障通知书300份，避险明白卡3600张，防汛知识手册材料1万份。45条山洪泥石流沟道、161条野山野沟实行全部封闭管理；183处地质灾害隐患点和62座小塘坝等重点部位实施监控；落实镇村防汛转移安置点113处，累计转移安置群众3000人次。

（刘思佳）

【防汛工程】 年内，区水务局投资15128万元实施城子、东西辛房排洪沟及截洪沟治理工程（一期），该工程2016年底获区发改委批复，建设内容包括城子地区和东西辛房地区6条排洪沟及19条截洪沟及矿建路管涵等，总长10.048千米。该工程2017年7月开工，2018年底完成工程的

85%。

（刘思佳）

【雨洪利用工程】 年内，区水务局实施京西八中附小、赵家台村、斜河涧村3处雨洪利用工程，完成项目施工、监理招投标工作。

（高顺光）

【水环境治理工程】 年内，区水务局完成第一至四阶段中小河道治理工程验收工作。完成田寺沟治理工程和黄塔沟治理工程。完成潭柘寺镇朱砂岭沟流域治理工程河道5.97千米治理任务的主体工程。西峰寺沟上游主沟及支沟治理工程完成可研编制。

（王海琨）

【水生态建设】 年内，区水务局投资4793.4万元完成9条小流域建设的市政府为民办实事项目，治理70.38平方千米：继续实施两项折子工程，投资1560万元完成2017年国家水土保持重点建设工程，治理任务24平方千米，涉及南沟、西达摩、韭园、刘家峪沟4条小流域；投资1738.75万元完成2017—2018年度京津风沙源小流域治理的折子工程，治理25平方千米，涉及田寺、湫河沟、泗家水3条小流域。投资2086.5万元实施2018年京津风沙源小流域综合治理工程，涉及苇甸沟、军庄、水泉子、上达摩、东胡林、桑峪6条小流域，治理任务30平方公里，年底完成施工招投标工作。投资2080万元实施2018年国家水土保持重点建设工程，涉及后港、林子台、樱桃沟、赵家台4条小流域，治理任务32平方公里，该工程年底完成60%。投资1950万元实施2018年生态清洁小流域综合治理工程，涉及潭柘寺、闸东、冯人寺沟、中门寺沟、马套5条小流域，治理任务30平方公里，该工程年底完成20%。继续实施清洁流域后期管护工作。

（高顺光）

【水土保持监督管理】 年内，区水务局完成潭柘寺镇中水一号加压泵站工程、门头沟“1311”项目配套10千伏供电工程、门头沟新城冯村地区（一期）居住等42处项开发生产建设项目水土保持方案的落实监督检查工作。协助门头沟新城20街区MC00－0020－0022地块A33基础教育用地新建幼儿园工程、军庄镇灰峪村石灰石矿废弃矿山生态修复示范工程（一期）、龙泉镇MC00－0010－6004地块B2商务用地项目、门头沟区水毁修复工程等21个水影响评价报告书、报告表、登记表的审批工作。完成市水务局下发的22处疑似水土保持违法项目核查工作。征收北京市石龙经济开发区产业孵化中心三期建设项目、北京华电门头沟区域能源中心—潭柘寺镇镇区供热工程项目、王平110千伏输变电工程、门头沟区增华兴农副产品交易市场建设工程、北京华电门头沟区域能源中心——潭柘寺镇镇区供热工程项目等所在单位水土保持补偿费961278元。

（高顺光）

【水生态文明城市试点建设验收】 年内，区水务局筹备水生态文明城市试点验收事项，开展资料收集、自评估、宣传教育、社会调查等工作。完成总结报告与规章制度汇编等书面材料编写，画册、展板、标语等制作宣传品制作，拍摄宣传片。8月17日，评估组对水生态文明城市建设试点工作进行技术评估，在现场查勘、听取汇报、查阅资料、质询评议、现场打分的基础上，最终评议门头沟区水生态文明城市建设试点技术评估综合得分93.1分，等次优秀，符合开展行政验收条件。

（谭荣涛）

【城市景观提升水环境保障工程】 年内，区水务局实施“三位一体”城市景观提升水环境保障工程。该工程分两期，工程一期项目建议书取得区发改委批复，环评、水评、稳评等其他前期手续办理完毕，勘察设计、施工、监理招标工作完成，中标单位进场施工。

（谭荣涛）

【水务行业安全生产及大气污染防治】 年内，区水务局建立健全水务工程在施工程台账、非道路移动机械台账、空气重污染应急减排清单台账，监督潭柘寺朱沙岭沟流域综合治理工程、城子东西辛房截洪沟治理工程、老城区排水管网提升改造工程等10项水务工程。全年进行安全生产执法检查168次，消除安全隐患290项，安全生产处罚2起。“水利安全生产信息上报系统”月统月报收录属事业单位、农民用水协会17个，收集水利企事业单位及所管已建、在建工程基本信息10项、月报表408份。落实蓝天保卫战2018年行动、秋冬季大气污染综合治理攻坚行动、中非合作论坛空气质量保障，以治理扬尘为重点督促责任主体落实工作责任。

（刘　佳）

【水利工程建设质量监督】 年内，区水务局完成监督农村污水场站建设工程、污水管网改造工程、水土保持工程、中小河道治理工程及水库移民安置工程等各类水务工程30项，开展检查220次。委托甲级资质的检测机构进行专业抽样检测220次，涉及钢筋、水泥、砂等原材抽检，混凝土抗压、抗冻、抗渗试块抽检，砂浆抗压强度检测，回弹检测。下发整改通知30份，督查整改落实达到100%。举办在监工程参建单位参加的水利工程质量管理培训会，获得较好效果。

（王　健）

【管水员培训】　年内，区水务局围绕村级水务管护职责积极开展管水员岗位培训，同时结合地区特点聘请专业人士开展管水员供排水、沟道管护等培训3次，参加人员达到652人次。

（张福芬）

【河长制工作】　年内，全面落实河长制工作。按照出台的考核制度、会议制度、督导检查制度、巡查制度、信息共享制度、信息报送等制度开展河长制日常工作，每月组织河湖生态环境的巡查考核工作，建立问题台账，并督促镇街限期整治。单月召开考核例会，梳理问题、考核评分；双月召开镇街工作会，通报考核成绩、排名及突出环境问题。年底对各镇街河长制落实情况进行年度综合考核。在原河湖分级名录的基础上编印《门头沟区河长工作手册》（修订版），更新各级河长及巡管人员信息、工作职责、管护任务、工作目标等内容。严格监督和考核。全年发现镇街河湖生态环境检查问题741处，其中垃圾渣土653处（占比88%），水面漂浮物86处（占比11.7%），新增违法建筑2处（占比0.3%），上述问题全部整改完毕。在市河长办第三方机构9月份暗访抽查过程中，门头沟区河湖环境在5个生态涵养区中排名第一。开展“清河行动”“清四乱”开展专项整治垃圾渣土、违法建设的“清河行动”及“清四乱”（乱占、乱采、乱堆、乱建）专项行动。经过6月、7月摸底调查，明确垃圾渣土13处1722立方米，待拆除涉河违建69处11.44余万平方米，围垦河道3处50平方米，乱堆乱放物料24处1045余立方米。门头沟区率先完成垃圾渣土清理工作，围垦河道及乱堆乱放物料现象全部清除，基本完成河道管理范围内69处11.44万平方米违法建设的拆除工作。开展河湖环境执法监管工作开展河湖环境执法197次，出动人数667人次，出动车辆186车次，其中联合执法50次，出动人数200人次，查处违法行为37起，立案15起，结案15起，罚款30万元。针对在一级水源保护区内垂钓、游泳等行为，组织区公安、城管、环保、农业等河长制成员单位，开展专项执法清理行动，加强镇、村两级河长对水源地保护区的巡视，与市属水管单位、各相关执法部门建立长效执法机制，处罚违法行为25起，罚款3000元，清理垂钓、游泳人员约210人次。采用信息化巡河应用和服务热线加强河湖环境监督。3月起，门头沟区、镇、村三级河长开始使用“北京河长APP”软件巡查河道，绑定率达到100%。至12月底，镇、村两级河长有效巡河率达90.58%。实施低收入家庭的河道认领巡查巡视工作。探索研究将河长制中的河湖管护工作与低收入帮扶充分结合，鼓励低收入家庭认领河道，明确河道名录与范围，纳入整个河长制工作体系中，并参与各项考核工作。经与各镇街多次沟通、明确认领范围、确定管护资金后，完成104条河道认领工作，其中泥石流沟27条，全面展开巡查巡视与考核工作。河湖景观管护工作。为保障城区“一湖一湾、五水联动”的水景观格局，完成河湖水域管理235万平方米，绿化养护225.3万平方米，变压器养护27座，退水闸、钢坝闸6座，橡胶坝1座，泵站5座，管道41.5千米的综合管护工作，基本达到“五无、四净、水清、岸绿，设备设施齐全有效”的管护标准。全年出动管护人员13.25万人次，车辆8502车次，清理垃圾渣土3.4万平方米、处理绿化秸秆垃圾6936平方米、清除小广告5752处，劝阻非法垂钓、烧烤、贩卖等不文明行为3630起，使河道周边的水生态环境治理体系建设逐步完善。

（谭荣涛）

【水库移民后期扶持】　年内，区水务局完成大中型水库库区和移民中央结余资金项目——斋堂镇火村塘坝除险加固工程：火村塘坝是一座以旅游为主，兼有灌溉、养殖等综合利用效益的小型水利工程，塘坝安全运行涉及下游500余户村民、1000余亩耕地及109国道的防洪安全，工程总投资320.31万元，受益群众512户1020人。完成水库农业户移民扶持人口核定登记281人，减少7人，新增5人，发放金额17.1万元；完成水库农转非移民培训补贴核定登记246人，减少24人，新增2人，发放金额13.776万元。

（张福芬）

【概况】　2018年，门头沟区气

象局围绕“绿色发展”理念，全面推进气象现代化建设，稳步提升防灾减灾综合水平，强化科技创新驱动，积极助力创城攻坚战。在年度内推进“十三五”重点项目建设进度，完成22个自动气象站建设任务，稳步推进X波段雷达建设工作，突发事件预警平台投入使用；继续加强气象防灾减灾体系建设，主动对接河北省临界地区气象部门，开展气象信息员培训，汛期持续做好气象预报预警服务；深化气象法制建设，联合区住建委发文规范防雷安全管理，联合开展培训，提高建设单位防雷安全意识；强化创新驱动，自主研发雷电监测设备完成验收，配合市区两级相关部门推进智慧城市试点建设工作，对接北斗时空公司探讨北斗卫星技术合作；开展科普宣传，依托“3.23”世界气象日、“5.12”防灾减灾日、法制宣传月等活动开展气象科普宣传，效果良好。年内，区气象局继续保持首都文明单位标兵称号，《区县气象灾害风险评估与区划》项目获2017年度门头沟区科学技术进步奖三等奖，区气象台获门头沟区“最美的她们”称号，区气象台获北京市气象服务先进集体，1人获北京市防汛抗旱先进个人，1人获首都美化绿化先进个人，1人获中国气象局气象服务先进个人，1人获门头沟区青年人才，1人获区安全生产先进个人。

单位名称：北京市门头沟区气象局
地　　址：北京市门头沟区滨河路22号
电　　话：69804766
邮　　编：102300

（贾　良　邓中婷）

【建设工程防雷安全监管】　1月8日，区气象局与区住建委等单位沟通对接，联合印发《关于进一步做好建设工程防雷施工图审查及竣工验收管理工作的通知》，切实保障设施工程防雷安全。

（贾　良　邓中婷）

【全国总工会慰问一线气象干部职工】　2月8日，全国总工会中国农林水利气象工会主席、中国气象局直属机关工会、北京市气象局领导到区气象局慰问，看望坚守艰苦台站的气象职工。

（贾　良　邓中婷）

【安全巡查】　3月8日，区气象局配合区公安局治安支队对东山人影作业点进行安全巡查。进一步加强保障机制，提升人影作业点安全防范能力。

（贾　良　邓中婷）

【气象科普日系列活动】　3月16日至23日，区气象局开展为期一周的“3.23”世界气象日科普宣传系列活动，通过进公园、进社区、进校园、开放日、进乡村等活动，宣传受众1000余人，发放宣传材料5000余份。

（贾　良　邓中婷）

【自主研发雷电监测设备项目验收】　5月8日，区气象局对自主研发的雷电监测设备完成项目验收。该项目由门头沟局自主研发，在门头沟局和斋堂站布设探测设备，在汛期正式投入使用。

（贾　良　邓中婷）

【全国防灾减灾日系列宣传活动】

5月8日至11日，区气象局开展“5·12”防灾减灾系列科普宣传活动。通过提前部署、精细策划、完善方案、积极沟通和热情服务，区气象局完成包括进公园、永定楼宣传、进社区、气象防灾减灾主题讲座、开放气象科普馆和门头沟气象两微等科普法治宣传活动。

（贾　良　邓中婷）

【涿鹿、怀来两地气象局交流】

5月17日，区气象局到河北涿鹿县气象局、怀来县气象局调研交流，气象台、办公室、人影办业务骨干参加调研，并分别与两地气象局签订《合作框架协议书》。

（贾　良　邓中婷）

【2018年气象信息员培训会】　5月25日，区气象局利用区应急视频指挥平台组织召开2018年气象信息员视频培训会。会议邀请区应急办参加，全区气象协理员、信息员在各镇、街应急会议室通过视频参会。会议进一步强化信息员的责任意识，提升门头沟区基层气象防灾减灾能力，为气象灾害预警传播渠道畅通和平稳度汛奠定坚实的基础。

（贾　良　邓中婷）

【全区防雷安全培训会】　6月6日，区气象局与区住建委联合召开2018年门头沟区建设单位防雷安全培训会。全区共计87家建设、施工、监理单位参会。为强化防雷安全监管中的防雷检测规范化管理，门头沟局还邀请北京市避雷装置安全检测中心专家参与此次培训，进行技术解读。

（贾　良　邓中婷）

【22套新建温雨站汛期正式启用】

6月21日至27日，区气象局完成门头沟全域关键沟壑、流域以及沟域上游怀来等地交界处22套温雨站的建设，进一步完善门头沟区观测站网布局。

（贾　良　邓中婷）

【党风廉政宣教活动】 6月22日，区气象局开展党风廉政宣传教育活动月系列活动。结合十九大精神、“两学一做”学习教育等，组织单位党员干部重点围绕理想信念、勤政为民、廉洁自律等内容加强培训。组织党员干部观看《信念》教育片，增强党风党纪意识，令行禁止。

（贯 良 邓中婷）

【参加区主题党日活动并获奖】 6月27日，由门头沟区委组织部、区妇联联合在区少年宫举办“巾帼心向党，建功新时代——最美的她们”风采展示暨传承红色基因 不忘初心使命“七一”主题党日活动，区气象局应邀参加并表演节目，最终获区“最美的她们”奖。

（贯 良 邓中婷）

【勘察门头沟区天气雷达站址电磁环境】 7月10日，市气象局与市无线电管理局开展X波段雷达拟建站址现场勘察及电磁环境现状监测，确保电磁环境安全。

（贯 良 邓中婷）

【对接北斗时空公司】 7月19日，区气象局与北斗时空科技控股（北京）有限公司对接，与北斗时空科技控股（北京）有限公司董事长商讨通过北斗卫星技术解决区域自动站信号不稳定、数据传输不连贯等问题。

（贯 良 邓中婷）

【中国气象报记者专题采访】 8月8日，中国气象报2名记者到区气象局、斋堂镇沿河口村、斋堂气象站等地就门头沟区汛期气象服务、应急联动、灾情防御、灾民转移等情况进行专题采访。

（贯 良 邓中婷）

【党支部换届选举】 9月13日，区气象局召开党支部换届选举大会，全体党员参加会议。会议以无记名投票、差额选举方式选举产生新一届党支部委员。

（贯 良 邓中婷）

【“对口帮扶”主题党日活动】 10月19日，区气象局到贾沟村开展“对口帮扶”主题党日活动，帮扶队一行同村级领导、干部进行座谈，交流提高精准扶贫工作的工作思路。帮扶队将带去的防灾减灾、气象为农的书籍及生活用品向村民进行发放。

（贯 良 邓中婷）

【道德讲堂活动】 11月20日，区气象局组织开展以“新时代、新担当、新作为”为主题的道德讲堂活动，。此次活动由“看视频、学模范、讲故事、谈体会”四个环节组成，活动最后对创建全国文明城区“大拇指点赞”活动进行培训。

（贯 良 邓中婷）

【学习调研】 11月28日，区气象局业务骨干到天津市武清区气象局学习调研。围绕生态文明建设气象服务保障、预警预报服务、气象现代化建设、防雷改革与监管等几个方面展开，双方就预报、预警、服务和法制热点问题进行交流互学。

（贯 良 邓中婷）

【“12·4”宪法日普法宣传】 12月4日，区气象局在新桥大街参加包括气象、司法、公安等42家单位在内的多部门联合宪法日宣传咨询活动，开展现场气象法制宣传。

（贯 良 邓中婷）

【职工趣味运动会】 12月6日，区气象局组织全局职工开展冬季趣味运动会，全局职工分六队参加“齐心协力抬腿跳”“大丰收”“跳绳”“协同作战托球接力赛”“沙包准投”等5个集体项目。

（贯 良 邓中婷）

【门头沟站业务用房整体迁移】 12月26日，区气象局完成白庄子新址观测站房屋整体迁移工作，数据传输正常。

（贯 良 邓中婷）

【年度气候评价】 年内，门头沟区平均气温为13.2℃，比常年平均值（12.5℃）偏高0.7℃。年极端最高气温为39.7℃，出现在6月29日，年极端最低气温为-13.4℃，出现在1月23日，年内降水总量为403.1毫米，比常年降水量（568.0毫米）偏少164.9毫米，降水主要集中在6月至8月，降水量为299.5毫米。年内日最大降水量为75.1毫米，出现在7月16日。年内日照总量为2396.7小时，比常年（2275.2小时）偏多121.5小时。全年出现的主要天气现象轻雾54次、雨80次、霾106次、雪6次、雾10次、大风22次、扬沙3天、浮尘4天。年内，平均气温偏高于常年平均值0.7℃，全年平均气温与常年相比，偏低的月份有1月、2月和12月，其余各月的平均气温较常年值有不同程度的偏高，其中偏高最多的是8月，平均气温高于常年值2.5℃。年降水总量比常年偏少约29%，其中6月至8月的降水量比常年（408.7毫米）偏少约27%。全年日照总量比常年偏多约5.3%。故年内天气气候综合评价为：气温偏高、降水偏少、日照接近常年。

（贯 良 邓中婷）

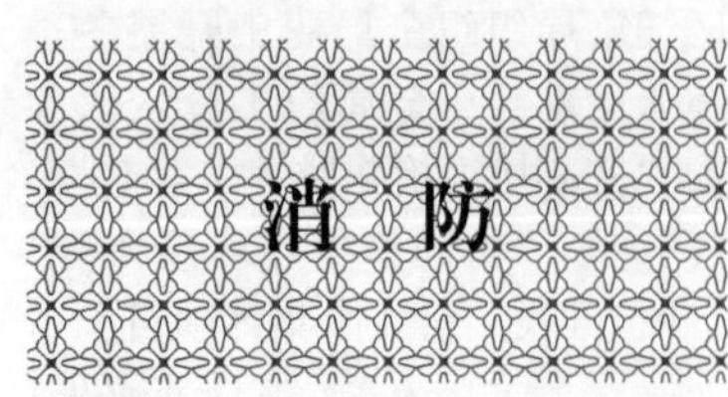

消防

【概况】 门头沟区公安消防支队2006年挂牌成立。2018年10月9日，消防部队正式由公安部移交应急管理部。2018年，区消防支队开展实战化训练工作和全区社会面火灾防控工作，完成“两节”“两会”和“五一”“十一”等重大安保工作任务，建成三家店消防中队并正式投入备防。年内，共接处警858起，火警398起，抢险救援218起，社会救助242起；出动车辆1876辆，出动警力12812人，抢救被困人员98人，疏散被困人员69人。全年实际成灾39起，同比去年35起增加4起，上升11%；死亡1人，同比增加1人，上升100%；直接财产损失15.8万元，同比减少12.6万元，下降44%，未发生较大火灾事故，保持社会面火灾形势整体稳定。年内，共检查单位6682家，发现并消除火灾隐患7106处，下发《责令改正通知书》4277份，下发临时查封决定书135份，责令“三停”（停止施工、停止使用或者停产停用）单位71家，罚款345.95万元，拘留10人，所有执法指标为历史同期最高；各派出所累计检查单位6263家，发现并消除火灾隐患811处，当场处罚378起，警告87人，罚款9.5万元。

单位名称：北京市门头沟区消防支队（区防火安全委员会办公室）

地　　址：北京市门头沟区新桥南街44号

电　　话：61865084/5094

邮　　编：102300

（郭　雨）

【镇街消防考核】 1月9日至15日，区防火安全委员会主任、副区长、公安分局局长以及区相关委办局领导带队对各镇街2017年度落实政府消防工作责任制情况进行考核验收。

（郭　雨）

【消防运动会】 1月31日，区消防支队举行2018年“迎新春”消防业务运动会，来自支队机关、基层中队、文职人员共计百余名官兵共同参加此次运动会的8个项目。区公安分局副局长出席并为取得优异成绩的6个团体和12个个人颁发奖杯证书。

（陈　立）

【消防安全检查】 春节期间，区领导张贵林等带领区属相关部门对奥新天地、熙望大厦、大峪中学、双峪物美大卖场、金福龙加油站等单位开展消防安全检查，并对微型消防站进行拉动。除夕当晚，市消防总队副总队长到区消防支队检查指导春节消防安保工作并慰问一线执勤官兵。3月10日，区领导付兆庚等带队对石门营新区地下菜市场、小园小区和曹各庄小区等场所进行消防安全专项检查。

（陈　立）

【消防演练】 4月27日，区消防支队支队长、政委对潭柘寺隧道进行专项调研，并针对隧道火灾事故处置规程、警戒范围及处置对策、日常消防管理、初期火灾扑救和人员疏散逃生等方面，与隧道管理单位人员进行探讨。6月7日，区消防支队联合石景山区消防支队、轨道交通消防支队在地铁磁悬浮S1线石厂站开展消防联合演练。区领导，市消防总队副总队长，区武装部政委，区安监局局长，区公安分局副局长，市消防总队司令部参谋长，石景山消防支队支队长，门头沟消防支队支队长、政委，轨道交通消防支队司令部参谋长等参加演练活动。演练共调集市消防总队指挥车1部，执勤中队车辆9部，区环卫洒水车、急救车2部，调集小型消防中队1个，政府相关职能部门200余人参加演练。29日，区消防支队联合区应急办、区应急救援大队、雁翅镇政府、雁翅镇派出所等单位开展汛期抢险救援演练。7月30日，区消防支队派员参加市消防总队组织的全要素拉动演练，并完成野外宿营、模拟搜救、破拆救人等预定科目任务。

（郭　雨）

【驻区部队消防安全专项工作】 6月8日，门头沟区召开军事设施保护暨驻区部队消防安全工作专项会议。区委常委、武装部部长、副区长参加会议并讲话。会上，通报驻区部队历年火灾情况及对驻区部队的消防安全工作调研情况，并针对驻区部队存在的主要消防隐患提出具体整改建议。

（郭　雨）

【防汛工作】 7月23日至24日，市消防总队副总队长到区消防支队及下属基层中队驻地检查防汛战备工作，并与副区长、公安分局长就防汛应急救援工作进行交流。

（陈　立）

【消防安保工作】 8月21日，市公安局党委委员、消防局局长在市公安局第八督导组组长，区公安分局局长，政委等人员陪同下到门头沟区检查指导中非合作论坛消防安保工作。29日，区领导付兆庚听取消防支队中非论坛北京峰会全区消防安保工作汇报，并表示支持区消防支队在石龙开发区租建消防队站。

（郭　雨）

【迎中秋文艺演出】　9月25日，区消防支队举办“月圆京西　情满警营——迎中秋文艺演出活动”。市消防总队副总队长，以及原北京消防总队部分老领导和支队官兵代表、官兵家属、忠良书院职工代表200余人参加活动。

（郭　雨）

【国庆消防安全工作】　9月27日，副区长组织召开全区国庆节消防安全工作部署会并提出具体要求。国庆期间，区领导张力兵等带队先后对华润365PLUS购物中心、地铁S1线石厂站、运通公交总站等单位进行消防安全检查，并对安保人员消防业务技能掌握情况进行抽查。10月4日、5日，市公安局党委委员、消防总队总队长，副总队长到门头沟区督导检查国庆节消防安保工作，并就消防改革转隶期间队伍建设工作同属地镇街领导和支队官兵代表进行座谈交流。

（陈　立）

【文物古建筑消防安全检查】　10月17日，区委常委、统战部长听取消防支队文物古建消防工作专项行动部署和进展情况汇报。11月7日，中央统战部副部长、国家宗教事务局局长到门头沟区调研宗教事务和文物古建安全工作。先后听取潭柘寺、戒台寺两所寺庙负责人的消防安全工作情况汇报，实地查看相关消防设施。11月13日，区领导付兆庚带队检查文物古建消防安全，随机抽查潭柘寺、戒台寺部分员工消防安全常识掌握情况及对消防设施器材的使用方法。

（陈　立）

【消防宣传活动】　11月2日，门头沟区在北京科技高级技术学校举行第28届119消防宣传月活动启动仪式。副区长、区防火委主任、区公安分局局长，市消防总队副总队长，京煤集团党委书记、董事长，区应急办主任、区安监局局长以及社会各界代表400余人参加活动，并观摩微型消防站消防技能比武竞赛。11月6日至12月6日，区消防支队组织开展“百场宣传进社区（村）活动”，到全区150余个社区（村）面对面地向市民群众讲授消防安全知识，宣讲消防法律法规，告知家庭用火用电用气注意事项，传授初期火灾扑救、火场自救逃生等技能方法，手把手教授灭火器材使用方法，组织疏散逃生演练，解答群众关心的消防安全问题，发放《消防安全二十条》等消防宣传材料千余份。

（陈　立）

【建筑工地施工安全检查】　年内，区领导张力兵等先后对城子D1棚改安置房项目、远洋新天地及中骏西山天璟、九龙路和棚改安置房城子D地块等施工现场开展消防安全检查。

（郭　雨）

【消防队站建设】　年内，区消防支队支队长、政委多次向区委区政府、市消防总队、市规划国土委等部门进行工作汇报，全力推进三家店小型消防站和永定消防中队抗震加固工程相关工作。两会期间，市消防总队总工程师到区消防支队调研备勤楼建设进度，并提出工作建议。区领导付兆庚等多次听取消防支队队站建设工作汇报，区委常委、副区长对石龙科技园小型消防中队选址地点进行实地调研。

（郭　雨）

【下属单位情况】

单位名称：永定消防中队
地　　址：北京市门头沟区永定镇体北路18号
电　　话：69804798

单位名称：潭柘寺消防中队
地　　址：北京市门头沟区潭柘寺镇平原村160号
电　　话：60801197

单位名称：斋堂消防中队
地　　址：北京市门头沟区斋堂大街119号
电　　话：69816119

单位名称：龙泉消防中队
地　　址：北京市门头沟区龙泉雾村北忠良书院东侧
电　　话：61810119

单位名称：三家店消防中队
地　　址：北京市门头沟区龙泉镇三家店西老店临314号
电　　话：69838322

（郭　雨）

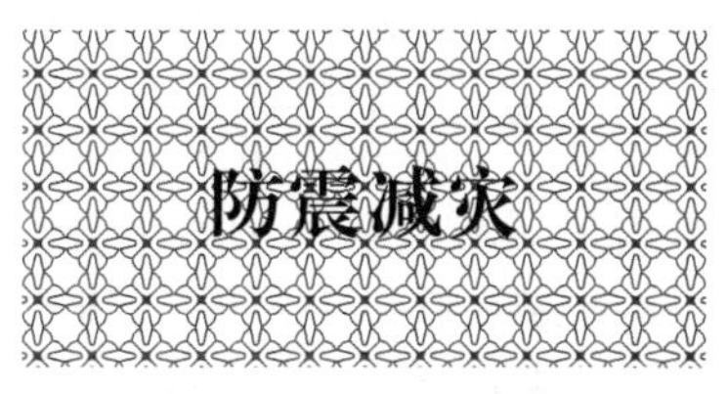

防震减灾

【概况】　2018年，区地震局围绕“绿色发展、生态富民、弘扬文化、文明首善、团结稳定”的区域发展总原则，坚持以党的建设为统领，坚持以防为主、防抗救相结合的方针，着力提升地震监测预报、地震风险防范、地震应急响应、服务区域发展能力，构建门震先锋、门震之家、门震动态三个平台，不断以团结、严谨、求实、创新的工作作风，有力推动门头沟区地震韧性城市建设，为建设幸福美丽门头沟做出新贡献。年内，区地震局被评为“北京市2018年度区地震监测预报工作先进单位”。

单位名称：北京市门头沟区地震局

地　　址：北京市门头沟区滨河路22号

电　　话：69842450

邮　　编：102300

（杨　芸）

【防震抗震工作领导小组会议】 4月12日，区地震局召开全区防震抗震工作领导小组会议。55家成员单位参加会议，发放会议资料165份。会上，观看《地震安全韧性城市》宣传片，听取2017年防震减灾工作情况，研究部署2018年工作任务及地震安全韧性城市建设与应急管理工作。

（杨　芸）

【摄影作品征集评选活动】 4月25日，区地震局联合区政府应急办、区教委、区民政局、区民防局、区气象局、区摄影家协会组织开展“昂扬走进新时代，平安美丽门头沟”主题摄影作品征集评选活动。此次活动历经6个月，共收到社会各界人士的371组作品，评选出45组优秀作品。10月10日，邀请一类、二类作品作者参加在区地震科普体验厅举行的摄影作品展示活动，同时通过“门震先锋”微信公众号先后进行3期专题展示，展示门头沟区公园的美景，更多的群众不仅了解到公园具有应急避难场所功能，更深入地认识避难场所各种标识与设施，提升群众对公园具有应急避难场所功能的认知度，提高防抗救的意识。

（杨　芸）

【纪念汶川地震十周年活动】 年内，区地震局研究制定《关于在5.12—7.28期间开展地震风险防范暨“行动起来、减轻身边灾害风险”主题教育活动的实施方案》，召开动员会，明确责任、严明要求。完善地震应急疏散预案体系，修订大台街道办事处地震应急疏散预案以及地震应急避难场所预案共7部。印发《关于组织开展地震应急演练活动的通知》，指导部分社区和学校开展应急疏散演练37场。开展专业队伍培训、志愿者队伍轮训，举办综合防灾减灾和地震应急管理等培训共5期，培训骨干力量551人次；到农村、社区、学校、企业举办地震知识大讲堂10次；组织地震科普知识讲堂18次、集中宣传5次。四是坚持联动互动，会同应急办、民政、气象等部门开展街头宣教活动19场。创办“门震先锋”微信公众号，推介“韧性城市建设”“减隔震技术”等地震风险防范知识29篇，累计点击阅读量达到7500人次；创办“门震动态”期刊，向全区各单位发布信息专刊5期。开展地震科普体验厅开放周活动，采取互动体验的方式，不断促进地震科普知识“六进”活动落实到位。

（杨　芸）

【创城工作】 年内，区地震局制定《门头沟区地震局落实创建全国文明城区与达标单位重点任务台账》。安装、更新应急避难场所标识标牌97块，为全区10个避难场所配备发电机、医药箱、担架、应急广播等设备，加密检查频次，确保地震应急避难场所标识及各项功能设施正常运行。发挥地震应急避难场所的宣传阵地作用，向游园群众发放“我们身边的避难场所”公开信等宣传材料，开展指导检查与现场培训95人次；依托地震科普体验厅，共接待机关、学校、社区和公众等团体参观56场次；利用12322防震减灾公益服务短信平台，向全区防震减灾助理员发送创城短信4条；借助“门震先锋”微信公众号推送《防震减灾法》和应急避难场所相关知识等4篇，累计受众1800余人次。开展“双随机一公开”执法检查105场次。开展“创城工作我参与、我奉献”大讨论。开展全员清洁志愿活动次，以实际行动助力创城。

（杨　芸）

【地震安全保障】 年内，区地震局制定并落实工作方案，严格应急值守，针对年内重要节日和重大活动等特殊时段，坚持组织开展“六个一”活动，全力做好地震安全保障工作，促进平安门头沟建设。“六个一”活动，即开展一次廉政教育，严格值守纪律，落实重要情况请示报告制度；开展一次地震应急桌面演练，确保应急响应及时高效；开展一次全区防震减灾助理员和观测员安全教育，强化责任意识与震情意识，做好地震宏观异常报告和灾情速报工作；开展一次地震台站巡查，确保观测台网安全稳定；开展一次应急设备检查维护，重点关注门头沟区地震应急指挥大厅和地震科普体验厅，确保设备设施平稳运行；开展一次机关拉网式安全隐患排查，限期整改。

（杨　芸）

【地质地理勘察】 年内，发挥职能优势，集中专业力量，采取专家指导、实地勘察等方式开展沿河城断裂带断层勘察活动4次，踏勘路线120公里，详细调查点位22处，重点寻找观察错断剖面，采集岩石标本17件，分析断层性质和断裂空间展布，形成《门头沟区地质地理勘察报告》，为防震减灾工作与区域发展提供重要参考依据。

（杨 芸）

【地震监测预报】 年内，加强台网运行与观测环境管理，采取线上、线下相结合的方式，双渠道开展台站巡检73次，对区属台站检查实现全覆盖；完成沿河城观测室修缮项目，确保仪器设备安全运行。优化宏观网站布局，调整宏观观测站4个；严格执行宏观观测零报告制度，全区14个宏观观测站共进行周报送595次。坚持地震会商制度，共向市地震局报送数据4380个、会商意见94期、北京圈地震趋势研究报告2份。巩固群防群测网络建设，加强助理员变更备案管理；举办助理员、观测员监测预报知识专题讲座；充分利用微信群、12322防震减灾公益服务平台，开展全区灾情速报演练3次、地震风险防范提示、提醒教育8次，不断强化助理员“防、报、救”的教育培训与经常化演练。

（杨 芸）

【矿震事件处置】 年内，区地震局开展区矿山震动分析研究，完成《门头沟区近期矿震分析》报告。应对大台地区矿震，新建地震应急避险点8个，基本满足该地区居民地震应急疏散需求。

（杨 芸）

【地震应急处置】 年内，区地震局高效应对突发事件，针对永清4.3级地震灾害及大台矿震，报送地震快报4期、地震详情书面报告1次，妥善答复震情咨询电话80余个，微信、短信回复100余条，有效维护社会稳定。加强与属地政府、京煤集团、水务、地质等部门的沟通协调，开展区矿山震动分析研究，完成《门头沟区近期矿震分析》报告，

（杨 芸）

【区内震情】 年内，经观察，门头沟辖区内共发生地震次数20次，最大为5月27日16时59分，东经115°93′，北纬40°03′，发生ML1.9级地震。

（杨 芸）

科技　教育

科　技

【概况】　北京市门头沟区科学技术委员会（简称区科委），挂北京市门头沟区知识产权局（简称区知识产权局）牌子，区科委（区知识产权局）是负责门头沟区科技工作、知识产权保护组织协调工作和专利工作的区政府工作部门。机关内设：办公室、高新技术产业化科、科技发展计划科；区科委下属事业单位：门头沟区科技开发服务中心、门头沟区果蔬花卉研究所（科技开发实验基地）、门头沟区知识产权服务中心、门头沟区国家生态修复科技综合示范基地（区博士后工作站）、北京山地生态科技研究所。

2018年，门头沟区科委科技工作全面贯彻落实国家创新驱动发展战略纲要和“十三五”国家科技创新规划，重点围绕科技创新中心建设和创建全国文明城市的战略定位，着重在优化科技创新环境、推动科技经济紧密结合、“高精尖”产业培育以及创新创业服务体系构建等方面加大工作力度，坚持绿色发展方向，坚持科技富民目标，不断促进科技创新驱动发展。开展各类科技示范推广项目，不断加强科技支撑引领作用。在施市级绿色项目2项、延续1项、结题1项；争取资源环境与可持续发展项目1项，区科技项目10项。为保障门头沟国家可持续发展实验区圆满完成到期验收工作，区科委委托北京市可持续发展科技促进中心开展我区国家可持续发展实验区验收工作。完善高新技术企业行政管理服务，2018年度高新技术企业认定报送企业128家。2018年度国家高新技术企业保有量282家，增速达14%，增速达44%，全面开展高新技术企业培育工作，不断强化知识产权和专利执法阵地建设。

单位名称：北京市门头沟区科学技术委员会
地　　址：北京市门头沟区新桥大街40号
电　　话：69843260
邮　　编：102300

（苏宇声）

【企业通过科技型中小企业评价】　年初，区科委启动区内104家企业通过2017年度科技型中小企业评价。将科技型中小企业研发费用加计扣除比例由50%提高到75%，为使区内更多企业能够享受到该税收优惠政策，区科委通过电话、邮件等多途径宣传科技型中小企业政策并组织企业培训解读政策，扩大政策的知晓率。截至2018年5月31日，104家企业通过科技型中小企业评价，可以享受2017年度企业研发费用加计扣除比例为75%。自2018年6月1日起，企业仍然可以进行科技型中小企业评价工作，但不能享受2017年度研发费用加计扣除的优惠政策。

（苏宇声）

【专利侵权执法检查】　1月10日，区科委（知识产权局）开展专利侵权执法检查。委派2名专利执法人员对门头沟区新建小区开展查处假冒专利的首次专项检查。此次检查以检查药店，维护药品市场公平环境为主，共检查药店3家，检查专利药品10余种，查处侵犯专利权药品案件3件。

（苏宇声）

【科技推广项目课题完成验收】　1月12日，区科委组织专家对北京山地生态科技研究所承担的2017年门头沟区科技推广项目灵山生态园东北红豆杉引种培育示范课题进行验收。专家组认真审阅验收资料，听取课题总结汇报，经质询讨论，形成验收意见：课题组引种培育5年生以上东北红豆杉380株，引种培育面积2.5亩，东北红豆杉生长适应性较好，幼树成活率超过90%。引种培育观赏盆景40盆，引种培育面积0.5亩，丰富京西山区旅游观光植物新品种。专家组一致认为课题组提供的验收资料齐全，完成课题考核指标，同意通过验收。2月6日，由区科委国家生态修复科技综合示范基地参与实施的课题“门头沟玫瑰精油提取工艺改造提升及产品标准研究验收”召开结题报告会。会上，5位专家作为评审组对课题完成情况进行考核验收。该课题采用正交实验优化玫瑰花提取工艺，精油率达到0.035%，纯度达到99.3%，建立生产企业的内控标准，并对玫瑰残渣进行高值化利用研究，开发天然玫瑰色素等5种产品，申报国家发明专利1件，完成课题目标。经专家组研究，通过该课题的结题验收。3月2日，门头沟区“京白梨”优系保护及快速结果技术研究与示范课题通过验收。专家组认真审阅验收资料，并听取工作技术总结汇报，经质询讨论，形成验收意见：针对“京白梨”产业中存在品质退化问题，开展相关工作。建立“京白梨”痕量灌溉节水示范园15亩，比常规灌溉方式节约用水30%；栽植“京白梨”授粉大苗300棵，“京白梨”中等苗1800棵；购置2千克花粉进行人工授粉；制定“京白梨”快速结果精细管理技术规程1套；嫁接“京白梨”优系500株，成活率达到90%以上。验收专家组一致同意该项目通过验收。9月14日，“门头沟生态修复主题科普品牌塑造及科普系列活动开展”工作任务通过验收。专家组观看相关系统演示，审阅课题研发报告和工作报告，听取课题组的汇报，经过质询和讨论；各位专家一致认为该工作任务达到预期要求，完成预期目标。26日，市科学技术委员会组织相关专家对北京山地生态科技研究所申报的北京市科技计划课题“门头沟区黄安村科技帮扶技术示范工程”的实施方案进行论证，区科委副主任带队参加论证会。与会专家一致认为课题目标明确、技术路线和实施方案可行、经费预算合理、研究团队工作基础扎实，建议同意通过实施方案论证，给予立项。该项目共向市科委申请科技专项经费360万元。11月15日，区科委（知识产权局）组织相关专家和有关部门对“门头沟区黄芩知识产权保护现状调研”课题进行验收。专家组认真听取北京科华万象科技有限公司对黄芩调研课题的汇报，经过全面质询、讨论后，专家组一致认为调研报告达到验收标准，同意通过验收。28日，区科委（知识产权局）组织相关专家和有关部门对“门头沟区知识产权发展现状及相关政策规划研究报告”课题进行验收。专家组认真听取北京万慧达知识产权代理有限公司对项目的工作报告、数据总结、调研情况的汇总、政策建议，经过全面质询、讨论后，专家组一致认为调研报告达到验收标准，同意通过验收。

（苏宇声）

【科技型中小企业评价工作】 年内，区科委邀请专家组织企业进行政策解读，全面启动门头沟区科技型中小企业评价工作。截至1月31日，审核区内科技型中小企业27家，其中参评企业8家，公示企业1家。

（苏宇声）

【国家高新企业培育库工作】 年内，区科委完成2018年度门头沟区国家高新企业培育库工作，出库企业获市级资金支持610万元。3月起，在门头沟区开展高新技术企业培育工作。企业按照高新技术企业培育库入库条件要求，组织材料进行申报，通过专家评审最后成功入库。市科委视出库（即获得国家高新技术企业资格）情况对企业给予资金支持。年内，区科委主动服务企业，开展相关政策宣讲，举办面授“国家高新技术企业培育政策解读”培训5期。梳理国高企培育入库工作全流程，提早筹备国高企培育入库评审工作，确保国高企培育入库工作开展。年内，共受理46家企业申报入库，区科委共分2批次组织专家入库评审，第一批次22家参评企业全部通过评审成功入库，第二批次24家参评企业中23家企业通过评审成功入库，1家企业未通过评审。第一批次入库企业通过市科委公示备案，有17家企业成功申报2018年度国家高新技术企业，获市科委出库资金支持共610万元。

（苏宇声）

【科技项目立项】 年内，门头沟区中小学近视发展现状调查分析课题研究项目正式立项。3月21日，“点亮全新‘视’界系列科普活动”在龙泉小学正式开幕，普查小组的工作人员从裸眼视力、矫正视力、旧镜检查等多方面对学生的视力状况进行数据采集，为学生建立人手一套的视力健康档案，部分参加过往年普查的学生，工作人员将对新、旧数据进行比对、分析。普查结束后，眼科专家将根据采集到的数据对区内小学生视力发展现状进行全面分析，对学生的用眼健康提供科学的帮助和指导。2018年底普查学校增加到11所，8000余名学生从中受益。5月2日，2018年门头沟区科技推广项目正式立项。区科委确立“北京琨樱谷樱桃园改良技术应用”“瓜草地生态园特色桃品种种植示范”“黑果花楸新品种的引种示范”3个课题为2018年科技推广项目成功立项。21日，区科委委组织专家召开“复合渗水通气技术在低效林提质增效中的应用与示范”课题、“门头沟山区野生果树品种优选和高接技术研究”课题、“新型冰温库建设及冰温贮藏保鲜技术应用示范”课题立项论证会。专家组认真审阅课题的实施方案和预算明细，听取课题承担单位的汇报，经质询、讨论，同意立项。年内，由区科委组织推荐的“2018年度市区两级重大紧迫任务科技支撑专项”正式立项，共获取市级科技资金660万元。“门头沟区黄安村农林产业精量低耗灌溉技术集成与示范”作为门头沟区开展的现代化节水农业的应用示范，市科委科技资金支持360万。年内，区科委（知识产权局）组织申报市知识产权局“一区一特色”及“知识产权助推区域转型发展项目”，最终《门头沟区黄芩知识产权保护现状调研》项目获得市级资金9万元资助，区级匹配资金5万元，总投资14万元。

（苏宇声）

【首家劳模创新工作室成立】 3月15日，区总工会和区科委共同创建的门头沟区首家劳模创新工作室成立启动仪式在区科技开发实验基地举行。劳模创新工作室是通过社会领域劳动模范的作用，发挥劳模的示范引领作用，带动广大职工进行技术创新、服务创新和管理创新的模范先锋平台。充分发挥好劳模先进的示范引领作用。

（苏宇声）

【首家北京市自然科学基金依托单位】 3月，区科技开发实验基地经北京市自然科学基金委员会办公室审核，同意区科技开发实验基地作为北京市自然科学基金依托单位。这也是门头沟区首家北京市自然科学基金注册的依托单位。北京市自然科学基金1990年设立，其宗旨是根据北京市科技、经济和社会发展的需要，加强和发展相应的基础性研究，发现和培养人才，以促进北京市科学技术进步，持续不断地支持首都经济和社会发展。

（苏宇声）

【知识产权试点示范单位申报】 4月2日至5月2日，门头沟区启动2018年度北京市知识产权试点示范单位申报工作。

（苏宇声）

【专项政策培训】 4月12日，区科委、区国税局、区地税局联合举办专项政策培训。市科委高新处主管工程师详细解读北京科技创新总体情况及高精尖系列政策，区国税局、区地税局相关负责同志分别讲解高新技术企业所得税优惠政策、研发费加计扣除优惠政策、税收优惠备案流程及年度纳税申报注意事项等。200余家区属企业参加。

（苏宇声）

【知识产权宣传活动】 年内，结合庆祝第18个世界知识产权日，区科委启动系列知识产权宣传活动。知识产权进周末大课堂活动。区委组织部首次将知识产权教育的内容列入2018年处级领导干部培训课程。4月23日，区科委（知识产权局）联合门头沟区京师实验中学、大峪第一小学开展知识产权保护宣传进校园活动，分别向学生们赠送图文并茂的《中小学生知识产权读本》等宣传册300余册，进一步加强中学生对知识产权的保护及运用的认识。27日，由北京强国知识产权研究院院长做题为《国际贸易与知识产权》讲座，来自全区各有关单位的130余人参加培训。知识产权进校园活动。知识产权进社区活动。区科委（知识产权局）采取多种形式开展知识产权进社区活动，现场发放关于4.26宣传海报、如何专利申请等内容的知识产权宣传资料，并解答如何申请专利、怎样保护知识产权等问题，增强社区居民的知识产权保护意识。

（苏宇声）

【知识产权教育进课堂】 年内，区委组织部首次将知识产权教育的内容列入2018年处级领导干部培训课程。4月27日，北京强国知识产权研究院院长做题为《国际贸易与知识产权》讲座，全区各有关单位130余人参加培训。讲座围绕中美贸易大战背景及走向、知识产权发展的新趋势与企业转型升级、全球化企业的知识产权管理等方面进行充分讲解和阐述。

（苏宇声）

【首届门头沟区“科普杯”足球赛】 4月27日，由区科学技术委员会主办，区科技开发服务中心承办，北京众曼体育文化发展有限公司、北京龙腾体育健身俱乐部联合协办的首届门头沟区“科普杯”足球赛经过5天角逐，闭幕。此届“科普杯”足球赛，有区科技开发服务中心、北京山地生态研究所、工行门头沟支行、中铁集团北京工程局、龙腾健身俱乐部、元老队等6支代表队参加。60余名运动员参加15场比赛。最终区科技开发服务中心代表队获冠军。

（苏宇声）

【国家高新技术企业培育库专家评审】 年内，市科委面向相关区启动国家高新技术企业培育工作，区科委通过电话、短信、邮件、QQ群、微信公众号等途径宣传培育库政策并组织企业培训解读政策，多渠道、多部门扩大培育库政策的知晓率。第二批共收到22家企业申请入库，涉及电子信息、高技术服务、生物与新医药、先进制造与自动化、资源与环境五类技术领域。5月31日，区科委邀请13名专家对申请入库企业递交的材料进行评审，评审结果报市科委备案。

（苏宇声）

【高新技术企业认定管理工作网年报】 截至5月31日，门头沟区高新技术企业认定管理工作网年报工作完成。区内195家国高企，除3家启动注销程序、1家与法人多次确认拒报外，其余191家全部完成网上填报。

（苏宇声）

【精准扶贫工作】 6月8日，市科委领导到区科委帮扶对象清水镇黄安村调研精准扶贫工作。与清水镇相关领导、黄安村两委班子、“第一书记”进行调研交流，重点在帮扶思路、扶贫措施等方面进行座谈。到村水源地、贫困户家中走访慰问，了解贫困群众生产生活、扶贫政策落实等情况。针对黄安村产业禀赋量身定做《复合渗水通气技术在低效林提质增效中的应用与示范》项目，引入节水省工的复渗井技术，短期内靠劳务帮助11个低收入人员实现人均增收1054.5元。围绕黄安村脱贫攻坚总体部署，自下而上对接科技需求，以增加农民经济收入为主线，为帮扶村提供全方面服务。

（苏宇声）

【博士系列沙龙活动】 7月18日，区科委主办，区国家生态修复科技综合示范基地承办首届博士系列沙龙活动。邀请区内从事生态修复工作的相关博士研究人员，区规土分局、区文委、妙峰山镇等从事生态修复相关的工作人员参加。此次沙龙活动以“生态修复与可持续发展”为交流主题，邀请财政部公私合作PPP专委会副秘书长，发改委、住建部专家委员，经济学副教授、管理学博士进行“引导社会资本参与生态修复的政策模式与实例”的主题报告。并从如何引入社会资本参与生态修复建设、生态修复的科学前沿和新技术应用、生态修复如何融入西山永定河文化带建设（以永定河妙峰山段生态科技文化融创园建设项目为例）3个方面进行交流讨论。11月27日，由区科委主办，区国家生态修复科技综合示范基地承办第二期博士沙龙活动在区科委会议室举办。区商务委、区农业局、军庄镇、城子街道、百花山管理处等多个部门。此次沙龙活动以“激发高级人才科技创新动力，助力全国科技创新中心建设”为主题。北京市科委、北京科创中心建设综合处副处长就全国科技创新建设总体方案落实情况、北京市全国科技创新中心建设工作以及在科技创新中心建设中面临的挑战和接下来重点工作情况做介绍并解读。参会人员就门头沟区如何在全国科技创新中心建设中主动作为、如何激发科技创新创业人才活力等方面进行交流讨论。

（苏宇声）

【配合市科委开展企业认定实地核查】 7月中旬，区科委配合市科委开展北京市高新技术企业认定实地核查工作。此次核查抽区内4家企业参加实地核查。核查小组的技术专家和财务专家通过对企业相关人员的问询、证明材料的原件翻阅，重点针对企业是否建立研发费用辅助账、研发费归集是否符合要求、高新技术产品（服务）收入确认是否符合要求、研发人员是否符合要求、其他主要指标核查展开审查。截至7月26日，市科委对区高新技术企业认定实地核查工作全部结束。核查小组提出改进建议。

（苏宇声）

【科普进军营活动】 7月26日，区科委党组书记、主任等到区消防支队开展“消防科技促融合，军民共建谋发展”科普进军营活动。活动中，区科委邀请的专家为消防官兵进行一级注册消防工程师的专题培训，专家从消防安全技术务实；消防安全技术综合能力；消防安全技术案例分析3个方面为官兵们做讲解，并对大家提出的问题做解答。随后，区科委主任向消防官兵们赠送文体用品、科普书籍等慰问品，并同区消防支队的领导进行座谈。座谈中，双方就军民消防技术融合，消防安全领域科技发展等内容进行交流。

（苏宇声）

【首家知识产权代理公司落地门头

沟】 年内，区科委引进门头沟区首家知识产权代理公司——北京恒冠网络数据处理有限公司落地门头沟。7月30日，区科委与北京恒冠网络数据处理有限公司、北京博伟智鸿投资有限公司三方签订战略合作协议。通过三方合作，北京恒冠网络数据处理有限公司在门头沟区注册设立分支科技服务机构，入驻门头沟区利德衡大厦，为辖区企业提供技术成果咨询、评价、专利申请、商标注册、版权登记代理、高新技术企业认定等服务。合作搭建企业科技创新与产业转化平台，为辖区内企业提供更便捷专业的各项科技与知识产权服务。

（苏宇声）

【重点企业知识产权活动状况调研、服务】 7月至8月，区科委（知识产权局）结合完成“2018年度门头沟区重点关注的调研课题”任务，实地走访北京七芯中创科技有限公司、北京沙东生物技术有限公司、北京夏禾科技有限公司、北京精雕科技有限公司等30家企业，开展一对一保姆式服务，了解企业实际需求，解决企业知识产权工作中难题。通过上门走访服务，为6家企业解决专利加快申请中遇到的难题，查出并提醒3家企业存在商标注册未成功继续使用问题，为6家企业在专利诉讼维权方面提出建议，为6家企业提供海外知识产权布局咨询服务，实际了解到3家企业需要知识产权专业人才，有6家企业需要更多的知识产资助政策和培训需求。通过实地调研和数据分析，区科委（知识产权局）整体获知门头沟辖区内企业的知识产权现状，包括知识产权意识、拥有量、实施转化状况等内容，并将5个生态涵养区的知识产权相关政策进行对比分析，找到自身存在的问题和薄弱环节，明确下一步工作的重点和具体思路。9月20日，组织3名专家听取门头沟区知识产权现状调研中期汇报，与会专家就以后促进门头沟辖区内企业知识产权工作提升之路，给出建议。

（苏宇声）

【一对一上门服务企业】 8月1日，区科委一对一上门服务，走访高新入库企业北京瓷茗缘文化发展有限公司。走访中，首先了解企业高新申报筹备现状以及企业在申报程序中存在的疑问，随后结合入库评审时专家提出的意见为企业进行政策指导。9月5日，区科委会同区经信委、区石龙管委上门走访北京百华百汇生物技术有限公司和北京华之杰微视科技有限公司。走访中，听取北京百华百汇生物技术有限公司的OPG研发项目、北京华之杰微视科技有限公司的内窥镜CMOS研发项目两个项目的情况介绍，并与企业负责人进行探讨，了解企业需求及发展中存在的困难，同时结合高新技术企业认定及科技型中小企业评价为两家企业进行政策指导。年内，区科委对区内北京九发药业有限公司、北京牧晨机电有限公司进行实地走访调研。走访中，分别听取2家企业负责人对公司内基本情况、生产经营情况等汇报，了解企业的实际需求及在发展中存在的问题。对北京九发药业有限公司新建燃气锅炉已报相关部门审批，但由于审批时限长，影响生产进度情况，区科委将该情况协调相关审批部门，加快审批进度。区科委也结合自身工作，在高新技术企业认定、科技型中小企业评价、专利快速申请及加快审查、国内维权援助等进行政策指导，同时指导2家企业开展北京市知识产权试点示范企业复审工作，并依据《北京市技术市场条例》第三十五条规定，对2家企业在技术交易活动中是否提供虚假技术或者技术信息的行为进行检查。

（苏宇声）

【创建国家可持续发展议程示范区工作】 8月2日，市科委领导到门头沟区调研可持续发展议程创新示范区工作。主要研究可持续发展议程创新示范区申报主题、成立创建工作专班、到科技部沟通申报相关工作3个内容。经讨论确定申报主题为：京西生态特色历史文化旅游休闲示范。28日，市、区两级领导就门头沟区创建国家可持续发展议程示范区到国家科技部汇报工作情况。市领导对北京市申报创建国家可持续发展议程示范区整体情况进行介绍，区领导从门头沟区情、创建背景、创建主题、重点工程等方面汇报门头沟区国家可持续发展议程示范区的创建申报情况。科技部社发司司长提出具体要求。

（苏宇声）

【知识产权试点示范单位集中确认】 8月至10月，区科委（知识产权局）组织开展北京市知识产权试点示范单位集中确认工作。通过在门头沟区科学技术委员会网站、走访企业现场答疑以及电话联系企业相关责任人等方式宣传，经初步审核，区内21家企业申报北京市知识产权试点示范单位集中确认，审核通过，上报北京市知识产权局进行认定。

（苏宇声）

【生态修复及煤改清洁能源成果展】 9月7日至9日，区科委配合京白梨采摘节，在军庄镇孟悟村开展“创城有我，科普在行动”暨“门头沟区生态修复及煤改清洁能源成果”展览。制作60余张科普展板，5条宣传横幅，发放生态修复手册200份，知识产权手册200份，宣传展品100份，制作生态修复视频1部。通过全面、系统的展示门头沟区生态资源、生态破坏的现状，并在调研分析的基础上，对区内生态资源进行科学评价，对各类生态破坏类型的修复规划提供理论依据，坚持“生态优先、绿色发展”，增强环境保护意识。

（苏宇声）

【科技帮扶项目】 9月11日至12日，区科委到内蒙古武川县深入推进“科技帮扶”项目组织调研和科技培训。与武川县教科局的工作人员进行座谈交流，详细了解武川县科技扶贫工作进展、存在的问题及未来发展规划，听取当地企业代表介绍企业发展现状及科技需求，就如何在武川县开展扶贫工作交流看法。随后，区科委邀请食用菌专家在武川县蒙禾源菌业公司，针对滑子菇高产栽培技术为当地种植户和企业技术人员开展专题培训，专家从滑子菇食用现状、形态特性、高产栽培关键技术、病虫害防治、产业化开发等方面进行讲解，50余人接受培训。培训结束后专家到田间地头，手把手的为种植户和企业技术人员做辅导。区科委还分别对武川县蒙禾源菌业公司、草原乌骨羊生物科技有限公司、和燕谷坊集团武川县三产融合全谷科技产业园等武川县主要带动帮扶企业进行实地考察，在科技力量推动企业可持续发展和带动困难群众脱贫致富等方面提出建设性建议。

（苏宇声）

【科技专题培训】 9月13日至14日，区科委由副主任带队到内蒙古察右后旗开展科技扶贫工作。邀请食用菌种植专家在察右后旗白音察干镇食用菌种植合作社，针对滑子菇、香菇、平菇等食用菌高产栽培技术为当地食用菌种植户开展专题培训。专家从食用菌产品发展现状、形态特性、高产栽培关键技术、病虫害防治、绿色产业化开发等方面进行讲解，相关人员50余人接受培训。培训结束后专家到田间地头，手把手的为种植户做现场辅导，培养农业科技致富带头人，打造带不走的技术人才队伍，助力当地食用菌产业发展，推动地区经济发展和困难群众脱贫致富。培训结束后，区科委与察右后旗领导进行现场座谈，就进一步推动“科技扶贫”项目的落实进行交流。

（苏宇声）

【市中小学知识产权试点（示范）学校】 年内，区知识产权局、区教委推荐区内3所学校申报北京市中小学知识产权试点（示范）学校。9月14日，推荐门头沟区京师实验中学、北京市第八中学京西校区、首师大附中永定分校3所学校参加北京市中小学知识产权教育试点（示范）学校参加评选。截至2018年底，北京市大峪中学被评为2017年度北京市知识产权教育示范学校。

（苏宇声）

【法制宣讲活动】 9月28日，区科委联合区工商银行城子街道龙门新区三方联合举办知识产权到社区法制宣传活动。活动以悬挂横幅、开展普法讲座等形式进行知识产权金融知识普及宣传，吸引辖区100余名老年人听讲座，现场发放如何申请专利、假币常识等宣传资料百余份。在2018年第十二届中国专利周期间，区科委（知识产权局）在门头沟区京师实验中学举办“创新改变生活，专利创造财富”主题宣讲活动，此次活动100余名师生参加，由北京市卓华知识产权代理有限公司担任宣讲员。

（苏宇声）

【科学技术进步奖、科技成果推广奖表彰】 10月9日，第四届“创新创业活动周”开幕式暨2018年京西创新论坛在门头沟区石龙创新大厦五层创客艺术中心召开。浙江省丽水市政协副主席，北京市政协副秘书长、民进北京市副主席，中关村科技园区管委会副主任，北京市科学技术委员会高新处处长，区领导张力兵、付兆庚、张冰等市区领导出席活动。开幕式上，宣读《门头沟区人民政府关于表彰2017年科学技术进步奖、科技成果推广奖的决定》后，市区领导为2017年科技进步奖、科技成果推广奖获奖代表颁发奖励证书。2017年科技进步奖、科技成果推广奖获33个获奖单位证书和78个获奖个人证书全部发放。

（苏宇声）

【科技园双创周活动】 10月15日，区科委在德山M－lab生物医药孵化器分会场举办2018年门头沟区科技园双创周活动—知识产权讲座。此次知识产权讲座由中关村科技园管委会、中关村门头沟科技园、区科委、区经信委、区知识产权局、北京德山科技有限公司（德山M－Lab医药孵化器）共同举办。北京市知识产权局协调处副处长对知识产权相关政策做解读。北京知易集团律师结合实际和案例就知识产权方面的具体运用申报及知识产权的环境、商标申请、专利布局等知识，为园区的创新创业企业进行讲解普及。

（苏宇声）

【109 国道沿线地质科普之旅】 12 月 11 日，区科委牵头区科普联席会成员单位开展“109 国道沿线地质科普之旅”活动。此次活动邀请地质学方面有关专家学者带领各成员单位干部职工一行 40 余人，沿 109 国道一路北上，按点位讲解门头沟区地质学发展历程，岩层变化等相关专业知识，并着重讲解从距今 5.7 亿年前寒武纪时期至 4 亿年前奥陶纪时期门头沟这一地区的地质结构变化，使参加此次活动的全体人员对远古时代门头沟区的地质地貌信息有相对深入的了解。

（苏宇声）

【首份技术合同登记】 年内，区科委多举措支持门头沟区技术合同登记处开办。8 月初，门头沟区技术合同登记处开展首份技术合同登记工作。自此，门头沟区技术合同认定登记即可在区内完成，无需再到其他区进行办理。各企事业单位签订的技术开发、技术转让、技术咨询和技术服务合同，签订后 60 日内可到门头沟区技术合同登记处申请认定登记。

（苏宇声）

【北京市科技特派员数据统计工作完成】 年内，区科委组织开展科技特派员工作进展数据统计工作。此项工作包含门头沟区科技特派员的队伍基本情况、科技服务和创业带动情况及成效、政府投入与金融支持情况、创业服务平台建设等内容。截至 2017 年 12 月 31 日，门头沟区科技特派员人数 190 人，服务农民 7069 户，增收农民 5091 户，辐射带动农民 5.8 万人，扶贫覆盖贫困村 63 个。

（苏宇声）

【区域人才交流项目】 年内，区科委到河北省张家口市涿鹿县教科局对接共建，开展区域人才交流项目。区科委围绕京津冀一体化开展区域人才交流项目，扶持河北省涿鹿县红杏产业发展，以当地合作社为载体，组织专家开展技术帮扶，助力地区经济发展，增进门头沟区与涿鹿县的经济科技交流联系。并邀请北京市林业果树科学研究院院长、研究员、研究员开展为期两天的红杏产业发展讲座，受众百余人。

（苏宇声）

【首期劳模大讲堂】 年内，区劳模创新工作室带头人、区科委副主任、全国先进工作者、高级工程师高同雨在区总工会举办首期劳模大讲堂。此次劳模大讲堂主题为“门头沟区争创城，劳动模范当先锋”。区总工会班子成员、部分劳模代表、部分首都劳动奖章代表及工会干部 80 余人参加活动。

（苏宇声）

【北京市科学技术奖网络审查完成】 年内，区科委作为推荐单位共推荐项目 5 个，分别为工业窑炉烟气多污染物超低排放陶瓷 SCR 管式一体化系统集成与应用、应用于加油站的油气回收在线监测系统的研发与应用、3D 打印与传统工艺结合的增减复合制造在航空航天领域的研究及应用、疑难现场足迹扫描系统技术开发及应用、FameView 工业自动化组态监控系统的开发与应用。项目领域包含仪器仪表、先进制造、计算机信息技术等 3 个方面。市奖励办网审通过，进入递交书面材料环节。

（苏宇声）

【高新企业服务工作】 年内，区科委组织区内高新技术企业开展 2017 年度专项科技统计年报工作。统计调查涵盖经济概况、人员数据、企业活动等方面内容。截至 2017 年底，门头沟区高新技术企业总数达 195 家（驻区企业 56 家）。2017 年当年新认定（不含证书到期需重新认定企业）企业 73 家。195 家高新技术企业领域分布比例为电子信息 43.59%、先进制造与自动化 15.38%、资源与环境 9.23%、高技术服务 16.92%、生物与新医药 6.15%、新材料 3.59%、新能源与节能 4.62%、航空航天 0.51%。195 家高新技术企业中，191 家参加此次统计工作。高新技术企业 2017 年营业收入 204.34 亿元，同比增长 46.7%。上缴税费总额 12.12 亿元，同比增长 48.89%。企业自主研发投入 16.19 亿元，同比增长 76.94%，占营业收入总额 7.92%。企业通过享受高新企业税收优惠政策减免所得税 8737 万元。企业期末从业人员总数达到 27159 人，大专及以上学历人员 14440 人，其中博士 90 人，硕士 1026 人。企业拥有有效专利 1384 件，同比增长 49.46%。其中有效发明专利 329 件，同比增长 77.84%。2017 年度主营业务收入在 2000 万元以上（含 2000 万元）高新技术企业数量达到 96 家，与上年相比增加 30 家，占参统企业总数的 50.26%。营业收入亿元以上企业 35 家，与上年相比增加 11 家，亿元企业营业收入总额达

170.91亿元，占参统企业营业收入总额的83.64%，亿元企业实际上缴税费总额为10.32亿元，占参统企业上缴税费总额的85.17%。其中北京精雕科技集团有限公司、北京昊华能源股份有限公司、北京光环新网科技股份有限公司、北京矿建建设集团有限公司营业收入超过10亿元。

（苏宇声）

【项目中期督导】　年内，区科委组织专家对北京琨樱谷山庄承担的“北京琨樱谷樱桃园改良技术应用”课题进行中期督导，并提出具体意见。现北京琨樱谷樱桃园改良技术应用工作完成5年生樱桃新品种美早、早大果、那翁、拉宾斯的引种栽植工作，引种栽植500株；同时，通过树体复壮、高枝嫁接等合理修剪技术，完成100亩樱桃园品种改良任务。完成节水灌溉设施的安装铺设任务，节约水资源，降低生产成本。年内，区科委组织专家对北京京西瓜草地生态农业有限公司承担的“瓜草地生态新品种果桃类示范种植”课题进行中期督导，并提出具体意见。现瓜草地生态新品种果桃类示范种植工作完成20亩露地桃类栽培基地的地块平整改造、施肥等建园工作，引种栽植锦春、春光、望春、金秋蟠桃、万寿红、金美夏5种优良桃树品种800株，栽植桃树成活率达到70%。完成优良桃树品种的松土锄草、浇水灌溉、施肥、病虫害防治等田间生产管理工作，幼树长势较好。年内，区科委组织专家对北京百安园食用菌种植专业合作社承担的“黑果花楸新品种的引种与示范”课题进行中期督导，并提出具体意见。黑果花楸新品种的引种与示范完成10261棵4年生黑果花楸的引种栽植工作，引种栽植面积29亩，苗木成活率达到98%以上，部分幼树开始挂果。引种试验地田间管理较好，无杂草及病虫害危害。年内，区科委组织专家对北京市门头沟区国家生态修复科技综合示范基地承担的“复合渗水通气技术在低效林提质增效中的应用与示范”课题进行中期督导，并提出具体意见。该课题完成仁用杏树、核桃树、花椒树共270株果树复合渗水通气装置安装及果树生长监测工作，并购置4台小型手扶旋耕机，配合完成春、夏季浇水灌溉及除草抚育等生产管理工作。年内，区科委组织专家对北京山地生态科技研究所承担的“门头沟区科技推广专项成果梳理与推介”课题进行中期督导，并提出具体意见。该课题收集整理门头沟区10余年来实施的58项科技推广专项项目，并对其进行统计、分析和评价。确定以生态修复及煤改清洁能源为中心的科技推广应用成果展览展示，并完成展览材料文本的编制工作。年内，区科委组织专家对北京山地生态科技研究所承担的“门头沟山区野生果树利用技术研究与示范——品种优选和高接技术研究”课题进行中期督导，并提出具体意见。该课题种植和嫁接欧李、枣、杏、桃、苹果、梨和文冠果等北京山区适宜栽培的名优果树，各类果树品种合计10个。高接500株果树（1000个接穗）：包括山桃、山杏改接欧李，山杏嫁接杏，野生酸枣高接枣等，成活率达到40%。种植500株砧木苗：包括山桃、山杏、酸枣等。种植1000株树种品种苗：枣、杏、欧李、文冠果等。年内，区科委组织专家对北京市门头沟区斋堂镇军响村股份经济合作承担的“新型冰温库建设及冰温贮藏保鲜技术应用示范”课题进行中期督导，并提出具体意见。该课题完成新建冷库选址等筹备工作。年内，区科委组织专家对北京西马樱桃种植专业合作社承担的“新型气调库建设及储藏保鲜技术应用示范”课题进行中期督导，并提出具体意见。该课题建设40吨气调保鲜库1座。具备控制气调保鲜库中气体中氮气、氧气、二氧化碳、乙烯等成分比例的能力。年内，区科委组织专家对北京明珠泉农业科技有限责任公司承担的“雁翅镇珠窝南瓜开发利用”课题进行中期督导，并提出具体意见。该课题种植南瓜100亩；其中“红板栗”40亩、“大黄瓜”60亩。购置南瓜切片机、烘干机、粉碎机、封口机治粉设备。

（苏宇声）

【科技项目结题】　年内，区科委组织专家对2018年门头沟区科技专项进行验收。2018年门头沟区科技专项包括4个课题，科技资金扶持160万元。“新型冰温库建设及冰温贮藏保鲜技术应用示范”项目，区财政科技资金支持45.38万元。在斋堂镇军响村建设30吨冰温库1座，形成冰温贮藏技术规程。“新型气调库建设及储藏保鲜技术应用示范”项目，区财政科技资金支持47.97万元。在王平镇西马各庄村建设40吨气调保鲜库1座，气调库的建设能够大幅度提高樱桃的保鲜时间及保存质量，延长货架期，为种植户带来更多的经济效益。“复合渗水通气技术在低效林提质增效中的应用与示范”项目，区财政科技资金支持36.35万元。在黄安村45株核桃、45株杏仁树以及芹峪村180株花椒树安装720个复合渗水通气装置，与传统漫灌相比，节水提升80%以上。“门头沟山区野生果树利用技术研究与示范——品种优选和高接技术研究”项目，区财政科技资金支持20.3万元。项目在门头沟区野生果树资源调查基础上，立足山区野生果树资源的开发利用，通过品种引进、砧木繁育、高位嫁接等技术手段开展试验示范。引进山区适宜特色果木，种植欧李、枣、杏、桃、苹果、梨和文冠果8大类24个品种1230棵，成活率80%；探讨野生果树的高接嫁接技术，高枝嫁接和芽接502株果树，成活率44%；种植500株砧木苗，成活率84%；并制定相应种植管理规程。制定山区欧李、枣、杏无公害种植技术规程，丰富门头沟区特色果品种类并推广种植应用。

（苏宇声）

【科技推广项目完成验收】 年内，区科委完成门头沟区科技推广项目5个课题的验收工作。课题科技资金扶持100万元。其中包括“黑果花楸新品种的引种示范”项目科技资金支持30万元，开展黑果花楸新品种示范种植10261株，成活率达到90.6%。“北京琨樱谷樱桃园改良技术应用”项目科技资金支持20万元，引进樱桃优新品种美早、早大果等4个品种共500株，成活率90%。“瓜草地生态园特色桃品种种植示范”项目科技资金支持15万元，引进锦春、春光、金秋蟠桃等6种桃树新品种共800棵，建成20亩示范基地1处。“雁翅镇珠窝南瓜开发利用”科技资金支持20万元，引进南瓜新品种2种，利用边际土地开展种植，提高土地利用率，并加工南瓜粉5000斤，丰富休闲旅游产品，推动企业发展壮大，带动农民致富。同时开展“门头沟区科技推广专项成果梳理与推介”项目，对区内近年来实施的58项科技推广专项，进行综合评估，优选出典型案例进行展览展示，通过总结分析科技推广工作经验，开展以生态修复及煤改清洁能源为主要内容的科技推广应用成果展览展示，并到镇街开展3次巡回展览展示。

（苏宇声）

【社区科普体验厅建设】 年内，区科委投入资金97.96万元，在城子街道龙门3区和4区建设完成2个社区科普体验厅，采用形象与布置方案统一设计、风格统一的社区科普体验厅。科普展厅建成面积120余平方米，各区域科普设备、展品陈列50余项；科普体验厅布设展板38块；软件开发2套；宣传册制作500余册；科普视频4个。“门头沟区社区科普体验厅建设”课题通过专家组验收。专家组一致认为该课题研究内容框架设置合理，技术路线清晰，研究方法科学，设备购置与提交材料齐全。

（苏宇声）

教　育

【概况】 2018年，门头沟区教委辖属教育单位91个，其中幼儿园36所（教育部门办园22所、企业办园1所、民办园13所），小学23所（教育部门办校），九年一贯制学校2所（教育部门办校），十二年一贯制学校1所（民办校），中学13所（教育部门办校），特殊教育学校2所，中等职业学校1所，其他法人单位13个。招生7883人（幼儿园2866人、小学2647人、初中1496人、普通高中821人、中等职业学校53人）；毕业5602人（幼儿园1785人、小学1724人、初中1256人、普通高中694人、中等职业学校143人）；在校生27119人（幼儿园7509人、小学12577人、初中4327人、普通高中2424人、中等职业学校207人、特殊教育学校75人）。教职工总数3841人（幼儿园1274人、小学1143人、中学1236人、中等职业学校128人、特殊教育60人），其中高级职称475人、中级职称1179人。北京市特级教师15人、北京市骨干教师36人、北京市学科教学带头人6人。全年教育总投入157300万元。中小学固定资产总值148300.85万元。培训机构14个。新建小学1所、中学1所。

2018年，门头沟区教育系统完成全年工作目标任务，继续办好人民满意的教育。高考成绩取得历史性突破。2018年门头沟区高考一本上线人数157人，同比增长28.69%；本科上线人数450人，同比提升11.94%。30名考生考入985、211院校。全区高考文理科成绩平均分均已超过郊区平均分。教师队伍持续迸发活力。2018年度全区招聘教师114人，乡村教师招聘29人。实施“银龄计划”，招聘退休特级教师2名，返聘普通退休教师9人。引进特级教师1人。完成校际间岗位竞聘考核工作，共录取50人。为31所学校审批外教指标46人，核准经费1680余万元。立德树人工作亮点纷呈。259名小学生被评为新时代好少年，3名中学生被团中央、教育部评为“全国最美中学生”。承办第八届京山杯四区研讨活动，共360名干部教师参与活动。2384名中学生到20个城市开展研学旅行，提升学生综合素养。举办戏剧节展演，参与学生2000人次。“创城”“创未”作用愈发凸显。打造“一核、两翼、三大阵地、多点支撑”的全国文明城区创建体系。为全区师生发放“开学大礼包”，开展“小手拉大手 文明一起走”主题实践活动，10万师生齐创城。开展“1+1+N”点赞工作。门头沟区创城青少年合唱专场演出在国家大剧院音乐厅举行，300余名学生上台表演。举办“国韵京西美少年”专场演出，展演6部原创国剧。建设未成年人心理健康辅导站，进行心理测评70余次，辅导咨询60余次。张贴创城等海报及标语800张，展板300余块，营造浓厚创城氛围。对口帮扶领域精准发力。与堆龙德庆、涿鹿、武川、察右后旗签订框架合作协议，确定21所“手拉手”结对校。组织222名教师支教，选派9名教师挂职。247名帮扶地区干部教师来京培训，15名到京挂职。12名校长到京跟岗研修。7名教师到新疆支教，2名教师到拉萨执行第二年支教任务。先后向涿鹿县教科局捐赠教育教学设备价值119.5615万元。向察右后旗提供“数字学校”教师账号1000个，共享优质网络教育资源。党建引领持续增强，全面从严治党纵深发展。教育两委一室及全系统104家基层党组织高质量召开组织生活会。干部党员讲党课260余次，培训各级各类干部党员2000余人。完善校务会、“三重一大”议事规则及党组织会议制度。全面落实7大类34项任务，组织61个法人单位基层党组织和1752名在职党员报到工作。培育市级党建示范点5个，评出区级优秀党建创新项目13个，区级优秀主题党日21个。实施干部聘任制改革，对61名校级正职进行量化考核，293名副校级和中层干部进行综合考评。打造“一班、一室、一站”立体培训模式，提升队伍素质。提升全面从严治党主体责任意识，对19个基层单位进行专项督查，对11名校级正职实施离任和任中审计，对12名违反纪律的人员给予党纪政纪处理。舆论引领不断强化，意识形态主旋律更加响亮。人民日报等多家媒体报道门头沟区“共享教师”“足球洋教练进校园”等有益经验。《非常向上》节目组到区内录制传统文化节目。门头沟教育微信订阅号全年推送微信700条，形成较大影响力。教育两委一室理论学习中心组全年开展专题学习12次，组织中心组扩大学习1次。组建“美好新时代 幸福教育人”师德宣讲团，2名教师入选区级宣讲团。在开学季等重要节点及时发布相关政策信息，第一时间传递教育声音，有效进行舆论引导。教育教学质量大幅提高。课堂教学质量显著提高。制定构建有效常态课堂工作方案。构建北京市语文特色示范课2节，历史特色示范课4节。研修员下校视导670余次，听课1600余节。开展教育部“一师一优课”活动，全区晒课164节，其中区级优课89节，部级优课5节，市级优课17节。推进义务教育学校标准化建设，11所学校参加区级达标校视导调研，其中4所学校迎接市教委专家指导。课程建设能力稳步提升。区教委与市教科院课程中心合作，举办讲座培训4次，走进7所学校，400名教师从中受益。120件优质课程资源在首都特色原创优质课程辅助资源征集评选活动中获一等奖。4所学校获市基础教育课程建设先进单位，15项课程建设成果获市级一等奖。6人被评为北京市学科教学带头人，36人被评为市骨干教师。举办第六届秋实杯教师基本功大赛，100余名教师入围区级比赛。6名教师获启航杯青年教师基本功大赛一等奖，一等奖获奖率位列全市第一。12人入围“京教杯”教师基本功大赛决赛。首师大附中永定分校被评为北京市科研先进校。确定区“十三五”规划立项课题84项，含重点课题8项，一般课题60项，青年专项课题16项。学生综合素质全面发展。新增2所市级、3所区级足球特色学校，4所区级冰雪特色学校。与德国沃尔夫斯堡足球俱乐部开展校园足球战略合作。组织第二届中小学生冬季运动会，参与学生1000人次。黑山小学连续7年举办京剧专场演出。举办第21届学生艺术节，参与学生5000人次；组织19场“民族艺术进校园”活动和3场民族艺术专场演出；举办第36届学生科技节及山区科技嘉年华活动。10所学校被授予“门头沟区科技教育示范学校”。少年宫发挥引领辐射作用，举办“静听花开”少年宫社团建设成果展。学前教育提质增量。新增4所普惠性幼儿园，新增学位1350个，普惠性幼儿园达到31所，普惠率85%，超额完成指标。新增5所一级一类幼儿园，一级一类及以上园所达到14个，占比40%。2名专职督查员对全区园所常态化督导检查。开展手拉手结对帮扶活动，启动第二期新九年幼小衔接实验项目。实施家园共育，15名专家开展4次普适课程，4000名家长参加，开展9次线上课程，2万余人参与。民办学校办学进一步规范。通过加大检查力度，规范办学行为，完成民办学校256次执法检查。对25所民办校进行评估，其中22所年度报告工作合格。办理4个行政许可事项、27 个备案事项，审批设立 3 所民办幼儿园。梳理区内民办审批事项 28 个，完成民办事项“一网、一门、一次”改革。排查校外培训机构 510 家，存在问题 493 家，各部门联合检查 132 次，全部完成违规机构整改关停工作。语言文字环境更加优化。召开门头沟区第 21 届推广普通话宣传周启动仪式，开展普通话普及情况调查，收集 400 余个样本。门头沟区在全市范围内率先完成 100%语言文字规范化达标任务。学习型城市建设成效显著。教育系统一人被评为第 9 批市级“首都市民学习之星”，一人被评为 2018 年全国“百姓学习之星”。区少年宫被评为 2018 年度北京市民终身学习示范基地。北京开放大学门头沟分校被评为北京市 2018 年“优秀教育培训机构”。中等职业学校开设中小学职业体验课程，体验学生 1300 人次。北京开放大学门头沟分校打造终身学习品牌，参加培训的中老年群体共计 13540 人次。

教育现代化建设显著改观。教育信息化水平稳步提高。开发并启用教育系统办公自动化平台（OA）。召开“教师在线服务”培训工作会，下发 1500 个在线咨询账号。教育资源布局更加优化。完成 2018 年教育设施专项规划，制定《门头沟区教育设施专项规划（2017—2035）》。集团化办学稳步推进，大峪中学分校附属小学尝试优质初中延伸办学，区第一幼儿园教育集团正式成立，北京八中永定实验学校 9 月开学。

教育重点工程建设有序推进。景山学校门头沟校区新建工程正在进行基础部分施工，小学部计划 2019 年 9 月交付使用；实验二小永定分校地下空间改造工程完工（塑胶面层尚未铺设）；进修学校新建综合楼工程进行施工招标。完成 38 项市级改善办学条件类工程项目，115 项区级统管修缮项目。完成实体接收小区配建教育设施 4 个，由区棚改中心配套建设的 4 所幼儿园完成主体施工。

对外交流日益密切。39 名干部教师、232 名学生到 21 个国家和地区开展教育交流。承办“斯里兰卡文化周 in 北京”系列活动。接待外事来访团组 25 个，涉及巴拿马等 9 个国家和地区，共接待外国来访人员 153 人次。区内中小学缔结友好校、姊妹校数量增加至 18 个，有 3 所学校入选友好校及姊妹校交流项目。部分中小学开设西语课程，并组织学生开展大使馆课程。

法制和安全建设全面加强。5472 名小学生参加“开学安全第一课”消防安全知识培训，21862 名学生参与安全课程学习，808 名教师完成 3686 节安全教育授课。60 名学校干部教师取得建（构）筑物消防员资格证书。25 所学校通过“平安校园”建设区级验收。

单位名称：北京市门头沟区教育委员会
地　　址：北京市门头沟区新桥大街 65 号
电　　话：69842564
邮　　编：102300

（周文涛　张　楠）

【中学英语教师专业素养提升培训项目】　1 月 20 日至 2 月 1 日，区教委继续选择国际学校作为培训基地，组织 25 位中学英语骨干教师进行专业素养提升培训。来自英国大使馆文化教育处的资深培训师通过“卓越教育”系列课程带领参训教师开展理论实践研究。6 月，在首师大附中永定分校，其中 2 位参训教师以授课形式展示培训成果。

（吕　婕）

【事业单位工作人员住房补贴发放】　1 月，启动教育系统机关事业单位工作人员住房补贴发放工作。12 月，第一批申报人员住房补贴已发放到位。

（吕　婕）

【调整经费形式】　2 月 6 日，北京开放大学门头沟分校由差额拨款事业单位转为全额拨款事业单位，核减事业编制 3 名，核减后北京开放大学门头沟分校事业编制 32 名。

（吕　婕）

【学校更名】　2 月 11 日，北京市育园中学更名为北京市第八中学永定实验学校。3 月 27 日，北京市门头沟区圈门小学更名为北京市大峪中学分校附属小学。变更后，其事业单位类别为公益一类，机构性质、机构规格等不变。

（吕　婕）

【学科教学带头人和骨干教师评选】　2 月，区教委完成北京市幼儿园、中小学、中等职业学校学科教学带头人和骨干教师评选工作，经市级评委会和市教委审定，最终 6 名教师被评为北京市幼儿园、中小学、中等职业学校学科教学带头人，36 名教师被评为北京市幼儿园、中小学、中等职业学校学科骨干教师。

（吕　婕）

【分批入队试点工作】　3 月 12 日，门头沟区团教工委召开少先队分批入队工作部署会。会上，区总辅导员做门头沟区少先队分批入队工作部署，对于《门头沟区少先队分批入队工作实施方案》进行解读。3 所学校的大队辅导员做分批入队工作经验分享，为在全区开展分批入队工作提供思路。团市委副书记、区领导、团市委中少部部长、北京市总辅导员、团区委书记、区教委主任、区委教工委副书记，各小学书记、校长和大队辅导员参加会议，中队辅导员通过视频收看会议。

（殷冉冉）

【优秀班主任工作室】 3月22日，区教委举行北京市“紫禁杯”优秀班主任工作室门头沟区工作站挂牌仪式暨《中小学德育工作指南》专题培训会。北京教育科学研究院班主任，门头沟区教委、教师进修学校相关领导及全区中小学、中等职业学校、特殊教育学校德育干部及优秀班主任代表近百人参加培训会。

（马 荧）

【“家园共育提升项目第二期”启动仪式】 3月23日，由区教委与父母必读杂志社联合举办的门头沟区“家园共育提升项目第二期”启动仪式在门头沟区影剧院举行。区教委主任、《父母必读》杂志主编、学前科以及全区32所幼儿园领导干部、骨干教师、家长代表700余人参加此次活动。

（冯艳飞）

【门头沟区李烈校长工作室成立】 3月26日，区教委召开门头沟区李烈校长工作室启动仪式，邀请原国务院参事、国家督学、全国知名校长李烈担任工作室主持人。10位小学校长及中层干部入选成为工作室首届学员。9月至10月，工作室陆续到斋堂小学、军庄小学开展调研指导活动。

（张博文）

【学校社区教育工作会】 3月30日，区教委召开2018年门头沟区学校社区教育工作会暨语言文字工作会。区委教工委副书记就2018年学校社区教育工作提出总体要求。区教委职成科负责人对2017年全区中小学社区教育工作情况进行总结并部署下一年度重点工作。会上对2017年学校社区教育工作先进单位和优秀工作者进行表彰。潭柘寺中心小学、龙泉雾小学和育园小学的代表分别作发言。北京学习型城市创建指导专家作《创新社区教育发展 促进学习型城市建设》的主题讲座。

（李 执）

【市级融合教育学区资源中心成立】 3月，以人大附小京西分校、龙泉小学为基地校，成立南北两个融合教育学区资源中心。两个中心为周边融合教育学校及特殊学生、家长提供咨询培训、师资培养、学生评估、制定个别化教育计划、提供专业训练等服务，提高融合教育质量，完善融合教育体系，从而提升区域教育整体品质。

（赵晓晨）

【教师招聘及校际间岗位竞聘】 3月至7月，区教委共进行3次招聘，招聘新教师143人。其中硕士以上57人，本科52人，专科34人。研究生学历占招聘总人数的39.2%；本科学历占招聘总数的36.4%。5月，开展校际间岗位竞聘工作，发布校际间需求岗位120个，最终流动教师50人。

（吕 婕）

【春秋季学校卫生、食品安全督查】 3月和9月，区教委联合区食药监局、区卫计委分别开展中小学校和幼儿园春季、秋季拉网式督导，重点检查学校食品和饮用水安全、卫生防病工作，发现隐患、解决问题，确保校园公共卫生安全。

（李 乾）

【督导创新区挂牌】 4月9日，2018年北京市教育督导工作会议召开。会上，公布第二批全国中小学校责任督学挂牌督导创新区名单，门头沟区、东城区等7个区被认定为第二批全国中小学校责任督学挂牌督导创新区。

（邵 华）

【语言文字规范化达标建设评估验收】 4月11日至10月30日，区教委组织社区学院、进修学校相关人员对区内37所中小学、幼儿园的语言文字规范化达标建设工作进行评估验收。评估验收小组通过听取校长汇报、查阅档案材料、观摩教育教学活动以及查看校园环境文化等形式，了解学校语言文字规范化达标建设工作的开展情况并进行反馈。

（李 执）

【师德音乐故事会】 5月11日，区教委举办“不忘初心育桃李 致敬青春40年”——门头沟区青年教师纪念改革开放40周年师德音乐故事会。

（殷冉冉）

【庆祝“六一”国际儿童节活动】 5月31日，在大峪二小举行门头沟区教育系统“争做新时代好队员”新队员入队仪式。同时还设立冬奥主题活动馆，开展“相约冰雪，相约2022”冬奥主题课程，孩子们亲身体验冰雪项目桌游，了解冬奥知识。此次共有1000余名学生参与活动。团市委副书记、区领导张力兵、付兆庚、陈国才等出席活动。

（孙　颖）

【实施2018年国家义务教育质量监测】 5月24日，区教委完成2018年国家义务教育质量监测任务。全区22所中小学参与现场监测，584名学生参加笔试、558名学生参加体育测试、168名教师参加问卷调查。10月，区政府教育督导室被教育部基础教育质量检测中心授予“县级优秀组织单位”荣誉称号。

（邵　华）

【国家安全教育活动】 4月15日“全民国家安全教育日”前后，区教委联合区司法局、团区委、区国税组织全区师生2万余人通过安全教育平台、校园电台、校园广播、校园网络等媒体形式，参与学习国家安全的16个领域内容，同时发放宣传海报700余份。

（王冬冬）

【中小学校园阅读素养提升项目研讨会】 4月20日，区教委在区少年宫召开门头沟区2018年中小学校园阅读素养提升项目研讨胡。区教委副主任作《立体阅读　领航人生》的主题报告，对点、线、面、网的立体化阅读模式进行介绍。全区中小学干部教师代表，以及各区县教委及教师代表、社会各界专家学者等200余人参与此次活动。

（张博文）

【基层党组织和在职党员“双报到”】 4月，区教工委开展基层党组织和在职党员“双报到”工作。一周内教育系统完成教工委下属104个基层党组织，1752名在职党员报道工作。

（马英博）

【平安校园建设】 4月，区教委出台《门头沟区中小学幼儿园平安校园建设工作实施方案》，推进区平安校园创建达标工作。召开3次“平安校园”建设工作推进会，做好深入细致的规划部署。自9月开学启动区级检查验收以来，有27所学校通过区级验收，对未达标学校要求按照标准积极整改。

（王冬冬）

【第二届山区科技嘉年华】 4月，为山区学生开展STEM+项目挑战赛和系列科技体验活动，包括：3D打印、VR技术体验、航模制作等，充分给山区孩子们提供交流展示的平台。大台中心小学作为市级科技示范校，充分发挥辐射引领作用，加强山区校际活动交流，带动山区学校科技教育的整体发展，共筑山区孩子们的科技梦想。

（王　燕）

【第五届新创意作文大赛总结会】 5月31日，区教委、区文联、区作协组织召开第五届“东方少年·中国梦”新创意中小学生作文大赛总结会。会上，对第五届活动进行总结，与会领导为获奖学生及学校颁奖。东辛房小学魏子景和大峪中学分校王梓琪朗诵获奖。

（范　千）

【门头沟区校园大厨厨艺比拼活动】 5月29日，区教委在区中等职业学校举办门头沟区教育系统2018年春季食品安全工作会暨校园大厨厨艺比拼活动。食品安全工作会议总结2018年春季门头沟区教育系统食品安全检查情况，强调区教委关于做好学校食品安全管理工作的通知，并邀请区食药监局做食品安全培训。厨艺比拼活动共15所中小学、幼儿园参加，分为烹饪组（中小学）和面点组（幼儿园）。此次大赛邀请市疾控营养专家、区中等职业学校烹饪高级技师对菜品在膳食营养、烹饪技艺、口味等方面进行品尝打分，全区中小学、幼儿园、教育基地主管食品安全工作领导、食堂管理员到场观摩。最终大峪一小、大峪中学分校获烹饪组一等奖，区第三幼儿园、龙泉大地幼儿园获面点组一等奖。

（李　乾）

【纪念建党97周年主题党日活动】 6月29日，门头沟教育系统举办“党旗颂　京西情　教育梦”纪念建党97周年主题党日活动。区委区政府领导及教育两委一室领导、教委机关各科室负责人、各基层单位书记、校长、专职副书记、支委委员及受表彰人员300人参加活动。会上，对2017—2018学年度先进党组织、优秀党务工作者、优秀党员进行表彰。对评选出的教育系统基层党组织“党建创新项目”和“优秀主题党日”进行表彰。

（马英博）

【校外培训机构专项治理】 6月至12月，区教委、区工商分局、消防支队、属地等组建校外培训机构专项治理联合检查组开展校外培训机构专项治理工作，共检查72次。排查到校外培训机构510家，存在问题机构493家。

（王冬冬）

【“斯里兰卡文化周in北京”系列活动】 6月，“斯里兰卡文化周in北京”系列活动在门头沟区举行。区教委承办“斯里兰卡周in北京”开幕式、中斯青少年“一带一路”绘画比赛、获奖作品展、中斯民间艺术表演交流等活动。在区少年宫举办的“斯里兰卡周”开幕式上，两国青少年同台表演各具民族特色的节目，开展中斯文化交流。

（王 燕）

【学生科技节系列活动】 上半年，区教委组织开展门头沟区中小学生3D创意设计挑战赛；下半年，组织开展第三十六届门头沟区学生科技节开幕式暨“STEM+”项目创意挑战赛和科技创新体验活动、门头沟区中小学生电子与信息创意实践活动、门头沟区DI嘉年华、门头沟区中小学生航模比赛、门头沟区第39届青少年科技创新大赛。

（王 燕）

【教育系统启动创城】 7月11日，区教育系统启动创城工作。会上，解读《北京市门头沟区争创“全国文明城区”工作实施方案（2018年—2023年）》，学习《张力兵同志在区委理论中心组专题学习上的讲话》精神。教育两委一室领导，教委机关科室负责人，各基层单位副校级以上干部200余人参加动员部署会。

（范 千）

【未成年人专项组实施方案出台】 7月19日，区教委召开未成年人专项组工作部署会，印发《门头沟区争创“全国文明城区”“青少年培育工程”专项工作组实施方案（2018—2023年）》，明确各单位职责分工，提出构建“一核，两翼，三大阵地，多点支撑的未成年人思想道德建设体系”的工作目标。

（范 千）

【第二届“启航杯”教学风采展示活动】 7月，门头沟区派出15名优秀新教师代表参加北京市中小学新任教师第二届“启航杯”教学风采展示活动，最终6人获一等奖，获奖率为40%，位列全市第一；2人获二等奖，6人获三等奖，1人获鼓励奖；6位区级导师获市级优秀指导教师奖。

（吕 婕）

【青少年文明艺术夏令营】 8月20日，“青少年文明艺术夏令营—门头沟区创建全国文明城区青少年合唱专场演出”在国家大剧院音乐厅举行。门头沟区10余所学校300余名学生登上国家最高艺术殿堂的舞台。门头沟区2个金帆艺术团、1个区级校外合唱团、2个校级合唱团参加此次演出。

（王 燕）

【对口支援教师（干部）选派工作】 8月，开展北京市第三批援藏教师选派工作，经个人申报、学校推荐、区县审核筛选等环节，最终共派出7名教师分别到新疆和田、墨玉、洛浦等地区支教2年。

（吕 婕）

【未成年人心理辅导站成立】 8月，区教委成立“门头沟区未成年人心理健康辅导站”。从原有的只服务于中小学教师学生，成为专门从事未成年人心理健康科学应用研究、教学、咨询、团体服务的综合性、专业化的心理健康教育服务机构，工作范围辐射区域教师学生及其家长。

（马 荧）

【发放开学创城文明大礼包】 9月1日，为全区所有学生及教师发放创城文明大礼包。包括：一封信、文明书签、社会主义核心价值观笔记本、课程表、创城创未知识手册等。各学校举办党团课，认真组织学习《知识手册》等内容，多种形式宣读《一封信》，四年级以上的学生通过写回信的方式展示自身及带领家长践行文明行为的做法，引导学生利用核心价值观笔记本记录文明行为。

（范 千）

【创城集中活动日活动】 9月8日，区教委举行“小手拉大手 文明一起走”集中活动日。86所中小学、幼儿园及直属单位，通过“1+1+N”模式，开展“亲子课堂一起学”“文明行为一起赞”“清洁环境一起干”三项活动助力创城，3万名学生、4000名教职工、6万名家长共约10余万人共同参与创城活动，发放教育宣传品2.1万份。

（范 千）

【第二十一届推广普通话宣传周活动】 9月10日至14日，是全国第二十一届推广普通话宣传周。9月10日，区语委办在首师大附中永定分校召开门头沟区第二十一届推广普通话宣传周启动仪式暨语言文字工作会。区政府教育督导室副主任布置国家语言文字督导评估工作。

（李 执）

【中小学生技术创意设计展示】 9月18日，北京市首届中小学生技术创意设计展示活动在京师实验中学举办。北京市教科院、北京市学生管理中心、北京市教育技术装备中心、中国非遗保护协会中心，区教委、教师进修学校、教育学会等市区级单位领导及来自全市各区的教研员、各区代表队的老师和学生500余人参加。此次活动培养中小学生基于真实问题情境，综合运用多学科知识、方法与基本技能进行问题解决与创新设计制作的能力。

（马　荧）

【第二届书香校园评选表彰】　9月21日，区教委、区教师进修学校在北京第二实验小学永定分校举行以“为校园阅读点赞　助力文明城区建设”为主题的门头沟区第二届小学书香校园评选表彰活动。活动对大峪一小、三家店小学、大台小学等16所“书香校园”、55个“书香班级”、210个“书香家庭”、56名“阅读领航人”、210名“阅读之星”的获奖学校、师生和家庭代表进行表彰和颁奖。

（张博文）

【门头沟区第一幼儿园教育集团成立】　9月25日，举行门头沟区第一幼儿园教育集团成立暨龙山分园开园仪式。区领导，区委教工委副书记、教委主任，区教委副主任以及大峪派出所，龙山社区，北京寓吉物业管理有限公司的领导参加仪式。

（冯艳飞）

【首届青少年校园国剧专场演出】　9月28日，在区影剧院举办“国韵京西美少年”—门头沟区创建全国文明城区暨首届青少年校园国剧专场演出。作为北京市首个组织校园国剧专场演出的区，全区10所中小学的90余名学生为观众们献上6个原创京剧剧目，包括有中华经典故事改编的《美猴王》《上任》，敬老孝亲故事改编的《哭竹生笋》《孔融让梨》，体现门头沟地域文化特色的《琉璃赵》《拜砖》。

（王　燕）

【所有中小学被认定为北京市文明校园】　9月，潭柘寺中学等10所学校被认定为北京市中小学文明校园，至此全区所有中小学全部被认定为北京市中小学文明校园。

（范　千）

【教职工运动会】　10月13日，2018年区教职工运动会在大峪中学举行。全区教育系统57所各级各类学校的2000余名教职工报名参加运动会。

（史炳民）

【新时代好少年展示交流活动】　10月15日，区教委在实验二小永定分校举行门头沟区“文明有礼　我先行　传统美德记心中”暨新时代好少年展示交流活动。活动中表彰“我家根脉图”和“家书家信”获奖学生、新时代好少年、优秀话剧指导教师及优秀组织奖学校。之后进行新时代好少年、优秀我家根脉图、家书家信和优秀话剧展示。

（赵晓晨）

【第一次少代会召开】　10月31日，中国少年先锋队北京市门头沟区第一次代表大会在少年宫召开。会上通过《大会选举办法》、审议通过《大会报告》《少先队提案工作》，选举产生第一届少工委委员。表彰门头沟区第一次少代会红领巾提案，成立门头沟区骨干辅导员工作室。团市委副书记、市少工委主任，区领导张力兵、付兆庚、陈国才、张冰等出席开幕式。全区各镇街、委办局的81名代表以及120名少先队员代表，240名学生参加大会。

（孙　颖）

【第四届名师工作室启动】　10月，门头沟区第四届名师工作室于正式启动，设有中学语文、小学数学、心理等学科共14个工作室。

（吕　婕）

【学生体检和体质健康监测】　10月，区教委以“政府购买社会服务”形式，组织开展中小学生全员健康体检和体质健康监测，覆盖全区39所中小学，1.9万名中小学生。

（王　曦）

【区级科技教育示范校评审认定工作】　10月，开展三年一次的区级科技教育示范校评审认定工作。授予大峪中学分校、首师大附中永定分校、新桥路中学、大峪一小、东辛房小学、龙泉小学、八中京西附小、育园小学、妙峰山民族学校、王平中学“门头沟区科技教育示范学校”荣誉称号。

（王　燕）

【获首都思想道德创新案例奖】　11月8日，社区学院《家庭公约》项目获得首都思想道德创新案例奖。围绕未成年人在孝敬父母、生活学习习惯、诚实守信等方面探索利用家庭公约对行为习惯进行教育引导、监督实施、总结反思。社区学院有11所实验学校和幼儿园，50余个实验班，共1300余名学生和家庭受益。

（范　千）

【中小学家校共育项目启动会】　11月9日，区教委召开2018年中小学家校共育项目启动会暨骨干教师培训班开班仪式。区教委副主任，青少年心智专家，区教委、进修学校相关领导、研修员，全区中小学德育干部、骨干教师代表及知子花团队100余人参加。

（马　荧）

【校园冬季运动会】　11月9日，区教委组织门头沟区第二届中小学生冬季运动会。比赛分3个部分，真冰比赛项目，校内比赛项目（旱地冰球、仿真冰壶球、轮滑越野接力赛、冬奥知识急速赛），雪上项目比赛。参与学生人数1000人次。

（王　曦）

【《十佳新时代好少年评选方案》出台】　11月14日，区教委出台教育系统《十佳新时代好少年评选方案》。"十佳"包括：孝老爱亲、尊师爱校、诚信守礼、自强自立、助人为乐、立志勤学、科技创新、健康向上、尚美有才、勤劳节俭。每项评选10名区级好少年，推荐1名—2名市级好少年，表彰100名区级好少年，努力引导广大未成年人扣好人生第一粒扣子。

（范　千）

【传统文化浸润京西美少年专场演出】　11月21日，区教委组织传统文化浸润京西美少年专场演出，大峪中学分校、妙峰山民族学校、大峪一小、黑山小学少年宫的200余名学生表演京剧，舞龙舞狮，合唱，舞蹈，诗歌吟唱，课本剧等节目，北京电视台进行全程录制。

（范　千）

【第二届英语戏剧节】　11月23日，门头沟区中学英语学科实践活动课程成果展示暨第二届英语戏剧节展演在区少年宫举办。区委教工委副书记、区教委主任，区教委副主任，教师进修学校校长，北京基教研中心外语教研室教研员，北京教育学院硕士生导师，儿童教育戏剧研究中心主任，区教委机关相关科室负责人，各初高中校相关负责人等参加此次活动。此届戏剧节，历时3个月，区域内所有初高中校都选送1—2个作品参加评选。此次展演由获第二届中学英语戏剧节一等奖的作品参加，结合区内中小学外教全覆盖的实际情况，特别邀请外教参演。教师进修学校中学研修中心结合中小学衔接的重点课题，特邀大峪一小参加演出。

（马　荧）

【楚江亭教授工作室启动】　11月27日，以北京师范大学著名教授楚江亭为首席导师"楚江亭教授工作室"在门头沟区妙峰山民族学校正式挂牌成立，全区15所山区学校成为工作室的成员单位。北师大教育学部部长、北师大教育学部党委副书记、区委教工委副书记教委主任、区委教工委副书记以及门头沟区15所山区中小学校长出席启动仪式。

（马英博）

【学科实践展示研讨会】　11月28日，区教委、区教师进修学校在门头沟区大峪第一小学主办"聚焦课堂文化　构建生态课堂"的交流研讨活动。活动通过《秋韵》《掷一掷》《新楼　新标　扮靓母校》等7节学科实践课程、多学科主题融合课程，充分展示学校在学科育人、实践育人等方面所做的探索和成果。全区小学校长、教育教学干部以及来自河北省涿鹿县教科局的干部教师、学校家长代表100余人参与此次活动。

（张博文）

【首批义教学校管理标准化达标校验收】　11月，区教委13个相关科室，3个直属单位相关人员共23人集体下校，对11所中小学开展首批义教管理标准化达标校调研评估工作，同时完成市级对首批示范校的抽检工作。

（赵晓晨）

【第八届"京山杯"小学教育论坛】　12月7日，门头沟、怀柔、平谷、房山区教委在门头沟区少年宫联合举办第八届"京山杯"小学教育论坛活动。论坛中展示门头沟小学养成教育宣专题片《修德固本行致远"养成"花开满园香》，开展《小餐桌　大礼仪》的主题班会课。围绕新时代养成教育目标与内容、学校养成教育策略与途径、教师开展养成教育的实践与探索进行论坛发言。

（赵晓晨）

【银龄计划】　年内，区教委成立退休教师资源库，申请专项资金返聘退休特级教师和普通教师。9月面向全市公开招聘特级教师2名，返聘普通退休教师10人。

（吕　婕）

【门头沟区外籍教师参与英语教学项目】　年内，门头沟区外籍教师参与英语教学项目共为31所学校审批外教指标46个，核准经费1679.97万元。1月，区教委通过公开招标入围5家合作机构。各学校与5家入围的机构合作，聘请适合学校的外教，并在教委人事科进行备案。门头沟区外籍教师参与英语教学项目的推进，提升区中小学校的外语教学水平，促进学生的国际化视野。12月18日，印发《门头沟区教育系统外籍教师考核暂行办法》，并进行外籍教师年度考核和合作机构满意度调查工作，进一步推动外籍教师参与外语教学工作的规范化、制度化。

（吕 婕）

【新增5所一级一类幼儿园】 年内，区第三幼儿园、第二实验小学永定分校附属幼儿园、妙峰山民族学校附属幼儿园、大峪第一小学附属幼儿园、京师实验小学附属幼儿园通过北京市一级一类验收，使门头沟区一级一类及以上园所达到14个，占比40%，比2017年提高12个百分点。

（冯艳飞）

【1+1+N大拇指点赞活动】 年内，在广大中小学生中开展为身边教师点赞+为身边学生点赞+为身边家庭点赞活动。“1”指“教师你最好”，“1”指“学生你最棒”，“n”指“文明你最美”。各中小学结合校园文明建设将设置校园“点赞墙”、班级“点赞墙”，设计“教师、学生、家长”三类“点赞卡”，实施点赞积分兑换制，全面营造践行文明行为的良好风尚。活动辐射3500余在职教职工、2.6万在校生和2.6万余个家庭。

（范 千）

【扶持普惠性幼儿园发展】 年内，门头沟区共新增第一幼儿园龙山分园、博雅学园幼儿园、二十一世纪实验幼儿园、幸福天使幼儿园4所普惠性幼儿园，新增学位1350个，超额完成市政府制定的绩效指标630个。13所民办幼儿园中有9所申请成为普惠性幼儿园，使区内普惠性幼儿园数量达到31所，普惠率达到85%。

（冯艳飞）

【门头沟区第二十一届学生艺术节】 年内，门头沟区举办的第二十一届学生艺术节，以市、区、校三级载体，开展丰富多彩的艺术活动，为门头沟区中小学生搭建交流和展示的平台。上半年组织开展合唱、器乐两个集体项目区级展演，以及艺术表演类和艺术作品类的个人项目区级展演；下半年组织开展戏剧集体项目区级展演。其中合唱项目共36所中小学校的合唱团参加，器乐项目共11所学校的13个乐团参加，戏剧项目共18所学校的38个节目参加。集体项目总参与学生人数为2321人。个人项目展演覆盖全区所有中小学校，参与艺术表演类学生达1000余人次，共收到学生艺术作品1237件。2018年上半年选送4个合唱节目参加市级展演，其中大峪中学获金帆组市级展演金奖，实验二小永定分校和大峪二小获小学组银奖，八中永定实验学校获中学组铜奖；下半年选送2个戏剧节目参加市级展演，大峪一小和八中永定实验学校获金奖。

（王 燕）

【安全教育取得实效】 年内，区教委开展安全教育课，共有808名教师完成3686节安全教育的授课，21862名学生参与安全课程的学习，做到课程计划、教学内容、人员时间的全面落实。与区消防支队、公安分局、区气象局和地震局等部门合作，开展“安全进校园”宣传教育活动，通过委托专业人员对全区小学开展“开学安全第一课”消防安全知识培训，共计培训小学生5472名。同时还成立“消防教育培训基地”“警校共建基地”等，丰富学生安全教育的形式和内容。

（王冬冬）

京师实验幼儿园

【概况】 2018年，北京市门头沟区京师实验幼儿园是京师德培教育集团分园之一，为日托制普惠性民办园。占地面积5000平方米，校舍建筑面积2962平方米。图书室图书6000册。固定资产总值39.98万元。全年教育经费投入538.23万元，其中国家拨款327.02万元、自筹经费211.21万元。幼儿园信息化经费投入3.94万元，拥有计算机61台，幼儿园网出口总带宽6Mbps，电子监控摄像头103个。拥有图书阅读室、美劳室、国学教室等专用教室3个，普通教室9个。教室内设有触摸一体机、投影仪和幼儿玩教具等教学设施。教职工51人，其中教师30人，保健员3人。开设9个教学班，其中小班3个、中班4个、大班3个。在园幼儿271人。

（卢玲竹）

【亲子游园活动】 3月2日，门头沟区京师实验幼儿园开展“元宵节主题庙会”亲子游园活动。以耍龙灯、扭秧歌、划旱船等各种中国传统民俗活动开场。此次活动以真实庙会的形式开设多种摊位让幼儿和家长体验，有百变长气球、棉花糖、冰糖葫芦、捏面人、吃汤圆等。

（卢玲竹）

【社区早教启动仪式】 5月23日，门头沟区京师实验幼儿园与石门营新四区社区共同举办“早教活动进社区，公益活动暖人心”活动。活动中，介绍成立社区早教的意义，讲解早期教育实施的关键，以及家庭教育环境对幼儿的影响等方面的内容。

（卢玲竹）

【法治校长聘任启动仪式】 8月28日，门头沟区京师实验幼儿园开展法治校长聘任启动仪式，参与此次仪式的有幼儿园的家委会成员、大班的小朋友及全体教职工。聘请区司法局东辛房司法所所长为京师实验幼儿园法治校长。

（卢玲竹）

【食品安全进校园】 9月12日，特邀请东辛房食药所到园，举办教职工食品安全培训会。会上，讲解幼儿阶段食品安全情况，秋季应如何预防诺如病毒，怎样预防食物中毒以及餐饮操作规范等，还建立以园长为第一责任人的园所食堂食品安全责任制，明确1名食品安全管理人员。

（卢玲竹）

【师德师风学习培训】 10月22日，门头沟区京师实验幼儿园组织教师开展以“德高为师，身正为范”为主题的师德师风学习培训活动。号召全体教师励志做具有良好师德的新时代幼儿教师。

（卢玲竹）

【获教育系统食品安全工作先进单位】 10月，门头沟区京师实验幼儿园获北京市门头沟区教育委员会颁发的“2018年门头沟区教育系统食品安全工作先进单位”荣誉称号。

（卢玲竹）

【119消防日活动】 11月9日，门头沟区京师实验幼儿园开展以“关注消防、平安你我”为主题的“119”消防日活动。邀请门头沟消防支队警官为全体教职工进行消防安全教育培训，开展全园消防实战演习活动。

（卢玲竹）

【教师技能技巧风采大赛】 12月31日，门头沟区京师实验幼儿园举行教师技能技巧风采大赛。集团领导及各班家长代表担任评委，活动以教师5项技能比赛的形式开展，有手指游戏PK、钢琴弹奏、主题绘画、手工折纸、故事表演及舞蹈比拼。

（卢玲竹）

新世纪幼儿园

【概况】 2018年，门头沟区新世纪幼儿园为民办普惠性幼儿园，日托制。占地面积3480平方米、校舍建筑面积3130平方米。固定资产16万元。全年教育经费投入778万元。拥有舞蹈室和美术室专用教室2个，普通教室13个。教职工56人，其中教师26人，学历层次（专科以上）22人，专业技术职称层次（中级职称以上）8人；保健员3人，其中学历层次（专科以上）3人，职称层次（中级职称以上）1人。开设13个教学班，其中小班5个、中班6个、大班2个。幼儿入园140人、离园140人、在园400人。

（李 哲）

【一级二类幼儿园通过验收】 1月22日，北京市级类验收专家组对新世纪幼儿园验收。专家组通过参观园所环境、观摩小中大班半日活动、审阅档案资料，对幼儿园进行指导验收。园长以《夯实基础建设 稳定中求发展》为题向市级验收组做工作汇报。各位专家对幼儿园给予认可和赞扬。

（李 哲）

【“有趣的元宵”教育活动】 3月2日，新世纪幼儿园分年级开展“有趣的元宵”教育活动。活动的开展，让幼儿对元宵节传统文化和民俗习惯有一定了解，增强动手能力，感受到节日的喜悦。

（安 静）

【组织生活会召开】 3月14日，新世纪幼儿园党支部召开组织生活会，区教委副主任、组织部副部长以及支部辅导员参加会议。园支部书记首先进行简要工作汇报，然后代表支部班子作对照检查，分析问题产生的原因，制定相应的整改措施，带头开展批评与自我批评，随后班子逐一进行对照检查。

（李 哲）

【幼儿食品品尝满意度高】 6月14日，新世纪幼儿园开展幼儿食品品尝活动。50余名家长代表参加。保健医简要介绍伙食情况。家长们品尝食品并记录下食物所带来的口味与感受。

（安 静 李 哲）

【首届幼儿及教师成长档案展评】 6月26日，幼儿园开展“首届幼儿及教师成长档案展评”活动。经全体老师投票选出6名获奖档案。

（安 静）

【专题知识讲座】 12月7日，幼儿园邀请区妇幼保健院儿科主任为家长进行“儿童肥胖不容忽视”的专题讲座。讲座从引起小儿单纯性肥胖的病因、临床表现、危害与影响、你的宝宝胖不胖、肥胖怎么治疗5个方面进行阐述。讲座结束后，家长咨询幼儿健康的各种问题。

（张亚君）

二十一世纪实验幼儿园

【概况】 2018 年 4 月，筹备门头沟区二十一世纪幼儿园，申办《办学许可证》《民办非企业登记证书》《食品经营许可证》。《托幼机构卫生评价》合格。8 月 27 日，通过北京市幼儿园一级二类的验收工作。开园后在管理工作，队伍建设，教育教学，卫生保健，安全管理等方面严格依法办园，规范管理。建立健全并逐步完善各项规章制度。注重师德教育，提高教师专业素质，提高职业道德素养，进行“师德宣誓”活动，签订《师德承诺书》赢得家长信任，树立良好的品牌形象。加强团队建设，增强职工对幼儿园的归属感。重视保教结合，提高保教水平。围绕《纲要》《指南》开展教研，教学活动。引领教师专业成长。重视家园共育，开设《五大心理营养，助力孩子健康成长》《科学防拐，为幼儿保驾护航》家长课堂，帮家长树立正确教育理念。注重安全教育培训与平日的工作检查，保证全园师生安全。

（邢晓红）

【新生家长会】 8 月 18 日，区二十一世纪幼儿园召开“新生家长会”。会上，邀请新生家长观看宣传片，全方位了解园内的基本情况、园所环境、办园理念、特色课程及丰富多彩的活动等；园长从教师团队、教学理念、课程设置、幼儿园的规章制度、文明礼仪、习惯培养、家园合作等方面与家长近距离沟通

（邢晓红　蔡　颖）

【爱牙日宣讲活动】 9 月 19 日，区二十一世纪实验幼儿园开展以“爱护牙齿从我做起”的主题宣讲活动。保健医运用形象、易懂的语言帮助幼儿了解牙齿的总要性以及刷牙的正确方法。

（邢晓红　蔡　颖）

【中秋节主题活动】 9 月 21 日，区二十一世纪实验幼儿园采取多种形式开展中秋习俗文化主题活动，帮助幼儿了解中国传统文化魅力，了解中秋佳节民间习俗文化，营造浓厚节日氛围。

（邢晓红　蔡　颖）

【“我为祖国妈妈过生日”主题活动】 9 月 29 日，区二十一世纪实验幼儿园开展主题为“我为祖国妈妈过生日”的爱国主义教育活动。

（邢晓红　蔡　颖）

【消防疏散演习】 11 月 9 日，区二十一世纪实验幼儿园举行开园后的第一次消防疏散演习。通过此活动提高教师和幼儿面对突发事件的应变能力，增强防火逃生意识。

（邢晓红　蔡　颖）

【舀豆比赛】 11 月 15 日，区二十一世纪实验幼儿园小班组的小朋友开展“我是全能小超人系列活动之——舀豆比赛”。此次活动小班组共 80 名幼儿参加，星星班 1 名小朋友获“一等奖”，有 4 名小朋友获“二等奖”，5 名小朋友获“三等奖”。

（邢晓红　蔡　颖）

【家长开放日】 11 月 30 日，区二十一世纪实验幼儿园进行“家长开放日”活动。通过开放日活动向家长展示办园理念、课程特色、教学过程等方面。

（邢晓红　蔡　颖）

【“科学防拐，保驾护航”家长课堂】 12 月 27 日，区二十一世纪实验幼儿园特邀请米兔宝儿童互助平台创始人，为家长们开展以“科学防拐，保驾护航”为主题的幼儿安全防拐讲座。通过讲座家长学习到专业的防拐科学知识。

（邢晓红　蔡　颖）

【元旦庆祝活动】 12 月 29 日，区二十一世纪实验幼儿园举办《金猪送福·共度新年》主题元旦庆祝活动。

（邢晓红　蔡　颖）

北京市第八中学京西附属小学

【概况】 2018 年，北京市第八中学京西附属小学（简称八中京西附小）总占地面积 2.92 万平方米、校舍建筑面积 1.93 万平方米，运动场地面积 0.95 万平方米。图书馆（室）藏书 2.74 万册。固定资产总值 2980.26 万元。全年教育经费投入 2320.2 万元，其中国家拨款 2320.2 万元。学校信息化经费投入 218.4 万元，拥有计算机 405 台，多媒体教室座位 2120 个，校园网出口总带宽 1000Mbps，数字资源量 254GB，“信息技术”课程 2 课时/周。普通教室 36 个、专用教室 17 个。教职工 52 人，其中高级职称 4 人、中级职称 17 人。专任教师 43 人，本科以上学历 43 人。开设教学班 21 个。招生 317 人、在校生 785 人。

（李全来）

【最美的他们】 3月8日，门头沟区教育系统召开庆祝“三八节”“最美的他们”主题交流表彰大会。京西附属小学一年级组被评为教育系统“最美的他们”，并进行主题交流。

（殷红忠）

【第一届校级家委会成立】 3月23日，北京市第八中学京西附属小学第一届校级家委会会议召开。此届会议的主题是开放、信任、沟通、合作、共育、共赢。校领导及班级会长等20余人参加。会上，宣读《北京市第八中中学京西附属小学家长委员会章程》，解读家长委员会的宗旨、组织机构、家委会的主要职责及对家委会成员的要求。

（邓光艳）

【国际交往】 3月30日，美国富兰克林西北教育局教育考察团到校内进行参观考察，与京西附属小学校签订友好协议。

（安知博）

【侨爱工程·青苗计划签约】 8月20日，“侨爱工程·青苗计划”签约仪式在北京市第八中学京西附属小学举行。致公党门头沟主委、北京华商会会长、北京上地数码科技大厦有限公司董事长、北京市政府侨办经济处副处长、中国孔子基金会德本教育基金主任、北京市发展侨务基金会秘书长、北京春藤社会工作促进中心主任以及北京市第八中学京西附属小学校长与部分干部教师参加。此次活动是8+1志愿服务站一项志愿活动的具体落实。

（安知博）

【语言文字工作考核验收】 9月29日，区社区学院一行6人到北京八中京西附小，对学校语言文字规范化达标工作进行检查与指导，对市第八中学京西附属小学语言文字规范化工作给予肯定。

（刘 军）

【国际交流】 10月24日，韩国江陵旺山小学领导及师生一行25人到校进行参观访问。

（安知博）

【帮扶交流】 10月25日，京西附属小学校长带领中层干部及青年教师15人到河北省涿鹿县武家沟寄宿制学校，开展为期2天的学校管理、课程建设、课堂教学、教研互促等方面的交流研讨。

（刘 军）

【冬季运动会】 11月17日，北京市第八中学京西附属小学承办门头沟区中小学生冬季运动会，开幕式上教工委副书记教委领导为冰雪运动特色学校授牌。

（伏建琮）

【第一届教职工代表大会】 11月19日，北京市第八中学京西附属小学召开第二届第二次全体教职工大会选举产生第一届教代会代表，并召开第一届第一次教职工代表大会。

（殷红忠）

【参观交流】 11月27日，河南乡村教师80余人到八中京西附小进行参观，了解学校的文化建设、办学理念、课程设置。12月11日，蒙冀三地干部到八中京西附小进行实地参观与交流。参观学校文化建设，就课程评价管理、学生养成教育、年轻教师成长、研学课程开展与校领导进行对话与交流。

（刘 军）

龙泉雾小学

【概况】 2018年，门头沟区龙泉雾小学学校总占地面积6421平方米、校舍建筑面积1000.39平方米，运动场地面积3182.31平方米。图书室藏书17571万册。固定资产总值1018.21万元。全年教育经费投入1186万元，其中国家拨款1186万元。学校拥有计算机219台，多媒体教室座位34个，校园网出口总带宽1000Mbps，数字资源量200GB，“信息技术”课程2课时/周。普通教室6个、专用教室4个。教职工21人，其中高级职称3人、中级职称15人。专任教师15人，包括区级骨干5名、区级骨干班主任2名；本科以上学历19人。开设教学班6个。毕业生21人、招生13人、在校生124人。设附属幼儿园，全年教育经费投入1186万元（与小学共用）。教职工13人，其中专任教师9人、保健员1人。开设教学班3个（小班1个、中班1个、大班1个）。

（邓小燕 王映梅 董建忠 李光辉 丁丽华 谷燕春）

【庆祝“六一”活动】 6月1日，龙泉雾小学少先队开展以“花开新时代 梦在不远处”为主题的庆祝“六一”活动。一年级9名同学经分批入队评价加入中国少年先锋队。

（王映梅）

【主题教育实践活动】 9月8日，龙泉雾小学全校师生与家长一同开展“小手拉大手 文明一起走”主题教育实践活动。

（王映梅）

【经典诵读展示】 10月22日，龙泉雾小学开展主题为“践行核心价值观，争做美德好少年”的学生经典诵读展示活动．活动展示《孝》《友善》《诚信》《责任》4个篇章。

（李桂山）

【师德演讲活动】 10月23日，龙泉雾小学附属幼儿园开展“创建文明城区　弘扬师德师风”师德演讲活动。

（张俊红）

【少代会分享活动】 11月8日，龙泉雾小学少先队开展主题为“传承红色基因　做新时代好队员”少代会分享活动。2名学生代表分享参加门头沟区“少代会”的感受。队员们分别进行交流活动。

（王映梅）

【主题党日活动】 11月21日，龙泉雾党支部和琉璃渠小学党支部联合开展“追寻红色足迹，感悟信仰力量”主题党日活动。支部党员到平西情报交通联络站纪念馆参观学习。

（李桂山）

【“幼儿园如何以游戏为基本活动”专题讲座】 11月22日，北京市特级教师到龙泉雾小学附属幼儿园进行“幼儿园如何以游戏为基本活动”专题讲座。

（刘金霞）

【“让爱满溢”特色家长开放活动】 12月12日，龙泉雾小学创新家长会和协会活动形式，召开主题为“让爱满溢”家长开放活动。课堂教学展示中，孩子们通过朗诵、舞蹈、歌唱、课本剧等形式展示自己的才艺。教师群、家长群里分享自己的感受。

（刘军艳　李桂山）

清水中心小学

【概况】 2018年，门头沟区清水中心小学总占地面积18676平方米、校舍建筑面积3779平方米，运动场地面积8060平方米。图书馆（室）藏书15730万册。固定资产总值1789.16万元。全年教育经费投入2174.63万元，其中国家拨款2174.63万元。学校信息化经费投入100万元，拥有计算机90台，多媒体教室座位40个，校园网出口总带宽100Mbps，“信息技术”课程2课时/周。普通教室6个、专用教室6个。教职工34人，其中高级职称3人、中级职称15人。专任教师32人，本科以上学历22人。开设教学班6个。毕业30人、招生15人、在校生101人。设附属幼儿园，占地面积7863平方米、校舍建筑面积1522平方米。全年教育经费投入89.66万元。固定资产2174.63万元。拥有音体室、生活体验室、区域活动室等专用教室3个，普通教室3个。拥有计算机12台。教职工12人，其中教师11人，专科以上学历7人；保健员1人。开设教学班3个，其中小班1个、中班1个、大班1个。幼儿入园10人、离园16人、在园40人。

（王　力）

【春暖花开　关爱成长】 4月16日，“春暖花开　关爱成长”门头沟区民政局支持儿童关爱服务项目到清水中心小学。130余名师生及29名中老年志愿者参加此次活动。活动通过发放慰问品、心理交流以及团队拓展等，让他们感受到爱就在身边、就在学习中、就在成长中。

（梁春雷）

【民族艺术进校园】 5月2日，清水中心小学开展“民族艺术进校园活动”。北京大都新源文化艺术团为在校120余名小学生表演民族艺术。此次活动把优秀艺术作品送进校园、送到学生们身边。

（梁春雷）

【地震应急逃生安全疏散演练活动】 5月9日，清水中心小学开展全校师生地震应急逃生安全疏散演练活动。为每一名学生配备安全头护。

（梁春雷）

【京西学子京东游　企校携手助成长】 5月16日，清水中心小学四、五年级全体学生到京东集团总部参加社会实践活动。该活动是由京东集团团委、区教委、区工商联、门头沟团区委、区青创会和清水中心小学联合组织。同学们参观京东大厦的京东金融、京东到家、京东集团自提点、京东无人超市、“无人机、无人车、物流机器人”等多个展台，亲身在京东智能生活馆体验体验京东产品。

（艾树娥）

【创城有我——清水中心小学在行动】 9月8日，清水中心小学邀请学生家长到校开展家庭校园文明创建活动。清水镇文教办、司法所参与此次活动。在学校宣传点，学校向家长发放文明大礼包等宣传材料，向家长讲宣传讲解文明行为与社会主义核心价值观。在亲子课堂上，大家一起观看门头沟区教育发展宣传片，学校向家长介绍门头沟和学校的教育发展情况，号召全体家庭为门头沟区教育点赞，为门头沟区创城点赞。

（梁春雷）

【大手拉小手，一起来运动】 10月18日，清水中心小学附属幼儿园组织开展以“大手拉小手，一起来运动”为主体的，亲子趣味运动会。幼儿园全体教师幼儿及家长参加活动。

（贾文颖）

【你成长我快乐】 11月15日，清水中心小学附属幼儿园举行家长半日开放日活动，邀请家长们走进幼儿园，观摩幼儿园教育活动和参加亲子游戏活动。每个班级都开展特色的美术活动、亲子游戏。

（贾文颖）

斋堂中心小学

【概况】 2018年，北京市门头沟区斋堂中心小学总占地面积8848平方米、校舍建筑面积5219.77平方米，运动场地面积3453平方米。图书馆（室）藏书15852册，包括电子图书0.01万册。固定资产总值1277.12万元。全年教育经费投入78.626万元。其中国家拨款78.626万元。学校信息化经费投入3.42万元。拥有计算机104台，多媒体教室座位70个，校园网出口总带宽1000Mbps，数字资源量200GB，“信息技术”课程2课时/周。普通教室6个、专用教室8个。教职工43人，其中，高级职称4人、中级职称23人。专任教师31人，包括北京市骨干教师1人；本科以上学历29人。开设教学班6个。毕业22人、招生9人、在校生136人。设附属幼儿园，园所占地面积6518.28平方米、校舍建筑面积2396.1平方米。全年教育经费投入78.626万元（与小学共用）。普通教室3个、专用教室6个。教职工13人，其中专任教师10人、保健员1人。开设教学班3个（小班1个、中班1个、大班1个）。幼儿入园67人、在园67人。

（赵建华 谭天柱 吕艳伟 何鑫 王卫）

【幼儿园开设京西太平鼓自主课程】 3月20日，斋堂中心小学附属幼儿园开设京西太平鼓自主课程。聘请太平鼓专业教师为幼儿上课，授课教师结合幼儿的年龄和学习特点，用游戏的形式组织活动。

（吕艳伟）

【春季田径运动会】 4月27日，斋堂中心小学与大峪二小联合举办以“享受运动，超越自我”为主题的2018年度春季田径运动会。此次运动会包括50米、150米、300米、1500米、跳远、跳高、铅球、接力等项目，并决出各比赛项目的冠亚军。

（谭天柱）

【获北京市3D建模比赛第二名】 5月13日，斋堂中心小学4名学生参加由市教委、市科委举办的2018年度中小学生“创新伴我成长”系列活动暨STEM创意挑战赛。学校比赛团队获北京市小学组3D建模比赛第二名。

（史孟庆）

【主题党日活动】 6月4日，斋堂中心小学、清水学校、斋堂中学、斋堂教育基地、军响中心小学5个党支部组织73名党员到平北抗日战争纪念馆开展以“悟初心、守初心、践初心、不忘初心、牢记使命，争做合作党员”为主题的特色党日活动。活动中重温入党誓词，参观纪念馆中的文物、图片资料、教育专题片等。

（谭天柱）

【家校共育培训会】 12月4日，“知子花”资深的讲师到斋堂中心小学，开展以“知子花”助力“扣好人生第一粒扣子”为主题的家校共育培训会。讲师从“了解孩子”“塑造心智，重塑人生”“家长‘禁’行曲”“知子花杰出教子密码”四个方面为大家做解答。最后讲师还为家长分享亲子沟通的秘诀与案例分析。

（谭天柱）

城子小学

【概况】 2018年，北京市门头沟区城子小学暂借门头沟区中等职业学校校址办学，学校总占地面积2.2万平方米，校舍建筑面积4350平方米，运动场地面积5700平方米。学校图书室藏书2.47万册，固定资产总值552.1万元，全年教育经费投入1900万元。学校信息化经费投入31.8万元，拥有计算机162台，多媒体教室座位960个，校园网出口总带宽1000Mbps，数字资源量210GB，三四年级每班每周“信息技术”课程1课时/周。学校有普通教室24个、专用教室1个。学校共有教职工61人，其中高级职称9人，中级职称33人，专任教师48人，北京市骨干教师1人，本科以上学历57人。学校开设教学班24个，毕业136人，招生157人，在校生906人。

（苏文刚）

【参加成语大赛】 6月6日，学校选派优秀学生参加区第二届小学生成语大赛，分别取得低、高年级段比赛第二名。

（张玉环）

【作家进校园】 6月8日，学校邀请作家为同学们带来《给孩子的诗教启蒙》讲座。活动激发学生诗歌创作热情，提高写作兴趣。

（张玉环）

【参加全国信息技术大赛】 7月，学校教师开始学习互动反馈按按技术，把平板ipad引入课堂，师生一同学习，发挥其优势。赵学青和李佳颖两位老师参加全国说课的比赛，获全国一等奖。

（姜玉玲）

【“小手拉大手 文明一起走”】 9月8日，“小手拉大手 文明一起走”万人文明大行动。学校从“亲子课堂一起学”“文明行为一起赞” “清洁环境一起干”“创城宣传进家庭”四个层面开展活动。“亲子课堂一起学”向家长介绍家庭教育方法，加强家校教育协同，提高家庭教育质量。“文明行为一起赞”由少先队大队带头组织30余名少先队员上街宣传门头沟区创建文明城区的策略，引导市民文明交通文明出行，向行人发放创城宣传材料，以力求使更多的人了解门头沟区创建文明城区的举措。“清洁环境一起干”全体党员、团员、积极分子在校园周边进行清洁扫除。“创城宣传进家庭”全体班主任老师，带领着班级小干部们到学生家庭，面对面的宣传门头沟区创建文明城区活动，了解学生的家庭教育现状，从而使我们的学校教育与家庭教育更好的融合贯通。

（付春琴）

【互帮互学促成长】 9月，学校到黑龙江伊春市边陲小镇金山屯。与金山屯第一小学和第二小学的老师一起同课异构，把城子小学的教学理念与当地老师的理念进行交流，互帮互助促成长。

（姜玉玲）

【“灵动火花”跳跃智慧梦想】 11月22日，城子小学参加2018年门头沟区DI嘉年华。小选手们以“灵动火花”命名，获特别奖“文艺复兴奖”。

（赵新颖）

【首次参加全国啦啦操竞赛】 11月25日，学校啦啦操队参加全国啦啦操联赛清华大学·中国石油大学北京赛区的比赛。以总分335分的成绩，获公开儿童乙组花球校园啦啦操示范套路第4名。

（赵新颖）

【青年教师工作室成立】 11月，城子小学和琉璃渠小学共同成立青年教师工作室。两校联合成立的青年教师工作室对青年教师采取“双师制”培养措施，即聘请特级教师、市级学科带头人、市级骨干等到工作室定期指导青年教师，校内则聘请校内的骨干教师“一带一”在岗指导相结合。12月，北京市第一批特级教师到城子小学青年老师工作室，开展“聚焦生态课堂 助力教师成长”课堂教学研讨活动。区内各个学校的部分数学教师、河北丰宁、辽宁鞍山到京学习的教师参加此次研讨活动。

（姜玉玲）

【我为创城出把力】 12月10日，学校开展“我为创城出把力”校级演讲比赛。比赛选手是由二至六年级各班选拔推荐的，从演讲稿的准备到演讲用的PPT，同学们都做精心准备。学生们从文明讲起，从环保讲起，从节约讲起，从与人为善讲起，无不体现一个文明人文明区所该有的标准。

（付春琴）

【参加区级口语表演赛】 12月，学校学生参加全区小学生英语口语与表演比赛，活动中学生表现突出，高年级组获全区一等奖，低年级组获全区二等奖。

（姜玉玲）

【参加区级继续技术联盟校课堂展示】 12月，学校2位教师代表学校参加区级联盟校信息技术融入学科教学展示活动，在活动中教师以熟练的操作和扎实的课堂教学，赢得评委的一致好评，获一等奖。

（姜玉玲）

大台中心小学

【概况】 2018年，门头沟区大台中心小学（以下简称“大台中心小学”）建有2所分校，分别为灰地小学、唐家坟小学。（学校分一址办园，为大台中心小学附属幼儿园）。学校总占地面积0.85万平方米、校舍建筑面积0.61万平方米，运动场地面积0.3万平方米。图书馆（室）藏书1.93万册。固定资产总值1231.18万元。全年教育经费投入3311.43万元，其中国家拨款3311.43万元。学校信息化经费投入59.6万元，拥有计算机383台，多媒体教室座位 420 个，校园网出口总带宽 1000Mbps，数字资源量 0GB，“信息技术”课程 2 课时/周。普通教室 22 个、专用教室 13 个。教职工 53 人，其中高级职称 14 人、中级职称 22 人。专任教师 42 人，包括本科以上学历 33 人。开设教学班 17 个。毕业 56 人、招生 23 人、在校生 201 人。附属幼儿园，占地面积 3080 平方米、建筑面积 2749 平方米。藏书 800 册。活动室 4 个、睡眠室 4 个。教职工 17 人，高级职称 1 人、中级职称 5 人。专任教师 16 人，本科及以上学历 10 人。开设 4 个班，在园幼儿 73 人。

（郝玉金）

【外籍教师走进学校】　3 月 6 日，来自南非的外籍女教师第一次到大台中心小学低年级课堂，与教师进行课堂互动。

（田鑫平）

【“三生课程”第一次实践活动】　3 月 15 日，大台中心小学组织开展 2018 年“三生课程”第一次实践活动。活动采取多点实践的方法，即每个教学点的 15 名学生，交叉到灰地、唐家坟、千军台小学，分别参加由各校教师组织的“三生课程”实践活动。灰地小学通过调查、讲解，了解地区内节气和其他地区节气的不同；唐家坟小学在参观煤业博物馆的基础上，与英语教学相结合；千军台小学考察地域环境，结合知识讲解。

（张金明）

【法制讲座】　3 月 16 日，大台中心小学邀请区法院联合开展“关爱教育塑心灵，法治安全促和谐”为主题的法制安全讲座。在讲座中，围绕着金、木、水、火、土，这五种构成物质的基本元素，折射出我们日常生活中可能遇到的交通安全、滑冰安全、消防安全、饮食安全以及网络安全等问题。引用大量鲜活典型的案例进行剖析，深入浅出，以案释法，以法论事。5 月 29 日，区法院到大台中心小学开展“营造友善校园，防制校园欺凌”为主题的送法进校园活动。此次活动还专门邀请心理咨询师为孩子们做讲座。

（温　婧）

【学校消防池建成】　4 月初，学校消防池工程正式开工，历经 5 个多月时间，9 月中旬工程竣工。

（温　婧）

【干部聘用工作】　4 月 2 日，大台中心小学开展 2018 年副校级、中层干部续聘工作。有 2 名副校级、6 名中层干部参与续聘，71 位教师为续聘干部进行测评打分。

（张金明）

【第二届门头沟山区学校科技竞赛活动】　4 月 25 日，由门头沟教育委员会主办，门头沟少年宫、大台中心小学承办的“加强校际科技交流，共筑山区孩子梦想”第二届门头沟山区学校科技竞赛活动在大台中心小学举办。山区 9 所小学由校长带队，每校主任、科技教师带领 8 名共 72 名学生参加活动，多家媒体到场进行采访。

（张金明）

【区领导检查防汛工作】　5 月 23 日，区领导，区教委以及教委办公室相关领导对大台中心小学防汛重点区域进行安全检查，排查隐患，确保校园平安。先后实地检查大台中心灰地小学、大台中心附属幼儿园的防汛及安全工作，对学校求实、务实、落实的工作作风给予肯定，并对可能存在防汛隐患的重点部位进行提示，对学校防汛安全工作进行指导。

（温　婧）

【毕业班学生参观北京大学】　10 月 26 日，大台中心小学组织毕业班 31 名学生参观北京大学化学与分子工程学院。首先，观看北大宣传片；由北大的学生给大家讲解生活中的化学常识，带着同学们做有趣的化学实验。参观北大红楼，接受爱国革命传统教育。

（郝玉金）

【抽样调研评估验收】　12 月 18 日，北京师范大学教授带领专家团队、协同燕山教委一行到大台中心小学进行抽样调研评估验收。学校校长以《抓规范　强内涵提质量》为题阐述学校落实《义务教育学校管理标准》的认识与思考。调研验收小组专家分别对校长、中层干部、教师代表、学生代表进行访谈，了解学校各个层面对《义教标准》的理解、落实情况；同时检查学校相关档案材料，验证学校对标落实情况。专家组对学校的工作给予肯定，并提出意见。

（施凤霞）

【附属幼儿园改善办园条件】　年内，附属幼儿园进行室内外全面装修改造和文化建设。3 月，把幼儿园食堂后面的一片废弃的土地改建成幼儿园种植园，面积 240 余平方米，种植园的建成为幼儿提供亲身体验感知的实践活动。同时促进园本课程的开展。

（施凤霞）

大峪第二小学

【概况】　2018 年，门头沟区大峪第二小学占地面积1.99万平方米、校舍建筑面积1.88万平方米，运动场地面积0.66万平方米。图书馆（室）藏书4.51万册。固定资产总值5434万元，全年教育经费投入5081万元。学校信息化经费投入853万元，拥有计算机537台，多媒体教室座位2240个，校园网出口总带宽1000Mbps，数字资源量5000GB，“信息技术”课程2课时/周。普通教室40个、专用教室13个。教职工113人，其中高级职称21人、中级职称66人。专任教师100人，包括北京市骨干教师3人、北京市学科教学带头人2人；本科及以上学历107人。开设教学班40个。毕业215人、招生312人、在校生1589人。设附属幼儿园，园所占地面积5000平方米、校舍建筑面积4201.73平方米。全年教育经费投入850万元，固定资产总值355.17万元。普通教室12个、专用教室4个。教职工41人，其中专任教师36人、保健员2人。开设教学班10个（小班4个、中班4个、大班2个）。幼儿入园78人、在园258人。

（侯　勇　王　娜　曹春燕）

【教育督导检查】　5月7日，北京市政府教育督导室对学前教育法律法规执行情况的现场督导检查。园长作题为《依法办园　以德立园　点亮纯真童年》的汇报；主任从“涵养师资”“调配资源”“年幼小衔接”等向督导室进行简要汇报。督导室肯定幼儿园园阅读特色的呈现。

（曹春燕）

【冬奥主题课程探索与实践论坛】　5月16日，大峪二小举办“相约冰雪　相约2022”冬奥主题课程探索与实践论坛，展示以冬奥项目“冰壶”“滑雪”为主题的课程实施成果。

（王　娜）

【文化交流活动】　7月，大峪二小管乐团到美国国友好学校达瑞恩小学参加文化交流活动。7月20日，在卡耐基音乐厅参加“快乐金帆——北京市学生金帆艺术团卡耐基音乐厅专场演出”，演奏《加勒比海盗》《一朵美丽的玫瑰花》《龙舌兰》3首曲目，获最佳表演奖。

（刘　洋）

【“智慧阅读”活动】　9月，大峪二小开启“智慧阅读”活动。各班开展阅读班本课程，学校举行每月一主题的阅读活动：智慧阅读手抄报评选、经典诵读展示活动、“我的阅读故事”征集评选、课本剧展演。在颁奖典礼上，为评选出的83位“智慧阅读小状元”颁发奖牌。

（刘　洋）

【“时光邮筒”实践活动】　11月21日，大峪二小与区邮政分公司联手举办四年级少先队“时光邮筒”实践活动。区邮政分公司与区教委领导共同为“时光邮筒”揭牌，邮局讲师进行“邮票世界”“一封信的旅行”讲座，队员们现场书写明信片，并参观集邮产品文化展。

（刘　洋）

【校冰壶队参赛获奖】　11月，大峪二小冰壶队参加北京市体育局承办的四年一届的北京市第一届冬季运动会，男队、女队分别获北京市第四名。12月22日，北京市第三届中小学生冬季运动会在怀柔中体奥冰壶中心举办，大峪二小冰壶队获得冰壶比赛第一名，冰壶投壶比赛第三名。

（刘　洋）

【校长青檬工作坊成立】　12月17日，大峪二小“校长青檬工作坊”正式成立。工作室以“1+1+X”模式进行，促使校内青年教师迅速成长，早日成为师德高尚、业务精良的青年教师队伍。

（董俊霞）

【第一届悦读节】　12月，附属幼儿园举办题为“悦读相伴　书润童年”的第一届悦读节。“悦读”系列游戏活动中包含儿歌比拼、故事大王评选、词语接龙、拼图游戏、亲子表演、幼儿和家长共同演绎的绘本剧场等。

（曹春燕）

大峪第一小学

【概况】　2018年，门头沟区大峪第一小学占地面积2.27万平方米、校舍建筑面积1.68万平方米，运动场地面积0.71万平方米。图书馆（室）藏书40.26万册，包括电子图书36万册。固定资产总值3877万元，全年教育经费投入5819万元。学校信息化经费投入650.09万元，拥有计算机292台，多媒体教室座位2200个，校园网出口总带宽1000Mbps，数字资源量2000GB，“信息技术”课程2课时/周。普通教室38个、专用教室18个。教职工82人，其中高级职称20人、中级职称67人。专任教师70人，包括特级教师1人、北京市骨干教师1人；本科以上学历77人。开设教学班26个。毕业166人、招生185人、在校生1000人。设附属幼儿园，园所占地面积9391.63平方米、校舍建筑面积7181.1平方米。全年教育经费投入2327万元，固定资产总值771.6万元。普通教室18个、专用教室7个。教职工60人，其中专任教师49人、保健员4人。开设教学班14个（小班5个、中班6个、大班3个）。幼儿在园人数387人。

（孔令全）

【春季种植启动仪式】　4月19日，大峪一小附属幼儿园“我种植、我收获、我快乐、我成长”种植活动正式启动。校长、园长、国家特种蔬菜产业体系岗位专家以及家长委员会代表参加此次活动，并为“北京市农村科学研究院国际合作处种植教育基地”颁牌。仪式过后，大班组师幼们进行种植活动。

（潘宏琳）

【体育教学改革项目展示活动】　5月2日，大峪一小召开“启和谐之行　育日新少年”暨“一校一品”体育教学改革项目展示活动。区教委主任、区体育局局长等领导，全区各学校的体育工作负责人，以及大峪一小师生、家长等1300余人参加活动。活动展示体育大课间素质操、体育趣味课课练、足球特色展示以及全员运动会等项目。

（马　栋）

【师德教育活动】　5月23日，大峪一小召开“做新时代‘四有’好老师和‘四个引路人’学习实践活动部署启动会。党总支副书记传达区教育系统学习实践活动会议精神和要求，解读大峪一小学习实践活动实施方案；组织教师签订师德承诺书；纪检委员组织学习教育部《严禁教师违规收受学生及家长礼品礼金等行为的规定》《严禁中小学校和在职中小学教师有偿补课的规定》《中小学教师违反职业道德行为处理办法》等文件规定。总支书记讲党课，进行集体谈话，结合工作实际给老师们提出31项具体细致的师德要求”。

（李文才）

【一级一类验收通过】　6月15日，验收专家组一行14人，对大峪第一小学附属幼儿园进行一级一类验收。专家分成日常管理、教育教学、卫生保健3组，通过参观园所环境、观摩幼儿活动、查看档案材料等形式对幼儿园进行全面验收。验收工作结束后，专家组对幼儿园的工作给予肯定。

（潘宏琳）

【参加区级“双评优”活动】　9月21日，门头沟区学前开展“幼儿园优秀学前教研工作计划”和“幼儿园优秀园本教研活动”双评优活动。园教研活动计划《如何使美工区材料激发幼儿游戏兴趣》获区级一等奖，教研活动现场展示组织获区级二等奖。

（潘宏琳）

【北京市教育科学规划课题立项】　10月，学校《基于生态课堂理念构建小学“3D”课堂的实践研究》立项北京市教育科学规划课题。学校根据学科特点，用科研的思路指导日常教学，开展各种教研及课堂展示活动。部分教师先后到贵州、内蒙古察右后旗支教，教师在清华大学“国培计划”项目中做展示课累计12节，蒙冀三地干部教师到学校观摩课堂教学累计10节，教师做市区级研究课、展示课18节，学校召开现场会、迎接各级各类验收、检查、视导等累计上展示课54节。学校被评为北京市科研先进学校，并在大会上做主题发言。

（王消冰）

【第一届丰收节活动】　11月1日，大峪一小节日课程丰收节主题活动开幕。此次活动围绕五个一内容开展。暨一次集体教育活动、一节家长进课堂课程、一个区域环境创设、一起走进大自然、一场作品秀。

（潘宏琳）

【大队委竞选】　12月7日，学校举行新一届大队委员竞聘。竞聘以自我管理、自我教育、自我服务为宗旨，采取海选、班级投票、年级投票、校级投票的形式确定进入决赛人员。决赛展示内容为演讲和才艺展示，学校网络平台进行现场直播，全校家长和师生观看直播并参与投票，最终17名队员成为校内新一届大队委。

（陈　宇）

【艺术节展示暨元旦联欢会】　12月28日，大峪一小附属幼儿园举办“耕读乐园　快乐成长”元旦联欢活动。展示过程中，老师、家长和孩子们同台表演。

（潘宏琳）

军庄中心小学

【概况】　2018年，军庄中心小学建有1所中心小学及1所一园两址的幼儿园。（中心校位于军庄中学院内，幼儿园一园两址，分别为西杨坨园、灰峪幼儿园。）中心小学学校总占地面积4035平方米、校舍建筑面积4813平方米，运动场地面积3000平方米。图书馆（室）藏书1.83万册。固定资产总值1344.213万元。全年教育经费投入184.51万元。学校信息化经费投入9万元，拥有计算机201台，多媒体教室座位45个，校园网出口总带宽1000Mbps，数字资源量2000GB，“信息技术”课程5课时/周。普通教室13个、专用教室12个。教职工79人，其中高级职称10人、中级职称32人。专任教师63人；本科以上学历73人。开设教学班13个。毕业40人、招生59人、在校生352人。

（孙丽娜）

【分批入队】 4月，军庄中心小学召开“我是光荣少先队员”系列分批入队活动。活动通过学习少先队知识、听优秀少先队员故事、参与志愿服务活动等方式，增加学生对少先队的认同感和归属感。

（李　琳）

【我心中的智和班主任】 5月，军庄中心小学召开“我最喜欢的班主任即智和班主任”评选活动。活动通过教师事迹展示、学生推荐和投票等方式进行，加深师生间了解，促进师生和谐发展，为学校树立师德师风榜样。

（李　琳）

【“大手拉小手”公益课堂】 5月，由民盟北京市委“大手拉小手”关爱儿童公益平台主办的科学与传统文化公益课堂进校园启动仪式在军庄小学举办，自此拉开“大手拉小手”公益课堂进校园的帷幕。从9月开始，每月分别邀请一位名家到学校对学生进行天文、吟诵、诗歌、非遗等讲座和活动。

（朱玉芳）

【教师节表彰会】 9月7日，学校举办主题为“同德同心谋发展，聚力扬长创新篇”教师节表彰会。军庄镇宣传委员、教委副主任、小教科领导、驻地部队和友邻单位领导、村居、家委会成员、全体教师、优秀少先队员等150余人参加。25名教师获智和之星称号。西杨坨幼儿园、语文教研组等4个部位获“智和部位和教研组”称号。

（孙丽娜）

【班主任基本功微班会】 10月，军庄中心小学召开以“践行韵化儿歌　落实习惯养成　提升文明素养”班主任基本功微班会比赛。

（李　琳）

【优秀学生榜样评选活动】 11月，军庄中心小学开展“智和少年”和“新时代好少年”评选活动。通过自主申报、班级评选、校级投票的方式推选出勤俭自立、乐于助人等方面优秀学生榜样。

（李　琳）

大峪中学分校

【概况】 2018年，大峪中学分校总占地面积17014.14平方米、建筑面积15721.98平方米，运动场地面积7307平方米。图书馆（室）藏书53482万册。固定资产总值3242.96万元。全年教育经费投入4312.06万元。学校信息化经费投入270.75万元，拥有计算机575台，多媒体教室座位2138个，校园网出口总带宽1000Mbps，数字资源量1000GB，“信息技术”课程2课时/周。教职工105人，其中高级职称36人、中级职称42人。专任教师81人，包括市骨干教师1人；本科以上学历101人。开设教学班24个。毕业245人。招生243人，在校生291人，包括外省市借读生27人。

（赵　斌）

【参加比赛获奖】 1月，大峪中学分校参加北京市谁是球王—“新时代”杯中小学生五人制足球赛获初中女子组第三名。1月，代表门头沟参加北京市第二届冰雪运动会多人次获北京市前八名。4月，大峪中学分校男女篮球队参加2018年北京市体育传统校项目学校篮球比赛。获全市第五名。5月27日，大峪中学分校啦啦操队参加北京市中小学生阳光体育系列活动啦啦操比赛获北京市第三名。

（齐　林）

【第十九届艺术节】 3月23日至4月23日，大峪中学分校举办主题为“铭规范，正行为，舞动多彩人生”第十九届文化艺术节活动。此届艺术节以传统文化为关键词，设立演讲、书画、声乐、器乐、舞蹈、曲艺、板报、摄影、多媒体作品、集体舞共10大类别，活动历时1个月，共304个作品，564人参加。

（齐　林）

【诗歌特色校成立8周年庆典】 3月30日，大峪中学分校举行主题为“诗意润山谷　经典咏流传”诗歌特色校成立8周年的庆典活动。活动中，由小组长组织选诗、制作课件、练习朗诵。

（文　峰）

【青年教师读书沙龙】 5月20日，大峪中学分校举办主题为“微改变，推动教育改革；积跬步，提高课堂实效”青年教师读书沙龙活动。此次读书沙龙活动是以学期内教师所阅读的《北京教育丛书》系列书籍为交流背景，通过聚焦书中一个关键词展开探讨和反思，探讨如何将这一点运用到实际的课堂教学当中。青年教师们在活动中结合实际读的深入、感受深刻，结合自身专业特点和学科教学，谈启发、谈收获、谈想法。

（文 峰）

【文化交流】 5月24日，台北市北投中学9名教师、13名学生到大峪中学分校，进行“艺文交流共进步，情深意浓话传承”为主题的交流活动。此次交流活动，两地师生分享校园生活、品味风俗特色、传承中华文化。

（齐 林）

【四线研学旅行】 11月4日至7日，大峪中学分校组织师生完成四线研学旅行。让学生在与平常不同的生活中拓展视野、丰富知识，提升中小学生的自理能力、创新精神和实践能力。

（文 峰）

【国家宪法日教育活动】 12月5日，大峪中学分校开展国家宪法日宣传教育活动。此次活动，在校内主要是通过校园广播、电子屏幕、展板等外宣形式全方位地宣传宪法知识，利用周一升国旗仪式进行“学习宪法、遵守宪法”国家宪法日主题教育活动，各班通过主题班会，开展宪法晨读、以案释法、宪法知识等宣传学习活动。

（齐 林）

新桥路中学

【概况】 2018年，新桥路中学总占地面积26877.74平方米、建筑面积16897.46平方米，运动场地面积9794平方米。图书馆（室）藏书5.4万册。固定资产总值5876.35万元。全年教育经费投入7612.82万元。学校信息化经费投入342.34万元。拥有计算机620台，多媒体教室座位130个，校园网出口总带宽：1000M，共享数字资源量50G，“信息技术”课程2课时/周/班。教职工137人，其中高级职称57人、中级职称56人。专任教师110人，包括市骨干教师1人；本科以上学历135人。开设初中教学班30个。毕业197人；招生233人；在校生738人，其中包括外省市借读生298人。

（王业霞）

【交流活动】 1月4日，台湾新北市福和中学校长、教务主任等师生及家长15人到新桥路中学开展主题为“艺术架起彩虹桥 文化凝结两岸情”的交流活动。区台办主任、区教工委副书记、新桥路中学校长以及学校行政班子及部分教师和学生代表参加此次活动。活动分为座谈交流会和传统文化课堂体验两个环节进行。在座谈会上，各位参会领导分别回顾几年来两岸学校多角度交流访问的情况及门头沟区涉台工作现状，两校分别介绍各自的办学理念和特色。并互赠交流纪念礼物。会后，福和中学的师生和家长们到新桥路中学的中华传统文化课堂，分别体验皮影戏和太平鼓课程。4月23日，新桥路中学校长一行6人到湖北神农架林区实验中学开展交流研讨活动。此次活动围绕共同在课堂教学中遇到的难点问题作为重点研讨话题，新桥路中学语文、数学、英语3个学科的骨干教师分别做语文写作，数学复习和英语阅读示范课。课后两校教师开展充分研讨。新桥路中学校长作题为《学校治理与执行力提升》的讲座。此次活动对神农架地区学校进行全程现场直播。5月31日，斯里兰卡加雅女校师生13人到新桥路中学进行文化交流活动。区外办主任、区教委副主任、新桥路中学校长及部分干部和师生陪同参加交流活动。校长代表学校向来宾介绍学校的办学情况。随后来访师生与新中的学生们一起体验太平鼓课和皮影课，感受中国文化和非物质文化遗产的魅力。9月11日，内蒙古武川县、察右后旗和河北省涿鹿县的教育领导、专家一行，到新桥路中学开展交流活动。交流团参观学校的校史馆，又通过观看短片了解学校基本情况。校长作题为“心桥教育求本真 发现自我绽精彩”的汇报。交流团参观校园，观看学生舞蹈训练展示。21日，新桥路中学校长带领班子成员到河北涿鹿县希望中学开展对口支教交流活动。活动中，通过座谈交流和参观互动等进行交流。10月15日至20日，新桥路中学校长一行7人到内蒙古察右后旗第三中学开展交流活动。在一周的交流活动中，两校教师在数学、语文、英语、地理学科分别做同课异构活动和课后研讨活动。校长作题为《行走在课堂教学改革的路上》的交流讲座。

（王业霞）

【新桥路中学教学工作大会】 1月24日，新桥路中学全体教职工召开主题为“发展心桥课程体系深化课堂教学改革”的教学工作大会。校长作“对话课程教学”主题培训讲话。就老师们关于课程和课堂的系列困惑做解答。会上，解读“心桥课程体系”“问题解决—主体互动”学习方式，并进行教学活动表彰，优秀案例展示，教研组工作交流，“对话课程教学”，总结提升等。

（王业霞）

【金帆舞蹈团】 5月1日至4日，新桥路中学金帆舞蹈团应邀到瑞典斯德哥尔摩参加“放飞梦想拥抱未来”2018年中瑞中小学文化艺术交流活动。在交流演出活动中，新桥路中学金帆舞蹈团表演《鼓·舞》。7月12日，在门头沟区影剧院，新桥路中学创建全国文明城区暨金帆舞蹈团汇报展演开幕。教工委、区教育督导室、全区各兄弟学校等相关领导1500人参加此次活动。活动分为静态作品展示及舞台演出两部分。静态作品展示包括航模、创客、篆刻、书法、手工编织等社团的学生作品，舞台演出环节由“筑梦金帆”“逐梦校园”“圆梦青春”3个篇章组成。年内，新桥路中学金帆舞蹈团被北京市教委评为学校美育教育精品社团第一名。并在12月17日北京市教委和中国教育电视台共同主办的学校美育教育精品社团特别节目展播活动中播出。12月18日，新桥路中学金帆舞蹈团参加庆祝改革开放40周年文艺晚会。参与序《我们的道路》，情景表演《春天的故事》，尾声《乘风破浪再出发》3个节目的表演。

（王业霞）

【门头沟区家校协同项目研究现场会】 6月15日，由区教委中教科与区教师进修学校联合主办，新桥路中学承办的“端午架起彩虹桥　粽叶凝结家校情”—门头沟区家校协同项目研究现场会召开。北京教科院德育研究中心家校协同教育项目负责人，教科院德育研究中心社会主义核心价值观项目负责人，区教委，各兄弟校领导及教师代表等参与此次活动。此次活动分为2个会场先后进行：分会场由初一年级开展的由各班家教协会策划的班级端午活动和初二年级是由年级家教协会组织开展全年级的端午嘉年华活动组成。主会场进行的是家校协作模式的具体建构和实施过程的汇报。通过多角度多形式的家校协会工作展示，汇报新桥路中学的协同育人成果。会后北京教科院德育研究中心家校协同教育项目负责人对活动进行专家点评，肯定新桥路中学家教协会构建格局，各级家教协会有效运行。

（王业霞）

【集中创城活动日】 9月8日，新桥路中学开展“小手拉大手文明一起走”集中活动。区教委副主任与全校师生、家长共2000余人参与此次活动。此次活动共分为两个阶段，第一阶段全校师生及家长在校园内实时观看门头沟区教育发展宣传片，第二阶段是全校师生及家长分别开展宣传、文明点赞，书画创城及社区清洁活动。在此次活动中，共设置11个活动地点，联系6个社区，发放创城宣传材料4000余份，征集市民创城献策及承诺200余份，书画作品若干幅。

（王业霞）

【督导评估】 9月20日，新桥路中学代表门头沟区接受市督导室培育和践行社会主义核心价值观督导评估。市政府教育督导室、市督学、市教工委教委机关干部、市教科院研究人员等一行10余位领导专家组成的督导评估组到学校开展督导评估工作。市督导评估小组通过听取校长汇报、听课、召开座谈会、查看校园环境等方式进行评估。经过检查，督导组肯定学校成绩，并提出新的希望。

（王业霞）

【获奖情况】 11月23日，新桥路中学参加门头沟区中学英语学科实践活动课程成果展示暨第二届英语戏剧节。并在展示中获展演一等奖。年内，新桥路中学获《北京市中小学性健康教育活动》项目优秀实验学校荣誉称号。

（王业霞）

三家店铁路中学

【概况】 2018年，北京市三家店铁路中学（学校全称以下简称铁中）总占地面积2.3万平方米、建筑面积1.17万平方米，运动场地面积9690平方米。图书馆（室）藏书18713万册。固定资产总值2411万元。全年教育经费投入3176万元。学校信息化经费投入260万元，拥有计算机386台，多媒体教室座位1482个，校园网出口总带宽1000Mbps，“信息技术”课程小学4课时/周、初中6课时/周。教职工87人，其中高级职称22人、中级职称43人。专任教师56人，包括特级教师1人；本科以上学历72人。开设教学班21个，其中小学12个、初中9个。毕业134人，其中小学55人、初中79人；招生138人，其中小学74人、初中64人；在校生560人，其中小学379人、初中181人、包括寄宿生60人、外省市借读生410人。

（李　挚）

【丽辉达捐资助学项目】　3月2日，丽辉达公司在铁中举办捐资助学启动仪式。此次爱心助学活动共有40名贫困学子得到捐助。

（李　挚）

【语言文字达标校验收】　4月26日，区教委语言文字达标校验收检查到铁中，对学校语言文字工作进行考核检查。检查组听取汇报、课堂观摩、参观校园环境、集中座谈。

（李　挚）

【儿童关爱服务项目】　6月7日，“春暖花开，关爱成长”门头沟民政局支持儿童关爱服务项目到铁中，为学校六至八年级学生捐赠爱心物资。21个班级的63名学生代表上台领取爱心物资。

（李　挚）

【教育实践活动】　6月30日，铁中党支部组织全体党团员教师到天津蓟县盘山烈士陵园开展教育实践活动。党员教师们参观盘山抗日斗争事迹陈列馆。

（李　挚）

【获奖情况】　7月10日，铁中小学部选送的《半夜鸡叫》获最佳作品奖。

（李　挚）

【校园建设】　8月底，铁中大门改造完成，工期2个月。大门分左右大小两部分，安有电动门，门前有升降桩，南侧有栏杆，北侧是电动门的电机室。8月，建成数字化智能实验室和多功能组培实验室，10月，正式投入使用。数字化智能实验室配有数码互动显微镜25台，教师专用数码倒置显微镜1台。多功能组培实验室配有8台无菌操作台，可同时供16名学生开展组织培养实验和接种实验。组培实验室还配备食品安全监测仪、发光细菌检测仪、农药残留检测仪、多功能水质检测仪等多种检测设备。9月，铁中和谐园竣工，造价90余万元，面积391平方米，外形椭圆形，长轴约40米，短轴约9.8米。东端有假山，刻有“和谐园记”；西端植有花草黄杨西府；中间有一圆鼓型的石台，有池贯穿东西；北侧有凉亭；南侧有圆月造型，月内悬有一“和”字。

（田言森）

【书法教育展示活动】　10月18日，北京教育科学研究院基础教育教学研究中心、北京市教育学会书法教育研究会主办，铁中承办“永定远续、九载蕴墨，创城标新、三和育人”暨第二届北京市书法示范校书法教育展示活动。活动分为3所示范校的学生现场书法笔会和太极拳展示、书法展示课以及由北京教科院基教研中心书法教研员主持的书法教育论坛三部分组成。

（田言森）

【帮扶交流活动】　11月28日，铁中与云南昭通镇雄县九棵树学校开展手拉手帮扶交流活动。九棵树学校副校长及部分干部和教师代表到学校开展以“聚焦有效生态课堂　提高课堂教学效益”为主题手拉手活动。学校邀请进校副校长为两校教师作主题为《教学方式变革助力教育综合改革——考试招生制度综合改革带给的思考》讲座。活动为期三天。

（田言森）

特殊教育学校

【概况】　2018年，特殊教育学校总占地面积3915平方米、校舍建筑面积3774.77平方米，运动场地面积1700平方米。图书室藏书6000余册，包括电子图书1万册。固定资产总值1968.331967万元。全年教育经费国家拨款950万元。学校拥有计算机35台，多媒体教室座位17个，校园网出口总带宽1000Mbps。“信息技术”课程4课时/周。普通教室9个、专用教室15个。教职工27人，其中高级职称5人，中级职称13人。专任教师19人，本科以上学历13人。开设教学班9个。毕业6人、招生20人、在校生75人。其中智力残疾37人，精神残疾8人，肢体残疾2人，言语残疾1人，多重残疾27人。

（魏宏亮）

【签署特奥融合学校】　3月21日，区特殊教育学校完成与育园小学《特殊奥林匹克融合学校协议》签字与盖章。27日，完成与特殊奥林匹克东亚区三方协议签署。

（魏宏亮）

【消防安全疏散演习】　3月29日，区特殊教育学校进行全校师生消防安全疏散演习。老师事先为每个班的学生进行讲解示范，确保了整个活动安全、完成。

（魏宏亮）

【对接联盟校】　4月4日，特殊教育学校校长带领学校班子全体成员一行4人，到海淀区建翔学校参加联盟校领导见面会，进行工作对接。以联盟校建设为平台，发挥各自资源优势，群策群力，共同办好特殊教育。

（魏宏亮）

【京剧进校园活动】　4月25日，

区教师进修学校音乐研修员带领团队到特殊教育学校，开展“京剧进校园”活动。为全校师生家长们进行京剧表演及京剧知识的普及，邀请学生上场互动体验，感受传统京剧的魅力。

（魏宏亮）

【融合活动】 5月8日，特殊教育学校全体师生到育园小学开展融合活动。参观校园并与育园小学的同学们共同开展足球、篮球运动，促进两校师生的了解与融合。

（魏宏亮）

【家长讲堂】 5月9日，特殊教育学校开展“家长讲堂”第一次培训活动。邀请特奥运动员家长以《勇敢尝试　争取胜利》题目与家长们交流育儿经验。7月4日，开展“家长讲堂”第二次培训活动。邀请原区文明办主任、区委宣传部原部长作《抗争命运造就孩子美好人生》的讲座。10月17日，开展“家长讲堂”第三次培训活动。邀请海淀区健翔学校老师给家长们作题为《让孩子乐观自信生活的必备技能》专题家长培训。12月5日，开展“家长讲堂”第四次培训活动。邀请北京融爱融乐家长组织的老师给家长们进行专题讲座，讲座的题目是《融爱融乐家长的成长之路——从受助者成为助人者，鼓励家长的自我学习》。

（魏宏亮）

【联合教研活动】 5月9日，北京健翔学校（海淀培智）、石景山培智、昌平特教到校内开展教研联合教研活动，3位教师做研究课。7月10日，与健翔学校（海淀培智）、石景山培智、昌平特教开展联合教研，老师代表学校作《班级文化建设》主题发言。

（陈海凤）

【社会大课堂活动】 6月21日，特殊教育学校组织师生家长80余人，到中国园林博物馆参观学习，并在园林博物馆工作人员的带领下进行手纸画的创作。11月9日，组织师生家长到琉璃渠琉璃艺术教育基地参加陶艺体验课。

（魏宏亮）

【特奥融合足球赛】 9月21日，由特殊教育学校与育园小学同学组成的融合足球队，首次参加“2018北京市特奥融合足球锦标赛”，获季军。

（魏宏亮）

【参观军事博物馆】 10月18日，特殊教育学校组织全体学生家长及教师到中国人民军事博物馆参观。成为军博自建馆以来正式接待的第一所特殊教育学校。

（魏宏亮）

【聘请校外辅导员】 12月5日，特殊教育学校举行校外辅导员聘任仪式。5位领导及爱心人士，担任校外辅导员。

（魏宏亮）

中等职业学校

【概况】 2018年，门头沟中等职业学校占地面积22274.66平方米，产权校舍建筑面积19179平方米。全年教育经费投入4639万元。固定资产总值8470.59万元，其中教学、实习仪器设备资产值3434.01万元。图书馆建筑面积69平方米，藏有纸质图书39346册、电子图书348548册。拥有计算机907台。学校信息化经费投入11.98万元，网络信息点600个，校园网出口总带宽1000MB，上网课程10门，数字资源量900GB。开设有学前教育专业、汽车运用与维修、中餐烹饪、美术设计与制作、动漫游戏、酒店服务与管理、旅游服务与管理、计算机网络技术、电子商务、电子技术应用（物联网）、物业管理、会展服务与管理等12个专业。教职工129人，包括专任教师88人、教辅人员41人。专任教师中具有研究生学历2人，本科及以上学历占教师总数62.5%；高级专业技术职务32人、中级42人；“双师型”教师73人。毕业生150人，就业率100%，职业资格证书取证率32.17%。招生54人。在校生208人。年内，与中国成协成人教育标准研修中心、民建门头沟区工委等多家企事业单位新建合作关系，承办北京市教育学会职业技术教育研究会协办的北京市首届双创培训师培训班；“双师型”教师培养共进行项目56个，培训389人次，建立150节微课资源库。年内，参加2018年北京市中职类专业技术技能竞赛，其中插花类（教师组）比赛获得3个三等奖，学生组2个二等奖；学前教育专业类2个三等奖；烹饪专业类1个二等奖，3个三等奖，2个优秀奖；太平鼓社团参加2018中国民族民间文艺汇演《太平鼓人》获最高奖项“荣耀之星”一等奖和最佳编导奖；2名学生获2018WRC青少年无人机大赛对抗赛项目的一等奖。年内，建立中小学职业体验课程体系并编写体验手册及体验课程说明，年度体验学生达到1300人次；社会培训完成800余人次，其它各类培训完成320人次，各项公益性培训服务合计12312人时。承接2018北京市残疾人技能大赛，对区残联开展各项培训930人次。

（吕让华　彭　利　冯丽伟）

【首届创新创业培训师培训开班】　5月15日，由中国成人教育协会主办，北京市教育学会职业技术教育研究会支持，门头沟中等职业学校举行北京市首届创新创业培训师培训班开班仪式。中国成人教育协会、北京市教育学会职业技术教育研究会，职教专家等相关领导出席开班仪式。来自北京财会学校、房山二职、丰职、现代职业学校等学校50余名学员参加开班仪式。此次培训是北京市首届“双创”培训师开班，学员们通过10天学习，经考核，学习结束后，由中国成协培训机构工委组织专家对学习者学习终结性成果进行评审，评审合格者由中国成协培训机构工委颁发“双创培训师资格证书”，优秀者入中国成协培训机构工委师资库，并根据需要安排使用。

（冯丽伟）

【挪威游学生体验中华民族文化】　4月11日，北京市六一学校组织挪威Karmoy Folkehogskole学校师生共107人，到门头沟中等职业学校进行中华民族传统文化的体验，包括中餐烹饪、软笔书法、中国画、太平鼓、舞龙、太极拳等项目。

（冯丽伟）

【“区域资源　协同育人”项目启动】　4月12日，新桥路中学初一260名同学到门头沟中等职业学校进行社会实践体验。学校“区域资源　协同育人”项目正式启动，设有现代服务、应用技术和艺术体育3个板块，主题分别是“高品质的完美生活”“技术成就梦想”与“巧手创造艺术美”，共10个科目，包含有烹饪、茶艺、汽新、客房服务、藤编、布贴画、舞龙、发型知识、网线制作等20个课程。

（王桂保　杜春梅　冯丽伟）

【太平鼓舞蹈获最高奖】　5月25日至30日，由中国少数民族声乐学会和“争奇斗艳”国际文化艺术节组委会主办的2018中国民族民间文艺汇演在云南昆明举行，门头沟中等职业学校选送的舞蹈《太平鼓人》参加此次汇演活动，获最高奖项“荣耀之星”一等奖和最佳编导奖。

（冯丽伟）

【国子监举行成人礼】　6月19日，区中等职业学校毕业年级100余名学生及家长到北京国子监，举行18岁成人礼仪式。仪式包括迈过大成门、走向大成殿、感谢师恩、向父母行跪拜之礼、父母为孩子带上冠冕或发簪，行冠笄之礼等环节。

（冯丽伟）

【参加北京马拉松国际比赛志愿服务】　9月13日至16日，由中国田径协会、北京市体育局主办，中央电视台联合主办的2018华夏幸福北京马拉松比赛在天安门广场正式开幕，共有来自42个国家3万名跑者汇聚北京，门头沟区中等职业学校共有70名师生志愿者参加此次北马志愿者服务工作，包括窗口换票、存包、门口引领、芯片检测引领、展台讲解服务、主席台会场秩序维护等工作。此次活动是学校将“志愿者精神”作为推进全区“创城”工作重要一环。

（冯丽伟）

【签订合作协议】　10月9日，区中等职业学校参加主题为“创城助推冠军精神，人工智能教育领先起航”的门头沟科技园双创周活动。门头沟中等职业学校与民建门头沟区工委科技园支部签署共建协议，双方商定创业导师、就业推荐、专业实训基地合作项目，其中创业导师项目对优秀学生开展一对一就业、创业帮扶，就业指导、推荐项目帮助学生顺利就业，专业实训基地项目为学生提供实习场所，开展“点对面”的培训，培养初、中级电子商务人才。

（彭　利　王　静　冯丽伟）

【共建“梦想实验班”】　10月10日，门头沟中等职业学校校长参加题为“象行中国　创领开源”门头沟科技园“双创周”活动并进行授牌捐赠仪式。中等职业学校校长向张文升授牌“POSTGRESQL. 张文升梦想实验班”。张文升公司随后也向中等职业学校捐赠有PostgreSQL相关书籍。

（冯丽伟）

【交流活动】　10月15日至20日，中等职业学校校长及教师团队12人，到内蒙古武川县开展交流活动，包括办学思想交流、听评课交流、骨干教师献课等环节。

（冯丽伟）

文 化

综 述

【概况】 门头沟区文化委员会（简称区文委）是门头沟区人民政府主管文化、文物、新闻出版、版权、扫黄打非、文化综合执法工作的职能部门，内设6个职能科室及1个文化行政执法队，即办公室、文化科、文物科、文化市场科、计划财务科、政策法规科、文化行政执法队（含信息举报中心、行政执法一分队、行政执法二分队、行政执法三分队）。下属7个基层事业单位：文化馆、图书馆、永定河文化博物馆、文物事业管理所、文化创意产业促进中心、影剧院、电影发行放映服务中心。2018年，文委坚持“学习、服务、创新、发展”的工作理念，深入推进文化服务提升工程、文化品牌塑造工程、文脉保护传承工程、文创产业促进工程，为门头沟区争创全国文明城区提供强大精神动力和文化支撑。年内，为农村、社区、部队、学校及工地放映数字电影11618场，为基层图书室更新图书20237册。截至年底，全区13个镇街中11个建有文化中心，覆盖率为84.6%；247个村居建有239个文化室，覆盖率为96.7%；建有184个文化广场，覆盖率为82%；设有181个数字影厅，普及率为81%；建有179个益民书屋，普及率为80%。

单位名称：北京市门头沟区文化委员会
地　　址：北京市门头沟区门头沟路8号
电　　话：69843315
邮　　编：102300

（赵　彬）

【为文物建筑配备消防灭火器】 3月7日，区文委统一采购并发放消防灭火器950个，用于存在消防安全隐患的文物建筑，共涉及全区9个镇及大台街道办事处。

（杜　莹）

【公益电影放映员培训】 3月中旬至月底，区文委分镇街举办公益放映员培训班，增加公共场所消防安全培训，共220余人次参加培训，考核合格人员发放放映员资格证书。

（吴　锟）

【文物安全志愿服务行动】 4月22日，区文委组织开展主题为“三个文化带的保护与传承”文物安全保护宣传志愿服务行动。此次活动是由市文物局与市慈善义工协会联合举办，全市16个区结合自身地域特点和文物状况，在同一时间，不同地点（各区文物代表景点）同时开展。门头沟区分会场此次设在区级文物保护单位圈门窑神庙。此次宣传活动现场发放文保宣传资料、文物保护签名集赞兑换纪念品、窑神庙参观、清理文保单位周边环境卫生等内容，共发放文保宣传资料500份，参与人数200人次。

（杜　莹）

【规划编制与落实】 年内，《门头沟区西山永定河文化带保护与发展规划》《门头沟区长城文化带保护与发展规划》编制工作正在实施中。西山永定河文化带完成了五年行动计划的初稿与空间布局和功能分区研究，对文化遗产保护、生态修复、景观构建、特色旅游线路设计等方面的重点项目进行研讨和细化，初步进行保障措施与机制研究。长城文化带考察调研沿河城、黄草梁、清水等处的长城敌台和遗址，初步研究总体规划思路，正在进行文化遗产保护体系研究。《分区规划历史文化资源专题规划》编制完成。

（杜　莹）

【制定重要政策】 年内，区文委新制定《门头沟区2018年绩效考核办法》，进一步明确公共文化服务的政府责任、重点任务和保障措施，加强推动全区各级政府和相关单位切实履行职责，形成公共文化建设合力。

（吴 锟）

【获奖情况】 年内，区电影发行放映服务中心获第七届全国服务农民、服务基层文化建设先进集体。区文委行政执法队获2018年度第二届北京市文化市场综合执法岗位练兵技能竞赛优秀组织奖。区文化馆获首都民族团结进步先进集体。区文化馆获第十三届“舞动北京”群众舞蹈大赛授予门头沟区文化馆组织奖。区文化馆获2018年首都市民系列文化活动“歌唱北京”授予门头沟区文化馆优秀组织单位奖。区图书馆获首都文明单位。谭勇获北京市第一次全国可移动文物普查先进个人。任正学获北京市文物安全先进个人。

（赵 彬）

【下属单位情况】

单位名称：北京市门头沟区文化馆
地　　址：北京市门头沟区新桥大街12号
电　　话：69834703
邮　　编：102300

单位名称：北京市门头沟区图书馆
地　　址：北京市门头沟区东辛房市场街8号
电　　话：69844284
邮　　编：102300

单位名称：永定河文化博物馆
地　　址：北京市门头沟区门头沟路8号
电　　话：69839148
邮　　编：102300

单位名称：北京市门头沟区文物事业管理所
地　　址：北京市门头沟区门头沟路8号
电　　话：69826596
邮　　编：102300

单位名称：北京市门头沟区文化创意产业促进中心
地　　址：北京市门头沟区门头沟路8号
电　　话：69849930
邮　　编：102300

单位名称：北京市门头沟区影剧院
地　　址：北京市门头沟区新桥大街12号
电　　话：69868606
邮　　编：102300

单位名称：北京市门头沟区电影发行业放映服务中心
地　　址：北京市门头沟区新桥大街12号
电　　话：69842086
邮　　编：102300

（赵 彬）

【概况】 2018年，区文委组织“迎新春 过大年”春节系列文化活动、清明节大型民族音乐会、“戏韵飘满五月天”戏曲演出周等活动。年内，开展星火、周末场、下乡下基层演出658场。

（吴 锟）

【“迎新春 过大年”春节系列文化活动】 2月8日，区文委组织开展“喜迎新春 非遗过大年”系列文化活动。有以曲艺、儿童剧、戏曲、综艺等多种形式组成的特色文化惠民演出周；有以社区、村为活动主体，自主开展秧歌花会、经典戏曲、多彩综艺、娱乐游艺等多种形式的迎新年群众文化大联欢；有以唱大戏、综艺演出等形式为主的贺新春山乡戏曲汇演，共有53余场演出，受众百姓达到1.8万余人次。

（吴 锟）

【清明节大型民族音乐会】 4月2日至3日，区文委在两个大型街道社区举办“清明追思远，涵养家国情”2018年清明节大型民族音乐会。其中《京调》《大寨红花遍地开》《扬鞭催马运粮忙》、京剧《沙家浜》选段让社区居民追忆当年的岁月，《天路》《葬花吟》《牧民新歌》等乐曲更是广大音乐爱好者耳熟能详的优秀作品。

（吴 锟）

【第八届全民阅读季活动】 4月20日至5月1日，区文委启动2018年门头沟区全民阅读活动暨第八届门头沟图书交换大集、第五届门头沟区书市活动。以“书香门头沟，阅读永定河”为主题的全民阅读季活动正式启动。面向全区推出微信图书馆、移动图书馆服务。

（吴 锟）

【“戏韵飘满五月天”戏曲演出周开幕式】 5月21日，在影剧院举办2018年门头沟区“戏韵飘满五月天”戏曲演出周活动开幕式。北京民声京剧团、京西百花河北梆子剧团、河南豫曲雅韵剧社、北京梅声京剧团、雁翅镇淤白村宏远剧团、斋堂镇柏峪燕歌、门头沟区金辉职工艺术团、黑山小学、中国评剧院等来自区内外戏曲团队以及名家、票友们为5000余名戏迷朋友演出。戏曲演出周是区文委连续举办数年的戏曲类品牌文化活动，旨在呈现新的特色，不断融入新的内容，同时促进戏曲文化的学习交流，提升区内戏曲团队的艺术水准。

（吴　锟）

【文化遗产日主题活动】 6月6日，由北京市非物质文化遗产保护中心与门头沟区文委联合主办，门头沟区文化馆承办的第三届“盛世舞太平”—“永定河流域”非物质文化遗产展演活动，在门头沟区永定楼广场举行。此次活动有来自北京市及天津市北辰区、河北省涿鹿县、内蒙古乌兰察布市察右后旗、呼伦贝尔市莫旗、山西省太原市、翼城县等永定河流域5个省、市、自治区共15支非遗特色团队进行展示交流。

（吴　锟）

【“舞动门头沟”群众舞蹈大赛展演】 7月31日，“精彩舞动门头沟　文化创城我当先”2018年首都市民系列文化活动“舞动门头沟”舞蹈大赛在区影剧院举行。经过各镇街、学校、文化志愿团队初赛和复赛的选拔，最终由区内各单位选送的51支代表队、700余人参赛。

（吴　锟）

【第十二届中国北京永定河文化节】 8月12日，第十二届中国？北京永定河文化节开幕。此届永定河文化节为期3个月。举办《永定河》纪录片展播、《永定人家》舞台剧演出、东胡林人论坛、“永定河文化之旅”融媒体新闻行动、进一步挖掘永定河文化内涵，展现永定河文化的独特魅力。

（吴　锟）

【暑期精品文化演出暨儿童剧展演周】 9月15日至24日，门头沟暑期精品文化演出暨儿童剧展演周活动在区影剧院开幕。此次活动是由区文委主办，展演中有经典剧目：《白雪公主》《北京童谣》、有科幻剧目：《故宫里的大怪兽》《绿野仙踪》，木偶剧《大头儿子和小头爸爸》让广大少年儿童在家门口就能欣赏到专业的演出。

（吴　锟）

【特色文化演出周】 9月15日至24日，区文委举办“2018年门头沟区特色文化演出季”活动期间上演河北梆子、评剧、儿童剧、民乐专场音乐会等节目，丰富百姓假日文化生活。

（吴　锟）

【歌唱门头沟大型群众合唱比赛】 9月21日，“我们的节日—2018年首都市民系列文化活动　月满京城　情系中华　歌唱门头沟大型群众合唱比赛”，由区委宣传部、区文委主办，区文化馆承办。此次比赛经过机关、镇街、学校选拔后共有10支代表队进入决赛。经过专家评委的评判和现场打分，最终产生一等奖1名，二等奖2名，三等奖3名，优秀奖4名。30日，获奖团队在区影剧院进行汇报演出并统一颁奖。

（吴　锟）

【第29届文化艺术节“乡村大舞台”活动】 9月至12月，门头沟区第29届文化艺术节“乡村大舞台”在全区开展。参演节目120余个，参与人次4000余人。

（吴　锟）

【“舞动北京”舞蹈大赛获奖】 10月14日，第十三届“舞动北京”群众舞蹈大赛颁奖典礼举办，区文化馆获团体铜奖、市级优秀组织奖，由区文化馆选送的少儿组舞蹈《鼓乡情》、青年组舞蹈《劳动畅想曲》、分别获各组别舞台舞银奖，区文化馆文化志愿者舞蹈队参赛的广场舞《冰雪彩虹》获广场舞组铜奖。

（吴　锟）

【《永定人家》登陆BTV大剧院】 11月17日至18日，由区委宣传部、北京市文化局指导，区委宣传部、区文委推出的大型原创舞台剧《永定人家》，在北京电视台大剧院上演。这是一部首次以京西历史为背景，以门头沟煤业文化、古道古村落文化、民间民俗文化、生态山水文化、红色革命文化为基础原创的舞台史诗剧。此剧融合展示永定河流域多种传统文化，居中融入京西太平鼓、小车会、等具有鲜明地域特色的民俗民间传统技艺，以及祭窑神、祭河神等场面融入舞台展示。同时，以多媒体视觉影像内容，增加传统戏剧的空间感和信息量。

（吴　锟）

【门头沟区业余星火团队原创作品大赛】 11月23日，2018年门头沟区“业余星火团队”原创作品大赛在区影剧院开幕，全区各镇街选送的36支星火团队800余人参赛。

（吴　锟）

【门头沟区第29届文化艺术节活动】 12月29日，由区委宣传部、区委农村工作委员会、区文委主办，区文化馆承办的第29届文化艺术节乡村大舞台原创节目展演在区影剧院开幕。全区各个镇街的36个文艺团队和基层的文化爱好者参加演出。

（吴 锟）

文物保护与利用

【概况】 年内，区文管所对文物巡视检查百余次。完成市、区两级政府支持资金修缮项目7个。利用永定楼休闲公园、雁翅镇古村落苇子水村设置宣传场地开展文物工作宣传展，向村民和游客宣传文物保护法律法规。

（杜 莹）

【文物工作宣传展】 年内，区文管所以文化中心建设“长城文化带”和“永定河文化带”工作内容制作展板，到永定楼休闲公园、雁翅镇古村落苇子水村设置宣传场地、悬挂宣传标语、发放宣传手册，向广大游客、村民进行文物保护法律法规普法宣传。同时，文管所还借用新媒体优势，在区文委网站刊登文物工作动态信息，向群众展示区内文物工作动态。

（杜 莹）

【文物修缮】 年内，区文管所完成市、区两级政府支持资金修缮项目7个，分别是潭柘寺、戒台寺安防工程、塔河村龙王庙、张家铺天主教堂、三家店马王庙、城子村过水塔、王家山惨案遗址修缮工程。

（杜 莹）

【文物安全巡查】 年内，区文管所对文物巡视检查百余次。在检查中采取日常巡查和突击检查相结合，从文物施工安全、文物修缮工程质量等方面着手，着力排查隐患。此外，依循文管所文物保护单位巡视检查办法，加强对区内文物点的巡视，包括国保文物保护单位、市保文物保护单位、区级文物保护单位以及在册文物，做到文物巡视无死角。

（杜 莹）

文化市场监管

【概况】 年内，区文化执法队出动执法人员507人次，车辆145台次，检查各类场所987家次。其中检查网吧103家次，歌舞娱乐场所118家次，游艺厅21家次，电影放映场所53家次，印刷复制企业17家次，出版物市场103家次，卫星接收设施单位12家次，各类市场、校园周边25次，书市45次，区图书馆2次，图书室13家次，儿童阅览室1家次，注册企业6家次，有线插播2家次，非法电台2处，联合歌华有线公司检查有线电视传输设置点4处，检查各级文保单位460处。接收举报16起，其中文物举报5起，文化市场举报11起，均作出相应处理。立案27起，办结27起，罚款1.62万元，没收卫星电视地面接收设施1套。

（张 鹤）

【签定责任书、承诺书】 1月26日，区文化执法队召开2018年文物安全工作会并签署2018年文物安全责任书。1月，召开文化经营场所法人例会，文委和企业签署2018年安全生产责任书及烟花爆竹承诺书。6月12日，召开文物安全工作会。区领导付兆庚与相关镇街签订文物保护与安全责任书。

（张 鹤）

【落实重点时期消防及安全生产工作】 2月底至3月底，区文化执法队在全国“两会”期间开展安全检查，制定专项工作方案，深入推进执法检查工作，强化应急值守，确保安全生产。6月7日，召开门头沟区文物单位消防安全专项整治工作会。由9镇2街主管领导和文物工作者及潭柘寺、戒台寺、爨底下、灵岳寺、白瀑寺、妙峰山6个国家级、市级文物保护单位的负责人参加会议。会上，区消防支队先播放安全警示片，随后由文委执法队队长就专项行动提出具体要求，文委副主任布置消防安全工作要点，区消防支队支队长讲话并做文物消防安全排查行动动员。8月，中非合作论坛北京峰会期间开展安全生产工作，召开工作部署会，开展联合检查。加大安全生产排查整治力度，强化消防管控，排除安全隐患。9月起，开展为期三年的城市安全隐患治理三年行动工作，全面排查治理消除区内文化市场、文物保护单位、文化场所各类安全隐患。9月至12月，对博物馆、文物建筑、图书馆开展消防安全大检查工作，加大隐患排查整改力度，完善安全防控体系，不断提升消防安全管理水平，有效预防和遏制博物馆、文物建筑、图书馆火灾事故发生。

（张 鹤）

【出版物零售企业的年检工作】 3月至5月，市场科对区内出版物零售单位进行年度核验，应检的出版物发行零售单位144家，通过核验的128家；对16家未按时参加年度核验的单位，给予注销的处理并告知法人。年检过程中对全区出版物零售单位经营情况进行摸底。

（何丽平）

【“扫黄打非”成员单位全体会】 4月18日，区文化执法队召开2018年文化市场管理暨“扫黄打非”工作会议。会上，总结2017年门头沟区文化市场管理暨“扫黄打非”工作，部署2018年门头沟区文化市场管理暨“扫黄打非”工作，城子街道“扫黄打非”基层工作站和大峪街道永新社区“扫黄打非”基层联络站进行2017年度基层工作经验交流。

（张　鹤）

【应急演练】 6月13日，区文化执法队组织全区所有文化娱乐场所负责人召开现场会，传达安全生产相关文件。会后，观摩在区影剧院举行的文化娱乐场所应急消防疏散演练。

（张　鹤）

【消防知识宣传与培训】 6月20日，区文化执法队组织召开2018年度消防知识讲座。邀请北京市防火宣教中心为文委机关各科室、执法队全体人员及各直属单位负责人、安全负责人员90余人举办消防知识讲座。12月12日，组织召开2018年度冬春季防火推进会。文委机关各科室、执法队全体人员及各直属单位负责人、安全负责人员、文化市场监督员共200余人参加。

（张　鹤）

【创建全国文明城区检查】 8月28日，区文化执法队制定《门头沟区文化委关于网吧管理工作安排》并发放各网吧，开展网吧、电玩、歌厅等场所严禁未成年人入内专项检查工作，确保创城工作落实到位。加大对互联网上网服务营业场所控烟工作的监管力度，确保暑假期间网吧安稳工作，文委执法一分队会同区卫计委控烟办及卫生监督所开展对区内网吧的控烟执法检查。此次检查共覆盖区内全部4家网吧，重点检查网吧的控烟标识张贴，吸烟区设立及公共场所控烟工作落实情况，未发现问题。

（张　鹤）

【区域交流、增进区域合作】 10月31日，区文管办（“扫黄打非”办）与昌平区进行文化市场监督员交流学习。双方执法人员和文化市场监督员就实际工作情况，相互交流学习观摩，增进执法工作的交流，促进执法技能的提高。11月27日至12月4日，新疆维吾尔自治区阿克苏地区文化体育广播影视局组织5名执法人员到北京开展对口执法交流学习。对文化场所及文保单位开展联合检查，并购买执法工作电子器材赠与阿克苏地区文化体育广播影视局，并初步达成下一步交流学习的计划内容。

（张　鹤）

【文物安全与执法工作年度考评】 12月4日，市文物局执法队到区文委进行年度文物安全与执法工作年终考评。考评分为实地检查、查阅材料、口头汇报三部分。考核完毕，市文物局对区文委文物安全和行政执法队工作给予肯定同时也指出不足及努力的方向。

（张　鹤）

【元旦春节期间烟花爆竹安全管理工作】 年内，成立2018年烟花爆竹安全管理工作领导小组，制订《门头沟区文化委员会2018年元旦春节烟花爆竹安全管理工作方案》《门头沟区文物单位2018年春节烟花爆竹安全管理工作方案》《门头沟区文物单位2018年烟花爆竹安全管理宣传工作方案》。按照区政府划定的禁放区域、十六类禁放点及禁放范围，落实烟花爆竹安全管理法律、法规；组织、指导宣传教育工作，落实禁放标识的设立和安装；配合有关部门查处违反烟花爆竹安全管理法律、法规的行为。

（张　鹤）

【行政审批】 年内，区文化执法队受理各类行政审批40件，提前办结率达100%。其中出版物零售新设立13家，营业性演出3场，其他为变更、注销类。

（何丽平）

【“扫黄打非”工作进基层】 年内，区文管办（“扫黄打非”办）前后共投入经费52556元用于宣传品的制作。各镇街、村（社区）在“护苗”行动、“绿书签”活动、“12318”宣传期间和文化市场安全日期间配合宣传。联合各镇、街“扫黄打非”工作基层工作站统一开展，通过设咨询展台、立普法展板、挂宣传横幅等形式，向社区、乡村百姓发放文化文物市场普法宣传资料5万余份。各镇街工作站和村、社区联络站每月定时汇报工作情况，落实相关任务。

（张　鹤）

【法规培训】 年内，行政执法队人员参加法规培训、综合业务培训82人次，879学时。对文化市场监督员和企业负责人及安全员的培训。把培训项目和内容纳入区级培训项目，共计2场，290人次。

（张　鹤）

【宣传工作】 年内，区文化执法队组织开展3场宣传咨询活动，累计发放宣传品5000余份。"12318"宣传期间各镇街"扫黄打非"基层工作站配合宣传，倡导社区、乡村全体人员共同参与文化市场监督和管理，体现全市文化执法领域打击违法违规行为的立场和决心，营造繁荣健康有序的文化市场环境，宣传人员共分发宣传品3000余份。6月16日，区文化执法队在北京科技高级技术学校开展大型的主题为"全面落实安全生产责任制，推进企业文化安全发展"的文化市场安全日宣传活动。宣传人员共分发宣传品1000余份，接受咨询10余人次。12月4日，举行大型的主题为"弘扬宪法精神　推进依法治国"的国家宪法日宣传活动，宣传人员向到场人员发发放宣传品1000余件。

（张　鹤）

【整治非法卫星电视接收设施专项行动】 年内，区文化执法队严查重点区域、重点街道及校等重点点位，会同相关领导部门加强新闻出版广电市场检查工作，确保兜售非法出版物的游商地摊、非法安装卫星电视接受设施活动得到有效遏制。

（张　鹤）

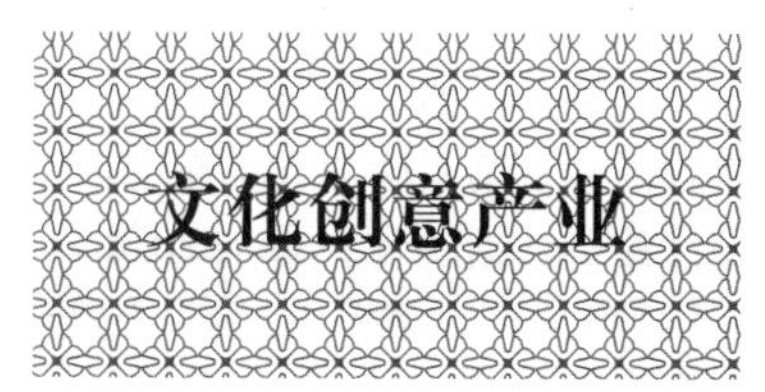

文化创意产业

【概况】 2月1日，北京文化产权交易中心"文投汇"与区内2个文化创意企业——北京京西山水文化旅游投资控股有限公司、北京天仁意创文化发展有限公司达成合作事宜并举行授牌仪式。年内，编印完成《创意门头沟》季刊杂志，共编印4期，每季度印制一期。制作完成《创意门头沟》电子杂志，并在"创意门头沟"微信公众号上发布。共编印6期，包括季刊4期，特别版2期。开展创意大赛、惠民文化消费活动等活动，吸引广大市民的关注和参与。

（朱　培）

【学习旧厂房改造文创园区先进经验】 3月21日，区文委主任、区石龙管委副主任、区文化创意产业促进中心主任带队，组织金隅集团、世熙传媒文化有限公司、金龙泉泵业、世纪兴业印刷公司等企业30余人到大兴区国家新媒体产业基地猪八戒网北京总部、平客集文创园、格雷众创园等园区走访学习，交流旧厂房改造文化创意产业园区的经验，为明珠琉璃瓦厂、泵业、印刷等企业转型、世熙传媒文化创意产业园等项目落地开拓思路。

（朱　培）

【门头沟文化创意大赛】 6月20日，"邮储银行杯"2018门头沟文化创意大赛——暨北京文化创意大赛（门头沟分赛场）举行初赛。项目征集期间（5月28日至6月10日）共56个项目报名参赛，经过预审33个项目入围初赛的项目进行现场演示，经过专家评审，最终宜创图云HEXYUN、彩虹泡泡跑、《越野路书》等12个项目进入决赛。7月6日，在石龙创新大厦举行"邮储银行杯"2018门头沟文化创意大赛——暨北京文化创意大赛（门头沟分赛场）决赛。来自北京市、河北省涿鹿县、内蒙古自治区武川县、察右后旗等地的14个文创项目参加。市委宣传部副巡视员、市文促中心主任，区领导及区各街镇、委办局的主管领导和来自中关村科技园区门头沟园的企业、投资机构代表等百人共同参加活动。

（朱　培）

【门头沟区惠民文化消费活动】 8月25日至10月25日，组织开展第六届北京惠民文化消费季暨"文化惠民　乐享京西"2018年门头沟区惠民文化消费活动。通过组织"10元进影院"活动，发放惠民文化消费大礼包代金券、开发"门头沟文化消费"微信小程序打卡等方式开展，给群众带来优质实惠的文化消费内容，吸引广大市民的关注和参与。

（朱　培）

【获文化创意大赛全国总决赛冠军】 9月20日，宜创（北京）科技有限公司的宜创图云项目在"华夏银行杯"2018北京文化创意大赛全国总决赛中，取得创业类项目组冠军。该项目是全球领先的AI可视化机器变成平台，致力于用机器代替人工编程，实现可视化无代码编程开发，可将软件开发效率提升10倍。

（朱　培）

【门头沟区参加第十三届北京文博会】 10月25日至28日，门头沟区作为北京市推进全国文化中心建设"一核一城三带两区"中西山永定河文化带的组成部分，以"凝视西山　永定长流"为主题参加第十三届北京文博会。

（朱　培）

【文化创意产业培训班】 11月23日，区文促中心组织举办门头沟区文化创意产业（第七期）培训班。培训的主题是“保护利用老旧厂房　掌握运用融资方法　拓展文化创意空间”。共80余人参加培训，包括区文化创意产业领导小组部分成员单位从事促进经济发展、文化与旅游等产业发展、招商引资等部门的领导、区重点文创企业和银行等金融机构负责人。

（朱　培）

【冬季惠民文化消费活动】 11月15日至12月15日，组织开展门头沟区冬季惠民文化消费活动。

（朱　培）

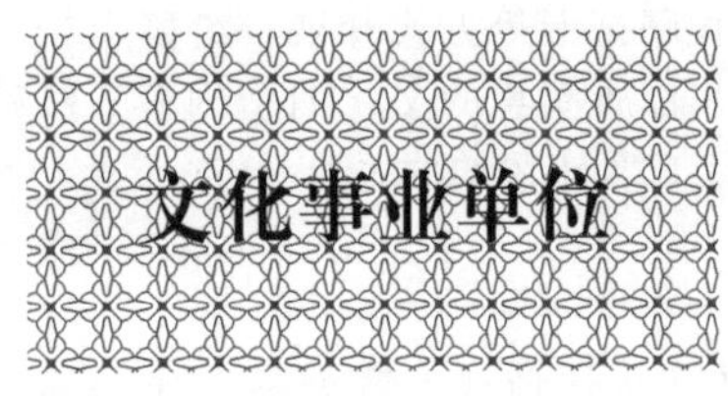

图书馆

【概况】 2018年，区图书馆借阅量为39570册次，办证数687个。开展讲座活动10余场，举办亲子绘本阅读共计24场。举办门头沟区第五届书市，吸引3万余名读者参加活动，帮扶援建、双拥工作等取得显著效果。区图书馆2018年度被评为“首都文明单位”。

（姜先娜）

【门头沟区第五届书市】 4月20日，2018年门头沟全民阅读活动启动仪式。4月20日至5月1日，在门头沟区永定河公园永定楼文化广场举办第八届门头沟图书交换大集、第五届门头沟书市活动。书市期间36067名读者在永定河畔参加区图书馆开展的阅读季书市活动，并展开系列趣味阅读互动。书市销售金额169.79万元，图书交换大集活动，共交换2700本图书，150册杂志。

（姜先娜）

【扶贫援建涿鹿县图书馆】 4月20日至5月1日，第八届北京图书交换大集门头沟分会场举办期间，区图书馆邀请涿鹿县文广新局及图书馆人员参加，展示涿鹿县的精品文化，将书市交换的3000余册图书捐赠涿鹿县图书馆。10月17日中国扶贫日，区图书馆围绕精准扶贫和结对帮扶的工作重点，到涿鹿县赵家蓬区组织开展文化扶贫活动。

（姜先娜）

【帮扶援建】 4月20日至5月1日，在第八届北京图书交换大集门头沟分会场举办期间，邀请内蒙古自治区呼伦贝尔图书馆人员参加，并举办呼伦贝尔市图书馆摄影展。同时，区文委、区图书馆、北京百万庄图书大厦有限公司向呼伦贝尔市图书馆捐赠价值100万元图书。年内，区图书馆到新巴尔虎左旗边防边防六连、七连，与呼伦贝尔市图书馆等单位建立2个图书室，为驻地部队捐赠图书各500册。此外向门头沟区对口帮扶地区的内蒙古武川县图书馆捐赠图书3000册，完成整理上架工作。为察右后旗图书馆捐赠少儿图书2000册。

（姜先娜）

【扶贫援建下马岭村图书室】 7月初，区图书馆带领馆内党员、团员到下马岭村图书室，带来200余册图书，并和当地图书管理员交流，对基层图书室的阅读活动出谋划策。参观下马岭图书室，并指导基层图书管理员图书上架，正确归类。

（姜先娜）

【基层图书管理员培训】 7月27日，区图书馆举办“2018年门头沟区基层书屋管理员暨共享工程技术员培训班”。全区各乡镇街道办事处的208名基层图书管理员参加培训。同时还在区图书馆和东辛房文化中心举办图书分类、借还系统使用的培训，60余人参加。

（姜先娜）

【征集特色地方文献资料】 截至10月，区图书馆向区政协文史办、档案局、博物馆、永定河研究会、文联等相关局口征集特色地方文献资料500余种2000余册。

（姜先娜）

【总分馆制建设】 年内，区图书馆开展王平镇分馆、潭柘寺镇分馆、东辛房办分馆、大峪办分馆4个分馆的建设工作，启动4个分馆的图书采购的招标、图书采购和数据加工工作。年底前完成4个分馆的配送和上架工作，每个分馆配送图书1000册。

（姜先娜）

【红领巾读书活动】 年内，区图书馆组织区内小学生开展以“拥抱新时代　争做好少年”为主题的系列活动。其中包括：阅读小天使推送活动、习爷爷的教导记心间“红领巾讲故事比赛、我的书屋我的梦”农村少年儿童阅读实践活动、第六届“我的藏书票”设计比赛。据统计，参加2018年“红领巾读书活动”的学生共10余万人次以上。

（姜先娜）

【第八届阅读季活动】 年内，区图书馆第六届阅读季活动以“联结社会力量，创变阅读价值”为纽带，推广全民阅读。在全区各系统、学校、乡镇社区等，开展50余场余场群众性读书活动，参与人数万余人。活动内容主要包括：门头沟区阅读季启动仪式、第五届书市开市以及第八届换书大集活动、家庭亲子阅读月（绘本阅读）、“品阅书香”名家面对面系列活动。

（姜先娜）

【双拥工作】 年内，区图书馆在为66736部队、森林武警、雷达站、卫星站、导弹营、武装部等驻区部队配送轮换图书3000余册，杂志200余册，开展举办各类讲座3场，流动图书展1场。

（姜先娜）

【阅读分享会】 年内，区图书馆在东龙门数字文化社区、城子街道文化中心等单位举办阅读分享会5场。开展共同阅读一本好书、一篇文章、探讨同一主题等活动内容，激发全民阅读兴趣。

（姜先娜）

【西山讲堂活动】 年内，区图书馆完成西山讲堂活动讲座11场，其中为书香企业：石龙管委会和京门实业公司举办讲座3场，180人参加。为部队：导弹营、853、通讯营举办讲座3场，300人参加。为社区：城子文化中心和东龙门数字文化社区举办讲座5场，75人参加。分别涉及永定河流域年节文化、传统国学、京西民俗、京西非遗保护问题和北京市2016年至2035年总规划。

（姜先娜）

【创城工作】 年内，区图书馆为王平镇配送创城相关图书2000册，为军庄镇配送创城相关图书600册，为妙峰山镇配送创城相关图书400册。

（姜先娜）

【图书馆馆际交流研讨】 年内，与北京市各图书馆签订《文化资源互通互助战略协议》。以“服务北京三个文化带建设打造经典阅读品牌”为主题，区图书馆西山讲堂邀请首都图书馆、石景山图书馆、海淀区图书馆、昌平区图书馆、房山区图书馆、大兴区图书馆、通州区图书馆、丰台区图书馆，以如何围绕“西山永定河文化带”建设，发挥公共图书馆在文献收集、文化品牌打造方面的功能召开馆际合作研讨会。

（姜先娜）

博物馆

【概况】 2018年，永定河文化博物馆按照区委、区政府和文化主管部门的工作部署，在继续做好《从历史走来的门头沟》和《平西抗日斗争史展》两个基本陈列的展示开放基础上，与北京杵臼文化研究会、首都博物馆、门头沟区文联、区档案史志局、区民间艺术家协会等多家单位合作，联合推出了《杵臼文化与社会生活》展览、《“文物讲述历史”社区、校园科普行》《门头沟区乡情乡韵传统村落写生创作美术作品展》《“京西风情图”民间艺术创作精品展》《改革开放四十载 紫气东来新时代——潭柘紫石砚精品展》等系列专题展览。丰富群众的文化生活，全年共接待观众4.5万余人次。

（贺 洋）

【人才京郊行专家见面会】 1月26日，永定河文化博物馆召开“人才京郊行”专家见面会，首都博物馆保护科技与传统技艺研究部首席研究员挂职副馆长，任期一年。

（贺 洋）

【石刻文物数字化项目完成】 4月23日至8月16日，区博物馆对馆内收藏的275平方米的石碑石刻文物进行扫描采集和多光影拍摄，并通过专家验收。

（贺 洋）

【杵臼文化与社会生活展览开幕】 4月27日，杵臼文化与社会生活展览在永定河文化博物馆二层开幕，展览展示150件中外杵臼精品，展示中外精湛杵臼艺术，弘扬华夏传统杵臼文化和杵臼之交的优秀中华传统美德。

（贺 洋）

【5·18国际博物馆日活动】 5月18日，永定河文化博物馆开展5.18国际博物馆日文化惠民活动，同时引进首都博物馆《文物讲述历史》巡展。

（贺 洋）

【乡情乡韵传统村落写生创作美术作品展】 5月22日，门头沟区乡情乡韵传统村落写生创作美术作品展在永定河文化博物馆二层开幕。展览汇聚12个国家级传统村落的采风创作、展出130余以门头沟区传统村落为主题的书画作品幅。

（贺 洋）

【《京西风情图》民间艺术创作展开幕】 6月6日，《京西风情图》民间艺术创作展在永定河文化博物馆开幕。展出的作品种类包括剪纸、刻纸、羽毛画、麦秸画、琉璃、蝶翅画、布艺、紫石砚、陶艺、毛猴等20余种240余件作品，内容均以门头沟的民俗、古道、古村落文化以及红色旅游文化为创作题材，其中既有国家级、市级的非遗精品，也有蕴含浓郁地方特色的民间艺术。

（贺　洋）

【潭柘紫石砚精品展开幕】 9月1日，永定河文化博物馆与北京潭柘紫石砚有限公司联合推出的《改革开放四十载　紫气东来新时代——潭柘紫石砚精品展》在二层预展。挑选紫石砚台精品200余件，展现近年来紫石砚发展的最新进展，助推门头沟区非物质文化遗产宣传、保护、利用和推广。

（贺　洋）

【帮扶《平西解放区的新生》展览】 10月12日，由永定河文化博物馆帮扶的斋堂镇马兰村北岳第三军分区司令部旧址陈列馆《平西解放区的新生》展览开幕。展览介绍全国抗日战争胜利后，平西地区军民同国民党政府军还乡团坚持斗争，最后完成土地改革，粉碎反动还乡团的进攻，进而解放门头沟地区，最终迎来全地区的解放和新中国的诞生。

（贺　洋）

【概况】 2018年，门头沟区广播电视新闻中心（简称广电新闻中心）围绕学习宣传贯彻党的十九大精神、区两会、重点工程、为民办实事项目、党风廉政建设、农村低收入帮扶、优化营商环境、疏解整治促提升、永定河文化带建设、“街乡吹哨　部门报到”、棚户区改造、环保督察整改、创建全国文明城区、改革开放40周年等全区重点工作进行宣传报道。《门头沟新闻》共播出新闻2875条，在央视、北京电视台完成外宣143条。自办专题节目《门头沟·视点》完成39期。自办生活服务类栏目《信息高速路》制作播出52期。《京西时报》出刊82期328版，文150余万字、图700余张。整合区级资源，围绕门头沟区地区特色和重点工作打造外宣亮点，提升门头沟区影响力和知名度。年内，外宣工作继续在全市各区县保持领先态势。在“北京优秀新闻节目”评选中，门头沟电视台选送的《1.3万农户弃煤用电“清洁能源”改造成效显著》被评为2017年度优秀广播电视节目，并入围“华彩杯北京新闻奖”评选。

单位名称：北京市门头沟区广播电视新闻中心
地　　址：北京市门头沟区新桥大街36号
电　　话：69843348
邮　　编：102300

（高艳蕊）

【获奖情况】 1月，区广播电视新闻中心被北京市人民政府评为北京市安全生产先进单位。年内，黄彬和杨央拍摄制作的《走进敬老院》获全国最佳公益奖。黄彬和韩晴拍摄的《深山放映员》在第二届“文化中国”微视频征集活动中获三等奖。北京市门头沟区广播电视新闻中心获2017年度广播电视公益广告专项扶持项目一类机构。知识产权类公益广告作品《盗版蛋的悲伤》获北京市2017年度电视类公益广告作品扶持项目二等奖。法制类公益广告《打电话》获公益广告作品扶持项目三等奖。

（高艳蕊）

【四风专项巡察】 3月29日至4月27日，区委第二巡察组对区广电新闻中心党组开展“四风”问题专项巡察。5月30日，区委第二巡察组向区广电新闻中心党组反馈巡察意见，指出存在问题，提出整改意见建议。

（高艳蕊）

【门头沟区融媒体中心挂牌成立】 6月30日，北京市门头沟区融媒体中心成立，门头沟区广电新闻中心加挂门头沟区融媒体中心牌子。

（高艳蕊）

【改进电视新闻宣传报道】 8月15日，区广播电视新闻中心出台《关于进一步改进电视新闻宣传报道的方案》，改进门头沟电视台对时政新闻的报道方式，加大社会新闻的报道力度。

（高艳蕊）

【“门头沟融媒”微信公众号开通】 11月26日，区融媒体中心开通微信公众号“门头沟融媒”，标志着门头沟区融媒体中心“一报、一台、一网、一微”的全媒体宣传平台基本搭建完成。“门头沟融媒”公众号将“掌握一手资讯、了解民生实事；关注社会热点，服务百姓生活”作为目标，把“深耕本地”作为区域化公众号发展的宗旨。在内容生产上，围绕“新闻+服务”的定位，专注新闻资讯和生活服务。

（高艳蕊）

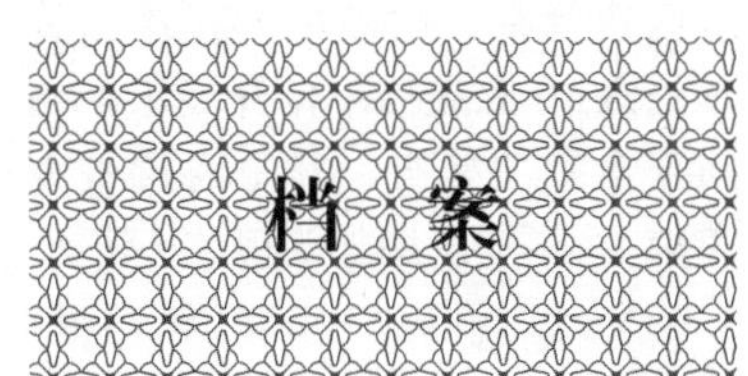

档 案

【概况】 2018年，门头沟区档案史志局机构设有办公室、档案管理科、业务指导法规科、档案编研科、党史科、方志科。为区委、区政府直属事业单位，是区政府负责档案事业行政管理的主管部门，履行全区档案事业行政管理职能，与档案馆合署办公。年内，持续推进《门头沟区“十三五”时期档案史志事业发展规划》落实，区档案史志工作写入《区政府工作报告》，档案馆新馆建设被纳入市政府督查重点任务，并列为区政府重点工作（折子工程）。制定并实施《门头沟区档案史志局创建全国文明城区工作实施方案（2018－2023年）》。年内，抽取16家立档单位开展汛期档案安全专项检查，跟踪指导市级重点工程——永定河滨河森林公园、焦家坡垃圾处理厂、区体育局体育文化活动中心的归档工作。对45家单位开展行政执法检查，对9家单位下发《责令限期整改通知书》并推动完成整改。11项行政服务事项全部实现“一网一门一次”的有关要求，完成各类培训7次210人次。年内，以全市第二名成绩完成全区112个基层单位档案统计年报工作，共接待档案查阅3923人，调阅档案4247卷，提供午间查档服务，实现婚姻档案的跨馆利用，查档接待大厅群众满意度达到100%。年内，接收政府公开信息文件730份，接收26家单位568卷、8694件档案，排架长度22.22米，截至2018年底，馆藏档案90989卷、228519件，排架长度1220.86米。完成546件民国档案的文件级目录采集工作。开放1986年至1987年形成的4059件档案，完成1968年62卷到期档案鉴定，完成馆藏199张地契档案的修复工作。数字化扫描档案9601卷，1175104页，馆藏纸质档案数字化率达到“十二五”末馆藏档案的80%，完成2018年馆藏档案异地备份。举办“国际档案日”暨北京市第十届“档案馆日”系列活动，开展档案上街宣传活动2次，发放图书资料等宣传品2600余份，启动红色故事宣讲活动。年内，编辑出版《门头沟档案》12期，爱国主义教育基地接待800余人次，在“京西档案”微信公众号开设《门头沟历史上的今天》专栏，更新网站信息313条，微信微博44次79条。年内，档案馆10个涉及公共区域的视频探头联网全部接入区雪亮工程，完成库房环境清理、防震抗震自查和局（馆）保密自查工作。年内，完成上报《北京改革开发全景录》。完成涉及14个部门全区抗日战争口述史料的后期审核整理工作。征集新民主主义革命时期（1919－1949）门头沟区的重要革命遗址情况资料，与雁翅镇党委合作出版发行《田庄生紫荆》《梦回吹角连营》两部革命史书，为《探索》杂志专栏供稿6篇，编辑完成《2017年党史大事记》。参与编印《京西红色历史·门头沟——干部教育读本》，推出《换了人间——门头沟解放70周年》专题展览并编印史料辑录。年内，10个第一批国家级传统村落志书编纂初稿全部完成，完成第二批国家级传统村落志《东石古岩村志》《西胡林村志》的资料长编工作。完成《北京市地名志》《中华人民共和国地名词典》共80万字的编写任务，完善地情资料室查阅及管理制度，录入书目2800余册，征收集图书20余册。完成《北京市门头沟区志（1996－2010）》（复审稿）80余万字的修改和统编工作，完成80余张随文照片的整理编辑，出版印刷《2017年北京门头沟年鉴》，完成《北京年鉴》（门头沟部分）、《京津冀概况》2万余字的编纂任务并上报照片20余张。完成1篇区级调研文章《门头沟区年鉴编写存在的问题及对策——以2018年为例》。年内，门头沟区档案史志局获门头沟区2015－2017年度首都文明单位，被评为2017年机关工委系统信息工作优秀单位。2人被评为北京市档案业务骨干，《忠诚是廉洁之魂》获第二届“诗诵京西·廉铸忠诚”门头沟区反腐倡廉诗歌创作朗诵比赛一等奖，1人评为2017年门头沟区“首都市民学习之星”，1人获门头沟区2018年法治文艺大赛活动优秀奖，1人获得优秀信息员称号。

单位名称：北京市门头沟区档案史志局
地　　址：北京市门头沟区石龙北路31号
电　　话：60804795
邮　　编：102308

（王　焕）

【调研慰问低收入村】 2月11日，区档案史志局到雁翅镇高台村开展结对帮扶调研并慰问低收入户，就2018年帮扶工作重点与镇、村领导进行座谈。

（张　爽）

【签订协同发展合作共建备忘录】 2月26日，霍州市档案局到门头沟区档案史志局进行交流学习活动，双方同意从业务交流、人才培养、资源共享、异地展陈、党建共建等方面加强合作，并签订协同发展合作共建备忘录。

（张　爽）

【述职承诺大会】 3月22日，区档案史志局召开2018年党建、党风廉政建设暨目标管理任务述职承诺大会。会上传达区党建大会、区纪委十二届四次全会精神，部署2018年党建及党风廉政建设工作。各科室负责人总结2017年工作，承诺2018年科室目标管理任务，领导班子与科室负责人签订《党建工作责任书》、《党风廉政建设主体责任书》和《2018年科室目标管理责任书》，区纪委区监委第九联合派驻纪检监察组列席参加并讲话。

（张　爽）

【档案行政执法检查】 4月4日，区档案史志局下发《门头沟区档案史志局关于开展2018年度档案行政执法检查的通知》。4月至12月对全区109家立档单位全面开展档案行政执法检查工作。共96家单位按要求报送自查报告，自查工作完成率为88%。按照“双随机”模式随机抽取33家单位，并将近年来存在新建、撤并等机构变动情况的单位纳入检查范围，对45家单位开展实地检查，实地检查覆盖率达到41%。各单位自查及实地抽查中均未发现档案违法违纪现象，45家抽查单位（含9家整改后复查单位）通过检查。

（赵雅馨）

【档案干部培训班】 4月23日至27日，2018年档案干部培训班在区档案史志局六层培训教室举行，围绕档案业务、年鉴编撰、党史教育等方面开展培训。此次培训提升实操教学所占比重，全区共75家机关、事业单位的85名专（兼）职档案员参加，参训学员全部通过结业考核。

（赵雅馨　朱晓梅）

【第十届档案馆日活动】 6月7日至15日，区档案史志局（馆）举办2018年国际档案日暨北京市第十届档案馆日活动。围绕“档案见证改革开放”的主题，面向全区开放1986－1987年形成的反映全区政治、经济、社会、文化、生态文明建设真实面貌的4059件档案，首次实现婚姻档案跨馆利用。集中启动“档案服务进基层活动”，开展了送红色故事进学校、档案培训进机关、家庭档案讲座进社区等活动。发起“改革开放40周年”专题档案征集活动，并在6月9日“档案馆日”当天设置现场捐赠点。向社会各界开展“档案见证改革开放”主题征文及摄影作品征集活动。推出“翰墨兰台门头沟”“永定河胜景图长卷创作展”“‘京西风情图’民间艺术创作精品展”“桑峪村乡情博览展”4个展览、开放“京西撷珍——特藏室”“实物档案室”。6月9日，在冯村365广场举办馆日上街宣传活动，200余名市民参与，发放图书资料500余册，便民物品100余个，各类宣传折页材料等8种1000余份。5月31日起至7月1日，在门头沟综合频道以及公共频道播放《档案连着你和我》《走进档案馆》宣传片；区电视台播发新闻4条，《京西时报》刊登2个专版。

（张　爽）

【档案安全专项检查】 7月18日，区档案史志局下发《关于加强2018年汛期档案安全保管的通知》。7月至10月，“双随机”抽取区审计局、财政局、百花山管理处等16家立档单位开展汛期档案安全专项检查，其中通过检查单位15家，限期整改单位1家。

（赵　阳）

【“全国文明城区”创建工作】 8月5日，区档案史志局制定《北京市门头沟区档案史志局创建全国文明城区工作实施方案（2018年－2023年）》。11月13日，下发《门头沟区档案史志局关于加强创城工作档案管理的通知》，对各单位创城工作档案管理加强指导。年内，共开展创城主题教育活动6次，举办垃圾分类培训会、环境大扫除活动等。学雷锋志愿服务站累计服务238小时，累计服务705人次。通过悬挂标语、张贴海报、电子屏等多种形式宣传创城工作。

（张　爽）

【电子档案管理培训班】 8月29日，门头沟区电子档案管理培训班在区档案史志局六层培训教室举办。特邀北京市档案局信息化处相关人员讲授，旨在加强门头沟区各机关、企事业单位档案信息化建设，推进档案管理数字化进程。全区75家单位的81名档案工作人员参加此次培训。

（赵雅馨）

【市档案局领导调研】 8月29日，市档案局（馆）长到局（馆）内调研门头沟区档案工作情况，对档案馆新馆建设、雪亮工程建设取得的阶段性成果给予肯定，对主动记忆城乡发展变化、主动融入放管服改革、强化基地功能释放等工作给予认可，并提出工作要求。

（张　爽）

【支部结对共建】 8月30日，区档案史志局与高台村以“支部结对共建，党员先锋同行”为主题，共同开展支部共建暨党建带团建主题党日活动。双方支部书记签订《支部共建协议》，明确将精准帮扶作为支部共建的重要内容，向高台村赠送档案、方志、党史等史料书籍，党员入户调查，进一步完善结对帮扶措施。

（史可华）

【档案安全】 8月，区档案馆10个涉及公共区域的视频探头联网全部接入区雪亮工程。年内，全面完成馆藏199张地契档案的修复工作，完成2018年馆藏档案异地备份。

（张 爽）

【档案馆新馆建设取得突破】 9月26日，《门头沟区档案馆新馆建设方案》经区长办公会研究同意，该工程将由区公共工程服务中心全过程代建，新馆建设前期设计和评审工作有序推进。年内，区档案馆新馆建设被纳入市政府督查重点任务，写入《区政府工作报告》，并列为区政府重点工作（折子工程）。

（张 爽）

【档案监督指导】 11月，区档案史志局下发《门头沟区档案史志局关于加强创城工作档案管理的通知》。年内，对“低收入户”档案和农村土地经营权确权颁证档案进行监督指导，完成市检查组的迎检工作。跟踪指导市级重点工程——永定河滨河森林公园、焦家坡垃圾处理厂、区体育局体育文化活动中心的归档工作。

（赵 阳）

【纪念门头沟解放70周年专题展览】 12月14日，区档案史志局推出《换了人间——纪念门头沟解放70周年》史料展。展出百余件档案文献和实物展品，组成“迎接新中国成立的曙光”，“摧毁旧政权、建立新制度”和“改天换地、旧貌新颜”3个版块。

（张 雯）

【档案史志工作写入政府工作报告】 年内，在门头沟区第十六届人大第四次会议上的《政府工作报告》中部署2018年重点工作时提到“围绕西山永定河文化带、长城文化带建设，深化对红色文化、矿业文化等历史文化资源的研究利用。推进档案馆新馆建设，启动《门头沟地名志》编制工作。”“全面推进社会治理创新……进一步做好民族、宗教、外事、侨务、民防、档案等工作。”

（张 爽）

【党组理论学习中心组学习】 年内，将“两学一做”学习教育常态化制定化工作和“理论学习型”机关创建相结合，研究制定《2018年党组理论学习中心组学习计划》。年内，开展党组（扩大）学习12次，交流研讨4次。

（张 爽）

【优化营商环境】 年内，区档案史志局为群众提供午间查档服务。开辟专位为驻区企业提供政府信息公开文件汇编，完成跨馆利用婚姻档案的系统测试，对窗口工作人员从工作纪律、服务规范、服务礼仪和现场管理等方面进行培训。

（车 瑶 果 蕾））

【档案编研】 年内，《门头沟档案》共印发12期，刊登档案类文章96篇，信息剪辑和动态报道类文章308篇，印数由每月120本扩大至每月360本。完成档案史志局组织机构沿革和大事记续写工作。在“京西档案”微信公众号开设《门头沟历史上的今天》专栏，更新网站信息313条，微信微博44次79条。

（康 健）

【概况】 门头沟区档案史志局方志科负责地方志书编纂和地方志资源的保护开发利用工作。年内，10个第一批国家级传统村落志书编纂初稿全部完成，启动第二批国家级传统村落志《东石古岩村志》《西胡林村志》的资料长编工作。启动《北京市地名志》《中华人民共和国地名词典》共计80万字的编写任务，完善地情资料室查阅及管理制度，录入书目2800余册，完成《北京市门头沟区志（1996－2010）》（送审稿）80余万字的修改和统编工作，完成80余张随文照片的整理编辑，出版印刷《2017年北京门头沟年鉴》，完成《北京年鉴》（门头沟部分）、《京津冀概况》2万余字的编纂任务并上报照片20余张。完成1篇区级调研文章《门头沟区年鉴编写存在的问题及对策——以2018年为例》。

单位名称：北京市门头沟区档案史志局
地　　址：北京市门头沟区石龙北路31号
电　　话：60804795
邮　　编：102308

（马春雨）

【《门头沟年鉴》编写培训会】 1月23日，区档案史志局、区教委联合举办2018年《北京教育年鉴》《门头沟年鉴》编写工作培训会，全区教委系统年鉴撰稿员50余人参加培训。

（付向东　马春雨）

【《北京市门头沟区地名志》编写工作】 4月20日，区档案史志局召开《北京市门头沟区地名志》编写工作座谈会。会上，从指导思想、基本原则、组织领导、任务分工、经费保障、编纂要求、编纂体例等12个方面对《北京市门头沟区地名志》编纂实施方案进行说明，对编纂实施方案框架和具体细则进行讨论。区民政局、区规划和国土分局资料编写人员、编辑部成员共11人参加会议。

（付向东　马春雨）

【地方志课题研究】 6月，区档案史志局方志科以《如何确保乡镇（街道）、村（社区）志编写质量》为题应邀参加北京地方志学会举办的乡镇（街道）、村（社区）志专题研讨会。年内，完成区政策研究室有关地方志研究课题《关于〈北京门头沟年鉴〉编纂情况的调研——以2018年〈北京门头沟鉴〉为例》。课题确定将地方志成果转化利用，宣传地方志成果。

（马春雨）

【第一批国家级传统村落志编纂】 上半年，区档案史志局方志科完成门头沟区第一批国家级传统村落志初稿，共10部。8月16日，召开门头沟区第一批国家级传统志初稿联审会。会上，北京市传统村落志专家、镇村负责人对门头沟区10部村志提出了意见和建议。

（马春雨）

【第二批国家级传统村落志编纂】 7月5日，区档案史志局方志科启动第二批门头沟区斋堂镇西胡林村、王平镇东石古岩村2部国家级传统村落志编纂工作。年底，完成第二批国家级传统村落志——《东石古岩村志》《西胡林村志》的资料长篇编写。

（马春雨）

【《北京门头沟年鉴》（2017年）出版】 年内，《北京门头沟年鉴》（2017年）出版。全书设27个一级栏目，以条目体为主，共80余万字，彩插图片80余幅。

（马春雨）

【《斋堂名镇志》编纂】 年内，区档案史志局方志科对《斋堂名镇志》的书稿重新进行梳理、审读。结合梳理和审读重新编写完成《斋堂名镇志》的篇目大纲，并上报市志办。年底前，完成进行资料的收集、整理及补充工作。

（马春雨）

【公共服务事项列入政府行政许可】 年内，门头沟区地方志公共服务事项5项列入政府行政许可，进入门头沟区政务服务大厅。完成行政服务事项目录管理系统流程录入、网上的报备、审批等工作。9月开始，方志科每月2次抽调人员到行政服务大厅综合窗口进行现场办公。

（马春雨）

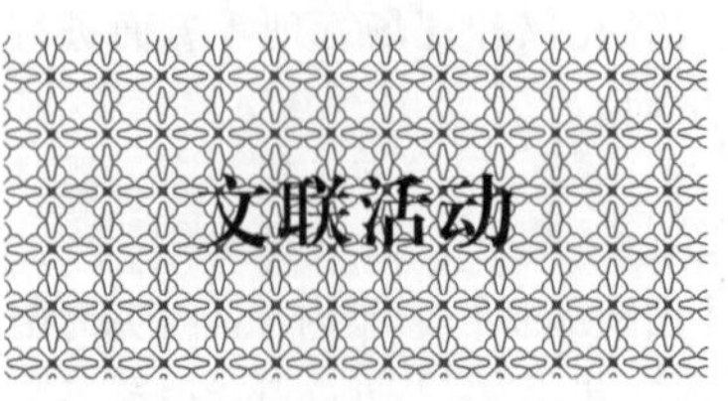

文联活动

【概况】 2018年，门头沟区文学艺术界联合会（简称区文联）围绕门头沟区争创全国文明城区工作，开展“我们的中国梦”，文化进万家、“深入生活，扎根人民”写春联送祝福系列活动、文艺志愿服务活动、下基层展演活动、文艺点评指导活动等，继续办好《百花山文艺》期刊编辑出版工作。围绕纪念改革开放40周年、门头沟区“六大文化”开展系列主题创作采风等活动。年内，北京市门头沟楹联学会被北京市门头沟区民政局准予注销登记。截至年底，区文联所属协会14个，会员1100余人。

单位名称：北京市门头沟区文学艺术界联合会
地　　址：北京市门头沟区剧场东街12号
电　　话：69824090
邮　　编：102300

（白　雪）

【写春联送祝福活动】 元旦、春节期间，区文联开展“我们的中国梦”文化进万家“深入生活，扎根人民”写春联送祝福系列活动。送春联8500余幅，书法作品400余幅、福字4000余张，发放图书1000余本，艺术家参与100余人次。覆盖门头沟区9个镇11个村2个社区，受益人群5000余人次。

（白　雪）

【法治节日主题文艺活动】 元宵节期间，市文联、市美协组织14名艺术家到西辛房村开展“我的中国梦·文化进万家”送欢乐、送祝福活动，艺术家们为西辛房村村民现场创作并送出《五福临门》等美术作品30余幅。中秋节期间，区文联联合市文联、门头沟区委宣传部，在区滨河世纪广场举办“月圆京城，情系中华”

迎中秋主题文艺演出活动，演出15个节目，千余名群众受益；联合市文联、区委宣传部、雁翅镇党委举办“月圆京城，情系中华”迎中秋·庆丰收艺术家下基层展演文艺演出活动，演出18个节目，受益人群400余人。重阳节期间，区文联与市文联、区委宣传部、军庄镇党委政府举办“孝满京城，德润人心”门头沟文艺家走进军庄镇戏曲专场演出活动，演出17个节目。军庄镇60余岁~80余岁的200名老人观看演出。年内，区司法局、区文联曲协在永定镇、龙泉镇、大台街道等镇街开展“同心共筑中国梦 法治文艺京城行”法治文艺演出13场，受益人群2000余人次。

（白 雪）

【文艺志愿服务活动】 年内，区美协、永定河艺术家协会到城子办事处蓝龙家园社区开展“学雷锋·文化进万家”志愿活动，为社区居民创作美术作品30余幅。作协主席到区教委斋堂中小学革命传统教育基地赠送20本（《百花山》纪实文学《寻找李文斌》研讨活动专刊）等书籍。区曲协创办京西曲艺沙龙，服务曲艺爱好者800余人次。年内，区文联、民革门头沟支部、石景山区第二支部等单位和企业到三家店村联合开展文化下乡志愿慰问活动，20名艺术家现场为村民创作送出春联200幅，福字200幅，书画作品65幅。昊霖集团及民革门头沟区支部新党员为村民送去米、面、油各40份慰问品。区音协在区检察院举办“筝韵国风畅享八月，丝竹润心乐动门检”公益演出活动，为检察官们表演《春江花月夜》等10余首古筝、新筝曲目。

（白 雪）

【下基层展演活动】 年内，区文联举办5场“文化进万家”迎新春演出活动，涵盖清水镇，永定镇、龙泉镇、城子办事处、东辛房办事处，受益人群600余人次。年内，区文联组织音协、戏协、曲协约150人次艺术家到王平镇、区消防支队龙泉中队、潭柘寺镇赵家台村、东辛房街道办事处开展原创文艺作品下基层展演活动，社区居民、村民、部队官兵350余人观看。

（白 雪）

【文艺点评指导】 年内，区文联组织书协、作协、美协、摄协、音协等协会开展8次文艺名家评论创作活动，为门头沟区文艺家进行点评、指导、讲座，受益艺术家400余人。

（白 雪）

【“五进农村”帮扶】 年内，区文联到低收入户帮扶村龙泉雾村，开展“深入生活，扎根人民”写春联送祝福活动。年内，针对龙泉雾村历史文化挖掘、整理、开发等方面进行座谈，联合爱心企业昊霖文化公司开展为龙泉雾村、琉璃渠村低收入户送去慰问金500元和价值700余元的棉被。7月底，区文联帮扶村调整为区级低收入村斋堂镇军响村。开展低收入帮扶对接调研活动，了解该村低收入户36户基本情况，联合爱心企业昊霖文化公司，为军响村乡村旅游文化休闲产业献计献策。区文联联合民盟门头沟区工委到军响村开展义诊送祝福活动，为村民进行血糖、血压等健康体检，向村民讲解健康知识，累计300余人次。区文联3名书法家为军响村36户低收入户，20余名80岁以上老人，现场书写“寿字”等60余幅，“家和万事兴”等书法作品20余幅。

（白 雪）

【文艺结对志愿帮扶】 年内，区文联联合民盟门头沟区工委到孟悟村联合开展送文化义诊活动。书写书法作品10余幅，送出图书80余本，受益群众200余人次。区政协文体界委员、区文联4名文艺家对洪水口村进行实地考察，提出对文化墙、民俗旅游的意见及建议。区戏协在门头沟区4所学校设立教育基地，到15所学校，开展戏曲进校园活动，已有310人次进行国家京剧院社会艺术水平等级考试。

（白 雪）

【助力新文艺群体】 年内，区文联与光韵文化公司合作，区文联作为主办单位开展中国永定河诗词大会作品征集活动，为区内作家乃至为永定河流域的作家们搭建创作平台。此次活动征集原创古体诗、现代诗4100余首。

（白 雪）

【体验学习交流】 年内，区文联作为主办单位与光韵文化公司共同开展了中国永定河诗词大会征集活动，为区内作家及永定河流域的作家们搭建创作平台。此次活动征集原创古体诗、现代诗4100余首。区戏协常务副主席兼秘书长刘宝环以“弘扬戏曲文化，提高文化自信”为主题进行戏曲知识的讲解及戏曲文化传承工作的情况介绍，全体机关人员体验学习戏曲形体课和唱腔课。

（白 雪）

【特色主题系列活动】 年内，区文联举办“门头沟区乡情乡韵传统村落写生创作美术作品展”，参展作品108幅。举办门头沟区“京西风情图”民间艺术创作精品展，展出240余件作品。举办桑峪村“三月三”民俗文化节，期间进行童子大鼓、霸王鞭等民俗文艺表演，展示区民间艺术家制作的100余件民间手工艺品。开展“樱桃红了·诗韵王平”樱桃文化节采风创作活动，为樱桃文化节创作20首新诗力作；创作“快乐樱桃”等书法作品30余幅，“樱桃红时”等美术作品20余幅；开展“寻找矿山记忆”创作采风活动，组织70余名艺术家先后到大台煤矿、木城涧矿进行采风。区文联妙峰山花会协会举办“第二十六届妙峰山传统民俗庙会”会首“联谊会”“会首”130余人参加。举办“学习十九大精神·传承永定河文化——2018书画艺术联展”。为斋堂镇田庄村京西山区第一党支部纪念馆等悬挂原创楹联9幅。为妙峰山镇涧沟村平西情报联络站悬挂楹联7幅。

（白　雪）

【纪念改革开放40周年活动】 年内，区文联、区档案史志局联合举办“为政以德，与时偕行”门头沟区纪念改革开放40周年摄影、硬笔书法展。区委宣传部、区文联、中共石龙经济开发区工委、门头沟区政协书画院联合举办“我们的中国梦”——文化进万家活动之“为政以德，与时偕行”门头沟区纪念改革开放40周年书画作品展暨第七届书法篆刻展。年内，区文联组织作协60余名会员开展文学采风创作活动，并组织参加北京文化艺术中心和北京作协联合主办的首都公共文化“我眼中的改革开放40周年征文”，作协13人获奖，占总获奖人数23.6%；马淑琴、陈瑛、张鹰、牛建梅4人获一等奖，占一等奖的40%，门头沟区作家协会获组织奖。

（白　雪）

【京津冀协同发展活动】 年内，区文联、张家口市文联举办门、张“两地情”民间艺术交流活动。两地艺术家对剪纸、烙画、面塑、花丝镶嵌等民间艺术门类进行创作交流，双方交换张家口蔚县剪纸“五瑞图”和门头沟麦秸画“永定楼”作为此次交流成果的印证，50余名艺术家参加活动。举办“翰墨传情京津冀·创城圆梦门头沟”京津冀10区市县书法精品巡回展，展出京津冀艺术家百余幅书法作品。展览前期，区文联组织河北省、天津市等20余名艺术家到门头沟京西古道和马致远故居进行采风，并集体创作20米书法长卷。

（白　雪）

【扶贫协作和支援合作文化交流活动】 年内，区文联、张家口市涿鹿县文联、内蒙古乌兰察布市文联及察右后旗文联在区永定楼广场（四层大厅）联合举办“文化交流，携手共进”门头沟区扶贫协作和支援合作结对帮扶大集暨结对文联书画交流活动，创作50余幅书画作品，其中区文联、涿鹿县文联创作的绘画《映日荷花别样红》、书法“扶贫协作，我们在行动”等31幅作品委托内蒙古乌兰察布市察右后旗文联，转交给内蒙古自治区乌兰察布市察右后旗白音察干镇三义村用于文化新村建设。同时还举行纪念改革开放40周年书画作品联展，展出三地文联作品50余幅。年内，区文联、乌兰察布市文联到永定河北京段部分地区考察，交流，开展文化交流采风创作活动，参观北京英冠艺德文化发展中心、国家京剧院等级考试基地——门头沟考点，观看戏曲学员的形体课，聆听他们的唱腔课；还参观门头沟“1958”创意园的公益图书交换站、垃圾分类站和文创产品等。活动结束后，艺术家们创作“门头沟永定楼抒怀”“游北京潭柘寺”等30余首诗歌作品，并在《百花山》文艺期刊发表。

（白　雪）

【文艺助力创城】 年内，区文联与区文明办、区教委、区少年宫在少年宫联合举办“童画文明城·手绘新时代”门头沟区少儿书画创作大赛暨少儿“创城”书画作品展。与区总工会、区社工委、区教委等单位联合在区档案馆举办“创城青少年在行动”暨区硬笔书法协会及党支部走基层成果展。作协42名作家共创作创城歌谣234首，诸多作品在京西时报刊登。作协主席在区总工会主讲“纪念中国新诗百年，传承中华诗歌文化”专题文学讲座。美协联合石龙工委举办讲“四个一”故事，传承“六大文化”书画展，展出作品65幅。区文联组织全体党员到玉河古道开展“助力创城，减除垃圾”主题党日活动。区文联音协古筝专委会走进区法院开展“承云怀雅”创城公益演出活动，20余名艺术家为法院干警、承泽苑和向阳楼的社区居民200余人演奏《威尼斯之夜》等10个曲目。

（白　雪）

【文艺成果显著】 年内，区舞协在全区舞蹈爱好者中选拔、筛选出20对40名舞蹈队员参加北京市第七届国标舞大赛，获冠军1对，进入前六名获奖7对，获奖率达40%，区文联获优秀组织奖。区曲协推荐的快板《天安门广场看升旗》，表演者马骏在“2018年北京少儿曲艺”比赛中获二等奖。“东方少年中国梦”新创意中小学生作文大赛中门头沟区在全国范围内获作品奖项75个，命题作文小学组获特等奖1名，一等奖1名，二等奖1名，三等奖2名，优秀奖30名；中学组获一等奖1名，二等奖2名，三等奖5名，优秀奖29名；文学创作组获铜牌小作家3名。区文联、区作协获优秀组织奖。年内，门头沟区被中国诗歌学会授予中国诗歌之乡，被北京作协授予北京诗歌之乡称号。区文联音协创作歌曲《情悠悠的门头沟》《山里人家》2首歌曲。

（白　雪）

【信息宣传成果】 年内，区文联报送信息97条。其中区委办采用13条，区政府办采用2条，区直机关工委采用7条，北京文艺采用17条，京西时报采用14条，门头沟区创建全国文明城区工作快报采用17条，北京文联网采用65条，北京文联网首页动态采用39条。区文联在2018年文联系统信息工作中，被北京市文联评为“先进单位”，区文联1名同志获2018年度文联系统信息工作先进个人。区文联报送《门头沟区“为政以德，与时偕行”纪念改革开放四十周年摄影、硬笔书法展》一稿被评为2018年度好稿件。

（白　雪）

【期刊书籍】 年内，《百花山》期刊出版6期，专刊1期，发表文学作品120余万字。印刷《门头沟区“乡情乡韵”传统村落写生创作美术作品集》《“为政以德·与时偕行”门头沟区纪念改革开放40周年书画摄影暨第七届书法篆刻临帖作品集》，创作出版《幡韵京西》一书。

（白　雪）

【党风廉政建设】 年内，区文联与区纪委、区委宣传部共同开展“清风门头沟”廉政书画作品征集活动，区文联负责廉政书画作品征集活动日常工作，接收整理统计8大工委书画作品306幅。七一前夕，区文联全体党员到永定河文化博物馆开展“传承红色基因，牢记初心使命”参观平西抗日斗争陈列展特色党日活动。举办“不忘初心　缅怀先烈”红色文化采风特色党日活动，组织艺术家参观桑峪村的宛平县抗日民主政府旧址等，并在老八区“思源林”种下33棵桑树苗。

（白　雪）

卫生 体育

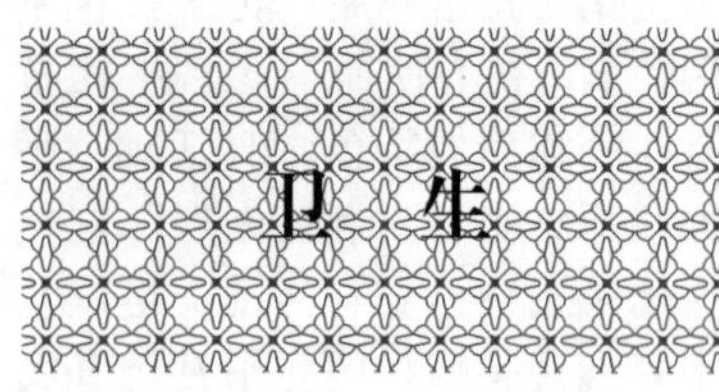

卫 生

【概况】 2018年，门头沟区卫生和计划生育委员会（简称区卫生计生委）围绕保障和改善民生，坚持改革与改善并重，强化大卫生观念，持续推进“健康门头沟”建设，着力提升公共卫生和基本医疗服务能力，加快分级诊疗制度建设，提升居民健康水平。

单位名称：北京市门头沟区卫生和计划生育委员会
地　　址：北京市门头沟区石龙北路10号
电　　话：60801936
邮　　编：102308

（张　莹）

【系统生活垃圾强制分类工作】 1月30日，区卫生计生委召开卫生计生系统生活垃圾强制分类工作部署会，系统各医疗卫生机构分为试点和普遍推广两个阶段，全面实施生活垃圾强制分类工作。

（张　莹）

【孕产妇安全工作】 3月26日，北京市卫生计生委专家组对门头沟区开展保障孕产妇安全工作落实情况进行专项督导。4月16日，北京市卫生计生委下发《北京市卫计委关于2018年保障孕产妇安全专项督导情况的通报》，门头沟区得分92.1分，排名全市第一名。年内，实现孕产妇0死亡的目标，门头沟区连续5年孕产妇0死亡，全市唯一。11月21日，区医院作为区级危重孕产妇抢救中心代表门头沟区参加北京市妇幼保健人员知识技能大赛，取得全市第一名。

（张　莹）

【病媒生物专业消杀项目】 3月，区卫生计生委启动门城地区各社区病媒生物专业消杀项目。经项目立项、招投标、工作对接，共实施冬春季灭鼠各1轮、夏秋季灭蚊蝇7轮，有效控制门城地区蚊、蝇、鼠密度。

（张　莹）

【软件正版化工作】 3月，2017年度软件正版化工作通过市级检查验收，门头沟区获北京市医疗卫生系统软件正版化工作先进单位称号。12月，4家二级医院软件正版化工作全部完成。

（张　莹）

【“万步有约”启动仪式】 5月11日，国家卫生健康委疾控局局长一行到门头沟区调研疾控体系建设，出席门头沟区全国健康促进区试点主题宣传暨2018年“万步有约”职业人群健走激励大赛启动仪式。

（张　莹）

【“世界无烟日”主题宣传活动】 5月29日，区爱卫办联合区卫生计生监督所、区疾病预防控制中心、区控烟志愿服务分队、京煤集团总医院开展“世界无烟日”主题宣传活动，宣传控烟法规和吸烟的危害，倡导无烟环境建设。

（张　莹）

【全国流动人口抽样调查工作】 6月8日，区卫生计生委完成门头沟区全国流动人口抽样调查的工作任务。全国流动人口抽样调查每年一次，年内首次启用电子设备开展。永定镇参加调查，共有卧龙岗、梧桐苑2个样本点，每个样本点调查20人，共调查40人。4名调查员一次性通过在线考试。

（张　莹）

【医联体建设】 6月20日，门头沟区医院、京煤集团总医院与宣武医院签订医联体协议，北京市医院管理局及区委区政府相关领导参加活动。12月28日，门头沟区与拉萨市堆龙德庆区签约医联体。年内，区医院建立医联体转诊平台，社区卫生服务机构门诊向 2 家核心医院上转患者 942 人次，核心医院下转患者 950 人次。促进区内两大医联体强强联合。区医院与京煤集团总医院建立合作关系，为辖区百姓在区内两大医院之间转诊就医开通绿色通道。推进多种形式的医联体建设。辖区内各二级及以上医院与市级三甲医院建立 20 余项专科医联体合作关系。区医院、京煤集团总医院与首都医科大学宣武医院签订医联体协议。民营京门医院纳入京煤集团总医院医联体管理。合理配置共享医疗资源。依托医联体，建成远程会诊、远程影像和远程心电等平台，实现部分医疗资源共享。年内，区内医联体远程服务 7541 人次。逐步扩大检查检验结果互认项目，区医院医联体内检查互认 37 项，京煤集团总医院医联体内部分检查项目由总院远程操作，实现互认。鼓励医师在医联体内多点执业，实现人力资源共享，核心医院下派医生 142 人次，接收社区进修 31 人次。

（张　莹）

【创建全国文明城区】 7 月 20 日，区卫生计生委召开区卫生计生系统创建全国文明城区动员部署暨工作培训会，全面启动系统创城工作。经全面动员、全员培训、严格落实创城各项指标任务，完成 2018 年创城工作。

（张　莹）

【第六次全国卫生调查】 10 月，区卫生计生委完成门头沟区第六次全国卫生调查，葡东小区等 10 个居委会 600 户家庭，及区医院等 7 家医疗机构 100 名医护人员参与现场调查。

（张　莹）

【医院信息化惠民服务评比】 10 月，市卫生计生委举办首届医院信息化惠民服务评比活动，京煤集团总医院、中医医院分别获“十佳医院”和“优秀奖医院”称号。

（张　莹）

【健康教育指导员知识技能大赛】 10 月 23 日，市卫生计生委组织举办“北京市流动人口健康教育指导员知识技能大赛”，门头沟区选出 4 名长居辖区的流动人口参加。通过众志成城、绘声绘色、文韬武略三个环节的比拼，成功晋级决赛，并取得大赛三等奖。

（张　莹）

【与蓝卡签订试点协议】 11 月 5 日，永定镇卫生院和军庄镇卫生院分别与蓝卡集团签订试点协议。

（张　莹）

【全国健康促进区试点复核】 11 月 7 日，全国健康促进区试点工作终期评估组对门头沟区全国第三批健康促进区试点工作进行复核，通过听取工作汇报、查阅档案资料、现场实地检查，认定门头沟区较好地完成全国健康促进区试点工作。

（张　莹）

【一包药捐赠项目】 11 月 15 日，门头沟区与中国红十字会签订“心拯救—急性心梗急救——包药捐赠项目”的合作协议。

（张　莹）

【教学医院挂牌】 11 月 22 日，门头沟区教学医院正式挂牌。同日，举办门头沟区教学医院挂牌仪式，区领导张力兵出席。门头沟区医院正式成为首都医科大学教学医院。区卫计委主任就门头沟区医疗卫生工作重点及门头沟区医院发展现状进行简要介绍。首都医科大学书记在会上表示，将与门头沟区委、区政府一道，借助首都医科大学的平台，提升区医院的医疗服务能力和水平，为门头沟区的百姓培养更多优秀的医务人员。

（张　莹）

【中医健康养老护理员培训】 12 月 25 日，人力资源和社会保障部教育培训中心联合关爱未来（北京）健康管理服务中心在门头区举办“门头沟 2018 年中医健康养老护理员培训”。来自门头沟区各街道办事处、各镇的工作人员 180 人参加培训学习。

（张　莹）

【软件正版化工作】 12 月，四家二级医院软件正版化工作全部完成。

（张　莹）

【院前医疗急救规划】 12 月，区卫生计生委完成门头沟区院前医疗急救机构设置规划编制工作。在原北京市院前急救工作站设置基础上，区卫生计生委联合市规划国土委门头沟分局按照市卫生计生委“区域急救车数量达到每 3 万人 1 辆，急救平均反应时间≤15 分钟，急救呼叫满足率 95% 以上”的建设目标及市规划国土委规划编制要求，编制门头沟区院前急救机构设置规划。全区急救站点设置规划由原 1 个 120 分中心 8 个急救站调整为 1 个中心 13 个急救站，新增 5 个急救站。

（张　莹）

【人口健康信息平台（一期）建设】 12月，门头沟区人口健康信息平台（一期）建设完成，实现辖区5家二级及以上医院与11家社区卫生服务中心电子健康档案、电子病历等诊疗信息互联互通和数据共享；同期，京煤集团总医院、区医院两家医院院级集成平台建设完成。龙泉医院等18家医疗机构部署应用区政务（外）网络，实现辖区24家医疗卫生机构卫生专网、政务（外）网双网全覆盖。

（张 莹）

【公立医院薪酬制度改革试点】 年内，区人力社保局、区卫生计生委、区财政局确定区中医医院为公立医院薪酬制度改革试点医院。成立由区人力社保、卫生计生（医改办）、财政等部门及试点医院的领导和相关负责同志组成改革试点工作小组，起草《北京市门头沟区公立医院薪酬制度改革试点工作实施方案》（以下简称《方案》）并上报。12月11日，该《方案》被市公立医院薪酬制度改革试点工作小组批复同意，组织开展实施。

（张 莹）

【“奖特扶”工作】 年内，农村部分计划生育家庭奖励扶助和独生子女家庭特别扶助足额到位。完成新增计划生育家庭奖励扶助和独生子女家庭死亡、伤残特别扶助对象资料的审核、录入、报表上报、资金发放工作。对不符合条件的讲明原因及时退回，对材料不全的要求及时补充，通过对国家PADIS库中数据与上报材料进行比对，发现问题及时联系国家技术人员。年内，全区享受奖特扶人员累计2010人，其中享受奖扶人员1248人，享受死亡特扶298人，享受伤残特扶464人。新增奖扶对象272人、退出13人，新增死亡特扶对象36人、退出7人，新增伤残特扶对象47人、退出10人。7月上旬，奖励扶助和特别扶助金全部发放到位，共发放扶助金808.756万元。

（张 莹）

【一次性家庭救助和经济帮助】 年内，区卫生计生委开展2次一次性家庭救助、一次性经济帮助工作，分别在6月底前和11月底前，共审核一次性家庭救助22例，一次性经济帮助23例，资金全部发放到位，共发放资金34万元。

（张 莹）

【医学定向生回区工作】 年内，共有7名医学定向生按照协议如期回到区内工作，均为本科学历，其中临床医学专业5人，被分配到门头沟区妇幼保健院工作；预防医学专业2人，分别被分配到门头沟区精保所和区斋堂医院工作。

（张 莹）

【专家人才推荐工作】 年内，推荐区医院杨占辉为卫生计生系统2018年北京市享受政府特殊津贴人员。上报正高级职称专家人才21人作为门头沟区专家人才库人选。确定区医院杨占辉、区中医医院庞秀花、区疾病预防控制中心刘海涛3人为第十三批“北京市有突出贡献的科学、技术、管理人才”候选人。确定区中医医院温进为2018年度北京优秀人才培养资助项目的优秀青年骨干项目、聂文彬团队为拔尖团队。

（张 莹）

【全科医生工作室建设】 年内，全区33个全科医生工作室以居民健康档案为抓手，为签约居民提供健康评估、预约就诊、定向分诊、诊前服务、转诊服务、慢病长处方等多项服务。深化区级家庭医生签约服务工作，确定家庭医生签约服务内容，在就医、用药、转诊等方面实行差异化政策，增强签约服务吸引力。加强绩效考核，体现多劳多得、优绩优酬的原则，调动医务人员积极性。全区完成家医签约10.62余万人，签约率32.99%；重点人群签约6.70万人，签约率90.29%；完成市级规定的工作目标，签约居民平均服务受益3.7人次。

（张 莹）

【完善医疗服务体系】 年内，围绕“腾空间、调结构、补短板”的思路完善医疗服务设施规划。引导机构转型发展。鼓励医疗机构向康复、护理方向转型；鼓励各社区卫生服务机构结合自身实际情况开展特色医疗服务；鼓励各社区卫生服务中心与辖区内政府办养老机构签订医养结合服务协议。

（张 莹）

【高血压管理试点】 年内，区卫生计生委在军庄、妙峰山建立国家基本公共卫生服务项目基层高血压管理试点，开展“雄鹰计划”培养基层高血压管理骨干。

（张 莹）

【健康门头沟建设】 年内，区卫生计生委完成全国第三批健康促进区试点。通过区电视台、《京西时报》、社区健康教育宣传栏、微博、微信等平台发布健康教育信息，广泛传播健康知识和技能。开展健康促进活动，组织“世界无烟日”“全民健康生活方式行动日”、万步有约职业人群健走激励大赛、健康素养推广月、健康北京周等主题活动，开展公共场所控制吸烟专项行动。继续加强健康支持环境建设，完成永定河文化广场健康步道提升改造，配备健康自测小屋26套，投入320万元为门城地区103个社区提供灭蚊蝇鼠专业消杀服务。巩固国家卫生区建设成果，开展爱国卫生月和城市清洁日活动。

（张　莹）

【公共卫生安全】　年内，全区报告法定传染病报告持续下降，无甲类传染病报告，全年传染病疫情总体平稳，无重大传染病疫情、水污染事件及严重精神障碍患者肇事肇祸事件发生。全区第一类疫苗接种率达到100%，完成疫苗及预防接种专项督查，未发生违规采购及使用问题疫苗的情况。持续推进慢性病综合防控示范区建设。加强公共卫生监测，以生活饮用水、公共场所、职业卫生、学校卫生、传染病防控及打击非法行医为重点，开展监督检查。加强和创新严重精神障碍患者管理服务。全力做好安全生产工作，继续推进系统安全生产工作责任体系建设和落实，为辖区群众提供安全有序的就医环境。

（张　莹）

【改善医疗服务行动】　年内，京煤集团总院、区医院进一步健全危急重症救治平台和专业的多学科诊疗模式。强化胸痛中心、卒中中心、创伤中心、危重孕产妇救治中心、危重儿童和新生儿救治中心等五大中心建设；积极推广多学科综合诊疗服务（MDT）。进一步完善临床路径管理制度，切实保障医疗质量安全。区医院临床路径增至40个，出院病例按临床路径管理占比超过50%。探索将药学服务、检查检验服务等纳入临床路径管理，实现临床路径“医、护、患”一体化，增强临床诊疗行为规范度和透明度。区内综合医院为方便患者就医，根据自身特点增设便民服务设备，缩短患者就医时间。设立患者服务中心帮助患者查询和了解医院、医改、医保等信息，随时关注和解决患者候诊就诊需求。

（张　莹）

【扶贫协作和对口支援合作】　年内，区卫生计生委制订《门头沟区卫生计生委扶贫协作和对口支援三年行动计划（2018—2020）》，成立区卫生计生委扶贫协作和对口支援工作领导小组，建立扶贫协作和对口支援2018年工作台账。根据与涿鹿县、察右后旗相关医院签订的对口帮扶协议约定，向区发改委申请拨付两地20万元对口帮扶资金，用于对精准扶贫建设。依托国家心血管中心（阜外医院），组织受援地医师71人，开展国家基本公共卫生服务项目基层高血压管理“雄鹰计划”培训班，提高基层高血压管理水平，推进低收入人群健康精准帮扶。组建专家医疗队，到河北省涿鹿县、内蒙古自治区武川县、察右后旗，开展针对建档立卡人员的义诊、巡诊等医疗活动。协调红十字会捐赠150万元，用于涿鹿县75个低收入村卫生室购置医疗设备。开展区内低收入帮扶工作，对“因病致贫”的低收入农户开展医疗帮扶。

（张　莹）

【无偿献血和临床用血管理】　年内，采集血液1607单位，同比增长78.36%；新建潭柘寺公园采血点1处，促进门头沟区的采供血平衡。

（张　莹）

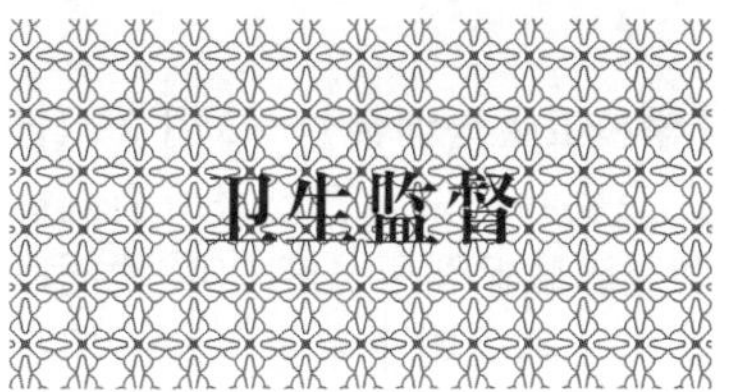

卫生监督

【概况】　2018年，门头沟区卫生和计划生育监督所以完善卫生监督执法体系、加强监督执法能力建设为目标，以推进依法行政为主线，坚持宣传、培训、监督齐抓共管原则，开展公共场所、生活饮用水、医疗卫生、职业卫生等以及控烟等各项监督执法工作，全力保障全区公共卫生。全面落实全市卫生监督工作会议和门头沟区卫生工作会议精神，履行卫生监督工作工作职能，加强公共卫生监督的综合执法，不断提升自身卫生监督服务能力。年内，根据门头沟区机构编制委员会下发《北京市门头沟区卫生和计划生育监督所主要职责内设机构和人员编制规定》门头沟区卫生和计划生育监督所设置6个内设机构，综合科（原所办公室），法规稽查科，卫生许可及食品备案科（原审批办证科），综合执法一队，综合执法二队，综合执法三队。年内，区卫生和计划生育监督所共向北京市卫生计生监督所投稿图片新闻12篇，采用3篇，投稿监督要闻68篇，采用33篇，投稿视频新闻5篇，采用5篇，投稿论文5篇，采用4篇，共发《京西时报》15篇，采用5篇，与区电视台联合录制6篇视频新闻。

单位名称：北京市门头沟区卫生和计划生育监督所

地　　址：北京市门头沟区新桥

南大街9号
电　话：60804950
邮　编：102399

（王　勇）

【学校卫生培训会】　3月26日，区卫生和计划生育监督所会同区教委，区保健所，区CDC共同联合在首师大附中永定分校一层报告厅开展“家校共同努力　消除结核危害”的主题宣传活动。出动监督员4人次，发放各种宣传品200余份。邀请北京结核病控制研究所专家做题为《学校结核病控制》的科普讲座。

（李明珠）

【放射工作人员培训】　4月19日，召开全区19家开展放射诊疗的医疗机构放射卫生工作会。6月19日至22日，区卫生和计划生育监督所举办两期放射工作人员培训班，从事放射诊疗工作人员260人参加此次培训。

（李　枚）

【职业病防治知识的宣传】　5月10日，区卫生和计划生育监督所与区安全生产监督管理局、区人力资源和社会保障局、区疾病预防控制中心等多部门联合，对门头沟区北京昊华能源股份有限公司大台煤矿开展主题为“健康中国，职业健康先行”的科普职业病防治知识宣传活动。

（郎柏忠）

【生活饮用水卫生宣传教育咨询培训】　5月16日，区卫生和计划生育监督所综合执法二队在滨河商住区临镜苑小广场开展生活饮用水卫生宣传教育咨询培训活动，临时搭建现场宣传平台，为群众现场讲解卫生监督执法内容，组织部分居民参观小区二次供水设施，开展现场快速检测服务，共发放各种宣传物品300余份。

（李明珠）

【控烟培训】　5月29日，区卫生和计划生育监督所、区爱卫会、区疾控中心、北京京煤集团总医院共同主办“世界无烟日”主题宣传活动，开展宣传教育及控烟履约工作。6月4日，综合执法二队、综合执法三队，对永定梧桐苑地区餐饮一条街进行监督检查，控烟志愿者全程参与，积极宣传《北京市控制吸烟条例》，对公共场所第一责任人的控烟职责、“四有一无一劝阻”进行普法，并指导吸烟区的规范设置，张贴控烟警示标识。8月22日，区卫计委、区卫生和计划生育监督所开展主题为“法治宣传伴您行，全民创城在行动”的法治宣传进社区服务活动。

（刘　鹏）

【乡村医生法律法规培训】　10月31日，区卫生和计划生育监督所联合斋堂医院，对门头沟斋堂地区全体乡村医生展开消毒隔离、打击非法行医及医疗机构控烟工作培训会。

（高　岩）

【现场制售水机专项检查行动】　12月13日，区卫生和计划生育监督所领导随同区卫生计生委领导共同参加区检察院组织的行政公益诉讼诉前检察建议宣告送达座谈会。会上，双方领导就全区现场制售水机管理现状及存在的主要问题交换意见及看法，现场下达《北京市门头沟区人民检察院检察建议书》。17日至19日，卫生计生监督所集中对12处现场制售水机进行逐一现场摸底，并依据前期现场摸底发现的问题逐一下发监督意见书进行整改。

（李明珠）

【行政审批工作】　年内，区卫生和计划生育监督所共接待群众咨询5142人次，办结行政许可1714件，包括公共卫生241件（其中公共场所120件，生活饮用水81件，放射诊疗40件）和医疗卫生1473件（医疗机构191件，麻卡2件，医师注册202件，护士注册1078件）；办理食品安全企业标准备案2件；开展行政审批现场审验226户次，现场审验合格160户；开展生活饮用水（二次供水）预防性卫生审查11户；完成公共卫生行政许可档案归档241卷，完成行政许可公示信息241条。

（刘承锋）

【联合执法检查】　年内，区卫生和计划生育监督所与区爱卫办、区教委、区文委、区食药监局等多部门联合，对门头沟区部分单位开展公共场所控烟专项监督检查工作。此次联合执法共检查5家单位，检查时未发现违法违规行为。年内，区卫生和计划生育监督所与区爱卫办、区教委、区文委、区食药监局等多部门联合，对门头沟区部分单位开展公共场所控烟专项监督检查工作。此次联合执法检查5家单位，经查，各单位均建立禁止吸烟管理制度，在醒目位置张贴统一的禁止吸烟标志及举报投诉电话号码标识，未在室内摆放烟具和附有烟草广告的物品，设立控烟劝阻员，开展禁止吸烟检查工作并留存相关记录。

（郎柏忠）

【医疗机构控烟专项检查】　年内，区卫生和计划生育监督所检查医疗机构16家，其中三级医疗机构 1 家、二级医疗机构 2 家、一级以下医疗机构 13 家。出动执法人员 30 人次，检查时未发现违法违规行为。

（高　岩）

【餐饮店控烟专项检查】　年内，区卫生和计划生育监督所对梧桐苑餐饮街开展专项控烟监督检查工作。此次专项工作出动 2 车次，8 人次，监督检查滩羊铺子等 8 户，对其中 6 户进行集中约谈。

（郎柏忠）

【专项监督检查】　年内，区卫生和计划生育监督所对重点商场超市营业期间的一氧化碳浓度、二氧化碳浓度、医疗机构候诊区的新风情况以及游泳场馆的卫生许可证的亮证公示情况、从业人员健康合格证持证情况、公共场所卫生检测报告、卫生管理制度及突发公共卫生事故应急预案、红眼病检查岗、禁泳标志设置情况、游泳池水循环过滤设备设施运转情况及消毒药剂使用情况、强制浸脚池设置情况、游泳池水的游离性余氯含量、尿素等、各项卫生指标进行抽检，经查，各项数值检测结果均符合国家卫生标准。

（王爱国）

【无证无照联合专项整治】　年内，由工商分局牵头，公安、消防、环保、食药、卫生等部门参加 32 次门头沟区无证无照“疏解整治促提升”工作和无证无照经营治理点位验收工作。在此项工作中，区卫生和计划生育监督所出动执法人员 70 余人次，车次 32 车次。完成“开墙打洞”封堵恢复 60 余户，无证无照经营治理 80 余户。其中由卫生计生委牵头完成销账的单位有 11 户。

（李　枚）

【梨园地区涉黄赌违法犯罪整治】　年内，区卫生和计划生育监督所对梨园地区的美容美发场所、洗浴场所进行监督检查。梨园地区 22 家公共场所单位，其中 15 家取得工商执照和卫生许可证，7 家未取得工商营业执照（这 7 家由于未取得工商营业执照无法办理卫生许可证）。卫生行政部门对这 7 家未取得公共场所卫生许可证单位给予行政处罚，罚款 7000 元。出动执法车辆 2 车次，执法人员 8 人次，监督检查 22 家单位。

（李　枚）

【公共场所抽检】　年内，区卫生和计划生育监督所对住宿、美容美发、游泳馆场所、沐浴、集中空调、放射卫生、职业卫生等公共场所的室内空气、公共用品用具、水质进行抽检以及放射卫生进行监督抽检。共抽检 15 户（4 户未营业）50 件公共用品用具以及微生物指标。

（郎柏忠）

【公共场所卫生培训会】　年内，区卫生和计划生育监督所对辖区内的管理相对人共进行 2 次公共场所培训。1 月 31 日，对区内大型商场超市、经济连锁快捷酒店、游泳场馆等 46 家单位的负责人召开座谈会。3 月 9 日，综合执法三队在二楼会议室约谈 7 家学校后勤负责人，并对学校集中空调通风系统管理责任人进行培训工作。

（郎柏忠）

【学校食品和饮用水安全管理】　年内，区卫生和计划生育监督所对辖区内相关学校饮用水情况进行监督检查，共出动 6 人次，2 车次，监督检查 3 户次。对王平中学、军响小学、付家台小学等 3 家自备水供水单位进行全面的卫生监督和执法检查，经查未发现违法行为。

（刘　鹏）

【学校卫生及传染病防控】　年内，区卫生和计划生育监督所通过与教委前期沟通，依法依规对区内中小学校及托幼机构的教学环境卫生、传染病防控、生活饮用水、全面控烟等项内容进行相关监督检查，并将监督检查中发现的问题形成正式通报经卫生计生委及时向教委进行反馈并要求整改到位。

（刘　鹏）

【生活饮用水监督检查和抽检】　年内，区卫生和计划生育监督所开展生活饮用水监督抽检工作。10 月 15 日前，完成全部监督抽检并上报市所。全年共饮用水投诉举报 47 起，较 2017 年增长 1.1 倍；全年完成饮用水处罚案卷 6 卷，同比增长 200%。

（王志刚）

【职业卫生抽检】　年内，国抽抽检工作分上下两部分组成。对职业卫生进行监督抽检。对放射卫生进行监督抽检。

（李　枚）

【打击非法行医】　年内，区卫生和计划生育监督所开展打非巡查 35 次，处理涉及非法行医投诉举报 21 起，取缔无证黑诊所 4 家，与公安、工商、城管等多部门联合执法 9 次，召开打非联席会 3 次，召开依法执业培训会 2 次，实地宣传 9 次。完成案件移送 1 件。完成重大案件领导讨论 1 起。完成微博微信推送 23 篇。

（邓俊琴）

【中医药行业清扫行动】 年内，区卫生和计划生育监督所对全区范围内13家中医医疗机构开展中医药行业专项清扫行动。

（吴健楠）

【病原微生物实验室生物安全检查】 年内，区卫生和计划生育监督所对门头沟区BSL-1级别12家实验室，BSL-2级别6家实验室进行检查。经查，各实验室已按相关要求进行备案，实验室备案均在有效期，监督所对督导检查中存在的问题提出相应整改建议或意见，各医疗机构进行及时的整改。

（韦 晶）

【医疗卫生监督抽查】 年内，医疗卫生专业共抽取8家医疗机构，均为一级以下医疗机构。其中正常开诊的医疗机构2家（京西药店中医诊所、卧龙口腔诊所），其余6家未开展诊疗活动。

（高 岩）

【医疗机构培训会】 年内，区卫生和计划生育监督所针对管理相对人开展医疗机构培训会1次，全区一级及以上医院、乡镇卫生院、个体诊所和门诊部51家医疗机构的60余位主管领导及相关负责人参加培训。

（邓俊琴）

【传染病防治监督抽查】 年内，区卫生和计划生育监督所传染病防治专业共抽取20家，其中三级医疗机构1家、一级医疗机构3家、其他医疗机构15家、区疾控中心1家。

（高 岩）

【传染病分类监督】 年内，区卫生和计划生育监督所对辖区内各级医疗机构进行分类监督检查，共出动监督员72人次，执法车辆26车次；监督检查医疗机构31家，其中二级以上医疗机构5家、疾控预防控制机构1家、一级医疗机构15家、未定级医疗机构10家。全部医疗机构的标化后分数均为优秀等级。

（高 岩）

【消毒产品卫生监督抽查】 年内，区卫生和计划生育监督所共监督检查辖区内超市、药店共10家消毒产品41种，检查59家医疗机构所使用的消毒剂85种、消毒器械17种，经查，消毒产品均符合国家相关规定标准。

（韦 晶）

【传染病与消毒产品培训】 年内，区卫生和计划生育监督所组织综合执法一队、二队监督员分别针对监督员处理街边倾倒医疗废物事件、军响村安先生投诉事件处理情况，对全所开展以案释法讲评，对监督员如何处理投诉举报，如何开展应急处理，如何依法履职做讲解。

（韦 晶）

【消毒产品抽检】 年内，区卫生和计划生育监督所对辖区内5家药店，5家药店及53家医疗机构进行抽样检查。超市及药店检查47种消毒产品（消毒剂19种、抗（抑）菌制剂7种、其它卫生用品16种）以及53家医疗机构使用的消毒剂65种、消毒器械27种。检查时未发现违法违规行为。均符合国家相关规定标准。

（邓俊琴）

【突发公共卫生事件应急处置】 年内，区卫生和计划生育监督所共接到投诉举报222起，比去年增长19.35%，其中公共场所40起，生活饮用水55起，医政10起，控烟117起，处理办结率100%，群众满意率100%。

（王 勇）

【大型活动卫生保障】 年内，区卫生和计划生育监督所到“两会”代表驻地酒店——龙泉宾馆进行卫生监查。经查，驻地酒店总体卫生状况良好，未见违法违规行为。

（郎柏忠）

【卫生监督稽查】 年内，区卫生和计划生育监督所开展案卷稽查16次，共稽查案卷81卷（2017年16卷，2108年65卷），案件稽查15件，执法责任制稽查4次，投诉举报专项稽查1次，行政许可专项稽查2次，着装稽查1次。全年对41卷行政处罚案卷开展案卷评查。同时市卫计委抽查区卫生和计划生育监督所案卷10卷，区法制办抽查案卷2件，经评查，12卷抽查案卷均为优秀卷（90分以上）。

（田炜炜）

主要卫生机构简介

疾控中心

【概况】 2018年，门头沟区疾病预防控制中心（简称区疾控中心）围绕疾病预防控制工作和应急目标，完成全年工作任务。加强流感、霍乱、艾滋病等重点传染病疫情监测，加强业务培训与督导检查，优化应急队伍管理，强化培训演练，充实应急装备，确保突发疫情和公共卫生事件的应急处置工作防控有力、处置科学。加大艾滋病疫情监测管理、健康教育与行为干预、自愿咨询检测与感染者随访管理等措施的落实力度，对男男同性性行为人群、流动人口、暗娼人群开展行为干预工作。结核病防治工作稳步推进，组织“结核病防治进校园共筑师生健康平安”主场活动，进行学校结核病专题讲座，完成2018学校新生结核病筛查工作。完善免疫规范化门诊建设，建立预防接种单位免疫规划例会制度。加强相关疾病监测，继续保持高水平免疫接种率，计划免疫相关传染病得到有效控制。完成学龄前流动儿童强化查漏补种及外来务工人员流脑、麻疹疫苗接种工作以及入托入学儿童的查验接种证工作。完成2018年流感疫苗接种工作，接种19325人，其中学生接种人数7225人，60周岁以上老年人接种11482人，保障人群、其他人群接种618人。推进慢性病综合防控示范区创建工作，提升全区职业人群健康素养，组织16家参赛单位565人参加“万步有约”职业人群健走激励大赛；实施慢病干预项目及领队培养，获全国示范区优秀组织奖。推进全民健康生活方式行动，到社区、学校、机关、单位开展“三减三健”专项行动。作为国家监测点之一组织开展中国成人慢性病与营养监测工作。在40岁—74岁常住居民中开展农村大肠癌筛查项目，完成初筛3974例，肠镜检查503例，完成率为100.6%，获市卫生计生委表彰，获北京市农村癌症早诊早治项目优秀管理奖。加强高危人群和患者管理，在12个社区及健康示范单位开展高血压患者自我管理和糖尿病患者同伴支持活动，完成相关培训并开展督导工作。完成为期6个月干预组和对照组60人的Ⅱ型糖尿病患者弹力带力量练习和有氧运动干预工作。推广老年人防跌倒操，组织完成门头沟区608例2018年中国成人慢性病与营养监测工作现场监测、数据及生物样本采集上报工作。成功创建健康示范单位3家，健康示范社区5家。开展“争做健康少年”主题绘画活动，举办主题为“烟草与心脏病”世界无烟日宣传，开展为期100天的健康素养线上学习行动，组织疾控中心和门城社区参与职业人群干预项目。完成7场北京市健康大课堂，累计受众1543人。完成北京市“五进”活动，举办共6场，受众500余人。通过国家级健康促进示范区终期评估。加强生活饮用水联网监测和农村自备井水质监测，累计监测市政供水末梢水120件，高层二次供水80件，合格率为100%。对86个农村自备水源进行水质监测，合格27个，合格率为31.4%。公共场所健康危害因素监测1196项次，合格1116项次，合格率为93.31%。开展冷却塔风险评估工作，加强公共场所卫生监测力度，配合区卫生监督所开展生活饮用水、公共场所监督抽检工作。开展“营”在校园—平衡膳食校园健康促进行动，开展“营在校园美食”主题活动。完善食品安全风险监测评估，加强食品安全风险监测，累计采集各类食品样品215件，其中化学污染物及有害因素监测8类72件、食品微生物及其致病因子监测5类116件、主动监测3类27件。食源性疾病病例监测腹泻病例355例，便检阳性病例107例，检出率为30.14%。对120件粪便标本开展诺如病毒检测，检出病毒阳性病例21例，检出率为17.50%。在全区中小学校中开展“儿童健康放眼未来”宣传作品征集大赛活动，征集学生课间户外活动摄影作品。规范职业病报告，组织职业病网络直报系统培训，全年职业病报告审核新发尘肺病例813例，尘肺晋级病例32例，尘肺死亡102例；农药中毒3例（均为自服）。继续开展放射本底水平检测工作，完成5家放射诊疗医疗机构职业健康风险评估调查，完成21家用人单位950人次个人剂量计检测；开展放射危害本底枯水期、丰水期监测采样及大气、土壤放射本底监测工作。加强实验室质量控制，通过资质认定复评审，完善实验室安全委员会和实验室生物安全委员会，实施有效质量监督，质量管理体系持续有效运行，调整质量管理体系相关人员，增加授权签字人3名，内审员4名；不断提升检测能力，参加11大类26个项目的能力验证活动，实验室检测能力全面提升，为做好重大传染病疫情和突发公共卫生事件应急处置提供有力保障。全年微生物实验室完成检验样品5739件10162项次，理化检验完成检测样品1987件14535项次。

单位名称：北京市门头沟区疾病预防控制中心
地　　址：北京市门头沟区城子东街甲40号
电　　话：69843156
邮　　编：102300

（周　璇）

【学生视力保护】　1月至6月，在全区小学三年级学生中开展小学生家庭自测视力活动，发放2114份家庭自测视力图。9月至11月，在全区小学二年级学生中开展《我的健康管理日记》活动，发放“健康管理日记”2178份，对4所学校进行过程评估，并在活动结束后选择2所学校进行问卷评估。

（周　璇）

【专题工作会】　2月2日，区疾控中心召开慢病工作会暨大肠癌早诊早治项目培训会，总结2017年慢病工作，部署2018年重点工作，并对大肠癌早诊早治项目进行培训，京煤集团总医院、区医院及各社区卫生服务中心相关人员参加。3月9日，召开2018年健康教育暨健康促进示范区工作部署会，中心主要领导、健康教育科室人员以及17家医疗机构主管领导和专兼职人员参加会议。23日，区疾控中心组织京煤集团总医院、区医院等6家医疗机构召开健康促进医院工作部署会．来自6家医疗机构的健康教育主管领导及专兼职人员参加会议。4月10日，召开门头沟区2018年市级健康素养监测工作协调会，各相关街、镇、村居、各社区卫生服务中心（站）相关负责人及工作人员20人参加。19日，召开2018年传染病防控和国家基本公共卫生服务项目工作会，总结2017年传染病防控工作，部署2018年重点工作，19家医疗单位传染病防控专兼职人员参加。同日，召开高血压患者自我管理和糖尿病患者同伴支持活动小组长培训会，65名小组长参加培训。培训采用头脑风暴法由经验丰富的社区大夫及小组长轮流讲解，内容包括开展自我管理小组需具备的技能及高血压防治等知识。24日，召开部分防艾委成员单位参加的“共担防艾责任　共享健康权利　共建健康中国”专题研讨会。6月13日，召开2018年门头沟区肿瘤患者社区随访培训会，总结2017年工作并对2018年工作要点进行培训，全区12家社区卫生服务机构相关技术骨干参加。9月5日，召开2018年中国成人慢性病与营养监测现场调查培训会，主要内容包括总体工作方案、现场工作流程、问卷、体测、组织实施与调查技巧等，培训后所有参会人员进行实际演练及操作考核。6日，召开学校及托幼机构传染病防控工作会，各学校及托幼机构校医80人参加。11月28日，召开学校及托幼机构防控冬季高发传染病防控工作会，各学校及托幼机构校医80人参加。

（周　璇）

【健康知识宣传】　3月5日，区疾控中心联合区教委卫生保健所、区医院集团到育园中学举办题为“听见未来，从预防开始—3.3爱耳日—关注青少年听力”健康讲座，240名师生到场参加活动。23日，性病艾滋病控制科与结核科、健康教育科以及斋堂社区卫生服务中心共同在斋堂文化广场举办宣传健康知识、提高防病意识的健康教育活动，悬挂横幅2条，发放宣传品11种3000余份，200余群众受益。4月16日，联合区医院、中医院、永定镇社区卫生服务中心，在永定镇石门营五区开展主题为“全民健康覆盖：每一个人，每一个地方”健康素养主题宣传活动，现场共发放宣传材料2种560份，宣传品200份．同日，在月季园二区开展健康素养宣传活动，发放健康素养材料2种260份。24日，在永定河文化广场举行以“推进《健康北京2030规划》创建健康中国首善之区”为主题的2018年健康素养宣传月活动，全区各中小学校、各医疗机构、各社区共200余人参与，活动现场设置健康素养宣传、计划免疫宣传、无偿献血宣传等6个宣传展台，并设立义诊咨询台、发放各种宣传材料12种3000余份，直接受众800人。同日，在永定河文化广场开展推进《‘健康北京’2030规划》“消除疟疾，谨防境处输入”疟疾宣传活动，接待群众咨询60余人次，发放宣传材料2种600份。5月4日，在建筑工地开展健康素养、健康生活方式、艾滋病知识宣传，期间发放宣传手册2种1000份，折页1种500份，安全套1680只。15日，在葡山公园、妙峰山陇驾庄集市开展以“‘碘’亮智慧人生，共享健康生活”为主题“防治碘缺乏病日”宣传活动，普及科学健康的用盐知识，发放宣传材料2000余份、宣传品3种。27日，在门城湖开展艾滋病防治知识宣传工作，通过有奖答题、设立宣传点等形式发放宣传材料及纪念品3种500份，悬挂横幅1条，200余名群众积极参与。29日，联合区健促办、京煤集团总医院、区卫生监督所、控烟志愿者门头沟分队等单位在京煤集团总医院门诊楼举办主题为“烟草与心脏病”世界无烟日宣传教育活动，活动中共发放控烟海报100份，折页200张，《健康》杂志100本，控烟小礼包100份，共有100余名过往市民朋友参加活动。6月13日，在江苏华建翡翠长安建筑工地开展“珍爱健康　远离毒品　抗击艾滋”主题宣传活动，活动中悬挂横幅2条，粘贴宣传海报4张，发放宣传材料3种600余份，宣传纪念品4种800余份，200余名建筑工人受益。7月25日，到棚户区改造小园4地块项目北京建工集团和北京城建亚太建设有限公司的2处工地开展宣传教育与行为干预活动，活动中悬挂横幅1条，发放宣传材料2种400余份、宣传品1种200余份、200余名建筑工人受益。8月29日，到永定镇“中天建设”工地开展性病、艾滋病宣传教育与行为干预活动，活动中悬挂横幅1条，发放宣传材料2种400余份、联系卡200余张、安全套2000只、宣传品2种400余份、200余名建筑工人受益。31日，联合区民防局、龙泉镇食药所、司法所等多家单位在中门寺南坡一区开展“健康北京周——共筑健康北京　共享健康生活”主题宣传活动．活动中共发放宣传材料、宣传品16种2000份，200余名居民参与活动。9月7日，在中门寺一区广场开展门头沟区全民健康生活方式行动日系列宣传启动活动．活动现场居民们表演老年人防跌倒毛巾操及健身舞蹈，并设置现场答题环节，区医院集团提供现场义诊咨询，活动手中300余人，发放全民健康生活方式行动相关宣传材料1000余份、宣传品500余份。12日，到中建三局承建的门头沟新城MC00－0017－6002地块（S1线区域组团02地块西北侧）、B4综合性商业金融服务业用地项目工地开展性病、艾滋病防治知识宣传与行为干预活动，活动中悬挂横幅1条，发放宣传材料2种600余份、联系卡300余张、安全套2000只、宣传品3种800余份、300余名建筑工人受益。10月19日，在葡东小区小广场举办“三减三健——健康骨骼，预防跌倒”主题宣传活动，现场表演预防老年人跌倒的毛巾操，区中医院骨科专家提供义诊服务，接待咨询100余人，发放宣传材料1000余份。11月13日，到北京城建远东建设集团有限公司承建的城子棚户区改造d地块建筑工地，利用工人午餐休息时间开展性病、艾滋病防治知识宣传与行为干预活动。活动悬挂横幅1条，发放宣传材料2种400余份、联系卡200余张、安全套2000只、宣传品2种400余份、200余名建筑工人受益。30日，区防艾委部分成员单位及“遏制结核，抗击艾滋”志愿服务队，北京同心相随志愿者发展中心等12家单位或组织的40余名成员在新桥街心公园开展第31个“世界艾滋病日”大型主题宣传活动．此次主题为“主动检测，知艾防艾，共享健康”。通过悬挂横幅，张贴海报等形式，向过往群众发放宣传手册、折页、安全套、特制宣传品，现场介绍艾滋病的传播途径与预防措施，解答相关问题等多种形式传播艾滋病的相关知识。同日，区防艾委部分成员单位及“遏制结核，抗击艾滋”志愿服务队，北京同心相随志愿者发展中心等12家单位或组织的40余名成员在新桥街心公园开展大型主题宣传活动，现场发放各类宣传材料6种6000份，安全套3000只，宣传品2种2000余份，悬挂横幅1条，张贴海报2种，近千名群众受益。12月3日，到门头沟区看守所，对羁押人员进行艾滋病相关知识的宣传教育。针对人群的特殊性，在“世界艾滋病日”期间专门定制小方巾、调配扑克等宣传品，配合艾滋病防控宣传折页及中国疾控防艾宣传片等媒介开展宣传教育活动。此次活动共发放宣传材料2种400份，宣传品2种300份，覆盖全部羁押的120余人。12月6日，同大台医院医务人员，利用矿区大集的日子到达人员相对集中的集贸市场进行艾滋病主题宣传活动，发放宣传材料6种900份，宣传品150份，安全套2000只，悬挂横幅1条，张贴海报2张，150余名矿区居民在活动中受益。11月中旬至12月中旬，组织开展“全国艾滋病检测咨询月”活动，动员目标人群抛去顾虑，主动寻求检测服务，为自己的健康状况负责。现场发放各类宣传材料6种6000份，安全套3000只，宣传品2种2000余份，悬挂横幅1条，张贴海报2种，近千名群众受益。

（周　璇）

【学校卫生视导】　3月14日至22日，区疾控中心联合区教委、区中小学卫生保健所、区食药监管、区卫生监督所对全区中小学校进行学校卫生视导工作，主要围绕学校常见病防治，营养不良、超重与肥胖防控、视力不良的防控工作以及分级预警、成人期疾病早期干预、教学环境检测结果反馈、饮用水及食品卫生等工作为重点视导内容，通过查看资料、调查问卷等方式进行考核，对存在问题的学校提出指导意见。

（周　璇）

【监测工作】　3月，区疾控中心在19所中小学校开展传染病管理状况监测，覆盖率为50%，两年覆盖率为100%。3月至6月，开展居民户食用盐碘含量监测，共采集盐样307份，其中学生207份、孕妇100份。合格碘盐256件，不合格碘盐7件，非碘盐44件。全区碘盐覆盖率为85.7%；碘盐合格率为97.3%；合格碘盐食用率为83.4%。年内，继续开展医疗机构和托幼机构消毒效果监测，对医疗机构空气、物表、手、压力蒸汽灭菌器、消毒剂、紫外线灯、污水进行消毒灭菌效果监测801件，合格801件，合格率100%。对托幼机构空气、物表、手、餐饮具、消毒剂进行消毒灭菌效果监测233件，合格233

件，合格率100%，完成上级下达的消毒效果监测工作任务。5月2日至4日，开展流动人口HIV监测哨点的现场调查工作，分别在3个工地，对5家建筑公司旗下的400名建筑工人进行了艾滋病知识知晓情况及个人生活行为状况进行了问卷调查，并同时采集静脉血进行HIV抗体、梅毒特异性抗体、梅毒非特异性抗体3个项目的实验室检测。同时开展性病艾滋病相关知识的宣教工作，发放宣传手册2种1000份，折页1种500份，安全套1680只。6月25日至28日，在7家娱乐场所对111名从事女性性服务的人员进行艾滋病知识知晓情况及个人生活行为状况进行问卷调查，并同时采集静脉血进行HIV抗体、梅毒特异性抗体、梅毒非特异性抗体3个项目的实验室检测。并现场发放宣传手册1种400份，发放安全套4000只。5月至7月，开展北京市健康素养监测工作，完成3个街镇9个监测点450份问卷，数据通过ipad及时上传。7月至9月，开展健康北京人十年评估人群监测，监测对象为企业350人；事业机关350人，共700人，通过手机APP线上监测并完成数据传输。10月底，完成社区居民450人；学生119人，教师30人；机关40人。共计639人。9月至10月，在城子小学、龙泉小学、铁路中学、京师实验中学、北京市八中永定实验中学5所学校开展学生常见病及健康危险因素监测。食源性疾病监测扩展至所有一级及以上医疗机构，食源性疾病病例监测腹泻病例365例，便检阳性病例107例，检出率为29.32%；对130件粪便标本开展诺如病毒检测，检出病毒阳性病例25例，检出率为19.23%。开展食品安全风险监测，累计采集各类食品样品215件，其中化学污染物及有害因素监测8类72件、食品微生物及其致病因子监测5类116件、主动监测3类27件。。10月16日至11月24日，经过前期协调与四阶段抽样，门头沟区作为国家监测点之一完成608例中国成人慢性病与营养监测工作。11月至12月，对区内20所中小学校开展学校教学环境监测，包括教室人均面积、课桌椅、黑板、教室照明、微小气候和教室噪声监测，覆盖率为50%，两年覆盖率为100%。年内，加强生活饮用水联网监测和农村自备井水质监测，累计监测市政供水末梢水120件，高层二次供水80件，合格率为100%；农村自备井全覆盖监测水样138件，合格40件，合格率为29.0%，在监测的同时开展卫生宣教及健康促进活动。加大公共场卫生监测力度，公共场所健康危害因素监测1196项次，合格1116项次，合格率为93.31%。开展冷却塔风险评估工作，加强公共场所卫生监测力度，配合区卫生监督所开展生活饮用水、公共场所监督抽检工作。

（周　璇）

【学龄前流动儿童强化查漏补种】 3月至5月，区疾控中心开展学龄前流动儿童强化查漏补种活动，共调查0岁至入学前外来儿童4195人，对无卡儿童予以补卡，对漏种儿童予以补种或预约。

（周　璇）

【外来务工人员疫苗接种】 3月至5月，区疾控中心开展集中用工单位外来务工人员流脑、麻疹疫苗免费接种工作，接种A+C流脑疫苗56人、麻疹疫苗62人，覆盖建筑工地、生产企业及餐饮等100家单位，未接报疑似预防接种不良反应。

（周　璇）

【碘营养状况调查】 3月至10月，区疾控中心对育龄妇女、孕妇、8岁至10岁学龄儿童及成年男性等重点人群进行碘营养状况调查。开展居民食用盐碘含量监测，居民碘盐监测采样307件，碘盐覆盖率85.7%，合格率97.3%。为207名学龄儿童进行甲状腺B超监测，甲状腺肿大10人，甲肿率4.83%，小于消除标准5%。对孕妇、学龄儿童、家庭主妇等重点人群开展碘缺乏病健康教育。

（周　璇）

【健康知识讲座】 4月13日，在育园小学附属幼儿园开展《阳光宝贝，健康口腔》为主题的“三减三健”专题讲座，向全园96名家长讲解牙齿日常护理、龋齿危害及预防措施等内容，并在活动现场由家长带领33名幼儿进行刷牙后牙菌斑染色，并将口腔检查结果结合临床数据现场反馈给家长。门头沟区市级健康大课堂自5月18日在城子街道办事处正式启动，科普专家是门头沟区医院呼吸科主任医师，讲座主题是支气管哮喘防治等知识，讲座后给予简易肺功能筛查，受众人数为218人。6月4日，联合区中小学校卫生保健所在京师实验中学开展第二场疾控健康大课堂活动，全校师生共236人参加。8日，联合区中小学校卫生保健所在中国人民大学附属小学京西校区开展第三场健康大课堂活动，全校师生共225人参与聆听。29日，联合金色摇篮幼儿园在东辛房街道办事处多功能厅开展第四场健康大课堂活动，全区中小学和幼儿园保健医及金色摇篮幼儿家长共246人到场参加活动。7月20日，联合区卫计委举办“身心健康　青春飞扬”为主题的情系子弟兵心理健康知识讲座进军营活动，为200余名部队官兵普及与自身健康息息相关的身心健康知识。9月7日，应龙泉镇岳家坡村委会邀请，区疾控中心讲师团到岳家坡村为村民开展健康科普讲座，主题为“被哪些动物咬伤需要接种狂犬疫苗?”，受众100人。12日，应门头沟区委老干部局邀请，北京市疾控中心健康大课堂老干部专场在区总工会三层多功能厅开讲，全区各单位离休干部、局级退休干部及副处级以上退休干部211人到场听课。18日，联合区卫计委宣传中心在区永定镇政府开展“启用随身妙囊，保卫自身健康”为主题的健康大课堂活动，207名永定镇辖区的社区居民及政府职员参与。11月22日、26日，2位中心副主任医师分别到妙峰山民族学校及军庄中学开展健康大课堂，受众师生226人。28日，与城子街道开展“世界艾滋病日”健康大课堂活动，城子街道机关及辖区计生干部100人听讲座。30日，应市场街居委会邀请，区疾控中心讲师团到市场街社区为居民开展健康科普讲座，讲课内容特别为居民准备的通俗易懂的科普内容——“冰箱到底脏不脏?”，受众101人。12月10日，到北京大源非织造股份有限公司开展防控艾滋主题健康大课堂活动，公司100余人参加讲座。

（周　璇）

【预防性消毒】　5月16日至6月17日，区疾控中心对全区52家小学校及托幼机构进行预防性消毒工作，完成教室720个，睡眠室243个，食堂46个，厕所341个，教师办公室38个，消毒面积11.6万余平方米。

（周　璇）

【应急演练】　7月10日，区疾控中心举办2018年门头沟区“防汛战疫”既水污染及霍乱突发公共卫生事件应急处置演练。10月15日，区疾控中心派出8名应急队员参加2018年门头沟区食品安全突发事件应急演练。

（周　璇）

【教学基地共建】　8月22日，华中科技大学同济医学院教学基地在区疾病预防控制中心正式挂牌，标志着门头沟疾控中心成为全国第一家包揽公共卫生与预防医学专业“双一流”大学的教学科研基地和中国疾病预防控制中心公共卫生硕士研究生实践培训基地等三大基地的单位。

（周　璇）

【流感疫苗接种】　10月15日至12月15日，区疾控中心继续在60岁以上老人和在校学生中开展流感疫苗免费接种工作，其中60岁以上老年人接种11482人，学生接种7225人，未接到疑似预防接种异常反应病例报告。

（周　璇）

门头沟区医院

【概况】　2018年，门头沟区医院以“真抓促内涵建设，实干推高质量发展”为理念，按照健康中国战略的总体部署和北京市决策要求，以创建全国文明城区工作为统领，坚持以人民为中心的发展思想，努力提升辖区居民健康水平。将加强党风廉政建设放在中心工作首要位置，由党委书记、院长亲自抓。认真落实“一岗双责”和主体责任，并逐级签订廉政责任书，构成全院齐抓共管的新局面。年内，开展健康科普讲座和辖区义诊公益活动50场，惠及3527人次。年内，建立以胸痛中心、卒中中心、危重孕产妇抢救中心、急救创伤中心和康复中心“五大中心”为主的多学科布局，形成多学科协作模式。其中胸痛中心和卒中中心在北京市86家医疗机构中数据排名前20名。年内，全院护理人员总数422人，注册护士414人，助理护士8人，临床一线护士376人，占比90.3%。成立压疮护理小组及静脉治疗小组提升专业护理质量。优质护理覆盖率100%。制定13个部门54项改善服务的内容，各部门按照改善服务计划严格执行，完成率100%。年内，派出对口支援骨干8人。与涿鹿县开展合作交流3次，骨科定期出诊13次，接诊141人次，查房10次，手术8台。双方联手开展义诊261人次，对5户贫困生活不能自理人员进行入户指导服务。武川县选派检验科医生扶贫1年，妇产科医生扶贫1个月。开展精准扶贫协作交流2次，10人专家精准扶贫义诊1次3天，义诊咨询250人，学术讲座1次，教学查房1次。察右后旗选派心内科、呼吸科、消化科共同承担6个月扶贫工作。11人专家团队义诊交流工作1次4天，义诊112人次，开展教学查房2次。宁夏西吉县帮助建立的血透室成为京宁扶贫工作的亮点。专家团队下各个科室开展为期一周的帮扶，完成培训3场，查房3次，胃镜手术20例，义诊15人次。年内，在基地的2017级全科助理（3+2）学员10人，北京市全科住院医师规培（5

+3）学员2人（包括9月录取1名“5+3”学员），全科转岗学员15人，在培学员46人。“3+2”理论授课师资39人（包括社区9人），临床带教师资68人，全科师资（发证）32人，理论授课132学时，辅导95学时，考试及监考次数14场次，及格率均为100%，全院教学查房10次（192人次）。“3+2”学员参加助理执业医师考试通过率为100%（所有“3+2”学员均通过），“5+3”学员结业出站2名，均回工作单位。为社区带教142人次。针对社区医生培训7次，参培人数128人次。门诊上转至区医院患者2226人次，住院上转至区医院患者127人次。区医院门诊患者下转社区186人次，区医院住院患者下转社区1330人次。远程会诊总计6972人次，远程影像总计5146人次，远程心电总计3508人次。开展心肺复苏“百千万”工程。已培养近百名医护人员取得培训导师证书。组织心肺复苏志愿者通过进医院、进单位、进学校、进社区、进农村、进家庭等方式，对公众进行心肺复苏相关知识和技能培训11次，让600余名百姓学习心肺复苏技术。承担科研项目1项，合作项目5项，完成首都十大疾病推广课题结题1项。市科委科研项目——关于“缺血性卒中医疗服务标准”相关技术的推广应用研究结题工作。中西医结合项目—基于三级诊疗“清热化痰法”治疗痰热型脑卒中临床疗效观察及机制研究和中药煎剂泡足治疗糖尿病周围神经损伤的临床疗效与安全性研究。开展“肺癌基线调查项目”。年内，在国家、省市级刊物发表科技论文41篇，SCI论文1篇，中国科技统计源核心期刊科技论文13篇。年内，北京市卫健委专家组对门头沟区开展保障孕产妇安全工作落实情况的专项督导检查中，得分92.1分，成绩位列北京市第一；在北京市孕产期保健人员岗位练兵竞赛中，获第一名。在脑卒中溶栓知情同意大比武中，取得北京市第一名、全国比赛第二名的成绩；在由门头沟区政府主办的“京西创新论坛”上，颁发表彰2017年度科学技术进步奖和成果推广奖，获一等奖1项，二等奖3项，三等奖4项。获“2018年度北京市癌痛规范化诊疗进步奖”；获2017年北京市住培基地评估第八名，在各远郊区县基地中排名第一。普外科主任赵玉杰获“首度市民学习之星”称号及“北京优秀医师”称号；耳鼻喉科副主任陈新军获“门头沟区青年人才”称号。

单位名称：北京市门头沟区医院
地　　址：北京市门头沟区河滩桥东街10号
电　　话：69843251（总机）
69842251（办公室）
邮　　编：102308

（肖丕霞）

【心肺复苏培训导师班培训】 1月3日至5日，中国研究型医院学会心肺复苏学专业委员会主办，区医院承办“中国心肺复苏培训导师班—门头沟站”，门头沟区医院被授予“中国心肺复苏培训中心”“中华精准健康传播基地”。

（肖丕霞）

【援疆工作】 1月15日，普外科医师代表门头沟区卫生系统完成北京市第九批第一期援疆工作归来。3月13日，选派放射科医师、骨科医师、神经外科医师代表门头沟区卫生系统参加北京市第九批第二期援疆工作，为期1年。

（肖丕霞）

【医联体工作】 1月18日，首都儿科研究所附属儿童医院联合区医院等8家单位，成立“首都儿科研究所附属儿童医院儿科医疗联合体”（简称首儿所儿科医联体）。5月，与陆军总医院（北京八一儿童医院）专科医联体签约。并参加首都儿研所第二次学术交流大暨管委会工作会。6月20日，区医院与宣武医院医联体签约仪式在区医院报告厅举行，标志着区医院正式成为首都医科大学宣武医院医疗联合体成员单位。

（肖丕霞）

【义务献血】 4月25日，区医院27名员工参加义务献血，共献血5400毫升。

（肖丕霞）

【双拥工作】 7月24日，医院医护团队到五里坨慰问海军某部，为部队官兵送上解暑物品并对官兵及家属进行义诊。8月，开展2018年度征兵体检工作。共体检255人次。

（肖丕霞）

【“老年友善医院”创建】 7月27日，区医院召开门头沟区医院创建“老年友善医院”动员部署会。11月30日，完成创“老年友善医院”评审工作，12月27日，北京市卫健委官方公布第二批老年友善医院名单，区医院位列其中，获“老年友善医院”称号。

（肖丕霞）

【“首都医科大学门头沟教学医院”授牌】 11月22日，“首都医科大学门头沟教学医院”授牌仪式在门头沟区委举行，标志着门头沟区医院正式成为首都医科大学教学医院。

（肖丕霞）

【第八届学术节】 12月9日，门头沟区医院集团在区医院九层报告厅举办“凝心聚力抓质量，厚德精医促发展”为主题的第八届学术节。共收到区医院、区中医院、各社区卫生服务中心以及对口支援各家单位专业技术人员撰写论文194篇，其中94篇收录《门头沟区医院集团第八届学术节论文集》，21篇优秀论文进行大会交流。门头沟区医院、中医院、妇幼保健院、各社区卫生服务中心以及精准帮扶对口支援医院河北省涿鹿县医院、中医院，内蒙古武川县医院、察右后旗医院400余人参加此次学术会议。

（肖丕霞）

龙泉医院

【概况】 2018年，龙泉医院坚持以病人为中心的服务理念，以为人民群众提供优质便捷的精神卫生服务为工作目标，不断提高医疗质量，保障医疗安全，改善医疗服务，完成各项工作任务。年内，诊疗人次23126人次，同比增长11.3%，实际占用总床日数74081人，基本与上年持平，门诊次均费用低于全市平均水平。贯彻落实《医疗质量管理办法》，严格落实18项核心制度，修订完善《监护期患者风险评估制度及流程》等20余项工作制度和规范。推进临床路径开展，入组率达到100%。对护理重点工作进行细化，将护理质量控制、不良事件管理等六大项，分解任务，责任到人，明确完成时限。对病历、处方、检查、治疗用药合理性等进行质控管理，针对超疗程用药、量表书写及时性和个性化、病历打印及时性等问题多发点，重点督导整改落实情况，整改率达到100%。门诊处方合格率超过99%，甲级病案率达到100%。推进市科委立项《抑郁症患者药物自我管理等相关技术的推广》项目，聘请安定医院项目组专家来院指导，完成精神科医生、精防医生规范化培训。发挥技术资源优势，将抑郁症患者药物自我管理、自伤自杀预防控制和抗抑郁药物规范化治疗技术等三项技术推广到全区14家社区卫生服务中心，60名抑郁症患者、精神科专科医生及精防医生从中受益。开展监护期患者管理，将干预关口前移，形成团队管理病人模式，完善风险评估方法及护理措施，规范监护期病人评估指导语、评估单、护理措施指引，采取更加个性化专业化的护理措施。病区管理人文化，全年监护期患者未发生不良事件。先后选派6名医生参加医师规范化培训，其中2名医师完成规范化培训，继续医学教育合格率100%，专业水平不断提升。

继续开展社区个案管理服务和主动式社区治疗（ACT）服务项目。医院专家服务团队继续发挥作用，为40名精神分裂症患者开展为期4个月的主动式社区治疗。精神科专家团队分片包干下社区进行实地面对面业务指导。接收社区精防人员进修2人，开放医院的继续教育课堂，为社区精防人员开展区级培训10次。承办门头沟区精防岗位技能大赛，选拔5名优秀选手代表参加北京市第二届公共卫生医师精防岗位大赛，取得团体优秀奖和个人三等奖。修订完善《门头沟区门诊使用免费基本药品治疗严重精神障碍管理方案》。开展进社区、进学校、进企业、进特殊人群“四进”活动，针对不同群体，宣传精神卫生知识，倡导公众关注心理健康，全年进社区14场，进学校3场，进企业2场，进特殊人群2场，开展健康大讲堂2场。围绕精神卫生日“健康心理，快乐人生”的主题创新开展徒步走活动。实现区级信息共享，促进部门联动。2018年全区未发生严重精神障碍患者肇事肇祸事件。改善硬件、完善软件，积极投入到创城工作中。采取召开动员大会、张贴宣传画报、电子屏滚动播出宣传标语、门诊大厅播放宣传视频，发布微信信息等多种宣传方式营造氛围。设立承诺签名板，医务人员、患者及家属签名承诺，使大家积极参与到创城行动中来。做好垃圾分类工作，及时补充垃圾桶，规范标识。开展5次卫生大清扫活动，进行“迎新年冬季徒步及清理垃圾活动”清理医院门前黑河沟沿途的垃圾，改善医院内部及周边环境。按照“五规范”标准建设“学雷锋”志愿服务站，制定学雷锋志愿服务岗排班表，组建志愿服务队，为前来就诊的患者提供服务。对外墙、门诊宣传板、病区宣传栏等进行重新设计布局，统一风格体现医院文化；屋顶防水、电路改造、病房装修、无障碍设施改造四大工程竣工。

单位名称：北京市门头沟区龙泉医院
地　　址：北京市门头沟区河滩路42号
电　　话：69842724
邮　　编：102300

（张　娟）

【职工代表大会召开】 1月16日，龙泉医院召开第九届工会委员会第四次职工代表大会，40名职工代表和院领导参加。会上，讨论审议并通过《龙泉医院关于合同制职工工资调整的实施方案》和《2017年财务收支报告》。

（张　娟）

【进修汇报　成果交流】　1月17日，龙泉医院举办2017年度进修成果交流会，11名职工结合自己的进修内容和实际工作，以PPT汇报的形式介绍在外学习进修的新技术、新业务及先进的经验方法，并讲述自己的进修心得和体会。

（张　娟）

【获奖情况】　1月，龙泉医院党支部获“第十三届北京市思想政治工作优秀单位”称号。6月，龙泉医院精神科女区在门头沟区“巾帼心向党　建功新时代”主题活动中被评为“最美的她们”称号。

（张　娟）

【卫生工作会暨春节联欢会】　2月12日，龙泉医院召开2018年卫生工作会暨春节联欢会。总结2017年的整体工作，提出2018年工作目标和任务，与科室签订目标责任书，对“岗位能手”给予表彰。随后举办2018年龙泉医院春节联欢会。

（张　娟）

【专题组织生活会及民主评议党员】　3月14日，龙泉医院召开专题组织生活会。严格按照要求对全院36名党员进行民主评议党员工作。

（张　娟）

【支部书记现场述职】　3月14日，龙泉医院召开党建工作述职考评会，支部书记就2017年自身履行党建第一责任人职责情况向全院党员干部群众进行现场述职。

（张　娟）

【世界睡眠日主题活动】　3月21日，龙泉医院开展以“规律作息，健康睡眠”为主题的宣传活动和公益义诊。医院精神科专家成立2个小分队于3月20日、21日，分别到龙泉雾社区、石门营社区2处开展讲座，进行宣传、义诊。活动共接待睡眠问题咨询和答疑40余人次，发放睡眠相关科普宣传资料500余份。

（张　娟）

【首研特色项目启动】　5月11日，龙泉医院召开首都临床特色应用研究与成果推广项目启动会。全区各社区卫生服务中心主管领导、精防医生等项目组成员参会。此项目是龙泉医院获批实施北京市科委、北京市卫计委主办的首都临床特色应用研究与成果推广项目，有效提高区内抑郁症规范化治疗水平，提升抑郁症患者的生活质量，降低自杀风险。

（张　娟）

【精神卫生科普进社区】　7月19日至8月15日，龙泉医院选派2名心理专家，分别到2个镇、3个办事处的5个社区，开展以“心理压力的缓解”“阳光心态的自我塑造”“青春期心理健康教育”为题的心理健康教育讲座，活动历时一个月，共培训300余人，发放各种宣传材料2000余份。

（张　娟）

【心理辅导走进警营】　9月3日，应门头沟区分局特邀，龙泉医院派出副院长、心理健康专家，到杜家庄、芹峪口、斋堂派出所和交通支队，对支援学警进行面对面心理辅导。

（张　娟）

【心理知识进学校】　9月11日，龙泉医院心理专家到区大地幼儿园。为学校老师进行以职业心理压力自我缓解为内容的讲座，针对幼教特点，讲解如何缓解职业压力的方法，与教师们进行互动，逐一解答老师们提出的问题，并给予专业指导。

（张　娟）

【参加北京市技能大赛】　9月13日、14日，由北京市卫生和计划生育委员会举办的2018年度北京市“职工技协杯”职业技能竞赛、第二届公共卫生医师精防岗位大赛在北京市新疆饭店举行。龙泉医院5名精防医生代表门头沟区参赛，最终取得团体优秀奖和个人三等奖。

（张　娟）

【党支部换届选举】　9月18日，龙泉医院召开支部换届选举大会，全院党员参加。会上，党员审议通过上一届支委的工作报告和党费收缴、使用管理报告。采用差额选举的办法选举产生党支部委员会委员5名。

（张　娟）

【医患携手同行　共促心理健康】　10月10日，龙泉医院以精神卫生日“健康心理，快乐人生”为主题，在永定楼开展徒步走活动。龙泉医院职工、社区医生、社区康复的患者及家属参加。区精保所医生，龙泉医院心理专家在门城湖广场设立义诊台。咨询市民达到300余人，发放宣传册、宣传折页2000余份，宣传画300余份。

（张　娟）

【门诊医嘱信息共享功能通过验收】　10月26日，市医保中心工作组到院对“医保门诊医嘱信息共享”功能进行现场验收。对挂号、开具医嘱处方、结算等流程进行操作测试，并查看门诊医生具体操作及医生工作站提示等情况，各项指标符合业务和技术要求，完成各项测试，通过现场验收。

（张　娟）

【电气线路改造工程通过验收】　11月9日，由卫生计生委基建科领导、龙泉医院院长、主管副院长、工程施工负责人组成的验收工作小组，就龙泉医院电气线路改造工程进行竣工验收。首先听取施工方施工汇报，随后对现场工作做进一步的核查。该工程改造对全院电气线路进行更新，重新布线，从根本上消除跳闸、线路老化等安全隐患问题。施工过程中，严把质量关，合理制定施工方案，各病区密切配合，施工通过验收。

（张　娟）

【抑郁症治疗规范化培训】　11月15日、16日，龙泉医院聘请安定医院项目组专家，对临床医生、科研人员以及参与科研推广项目的社区精防医生等50余人，进行为期两天的抑郁症治疗规范化培训。

（张　娟）

红十字会工作

【概况】　2018年，门头沟区红十字会立足“三救三献”核心职责，以加强党组主体责任建设为抓手，开展全国文明城区创建、精准帮扶、赈济救助、应急救援、急救培训、组织建设等工作，着力提升服务保障民生的能力和水平，较好地完成全年各项工作任务。

单位名称：北京市门头沟区红十字会
地　　址：北京市门头沟区中门寺16号
电　　话：69843746　69844406
邮　　编：102300

（段铁军）

【“讲奉献、传博爱”主题党日宣讲】　年内，区红十字会开展“讲奉献、传博爱”主题党日宣讲活动，促进党支部学习交流的深入开展。

（段铁军）

【创建全国文明城区工作】　年内，区红十字会申请追加财政资金19.45万元，及时为全区33个公园、2处掩蔽场所和10余个地震应急避难场所，以及民生大厅、体育馆、200个志愿服务岗等公共服务场所配置急救箱、急救包。

（段铁军）

【精准帮扶】　年内，区红十字会在王平镇扶贫村建立“西城博爱红会林”和2个“西城博爱卫生室”。为扶贫村低收入农户送温暖。“春节”期间对王平镇东、西马各庄村16户低收入户走访慰问；“重阳节”前，为清水镇艾峪村的老年人送去拐杖、常用药品器具等物资。完成对口帮扶任务，联系动员6家石龙工业区企业向内蒙古察右后旗、武川县捐赠40万元产业发展帮扶资金、价值30余万元的87台电脑以及困难学生助学和开发公益就业岗位工作。

（段铁军）

【红十字会员卡办理】　年内，开展红十字会员卡办理工作。共办理红十字会会员卡2197张。在会员发动工作的同时，启动会员救助工作，对31名受救助会员发放6万余元救助金。

（段铁军）

【募捐救助工作】　年内，区红十字会开展募捐救助工作。共募集博爱基金204.06万元，比去年增长71.42万元，增长53.84%。开展“红十字博爱送万家”主题送温暖活动，通过17个基层红十字会，拨付救助款68.54万元，对全区870户因病致贫、因病返贫的困难家庭进行走访和慰问。开展日常救助。拨付救助款10.20万元，对辖区内33户因大病或事故、火灾等自然灾害和突发事件，导致基本生活出现困难的家庭进行了救助，解决群众临时性生活困难。启动“红十字光耀基金”白内障复明手术公益项目，开展“千人听障救助活动”。

（段铁军）

【应急救援能力建设】　年内，区红十字会对区内的企业职工、志愿者、社区群众、机关干部、在校学生等进行培训。共举办培训班57期，培训急救员5361人。组织区红十字百灵救援队参加区应急办组织的水上和山地搜救演练2次，开展日常演练8次。

（段铁军）

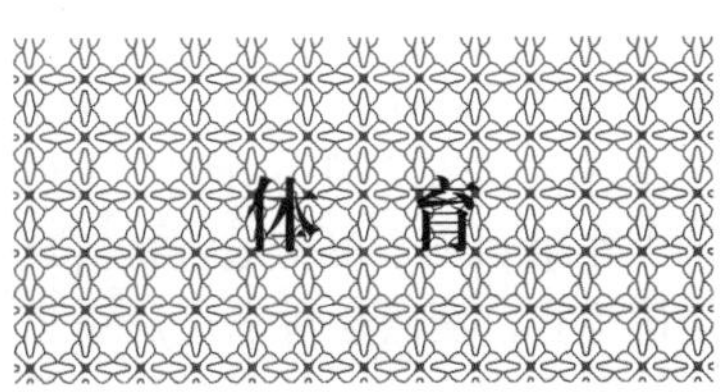

体　育

【概况】　2018年，区体育局围

绕争创“全国文明城区”工作任务目标，全力提升群众体育水平，保障竞技体育水平，加强行政审批执法，努力打造精品赛事活动，宣传门头沟区城市建设成就和旅游文化资源，做到体育事业与经济、社会协调发展。

单位名称：北京市门头沟区体育局
地　　址：北京市门头沟区新桥大街32号
电　　话：69851020
邮　　编：102300

（连　昊）

【门头沟区冬季全民健身系列活动】 1月6日，2018年门头沟区冬季全民健身系列活动暨冬季长跑比赛在永定河文化广场举行。此次活动由区体育局主办。区社会体育服务中心、区体育场馆管理中心协办。此次比赛分为小学组、中学组和成人组，有40支队伍200余人参加比赛。

（连　昊）

【市体育局走访考核全民健身工作】 1月11日，市体育局2017年全民健身工作业务考核评估组到门头沟区开展实地走访考核工作。此次考核工作组由市社体中心主任带队，市局群体处副处长，市局群体处副处级调研员，市社体中心活动部副部长等相关同志组成。区体育局局长，副局长及相关科室负责人参加考核及交流工作。交流会上，区体育局领导汇报门头沟区2017年全民健身工作情况及2018年全民健身工作思路与考核工作组对区内全民健身工作进行交流与研讨。随后，考核工作组到东辛房街道进行实地走访调查，重点考察东辛房街道文体活动中心的对外开放及运动器材配备情况，并对街道全民健身工作提出建议。

（连　昊）

【青少年足球队交流活动】 1月23日，由区体育局与区教委联合主办2018年门头沟区青少年足球交流活动在足球之乡—梅州市富力足球学校开幕。此次足球交流活动拓宽门头沟区“体教结合”青少年体育人才培养道路，落实《门头沟区青少年体育人才培养计划》《门头沟区青少年三大球发展计划》，促进区内青少年足球运动的健康、可持续发展，加深两个地区的友谊，践行“请进来、走出去”的青少年体育运动发展理念。

（连　昊）

【篮球冬令营开营】 1月22日，由区体育局与区教委联合主办、大峪一小、mllbc篮球训练营承办的2018年门头沟区篮球冬令营在大峪一小开营。来自19所篮球网点校、市级篮球传统校的22名篮球教练员、区男、女篮52名运动员报名参加此次冬令营。此次冬令营由前北京首钢、云南女篮、四川女篮主帅、国家少年队领队孙瑞云、前北京首钢体能康复师胡雄师、前北京首钢男篮队员闵伟凡等5名教练员组成的教练团队执教，从专业角度和实际出发，为区内教练员、运动员量身定做训练课程，并组织现场观摩CBA比赛等活动。

（连　昊）

【冰雪嘉年华系列活动开幕】 1月28日，由区体育局主办，区社会体育服务中心、区冰轮滑运动协会承办的“2018年门头沟区大众冰雪节暨”一区一品“冰雪嘉年华系列活动”开幕式在永定河畔举行。此次活动共有200人参加3个组别的活动。北京市瑞野冰雪运动俱乐部、北京奥林匹克公园快乐轮滑队、北京市石榴花轮滑队的冰友们也参加此次活动。

（连　昊）

【武术运动协会换届大会】 2月5日，门头沟区武术运动协会换届大会在区体育局召开。此次大会选举出新任门头沟区武术运动协会主席、副主席，组成新一届武协领导班组。

（连　昊）

【“迎新春棋牌乐”活动】 2月5日至9日，由区直机关工会、区体育局联合主办的2018年全民健身系列活动暨“迎新春棋牌乐”。比赛历时5天，共设围棋、象棋、五子棋、跳棋、三先、单升、双升等7个项目，900人次参与活动。

（连　昊）

【青少年围棋比赛】 2月10日、11日，2018年门头沟区青少年围棋比赛在门头沟区大峪第一小学举行。参加的学生分别来自门头沟、石景山、海淀等，共有400余名学生参加比赛。

（连　昊）

【区领导检查体育馆安全】 2月11日，区领导带领区安监、消防等相关部门负责人对区体育馆进行节前安全大检查。在体育馆，重点查看消防器材、中控室并详细询问场馆监控设备是否进行全覆盖，经检查未发现存在问题。

（连　昊）

【第四届象棋精英邀请赛开赛】 2月13日，在门头沟第四届象棋精英邀请赛开赛。此次比赛由区体育局主办，区社会体育服务中心、区象棋协会承办。此次赛事共有12位历届区级优秀棋手参加。

（连 昊）

【现代体能训练发展趋势讲座】 3月20日，区体育局、区体育运动学校在大峪一小阶梯教室举办《现代体能训练发展趋势及操作方法》讲座。区内40余名教练员、传统校教师进行统一辅导培训。在培训中，教练员、传统校教师们认真学习掌握技术动作要领，认真学习现代体能训练发展趋势及操作方法，力争让每一个动作都规范标准。

（连 昊）

【比赛获奖情况】 3月31日，北京市传统武术比赛在广安门体育馆举行。比赛由北京市武术院、北京市武术运动管理中心主办。门头沟区派出15位选手参加此次比赛。经过角逐，孙安阳、张倩茹、乔嘉木、吴昊天等获拳、剑、刀第一名。4月14日至15日，在区体育馆举行2018年北京市体育传统项目学校跆拳道暨北京市中小学跆拳道冠军赛。区传统校实验二小永定分校参加比赛，吕晨硕获小学女子组48公斤冠军。21日，在北京市地坛体育馆举办2018年北京市体育传统项目学校武术比赛暨北京市中小学武术套路冠军赛。区内大峪中学分校参加比赛，夺得2个金牌，2个银牌，团体总分第7名。5月5日至8日，中国·保定首届空竹运动会在保定市人民体育场举行。区内派出10余人参加此次比赛。罗芳获个人单轮平盘第四名，彭兰英、武凤春获空竹球混打第五名安卫东获个人单轮立盘第六名。5月5日，北京市第15届运动会群众组在北京奥林匹克森林公园举行。区内派出40余人参加比赛。选手李卫民以1：25：43获得男子组第九名。9月26日，门头沟区代表队参加2018年北京市体育公益活动暨第七届北京市老年人钓鱼比赛活动。3名钓鱼运动员钓获鲤鱼51斤，获第四名。10月16日，康美三七杯2018全国广场舞大赛（北京站）暨第五届北京市广场舞大赛总决赛在地坛体育馆开赛。区代表队参赛并获三等奖。10月20日，2018年京津冀社会体育指导员健身器械类交流展示比赛在燕山体育馆举办。区龙凤呈祥花棍队获一等奖。区葡山空竹代表队获三等奖。区竹声空竹队，获三等奖。区宏燕空竹队获二等奖。区永定河空竹队获三等奖。姐妹花柔力球队获三等奖。区红苹果柔力球队获三等奖。区残联人花棍队获三等奖。11月27日，第一届石景山区冬季运动会群众冰蹴球、陆地冰壶球邀请赛在石景山区体育馆举办。区代表队参加并获冰蹴球第二名、冰壶第三名。

（连 昊）

【体育经营单位安全生产工作会】 4月4日，区体育局组织区体育项目经营许可证的体育经营单位召开安全生产工作会，相关单位安全管理人员参加会议。会上，传达学习2018年度门头沟区体育市场管理工作要点暨门头沟区体育运动经营单位安全生产工作计划。区体育局与体育项目经营单位签订安全生产管理工作责任书。

（连 昊）

【第九届北京国际山地徒步大会】 4月21日，第九届北京国际山地徒步大会信阳七龙山站暨首届信阳国际山地徒步大会在信阳市浉河区七龙山举行。吸引来自全国各地的徒步运动爱好者，报名参赛人数5000余人。此站分为12.6公里健身休闲徒步线路和23公里挑战茶林徒步线路2个组别，起点均设在吴家店镇七龙山生态茶园。其中12.6公里健身休闲徒步线路为环七龙山线路，23公里挑战茶林徒步线路为七龙山至浉河区董家河镇车云山村。第九届北京国际山地徒步大会遂宁·船山站暨首届遂宁国际徒步大会在美丽的观音湖圣莲岛举行。来自国内外4500余名“徒步达人”参加。

（连 昊）

【第三届老年健身操舞比赛】 4月27日，2018年第三届“情系敬老情 夕阳展风采”老年健身操舞比赛在门头沟体育馆开赛。此次比赛由区老龄工作委员会办公室主办，区体育局、区委老干部局、区文委、区卫计委协办。比赛由来自街镇、社区、活动站的21支队百余名老年朋友参加。

（连 昊）

【第二十届区“篮协杯”篮球比赛】 5月11日，“我要上市运”2018年第二十届门头沟区“篮协杯”篮球比赛在区体育馆和新桥路中学体育馆开幕。此届比赛由区体育局主办，区社体中心、区场馆中心、区篮协承办。此届“篮协杯”分机关事业组和社会组2个组别的比赛，来自全区各委、办、局、事业单位、驻区部队的20支代表队，共200余名运动员参赛。比赛分为小组循环赛和决赛两个阶段，共进行60场比赛。10月14日，2018门头沟区第20届篮协杯社会组篮球邀请赛结束。经过5天20场激烈角逐祝久俱乐部获得冠军。

（连 昊）

【科技人员登山比赛】 5月11日，区科协、区体育局主办的门头沟区第十四届科技人员登山比赛在妙峰山镇涧沟村玫瑰园举行。全区全民科学素质领导小组成员单位、所属学（协）会、镇（街）科协的科技人员参加活动。27支代表队的81名科技人员参赛，最终教育学会1队等3支代表队获一等奖。

（连　昊）

【安全生产执法检查】 5月15日至18日，区体育局法规科执法人员对辖区内体育经营单位进行安全生产工作检查。检查重点包括营业执照是否齐全；应急救援预案的制定及演练情况；应急照明、安全指示标志、安全警示标志和安全出口等消防设施设备的设置、配电箱是否有漏电保护设置等内容。

（连　昊）

【区篮球运动协会换届】 5月16日，门头沟区篮球运动协会换届大会在区体育局召开。此次大会选举出新任门头沟区篮球运动协会主席、副主席，组成新一届篮球运动协会领导班组。

（连　昊）

【“京西杯”鲤鱼休闲赛】 5月19日，门头沟区第九届“京西杯”鲤鱼休闲赛，在妙峰山镇丁家滩垂钓园举行。此次比赛由区体育总会主办，区社会体育服务中心、区钓鱼运动协会承办。此次比赛共投放鲤鱼1500斤，单体重量4斤~5斤，共有93名选手参加甲、乙两个组别的比赛。经过4个小时的比赛，甲组，乙组有40名选手获得奖项。钓鱼协会会员以63斤获得冠军。

（连　昊）

【门头沟区自行车运动协会成立】 5月30日，门头沟区自行车运动协会在区体育局宣布成立。此次大会选举门头沟区自行车运动协会主席1名，副主席7名、秘书长1名、副秘书长3名。组成新一届自行车运动协会领导班组。

（连　昊）

【门头沟与天津象棋友好城市交流赛】 6月3日，门头沟区象棋协会与天津友好城市交流赛结束。比赛汇聚两地象棋选手26人。此次赛事由区体育局、区社会体育服务中心、区象棋运动协会主办，城子村委会协办。区少年宫象棋小选手共16人参与少儿组象棋赛。

（连　昊）

【党建活动进基层】 6月21日，区体育局副局长带领党员到双塘涧村开展党建共建活动。到5户低收入户家中，了解低收入增收的进展情况，并为每户送上慰问金500元。在座谈会上，区体育局党员与村委班子进行交流，查找问题，寻求办法。将5000元区体育局党员献爱心捐款用于继续支援村曙光爱心基金建设。捐献群众体育相关健身书籍300册，用于支持村内文体文化建设。

（连　昊）

【第四届青少年围棋邀请赛】 7月1日至5日，门头沟区第四届“大峪一小杯”青少年围棋邀请赛在门头沟区大峪一小举办。此次比赛由市棋牌运动管理中心、北京棋院、区体育局、区教育委员会联合主办。共有371名小选手参加无级位组、级位组、1段组、2段组、3段组、4段组6个组别的比赛。

（连　昊）

【对口帮扶】 7月6日，在区体育局会议召开帮扶对接工作会。内蒙古察哈尔右翼后旗文体局领导与区体育局全体参会。会上双方共同商议年度内帮扶合作工作重点和具体内容，并签订门头沟区—内蒙古察哈尔右翼后旗“十三五”时期体育领域对口交流合作框架协议。7月11日，区体育局局长一行到涿鹿县、武川县、察哈尔右翼后旗进行对口帮扶对接工作。分别对涿鹿县、武川县、察哈尔右翼后旗体育局进行体育工作相互交流。并确定在未来的帮扶工作中每个帮扶地区挑选5到10户进行党员献爱心工作。确定在涿鹿县设立北京国际山地徒步大会分赛站。在武川县选择一个中等规模的村落安装健身器材，捐助一套体质监测设备，对武川县社会体育指导员进行培训。对察哈尔右翼后旗选择中等规模村落安装健身器材并派驻门头沟区足球教练员挂职，对当地的足球运动进行技术指导。

（连　昊）

【门头沟区青少年围棋比赛】 8月4日、5日，2018年门头沟区青少年业余围棋比赛开赛。此次业余围棋比赛由区体育局主办，共有100余名青少年儿童参加比赛。

（连　昊）

【第二届海峡两岸武术交流大会】 8月14日，第二届海峡两岸武术交流大会门头沟交流活动在门头沟体育馆举办。台南市体育总会武术委员会代表团到区内进行武术交流活动。此次活动共有来自两岸的60名选手交流互动。

（连　昊）

【京蒙扶贫帮扶特色商品展卖活

动】 9月8日至9日，门头沟区体育局在北京国际山地徒步大会斋堂站活动期间，开展京蒙扶贫帮扶特色商品展卖活动。此次活动区体育局联合察右后旗政府和武川县政府带来内蒙帮扶地区的牛肉干、荞麦面和奶制品。帮扶地区的企业在售卖商品的同时为参与活动人员介绍自己产品的特点、品质等内容，同时还展示部分速食品的加工方法，通过试吃品尝让参与活动人员得以体验。两天活动期间，共卖出约价值1万元的特色商品，并与部分参与活动的企业团体达成初步合作意向。

（连 昊）

【创城工作拉练检查】 9月19日，区领导带领创城办、文明办、团区委、公安分局交通支队主管领导对区体育馆进行创城工作拉练检查。

（连 昊）

【第九届大鲫鱼休闲赛】 10月14日，区体育局、区体育总会主办、区社会体育服务中心、区钓鱼协会承办第九届‘京西杯’大鲫鱼休闲赛。此次活动全区各行各业近百名选手加入。

（连 昊）

【门头沟区冰雪嘉年华系列活动】 10月20日、21日，2018北京市体育公益活动社区行暨门头沟区“助力冬奥”冰雪嘉年华系列活动，在区滨河世纪广场公园轮滑广场举办。此次活动由市体育局、市体育总会主办，市社会体育管理中心、市体育基金会、区体育局承办。活动包括仿真冰体验、旱地冰球、仿真滑雪机、仿真雪道、仿真冰壶、仿真冰蹴鞠，VR滑雪体验等项目。两天活动发放宣传折页2000余份、共3000余人次参加体验活动。

（连 昊）

【第六届门头沟区轮滑友谊赛】 10月21日，门头沟区全民健身体育节2017—2018年度门头沟区冬季全民健身冰雪运动启动仪式（科学大讲堂）暨第六届门头沟区轮滑友谊赛在滨河世纪广场举办。此次比赛由区体育总会主办。区社会体育服务中心，区轮滑协会承办。此次友谊赛分为6个组别，共有各年龄段的100余名选手参加。最大的60岁，最小的3岁。

（连 昊）

【第六届门头沟区健身气功比赛】 10月27日，2018年全国百城千村气功交流展示大赛暨第六届门头沟区健身气功比赛在门头沟体育馆开赛。此次比赛由区体育局、区体育总会主办。区武术运动协会承办。此次比赛共有18支代表队参加。参赛人数300余人。比赛有马王堆导引术、气舞2个项目。

（连 昊）

【第二届门头沟青少年象棋邀请赛】 10月27日，“博雅杯”第二届门头沟青少年象棋邀请赛在北京八中京西附小举行。此次比赛由区体育局、区教育委员会、区象棋协会主办，区社会体育服务中心、北京八中京西附小承办，指导单位北京棋院。

（连 昊）

【第十届“机关杯”篮球比赛】 10月29日，门头沟区区直机关第十九届“机关杯”篮球比赛在体育馆开赛。此次比赛由区直机关工委、区体育局主办。区社会体育服务中心、区体育场馆管理中心承办。

（连 昊）

【门头沟区足球运动协会成立】 11月14日，门头沟区足球运动协会成立大会在门头沟区体育局举办。此次大会选举出新任门头沟区足球运动协会主席1名；副主席4名；秘书长1名，组成新一届足球运动协会领导班组。

（连 昊）

【第十二届室内五人制足球比赛】 11月18日，门头沟区第十二届“足协杯”室内五人制足球比赛在体育馆闭幕。此次比赛由区体育局主办。区社会体育服务中心、区体育场馆管理中心承办。此次比赛历时7天112场比赛，有28个机关单位，共32支队伍参加。科委一队获甲组冠军。教委被乙组冠军。

（连 昊）

【低收入帮扶爱心捐赠】 11月26日，在区体育局会议室开展清水镇双塘涧村低收入帮扶爱心捐赠活动。活动由区体育局牵头，京投公司、清水镇政府红十字基金会参加。会上，由双塘涧村进行2017年至2018年整体来帮扶工作进展情况汇报，捐赠基金用于美丽农村建设，村委会给捐赠方赠送锦旗。捐赠款项共30万元整。

（连 昊）

【法制宣传活动】 11月30日，区体育局工作人员走上街头，向群众宣传体育法律法规和科学健身方面知识。区体育局摆放宣传展板3块，为广大群众讲解专业法律法规和全民健身知识。发放《北京市全民健身条例》《国家体育锻炼标准》宣传手册、少年儿童游泳安全注意事项等宣传材料、折页3000余份，并为参与活动的群众发放活动纪念品。

（连　昊）

【交流座谈】　12月9日，区体育局副局长与西班牙韦斯卡俱乐部足球学校副校长在区体育局会议室围绕“俱乐部建设以及青少年足球员动员培训”进行座谈交流。门头沟足协领导班子成员、业余成人俱乐部及青训俱乐部负责人一同参加座谈。座谈会上，西班牙韦斯卡俱乐部足球学校副校长介绍西班牙联赛制度和青训培养情况，并对门头沟区青训工作以及社会足球发展方向提出建议。与会人员就门头沟区青少年足球运动和成人足球运动等问题展开讨论并达成初步共识。26日，广东平远县副县长带队，到区体育局就徒步工作开展座谈交流。座谈会上，广东平远县副县长对“北京国际山地徒步大会”给予评价和肯定。并以“打造‘体育+旅游’，加快产业融合发展”为主题，介绍平远县举办徒步活动的收获和感想，并对区体育局对其的大力帮助表示感谢。区体育局领导介绍门头沟区举办徒步的经验及发展方向。双方就2019年徒步工作思路交换意见。

（连　昊）

【游泳救生员培训】　12月13日，2018年门头沟区游泳救生员培训班在搏奥健身游泳馆举行，来自全区5家游泳馆的17名救生员参加此次培训。此次培训主要包括25米速游、20米潜泳、心肺复苏3项内容。

（连　昊）

【门城湖健康走、半程马拉松赛】　12月22日，全民健身促创城“助力冬奥”2018门头沟区冬季全民健身系列活动暨环门城湖健康走、半程马拉松赛在门城湖举行。此次比赛由区体育局主办，区社体中心、京西乐跑、京西乐走俱乐部承办，区医院、北京齐创体育文化有限公司（京跑团）协办。区内250名选手报名参加，其中半马组50人，徒步组200余人。经过角逐，李卫民、王茜分获男、女半程马拉松冠军。

（连　昊）

【老年乒乓球俱乐部邀请赛】　年内，2018北京市体育公益活动社区行暨老年乒乓球俱乐部邀请赛在区体育馆举行。此次比赛由市体育基金会主办，区体育局承办，以“强身健体、以球会友、增进友谊、提高球艺”为主题。

（连　昊）

社会生活

社会建设

【概况】 2018年，区委社会工委、区社会办设3个职能科室，综合科、党建工作科、社区工作科。区委社会工委、区社会办行政编制12名。其中书记（主任）1名，副书记1名，副主任2名，科级领导职数3名。社会建设工作坚持“绿色发展、生态富民、弘扬文化、文明首善、团结稳定”的区域发展总原则，以“精准化、精细化”治理、党建引领“街乡吹哨、部门报到”和创建全国文明城区为主线，聚焦重点任务，着力抓覆盖、促提升、求实效，全力推进各项任务的落实。年内，门头沟区建成3个社区分类管理精品社区、2个“一街一景”特色街巷、1个垃圾分类示范社区、6个停车示范社区、8个“一居一品”社区、8个“一居多品”社区、9个楼门文化社区，进一步满足了居民的多样化需求。年内，通过建立议事机构搭建有效平台、完善工作机制规范工作流程等工作做法，多元参与协商解决社区问题广泛汇集民意，梳理协商议题，在4个街道6个镇的60个社区开展“参与式协商”社区治理工作。年内，在区内120个社区全部推开社区居民公约的完善和修订工作，6月1日起全部正式公示实施。通过公约的实施，规范社区居民的行为，实现自我管理、自我教育、自我约束。年内，发挥先进示范带动作用，组织4个街道参加北京市第八届“北京魅力社区”评选表彰活动，从10个社区中择优推荐7个参加全市评选；开展“北京榜样”“北京社会好人榜”推荐工作，共征集报送北京榜样7人、好人榜“个人”7人、好人榜“群体”9个；开展2018年“北京社会志愿者公益行”活动，共收集项目86项，优选其中9项上报市社会工委。年内，门头沟区社区志愿者队伍491支，志愿者登记人数27126人。劝导队288支，队员人数5944人。年内，完成大峪街道永新等5个社区按照“七化”标准和要求，规范提升社区服务管理软、硬件建设；完成7个社区服务站形象标识设计制作安装工作；编写《门头沟社区工作操作指南》为以后门头沟区的社区建设提供参考与意见指导。

单位名称：中共北京市门头沟区委社会工作委员会
北京市门头沟区社会建设工作办公室
地　　址：北京市门头沟区新桥大街36号
电　　话：69844023
邮　　编：102300

（赵　霞）

【社区服务建设】 年内，区社会办在城子街道龙门新区一区等10个社区开展一刻钟社区服务圈建设；建设党员志愿服务品牌，开展常态化、规范化志愿服务；创新村级社会服务管理建设，社区治理向农村延伸，在永定镇冯村建立村级社区服务站，实现社保、老龄、残联、计生等事务的一站式窗口化服务。

（赵　霞）

【社区之家共建共享】 年内，建设社区之家实现共建共享，逐步推动社会资源开放。不断完善机制、整合资源、深度挖潜、供需对接，逐步形成“一厅”“两场”“三阵地”“多融合”工作模式。一厅即学校多功能厅，街道社区每年举办总结表彰会、党课、学习讲座等活动100余场次，受益居民1万余人次。两场地即学校运动场和社区停车场。社区在学校运动场举办趣味运动会等文体活动、爱国主义教育活动10余场次，受益居民1200余人次。工作日期间，社区为学校提供100余个共享车位，方便教职员工停车。三阵地即社区宣传橱窗、社区电子显示屏及社区微信群。充分利用宣传阵地发布社区之家开放情况，加大社会单位履责宣传力度。多融合即社校融合共建机制，积极发挥区域化党建平台作用，把学校纳入社区议事协商，畅通供需对接渠道；社校融合共同教育，以学校教育为主阵地，以社区活动为平台，社区每年在寒暑假期内组织学生参加各类实践活动；社校融合共办活动，社区与学校联合举办各类共建活动40余场。

（赵　霞）

【社区环境综合整治】　年内，区社会办制定《门头沟区社区环境综合整治“百日攻坚”专项行动实施方案》《创建全国文明城区工作街道、社区实地检查表》，将社区环境治理和创建全国文明城区有机结合；建立督办机制，督促环境整治整改进展。建立社区问题及整改情况台账，4办7镇上账问题4521项，全部完成整改。其中堆物堆料703项，私搭乱建91项，车辆乱停乱放104项，违规户外广告牌匾55项，乱贴乱画3527项，绿地裸露、私种41项；创办并印发《门头沟区社区环境综合整治“百日攻坚”专项行动简报》10期，刊登街镇工作动态，及时在全区通报环境工作进展，宣传工作成果。

（赵　霞）

【示范社区工程】　年内，区社会办在门城地区2办2镇的8个社区开展示范社区工程，改善社区环境，完善服务设施；实施石门营新区部分小区严重漏雨房屋修缮工程，对石门营新区五区7栋楼共计3000平方米的楼顶进行防水及保温工程施工；修缮大峪街道、永定镇部分平改坡老旧小区顶层漏雨工程，大峪街道修缮8个社区、43栋楼、面积3.3万平方米，永定镇修缮2个社区、8栋楼、面积5000平方米；在龙泉宾馆、石龙阳光大厦、人保大厅安装“站外自助售（取）票机”。

（赵　霞）

【精细化社区试点建设】　年内，区社会办确立东辛房街道办事处、石门营新区五区作为门头沟区街道级、社区级网格化试点单位。开展“多网融合”精细化社区试点建设，实现社区各类资源信息的三维可视化管理、共享和发布，实现社区管理网格化、数字化、动态化、精细化和信息化，能够及时准确地了解和掌握街道社区各类信息的时空变化，为宏观决策提供科学的辅助手段，提高街道社区精细化管理水平。推进信息系统、网格划分、基础数据、热线系统、指挥体系、网格队伍、办理事项、办理流程、考评机制等9项任务融合。

（赵　霞）

【非公有制经济组织社会组织党建工作】　年内，区社会办研究制定《2018年非公有制经济组织和社会组织党建工作要点》《2018年门头沟区社区和商务楼宇党建工作要点》；完善党建工作机制，建立区街道（乡镇）社区党建工作协调委员会、党组织书记述职评议、党建工作监督检查等工作机制；落实党建工作责任制，开展“四评一创”活动；加强社会领域党建理论和实践研究，完成《关于如何加强党组织在非公企业中发挥政治引领作用的几点思考》调研报告；落实全市基层党建五年基础保障规划，提升社会领域党建工作人员、资金、阵地等基础保障水平。

（赵　霞）

【“两新”组织党建工作】　年内，区社会办完成2017年“两新”组织党组织书记党建工作述职评议考核工作，并对2018年“两新”组织党建工作进行部署；持续推进“点、线、面”工程，摸清全区“两新”党建工作底数，建实基础数据台账，建立台账月更新制度。年内，全区453家非公有制经济组织已建立党组织117个，党组织覆盖非公有制经济组织420家，党组织覆盖率达到92.7%；179个社会组织中，已建立社会组织党组织78个，党组织覆盖社会组织108个，党组织覆盖率为60%。其中100人以上的非公有制经济组织，30人以上的民办学校、医院和律师事务所党组织覆盖率达到100%。年内，在全区“两新”组织的经营场所明显位置，悬挂党建工作公示牌，将上级党组织、党建联系人等信息上墙明示。

（赵　霞）

【扶贫协作、对口支援】　年内，区社会办落实扶贫协作和对口支援各项任务。制定帮扶计划，签订帮扶框架协议，主管领导带队及时对接各项工作。选派9名优秀社区干部分别到察右后旗、涿鹿、武川三地，落实扶贫协作和支援合作具体工作。通过建立临时党支部、节前走访慰问等方式，充分利用各自优势，因地制宜，攻坚克难，分阶段按步骤扎实推进帮扶工作，努力形成密切协作、齐抓共享的工作合力。

（赵　霞）

【专业人才引进】　年内，区社会办注重专业人才引进，在推进区、街两级“枢纽型”社会组织100%全覆盖的基础上，将北京市人力资源协会、西城区心理健康服务中心、朝阳立德社工事务所、北京尚德社会组织能力促进中心等10余家社会组织，30位社会组织专业人才引入，截至年底，社区社会人才1073人，其中考取证书人数185人（助理社工师164人，社工师21人），社会组织高端人才10余人。

（赵　霞）

【推进改革创新，强化“街乡吹哨、部门报到”】 年内，推进改革创新，强化“街乡吹哨、部门报到”，全区14项重点任务进展顺利。完善“三个清单”制度和“四个双向”机制，全面推行区域内党组织之间的“联系、联建、联动”机制，成立区、镇街、村居三级党建协调委员会178个，吸纳各领域基层党组织260个。全区1.5万余名在职党员积极回社区（村）报到，组建“雷锋式党员”志愿服务队833支，开展活动720次。组建774名“街巷长”队伍，处理各类事件5289件。制定街道112项职责清单，为下一步工作提供制度保障。13个街乡全部建成实体化综合执法平台，完成城管执法体制改革，全区26家执法部门下沉力量142人，制定基层考评方案，实现街乡对部门考核权重三分之一的关键指标。安排街镇综合工作经费8727万元，赋予基层充分的自主权。以为民服务信息平台为依托，以社会服务管理网、城市管理网、社会治安网“三网”为载体，以数据信息为支撑，以落实责任为核心，以整合力量和优化流程为重点，打造具有区域特色的“3+1+N”模式；全区4个街道及龙泉、永定2镇试点组建396名“小巷管家”队伍，巡访2万小时，处理各类事件2323件。试点完成城子街道机构设置调整，条块更加顺畅、权责更加明晰，提升工作效率。印发协管员队伍整合工作方案，整合完成后协管员岗位数量将下降41.28%。社区减负成效显著，将社区原承担的200余项社区事务初步调整为99项。

（赵　霞）

人力资源和社会保障

【概况】 2018年，门头沟区人力资源和社会保障局（简称区人力社保局）笃行为民、服务至上、担当作为，着力保障和改善民生，2018年人力社保工作取得显著成绩。年内，全区城镇新增就业4642人，城乡劳动力实现就业5842人，全区年末实有城镇登记失业人员3519人，城镇登记失业率为3.87%。实现创业20人，带动就业80人；消除“零就业家庭”194户210人，创建充分就业社区（村）49个，占全区社区（村）总数的17.9%。积极为农村地区劳动力尤其是低收入农户征集适合的公共服务类岗位1201个，应聘成功1178人，签订劳动合同386人，其中34人为低收入户劳动力。3204名低收入农户劳动力实现需求调查全覆盖。对京煤集团解除合同职工实现动态化管理。年内，全区职工基本养老保险、失业、工伤、生育和医疗保险的参保人数分别达到23.25万人、16.02万人、15.20万人、13.32万人、23.94万人，五项基本保险基金累计收缴30.44亿元，同比增长19.77%，支付41.34亿元，同比增长7.33%。为符合北京市基本医疗保险报销条件的参保人员累计审核报销医疗费307.41万人次、支付金额15.19亿元。健全医保个人违规待遇追回机制。共约谈190人次，追回个人违规金额76.88万元、追回医院违规金额7856.64元。

单位名称：北京市门头沟区人力资源和社会保障局
地　　址：北京市门头沟区中门寺16号
电　　话：69842701
邮　　编：102300

（任博洋）

【城乡居民基本医疗保险制度正式实施】 1月1日，全市城乡居民基本医疗保险制度正式实施。年内，完成全区69732名城乡居民医疗保险参保缴费工作。

（任博洋）

【处理劳动关系工作】 年内，区人力社保局为357名农民工追欠工资295.65万元。全区916户建会企业签订集体合同，涉及职工42452人。879户企业签订工资集体协商协议书，涉及职工34740人。街、镇劳动争议调解组织组建率100%。年内，转入基层调解组织简单争议案件比例为69.71%，基层调解组织调解成功率为45.41%。全年处结劳动争议案件657件，结案率98.02%，调解率52.64%，解决北京市首例财产保全劳动争议案件。

（任博洋）

【人事人才工作】 年内，全区招录大学生村官“选调生”19名，事业单位招聘229人，公务员公开招录125人。申报引进外埠高级人才8人。完善区内干部教育培训工作体系，将事业单位科级干部纳入科级任职培训范围。稳妥做好转业干部安置工作，安置转业干部6人。

（任博洋）

【公共服务类岗位工作】 年内，区人力社保局组织开展公共服务类岗位安置农村地区劳动力工作，共争取城市公共服务类岗位1201个，应聘成功1178人，签订劳动合同386人，其中34人为低收入户劳动力。

（任博洋）

【社保待遇标准调整】 年内，企业退休人员月基本养老金的最低标准调整为1714元。上调城乡居民基本养老保险基础养老金，按人均每月100元进行调整，调整后每月基础养老金分705元和715元两个档次。

（任博洋）

【就业惠民政策落实】 年内，区人力社保局出台《关于进一步调整促进就业政策相关证明的通知》。联合区农委、区财政局出台《关于促进门头沟农村地区劳动力输出就业公共服务类岗位补贴的办法（试行）》。年内，落实岗位补贴、社会保险补贴等各项优惠政策，共申请拨付各项促进就业政策资金2.07亿元，惠及劳动力1.22万人。

（任博洋）

【助力高校毕业生实现就业】 年内，区人力社保局与中关村门头沟科技园开展就业合作，正式建立就业合作机制，为毕业生就业及企业人力资源储备等方面提供双向帮助。

（任博洋）

【政务服务】 年内，区人力社保局清理政务服务事项109项。全局49项区级独有政务服务（公共服务）事项，取消3项，整合32项，精简率达71%。全局23项区级证明事项全部取消。编写完成《简政放权进行时》工作手册。年内，区人力社保局实现19个对企业、个人服务的科室109项业务事项下沉，100%进驻门头沟区政务服务民生分中心（原区社保中心大厅）。民生分中心设置综合窗口和专业窗口两类办事窗口，同时划分对外业务工位和辅助功能区。增加智能电话咨询系统。重新梳理社保中心69项主要业务流程，编写并印制4500册《社会保险经办业务便捷手册》及2000册《优化营商环境指南》。社保中心微信公众账号新增“掌上社保”服务模式。制作并发布门头沟区社保中心经办业务流程网上公开课系列演示视频。推进综合柜员制服务改革。实现社保收缴业务、社保支付业务、医保审核业务、“居保转职保”业务“一站式”服务。

（任博洋）

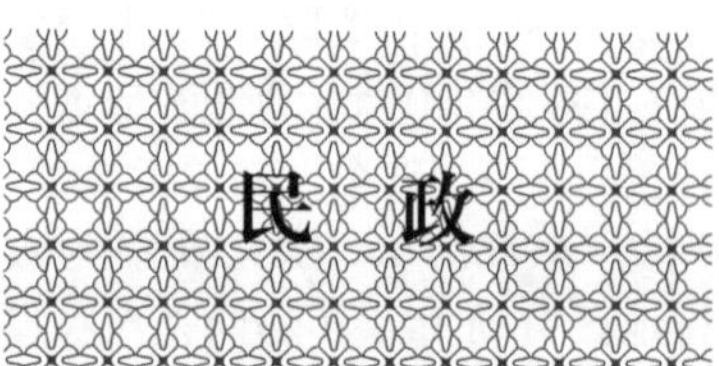

民政

【概况】 年内，民政系统主动融入优化提升首都功能的大局，完成区委区政府交办的各项任务：深入推进养老服务供给侧改革，高起点启动殡葬领域社会化改革，大力推进政务服务领域改革；落实各项政策，实施精准救助，提高保障标准，扩大覆盖范围，丰富救助主体；加强基层社会治理，加强社会组织培育，引导社会组织参与社会治理，加强民政事务管理；坚持军民共建共融，支持国防和部队建设；坚持从严治党、依法行政，树立民政为民的良好形象。

单位名称：北京市门头沟区民政局
地　　址：北京市门头沟区中门寺16号
电　　话：69842081
邮　　编：102300

（张伊蒙）

【春节军政座谈会】 2月8日，区民政局召开春节军政座谈会。区领导张贵林、付兆庚、陈国才、张冰等，区双拥工作领导小组成员单位主要领导，驻区部队军政主官参加。会上，通报2017年全区经济社会发展情况。2017年双拥工作情况。驻区部队代表进行工作发言。

（张伊蒙）

【春节走访慰问】 春节期间，全区共发放慰问金1428.136万元，其中市级资金305.4万元，区级资金1122.736万元，惠及19578人。

（张伊蒙）

【基层政权建设】 1月、7月，区民政局开展2次农村民主日活动。第一次民主日活动全区178个村按照规定程序完成民主日活动；实到代表人数2940名，代表出席率86.4%；上会决策议题350条，其中讨论通过议题345条，通过率98.6%；村民代表提出建议257条；民主评议村“两委”干部921票；评议村务监督委员会成员558票；2名区相关部门领导及365名镇领导参加村级民主日活动。第二次民主日全区174个村按照规定程序完成民主日活动；实到代表人数2940名，代表出席率85.0%；上会决策议题338条，其中讨论通过议题321条，通过率95.0%；村民代表提出建议273条；民主评议村“两委”干部1012票；评议村务监督委员会成员634票；4名区相关部门领导及386名镇领导参加村级民主日活动。

（张伊蒙）

【双拥工作】 3月15日，区民政局召开双拥工作会。区领导，双拥工作领导小组成员单位主要领导，驻区部队军政主官参加。会上，听取关于2017年全区双拥工作情况的汇报以及2017年双拥工作要点及双拥折子工程的部署安排，就下一阶段争创“四连冠”工作提出要求；驻区部队代表进行工作发言。年内，解决33名驻区部队官兵子女的入园、入学问题，为驻区部队解决随军家属落户、污水处理、垃圾清运等实际困难。开展文化、法律、技能等“六进军营”特色拥军活动，开展法律进军营活动6场次、书画摄影等活动进军营活动5场次、文艺演出进军营活动10余场次。截至年底，共有双拥机构67个，军民共建单位55个。

（张伊蒙）

【清明祭扫接待服务】 清明节期间，全区天山陵园、殡仪馆、万佛华侨陵园3家殡葬服务单位接待扫墓群众39.6万人，疏导车辆7.9万辆，未发生一起安全事故和群众投诉。

（张伊蒙）

【防灾减灾工作】 4月4日至5日，下雪，造成斋堂镇、军庄镇、雁翅镇部分村果树遭受低温冷冻灾害，涉及杏树、果树及其他经济作物等，果木大面积处于花期，遭受此次降雪引起在低温冷冻，花朵被冰雪包裹，大部分引起冰冻。此次灾害3个镇39个村受灾，2985户6398人，受灾面积509.05公顷，成灾面积494.71公顷，绝收面积14.33公顷，造成直接经济损失645.5万元。5月14日至17日，区民政局在区永定河河道管理处供水站二层会议室举办街镇及村（居）灾害信息员培训班。5月12日和10月13日，开展防灾减灾宣传工作，共悬挂横幅22条、放置宣传展板20块、分发防灾减灾宣传材料3000余份。

（张伊蒙）

【婚姻登记工作】 6月，婚姻登记中心在门头沟区“巾帼心向党 建功新时代”主题活动中，被中共门头沟区委组织部、区妇女联合会评为“最美的她们”。11月，被中共门头沟区委政法委员会评为门头沟区政法系统“先进集体”。全年共办理婚姻登记业务4945件，与去年同期的4517对相比上升9.48%。其中结婚登记2072对，与去年同期的2314对相比下降10.46%；离婚登记1092对，与去年同期的1122对相比下降2.67%；补领婚姻证1237对，与去年同期的1081对相比上升14.43%；查档544件；接待咨询电话及人员2万人次。开展婚姻家庭辅导1176件，其中离婚调解1150件，婚前辅导26件，在离婚调解中，当场表示和好35对，暂缓离婚335对，选择离婚780对。调解成功率达32.17%。

（张伊蒙）

【“八一”慰问】 7月27日，区领导张力兵等到62341部队、区消防支队、32039部队，向驻区部队官兵致以节日的问候并赠送慰问金。30日，区领导付兆庚等到32708部队、军事新能源技术研究所、91780部队走访慰问并赠送慰问金。

（张伊蒙）

【9.30烈士公祭活动】 9月30日，烈士公祭活动在宛平抗日烈士纪念公园举行，区四大部门领导及各委办局、驻区部队官兵，军烈属、学生和群众代表300余人参加。

（张伊蒙）

【优抚安置、军休及烈士相关工作】 年内，区民政局发放优抚对象定期补助、伤残军人抚恤金等专项资金1066万元，支出优抚对象医疗保障资金149万元，完成110名优抚对象的供暖补助工作，发放军休干部生活费1395.54万元，报销医药费169.67万元，发放遗属补贴9.8万元，发放无军籍职工退休费494.7万元；印发《门头沟区2018年退役士兵安置工作意见》，接收退役军人99人，其中义务兵83人，自主就业士官5人，符合政府安置工作的11名退役士官中，区直属事业单位录用10人，央企录用1人。发放自主就业金846.14万元。

（张伊蒙）

【流浪乞讨人员救助】 年内，区民政局累计救助流浪乞讨人员238人次，出动救助车辆441台次，参与巡视工作人员1338人次。

（张伊蒙）

【困境未成年人保护工作】 年内，区民政局成立“北京市门头沟区未成年人救助保护中心”。开展大型困境（留守）儿童关爱保护主题宣传活动4次。开展困境（留守）儿童示范村（居）创建活动并建立13名督导员和300个儿童主任为主体的困境（留守）儿童基层工作队伍。统计全区685名困境（留守）儿童信息，并进行分类，通过入户对其中191户重点儿童建立一户一档一册，并筛选30个儿童进行重点帮扶和专业社工服务；开展精准帮扶工作资助17名困境（留守）儿童，发放助学金和物资达6.77万元；开展两节慰问活动，为30名儿童家庭发放慰问金3万元。

（张伊蒙）

【阳光慈善】 年内，区民政局举办各类慈善救助活动40余次，累计发放救助金377.05万元，救助2902人。累计救助医疗困难对象3859人，发放救助金412.95万元。

（张伊蒙）

【社会组织工作】 年内，成立登记社会组织18家。其中社团4家，民办非企业14家；变更14家，注销14家，撤销14家。有139家社会组织参加年检。其中社团67家，民办非企业72家，年检率达76%。对8家社会组织开展评估，社会组织累计评估率达85%。截至年底，门头沟区登记在册社会组织183家。其中社会团体89家，民办非企业94家。

（张伊蒙）

【城乡低保情况】 年内，区民政局审批城市低保488户995人，撤销801户1643人，审批农村低保199户339人，撤销267户439人。截至12月底，城乡低保对象3523户6212人，其中城市低保对象2540户4669人，农村低保对象983户1543人，同比减少381户748人。支出低保金72284629.34元，其中城市低保55408187.00元，农村低保16876442.34元，同比减少2087370.66元。

（张伊蒙）

【丧葬服务惠民便民】 年内，区民政局开展“零百千万”工程，销售骨灰盒总量407份，百元以下骨灰盒81份，占销售总量的20%；殡仪服务量4660次，千元以下服务量2004次，占服务总量的43%。落实城乡无丧葬补贴政策，审核发放丧葬补贴226份，其中城市206份，农村22份，下拨补助资金113万元。

（张伊蒙）

【行政区划工作】 年内，区民政局与石景山区民政局联合完成石门线2—1、2—2界桩增设工作和4号界桩更换工作，解决石门线在实践工作中原有界桩规格小、质量差、毁坏多，重要路口界桩标志性和指向性不清楚等问题。

（张伊蒙）

【征地超转及地退人员服务管理】 年内，区民政局共接收龙泉、永定、妙峰山等镇超转人员55人，上缴区财政接收资金1.01亿元；为3672名征地超转人员发放市区两级超转人员生活补助费9031.88万元，清洁能源补贴款1.32万元，截至年底，门头沟区有超转人员3672人。

（张伊蒙）

【社区服务工作】 年内，区民政局通过建立5个山区便民服务站点，为当地开展居民多项常态化便民服务。开展活动51次，签约理发、电器修理技能培训21人，服务当地群众1230人次。利用互联网+便民，制作、发放便民服务海报、便民服务手册5000份，涵盖6大类、110余项便民服务项目。组织开展区级“学雷锋”主题志愿服务活动卫生大扫除活动2次。指导13个街镇开展志愿服务91次。开展“小手拉大手　垃圾分类齐动手”志愿服务活动，同时推出“生活酵素”制作课程，减少生活垃圾排放。成立门头沟区“李兆娴”爱国拥军志愿服务队，弘扬爱国拥军和志愿服务精神。组织开展优秀社区志愿服务项目、优秀社区志愿者评比表彰工作，推动志愿服务专业化发展。完成《关于推进社区志愿者服务常态化的调查与思考》调研1篇。对全区88个社区志愿服务项目、总时间177561小时进行兑换工作。

（张伊蒙）

【福利彩票工作】 年内，区民政局开展双色球、快3游戏、3D游戏和快乐8游戏等福彩主力游戏的市场营销活动，销售福利彩票6386.6万元，同比增长1.8%。

（张伊蒙）

【社会福利工作】 年内，区民政局完成社会福利工作。向30名事实无人抚养儿童发放生活救助金61.92万元。接收弃婴儿1例，送养儿童1个，成年安置人员1个，同期办理户口迁出手续1例。实际在院儿童为14人。户口在册人数30人。年内，建设10家驿站，其中9家完工并实现运营；开展养老机构星级评定复评和二星级创建工作，北京爱暮家老年养护中心被评定为二星级养老机构；实施区“智慧养老院”项目，投资138万元购置一站式健康自检工作站10部，初步建立老年人健康数据主动式采集分析和健康管理平台；为入住福利机构的困境家庭人员发放2018年度补贴29.22万元；年内，发放残疾人两补43512503元，其中生活补贴30642103元，护理补贴1287.04万元；累计发放153424人次，其中生活补贴63728人次，护理补贴89696人次，截至年底，享受生活补贴5099人，享受重度残疾人护理补贴7863人。

（张伊蒙）

【社工人才建设工作】 年内，区民政局开展社会工作职业水平考试，共登记证书59份，其中首次登记有23人（初级18人，中级3人），再次登记33人（初级12人，中级1人），补登记3人。

（张伊蒙）

精神文明建设

【概况】 2018年，门头沟区精神文明建设委员会办公室（简称区文明办）着力深化打造精神文明“五大创建”活动，7月正式启动创建全国文明城区，并确立创城目标。建立健全创城组织领导体系，成立区委、区政府主要领导为总指挥的创城总指挥部及3个区级督查组、8个专项工作组和13镇街分指挥部。在全区设置宣传标语横幅1800余条、宣传栏6000余块、建筑围挡公益广告5.5万余延米，印发宣传册、倡议书、一封信等100万余份。各级各界迅速行动，参与广泛。创作歌谣、童谣300余首，开展“礼让斑马线·文明我点赞”、周末清洁日、创城宣讲等活动，其中“小手拉大手”活动10万师生、家长共同参与，营造浓厚氛围。

单位名称：北京市门头沟区精神文明建设委员会办公室

地　　址：北京市门头沟区新桥大街36号

电　　话：69843219

邮　　编：102300

（王建玲）

【基础创建工作】 1月，区文明办开展“五好”文明街巷创建，制定落实“门前三包”专项治理，参与背街小巷环境提升，推进街巷长工作实施；举办乡情村史馆实地参观交流活动，为35个首都文明村统一制作村民公约，在旅游景区设置文明旅游提示牌；在驻区部队开展“助力全国文明区创建，我为第二故乡点赞”系列活动，推动军民融合发展。

（王建玲）

【未成年人工作】 2月，区文明办开展文明校园创建活动，举办“扣好人生第一粒扣子”、新时代“学习和争做美德少年”“童心向党”歌咏活动、青少年教育社会大课堂等活动，征集54首新童谣参加全市推广，申报乡村学校少年宫1所。

（王建玲）

【公共文明引导】 3月至4月，区文明办参与“放飞中国梦　文化进万家　诗韵京西　歌舞传情”大型演唱会、清明节文明祭扫引导服务、4·15全民国家安全教育日、书香门头沟　阅读永定河2018年门头沟区全民阅读活动暨第八届门头沟区图书交换大集、高考期间考点周边引导服务，6个公共文明引导站组，获市学雷锋示范站、示范岗，北京市“市民礼让斑马线广场舞大赛”三等奖；星级引导员的事迹登上北京晚报宣传专版并在门头沟区电视台、京西时报进行专题专版宣传。以每月11日的公共文明引导日为抓手，以“礼在北京　让出文明——市民爱心斑马线”“当好东道主　文明北京人——做文明有礼好乘客”等活动为重要节点，结合市控烟禁放条例、节假日文明引导专项工作安排，对全区设置文明引导的站台和路口，开展重点引导服务和宣传教育活动。

（王建玲）

【核心价值观宣传】 6月，区文明办开展核心价值观“五进”活动，更新12组精神文明宣传栏，维护城子大街等主题文化墙130平方米。征集百姓好故事线索200余篇，推出身边榜样36人，2人入选“北京榜样”，推荐2017—2018年度“门头沟区道德模范”候选人20名；在全区各单位、村居设置“北京榜样”举荐榜，在微博微信开通“身边的榜样”专栏，加大宣传力度；5名道德模范被授予门头沟区读书推荐大使。

（王建玲）

【文明风尚培育】 8月至9月，区文明办组织百支志愿团队、百户最美家庭、百名文明引导员以及全区300余支区属志愿团队，围绕百姓日常生活、城市路口人车混行、生态环境治理等点问题，先后举办“志愿服务便民大集”“优秀环保公益组织”评选、垃圾分类绿色置换等活动。举办全区“美丽街巷　志愿有我”周末卫生大扫除活动，全区500余支志愿队团、2万余人参与，北京电视台、《北京日报》《北京晚报》等市属媒体报道。突出示范引领，组织区四大部门领导、机关干部参加“市民礼让斑马线”活动，在区属媒体刊发报纸专版、电视专栏、在微信平台制作专题，做到日日有引导，天天有宣传。结合背街小巷整治创新成立“背街小巷捡拾垃圾小分队”、开展“清理城市牛皮癣”特色活动。全年推荐“文明有礼好乘客”192人，门头沟区32支团队获第三批首都学雷锋志愿服务站（岗），公共文明引导大队获“北京市三八红旗集体”。

（王建玲）

【创城工作】 12月，首都文明办召开2018年北京市文明城区测评结果讲评会。会上，公布全市各区文明城区测评结果。门头沟区总得分397.55分（满分465分），在全市16个区中排名第8位，在首都级文明区和示范区中排名第1位。其中实地考察得分为287.08分（满分300分），在全市16个区中排名第1位。

（王建玲）

老龄工作

【概况】 2018年，门头沟区老龄工作委员会办公室（简称区老龄办）坚持老龄事业与产业协同推进、居家养老与机构养老统筹发展，按照“布点、扩面、提质、社会化集约运营”的思路，不断扩大养老服务覆盖面，努力提高养老服务质量和水平，有序推进全区老龄事业健康发展。年内，养老助残卡有效持卡人9595人，为111766人次累计充值1128.56万元，为10516人次发放高龄津贴105.8万元，为37人次报销高龄老人医药费8.77万元。完成《门头沟区养老服务设施分区专项规划（2017—2035）》和《门头沟区养老服务设施三年行动计划》初步成果的编制工作，调整扩大老龄委成员单位及职责分工，为全区老龄事业发展奠定基础。

单位名称：北京市门头沟区老龄工作委员会办公室
地　　址：北京市门头沟区中门寺街16号民生大厅东配楼
电　　话：69858910
邮　　编：102300

（谷　萌）

【走访慰问和慈善救助】 春节和重阳节期间，区老龄办与区红十字会等社会各界组织及爱心人士，为万余名老年人发放慰问金及物品。与区慈善协会联合开展“真情温暖夕阳”“携手助老送健康—慈善医疗卡”“革命老区光明行”、国创慈善救助基金等助老项目。

（谷　萌）

【专业护理员队伍建设】 3月29日，区老龄办在大峪街道办百余人参加的“门头沟区2017年首届居家养老护理员培训班”。来自康健门诊的执业中医师，就有关中老年人春夏季养生与常见病防治等知识进行讲解和互动。6月29日、8月2日、10月24日、26日，区老龄办联合石门营照料中心，分别在军庄镇、斋堂镇、大峪街道、大台街道举办门头沟区居家养老护理员培训。邀请原301医院内科医生，首钢办公厅保健室主任，围绕饮食、运动和心理等方面为老年朋友讲解老年养生及医疗保健知识。

（谷　萌）

【老年人精神文化生活】 4月17日、18日，由区老龄委、区委老干部局、区体育局联合主办，区老年人协会承办的门头沟区第三十届春季“健康杯”老年门球赛在区委老干部局门球场举行。全区各个单位的20支老年门球队的运动员、教练员、裁判员300余人参加比赛。27日，由区老龄办主办的第三届“情系敬老情　夕阳展风采”——老年健身操舞比赛在区体育馆举办。全区13个镇街和区老龄委成员单位的21支代表队、300余名老年人将参加老年人健身操舞比赛，参赛队员中年龄最高的队员80岁。9月11日，由区老龄办主办，区委老干部局、区体育局、区老年人协会承办的门头沟区第三十一届秋季“金秋杯”老年门球赛在区老干部局门球场开幕。全区20支队伍的300余名运动员和裁判员参加比赛。参加比赛的老年人年龄60周岁以上，年龄最大的88岁。9月19日，由区老龄办主办、北京市祺捷利技术发展有限公司承办的“门头沟区庆重阳暨第三届老年人象棋比赛”在区社区服务中心举行。全区13个镇街和区老龄委成员单位的80名老人参加比赛，参赛队员中年龄最大的79岁。

（谷　萌）

【居家养老辐射服务】 年内，区老龄办制订《门头沟区2018年养老机构辐射社区居家养老服务项目补贴办法》，印发《关于做好2018年养老照料中心辐射社区居家养老服务工作的方案》，制定养老照料中心常态化建设支持办法，科学指导辐射项目的选定、指导、监督落实，使每个照料中心分别确定6个特色的服务项目，发挥养老照料中心辐射居家服务作用。

（谷　萌）

【养老服务指导中心建设】 年内，区老龄办建设区级养老服务指导中心，统筹安排区内各种养老服务资源，选址紧邻区级老年社会福利中心和区老年护理学校实训基地，配置面积1700余平方米，其中包括信息化中心、养老功能展示区、教育培训区、康复辅具展示区等。

（谷　萌）

【巡视探访服务】 年内，区老龄办通过政府购买服务，在大峪街道、东辛房街道、龙泉镇、永定镇4个街镇对1899名有需求独居、高龄老年人开展巡视探访服务，并运用信息化管理方式对巡访服务进行监管，全年巡访老人数1959名。

（谷　萌）

【继续推进适老化改造】 年内，区老龄办为500户深山区低保困难老年人家庭，进行适老化改造。通过施工改造、设施配备、康复辅助器具适配等方式对老年人缺失的生活能力进行补偿或代偿，缓解老年人因生理机能变化导致的生活不适应，提升老年人生活自理能力，改善居家生活品质。

（谷　萌）

【养老助餐体系建设】 年内，区老龄办在大峪街道、斋堂镇、大台街道建设配餐点，通过开设老年餐桌、中央厨房配送+社区配送+集中就餐模式，为居家老年人提供餐饮服务。

（谷　萌）

【服务需求调查】 年内，区老龄办投资90余万元，开展农村老年人需求调查，为政府制定居家养老服务政策提供数字支撑。

（谷　萌）

【老年人紧急救援服务启动】 年内，区老龄办投资34万元，免费为具有区内户籍的500位空巢、独居高龄老年人配备智能腕表，有效地解决高龄老年人的助急、助医、走失等系列问题。

（谷　萌）

【老年人意外伤害保险补贴工作启动】 年内，区老龄办以补贴的形式为具有区内户籍70周岁及以上的老年人参保意外伤害保险，每位老人缴纳15元/年，政府给予补贴15元，为近万名老年人参保。

（谷　萌）

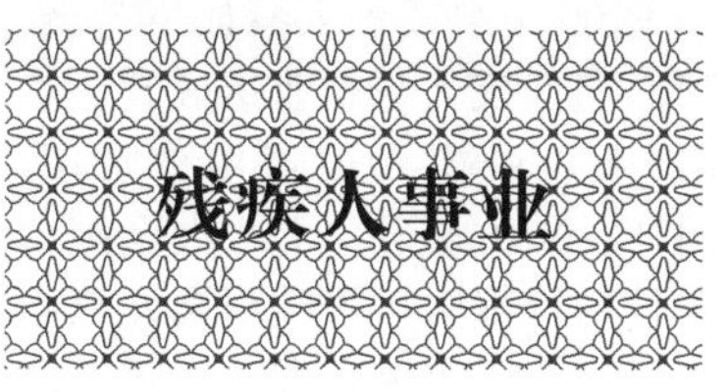

残疾人事业

【概况】 2018年，门头沟区残疾人联合会（简称区残联）推进残疾人事业发展，并结合全区残疾人工作实际，完成各项任务指标。年内，开展2018年门头沟区残疾人基本服务状况和需求信息数据动态更新和门头沟区残疾人家庭收入状况调查工作。在部分温馨家园、社区（村）开展20场残疾人“庭院式”法律服务活动，服务残疾人约500余人。残疾人五大专门协会利用“爱耳日”“爱眼日”“全国助残日”“世界精神卫生日”等节日，相继开展各类活动。联合中国狮子联会北京会员管理委员会圆梦服务队共同开展为残疾人拍摄全家福、剪纸培训、参观国家大剧院等活动。

单位名称：北京市门头沟区残疾人联合会
地　　址：北京市门头沟区新桥大街58号
电　　话：69859231
邮　　编：102300

（李朗月）

【助残增收基地管理工作培训会】 1月9日，区残联召开2018年全区新建助残增收基地管理培训会。斋堂镇、雁翅镇残联理事长、协管员，基地负责人和管理人员参加会议。门头沟区残联业务科室工作人员对基地日常管理、考勤制度、档案管理等内容进行培训。6月1日，召开拟建助残增收基地工作推进会，清水、斋堂、雁翅、妙峰山镇残联理事长、有关的低收入村负责人、第一书记等27人参加会议，运行中的雁翅镇田庄基地和斋堂镇白虎头基地有关负责人做经验介绍，10个申请建立助残增收基地的低收入村有关负责人做拟建基地情况汇报，介绍村内开展的项目和优势。

（李朗月）

【第七次代表大会第一次会议】 1月19日，区残联召开第七次代表大会后第一次党组理事会（扩大）会议。

（李朗月）

【职康站联欢会】 1月30日，区残联举办2018年度残疾人职业康复劳动站（职康站）新春联欢会。100余名职康站学员参加活动，表演舞蹈、快板、小品、抖空竹等节目。

（李朗月）

【各类活动比赛】 2月8日，区残联组织30名残疾人运动员参加“第二届中国残疾人冰雪运动季”暨北京市残疾人“心系东奥喜迎新春”冰雪嘉年华活动。3月15日，举办门头沟区第十六届残疾人象棋比赛，全区13个街镇52名残疾人参加比赛。6月29日，举办残疾人飞镖比赛，52名残疾人飞镖爱好者参加比赛。8月15日，组织龙泉镇残联协管员、社区（村）专职委员及残疾人服务志愿者，观看“平昌残奥会北京八分钟”宣传片。9月6日，区残联联合区影剧院为残疾人开设电影专场，全区1451名残疾人免费观看电影。10月15日，举办以庆祝“改革开放40周年和残联成立30周年”为主题的残疾人书画培训班，15名残疾人书画爱好者通过两周的培训。26日，进行残疾人书画作品成果展示。12月10日，区残联联合中国国际技术智力合作有限公司开展亲情陪伴志愿服务，带领区内30名残疾人到中山音乐厅聆听音乐会。18日，举办2018年残疾人乒乓球比赛。

（李朗月）

【“爱耳日”宣传教育活动】 3月2日，区残联在城子街道龙门新区三区社区举办“爱耳日”宣传教育活动。发放“爱耳日”宣传折页，邀请耳鼻喉科和心内科专家为社区居民和过往群众进行免费义诊，参加活动200余人。“爱耳日”期间，全区各街镇残联也相继开展宣传教育活动，累计发放宣传折页6000余份，在各社区（村）张贴宣传海报300余张。

（李朗月）

【温馨家园改革工作培训会】 4月9日，区残联召开全区残疾人温馨家园改革工作培训会。市残联组联部副调研员从温馨家园的成立、未来发展前景、管理模式、服务功能和内容、运行机制、人员配备等各个方面进行培训和讲解，强调改革的目的和改革的形式。

（李朗月）

【残疾人工作者业务培训班】 4月23日至5月4日，区残联举办2018年上半年基层残疾人工作者业务培训班，对残疾人就业、康复、信访维权等各项残疾人政策进行培训。11月5日至6日，举办2018年下半年基层残疾人工作者业务培训班，重点对残疾人辅具政策和残疾人基础数据动态更新工作进行培训。

（李朗月）

【助残日活动】 5月18日，区残联举办庆祝第二十八次全国助残日残疾人专场招聘会。共有5家企业进场，提供工作岗位20余个，100余名残疾人参加招聘会，20余名残疾人与企业达成就业意向，5名残疾人被当场被录用。同日，区残联第二十八次全国助残日暨首都医科大学附属北京康复医院巡回讲座在大峪街道双峪社区举办，邀请专家到社区开展白内障知识讲座。30日，区残联与区盲协联合在城子街道桥东社区举办第二十三届“全国爱眼日”主题巡回培训，主要对如何预防眼睛屈光不正进行培训。6月13日，举办门头沟区残疾人“共建小康社会共享文明成果”才艺展示活动，13个街镇的44名残疾人参加才艺展示。

（李朗月）

【“温馨工程”挂牌】 5月19日，在门头沟区残联举行中国狮子会北京圆梦服务队“温馨工程”挂牌仪式，标志着区残联正式成为中国狮子会北京圆梦服务队的服务基地，为门头沟区残疾人提供服务和帮助。

（李朗月）

【专门协会活动】 5月23日，聋人协会组织开展“无声语言无声爱”健身体验活动，39名听力残疾人学习完健身知识后，体验各种健身器材。24日，区肢残人协会举办多肉种植活动。6月5日，智力残疾人及亲友协会组织80名智力残疾人及其亲属到世界地热博览园——丰台鹦鹉园开展社会实践活动。7月26日，肢残人协会在龙泉雾村举办蝶翅画培训。8月21日，盲人协会组织40名残疾人参观中国人民抗日战争纪念馆。9月11日，精神残疾人及亲友协会组织50余人参加主题为“给残疾人更多的精神慰藉”精神健康讲座及“走进双龙峡释放心情”减压活动。13日，聋人协会在东龙门村委会举办“匠心初成”初学手机维修活动。10月11日，聋协举行“感受秋天的美”活动，组织50人到香山赏红叶。11月13日，盲人协会组织30名视障人士到盲文图书馆参观学习。12月27日，专门协会组织20名残疾人到首都图书馆参观“与爱同行融合发展”北京市残疾人事业30周年成就展。

（李朗月）

【就业指导员培训】 5月24日，区残联举办2018年门头沟区残疾人就业服务机构工作人员职业指导培训班。邀请区人保局讲师为区、街镇28名残疾人就业指导员培训。培训主要包括就业指导员应具备的业务知识、如何与残疾人沟通、怎样做好就业指导工作等。在情景模拟环节，老师从诊断咨询、职业设计、职业介绍、创业指导、用人指导5个情景范围中，各挑选出1—2个典型案例与指导员进行分析讨论，告知指导员们在面对不同情况的残疾人时应当如何个性化地解决问题。

（李朗月）

【残疾儿童康复机构政策培训】 7月22日，召开残疾儿童康复机构政策培训会，对门头沟区2家机构人员进行资质、场地、人员、守法、安全等方面的培训。

（李朗月）

【残疾人证（卡）清理整顿】 7月至12月，区残联面向全区持有残疾人证的残疾人工作者及直系亲属以及全区党政机关和事业单位在编、在岗干部职工开展残疾人证（卡）清理整顿工作。

（李朗月）

【送康复器材进家庭】 8月20日至10月20日，为全区280户不易出户或家庭困难的重度残疾人发放适合他们在家中进行功能锻炼的康复体育训练器材，其中包含运动毛巾、弹力带和康复锻炼视频播放器，同时将器材的使用方法、步骤、效果等进行讲解和示范。

（李朗月）

【创城诗歌会】 8月24日，区残联举办以"魅力创城我先行"为主题的残健融合诗歌会，支持、参与、投身创城工作。

（李朗月）

【全国残疾预防日活动】 8月27日，区残联联合龙泉镇三家店职康站共同开展"做好残疾预防维护生命健康"残疾预防宣传活动。邀请精神卫生保健科专家就精神分类症的临床表现、可能病因、以及如何预防进行健康讲解，现场还为残疾人发放宣传书籍，安排问答和义诊环节，并播放有关残疾预防核心知识动画片。

（李朗月）

【对口帮扶】 11月19日，区残联结合对口帮扶村雁翅镇山神庙村发展民宿旅游的实际情况，组织村内10名低收入村民到区残联进行为期一周的中、西式面点烹饪培训。经过培训，学员们掌握肉饼、烧饼、桃酥、开口笑、花式馒头、面包、蛋糕、饼干等面点制作方法。

（李朗月）

【国际残疾人日宣传】 11月30日，区残联开展以"尊崇宪法学习宪法遵守宪法维护宪法运用宪法"为主题的上街宣传活动。向过往市民宣传并发放《中华人民共和国宪法》《残疾人保障法》《消费者权益保护法》《反家庭暴力法》《民法总则》《婚姻法》《继承法》《百姓生活法律指南》等实用性强的宣传材料以及有关残疾人康复、就业、辅具等政策宣传材料共20余种，同时提供现场咨询服务，解答群众关于残疾人法律维权及惠残政策有关问题。

（李朗月）

【异地帮扶】 11月至12月，区残联开展异地帮扶工作。先后到内蒙古自治区呼和浩特市武川县、乌兰布统市察哈尔右翼后旗、河北省涿鹿县进行对接，落实任务指标。3个帮扶地区90个帮扶残疾人的名单、资金落实到位。

（李朗月）

【残疾人成人康复服务机构备案评估】 12月26日，区残联采取组建专家组、委托第三方的方式，对龙泉医院精神残疾人评估项目，京煤集团总医院肢体、听力言语残疾人康复服务项目，区中医医院肢体残疾人康复服务项目进行现场评估认定。经过评估，3个康复机构均达到准入标准，可以承接2019年成年残疾人康复服务项目。

（李朗月）

【市政府为民办实事项目】 年内，区残联与第三方机构合作，先后在区残联温馨家园职康站、龙泉镇大峪村温馨家园、龙泉镇三家店温馨家园建立3个职康劳动型帮扶性就业基地，在清水镇建立1个公益型帮扶性就业基地，4个基地共帮扶残疾人56名（45名重度残疾人、11名轻度残疾人）。

（李朗月）

【残疾人社会保障政策落实】 年内，区残联为5100余名残疾人按月发放居家养老（助残）券582.67万元。为3329名残疾人发放城乡居民养老保险补贴资金264.15万元。为37名残疾学生提供扶残助学补贴13余万元。为110户因病因灾陷入困境的残疾人家庭提供临时救助金78万元。元旦、春节和助残日期间，走访慰问3259户残疾人家庭。

（李朗月）

【残疾人就业】 年内，区残联审核559家用人单位按比例安置1618名残疾人就业。举办4场招聘会，200余人实现就业。为4名残疾人大学生提供"就业助力计划"服务，帮扶残疾学生就业、创业。给予48名残疾人自主创业就业社会保险补贴101.67万元。在开展残疾人插花、中西式面点、美甲等传统残疾人职业技能培训的同时，运用互联网+开展喜马拉雅主播培训和3D打印文化创意培训，4名残疾人与喜马拉雅公司签约，各类培训累计参加2020人次。34名残疾人代表门头沟区参加北京市第九届残疾人职业技能竞赛。

（李朗月）

【残疾人康复】 年内，区残联为全区16岁以下92名残疾儿童发放康复训练补贴235万元。联合首都医科大学附属北京康复医院（北康医院），完成2000人次的残疾人家庭康复培训工作。组织各街镇残联依托温馨家园开设家庭康复培训课堂，每季度不少于2次。以政府购买的形式，聘请专业人员定期为大峪村温馨家园和区温馨家园智力、精神残疾人提供心理咨询和疏导服务。邀请北康医院的专家医生为军庄镇、潭柘寺镇等7个街镇500余名残疾人及其亲属开展健康知识巡回培训。上门为120名残疾人提供需求评估、康复训练和效果评估等居家康复服务。为696名残疾人进行个性化辅具评估，在辅具网络平台累计申请购买各类辅具7771件。

（李朗月）

【温馨家园与职康站建设】 年内，区残联扶持12家市级残疾人温馨家园，12家残疾人职业康复劳动站和2家村级温馨家园。

（李朗月）

【下属单位情况】

单位名称：北京市门头沟区残疾人就业服务中心
地　　址：北京市门头沟区新桥大街58号
电　　话：69842909
邮　　编：102300

单位名称：北京市门头沟区残疾人活动中心
地　　址：北京市门头沟区新桥大街58号
电　　话：69858006
邮　　编：102300

单位名称：北京市门头沟区残疾人职业康复中心
地　　址：北京市门头沟区新桥大街56号
电　　话：69867880
邮　　编：102300

（李朗月）

人　物

组织机构负责人名单（截至2018年年底）

中国共产党北京市门头沟区委员会

区委书记　张贵林（2月免）
　　　　　张力兵（4月任）
区委副书记　付兆庚
区委常委　张贵林（2月免）
　　　　　张力兵（4月任）
　　　　　付兆庚、张　永、彭利锋
　　　　　张兴胜、陆晓光、闫　中
　　　　　张金玲、金秀斌
　　　　　李耀光（2月任）
　　　　　张　闯（9月挂职担任）
区委办公室主任、区委保密委员会办公室主任、区国家保密局局长　金秀斌
区委组织部部长　陆晓光
区委组织部常务副部长　王培兰
区委宣传部部长　张金玲
区委宣传部常务副部长　马占军
区精神文明办主任　闫洪亮（9月免）
区精神文明办副主任（主持日常工作）
　　　　　宋爱民（9月任）
区委网信办主任　刘　学（4月任）
区委统战部部长、区社会主义学院院长　张　永
区委统战部常务副部长　周博华
区委政法委常务副书记　李　健
区综治办主任　徐鸿海
区委研究室主任　聂淑芳
区直机关工委书记　金秀斌
区直机关工委常务副书记　梁增霞
区编办主任　杜斌英
区编办常务副主任　张建军
区委老干部局局长　吕根群
区委巡察办主任　刘建文（1月任）
区委党校（区行政学院、区社会主义学院）
常务副校长（常务副院长）　杜桂斌

门头沟区人民代表大会常务委员会

区人大常委会主任　陈国才
区人大常委会副主任　郑伟革（12月免）
　　　　　许　彪、何　渊、李　伟
　　　　　张　焱（不驻会）
区人大常委会办公室主任　陈世杰
区人大常委会研究室主任　尹晓君
区人大常委会代表联络室主任　李国庆
区人大常委会法制办公室主任　谷志强
区人大常委会教科文卫体办公室主任　穆春林
区人大常委会财政经济办公室主任
　　　　　李占国（7月免）
　　　　　白晓芳（12月任）
区人大常委会城建环保办公室主任
　　　　　曹志远（1月任）
区人大常委会农村办公室主任　高　欣

门头沟区人民政府

区　长　付兆庚
副区长　彭利锋、张兴胜、
张　闯（12月挂职担任）、
杨雄华（2月免）、孙鸿博（2月任）
赵北亭、张翠萍、王　涛、庆兆珅
薛志勇（9月挂职担任）
区政府办公室主任　朱　凯
区政府外事侨务办公室副主任（主持工作）
宋爱民
区发展改革委主任　曹子扬
区教委主任　陈江锋
区政府教育督导室主任　杨玉柱（6月免）
区科委主任　李世春
区经济信息化委主任　李国庆（2月免）
顾慈阳（2月任）
区民政局局长　韩兴无
区司法局局长　吕玉宝（6月免）
区司法局副局长（6月始临时主持日常工作）
王玉珍
区财政局局长　苗建军
区人力社保局局长　杜斌英
区环保局局长　王九中
区住建委主任　杨武平
区城市管理委主任　占永谦
区交通局局长　张旋里
区农委主任　耿新民
区农业局局长　卢佳强
区水务局局长　韩瑞昌
区商务委主任　王立宇
区文化委主任　常　蓉（12月免）
区卫生计生委主任　野京城
区审计局局长　王培训
区国资委主任　舒伯文
区安全监管局局长　刘振林
区体育局局长　刘树军
区统计局局长　刘握龙
区园林绿化局局长　杨树国
区旅游委主任　刘贵清
区民防局局长　张书军
区政府法制办主任　卫一平
区信访办主任　夏淑强
区社会办主任　史雅琳
区城管执法监察局局长　杜春涛
区政务服务管理办主任　阎丽春
区档案史志局局长　张慧军
区经管站站长　曹宝华
区地震局局长　乔　韬（2月任）

中国人民政治协商会议
北京市门头沟区委员会

区政协主席　张　冰
区政协副主席　张满仓、冯　飞、高连发
野京城（不驻会）
顾慈阳（不驻会）
安长生（不驻会）
区政协秘书长　张爱宗
区政协办公室主任　张　静
区政协研究室主任　连玉华
区政协专委会工作一室主任　赵　凯
区政协专委会工作二室主任　陈事毅
区政协专委会工作三室主任　安久亮（1月任）
区政协专委会工作四室主任　艾德禄（1月任）
区政协专委会工作五室主任　连春国
区政协专委会工作六室主任　王亚君（1月任）

门头沟区监察委员会

区监委主任　闫　中
区监委副主任　贾志国、杨爱诚、乔韬(4月免)
廖慧兰(4月任)

政法、军事

区人民法院院长　龚浩鸣
区人民检察院检察长　杨淑雅
区公安分局局长　孙鸿博（12月任）
区人民武装部部长　李耀光

群众团体

区总工会主席　陈　波
区总工会常务副主席　杜　军
团区委书记　黄　景
区妇联主席　李秋芳
区科协主席　杨广义
区残联理事长　范根源

区工商联主席　马　星
区红十字会常务副会长　段铁军
区文联常务副主席　彭天和

乡镇、街道

潭柘寺镇党委书记　娄相峰（1月任）
潭柘寺镇镇长　李肖然
永定镇党委（永定地区工委）书记　周　杨
永定镇（永定地区办事处）镇长（主任）　赵　威
龙泉镇党委（龙泉地区工委）书记　亓建军
龙泉镇（龙泉地区办事处）镇长（主任）　张　伟
军庄镇党委书记　付军利
军庄镇镇长　娄相峰（3月免）
　高建光（3月任）
妙峰山党委书记　丁章春
妙峰山镇镇长　姜春山
王平镇党委（王平地区工委）书记　张慧琦
王平镇（王平地区办事处）镇长（主任）　刘甫通
雁翅镇党委书记　孙东宇
雁翅镇镇长　张雅利
斋堂镇党委书记　杨少培
斋堂镇镇长　谢晓东
清水镇党委书记　贾卫东
清水镇镇长　崔兴珠
东辛房街道党工委书记　李文凯
东辛房街道办事处主任　张学明
大峪街道党工委书记　周玉勤
大峪街道办事处主任　李红忠
城子街道党工委书记　高增龙
城子街道办事处主任　金　涛
大台街道党工委书记　张进香
大台街道办事处主任　张　胜（1月任）

事业单位

区机关后勤服务中心主任　张晓明
区老龄办主任　韩兴无
区环卫中心主任　闫　强
北京百花山国家级自然保护区管理处主任　刘　东
区广播电视新闻中心主任　宋　奇
石龙经济开发区（中关村科技园区门头沟园）管委会主任　张兴胜
区投资促进局局长　杨　璞
区房屋征收事务中心主任　李　超
区公共工程服务中心主任　周仓湖（8月免）
区公共工程服务中心副主任（主持工作）　张　冉（8月任）
区棚改中心主任　杨武平

区管企业单位

北京京门国有资产经营中心党委书记、总经理　张广宝（1月免）
　陶鹏典（4月任）
北京京门商业投资发展有限公司党委书记、董事长　宋建筑
北京市门头沟区供销社党委书记、主任　王智辉
北京京西山水文化旅游投资控股有限公司党总支书记、董事长　衣丰飞
北京京西门城基础设施投资建设有限公司党总支书记、董事长　张中亭
北京京西鑫融投资管理有限公司党支部书记、董事长　刘　春
北京石龙经济开发区投资开发有限公司党总支书记、董事长　刘　春

街　　道

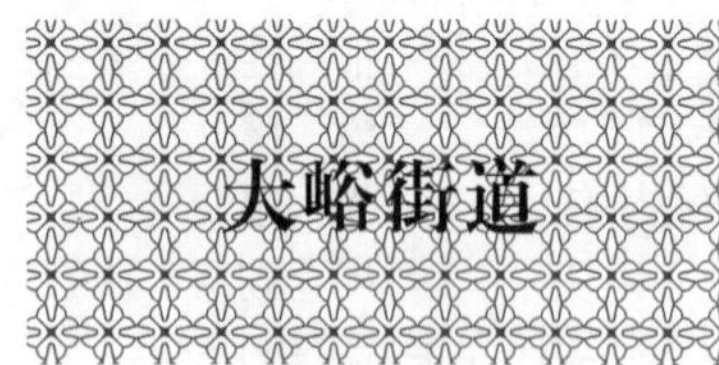

大峪街道

【概况】　2018年，大峪街道办事处认真落实《京津冀协同发展规划纲要》，以创城工作为牵引，抓好“疏解整治促提升”、精准帮扶等重点工作，牢固树立创新、协调、绿色、开放、共享的发展理念，加快疏功能、转方式、治环境、补短板、促协同，完成全年主要任务目标。年内，大峪街道在册党员7910人。党支部规范化建设工作全面开展，在机关、社区、两新组织3个层面151个党支部进行全面布置，5个社区成立党委。对社区换届形势逐一分析，完成257名现任两委班子成员资格预审工作，完成182名现任班子成员中党员入党过程核查工作。开展“疏解整治促提升”工作，在重点区域和点位共张贴通告800份，入户宣传70余次，政策讲解入户率达100%。通过宣传教育营造氛围、政策解读正确引导、入户走访赢得支持，签约率达92.5%。截至年底，拆除违建约1.29万平方米，硬化空地3000余平方米。投资400万元完成新桥56号院路面硬化、坡西地面硬化、桃园新桥漏雨严重居民楼防水改造等21项为民办实事工程；投资600余万元，完成街道文化中心、绿岛社区文化广场建设等改造面积5367平方米。投资1500余万元，改造沿街一层小院35户、规范沿街广告牌匾12处、维修亮化设施10处、治理占道经营6起、清理卫生死角79处，清除垃圾5吨，建设文化墙1500平方米。投入宣传经费50余万元，印发各类宣传品16万份，对辖区4万余户居民进行2次入户宣传。投资700余万元，对绿岛等10个社区进行全面提升改造，粉饰楼道300余个单元、硬化地面3000平方米、修建和改造残疾人步道3处，完成问题督办件81件，涉及290个问题的整改。慰问贫困户46户，发放慰问金2.18万元。清理堆物堆料1400吨，清理白色污染6320公斤，清除非法张贴小广告76820张。对辖区的餐饮业172家中15家未安装净化器的，街道牵头开展2次联合执法，关停6家无照经营的餐饮业。清运废弃家具和堆物堆料和渣土1700车，花费资金110万元。街道绿地裸地整改完成53%，拆迁裸地完成99%，工地裸地完成100%，为34个社区及机关配置有毒有害桶165个、可回收桶236个。优化硬件设施，投入53万余元，更换大厅监控和灯光系统。1月至10月招引企业120余家，完成总税收1.04万余元。做好矛盾排查调处和重点人的管控工作，共调处化解各类矛盾43件。年内，持续推进“雪亮工程”工程建设，新增211只数字探头和4处视频监控室。

单位名称：北京市门头沟区人民政府大峪街道办事处
地　　址：北京市门头沟区滨河路72号
电　　话：69828330
邮　　编：102300

（牛丽娜）

【调整社工待遇】　1月起，大峪街道调整社工工资待遇，调整后社工总体待遇平均水平不低于2017年度北京市职工平均工资的100%暨人均应发不低于101604元/年（8467元/月）。

（云　天）

【三大行动整治】　1月，大峪街道联合区“三大行动”工作专班和区消防支队，对安全生产三大行动期间“三合一”和“高风险居住场所”55家上账隐患进行全面复查，通过检查55家隐患单位全部整改完毕。

（楚德森）

【“爱心暖阳”慈善捐款】 1月，大峪街道开展2018年“爱心暖阳”慈善捐款活动，共筹得善款74278.5元。其中社区3008名居民捐款69128.5元；大峪街道机关136名工作人员捐款5150元。

（魏宪忠）

【两节慰问】 1月，大峪街道开展两节慰问活动，共慰问领取失业金人员599人，发放慰问金29.95万元；慰问退休人员141人，发放慰问金7.05万元。

（孙　波）

【就业帮扶招聘会】 1月，大峪街道在向阳社区举办“就业帮扶　真情相助”手拉手专场招聘会。邀请18家企业带来80余岗位，180余名失业人员参加，现场达成就业意向40余人。

（孙　波）

【就业援助月】 1月，大峪街道在辖区内34各社区共同开展“就业帮扶　真情相助”为主题的就业援助月专项活动。走访310户失业家庭，举办34次社区就业援助宣传活动，发放材料5000余份，解答各类就业政策疑问1000余人。

（孙　波）

【第十一届邻里节】 2月8日至3月2日，大峪街道开展以“不忘初心跟党走　携手共享新时代”为主题的第十一届邻里节活动，34个社区围绕邻里互助、邻里互学、邻里互爱等开展“邻里饺子宴”“正月十五猜灯谜　邻里友爱情永续”“少儿春晚”“邻里大联欢”等邻里节活动共150余场。

（杨　洁）

【总结表彰大会】 2月11日，大峪街道召开2017年度工作总结表彰大会，办事处主任作工作报告，表彰葡东社区等先进集体12个。与会人员还观看安全隐患“大排查、大清理、大整治”三大行动专题片。

（付京鸽）

【地名词条、释文撰写】 2月24日，大峪街道完成大峪街道办事处地名词条、释文的撰写工作。其中街道1条，社区34条。

（云　天）

【庆“三八”活动】 3月6日，大峪街道举办“感受传统文化、体验扎染技艺”培训，社区妇联干部、机关女同志120人参加活动，墨非艺术馆首席讲师向大家介绍扎染工艺，并分步手把手教大家折叠、捆扎、煮染等工序。此外，各社区举办群众喜闻乐见的“巧娘厨艺展示”、趣味运动会、向健康出发健步走等活动。

（付京鸽）

【优化窗口设置】 3月，大峪街道整合民政、残联、计生、老龄、居民社保、低保、住房保障、退休人员管理、职业介绍、促进就业优惠政策落实等与群众生活息息相关的服务事项，全部进驻大峪街道公共服务大厅，提供一站式办事服务。

（孙　波）

【养老服务驿站】 3月，大峪街道成立向阳社区养老服务驿站。大峪街道共有养老服务驿站5家，分别为南路二社区养老服务驿站，峪园社区养老驿站，龙泉花园养老驿站，丽湾西园社区养老服务驿站和向阳社区养老服务驿站。驿站主要对老人提供日间照料，呼叫服务，助餐服务，健康指导，文化娱乐，心理慰藉等服务。

（魏宪忠）

【综治工作】 4月3日，大峪街道召开2018年综治委工作会议，制定并下发《大峪街道2018年社会治安综合治理工作要点》，对街道综合治理委员会成员进行调整完善，落实街道领导包片、干部包社区制度，与社区及相关社会单位签订安全维稳工作责任书。

（张　佳）

【计生工作】 4月至5月，在大峪辖区内35个社区开展抽样调查，并抽中月季园一区及中门花园开展评估，通过此次评估了解免费提供避孕药具项目的工作情况及存在的问题，加强新形势下药具发放服务工作，推进计划生育药具服务管理改革，完善药具发放服务网络，健全药具发放服务体系，强化药具发放服务制度落实和监督检查。

（卢惟莎）

【社区之家建立】 5月31日，大峪街道与育园小学、百年食府等“社区之家”创建单位签订免费使用服务协议。“社区之家”示范点创建工作是2018年市政府为民办实事工程，大峪街道先后启动3个“社区之家”示范点创建工作，激活各类多功能厅、操场、车位等共享资源，累计受益居民3000余人次。

（云　天）

【低保复审】 5月，大峪街道低保复审工作完成，审核低保家庭411户，停发48户。复审期间着重对低保核查中心反馈的65户可能超标家庭进行审核，通过数据比对，上门调查，社区核实等工作，社保所和各社区共同配合，最终停发48户超标低保家庭。

（孙　波）

【党务工作者培训】　5月，对街道520名党务工作者进行3天脱产培训，系统学习习近平新时代中国特色社会主义思想、十九大精神、新《党章》、北京市总体规划和全区经济社会发展规划等内容，提高党务工作者的政治站位和行动自觉。

（李　林）

【老人探视巡访】　5月，大峪街道委托第三方对大峪辖区500名老人开展巡视探访业务，主要人群为80岁及以上的独居老年人；与重度残疾子女共同居住的老年人；无子女或子女不在市内的独居老年人；身体状况和精神状况较差的独居老年人。巡视探访主要对老年人的健康状况、精神状态、安全情况、卫生环境、居住环境等方面进行询问、提醒和评估，并对重点情况进行记录、汇总和处理。

（魏宪忠）

【再就业培训】　6月，大峪街道在区人力社保局轻工职业技工学院为辖区失业人员举办“大峪街道居家老人照料培训班”。安贞医院教授进行讲解，大峪街道共40名失业人员参加。

（孙　波）

【大气污染防治】　6月，大峪街道建立14项污染源台账，强化重点区域大气污染防治精细化管理，并对每一类进行实时更新，组织相关部门在大峪街道办事处五层会议室召开环保专题会，开展执法检查。开展全国第二次污染源普查，依据第三方提供的数据，开展辖区1600余家企业和200余家餐饮企业的走访、核查工作。

（胡潇元）

【开墙打洞工作】　7月初，大峪街道推进“开墙打洞”工作。采取分阶段实施、不间断工作的方式，稳步有效、持续向前的推进工作。联合工商分局、门城工商所、公安、消防、大峪城管分队、综治办等部门对龙泉花园社区、增产路东区社区、惠民家园社区等7个社区30户“开墙打洞”乱象实施封堵治理，全部通过治理验收销账。

（张　佳）

【廉政宣传】　7月5日，在月季园一区活动站举办“大峪街道廉政书画展”揭幕仪式。区纪委、大峪街道等领导以及各社区书记、主任、纪检委员、部分获奖作者参加活动。自7月9日至18日，各社区组织党员干部群众参观廉政书画展，观展人数800余人次。

（曹少斌）

【业主委员会成立】　7月14日、28日、8月4日，大峪街道完成龙泉花园小区、滨河西区小区、桃园小区业委会选举工作。

（云　天）

【创城部署会】　7月20日，在大峪街道报告厅召开大峪街道全国文明城区创建工作部署大会。区委常委、组织部长、区人大常委会副主任、区社工委书记以及大峪街道全体处级干部、各科室负责人、各社区书记主任、大峪街道非公企业党组织代表、理论讲师团全体成员等150余人参加。会上，街道部署大峪街道创城实施方案，签订创城工作责任书以及社区、科室代表表态发言。

（李思思）

【街巷长工作】　7月，制定大峪街道街巷长工作方案，确定街巷长工作职责，其中主要大街8条、街长8名、小巷51条；巷长29名、理事长34名、小巷管家103名。制作街巷长公示牌（大）20块、街巷长公示牌（小）102块。街长累计处理各类事件8件，巷长累计理各类事件164件，完成招募“小巷管家”103名。

（胡潇元）

【全国经济普查】　8月至12月，大峪街道完成第四次全国经济普查清查阶段工作。其中法人单位4149个，个体工商户588户，清查率91%。

（云　天）

【生活性服务业品质提升】　9月前，大峪街道共建设生活性服务网点289个，其中蔬菜零售网点63个，早餐网点40个、便利店（社区超市）网点52个、末端配送网点81个、美容美发网点38个，洗染网点11个，家政网点4个。社区服务中心引进知名服务品牌入驻辖区，建设16家蔬菜便利店。

（张　祥）

【背街小巷工程】　9月底前，大峪街道推进背街小巷及示范社区项目，投资1500余万元，改造沿街一层小院35户、规范沿街广告牌匾12处、维修亮化设施10处、治理占道经营6起、清理卫生死角79处，清除垃圾5吨，建设文化墙1500平方米。

（张　佳）

【构建电动自行车充电桩】　9月，大峪街道在辖区18个社区共构建电动自行车充电桩24套，需求基本得到满足。

（楚德森）

【人口抽样调查】 9月至12月，大峪街道完成人口抽样调查工作。完成11个样本点，即21个调查小区，其中包括20个市级样本和一个国家样本。1718户，4614人。

（云　天）

【换届选举】 10月至12月，大峪街道完成33个社区党组织换届工作，共调整社区书记9人、委员89人，预测人选全部高票当选。

（李　林）

【解决重难点工作】 10月底前，大峪街道着重解决群众反映的重难点问题，投资400万元完成新桥56号院路面硬化、坡西地面硬化、桃园新桥漏雨严重居民楼防水改造等21项为民办实事工程；投资600余万元，完成街道文化中心、绿岛社区文化广场建设等改造面积5367平方米。

（张　佳）

【发放北京通卡】 10月底，大峪街道开始对60岁以上的系统采集过信息的老年人发放北京通卡，发放北京通卡6174张。

（魏宪忠）

【微型消防站成立】 11月20日，大峪街道在惠民家园社区，联合绿海物业公司成立微型消防站，配备微型消防车1辆，正压呼吸器、战斗服等消防救援设备6套。

（楚德森）

【群众安全感入户宣传工作】 11月26日至12月11日，开展大峪街道群众安全感入户宣传工作，制订《提升群众安全感入户宣传活动方案》，召开大峪街道召开提升群众安全感入户宣传工作部署会，组织各社区入户调查人员参加大峪街道提升群众安全入户宣传人员培训会，大峪街道共37171户，截至12月11日，完成入户34747户，完成率达到93.48%。

（张　佳）

【慢性病防治】 11月下旬，大峪街道迎接国家级市级“慢性病综合防控示范区”五年复审，并且辖区内月季园一区以及临镜苑社区组织开展“2018年成年人慢性病与营养监测”现场调查，每个社区45户100人，共90户200人参与调查。

（卢惟莎）

【精品社区建设】 12月前，大峪街道投资1300万元完成绮霞苑、德露苑精品示范社区和61号院胡同、房管所胡同、峪园东出口、建行西街、大峪南路教师楼北侧路5条北街小巷工程，施工单位为北京住总第六开发建设有限公司和北京荣华顺装饰公司。

（刘　洋）

【一刻钟社区服务圈】 12月前，大峪街道第15个“一刻钟社区服务圈”丽湾西园社区创建完成。从2011年至今成功创建15个“一刻钟社区服务圈”示范点，基本实现全覆盖。

（张　祥）

【志愿服务项目评比】 12月前，区级“社区优秀志愿服务项目评比”活动中，大峪街道双峪社区获一等奖。

（张　祥）

【就业社保任务完成】 12月24日，大峪街道完成就业和社会保障各项工作任务，共实现就业1021人，实有登记失业人员719人。

（孙　波）

【社区成立党委】 12月底前，大峪街道龙山一区、龙山二区、龙山三区、南大街、南路一5个社区成立党委工作。

（李　林）

【台账整改】 年内，大峪街道完成市、区级台账整改。通过与辖区城管等职能部门进行联合执法，对环境整治工作开展情况，开展“日巡查、周抽查、”等工作，防止问题反弹，提高问题整改率，对全年辖区市级台账119处，区级台账111处脏乱点进行彻底整治，整改率达100%。

（胡潇元）

城子街道

【概况】 2018年，城子街道办事处完成区级财政收入4910万元，完成全年收入任务3891万元的126.18%，与去年同期比增长34.87%。新增企业完成区级财政收入280万元，完成全年任务500万元的56%。为民服务平台上报信息35条，人民意见建议1条，区转办事件1797条，接单率93.61%、办结率87.83%。全年累计硬化面积2万余平方米，绿化1100平方米，修建休闲小广场3座、更换室外排水管道180米，新增雨水箅子150.5米等。共发动社区志愿者、党员等6700余人次，清理堆物堆料345吨、小广告7300余处、清理店外经营120

处，拆除违法建设22处，拆除面积1599.35平方米。城镇登记失业人员就业人数481人，就业困难人员就业人数343人，空岗信息采集929条。新增灵活就业294人，停止灵活就业433人，辖区享受灵活就业870人，享受跨地区就业补贴36人，新增13人。城镇居民大病医疗保险共计参保3690人，城乡居民养老保险参保254人，享受城乡无保障待遇人员498人。受理各项药费报销共计167人次，136.62万元。接待办理补换社保卡613人次，接待变更一老一小及退休人员定点医院590人次。完成检查主体431户次，出动执法人员886人次，受理食品流通许可10件，其中新办7件、延续1件、变更2件，联合街道城管队、综治、工商等部门等部门开展联合执法12次，检查食药生产经营主体22户次。

单位名称：北京市门头沟区人民政府城子街道办事处
地　　址：北京市门头沟区龙门新区B9－14
电　　话：69864484
邮　　编：102300

（李灵芝）

【城市管理工作】 1月3日，办事处对辖区环境卫生及经营性小煤炉整治情况进行，检查组对18家经营商户，6户燃煤住户进行抽查，未发现使用劣质燃煤及经营性小煤炉复燃现象。年内，城子街道城子西街社区采取“街乡吹哨部门报到”的工作方法，将辖区内11楼旁拆迁空地修整为临时停车场，破解停车难题。年内，城子街道办事处组织城管、工商、食药等部门对城子大街、水厂路沿街商户集中开展“门前三包”专项整治行动。此次专项整治坚持“执法＋社区＋产权单位”三方联动工作机制，规范店外经营4家，清除玻璃橱窗广告20余处、清理小广告13处，清理乱堆乱放8处，规范非机动车20余辆。

（李灵芝）

【民生保障工作】 1月24日，街道民政科老龄系统召开关于60岁—64周岁老年人信息采集工作的培训会。23个社区工作人员参会，学习老年人信息采集工作的政策、系统操作方法及注意事项等，确保完成2018年老年人信息采集工作。4月27日，计生办与绮霞苑社区卫生服务中心在办事处举办“吃喝玩乐、健康养生”健康知识讲座。此次讲座150余人参加，发放宣传册150余本，并以抽奖幸运的形式为居民发放体温计、环保布包、健身腰带等纪念品。5月25日，在街道蓝龙家园社区举办现场招聘会。有来自全市36家用工单位参加。其中外区单位22家，区内单位14家，共为失业人员提供了90个工种，300个应聘岗位，前来招聘会现场应聘的失业人员达70人，最终10名失业人员达成就业意向，会场上发放宣传材料200份。6月12日，2018年计划生育家庭意外伤害保险工作结束，城子街道辖区共有267户计生家庭投保计划生育家庭意外伤害保险，投保金额为16020元比去年同比减少9%，179名育龄妇女投保四癌保险179份，投保金额为1.79万元同比增加95%，46名男性投保11癌保险46份，投保金额为9200元同比增加119%，年度内累计投保总金额为4.312万元同比增加40%。7月，完成2018年城子街道上半年度独生子女一次性奖励金发放工作，发放奖励款105人，10.5万元。11月24日，退役军人和其他优抚对象信息采集工作在龙门新区三区B9底商开始，截至27日，共采集各类人员300余人。

（李灵芝）

【平安建设工作】 “两会”期间，对公众聚集场所及两会期间连续生产和设备检修的单位，出动人员18人次，检查企业19家；组织“小城管家”志愿者参与社会面防控，在主要大街、路口开展巡视1000余人次；针对街道2名重点人，24小时值班稳控。4月29日，办事处主任带领城管执法队、综治办等部门开展节日期间环境秩序联合检查。背街小巷中存在的历史遗留问题、社区环境建设、施工工地管理等群众关心的问题，走访群众1家，接待热心群众1名，检查工地3个，排除隐患1处，规范店外经营3处、清除车体广告1处。华新建、西宁路、向阳社区工作人员参加现场检查。5月16日，城子街道司法所、龙门三区社区干部对社区3名现役军人家庭进行入户走访慰问活动。6月6日，综治办联合城子工商所、城子食药所、社区居委会等相关单位对辖区内“无证无照”违法经营企业开展专项联合检查。共计检查违法经营企业8家，出动执法人员10人，拆除违法经营广告牌匾5个，张贴停止经营无证无照公告10张。为提升群众安全感满意度。年内，对电动自行车行、建筑工地、有限空间作业等进行361次联合检查，发现隐患112处，整改完成率100%。城管执法队针对群众投诉，对大气污染、门前三包、社区游商等问题开展整治473次；综治部门开展12次“黄赌毒”情况摸排，聘请保安27人加强社区专项巡逻。出动志愿者3.3余万人次。组织集中入户宣传活动2060户次。举办失业人员就业现场招聘会，帮助46名就业困难人员实现就业。年内，慰问266名困难残疾人员。认真落实信访部门行为规范，超前化解集体访苗头8件，其余各类矛盾79件。接待群众来访32批155人次。

（李灵芝）

【执法工作】　5月11日，办事处领导带队，组织食药、司法等对矿桥东街77号、79号楼私搭乱建进行拆除，此次行动，城管执法队出动执法人员7人，各相关科室出动人员30人，保安人员50人，共拆除私搭乱建3处计30平方米。12月11日，城子执法队启动大风天气应急预案，共出动执法队员4人，执法车1辆，对辖区内3处工地进行专项执法检查。共开展联合整治29次，查处施工扬尘、道路遗撒、露天烧烤等各类违法行为216起，罚款39.258万元。

（李灵芝）

【文化体育活动】　5月16日，桥东社区举办主题为“不忘初心永担当，牢记使命创辉煌”党群歌咏比赛。22日，龙门三区工作人员及防疫站宠物医生以在活动地点等候，此次活动共有26只萌犬进行免费的犬疫苗注射，降低犬类携带病毒的概率。28日，龙门新区五区组织举办2018“唱红歌，颂党情”活动。29日，龙门一区联合三替公司特邀花卉养殖专家郭老师为老人举办花卉种植培训。5月，市场街社区联合城子村，邀请优贝亲子教育的老师，在蓝龙小区会议室表演孩之剧《小红帽》。

（李灵芝）

【区领导慰问】　6月20日，区领导张力兵先后慰问城子大街社区老干部、先进基层党组织龙门新区三区党总支，为老干部献了鲜花、赠送书籍，详细询问老干部的生活状况；走访龙门新区三区，与社区干部亲切交谈，送去慰问金。同时，参观城子街道社会组织孵化中心、文化活动中心、龙门新区党群服务中心，听取工委书记对街道工作的简要汇报。

（李灵芝）

【创城工作】　7月20日，城子街道召开创建全国文明城区工作动员部署会。区委常委、宣传部部长出席会议，街道全体领导班子成员、科级以上干部、各社区书记、主任，辖区单位参加会议。发放倡议书5300份。街道处级领导、包片科长作为辖区街巷长，深入各自联系的社区结合测评指标，实地查找问题382个，指导社区制定整改措施，督促整改进度。年内，街道2000余名小城管家协助社区开展环境整治，清理堆物堆料146吨、小广告3431处，清理杂草2000余平方米。社区成立以“小城管家”为主力的清理小广告、捡拾宠物粪便、文明停车等59支专项整治队伍，坚持日日巡，发现问题随时改，成为社区环境长效管理的有力抓手。年内，城子街道团工委，组织机关青年20余人，开展“助力创城、学雷锋”志愿服务1小时活动，对街道重点点位、主次干道进行垃圾清扫。利用机关、社区24个微信公众号、电子大屏、宣传栏等阵地及时宣传创城工作，悬挂创城宣传标语共98余条；电梯广告95个，制作入户宣传品4万余个，文明交通宣传卡3000张，编排涉及垃圾分类、文明礼让等内容的原创节目10个，开展5场创城专题演出，举办“换旧物，清楼道”活动12场。年内，针对创城工作工作中存在的重点难点各类，街道3次吹哨，集结区城管委、区园林局、区环卫中心、区棚改中心等单位，到重点点位现场协商解决乱停车、路面坑洼破损、绿地缺株死株的问题。年内，通过吹哨解决问题30个。街道处级领导、包片科长作为辖区街巷长，深入各自联系的社区结合测评指标，实地督促整改进度。街道督查组，坚持每日巡查，有效督导23个社区整改问题198个。开展“烟头革命”，集中力量整治沿街路面、商铺门前的环境问题。开展“我为文明引路”活动，社区文明引导员统一着装，每日出行高峰期在城子大街、增北路等重要交通路口进行文明交通劝导活动。各社区集合志愿者力量，持续开展社区环境综合整治，清扫街巷78条，清理楼道527个，清运垃圾63车，清除小广告2万余处。

（李灵芝）

【党群服务工作】　年内，城子街道工委完成20个基层党组织，2000余名在职党员报到接收工作。6月13日，城子人大代表团开展区人大代表联系群众集中接待选民活动。11名人大代表，23个社区的选民代表参加接待活动。19日至21日，对街道50名入党积极分子进行集中培训。年内，城子街道各社区党支部组织在职党员、社区党员、各类志愿者、社区居民开展社区清洁日活动。此次清洁活动共有在职党员426名、社区党员150名、青少年200余名、志愿者6100余名参与其中。各社区对主次道路、背街小巷、绿化带旁、河道两岸等地进行卫生大清扫，清除卫生死角200余处；捡拾住宅社区内绿化带白色垃圾80余袋、擦拭宣传橱窗80

余个、清除楼道内外小广告6000余张、并对200余个楼道进行堆物堆料情路，打扫楼道卫生、擦拭楼道玻璃；清扫路面积水200余处、拔草面积2000余平方米。

（李灵芝）

【环境整治工作】 年内，城子街道团工委，组织机关青年20余人，开展“助力创城、学雷锋”志愿服务1小时活动，对街道重点点位、主次干道进行垃圾清扫。利用机关、社区24个微信公众号、电子大屏、宣传栏等阵地及时宣传创城工作，悬挂创城宣传标语共98余条；电梯广告95个，制作入户宣传品4万余个，文明交通宣传卡3000张，编排涉及垃圾分类、文明礼让等内容的原创节目10个，开展5场创城专题演出，举办“换旧物，清楼道”活动12场。年内，针对创城工作工作中存在的重点难点各类，街道3次吹哨，集结区城管委、区园林局、区环卫中心、区棚改中心等单位，到重点点位现场协商解决乱停车、路面坑洼破损、绿地缺株死株的问题。年内，通过吹哨解决问题30个。街道处级领导、包片科长作为辖区街巷长，深入各自联系的社区结合测评指标，实地督促整改进度。街道督查组，坚持每日巡查，有效督导23个社区整改问题198个。开展“烟头革命”，集中力量整治沿街路面、商铺门前的环境问题。开展“我为文明引路”活动，社区文明引导员统一着装，每日出行高峰期在城子大街、增北路等重要交通路口进行文明交通劝导活动。各社区集合志愿者力量，持续开展社区环境综合整治，清扫街巷78条，清理楼道527个，清运垃圾63车，清除小广告2万余处。

（李灵芝）

【为民服务平台工作】 年内，为民服务平台上报信息35条，人民意见建议1条，区转办事件1797条，接单率93.61%、办结率87.83%。

（李灵芝）

【工会活动】 年内，城子街道总工会为13家社区基层工会建设暖心驿站，并建设完成职工文体中心、母婴关爱室、图书室、劳动争议调解室等。年内，完成北京工会APP平台抢购活动：“情系职工　鲜花相伴”君子兰鲜花抢购活动；“情系职工　春送温暖”优惠米、油抢购活动；完成市总工会12351平台春节庙会门票发放工作；春季“健康礼包”抢购活动等，共计10次。

（李灵芝）

东辛房街道

【概况】 2018年，东辛房街道辖区共有社区居委会11个、社区居委会筹备组1个。其中东辛房老区社区居委会7个。分别为：圈门社区、河南街社区、矿建街社区、西山社区、建设街社区、北涧沟社区、滑石道社区。石门营新区社区居委会4个，社区筹备组1个。分别为：石门营一区、石门营五区、石门营六区、石门营七区和石门营四区筹备组。东辛房老区大部分为拆迁社区，社区居民户籍数12859户，30034人。石门营新区规划住宅楼144栋，已建成楼栋数115栋，现入住常住户数6952户，18559人，流动人口2051户，5122人。年内，东辛房街道以建设和谐美丽宜居街道为目标，以加强党员干部党性锻炼为重点，以“将辛比心”党建品牌为载体，牢固树立不忘初心、勇于创新、不畏艰辛、幸福温馨的工作理念，全面推进思想、组织、作风、制度和反腐倡廉建设，扎实推进街道各项事业全面发展。全年完成地区财政收入2144.31万元。

单位名称：北京市门头沟区东辛房街道办事处
地　　址：北京市门头沟区西辛房大街50号
电　　话：69842026　69842067
邮　　编：102300

（王晓强）

【志愿活动】 1月18日，石门营五区启动“结对子、连民心”志愿服务，春燕服务社，55名志愿者为社区老弱病残人员提供各类便民服务。2月28日，东辛房街道联合区城管局、北京仁圣医院、北京联科肾病医院，开展学雷锋为民服务专项活动。通过义务理发、免费配钥匙、健康咨询、清除楼道小广告、健康咨询和义诊等服务，接待居民90余人次，配钥匙23把、理发26人、清理楼道小广告兑换物品45件，擦拭宣传橱窗24块。12月28日，开展创“1+N”模式，提升居民文明素养活动。评选最美社工8人，身边雷锋11人。依托石门营四区“365”党员服务驿站，石门营五区“一帮一”“多帮一”服务社和石门营七区“八送六代”品牌，带动社区志愿者每月开展一次志愿服务，创建文化品牌，形成“辛动、舞动、律动、曲动和乐动”的五动文化。

（王晓强）

【文化宣传活动】 1月24日，东辛房街道启动“两节”文化演出系列活动，组织曲艺、综艺节目2场、综合文艺演出4场、合唱演出1场、少儿专场演出1场。社区基层33支文化团队，开展活动30余次。开展新春演唱会、猜灯谜、文艺汇演、社区春晚、贴对联送福字、饺子宴等群众性文化活动60余场次。6月14日，组织以“献血捐髓—生命的礼物”为主题的无偿献血、捐献造血干细胞宣传活动。年内，举办地区全民健身运动汇、第二届合唱节，首届广场舞大赛，参与居民1.5万人次。

（王晓强）

【烟花爆竹禁放工作】　2月6日，东辛房街道召开烟花爆竹禁放工作推进会，利用社区宣传橱窗、电子大屏及微信公众号对烟花爆竹禁放规定滚动播出，悬挂禁放宣传标语20条，与辖区物业、学校、医院、派出所、社区等单位签订禁放安全责任书40份。印制禁放烟花爆竹承诺书1.3万余份，与辖区企事业单位职工、党小组长、楼门长及党员居民签订承诺1万余份。成立2支专项巡查组和1支应急处理组，负责节日期间烟花禁放的巡查与突发事件的处置工作。

（王晓强）

【环境整治】　2月9日，东辛房街道组织600余人开展环境清扫活动。对社区周边环境卫生进行清理，并通过悬挂彩旗、灯笼、彩灯、风车等形式，对社区进行布置，为新春佳节营造良好环境。11日，开展《北京市市容环境卫生条例》《北京市违法建设条例》《无证无照经营取缔办法》等法律法规集中宣传。共同解决环境秩序难题，拆除违法建设2处，拆除面积60平方米、规范车辆乱停乱放10处。3月23日，开展社区环境专项清理，对社区内4处堆物堆料和1个自行车棚内杂物进行清理，共清理堆物堆料3车，废弃床垫8个。3月，运用大数据加强社区环境卫生秩序管理，解决历史遗留问题6处，规范占道经营行为20余起，处罚无照经营及店外经营5起，查处无准运证件运输2起，拆除违建3处60平方米，行政处罚6000元。4月13日，组织石门营辖区130余人对社区橱窗、楼道小广告及社区白色垃圾进行擦拭和清理。共擦拭宣传橱窗38块，清理拾捡白色垃圾30余公斤，清理楼道小广告480条。8月18日，组织在职党员、社区党员和志愿者1000余人，开展“助力创城”环境清扫活动，共整治脏乱点位60余处，擦拭橱窗100余块，清扫广场、道路3万余平方米。年内，开展环境整治活动320余次，组织人员9780余人次，消除卫生死角287处，清除白色污染401公斤，清除非法小广告8563条，清理垃圾780吨。

（王晓强）

【应对空气重污染】　2月28日，东辛房街道多举措应对空气重污染黄色预警，利用社区电子宣传屏，开展应对空气重污染预警宣传。联合辖区物业公司在小区主要路面进行洒水作业，避免路面扬尘。联合城管分队、城管科、安全科等职能科室检查沿街门店37家、施工工地4处，共出动6车次，78人次。11月14日，启动空气重污染黄色预警，参与区联合夜间执法，开展地区施工场所扬尘、道路遗撒、露天焚烧、露天烧烤等污染源的执法检查工作，出动执法车3辆，执法队员7名，检查工地5个，处理问题2处。查看6所中小学幼儿园停课情况以及北涧沟地区工地落实“六个百分百”情况。联合物业公司对主要路面开展洒水作业，降低路面扬尘。年内，对裸露地面进行绿化处理12308平方米，苫盖30万平方米，对辖区内道路洒水70余次，150余车次。

（王晓强）

【大数据治理平台】　2月，东辛房街道制定《东辛房街道大数据社会治理平台建设项目方案》。6月14日，召开项目招标会，由北京北科慧识科技股份有限公司承接项目，该项目完成东辛房街道全域内社区、网格图层绘制，并将所有社区中219栋建筑物，13021间房屋，32214人的数据入库，收集完成新区65个监控摄像头安装点位以及辖区企业、法人信息基础数据。

（王晓强）

【垃圾分类】　3月21日，东辛房街道引导辖区1个机关单位、11个社区、3所中小学校、4家企事业单位和47家门店实现垃圾分类，为沿街门店、学校配备各类垃圾分类桶618个。开展垃圾分类培训10次、举办主题宣教活动3次。5月17日，开展餐厨垃圾分类检查，联合城管执法队、食药所、工商所等部门对辖区10家餐饮企业餐厨垃圾分类情况进行联合检查。出动执法人员16人次，执法车辆5台次，下发约谈整改通知书2份。

（王晓强）

【疏解整治促提升工程】　3月23日，东辛房街道启动疏解整治促提升工程。拆除西辛房28.5平方米违法建设。完成矿建街背街小巷整治提升工程。3月，东辛房街道城管分队联合相关部门共同维护清明祭扫环境秩序，出动执法车2辆，执法队员6名，清理治理无照游商出售祭扫物品3起，乱停乱放车辆8起。4月19日，石门营五区拆除违法建设12平方米，拆除围挡5块，清理堆物垃圾1.5吨。28日，对石门营新区的黑出租、黑摩的等非法运营行为开展整治宣传活动。发放《关于开展黑车、黑摩的禁止非法运营管理工作》告知书50余份。4月，进行背街小巷专项整治工作，完成矿建街西背街小巷绿化、整治等多项工程。对小区内2栋楼房的破损散水进行集中修补，对已拆除的私搭乱建区域进行地块平整与路牙铺设工作，铺设路牙45米，平整裸露区域200平方米。8月1日，启动葡萄园社区历史遗留违建拆除工作，对前期摸排违建56间房屋61个煤棚，集中拆除。31日，完成葡萄园社区违法建设集中自拆，拆除煤棚、储物间等违建87间，拆除面积1239.72平方米，签定拆除同意书68户，签约率98.55%。

（王晓强）

【学习培训】 3月23日，东辛房街道举行消防安全知识讲座。石门营新区350余居民参次活动。6月12日，开展防范非法集资宣传活动，聘请社会组织开展抵制非法集资专业讲座，悬挂宣传横幅1条、摆放宣传展板1块，发放宣传册100份、宣传折扇100把，受教育群众100余人。7月26日，制作创城宣传硬质横幅40条，依托电子屏、宣传橱窗对创城公益广告、创城口号循环播，制作印有创城内容的扑克牌、冰箱贴等小礼品4万份。年内，组织社区干部及“草根”社区社会组织骨干50余人参与社区社会组织能力提升培训班。

（王晓强）

【党建工作】 3月27日，东辛房街道完成机关党支部书记、“两新”组织书记、19个社区党组织书记述职承诺工作。2017年履职情况获得好的比例为86.29%，2018年承诺情况和总体评价获得好的比例均为85.69%。4月，开展“将辛比心”党建品牌系列活动——党员形象照工作，为300名党员在党群活动中心拍摄党员形象照。5月29日，推进在职党员到社区报到工作，出台《东辛房街道基层党组织和在职党员服务社区管理制度》，社区报到在职党员907名。

（王晓强）

【民兵整组】 3月，东辛房街道整组基干民兵重点应急营应急排1个、30人，防空作战双25高炮营连队1个、52人，空军勤务保障伪装防护分队1个、10人。

（王晓强）

【为民办实事】 4月6日，东辛房街道及时解决石门营四区1400余户居民停水问题。为保障居民正常生活，在社区集中地段设置临时接水点10处，动员社区干部、志愿者为空巢、独居及行动不便老人开展送水服务，送桶装饮用水70桶，生活用水120桶。11日，停水问题解决。13日，完成矿建街西、矿建街社区313户居民，天然气入户工作，天然气主管道进驻社区，分户管道完工。年内，引入康馨社会工作事务所，为社区开展“新居民幸福生活品质提升项目”。围绕品质生活、社区法律援助、居民自治试点建设、和谐邻里建设、社区亲子创客系列活动等5个方面开展各项服务活动98场，服务居民3780余人次。

（王晓强）

【清明防火】 4月，东辛房街道做好清明祭扫安全保障。明确9个责任社区、5个重点路口为重点看护点，社区志愿者、机关干部全员停休，加强巡视，出动执法车28辆次，执法队员112人次名，规范无照游商占道经营4起，规范治理乱停乱放车辆9起。

（王晓强）

【防汛工作】 5月18日，东辛房街道完成防汛前期隐患处置工作，对辖区危险点10处，危险户21户，建档造册，制定菜单式转移方案。完成北涧沟、矿建街西2条排洪沟的清理整治工作，完成3处低洼地段房屋排水沟修建工程。投资15万元购置雨衣、铁锹、沙袋等常用防汛设施。组建街道、社区两级抢险救援队，20个社区设立防汛巡查员。30日，召开街道防汛工作动员部署会。机关、各社区居委会以及辖区各重点单位80余人参加会议。会上，签订防汛工作责任书。

（王晓强）

【“街乡吹哨、部门报到”】 5月，东辛房街道制订《东辛房街道“街乡吹哨、部门报到”实施方案》，成立专项工作领导小组。排查辖区所有机关、企事业单位，共61家。对街道管理的各类协管员情况进行汇总，共12类，实际配备239人。为到社区报到的9个党组织，907名在职党员建立台账。成立党建工作协调委员会。8月24日，落实“街乡吹哨，部门报道”，多措并举破解石门营京昆路违章停车问题。联合区交通支队、城管委在反馈集中路段京昆路召开现场协调会，协商解决违法停车问题。印制《创建文明城区致司机一封信》300 份，社区干部、志愿者和物业保安向集中停车路段的车主发放材料，并现场对车辆进行劝离。加装临时隔离防护栏，实现机、非车道隔离，同时由区交通支队委托专业公司在路侧施画停车位，引导司机有序停车。

（王晓强）

【帮扶对接】 6 月 7 日，东辛房街道与河北省涿鹿县温泉屯镇实现帮扶对接。对温泉屯镇基本情况，地区产业、经济和贫困户情况进行了解与询问，建立 296 户，501 人贫困群体台账。

（王晓强）

【绿化美化】 6 月 8 日，东辛房街道多措并举合理使用腾退空间。新建、修建北涧沟、矿建街、矿建街西、西山 5 处 1250 平方米口袋公园，修建居民休闲健身广场 8 处 4820 平方米，为居民增添休闲健身好去处。新区和老区保留楼房社区摆放花箱 59 组，种植菊花、鸡冠花等花卉 488 平方米，栽种法桐、银杏等树木共 52 棵，在小区内栽种补种花卉绿篱 2750 平方米。以“扮靓社区，你我同行”为主题，石门营一区打造花坛景观、风车主题，石门营七区、四区、五区利用废旧物品打造造型主题，美化社区环境。

（王晓强）

【重阳节活动】 10 月 16 日，石门营七区开展“暖暖敬老情，九九庆重阳”趣味运动会，设置趣味套圈、保龄球、托球跑、地点投球等项目，社区 300 余名老人参与。

（王晓强）

【感受冬奥，助力创城】 11 月 11 日，东辛房街道在金色摇篮幼儿园举办“家门口的冰雪世界”，邀请 500 余名居民，通过旱地滑雪、旱地冰球、旱地冰蹴球、VR 滑雪和旱地冰壶 5 个项目，感受冬奥运动，体验冰雪文化。

（王晓强）

【征兵工作】 年内，东辛房街道完成适龄青年征兵工作，体检合格及边缘人员 10 人，政审合格人数 8 人，参加预定兵役前集训 7 人，最终 6 名青年被批准入伍。

（王晓强）

【城市管理工作】 年内，东辛房街道执法队受理举报 76 起，受理区为民服务中心举报 71 起，受理占道经营举报 51 起。拆除违法建设 2452.12 平方米。空气重污染执法检查工地 210 频次，出动执法队员 420 人次。参加区级联合执法 6 次，街道级联合执法 40 余次。

（王晓强）

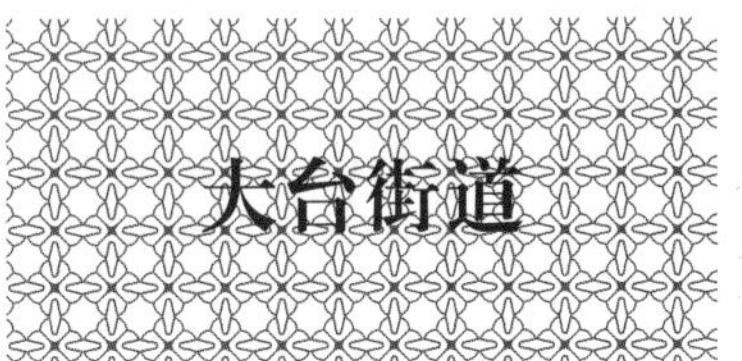

大台街道

【概况】 大台街道位于区境西南部，西部与斋堂镇毗邻，北部与雁翅镇接壤，东部与王平镇（包括原北岭范围）为邻，西南部与房山河北、佛子庄、大安山等乡镇交界，辖区面积 80.9 平方公里，下辖 9 个社区居民委员会，总人口约 1.3 万人。现有基层党委 2 个，党总支 3 个，党支部 20 个，党员 604 人。2018 年，大台街道工委、办事处在从严治党、文明创建、环境整治、民生保障、社会稳定等各项重点工作中，各项事业全面提升，为实现地区转型发展迈出坚实的步伐。疏解提升成效显著，开展“百日攻坚”专项行动，环境排名名列门头沟区前茅。完成全年拆违任务，无违建社区创建成效显著；街乡吹哨部门报到工作效果初显，综合行政执法平台建设有序推进，“吹哨”机制在解决地区重点难点问题上作用明显；基层党建更具活力，建立街居两级党建工作协调委员会，区域化党建作用发挥更加显著；党建品牌后劲十足，黄土台服务大集在市委组织部“社区大讲堂”和长城网作为案例教材进行展播；文明城区创建有声有色，开展“比学赶超”擂台赛、“最美弯腰”“创城微故事”“创城答题”等活动，“传承好家风　党员讲故事”6 大系列主题活动有序推进；服务水平不断提升，政务服务中心建设有序推进，“一窗通办”成效显著，满意度测评全年排名全区第二。与东城区天桥街道多领域开展合作，拓展就业资源；招商引资工作实现历史突破，完成财税收入 412.5 万元，完成任务的 186.6%，较去年同比增幅 957.7%，获区委表扬并获奖状。

单位名称： 北京市门头沟区人民政府大台街道办事处
地　　址： 北京市门头沟区大台街道大台路 8 号
电　　话： 61870355
邮　　编： 102303

（麻鹏信）

【2018 年工作会议】 1 月 26 日，大台街道在办事处四层会议室召开 2018 年工作会议，总结 2018 年度的工作开展情况，部署 2019 年重点工作任务。处级领导班子成员、社区“两委”班子成员、

机关干部参加会议。

（麻鹏信）

【节前安全检查】 2月6日，大台街道领导班子成员到双红社区、大台市场、供暖锅炉房检查节前安全生产情况，现场观看消防设备使用演示，城管执法队、食药所相关负责人陪同检查。

（麻鹏信）

【趣味运动会】 2月7日，在栖凤山庄举办大台街道2018年迎新春趣味运动会。比赛项目有毛毛虫赛跑、平板支撑、射箭、夹乒乓球4个个人项目和拔河集体项目，街道领导班子成员、社区“两委”班子、社区专职工作者、机关干部等120余人参加活动。

（麻鹏信）

【社区邻里节】 2月8日，在办事处四层会议室举办大台街道2018年“幸福邻里 守望相助”社区邻里节启动仪式暨2017年度孝星表彰仪式。宣读2017年度孝星名单。社区“两委”班子、机关干部参加活动。

（麻鹏信）

【“大工委”工作会议】 2月11日，在办事处三层会议室举办大台街道2018年“大工委”工作会议，各成员单位对2017年度工作开展情况进行汇报，对2018年地区重点工作进行研讨。区委社会工委书记、街道处级领导班子成员、各成员单位主要领导参加会议。

（麻鹏信）

【民主生活会】 2月13日，在办事处三层会议室召开2017年度处级领导班子党员领导干部民主生活会，处级领导按照程序依次宣读对照检查材料，开展相互评判，并作出承诺表态，区领导闫中、区委督导组现场观摩指导。

（麻鹏信）

【千军台庄户幡会】 2月24日，在办事处三层会议室召开2018年度千军台庄户幡会安保会商会。会上研究2018年幡会安保有关事宜，实地查看幡会重要点。区公安分局、辖区相关单位、街道领导班子成员、大台地区文保协会参加会议。28日，在千军台广场搭建幡会正月十五接会表演台，安装音箱等设备。3月2日至3日，在千军台社区举办正月十五、十六千军台庄户幡会活动，参演会档20余个，参演人员超过200人，活动吸引8000余名居民、观众和摄影爱好者。活动具体事宜由地区文化遗产保护协会负责，办事处联合公安分局、木城涧煤矿等单位负责外围安全保障。

（麻鹏信）

【社区书记述职承诺大会】 3月6日，在玉皇庙二层大会议室召开大台街道2017年度社区党组织书记述职承诺大会，9个社区党组织书记依次对2017年全年工作开展情况进行汇报，包居领导分别对社区全年工作进行点评。与会人员对党组织书记履职情况进行民主测评。工委书记作总结讲话。社区党员群众代表200余人参加。

（麻鹏信）

【黄土台老年餐桌】 3月8日，大台街道首个社区老年餐桌开门运营。老年餐桌位于黄土台社区，邀请工委副书记、社区老人代表前来试吃，广泛征集群众意见建议。

（麻鹏信）

【疏解整治促提升】 3月22日，大台街道2018年推进疏解整治促提升促进生态文明和城市环境工作部署会在办事处四层会议室召开。会上，工委副书记部署工作方案。办事处主任与木城涧、大台、桃园3个社区签订责任书，工委书记作总结讲话。街道处级领导班子成员和社区“两委”班子参加会议。

（麻鹏信）

【党风廉政建设】 3月27日，大台街道召开2019年街道党风廉政建设工作会议。会上，逐级签订党风廉政建设个性化责任书和勤政廉政个性化责任书148份。纪工委书记宣读《大台街道工委2019年党风廉政建设和反腐败工作要点》和《社区党组织党风廉政建设工作指导》，对党风廉政建设工作进行部署。6月25日，召开2018年上半年党风廉政和反腐败形势分析会，纪工委书记通报上半年市、区有关党风廉政和反腐败斗争典型案例，分析地区党风廉政和反腐败形势，工委书记就加强有关工作提出具体要求。10月29日，在办事处三层会议室召开大台街道2018年下半年党风廉政工作专题会，纪工委书记对上半年党风廉政工作会议精神落实情况作进行阶段性的总结，工委书记提出进一步的明确要求。

（麻鹏信）

【就业宣传活动】 3月，大台街道政务服务中心在怡然广场开展“春风行动”就业宣传活动，此次活动主要进行就业介绍，为失业人员提供职业介绍服务。5月23日，大台街道与天桥街道在大台“怡然广场”举办2018年“手拉手”专项活动。为地区失业人员提供电工、司机、销售人员等30余个就业岗位。共有160余名居民参与此次招聘会，当场达成就业意向20余人。

（麻鹏信）

【双报到工作】 4月11日，在三层会议室召开大台街道2018年党组织和在职党员双报到工作部署会。工委组织部长对双报到的工作要求进行说明，并演示在党员E先锋系统的操作流程。各社区党组织书记、副书记参加会议。

（麻鹏信）

【青年诗歌朗诵大赛】 5月7日，在办事处四层会议室召开大台街道2018年“汇聚青春梦、奋斗新时代”青年诗歌朗诵大赛，各社区、各科室全部参加派出选手参加，领导班子成员出席。

（麻鹏信）

【爱鸟周主题活动】 5月11日，联合北京市京西林场在怡然广场举办“保护鸟类资源　守护绿水青山”爱鸟周主题活动。各社区300余名居民参加活动，市园林绿化局、大台街道领导出席。

（麻鹏信）

【红五月合唱比赛】 5月29日，在大台煤矿礼堂举办2018年大台街道“唱响新时代　踏上新征程”红五月合唱比赛，9个社区全部组队参加比赛，参赛人数和合唱水平较去年均有显著提升，比赛邀请文委专业裁判评分，处级领导班子成员出席活动并为获奖代表颁奖。

（麻鹏信）

【社会资金项目评审会】 6月7日，在办事处三层会议室召开2018年大台街道社会建设资金项目评审会。主管科室逐一梳理社区上报社会建设资金项目，从项目必要性、可行性等方面对项目进行评审，纳入街道项目库。办事处主任、主管领导和社区书记、主任参加。

（麻鹏信）

【积极分子培训班】 6月20日至22日，在办事处四层会议室召开2018年大台街道积极分子培训班。工委书记作开班动员讲话，培训内容包括思想政治理论、党员发展流程、如何发挥党员先锋模范作用等。机关和社区入党积极分子参加。

（麻鹏信）

【节日慰问】 6月28日，工委书记、副书记带队到玉皇庙社区慰问建国前老党员，为老人送去慰问金和节日的祝福。

（麻鹏信）

【社区榜样评选表彰】 6月29日，在大台矿礼堂举办2018年度“七一”表彰大会暨“社区榜样”评选表彰大会，8名同志被评为2018年度大台街道“社区榜样”，评委会为每名“社区榜样”拍摄专题短片，撰写颁奖词，并邀请街道领导班子成员和“大工委”成员单位领导为“社区榜样”获得者颁奖。

（麻鹏信）

【社区财务审计】 6月，大台街道聘请高商万达会计事务所对9个社区2015年至2018年6月的财务状况进行专项审计检查。对于检查发现的问题，督促社区整改。8月28日，街道工委领导就社区财务审计结果，对社区书记进行集体谈话并提出更高标准的工作要求后，监督各社区进行再次整改。

（麻鹏信）

【新闻宣传信息员培训】 7月5日，在办事处四层会议室举办大台街道2018年新闻宣传信息员培训班，邀请区委宣传部新闻宣传科科长为机关和社区信息员作专题培训。

（麻鹏信）

【社区“两委”换届选举】 7月17日，成立大台街道社区“两委”换届工作专班，在三层会议室召开工作专班第一次会议，研究换届选举相关工作。25日，召开现任社区“两委”成员资格初审工作会，召集相关科室集中对现任社区干部进行资格审查。26日，召开社区“两委”委员中党员入党过程核查工作会，对现任社区干部中的党员进行审查。12月20日至23日，所辖各社区党组织全部完成换届选举工作，工委书记依次与新当选党组织班子成员谈话，对各社区新一届班子成员提出希望和要求。年内，完成社区党组织换届选举工作，实现资格审查通过率、预测吻合度、一次性选举成功率3个100%。

（麻鹏信）

【对口支援帮扶工作】 7月19日，大台街道领导班子成员到河北省涿鹿武家沟镇开展对口支援帮扶工作，与武家沟镇党委政府签订三年工作计划框架协议，实地走访当地村民家庭，了解受援地区的经济和社会发展情况，慰问当地的部分贫困户家庭，发放对口共建慰问资金2万元，让武家沟镇18个村的40户贫困家庭感受到党和政府的帮扶温暖。

（麻鹏信）

【创建全国文明城区启动大会】 7月20日，在办事处四层会议室召开大台街道创建全国文明城区启动大会。会上，工委副书记宣读工作方案，工委书记与副书记签订工作责任书，工委副书记与玉皇庙社区签订工作责任书，大台中心小学、大台社区负责人以及社区志愿者代表作表态发言，工委书记作动员部署讲话，区领导闫中讲话，提出具体工作要求。26日，召开创城指标体系培训会，街道创城办对指标进行分析和讲解，辖区各单位、各社区负责人参加会议。8月13日，召开大台街道创城工作推进会，街道创城办就创城工作的最新相关要求向各个工作组进行传达和部署。9月20日，街道领导班子带队检查大台社区、双红社区、木城涧煤矿创城实地考察指标落实情况，与相关单位和社区负责人进行座谈，明确问题整改措施和时限。

（麻鹏信）

【慈善大集】 7月26日，大台街道联合区捐赠中心，区商务委员会在怡然广场举办“门头沟区大台街道慈善大集”活动。汇集众多单位和机构，为市民免费测血糖、量血压；现场教授心肺复苏等急救知识；养老服务中心为市民进行手诊和面诊；开展慈善义卖、捐衣活动；对口帮扶内蒙、涿鹿地区绿色农产品现场展卖；银行防假币防诈骗宣传；司法所提供免费法律咨询服务。

（麻鹏信）

【家风主题书法比赛】 8月9日，机关党支部在四层会议室举办传承好家风、家训主题硬笔书法比赛，机关全体党员参加。赛后，在办事处一层大厅展示优秀作品。

（麻鹏信）

【党务工作者培训班】 9月26日至28日，在栖凤山庄举办大台街道2018社区党务工作者专题培训班。培训围绕思想理论、党务实操、E先锋系统等进行集中培训。社区“两委”班子成员全部参加培训。

（麻鹏信）

【检查实事工程】 10月17日，大台街道工委书记带队检查2018年社区实事工程项目。检查桃园街心公园、街道综合执法平台等工程，领导班子成员对工程质量整体上表示满意，同时提出整改意见和建议。

（麻鹏信）

【安全感调查入户宣传】 11月26日至12月10日，大台街道9个社区所分42个小组，逐户逐店走访宣传，走访2227户，完成入户率91%。针对扫黑除恶、打击网络诈骗、打击违法集资、违法群租房等行动，发放专项宣传手册2万余份，张贴海报156张，设置举报箱9个。

（麻鹏信）

【宪法宣传日】 12月4日，大台街道在灰地小学开展“宪法与我的生活”12.4宪法宣传进校园主题活动。由司法所工作人员带领同学们诵读《中华人民共和国宪法》相关法规，并为学生和老师们讲解《中华人民共和国宪法》在生活中的重要意义及赋予大家的权利和义务。

（麻鹏信）

【群团工作】 年内，大台街道总工会新增困难职工9名，困难职工脱困19名。切实保障职工权益，为170名职工参保意外伤害互助保险、为171名职工参保住院医疗保险、参保女工特疾互助保障112份，投保总金额19496元。为17名困难职工子女申请金秋助学金13.4万元。完善各社区团支部人员配备，对68名困境青少年人开展帮扶需求调查工作。开展团员到社区报到工作，102名团员分别到9个社区完成报到工作，开展团日活动9次，志愿服务活动15次。着力发挥社区“妇女之家”作用，开展“童书馆”“国学课堂”“妇女健身学堂”特色活动，完成玉皇庙“妇女之家”创建工作。

（麻鹏信）

【新闻宣传和信息工作】 年内，大台街道围绕地区党的建设、为民服务、环境建设、文明创建等方面，向两办信息科、组织部信息科、创城办、广电新闻中心等单位累计报送新闻宣传和工作信息稿件122篇，采用62篇。其中《门头沟区大台街道推动协管员队伍规范管理试点工作》《黄土台社区273级台阶的关怀》《世界濒危鸟类黑鹳现身大台街道樱桃沟湿地》被市级媒体和杂志等采用，首都文明网采用文明创建信息6条。在共产党员网先锋文汇栏目发布评论文章232篇，其中45篇被区委组织部评为精选文章。微信公众号累计推送62条，内容涵盖文明城区创建、为民服务、文化建设、平安建设等，阅读量达到17375次。

（麻鹏信）

【预算执行情况】 年内，一般公共预算区级项目资金支出4176.37万元，支出率为78.33%，全区排名位列中游。预算内结余结转资金支出率为100%，全区排名并列第一。

（麻鹏信）

【门前三包】 年内，大台街道与

辖区商户、单位共签订“门前三包”责任书70份，张贴“门前三包”公示牌70个，签订率、张贴率100%，确保市容环境干净整洁，设施、秩序环境井然有序，城管执法队牵头开展联合执法检查50次，治理店外经营27次。

（麻鹏信）

【垃圾分类】　年内，大台街道制订《大台街道办事处生活垃圾分类与资源化利用实施方案》，聘请中华环保基金会绿色宣讲团讲师为机关干部、社区居民进行垃圾分类知识培训，增强垃圾分类意识。为居民发放垃圾分类宣传册4540册。为地区民居发放分类垃圾桶共4535套，其中楼房户1830套，平房户2705套，在社区建设开放式分类垃圾站点56个。

（麻鹏信）

【餐厨垃圾管理】　年内，大台街道与餐厨垃圾收运企业与辖区单位食堂、个体餐饮企业签订北京市餐厨垃圾收运合同23份，收运企业每周定期进行餐厨垃圾收运。同时，联合城管执法队、食药所等对辖区单位食堂、个体餐饮企业餐厨垃圾消纳情况进行联合检查，确保餐厨垃圾消纳资源化、减量化，禁止餐厨垃圾喂猪及饲喂其他畜禽。

（麻鹏信）

【街巷长工作】　年内，大台街道制订《大台街道办事处街巷长实施方案》和《大台街道办事处小巷管家实施方案》。根据社区实际情况，通过“一街（巷）一长”的设立，建立完善街巷长制的组织保障体系，把街巷日常管理责任落实到人。制定区级街巷长公示牌1块，街道级街巷长公示牌36块，发放街巷长日志23本。形成居民发现问题及时报告，管片街巷长及时解决的工作格局。

（麻鹏信）

【河长制工作】　年内，大台街道健全和完善街道河长制工作方案，严格落实街道、社区级日常巡查制度和各项机制。设立警示牌10块，增加落坡岭水库重点区域巡查频次，在地区山泉水口处，设立警示标识，引导居民健康用水。共出动6800人次，170车次，清理垃圾、渣土约1900方；水面漂浮物约210方；劝阻上冰、钓鱼人员约1120人次；河长巡查APP累计巡河里程5222公里，巡河人次712人次。

（麻鹏信）

【实事工程】　年内，大台街道协助区水务局新建桃园、菜台2座污水处理站，改造大台、落坡岭2座污水处理站；完成黄土台、大台、桃园、菜台、落坡岭社区内7000余米污水管线改造、2500米给水管线改造。道路修缮、地面铺砖硬化，硬化面积14260余平方米；修缮厕所6座；修缮、安装护栏950余米；垒砌挡墙280余米；防汛除险修建桥梁1座；新建休闲广场3处；新建党建文化宣传长廊1处；完成综合执法中心办公室、会议室修缮及装修并购置办公设备。

（麻鹏信）

【招商引资工作】　年内，大台街道完成注册企业188家，其中工程类89家，占比47.3%；科技类42家，占比22.2%；文化旅游其他类17家，占比9%；管理服务类33家，占比17.5%。年内，区政府下达任务指标221万元，街道实际完成财税收入412.5万元，完成任务的186.6%。2017年度完成39万元，同比增幅957.7%。

（麻鹏信）

【畜禽防疫】　年内，大台街道免疫鸡650只、犬防疫131条。开展非洲猪瘟防控工作，出动人员100人次，喷洒消毒液70余瓶，清除地区生猪34头，无非洲猪瘟疫情发生。

（麻鹏信）

【落实救助保障政策】　年内，大台街道落实残疾人2项补贴政策，享受残疾人生活补助169人，护理补助332人，落实残疾人2项补贴117万元。落实九养政策，为319名80周岁老年人和189名残疾人，落实居家养老助残卷补贴共47.5万元。两节、助残日期间，落实慰问金6.97万元，慰问品78份，惠及167户困难家庭。为110名80岁以上老人免费配备具有实时定位、心率监测、一键呼叫120等功能老年腕表。为20户空巢独居老人安装锐感安否确认系统。为350名老年人办理意外伤害保险，其中210名70岁以上老年人享受意外伤害保险补贴。为22名90岁以上老年人，落实高龄津贴2.4万元。为5名特殊困难和3名两劳释放人员发放救急难项目资金2.4万元。发放城乡无丧葬费补贴6万元。为7名肢体残疾人办理机动轮椅燃油补贴。帮助4名残疾人办理购买辅助器具。为2名困难重度残疾人办理“喘息式机构托养”服务。

（麻鹏信）

【统计工作】　年内，完成大台街道办事处第四次全国经济普查清查工作，清查率139.9%在全区排名第一。完成2018年度人口抽样调查工作，为地区疏解整治工作提供数据支持。

（麻鹏信）

【信访接待】　年内，大台街道受理96156、12345各类求助事项96件，办结96件。接待群众来访17件17批23人次，受理群众来信1件次，处理市区信访办公系统交办件16件21批90人次。党政主要领导接待群众来访3件3批3人次，矛盾化解率达100%。社区“连民心恳谈室”受理矛盾纠纷117批155人次，化解117批次。司法所、信访共同调解15件次。

（麻鹏信）

【打击非法盗采】　年内，大台街道打击私挖盗采方面，封堵大华沟路口、525沟道口2处；出动钩机3车次，掩盖盗采点2处，损毁盗采路段2千米；捣毁发电机2台、风镐1台、推车3台、镐、铁锹等工具15件，查获叶腊石20余袋，向公安机关移送私挖盗采嫌疑人4人次。

（麻鹏信）

【防汛工作】　年内，大台街道召开2018年防汛工作部署会，签订防汛责任书19份，发放应急避险明白卡300余张，通过排查新增地灾点3处，签订地灾员责任书7份。汛期组织相关部门利用无人机等科技手段形成大台地区清千路沿线地灾隐患点报告，协调区国土、公路等相关部门对完成清千路沿线15处地质灾害隐患点进行全面整治。

（麻鹏信）

【消防工作】　年内，大台街道开展打基础除隐患创平安消防安全大排查大整治专项行动，推进消防宣传“进社区、进学校、进企业、进家庭”活动，组织检查人员到社区巡逻检查160余次，清理排查隐患120余处。签定《家庭防火责任书》1676份，发放《规范电动车停放充电行为告知书》1226份。对重点行业、建筑施工等单位加大消防安全监管力度及重点时段的防火力度，对辖区82家“六小单位”进行“网格化”排查整治。组织开展103次268人的各项消防检查，查处不安全隐患70处，现场纠正41处，签发隐患整改通知书29份，整改率达100%。

（麻鹏信）

【安全生产工作】　年内，大台街道出动检查人员800人次，检查单位400家次，检查企业覆盖率完成100%的工作目标；完成18名社区安全巡视员招录，初步形成三级网格化安全生产管理；组织消防等部门完成15家“三合一”场所的验收工作；完成安责险投保任务5份；安全风险云服务系统填报率达到100%；市委市政府对大台街道2017年度安全生产督察反馈问题整改落实率达到100%。

（麻鹏信）

【居民公约修订】　年内，大街道指导各社区修订、完善居民公约，在社区进出口、楼梯口、社区内部道路，宣传栏等明显位置张贴居民公约展板400余块，开展“践行居民公约，共建社区文明”助力创城签名承诺活动。社区居民纷纷在新修订的《社区居民公约》上签名，郑重承诺将遵守并践行这一公约，做一名文明市民。确保居民公约知晓率达到100%。

（麻鹏信）

【红十字会工作】　年内，大台街道为45户困难弱势群体进行红十字两节慰问救助，救助标准为每户（人）800元，共发放慰问金3.6万元；开展“博爱在京城”募捐筹资活动，共募捐到15209元善款；邀请红十字会讲师，开办2场自救互救知识大课堂，发放宣传材料300余份，受益群众130人次；千人公益救助4户，每户2000元，发放慰问金8000元；办理红十字会员红卡30张。

（麻鹏信）

【老积极分子服务管理】　年内，大台街道有退离老积极分子28人，每人每月1571元，每月43988元。老积极分子药费二次报销28人次，62650元，慰问老积极分子28人，发放两节慰问金5600元。

（麻鹏信）

【计划生育工作】　年内，大台街道辖区常住人口7806人，其中户籍人口6337人，流动人口2491人。已婚育龄妇女2477人，其中常住1833人，流动人口（包括婚嫁来京人员）880人。户籍新生儿47人。政策出生率100%。流动人口居住地出生6人，政策符合率100%。参加免费孕前优生健康检查的育龄妇女共25人。计生特殊扶助家庭13户18人，其中失独家庭4户6人，独生子女伤残家庭9户12人，发放2018年社区无业人员独生子女父母光荣费13115元，发放独生子女父母年老时一次性奖励费4.1万元。办理计划生育家庭意外伤害保险95户243人。办理“女性四癌保险”102份102人；“男性11癌保险”23份23人，惠及社区居民群众368人。计划生育家庭保险赔付金额为4835.77元。

（麻鹏信）

【就业失业工作】　年内，大台街

道新增城镇登记失业人员146人。接收失业人员转入档案117份。为60名失业人员办理灵活就业手续。接待群众来访咨询达200余人次。发放失业人员优惠政策宣传手册300余份。开展就业帮扶活动3次，共计服务群众200余人次，举办专项招聘会1场。元旦、春节两节慰问失业人员47人，发放慰问金2.35万元。

（麻鹇信）

【社会化管理工作】　年内，大台街道为41名失业人员办理退休手续，死亡减少11人，社会化管理的退休人员1053名。办理城乡基本养老保险给付业务34人，清算业务11人，新参保人员183人，增员人员19人，急诊未使用医保卡手工报人数72人，医保异地安置13人，医保变更71人。公益性在职人员125人。

（麻鹇信）

【低保工作】　年内，大台街道城乡低保对象195户，374人，月保障金额为353785.12元。落坡岭社区5户10人，保障金9700元，桃园社区29户53人，保障金44355.54元，双红社区12户22人，保障金21505.53元，大台社区24户39人，保障金38228.04元，黄土台社区14户，26人29173.34元，灰地社区44户82人74323.56元，玉皇庙社区31户60人，58760.04元，木城涧社区1户1人，670元，千军台社区35户81人，77069.07元，特困对象4人，保障金额6000元。

（麻鹇信）

【城管行政执法】　年内，大台街道城管行政执法处罚79起、罚款6890元。其中无照经营53起、罚款2860元；运输车辆不符合要求1起、罚款500元；无准运证件运输2起、罚款1000元；在燃气使用过程中从事其他危害公共安全和公共利益的活动2起、罚款1000元；乱堆物料1起、罚款500元；擅自张贴广告2起、罚款600元；在城镇地区饲养家禽家畜1起、罚款50元；在城市道路及其他公共场所晾晒衣物2起、罚款40元；焚烧垃圾及在绿地内用火烧烤各2起、罚款80元；随意丢弃废弃物2起、罚款40元；施工等作业影响垃圾清运未采取解决措施1起、罚款20元；随地吐痰1起、罚款20元；未按规定清运生活垃圾和乱到污水各2起，罚款80元。对于首次违法且情节轻微的行为进行告诫16起，主要涉及未按要求履行维护市容环境卫生责任、占道经营等违法行为。处理96310举报3起，12345举报7起，主要涉及非法清运渣土和无照经营行为。

（麻鹇信）

【拆违工作】　年内，大台街道打违系统平台原总账24处，面积8331.6平方米，全部拆除；2018年新上账42处，面积14680.6平方米。共拆除22925.9平方米，全部完成销账，销账进度为100%。

（麻鹇信）

【人民调解】　年内，大台街道共受理调解案件295件。其中涉及邻里纠纷60件，婚姻家庭53件，物业纠纷32件，其他纠纷109件，环境污染纠纷5件，山林土地纠纷5件，合同纠纷4件，征地拆迁纠纷3件，损害赔偿纠纷6件。司法所上报6件调解案例，全部被市司法局评为优秀案例。

（麻鹇信）

【安置帮教】　年内，大台街道共接收安置帮教人员6人，均为刑满释放人员。现在册帮教人员32人。按照管理类别实施针对性帮教工作，严格档案管理。在全国两会、中非论坛及重大节假日等特殊时期加强走访排查。同时积极为其解决困难提供便利。为帮教人员杜某等提供临时救助3600元；帮助帮教人员张某、郭某协调解决人事档案相关事宜。协助帮教人员办理低保等社会补助8人次，向帮教人员发送区人保局就业信息11次。

（麻鹇信）

【法治宣传】　年内，大台街道利用大台中心小学开学第一课、社区活动、大台集市播放创城法宣一封信15场。根据各社区需求陆续开展普法活动。组织法律宣传活动、法治文艺演出25场。依靠各类下社区入户活动，发放各类法治宣传手册、普法读本、《法治一刻》光碟，让百姓足不出户就能够在家学习。累计发放各类宣传材料3200余份。

（麻鹇信）

【法律援助】　年内，大台街道司法所接待法律援助咨询60人次，电话咨询78人次，协助办理资格审查5人，案件涉及家庭暴力、遗嘱继承、租赁合同等等。组织各社区法律援助联络员参加区内法律援助中心组织的法律援助初审员、联络员业务培训。

（麻鹇信）

【食品药品监管】　年内，大台街道共开展食品流通、餐饮服务、化妆品、药品使用、医疗器械经营单位的专项检查和专项整治38次，联合执法54次。共检查各类经营主体208户次，检查覆盖率：

均达到100%。开展食品流通环节行政审批工作7件，餐饮服务环节3件，开展食品流通环节快速检测70批次，餐饮58批次，分别完成全年总数的100%，完成药品监测抽检10批次，药品快速检测13批次，化妆品抽检3批次，快检合格率为100%。办理药品经营环节案件1件，罚没款1599元。办理药品使用环节案件1件，罚没款345.84元。受理投诉举报4件，解决4起，解决率100%。

（麻鹏信）

【理论宣讲】 年内，大台街道组织街道理论讲师团开展党课“五进”活动，宣讲“十九大精神”“改革开放四十周年”等党课36场。编写“社区榜样”故事36篇，组建“社区榜样故事”宣讲小分队，到机关、社区、企业、学校、医院等开展巡回宣讲，用身边事感动身边人。

（麻鹏信）

【下属单位情况】

单位名称： 北京市门头沟大台街道办事处社会保障事务所（社区服务中心）

地　　址： 北京市门头沟区大台西洼

电　　话： 61870315

邮　　编： 102303

（麻鹏信）

镇

潭柘寺镇

【概况】 潭柘寺镇位于门头沟区东南部，全镇总面积81平方公里。2018年，潭柘寺镇共12个行政村，总人口1.2万人，全镇现有33个党组织（含非公党组织4个），其中农村基层党组织22个，党员1000名（含预备党员13人），农村党员902人，入党积极分子99人。自然生态资源丰富，林木覆盖率79.5%，潭柘寺、戒台寺坐落于镇域南北两端，天门山、定都峰、广慧寺、孔雀庵等众多自然景点和文化古迹遍布镇内。年内，完成年初确定的各项目标任务，全镇各项事业继续保持好的发展态势。年内，全镇实现农户所得总额22528万元；实现农民人均所得19798元；完成固定资产投资22948万元；完成区级财政收入3130万元。

单位名称：中国共产党北京市门头沟区潭柘寺镇委员会
北京市门头沟区潭柘寺镇人民政府
地　　址：北京市门头沟区潭柘寺镇
电　　话：60860600
邮　　编：102308

（刘　帅）

【安全生产】 1月4日，镇安全科到八奇洞景区开展安全生产专项检查重点对景区内消防设施、电气线路规范敷设、应急照明设施配备使用、安全警示标志齐整等情况进行检查。

（刘　帅）

【联合检查】 1月10日，潭柘寺镇综治办联合区消防支队、镇派出所对赵家台村、南辛房村出租房屋的安全隐患、群租房性质、是否为“三合一”场所等情况开展检查。31日，联合区国土分局、森林公安、综治、经信委、园林局、交通局等相关部门，对潭柘寺镇辖区内老虎山、紫石矿、潭王路沿线盗采隐患点巡查。此次行动出动车辆7辆、人员20余人，未发现盗采现象。

（刘　帅）

【房屋腾退】 截至1月18日24时奖励期结束，潭柘寺镇完成3751项目阳坡元村房屋腾退工作。阳坡元村3751项目房屋腾退共173户，签约170户，剩余3户，签约率98.27%。

（刘　帅）

【第七届代表大会第二次会议】 2月2日，中共潭柘寺镇第七届代表大会第二次会议召开，全镇共96名党代表参加会议。会议一致通过镇领导代表中共潭柘寺镇第七届委员会所作的工作报告，批准纪律检查委员会工作报告。

（刘　帅）

【志愿服务】 3月5日，潭柘寺镇团委联合驻镇北港部队、物业公司以及镇环境办、社区安置办、宣传科组成30余人的志愿者队伍，在潭柘新区内开展“传承雷锋奉献精神，共建文明整洁新区”志愿服务活动，对公共区域内乱涂乱画、杂物垃圾进行清理，发放《社区文明倡议书》及《潭柘新区环境卫生公约》400余份、环保购物袋200个。12月29日，全镇12个村的40余名回村报道团员青年参加“爱护环境我点赞，整洁优美迎新年”卫生大扫除创城志愿活动。

（刘　帅）

【村党组织书记述职承诺大会】 3月12日，潭柘寺镇召开2017年度村级党组织书记述职承诺大会，区委组织部组织员、区委党建巡查组组员、镇领导班子、机关科室负责人、各村“两委”干部、第一书记、党建助理员、各类代

表520余人参加，各村党组织书记依次进行述职，全面总结2017年度承诺完成情况以及履职情况，对2018年工作进行承诺。

（刘　帅）

【党员双报到】　5月12日，潭柘寺镇举办“党旗飘扬赵家台 志愿服务暖人心”在职党员回家志愿服务活动，26名在职党员、赵家台村党员和志愿者参加活动，活动分为两个阶段，第一阶段是志愿服务活动启动仪式，第二阶段志愿服务现场活动，由红十字救援队老师带领大家学习应急救护知识，随后走访慰问部分残疾人代表，并完成党员“E先锋”平台活动认证及《门头沟区党员手册》回家参加志愿服务情况签章确认。

（刘　帅）

【党群服务中心】　6月1日，潭柘寺法庭党支部党群服务中心举行揭牌仪式，吹响基层党组织报到“第一哨”，该中心作为潭柘寺法庭党支部的公益服务基地，将成为潭柘寺镇落实“街乡吹哨、部门报到”机制、落实“1+5+N”基层治理模式的开放式平台和载体。

（刘　帅）

【城乡环境综合治理】　8月8日，镇工会主席带领环保办、食药监所、城管对辖区餐饮、烧烤油烟排放及淘汰类锅炉拆除情况开展联合夜查。期间共检查4家社会餐饮、2家民俗旅游户、1家食杂店。检查中，执法人员按照各自职责权限，依法对存在的问题进行处理，及时消除安全隐患。

（刘　帅）

【创建全国文明城区】　9月2日，门头沟区创建全国文明城区第2次“比学赶超”擂台赛，潭柘寺镇创城工作镇街排名第一。11月13日，门头沟区创建全国文明城区第3次“比学赶超”擂台赛，潭柘寺镇创城工作镇街排名第一。

（刘　帅）

【垃圾分类】　9月5日，镇环境办联合区城委和中华环境保护基金会在赵家台村开展生活垃圾分类宣传培训，各村主任、环境专干、村民110余人参加活动。

（刘　帅）

【环境保护】　10月24日至25日，镇环保办联合城管执法队对各施工单位、重点点位进行巡视检查，共出动检查人员10人次，检查企业24家次，重点查看各单位施法作业、物料裸地苫盖、运输遗撒等情况，未发现违规现象。同时，环保办还协调增加道路洒水频次，每天对镇域内6条主要道路进行洒水降尘14车次，有效降低道路扬尘污染。

（刘　帅）

【消防安全】　11月7日，镇综治办联合社区办、消防中队、首钢物业和北京华油联合燃气开发有限公司在潭柘新区开展系列安全检查和宣传活动，东、南、北和鲁家滩村的村支部书记到场一同参加。

（刘　帅）

【换届选举】　11月19日，潭柘寺镇召开换届选举工作动员部署培训会。会上，提出“一条主线、一项任务、四个特点、四条底线、五个决不允许、五个问责事项”，明确工作方向，理清操作程序。23日，潭柘寺镇召开村和社区党组织换届选举候选人初步人选民主推荐环节专题培训会。镇领导班子、镇选举工作专班、村（社区）“两委”成员、第一书记、党建工作助理员等50余人参加会议，随后，镇选举专班就组织民主推荐工作进行专题培训。12月22日，潭柘寺镇村和社区党组织换届选举，赵家台村、南村、东村、潭柘新区二社区党组织相继召开党员大会进行换届选举。25日，镇司法所到南辛房村举办换届选举法治宣传讲座。

（刘　帅）

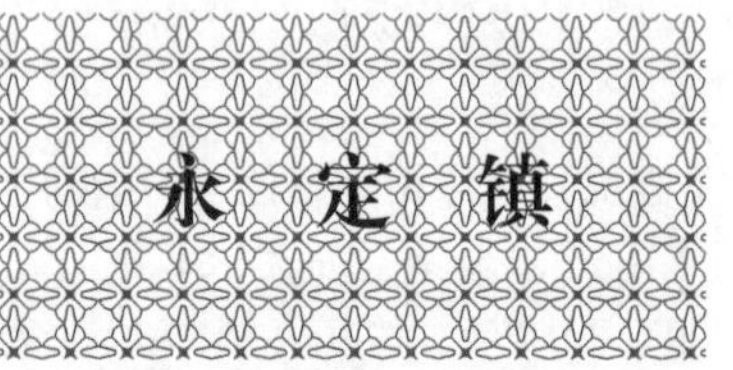

永定镇

【概况】　2018年，永定镇完成一般公共预算收入51979万元，占区政府下达全年收入任务49596万元的104.8%，比上年同期47705万元增加4274万元，增幅9.0%。永定镇可支配财力共计48086万元，其中年初预算基本支出4529万元；项目支出9570万元；2018年专项21419万元；2017年结余资金10488万元。镇预算支出38104万元，结余9982万元，支出占总财力48086万元的79.24%。完成税收总额16.98亿元，比去年10.28亿元增加6.7%财政收入完成区财政收入51979万元，占区政府下达镇全年财政收入任务49600万元的104.8%。引进企业87家。纳税为282.3万元，形成区级财政收入79万元，完成全年招商引资财政收入任务1000万元的7.9%。共完成全社会固定资产投资（重点工程）57700万元，完成全年任务90000万元的64.11%。年内，接待群众来信来访共37件114批215人次。

单位名称：中国共产党北京市门头沟区永定镇委员会
北京市门头沟区永定镇政府
地　　址：北京市门头沟区永定镇石龙西路58号
电　　话：69805490
邮　　编：102308

（王佩玉）

【党建工作】 1月5日，成立中共永定镇京西嘉苑党支部和西悦嘉园党支部。25日，召开中国共产党永定镇第八届代表大会第三次会议，听取和审议镇2017年度党委工作报告等文件，对镇党政领导班子成员以及2017年新提拔使用的科级干部进行民主测评，并对有关同志因工作岗位调整辞去党委委员职务的申请进行表决。2月12日，爱之旅党组织换届选举结果进行批复（党支部整建制转移龙泉镇）。3月9日，镇主要领导参加嘉园社区党支部2017年度基层党组织生活会，嘉园党支部书记代表支部进行对照检查，并带头进行个人对照检查，接受各班子成员批评。21日，成立中共永定镇机关第五党支部。4月26日，举办为期三天“党建引领街乡管理体制机制创新，实现街乡吹哨、部门报到”专题培训班。学习考察西长安街街道全响应网格化社会服务管理指挥分中心、丰台区卢沟桥乡西局村的党支部活动中心和大兴区瀛海镇南海家园社区党群服务中心，组织机关科室负责人、村居书记主任、区派第一书记在主会场，“两委”班子其他成员、村民代表和党员代表在各村居分会场，1519人参加培训。6月6日，成立中共永定镇四季怡园党支部和红星社会工作服务中心党支部。7月12日，进行村居党组织评星定级工作。党建办结合村居自评结果与日常考核成绩对各村居进行评星定级，经讨论后，推选5星党组织1个、4星党组织5个、二星党组织29个，一星党组织1个，4个软弱涣散党组织不予评定星级。25日，成立9个非公企业流动党员联合党支部，其中冯村地区5个；曹各庄地区1个；梧桐苑3个。9月6日，对全镇43个基层党组织的全体党员开展为期5天的“坚守初心强党性　参与创城争先锋”轮训活动。全镇党员、党建助理员、后备干部、社区工作者、发展对象、部分“两新组织”党员参与轮训。11月20日，成立中共永定镇上悦嘉园党支部。12月31日，完成全镇43个村居党组织换届选举工作。

（王佩玉）

【安全工作】 1月15日、16日，永定镇开展消防隐患摸排工作，对冯村拆迁区域、卧龙岗村、南区社区和北区社区挂账出租房屋存在的消防隐患进行摸排检查，共检查出租房屋76户，对承租人及房主进行煤气中毒及消防安全宣传。2月11日，镇党委书记带队，安全科主管领导对冯村3751拆迁区域及北岭地区涉及私挖盗采的小店子、十字道塔下、花沟、道路周边沿线等地点进行安全检查。12日，镇领导以及各科室相关人员带队对辖区内重点企业、建筑工地、物业公司、重点地区等点位开展春节前消防及安全生产检查工作。3月9日，镇党委书记与安全科人员一起对艾洼村、小园村、栗元庄村、卧龙岗村、西辛称村等村居护林防火情况进行检查，提出要加强护林防火看护，确保不发生森林火灾事故。年内，开展国庆节前安全大检查，镇党委书记带队对3751拆迁工地、镇社会福利中心、冯村北坡周边、区体育文化中心工地、贝斯特周转房进行国庆节前安全生产大检查。13日，镇安全科主管领导带领安全科与区消防支队对润西山物业、旺顺阁、及翡翠长安工地进行消防及安全重点督查。4月28日，区领导带队，永定镇安全科、区安监局、商务委、工商分局、食药监局等多部门联合对华润365PLUS进行检查，分别对商场内地下一层物美超市、幸福蓝海电影院、商场中控室等进行安全生产、节日供应保障进行检查。9月3日，镇安全主管领导带领安全科成员会同区消防支队对西峰家园（北京奥和物业管理有限公司）和政华建业、华润建筑两个建筑工地开展联合检查，对涉及安全生产、生活区安全的消防设备、疏散通道、消防中控室、值班情况等进行检查、询问。26日，镇党委书记带队、对3751拆迁工地、永定镇社会福利中心、冯村北坡周边、门头沟区体育文化中心工地、贝斯特周转房进行国庆节前全镇安全生产大检查。28日，镇党委书记带队，镇打非队对北岭地区涉及私挖盗采的小店子、十字道、花沟、北坨道路周边沿线等地点进行安全检查。28日，镇党委副书记带队对辖区内重点企业开展国庆节前安全生产检查工作。

（王佩玉）

【区领导督导检查】 1月16日，区人力资源和社会保障局检查组到镇检查指导工作。听取工作汇报并检查2017年度工作指标完成情况。3月7日，区领导到镇督导检查全国“两会”期间安全服务保障工作，听取镇党委书记关于永定镇现存历史遗留问题和安全服务保障工作落实情况的汇报。年内，区领导张力兵等检查节日期间安全生产工作，先后到栗元庄南山、3751地块、石龙五期建设现场，实地检查安全工作相关情况。年内，区维稳办、治安支队领导到镇督导检查2018年“中非论坛”安保维稳工作，听取“中非论坛”安保维稳工作的汇报后，对镇内的安保维稳工作给予肯定，提出工作要求。

（王佩玉）

【工会工作】 2月1日，永定镇开展“迎新春免费观影”活动，共发放电影票280张。9日，对非在册困难职工进行慰问补助2人。3月6日，开展“三八”节活动，活动物品200份。4月26日，开展“劳动光荣 清洁礼包”迎五一活动，共发放礼包200份。7月30日，开展“夏日送清凉”活动，共发放活动物品400份。8月22日至9月18日，永定镇总工会全面建设覆盖广泛的职工暖心驿站31家。9月24日，为期五天走访慰问辖区建会企业8家。年内，慰问机关职工生病住院、直系亲属去世22人。

（王佩玉）

【人大工作】 2月8日，永定镇召开第九届人民代表大会第四次会议，会议应到人大代表53名，实到48名。会议接受1名副镇长辞去职务，选举1名永定镇副镇长。年内，在曹各庄、白庄子、永兴社区、永定镇政府4个代表接待站开展“双进”活动。参与活动的区镇人大代表49人，接待选民群众议166人，收集整理意见建议60条，协调解决安装红绿灯、加强环境整治、督促道路项目施工等问题26条。6月12日，开展区人大代表密切联系群众、集中接待选民活动。接待选民11人。

（王佩玉）

【慰问工作】 2月10日，镇领导、村居领导走访慰问困难党员（镇级、区级）、建国前老党员、村居老干部等22人。7月，镇领导对4名建国前老党员、1名机关退休老干部和5名镇级困难党员进行慰问。年内，区委书记到镇对白庄子村孤寡老人进行慰问。

（王佩玉）

【城管执法】 2月26日，永定城管执法队为“开学日”严查辖区周边占道经营、流动摊贩、随意散发张贴非法小广告等行为，共出动执法人员27人次，执法车辆7台次，走访相关单位商户40余家，纠正门前脏乱，店外经营，无照经营等违法行为19起，摘除广告条幅3条。3月10日，由城管委牵头、联合交通局、交通支队、治安支队、环保局在六环石门营站设卡，严厉查处建筑垃圾和渣土运输车、混凝土罐车、砂石运输等重型车辆上路扬尘和道路遗撒问题，共出动执法人员16人次，执法车辆5车次，检查过往车辆80余台。

（王佩玉）

【环境整治工作】 3月29日，永定镇对侯庄子新村对面拆违现场周边垃圾进行清理整治，清理垃圾10余吨，苫盖面积5000平方米；对卧龙岗水厂北侧的裸露土方进行苫盖，苫盖面积18550余平方米。4月20日，对市账沿线月严寺周边环境问题进行集中清理整治，共清运垃圾杂物100余吨，苫盖面积2.1万余平方米。5月1日，镇党委书记带队对镇辖区重点点位进行巡查，针对检查发现问题，环境办立即清理整治，共清理垃圾6吨，裸露土方苫盖3000余平方米。18日，对市账点位梧桐苑地区违法停车，占用盲道现象进行集中清理整治。25日，针对潭王路永定界段环境脏乱问题开展专项整治，清理道路沿线游客随意丢弃垃圾0.6吨，清理私搭乱建棚舍3处，苫盖裸露土方3000余平方米，清理道路周边卫生死角26余处。7月21日、22日，对辖区内“门前三包”公示牌进行更换工作，并与商户签订“门前三包”责任书。26日，对王村万象春渣土厂裸露土方进行苫盖，此次苫盖面积7000余平方米。11月14日，镇党委书记带领镇规划科、环境办、永定城管执法队对辖区9处工地进行现场检查。针对检查发现问题，立即整改并整改完毕。17日，针对西苑路周边环境历史遗留问题结合创城工作进行大规模集中整治。拆除残墙断壁285米，清洗广告围墙5600米，设置围挡门12个，新建广告围墙874米，清理建筑垃圾、杂草等500立方米，苫盖裸露土方4000余平方米。

（王佩玉）

【社区工作】 4月，成立永和新苑何各庄、石厂物业自管会。年内，成立西峰家园物业联管会。年内，泷悦长安并入京西嘉苑社区。年内，成立四季怡园社区。

（王佩玉）

【创城工作】 7月22日，召开永定镇创建全国文明城区动员部署会。31日，永定镇党政主要领导带队到通州区北苑街道学习创城先进经验。8月2日，永定镇党政主要领导带队到延庆区延庆镇学习创城先进经验。18日，永定镇领导班子成员带队开展第一次下村居环境清洁活动。9月18日，区领导张力兵到永定镇督导检查创城迎检工作。12月14日，永定镇召开人大代表创城主题培训会，聘请12名人大代表为创城监督员。

（王佩玉）

【拆违工作】 7月至9月，永定镇拆除产业预留用地违法建设，清理多家“散乱污”企业。10月16日，启动老艾洼违法建设拆除工作，解决困扰地区多年的“一户多宅”问题。年内，对违法建设进行拆除，对曹各庄葡东小区东侧和侯庄子景观大道西侧2处违法建设同时启动拆除行动，共出动人员300人次，拆除各类违法建设4000余平方米，动用挖掘机4台班、洒水车2车次。年内，在永定镇人民政府信访办大门左侧、石门营公园、幸福广场、西峰寺森林派出所北侧，4个点位建设空气监测站，进一步掌握周边空气质量情况。年内，拆除德润食品厂违法建设。年内，联合多部门拆除恒族源、羽毛球馆等违法建设，解决众多历史遗留问题，疏解大量流动人员。年内，与全镇43个村、居委会签订《杜绝露天焚烧、秸秆焚烧、无照售煤责任书》，明确工作目标和职责任务。年内，针对环保部和市环保督查办在强化督查发现的曹各庄共有产权房项目未落实6个百分百的问题，联合相关部门对其进行处罚，并对违法建设进行全部拆除，拆除面积2000余平方米。

（王佩玉）

【数据采集工作】 11月，永定镇协助区民政局聘请的第三方人住镇公共服务大厅，对镇内户籍及居住退役士兵等十二类人员进行集中数据采集，截至年底共采集人员1243人。

（王佩玉）

【综治工作】 年内，永定镇开展普法打黑禁毒宣传活动。共计发放宣传资料300余份，禁毒宣传手册和宣传袋200余份，接待群众咨询30余次。年内，组织召开禁毒网格员培训会，强调网格化管理的重要性，明确网格员的工作职责以及管理规定，讲解毒品的种类、危害及禁毒相关的法律法规。现场建立永定镇禁毒网格员微信工作群，并发放禁毒宣传手册、禁毒网格员培训手册等宣传品。

（王佩玉）

【食药工作】 年内，永定镇开展酒类产品质量安全专项整治工作，共检查酒类产品经营单位20家，出动执法人员60人次，执法车辆20车次。

（王佩玉）

【社保工作】 年内，永定镇举办2018年就业援助月专场招聘会。参加招聘会的单位9家，33个工种，招聘岗位151个，应聘人员200余人，达成意向40余人。

（王佩玉）

【信访工作】 年内，接待群众来信来访共37件114批215人次。

（王佩玉）

【普查工作】 年内，清查北京底册单位数1944家，国家底册单位数1774家，共查找到单位2392家，在区普办剔除重复、无效后录入国家、北京平台1843家，完成国家底册的单位清查率100.1%。个体底册835家录入平台527家。以获取单位清查资料但因外区已录等原因未录平台的单位数量为22家。

（王佩玉）

【维修工程】 年内，平改坡楼房屋顶漏雨修复工程、丽景长安居委会办公用房装修工程、修复和更换小园一区九地块污水管道工程、小园一区九地块、十地块58部电梯维修工程、惠康嘉园封闭式试点管理工程、嘉园社区等8个社区改造工程和嘉园道路修复工程。年内，对2017年项目工程小园地块和曹各庄地块绿化及防水散水、石门营王村防水质保进行监督及督促质保期维护。

（王佩玉）

【重点工程】 年内，永定镇协助项目主体北京中关村京西建设发展有限公司与项目涉及的6个村完成征地补偿工作，按照“20+X”的补偿标准将征地补偿款拨付到位。4月10日至11日，解决石厂村部分村民2015年因个人原因未办理选房入住问题。31户办理选房入住手续。18日，石龙五期征收项目范围内的地块正式移交给项目主体北京中关村京西建设发展有限公司进行管理、看护。解决地块内非宅上岸村委会办公室及非宅聚星复合材料有限公司的拆迁补偿问题。西辛称村一户滞留。9月，启动“三位一体”城市景观提升工程地上物腾退工作，受区园林局委托正在聘请拆迁、评估、测绘、拆除专业公司办理北京瑞丰农庄地上物腾退拆迁工作。年内，解决小园村村产补偿款问题。协调国信嘉业支付小园村补偿款的利息共695.974518万元，解决拖欠长达5年之久的村产补偿问题。11月25日，协助区棚改中心办理气象局18户选房入住手续。年内，辖区内启动 3751 南区、C 地块、冯村南街、14 街区 4 个项目的棚户区改造，协助中建京西、中交、中冶腾退项目的签约工作。奖励期结束，中交安置房地块非宅签约率实现 100%，万佛堂住宅签约率实现 100%。、中交 C 地块住宅签约率 96.04%，17 户滞留；中建南区住宅签约率 96.81%，24 户滞留；中建南街项目签约率 98.64%，8 户滞留；中冶 14 街区项目签约率 98.23%，26 户滞留。非宅 4 个项目滞留户共计 20 户。年内，完成南水北调河西支线项目所有地上物的拆迁以及红线范围内树木移植工作，确保南水北调河西支线工程全面进场施工。年内，完成项目红线范围内约 10968 平方米地上物的拆迁补偿及 30 余个迁坟工作，确保滨河路南延二期拆迁项目实施。年内，协调区公安分局、民政、社保等相关单位完成岢、秋、石三村征地转非工作。同时，协调隆泰实业与三村村委会签订办公用房购房协议。年内，协助园林局对绿海运动公园景观提升工程的新增占地事宜与涉及镇域 7 个村进行对接，涉及临时占地新增约 293.85 亩。年内，加快 S1 线区域组团、曹各庄桥户营土地一级开发、岢、秋、石土地一级开发等项目个案问题的解决。与斋堂镇、雁翅镇、审计等相关部门协调，相继解决曹各庄桥户营土地一级开发拆迁腾退项目中卫星队村 1 户，曹各庄村 1 户的险村险户搬迁的房屋安置问题、坝房子村 1 名，石厂村 1 户离婚无房屋安置问题，解决 S1 线区域组团拆迁腾退项目中上岸 1 户涉诉问题。解决岢、秋、石土地一级开发项目中岢萝坨村 1 户房产继承等历史遗留问题。

（王佩玉）

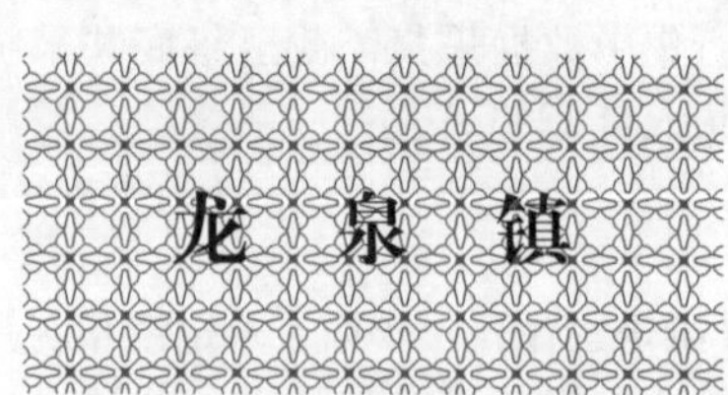

龙泉镇

【概况】 2018 年，龙泉镇（龙泉地区办事处）镇域面积 49 平方公里；辖区 17 个行政村（其中三家店村分为 3 个分社进行自治管理），9 个社区，7 个筹委会（其中龙门新区二区社区、中门家园社区、中门寺南坡一区、中门寺南坡二区、大峪花园社区属棚改安置小区；高家园新区社区属高家园土地储备定向安置项目小区；西山艺境社区属商品房小区）。完成区级财政收入 3.97 亿元，同比增长 51.6%，排名各镇街第一。完成农村经济总收入 5.5 亿元，人均劳动所得 27381 元，同比增长 9.4%。

单位名称： 中国共产党北京市门头沟区龙泉镇委员会
中共北京市门头沟区龙泉地区工作委员会
北京市门头沟区龙泉镇人民政府
北京市门头沟区龙泉地区办事处

地　　址： 北京市门头沟区门头沟路 24 号

电　　话： 69844312

邮　　编： 102300

（马汲彬）

【民主公开日工作】 1 月 9 日，龙泉镇召开 2018 年第一次民主公开日工作部署会暨培训会。对具体工作进行部署，镇机关干部、各村两委干部参加会议。7 月 13 日，召开第二次民主日活动部署会，各村成立农村民主日活动领导小组，精心组织，周密安排，对党务、村务、财务情况进行报告；“两委”成员进行述职述德述廉并组织民主评议；对重大事项进行点题公开和民主决策；镇包村领导、包村科室长下村指导工作，确保活动顺利进行。

（马汲彬）

【基层活动】 1 月 16 日，北京市“不忘初心跟党走　圆梦京华谱新篇”百姓宣讲团延庆分团到中门寺南坡一区社区开展党的十九大精神百姓宣讲活动。18 日，龙泉雾村召开爱心小屋成立九周年座谈会，龙泉雾地区人大代表、村居共建单位和企业代表等人员参会。3 月 1 日，北京市文联、北京美协 14 名书画名家到北京市第一个书法村——西辛房村，开展“我的中国梦　文化进万家”送欢乐送祝福活动。4 月 22 日，大峪村举办第二届“快乐同行　全民健身”活动。6 月 6 日，大峪村百人太平鼓队参加区永定河流域非物质文化遗产展演活动。7 月 25 日，三家店地区开展祭祀永定河河神活动。

（马汲彬）

【大气污染防治工作】 1 月 16 日，龙泉镇主要领导带队，对三家店、龙泉雾、琉璃渠等地区散乱污企开展清理行动，要求坚决落实重污染企业减产、停产措施。同时，各包村居干部到所联系村居指导、监督空气重污染防治工作。3 月 9 日，镇主要领导带队分别到三家店、龙泉雾、琉璃渠、大峪、城子等地区检查，要求做好施工工地、拆除地块、裸露山体、砂石场、小煤厂的苫盖工作，对发现的问题要求立刻整改。

（马汲彬）

【第八届代表大会第三次会议召

开】 2月7日，中国共产党龙泉镇第八届代表大会第三次会议召开。137名镇党代表和47名列席代表参加会议。会议审议通过党委工作报告、纪委工作报告、党费收缴使用情况报告；经投票选举，1名同志当选为龙泉镇党委委员。

（马汲彬）

【主题教育】 2月9日，龙泉镇召开以“认真学习领会习近平新时代中国特色社会主义思想，坚持维护以习近平同志为核心的党中央权威和集中统一领导，全面贯彻落实党的十九大各项决策部署”为主题的领导班子民主生活会。6月24日，龙泉镇开展“不忘初心 牢记使命”主题特色党日活动，组织全镇党员参观“没有共产党就没有新中国”词曲创作地——房山区霞云岭乡堂上村旧址。参观从抗日战争到解放战争再到建设新中国、振兴中国、建设中国梦的展览，聆听当地老支书讲解歌曲诞生背景、创作过程和历史。

（马汲彬）

【第九届人民代表大会第二次会议召开】 2月27日，龙泉镇召开第九届人民代表大会第二次会议，大会审议通过《龙泉镇政府工作报告》《龙泉镇2017年财政预算执行情况和2018年财政预算（草案）的报告》，听取部分副职干部述职，选举产生副镇长1名。

（马汲彬）

【清明防火】 3月20日，龙泉镇召开清明期间文明祭扫和护林防火工作部署会。镇领导班子成员、各包村居科室长、各村、社区主要干部参加会议。会上，镇相关领导对文明祭扫和护林防火工作进行部署，镇主要领导要求各村居要积极宣传，倡导文明祭扫。要严密看守，落实责任，强化应急值守，确保防火安全。

（马汲彬）

【党组织书记述职承诺大会】 3月21日，龙泉镇召开农村、社区党组织书记述职承诺大会，各社区、村党组织书记对2017年承诺事项进行述职，对2018年工作进行承诺，镇领导班子成员逐一对各村、社区述职承诺内容进行点评。

（马汲彬）

【解决历史遗留问题】 3月，龙泉镇组织原大峪化工厂112名职工进行安置补偿协议签订工作，共签订协议111份，签约率达99.1%，剩余1人同意通过司法途径解决。原大峪化工厂职工安置遗留问题得到妥善解决。7月25日，东南街社区320户居民天然气正式通气，解决居民生活难题。

（马汲彬）

【区领导检查】 4月23日，区领导张力兵、付兆庚分别带队，实地到三家店二分社供电局周边、中门家园等地查看环境整治、背街小巷治理、便民菜店设置、城乡结合部整治、群租房治理、违建拆除、开墙打洞整治等情况。

（马汲彬）

【消防工作】 4月24日，龙泉镇开展消防安全隐患“回头看”清理整治专项行动。出动执法人员198人次对上账的100处隐患点位进行核查，确保不发生安全事故。

（马汲彬）

【文化活动】 4月，龙泉镇开展“牢记社工心，建功新时代”主题宣传活动。活动以开展专题讲座、设置社会工作知识宣传展区、发放宣传手册等形式详细介绍社会工作者的定义、服务领域、工作方式等，吸引社区1000余名群众参与。6月25日，龙泉镇举办庆祝中国共产党成立97周年歌咏比赛暨第二届文化节开幕式活动。来自村居16个歌唱队伍，500余人参加活动。7月26日，由龙泉镇政府、团区委、区武装部、区民政局主办，北京尚德社会组织服务中心（尚德公益）、区社会组织联合会承办的“军民鱼水心连心 携手共创文明城”庆“八一”军民共建文艺演出在区能源所大礼堂举办。驻区部队官兵和家属、龙泉镇居民代表300余人观看演出。

（马汲彬）

【知识讲座】 4月，龙泉司法所举办“公正在身边”法律知识讲座。中门寺南坡一区开展“京煤集团医院进社区”健康知识讲座。西前街社区开展增强消防安全防范意识宣传讲座，150余名居民参加；中门寺南坡地区开展消防知识讲座；大峪村组织党员、村民代表学习消防安全知识。

（马汲彬）

【对口帮扶】 6月中旬至7月初，龙泉镇党政主要领导带队分别与对口帮扶单位进行座谈，并签订脱贫协议。6月29日，龙泉镇与区商务委在龙泉镇中门寺南坡小区联合举办“首善标准助力脱贫攻坚战——京蒙帮扶龙泉镇展卖专场”活动。7月14日、15日，龙泉镇与察右后旗红格尔图镇开展帮扶对接工作。察右后旗红格尔图镇主要领导带队参观琉璃渠商宅院、紫石砚厂、双峪农贸市场，到城子村进行党建工作调研学习。28日，在中门寺南坡一区再次举办“京蒙帮扶产品展销活动”，内蒙特产牛肉干、奶片等食品受到居民的青睐。

（马汲彬）

【工会活动】 自7月16日起至8月17日，龙泉镇总工会开展“暑期职工子女兴趣托管培训”活动。8月6日，镇总工会对镇机关会员开展夏日送清凉慰问活动，现场为184名会员职工发放防暑清凉慰问品。17日，镇总工会特请烘焙老师为34名职工女子开展蛋糕烘焙制作课程。11月8日至9日，龙泉镇总工会开展“携手产业帮扶　察右后旗特产”免费领取活动。

（马汲彬）

【防汛工作】 7月，龙泉镇扎实做好防汛抢险工作。一是人员值守到位。及时启动防汛预案应急响应，镇主要领导、包村居干部全部到村居一线指导村居防汛人员加强巡查，安排150人24小时待命备勤。二是防汛物资到位。应急车辆6辆准备就绪，防汛物资准备充足。三是重点部位防范到位。加强对三家店消防站、三家店前街洞口、四局煤气站门口等重要积水点位的应急值守。四是预警宣传到位。利用政府公共短信平台共发送短信提醒200余条，各村（居）利用电子显示屏发布暴雨预警信息，提醒辖区居民加强防范，减少出行。

（马汲彬）

【团委工作】 8月4日，龙泉镇团委组织青年团干部到国家博物馆参观“真理的力量——纪念马克思诞辰200周年”图片展。9月13日，龙泉镇团委组织35个社区村团干部及党建助理员，在龙泉雾村委会开展《团十八大精神、习近平7.2重要讲话》暨《新时代、新担当、新作为主题团日学习讨论会》。14日，龙泉镇团委组织机关团员团干部及党建助理员，在中门寺南坡开展学雷锋志愿服务活动。

（马汲彬）

【人大工作】 8月7日，区人大代表龙泉镇组开展集中座谈活动。区领导出席活动，传达全区创城工作部署，并与各位代表就当前创建全国文明城区工作和龙泉镇建设发展情况进行交流。12月20日，镇人大办公室组织第十六届区人大代表开展会前集中活动。

（马汲彬）

【换届选举】 11月16日，龙泉镇召开村和社区“两委”换届选举工作动员部署会。镇领导班子成员、包村居干部、村居负责人及工作人员参加。会上，部署村和社区党组织换届选举工作、村（居）民委员会换届选举工作。21日、22日，镇选举办组织包村居干部、村居党支部书记、选举工作人员开展选举工作培训。23日，龙泉镇召开包村居干部选举谈话培训会。截至12月31日，龙泉镇大部分村、社区党组织完成换届选举任务。

（马汲彬）

【棚改工程】 年内，大峪化工厂地块棚户区改造和环境整治项目腾退拆迁任务完成，正在加快办理征地手续。城子村委会周边安置房建设项目按计划有序推进。“高压燃气西六环中段”迁坟及非住宅拆迁补偿拆除工作完成。10宗棚改地块住宅、非住宅征收补偿工作全部完成。棚改项目整建制转非工作进入收尾阶段，2980人完成转非安置。

（马汲彬）

【设施建设】 年内，龙泉镇74项重点民生工程项目加快实施，精品社区创建等23项民生工程完工。三家店环境设施综合提升、高家园社区活动中心装修等7项工程开工实施。其余44项工程正在加快办理前期手续。同时，切实将“厕所革命”进行到底，24座公厕完成改造升级，地区基础设施建设水平进一步提升。

（马汲彬）

【改善人居环境】 年内，龙泉镇加强黑山北街、三家店北街等5条主要大街户外广告牌匾的集中整治，不断加大对水担路沿线的巡查力度，拆除户外条幅，取缔无照游商，有效治理城市“牛皮癣”。全镇12个社区持续开展垃圾分类行动。龙泉雾椒园寺北、玉河古道、九龙路沿线、三家店东坟等5个地区的6.6万立方米非正规垃圾填埋点的综合整治项目完成。同时，加强“一刻钟生活圈”建设，创建梨园、倚山嘉园等“一刻钟社区服务圈”6个，建成中门寺南坡、中门家园等社区便民菜站5处，设置缤果盒子无人便利店3处，真正实现“小事不出社区，急事不出家门，残有所助、难有所帮、需有所供”的综合性公共服务目标。

（马汲彬）

【社会保障】 年内，龙泉镇完成转移就业782人，农民参加社会保险145人，办理各项保障性住房业务220户。继续推进中门寺南坡养老照料中心公办民营工作。加强低收入精准帮扶，有针对性采取有效措施，推进全镇14户低收入户22人的精准脱贫。依托61696156为民服务信息平台，认真做好网格化社会服务管理工作。

（马汲彬）

【农村集体经济发展】 年内，龙泉镇统筹17个村的6.71亿元资金，采取购买基金方式，实现基金年利率6.5%增幅，切实增加村级收入。

（马汲彬）

【生态治理】 年内，龙泉镇精准施策，有效管控工业污染、扬尘污染、劣质燃煤等14类370项污染源，共查处“散乱污”企业6家，处罚施工工地违规行为5次，苫盖裸露地块22万平方米。严格落实河长制，积极开展河湖生态环境综合整治行动，强化日常巡查，拆、护、植、巡、清、劝工作成效显著。实施4个村的平原生态林管护工作，实现宜林荒山造林538亩，台地造林576亩。

（马汲彬）

【疏解整治促提升】 年内，龙泉镇集中力量开展对无证无照、占地经营、开墙打洞等行为的联合执法行动9次，整治商户54家。全面落实“百日攻坚”专项行动，严厉打击违法用地违法建设，全年实际拆违32.06万平方米，占全区总量的23%，浅山区4宗重点违建全部拆除。

（马汲彬）

【统筹利用空间】 年内，龙泉镇综合提升三家店、龙泉雾等地区4条背街小巷，完成5项社区美化提升工程，8个休闲广场和口袋公园建设正在推进。统筹利用拆违地块修建10座停车场，有效缓解停车难、难停车问题。3个地块“留白增绿”15亩，5个地块“见缝插绿”68亩，天桥浮果园、西辛房菜园、中门寺花园为改善地区环境，践行绿色发展起到示范作用。

（马汲彬）

【产业培育】 年内，龙泉镇棚改12地块预留产业用地完成申报手续，东旭创智谷土地一级开发项目规划实施方案完成备案，玉河谷旅游基础设施建设项目可研初设获得批复。切实改善营商环境，提高招商引资质量，累计招商引资89家，注册资本33亿元，实现财政收入550万元。

（马汲彬）

【文化保护传承】 年内，龙泉镇协调推进白衣庵、龙王庙、窑神庙、三义庙及琉璃博物馆的修缮保护。先后完成琉璃渠村旅游标识项目和三家店村旅游标识项目申报工作，不断提高地区文化知名度。

（马汲彬）

【社区文化建设】 年内，梨园社区、倚山嘉园、琉璃渠、东南街、中门家园、大峪花园等6个社区分别开展市级“社区规范化”示范点创建、社区“一居一品”社区创建、社区“一居多品”社区创建、社区楼门文化建设等创建活动。西前街社区“众议议事厅”、中北街社区“心连心议事厅”等“参与式协商”自治模式先后建立。

（马汲彬）

【全国文明城区创建】 年内，龙泉镇制作创城宣传材料数十种，张贴各种海报宣传画近万张，制作公益广告围挡、文化墙2000余延米，宣传展板600块，各类文明提示牌1万余个。广泛开展以“文明素质提升、文明行为引导、小手拉大手、志愿服务推广、在职党员报到、村（居）民公约、楼门文化以及文化进村居”等活动为载体的公民道德实践和精神文明创建活动，镇村两级累计开展各类宣传服务活动120余场次，35个村居完成全覆盖入户达4次。打造以“机制联建、党员联管、设施联用、治安联防、服务联动、文明联创”为核心内容的“党建引领、六联共创”区域精神文明与社会治理并重的创新服务品牌。开展“点赞龙泉”大拇指行动，“保护永定河、龙泉在行动”志愿服务活动，“文明龙泉、平安龙泉”创建活动，“龙泉社会组织”培育项目和“龙泉公益微创投”大赛等活动，有力推动创城工作的向全方位拓展，群众的知晓率、参与率得到明显提升。

（马汲彬）

【街乡吹哨 部门报到】 年内，龙泉镇建立“街乡吹哨 部门报到”“1326”党建引领工作机制。一是统筹区域党建中枢作用，强调“一核心”。切实发挥镇党委在区域发展中的中枢和纽带作用，树立条块结合、块上主导的发展理念，进一步强化党建在区域发展中整体谋划、决策建议和统筹推进的能力。二是构建区域党建支持体系，搭建“三平台”。在镇级层面建立党群服务中心、社会动员中心和综合执法中心，加速推进相关工作落实。在党群服务中心和社会动员中心建设方面，引入专业化第三方力量，参与到创建全国文明城区、开展大型志愿服务等工作中来。在综合执法中心建设方面，完成镇级实体化综合执法中心建设，实现从联合执法到综合执法，从常驻执法到流动执法的积极转变。三是建立区域协调组织，确定“两抓手”。在规范镇级“街乡吹哨、部门报到”工作机制的基础上，适用层级下沉一级，做到机制向村居延伸，彻底打通“最后一公里”，实现“村居吹哨，科室报到”。以村居党组织为核心，成立22个党建工作协调委员会和社会治理工作委员会，注重发挥农村、社区、辖区单位、物业公司等主体作用，最大限度地促进科室、村居、辖区单位的互联互动，营造共驻社区、共建社会的良好氛围。四是试点探索共创治理模式，实现“六联创”。根据村居的各自特点，在村居并行地区稳步搭建起以“机制联建、党员联管、设施联用、治安联防、服务联动、文明联创”为发展思路的“六联共创”党建引领的服务管理格局。

（马汲彬）

【安保维稳工作】 年内，龙泉镇完成春节、全国“两会”、中非论坛等重点时期安全维稳任务。开展重点地区整治工作，完善流动人口服务管理，群众安全感满意度不断提升。继续加强食品安全专项检查，维护“舌尖上”的安全。开展形式多样的反恐、禁毒、反邪教、铁路护路安全等宣传教育活动，营造良好社会环境。

（马汲彬）

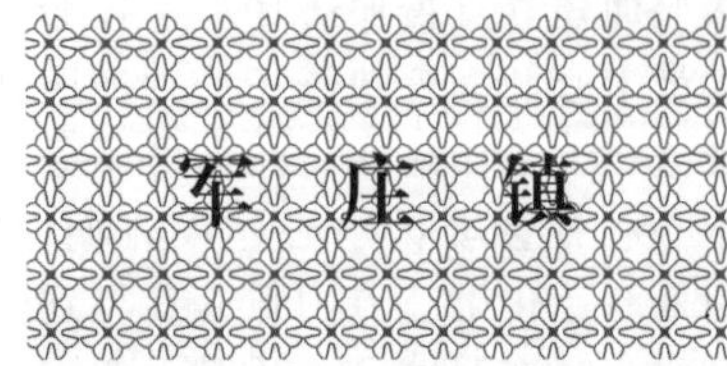

军庄镇

【概况】 2018年，军庄镇镇域总面积34平方公里，辖8个行政村、3个社区居委会，常住总人口18153人，总户数6359户，其中农业人口为2846人，1704户。年内，结合全区生态涵养区的功能定位，围绕加快推进重点镇建设和城镇化进程的战略目标，完成各项指标，全镇经济社会发展取得新成绩。全年农村集体经济总收入1744.8万元，农村经济第三产业仍是镇内的主导产业。全镇农民人均所得实现18632元，相比去年同期增加1380元，同比增长8%。

单位名称：中国共产党北京市门头沟区军庄镇委员会
北京市门头沟区军庄镇人民政府
地　　址：北京市门头沟区军庄镇西杨坨村
电　　话：60810741
邮　　编：102300

（刘晓晴）

【春节环境布置及整治工作】 2月2日，军庄镇对各村居春节期间环境布置及整治工作进行部署：一是要求各村居对各自属地的环境卫生进行集中清理，发动居民百姓“自扫门前雪”，营造整洁环境迎接新春佳节。二是建立节日期间的环境保障机制，针对节假日期间将出现的“垃圾激增”等问题提前安排好应对办法。三是利用设置条幅、悬挂灯笼、安装彩旗等方式进行节日布置，镇、村积极与区文联等部门进行协调，邀请书法家入村写春联，为百姓各家各户增添喜庆元素，让百姓红火过年。

（刘晓晴）

【困难党员慰问】 2月13日，军庄镇领导上门入户与慰问对象进行交谈慰问，努力达到“送政策释民惑、送温暖聚民心、送服务解民难”良好效果。根据台账名单慰问144名困难党员，基本覆盖全镇困难党员，做到真正帮到点上，解决困难党员实际生活问题。

（刘晓晴）

【“两断三清”散乱污企业检查】 3月10日，军庄镇机关工作人员全部停休，书记、镇长带队检查镇域内关停实施“两断三清”的9家散乱污企业，确认各处均无生产施工痕迹，发现部分苫盖布网有被风掀起或破损的情况，立即组织力量进行整理、更换。

（刘晓晴）

【第四届“梨花乐跑”活动】 4月10日，军庄镇与区委宣传部共同举办第四届“梨花乐跑”活动，以“品梨花古韵　赏京西美景”为主题，通过军庄镲鼓展示、赏梨花、亲子游、乐跑竞赛、摄影采风、人工授粉实践、京白梨知识答题、毽舞梨花等8项活动向市民展现“贡梨之乡”的魅力，倡导健康生活新理念。

（刘晓晴）

【民俗旅游接待户安全检查】 4月28日，军庄镇对辖区上账的6家民俗旅游接待户进行节前安全检查，要求各接待户一是要认真做好接待准备工作，对厨房、燃气储藏室、电路电器等重点部位、设备进行排查、维护，确保消防安全。二是要做好环境清洁工作，清理室内外堆物，消除卫生死角。三是严格把控粮油、蔬菜、肉蛋等食品的进货渠道，注意储藏、存放环节，保障餐饮接待安全。

（刘晓晴）

【落实河长制工作】 5月8日，军庄镇主要领导带队巡查永定河军庄段、军庄沟等镇域内的河道、沟道，对河长制落实情况、环境卫生情况，以及河道周边禁止钓鱼戏水等问题进行检查。年内，继续围绕河长制“三查三清三治三管”工作要求，加强组织领导，严格落实责任制，统筹协调安排，及时发现和解决“河长制”推行中的相关问题，确保完成河长制工作任务。

（刘晓晴）

【入户清登工作启动】 6月1日，军庄镇启动军庄村及北四社区住宅基础数据入户清登工作，该项工作旨在向广大村（居）民采集宅基地使用权人、宅基地面积、宅基地范围内住宅房屋建筑面积及人口户籍等相关信息。根据入户清登的数据制定军温路改造项目宅基地区位补偿价及各项奖补标准，7月，完成政策制定。

（刘晓晴）

【联合执法行动】 6月19日，军庄镇组织城管、工商、食药、环保、公安等科队站所，针对店外经营大排档、露天烧烤等问题开展联合执法行动。执法人员对军温路、109国道军庄段两侧餐饮经营户逐个进行检查，并下发告知书，明令禁止店外经营大排档、露天烧烤等行为。当天共检查餐饮企业12户，下发告知书12份，纠正处理店外经营、露天烧炭、门前三包等方面问题3起。

（刘晓晴）

【防汛应对工作】 7月2日，军庄镇降雨量为37.5毫米，为保障安全，军庄镇第一时间启动预案。一是全面排查辖区内泥石流等地质灾害易发区、危旧房屋、险村险户等情况。二是在辖区3处沟道、4个主要路口派专人24小时值守。三是对东杨坨村出现的墙体坍塌现象做到及时除险，第一时间联系区公安分局等相关部门设置路障、警戒线，防止二次伤害。

（刘晓晴）

【创城动员大会】 7月23日，军庄镇召开“全国文明城区创建”工作动员部署大会，区领导陈国才等出席会议，军庄镇辖区单位、部队、企业及社会各界240余人参加会议。全体与会人员在写有“文明军庄 创建有我”的签字墙上签下名字，在胸前贴上大拇指文明贴，表达积极参与“创城”的决心，并将大拇指点赞行动广泛传播。

（刘晓晴）

【第二十一届京白梨采摘节】 9月7日，军庄镇第二十一届京白梨采摘节开幕。

（刘晓晴）

【创城迎检工作】 9月26日，军庄镇调动各方力量，做好创城迎检工作。一是人员保障，军庄镇政府出动机关工作人员80人，在9处公交站点、9条人行横道和8处分类垃圾站点开展文明引导和垃圾分类指导工作；出动保安员220人次，在14个小胡同小路口、18个能停靠车辆的胡同口负责交通秩序，规范车辆停放；出动志愿者86人、保洁人员78人，负责对检查点位全天循环随时保洁、捡拾垃圾。出动绿化带、河道管护员共50人，管理维护政府街两侧绿化带、镇域重点点位河道卫生。二是物质保障，统一发放志愿者马甲80余套、帽子80余套、小旗子18面、袖标36个、扩音喇叭18个、文明点赞牌36个、垃圾夹120个、垃圾袋300余个、流动巡逻车1辆，所有人员全天候巡查站岗，由镇创城办统筹协调，3名工作人员不间断视察岗位执勤情况。三是备勤保障，发扬机关人员认真负责、吃苦耐劳的精神，执行领导干部到岗带班和24小时轮流值班制度，确保24小时通讯畅通，镇创城办负责协调，保障点位巡查和突击检查，及时发现问题，及时采取措施。

（刘晓晴）

【拆除违法建设】 11月4日，军庄镇杨坨市场违法建设实施拆除，为解决市场拆除后当地百姓的买菜问题，军庄镇提前与区商委沟通，协调引入“康依家生鲜”流动售卖车到军庄镇，为当地村民提供生活便利。

（刘晓晴）

【预防煤气中毒安全检查】 11月13日，镇主管领导带领镇安全科、综治办、派出所9人开展预防煤气中毒安全检查。检查组重点检查西杨坨村、军庄村、加油站的安全提示贴张贴、煤气使用、安全设施等情况，在军庄村发现部分村民的烟筒管道设计不合理，针对存在的这些隐患，要求立即进行整改。同时向居民和加油站员工面对面讲解安全小常识，强化大家的安全防范意识。

（刘晓晴）

【“防控非洲猪瘟”情况进行检查】 12月5日，军庄镇主要领导带队先后到香峪村、孟悟村和驻区32186部队、66736部队，针对“防控非洲猪瘟”情况进行再次检查。军庄镇镇域内、包括辖区内各驻区部队营区，无生猪养殖的情况。

（刘晓晴）

【危险化学品专项安全检查】 12

月18日，军庄镇组织对辖区内非经营性加油站和燃气站开展危险化学品专项安全检查。检查组先后到位于东山村公交场站内的公交车加油站和分别位于北四社区、惠通新苑社区内的两处燃气站，针对3处站点的安全运行、管理人员资质、管理制度落实、消防设施配备等方面情况进行询问、检查。检查中发现个别站点存在消防设施配备、摆放不到位的情况，执法人员现场予以纠正，限期整改复查，并对各站点管理人员进行宣传教育。

（刘晓晴）

【党组织换届选举工作】 截至12月29日，军庄镇8个村、3个社区的党组织换届选举工作全部完成。

（刘晓晴）

雁翅镇

【概况】 雁翅镇地处门头沟西北部山区，距区政府45公里。1994年由原青白口、大村、田庄3个乡合并而成，自然形成河路、田庄、大村3个区域。镇域面积263.2平方公里，全镇下辖23个行政村，1个社区居委会。2018年，按照“水岸小镇，生态雁翅”的总体发展思路，深入推进农业产业升级、旅游产业发展“两轮驱动”战略，充分发挥“一河两沟三景四品五要素”的生态资源优势，推进旅游文化休闲产业发展，加快旅游休闲特色小镇建设；加大镇村基础设施和环境建设力度，持续提升生态和人居环境水平；创新社会管理工作，切实保障和改善民生，加强社会综合治理，积极维护地区和谐稳定。年内，农村经济总收入39120万元，较去年同期减少了2%；实现农民人均可支配收入15561元，较去年同期增长4.4%；区级财政收入完成2075万元，同比增长82.8%，其中新招引企业形成区级财政收入626万元，完成区下达任务200万元的313%。

单位名称：中国共产党北京市门头沟区雁翅镇委员会
北京市门头沟区雁翅镇人民政府
地　　址：北京市门头沟区雁翅镇付家台村
电　　话：61839794
邮　　编：102305

（田　平）

【计生工作】 年初，雁翅镇对481户独生女子父母兑现奖励费3.99万元，一次性奖励48人4.8万元，兑现计生专干和宣传员岗位补贴12.84万元，共21.63万元，实现及时兑现率100%。5月至6月，对24个村（居）计生干部开展计划生育家庭意外伤害保险培训工作，截至6月6日完成总共投保金额14.176万元，其中计划生育家庭意外伤害保险共投保656户，四癌保险692份，男性11癌保险166份。6月初，完成红十字会会员登记台账登记工作，机关各村居共665人参与。年内，更新室外健身器材12套；举办“家庭方式服务医生进村居”知识讲座8场；为全镇35岁~64岁妇女和采取长效节育措施的已婚育龄妇女进行体检和两癌筛查，共筛查910名妇女；组织35岁~65岁的低收入户人员进行免费体检。

（田　平）

【第八届党代会第二次会议】 1月26日，雁翅镇召开第八届党代会第二次会议，87名党代表、镇机关中层干部、村主任、一般群众代表列席会议。会上，听取、审议并通过由镇党委书记所作的2017年党委工作报告及镇纪委书记所做的2017年纪委工作报告；听取并审议由镇党委委员、组织委员所作的2017年党费收缴、使用和党员活动经费使用情况报告；听取由镇党委委员、宣传委员代表镇领导班子成员所作的2017年述职、述廉报告；听取由大会秘书长所通报的上年度代表提案办理情况和年度内代表提案审查和受理情况。依法定程序选举副镇长吕新国为镇第八届党委委员。会议同时对党政领导班子及成员和新任科级干部进行民主评议。

（田　平）

【第一次妇女代表大会】 1月31日，雁翅镇机关召开第一次妇女代表大会，40余名妇女代表参加会议。会上，选举产生镇机关第一届妇女委员会委员5名，并在随后召开的第一届委员会第一次会议上，选举产生主任、副主任各1名。

（田　平）

【低保工作】 1月，雁翅镇上调低保系数，低保标准上涨至1000元/月，现有农村低保户185户，292人，每月发放低保金23万余元；城市低保户68户，106人，每月发放低保金11万余元；截至12月31日，共发放低保金396万余元。

（田　平）

【春节前慰问】 1月，雁翅镇启动节前走访慰问活动。镇领导班子成员和包村干部分组分片走访慰问困难户和大病户、建国前老党员、困难党员、离退休干部、现役军人、区光荣院和镇敬老院老人，详细询问家中生活情况，了解在家庭生活、子女上学、看病就医中遇到的困难，并送去慰问金和节日的问候。此次活动共走访慰问 183 户，单位 1 个，累计发放慰问金 14.17 万元。

（田　平）

【基层党建工作】　3 月 17 日，雁翅镇召开 2017 年度基层党组织书记述职承诺大会，区委组织部组织科科长、电教中心主任、镇领导班子成员、镇机关各科室负责人、村党组织第一书记、各村居“两委”干部、党员、村民代表和普通群众代表参加会议。会上，各基层党组织书记述职承诺；镇党委书记对述职承诺情况进行点评讲话；与会人员对村内公开承诺情况进行现场满意度测评。5 月，制订《雁翅镇 2017—2019 年度党员教育轮训方案》，2018 年组织机关党员干部、村党支部书记、非公企业致富带头人等轮训 450 余人，组织各支部骨干党员集中学 400 余人，送学帮学 500 余人。7 月 17 日，镇党委组织召开农村党建助理员岗前培训会，镇党委书记、组织委员、党建办负责人、11 名党建助理员、5 名大学生村官参会，就基层党建相关工作进行培训。10 月 24 日至 30 日，面向雁翅镇 29 个党支部 1350 名党员开展以“筑牢党性强本领　助力创城当先锋”为主题的党员集中轮训工作。

（田　平）

【京西山区中共第一党支部纪念馆改扩建】　3 月，雁翅镇启动京西山区中共第一党支部纪念馆改扩建工程，在原有京西山区中共第一党支部纪念馆的基础上，改建京西山区中共第一党支部纪念馆，扩建崔显芳烈士纪念馆，展馆总面积由原来的 230 平方米增加到 820 平方米，展馆围绕崔显芳烈士的生平事迹和田庄党组织发展历史，以京西山区第一位共产党员和田庄第一个党支部为起点，介绍中国共产党人在永定河北、斋堂川乃至整个门头沟区域内跌宕曲折的战斗历程，党组织的建设成长、基层政权的建立与巩固，以及广大人民群众在党组织领导之下不断前行的光辉历程。6 月 26 日，京西山区中共第一党支部纪念馆改扩建后正式开馆，整个教育基地占地面积 1200 余平方米，主要包括京西山区中共第一党支部纪念馆、崔显芳烈士纪念馆、田庄高小党支部旧址、崔显芳故居、雁翅镇革命烈士纪念碑等五大部，构成集史料展示、思想教育、红色旅游等多功能于一体的党史教育、爱国主义教育和反腐倡廉教育示范基地。11 月，被北京市委宣传部授予北京市市级爱国主义教育基地。年内，《梦回吹角连营—从田庄一个党支部到京西山区党组织发展风云录》《田庄生紫荆—崔显芳烈士纪念馆简介》出版。

（田　平）

【永定河治理】　3 月，雁翅镇完成城管下沉工作，40 人安保巡查队伍全部上岗到位，按照全天候轮岗巡查机制开展安保工作。年内，雁翅镇政府会同城管、食药等部门多次开展永定河沿岸露天烧烤联合检查工作。6 月，联合相关部门协助区应急办完成“应急系统 2018 年汛期水上实战演练”工作。8 月起，雁翅镇组建专门领导小组开展打击违法建设违法用地百日攻坚工作，并通过第三方摸排，对各村台账进行更新，全镇拆除一般性违法建设 13 万平方米，完成拆除任务 100%。

（田　平）

【党建大会】　4 月 9 日，雁翅镇召开 2018 年党建大会，镇领导班子成员、各科室负责人、各基层党支部书记、主任参加会议。会上，副书记部署 2018 年综治及信访工作要点，组织委员部署 2018 年党建工作要点；宣传委员部署 2018 年宣传思想文化工作要点。镇党委书记与基层党支部书记代表签订党建责任书。

（田　平）

【第九届人民代表大会第四次会议】　4 月 11 日，雁翅镇第九届人民代表大会第四次会议在镇机关四层会议室召开，42 名镇人大代表出席会议，镇相关副职领导、相关驻镇单位负责人、村居主要领导及各科室负责人应邀参加会议。会上，听取、审议并通过《雁翅镇 2018 政府工作报告》《雁翅镇 2017 年预算执行情况和 2018 年预算（草案）报告》《雁翅镇 2017 年政府专项工作完成情况报告》和《雁翅镇 2018 年政府专项工作报告》。

（田　平）

【旅游工作】　4 月 12 日，雁翅镇旅游发展服务中心联合雁翅派出所、食药所、城管分队、安全管理科、农业综合服务中心，组织镇域内实际经营民俗户负责人召开雁翅镇 2018 年旅游工作部署会，解读《雁翅镇民俗旅游户管理办法（试行）》，并对 2018 年乡村旅游特色业态、等级民俗户创建和评定、京郊保政策性保险等工作进行部署，签订旅游安全责任书。7 月至 8 月，雁翅镇制订

《雁翅镇旅游行业防汛应急专项预案》，并在防汛关键时间点，实地检查、将预警信息传达各旅游单位，确保各农家乐、景区按要求疏散、关停、撤离。9月6日，雁翅镇联合区旅游委、区安监局等11个部门组成检查队，到雁翅镇南石洋大峡谷景区开展景区安全隐患检查。重点节日民俗旅游关键时间节点，对旅游景点、民俗旅游进行检查排查，共出动140余人次，检查排查企业360余家次。5月，对碣石村传统村落基础设施提升改造项目进行设计方案调整和专家论证评审、财政评审，11月完成竣工验收。11月，南石洋大峡谷旅游休闲步道配套设施改造提升项目竣工验收，总投入资金75.93万元。

（田　平）

【经济普查清查】 自8月1日全国第四次经济普查启动。年内，雁翅镇完成普查指导员和普查员的选聘和培训工作，清查阶段工作有序开展。截至10月15日，底册单位1326个，其中上传233个，新增80个，异地经营填表609个，在外区登记40个，规上单位共49个，1千万以上11个。全镇个体346个，pad上传300个，异地经营27个。

（田　平）

【保险补贴工作】 截至9月，享受灵活保险补贴78人，城乡居民基本医疗保险共参保4287人，享受福利养老待遇1053人，特困人员报销药费3.9万余元；享受困难残疾人553人，每月发放20.83万元；享受重残无业人员护理补贴466人，每月发放6.13万元；享受80岁以上养老券的有321人，累计发放39.06余万元；享受90岁以上高龄老人有45人，累计发放5.4万元；享受助残券321人，累计发放38.52余万元；办理丧葬补贴申请48人，发放丧葬补助金24万元。年内，发放保障房、公租房补贴、市场租房补贴材料150份；保障性住房街乡初审259份，街乡初审251份，区县复审中2份，市级备案通过166份；办理公租房补贴5份，市场租房补贴44份。建立养老驿站5个，雁翅、淤白、大村3个养老驿站进入试运营阶段，房良、田庄2个待验收后开业。

（田　平）

【畜牧工作】 11月27日，雁翅镇召开非洲猪瘟防控工作紧急部署会。会上提出具体要求。加强宣传，使各养殖户充分认识当前非洲猪瘟的严重性，配合镇政府的养猪退出工作；严格落实入户看守制度，镇、村、防疫员三级联动，每天入户排查情况，做到入户消毒无死角，发现问题及时妥善处置并上报；加强路口管控，对大村非指定路口加强管理，实行24小时值班制度，加大对运输生猪、猪饲料及泔水进京车辆的检查力度，严禁外省市生猪入京。同时，入户张贴“八条禁令”“十个必须”宣传材料，提高村民对防控猪瘟认识。

（田　平）

【低收入帮扶】 年内，雁翅镇23个村中低收入村13个，经精准识别，现有低收入户共1253户、2280人。根据动态监测，2018年底共有1216户低收入家庭的年人均可支配收入高于11160元的标准，占全镇低收入总户数的97%。全镇共实施18个低收入产业项目，全部完工。9月，开展就业状况调查工作，雁翅镇低收入劳动力730人，雁翅镇公共服务就业共计输出劳动力92人。经鉴定，雁翅镇镇四类人员需改造88户，其中C类47户、D类41户。2018年优先考虑上报7户有意向改造的农户进行房屋改造，并启动低收入群众人员名单核查工作，登记信息向区农委备案，待区属部门聘请第三方公司对未参与危房改造的低收入群众进行危房鉴定后，部署下一步低收入群众的危房改造工作。年内，共有139家帮扶单位和企业到雁翅镇开展专题对接帮扶，签订帮扶协议60余份，发放帮扶财物747.9万元。

（田　平）

【创建“全国文明城区”】 年内，雁翅镇研究制定《雁翅镇创建“全国文明城区”工作实施方案（2018年—2023年）》等文件，成立雁翅镇创建全国文明城区分指挥部、创城办公室和专项工作领导小组，形成党政齐抓共管、创城部门组织协调、专项小组分工负责、村居共同参与的工作格局。通过社会公共宣传、主题活动、媒体网络等多种方式，全方位多角度进行宣传。一是在镇域109国道沿线、南雁路等重点路段和村居主要街巷设置创城宣传硬质标语45块，宣传展板83块，公益广告90块，制作文化墙120米，张贴创城公益海报600余张；对辖区内公共场所、餐馆、商店等部位，张贴摆放禁烟标识、宣传海报、温馨提示牌等宣传品700余个，张贴创城工作各类海报210余张，发放“光盘行动”提示牌200个，设立学雷锋志愿服务站点，利用广播、LED显示屏循环播放宣传口号。二是印发《门头沟区争创全国文明城区倡议书》8000份、《致全镇人民的一封信》6000份、《法治宣传伴您行　全民创城齐行动》一封信折页4000

张，设计制作并发放凉扇3000把、手提袋等创城宣传品5000个，由包村干部和村居“两委”成员以登门入户的形式发放到村民手中。三是邀请亚太律师事务所律师到各村进行法治宣传教育讲座，普及法治知识，先后在6个村居进行讲座，230余人参加；制作张贴村规民30余个。四是利用雁翅镇公共文化服务平台、利用QQ交流群、《雁党回声》微信公众号等新媒体，加大对创建全国文明城区的宣传力度。据统计，编辑创城工作简报37期，在《雁党回声》开设创城专栏，累计发送创城工作信息81条和创城问答26条。年内，在全镇投放260个垃圾桶，组织开展垃圾分类专题培训，完成109国道沿线10余公里果园护栏的修缮工作。定期组织开展周末清洁日活动，大力解决卫生死角、秩序混乱等问题，保护好永定河沿线良好的生态环境。建立创城巡查机制，不定期组织领导班子带队，创城办联合环境办、城管分队等部门，对全镇开展环境卫生综合拉练检查，针对检查问题，建立工作台账和督办单，跟进问题整改。年内，雁翅镇政府加大文化创建力度，提高全镇人民精神文明建设。在崔显芳烈士纪念馆，铺设广场1000余平方米，设置巨幅党旗，制作创城公益广告、横幅10余块。对餐馆、商店等重点场所，张贴“节俭养德”海报500余张，摆放“光盘行动”温馨提示牌200个。雁翅镇在青白口剧场举办“文化创城”金秋文艺汇演活动，参与观众500余人。举办“创文明城区　建幸福家园”百姓宣讲活动，弘扬主旋律，传递正能量。开展“筑牢党性强本领　助力创城当先锋”千人党员集中轮训活动。开展志愿服务活动，先后有淤白村、青白口村、雁翅村等10余个村开展义诊、理发、文艺演出等特色服务活动。以社区和学校为重点，发挥工青妇组织作用，不断加强未成年人思想道德教育。

（田　平）

【垃圾分类工作】　年内，雁翅镇制订《雁翅镇推进生活垃圾强制分类工作的实施方案》，推进党政机关生活垃圾强制分类工作。3月22日，雁翅镇召开生活垃圾强制分类工作部署会，镇领导班子成员及全体机关干部参加会议，会上，主管领导对生活垃圾强制分类工作进行部署，通报垃圾分类工作开展情况，指出要在工作过程中继续落实垃圾分类要求。11月2日，雁翅镇联合区城市管理委员会召开雁翅镇垃圾分类培训会，会上，中华环境保护基金会绿色宣讲团老师围绕垃圾的危害及正确的垃圾分类方法进行讲解，镇机关干部、各村居书记、主任以及属地企事业单位垃圾分类负责人50余人参加会议。年内，环境办联合城管分队开展雁翅镇“门前三包”专项治理工作，细化“门前三包”责任制内容，与镇域内单位、商户签订“门前三包”责任书，全面提升“门前三包”精细化管理水平，并开展综合执法58次，纠正“门前三包”责任区内乱扔、乱倒垃圾等违法行为。年内，雁翅镇开展“厕所革命”，改造公厕40座，新建临时公共厕所1座；推行“街巷长制”和“小巷管家”，确保“监管无盲区、管理无空白”。设置保洁员110人，其中村级保洁员44人、镇街保洁员20人、公厕保洁员46人按照主动收集和清除垃圾、垃圾集中点日产日清的工作原则，保障镇域内环境卫生整洁。

（田　平）

【环境整治工作】　年内，环境办联合城管分队开展雁翅镇“门前三包”专项治理工作，细化“门前三包”责任制内容，与镇域内单位、商户签订“门前三包”责任书，全面提升“门前三包”精细化管理水平，并开展综合执法58次，纠正“门前三包”责任区内乱扔、乱倒垃圾等违法行为。年内，雁翅镇开展“厕所革命”，改造公厕40座，新建临时公共厕所1座；推行“街巷长制”和“小巷管家”，确保“监管无盲区、管理无空白”。设置保洁员110人，其中村级保洁员44人、镇街保洁员20人、公厕保洁员46人按照主动收集和清除垃圾、垃圾集中点日产日清的工作原则，保障镇域内环境卫生整洁。

（田　平）

【“河长制”工作】　年内，雁翅镇全面贯彻落实“河长制”工作。镇、村“河长”履职尽责开展巡河，加强对全镇54名河长制管护员、21名小沟小叉管护员业务培训和管理力度，督促其上岗开展巡河工作。强化永定河沿线环境治理工作，加强对城管局下派的40名保安员的监督检查力度，督促其制止游客的烧烤、洗车、垂钓、游泳、乱扔垃圾等破坏环境等行为。

（田　平）

【风沙源治理工程】　年内，风沙源治理工程涉及全镇12个村5810亩，工程基本完工，正在进行后期养护工作。森林健康经营项目涉及全镇6村21193亩，项目完工。国家公益林抚育项目涉及全镇河南台村680亩、青白口村860亩，工程完工；年内，新一轮百万亩造林工程涉及全镇8个村7721亩，工程完工。在辖区内设立36名全科技术员，全面监测森林病虫害发生情况，加强对各类有害生物的监测力度。同时，完善林权改革制度，及时发放林权改革补偿金，共计发放13638739.8元，做好集体林权制度改革工作。

（田　平）

【安全维稳工作】　年内，雁翅镇结合“元旦、春节”“两会”“中秋、国庆”“中非合作论坛峰会”等重点时期，加强对辖区内生产经营单位的检查，切实将事故隐患消除在萌芽状态。特别是在“两会”期间，将镇政府研究制定的《雁翅镇2018年全国“两会”安全生产保障工作方案》文件精神传达给23个行政村、1个居委会及相关单位，全面部署专项行动，强化消防安全责任，增强工作责任感和紧迫感。3月，雁翅镇开展两会期间消防安全联合检查，出动检查人员58人次，检查单位56家，查处并整改隐患24处。

（田　平）

【森林防火工作】　年内，雁翅镇全力做好清明节期间的森林防火工作，提前制定森林防火方案。3月22日，召开清明节期间森林防火专题会，各科室负责人、村居书记、主任参加会议，全面部署森林防火工作任务，细化工作安排。同时，设置117个岗旗防火点，全镇1230名护林员清明期间全部上岗，并按要求佩戴管护员袖标、携带2号工具，镇林业站每天进行巡视督查，联合王平森林公安派出所对熏肥、燎地边现象进行重点查处。

（田　平）

【党风廉政建设】　年内，雁翅镇制订《2018年雁翅镇党风廉政建设工作方案暨反腐败任务分工》，精简党风廉政建设和反腐败工作主要任务分工，从51项精简到46项，制定并逐级签订4种202份党风廉政建设责任书，发放监察法宣传海报170件、宣传材料120件。3月22日，雁翅镇召开2018年党风廉政建设工作部署会，镇领导班子成员、机关干部、各村（居）书记、第一书记、主任参加会议。会上，镇纪委书记部署2018年党风廉政建设工作，镇党委书记与村党支部书记代表签订《2018年雁翅镇落实党风廉政建设党风主体责任任务书》。6月12日，雁翅镇纪委组织镇机关干部到区廉政警示教育基地进行廉政教育学习，镇领导班子成员和镇机关各部门负责人等干部参加。年内，收到区纪委信访室转办件共14件，全部办结；收区纪委案管室转办问题线索6件，办结4件；共立案4人，对2人出具处分决定；雁翅镇纪委自收件4件，经调查取证未发现违纪问题；为民服务中心转件6件（包括1件包村工作件），按时间答复反映人。

（田　平）

【街乡吹哨　部门报到】　年内，雁翅镇研究制定《雁翅镇“街乡吹哨、部门报到”工作实施方案》，建立联合会商机制，累计开展专题工作部署会6次。一是完成党员、团员“双报到”工作。4月，召开雁翅镇基层党组织和在职党员“双报到”工作部署会，完成4个基层党组织，196名在职党员报到接收工作，在职党员报到率、接收率均达到100%。8月，完成31名团员回村“双报到”工作，超出计划人数7人。二是筹建实体化综合执法平台，综合执法常态化。7月，雁翅镇建成由镇综治办、城管分队、环境办、司法所、食药所等常驻部门组成的综合执法平台，综合执法平台工作机制、各部门职责成文上墙，以“吹哨、报到”为主的综合执法模式逐渐发挥作用，建立综合执法平台工作台账，年内综合执法58次。筹建283平方米综合执法平台新址，提高执法平台承载量和办事效率。三是以体制调整、编制调整、社会化用工指标调整为主的“三步走”工作措施，3月，完成区城管执法监察局雁翅执法队的下沉工作。四是研究制定《雁翅镇街巷长制实施方案》，建立主要领导任总街巷长、主管领导为副街巷长65人的“街巷长”管理人员队伍制度，制作街巷长公示牌58块，发放街巷长工作日志58册。五是利用“吹哨　报到”机制切实解决工作难题。5月，雁翅镇政府邀请区供电公司召开煤改电惠民工程推进研讨会，区供电公司镇对雁翅镇辖区内的实际情况提出煤改电项目专业性指导意见，共同推进辖区内大气治理，推动蓝天行动计划落实。8月22日，雁翅镇打违办、环境中心与北京龙欣顺达再生物资利用有限公司进行对接，就拆违过程中产生的白色泡沫垃圾处置问题进行磋商，保障拆违后期垃圾废弃物合理处置。8月29日，雁翅镇党委“吹哨”付家台小学，双方签订原田庄小学闲置校舍借用协议，解决党史教育、爱国主义教育场地问题。

（田　平）

【安全工作】　年内，雁翅镇全面加强安全管理工作，党政一把手带队实行常态化检查，安全生产、消防、食品、防汛、防火、农产品质量等安全工作落实到位，切实履行属地安全管理职责。年初，雁翅镇召开安全生产工作会议，印发《雁翅镇2018年安全生产工作意见》，部署2018年雁翅镇安全生产工作。与村（居）、驻镇单位以及100余家生产经营单位签定生产安全、消防安全、交通安全、特种设备、建筑施工、小门脸等各类安全责任书，编制《门头沟区雁翅镇安全生产管理文件汇编》。年内，共进行60余次安全检查，填写检查记录250余份，发现安全隐患102处，要求现场立即整改85处，限期整改17处，经复查已全部按要求完成整改。为镇域内17个行政村，1个居委会60岁以上老人安装独立式感烟报警器746户，全面提高居民家庭消防安全。在做好各项安全检查同时，建立雁翅镇隐患台账管理制度，做到安全隐患治理“一本账”。2月7日，雁翅镇安全科在雁翅村车站开展主题为“依法、文明、安全”燃放烟花爆竹集中宣传活动，发放有关安全燃放爆竹宣传材料600余份。6月22日，雁翅镇安全管理科联合食药所、城管分队开展以“生命至上　安全发展”为主题的安全生产“宣传咨询日”活动，讲解《安全生产法》、职业病防治、安责险、用电安全、消防安全等安全知识，制作并发放宣传折页、小扇子等宣传品3000份，为24个村（居）制作并安装宣传横幅（硬）24条，做好2018年“安全生产月”系列活动。11月21日，镇长带队开展预防煤气中毒宣传和检查工作，发放宣传材料、手提袋100余份。

（田　平）

【防汛工作】　年内，雁翅镇提前部署汛期防灾工作。一方面加强防汛物资储备，备足编织袋、铁锹、帐篷、救生衣等防汛物资，做好汛期24小时值班，保持电台、移动电话、广播等通讯畅通。另一方面，加强汛期检查及防汛抗旱组织建设。6月5日，雁翅镇联合市区规土委、区气象局、区应急办、市地质研究所等部门开展地质灾害防汛应急演练活动，强化群众的防灾自救意识，增强村居应急处置能力。6月至7月，雁翅镇召开2018年度防汛抗旱工作部署会3次，对防汛工作做出全面安排。7月23日，镇党委书记、镇长带队，逐一走访河路地区、田庄沟、大村沟与碣石沟4个沟域，开展重点巡查工作，并实地查看村民转移安置点。

（田　平）

【河道管护】　年内，雁翅镇建立镇、村两级河长体系，同时设立52名巡护员，加强辖区河湖、沟道巡护工作。年内，雁翅镇组织召开全镇巡护员、小沟小叉管护员培训会3次，河路地区组织培训会2次，田庄地区组织培训会2次，大村地区组织培训会2次。通过培训会落实各名巡护员、管护员巡查管护地段，并制作河长制牌点公示上墙。严明上岗巡视人员工作制度和村级河长职责。共清理河道沟道垃圾渣土120处，3500余吨。对辖区内河道沿线进行细致摸排，清理垃圾渣土9处，5000余吨。

（田　平）

【环保工作】　年内，雁翅镇制订《雁翅镇蓝天保卫战2018年行动计划及任务清单》《〈京津冀及周边地区2017—2018年秋冬季大气污染综合治理攻坚行动方案〉雁翅镇细化落实方案与任务分解实施方案》《雁翅镇大气污染综合治理攻坚“百日行动”工作方案》《雁翅镇扬尘精细化方案》《〈雁翅镇环保督察整改方案〉雁翅镇中央环境保护督查反馈意见具体问题整改措施清单》及《雁翅镇2018年中非合作论坛门头沟区空气质量保障工作方案》，并重新修订《雁翅镇2018年空气重污染应急预案》。制订《雁翅镇农作物秸秆全面禁烧工作实施方案》，完善秸秆禁烧工作机制，采取加大宣传力度、加强禁烧联合督查和现场巡查、与各村签订责任书等多项措施加强农作物秸秆禁烧工作。年内，共应对15次重污染天气，同时加强扬尘监管力度，建立雁翅镇裸地台账、节能减排清单，对堆物堆料采取苫盖等措施，保障各项防治措施落实到位。配合区环保局做好第二次全国污染源普查工作；建设大气粗颗粒物监测点位4处，分别设立在田庄村、泗家水村、珠窝村、大村，为基本治理扬尘提供基本依据。推广清洁型煤使用率，采暖季共销售清洁燃煤1012吨，并在减煤换煤工作中回收燃煤2752吨。

（田　平）

【险村改造】　年内，雁翅镇险村改造主要涉及马套、珠窝262户。年内，马套村原房屋基本拆除完毕，珠窝村房屋主体基本完工，部分村民回迁入住。

（田　平）

【村庄规划】　年内，雁翅镇启动河南台村、雁翅村等23个村村庄规划及美丽乡村实施方案编制工作。采取集中交底和逐村指导相结合的方式，开展村庄规划的前期工作。河南台村、青白口村等11个村村庄规划及美丽乡村实施方案编制工作通过区镇联审。

（田　平）

【疏解整治专项行动】 年内，雁翅镇制订《“疏解整治促提升”专项行动2018年工作计划》，针对五项重点任务明确牵头领导和主责科室，落实任务。成立雁翅镇打击违法建设违法用地百日攻坚工作领导小组及雁翅镇打击违法建设违法用地百日攻坚办公室，截至11月17日，拆除一般性违法建设面积13万平方米，完成全镇一般性违法建设拆除任务的100%。建立“留白增绿”台账，2018年台帐任务为绿化面积3块1221.6平方米，全部完成。辖区内无证的食品经营商户4户，因经营场所属于违法建设，进行拆除。雁翅镇地下空间2处，1处是雁翅粮库15676平方米，1处为京能热电珠窝发电厂264平方米，经督导检查，无住人现象，无群租房现象。持续对109国道永定河沿线周边及田庄大村沟域重点地区开展集中整治，开展各项执法行动20余次，出动车辆130辆次，出动人员数1330人次，清运生活垃圾1050吨。

（田　平）

【农业产业项目】 年内，雁翅镇完成2017年11个低收入产业项目资金拨付，共计1784.618748万元，累计共带动农户549人增收，其中有406人是低收入户，人均劳务性增收1000余元/月。10月，完成2018年7个低收入产业项目，已验收并拨付工程款971.9032万元，累计带动农户214人增收，其中有190人是低收入户，人均劳务性增收1000余元/月。

（田　平）

【文化宣传】 年内，雁翅镇全力推进乡风文明，强化社会主义核心价值观宣传。2月25日，组织开展“护苗2018网络安全进课堂”活动，增强抵制网络色情、暴力等现象的自觉能力。3月15日，开展“12318——健康文化你我他”主题宣传活动，现场设置法律法规宣传台，悬挂宣传横幅1条。5月起，连续5个月开展北京榜样宣传活动，通过在公开栏设立“北京榜样”举荐榜，进一步践行社会主义核心价值观。6月22日，镇长带队，雁翅食药所联合镇安全科、城管队等食药安委会成员单位到辖区雁翅村文化广场开展以“创建生态门头沟　食品安全必先行”为主题的“创建食品安全示范区”宣传活动，向群众发放食品安全宣传手册200余册，宣传扇子、宣传购物袋等300余个，短袖上衣、马甲等宣传品300余件。7月，组织全体机关党员、各基层党组织书记100余人到京西中共第一党支部所在地田庄村开展“不忘初心听党话、牢记使命跟党走”特色主题党日活动。7月至8月，开展“执子之手相伴重阳”金婚照主题活动，为全镇34对老人免费拍摄金婚纪念照。8月24日，雁翅社区家长学校挂牌成立，并开展“社区家长学校”普法宣传活动，社区律师以案释法，现场发放法律宣传单、青少年保护法律知识宣传手册和法律知识读本等普法宣传资料150余份。

（田　平）

【文化活动】 年内，雁翅镇举办“星火工程”演出36场，播放数字电影1200场，新增图书5000册，更新室外器材12套。5月15日，举办田庄村青茶山庙会。26日，举办为期5天的淤白村第十一届民俗文化节。9月18日，在青白口剧场举办“月圆京城　情系中华”迎中秋·庆丰收艺术家下基层文艺演出，组织400余人观看演出，同时向现场观众发放创建全国文明城区倡议书、一封信和创城折页等宣传材料1500余份。组织雁翅居委会舞蹈队参加“舞动门头沟”舞蹈大赛并获最佳表演奖；组织“雁之韵”合唱团参加区农委组织的群众合唱比赛并获第一名。2017年启动的大村村文化室、山神庙文化室改扩建项目竣工。2018年对淤白文化室进行装修改造工程完工，高台、杨村、马套文化室改扩建基本完成；完成镇文化中心装修改造工程设计阶段；借用付家台小学幼儿园部分教室装修改造为镇文化中心工程公开招标。

（田　平）

【招商引资】 年内，雁翅镇主要以提供虚拟注册地址开展招商引资工作。共招商140家企业，并对2017年2家重大贡献企业和1家中介机构按门头沟区重大贡献企业奖励标准兑现奖励资金65.7万元。

（田　平）

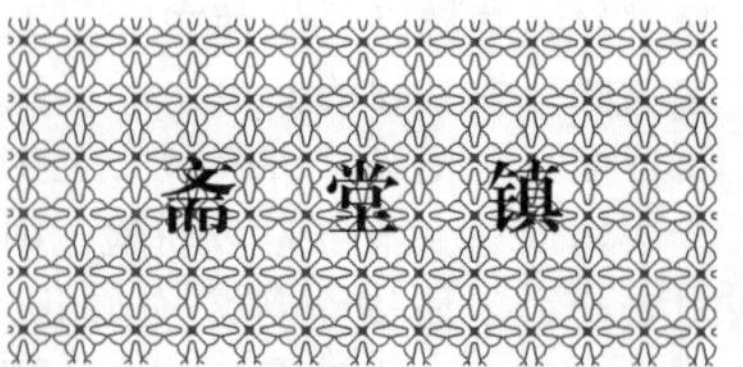

斋堂镇

【概况】 斋堂镇位于门头沟区西部深山区，距北京市城区81公里，距区政府65公里，109国道贯穿全镇。镇域面积约392.4平方公里，下辖30个村（居），全镇共有基层党支部40个，其中农村党支部29个，党总支2个，机关、社区单位党支部6个，非公企业党支部1个，公益性社会组织组织党支部2个，党员1862人。斋堂镇2018年实现集体经济总收入2609.4万元；农民所得总额为21709.9万元，同比增长10.2%；人均所得实现16688元，同比增长9.3%。2018年，斋堂镇实现农村家庭经营性收入47934.9万元，其中第一产业实现收入811.4万元，主要来源于林业和农业；第二产业实现收入1597万元，全部来自建筑业收入；第三产业实现收入45526.5万元，主要来源于服务业收入19652万元。报酬性收入6977.9万元，同比有所增长，主要由于家庭成员在家庭以外靠付出体力或脑力劳动获取的收入纳入到此项。财产性收入2258.4万元，主要是林权补偿款等财产性收入增加。转移性收入4915.6万元，同比有所增长，主要由于政府的各项补贴增加，如：城乡居民养老保险、无保障老人生活补贴等。斋堂镇共有劳动力6733人，已就业劳动力人数5949人，其中常年外出务工劳动力2480人。从事家庭经营性：第一产业共有453人，第二产业70人，第三产业342人；从事本地务工劳动力：第一产业537人，第二产业44人，第三产业1656人；从事外出务工劳动力：第一产业18人，第二产业33人，第三产业2796人。待业784人。

单位名称：中国共产党北京市门头沟区斋堂镇委员会
北京市门头沟区斋堂镇人民政府

地　　址：北京市门头沟区斋堂大街45号

电　　话：69816653

邮　　编：102309

（梁　也）

【马栏发展洽商会】　1月16日，斋堂镇组织召开马栏发展洽商会。会上，副镇长对斋堂现阶段情况进行简要介绍，对马栏现状与发展情况进行说明。随后，参会人员观看斋堂镇宣传片。与会人员对马栏开发发表个人想法，并进行商讨，确立初步发展设想。

（梁　也）

【第八届代表大会第二次会议召开】　1月18日，中国共产党斋堂镇第八届代表大会第二次会议召开。此次大会应到正式代表112人，实到代表102人，列席代表30人，共132人，分成4个代表团。大会会期一天，由斋堂镇镇长主持，共有11项议程。斋堂镇规范操作，严格按照党代会相关程序展开，会前组织党代表集中学习《中国共产党全国代表大会和地方各级代表大会代表任期制暂行条例》。会议期间，代表们认真听取和审议镇党委工作报告、纪委工作报告、党费收缴使用及党建工作述职等报告，4个代表团的55名代表，围绕着镇党委工作报告和镇纪委工作报告，分别提出加强村“两委”干部综合素质教育，提升解决矛盾和问题的水平等建议类提案4件。镇党委班子成员以口头和书面形式向全体代表进行述职述廉，部分代表围绕着服务保障改善民生、基层党建和党风廉政建设工作两个主题展开发言和现场询问，并就镇领导班子工作作风和群众满意度开展民主评议。

（梁　也）

【志愿服务和“年货大集”活动】　1月18日，区社区服务中心志愿者及公益企业一行25人到马栏村，集中开展志愿服务和“年货大集”活动。志愿者们为村内的老党员、优抚对象、老年人义务开展理发、家庭线路检测、送对联等志愿服务活动，针对有些老年人行动不便的实际情况，志愿者们主动上门开展志愿服务。

（梁　也）

【低收入帮扶】　1月24日，桑峪村帮扶企业门头沟区保障性住房建设投资管理有限公司（原栖凤置业）到村开展低收入帮扶工作。公司党委副书记与村领导班子座谈，掌握帮扶工作进度，了解低收入项目落地情况，共同探讨工作中遇到的困难问题，签订帮扶协议书，并捐助价值1万元的打印机、拉杆音箱，用于改善村内党建工作条件。5月4日，中国建设银行门头沟支行党委书记、行长一行5人到马栏村开展联学共建活动，针对马栏村低收入户精准帮扶工作开展研讨。门头沟支行针对马栏村的低收入户开展捐资助学、捐赠物资等帮扶措施，联合北京国旅专业人士帮助马栏村设计旅游线路、打造旅游产品，助力马栏村打造红色主题教育村落。7日，北京市人大常委会副主任、党组副书记带队到斋堂镇开展低收入帮扶调研工作。区领导张力兵、陈国才等陪同先后到东胡林村、马栏村2户低收入农户家庭开展调研慰问、赠送慰问金，并参观东胡林人遗址和冀热察挺进军司令部旧址陈列馆2项村庄文化旅游项目。在马栏村村委会召开“打好精准脱贫攻坚战，做好低收入农户帮扶工作”调研座谈会。15日，北辰集团董事长一行16人到白虎头村调研低收入帮扶工作，先后调研金丝小枣种植及加工项目、林下中草药种植项目、精品民宿等项目。并在白虎头村村委会召开调研座谈会。24日，区食品药品监督管理局领导带队到杨家村开展低收入帮扶工作。在杨家村活动中心为老百姓发放宣传品和生活用品，并入户慰问困难群众。6月6日，市级帮扶企业北京国际技术合作中心相关领导等到牛战村开展低收入帮扶工作。参观调研牛战村玫瑰园和闲置民宅，并给牛战村带来60份端午节礼品。牛战村第一书记介绍牛战村低收入农户帮扶和村集体产业发展情况，重点介绍玫瑰花产业和养蜂产业情况，并提出村发展的主要方向，村党支部书记对部分情况进行补充说明。7月6日，北京演艺集团一行到马栏村开展“一村一企”低收入帮扶对接工作。

（梁　也）

【公益电影大讲堂活动】　1月30日，“阔步迈进新时代、光影盛宴贺新春”公益电影大讲堂活动在斋堂开幕，邀请到电影《空天猎》主创人员、影片策划、军事顾问、空军英模、空军功勋试飞员，并在现场讲述该电影拍摄的台前幕后。为观众放映电影《空天猎》。

（梁　也）

【安全生产联合检查行动】　2月9日，斋堂镇党委书记带队，联合镇安全科、派出所、消防中队、工商所、食药所等部门，开展春节前安全生产联合检查行动，对镇内重点生产领域的电气火灾隐患排查整治、烟花爆竹禁放区域管理、春节期间人员制度管理等情况先后到斋堂供暖中心、京兰加油站、斋堂液化气站、烟花爆竹销售网点、物美超市5家生产经营单位开展深入检查。4月27日，斋堂镇安全科联合镇旅游科，对双龙峡景区进行五一劳动节前安全生产联合检查行动，对景区重点生产领域的电气火灾隐患排查整治，检查消防设施、安全疏散通道、节日期间人员制度管理等情况，并对景区内客房改造和水库改造施工工地进行检查，检查组提出具体要求。

（梁　也）

【预防煤气中毒联合检查】　2月11日，斋堂镇安全科、派出所、综治办、流管办等，对东胡林村和西胡林村进行预防煤气中毒工作联合大检查。首先检查村委会落实预防煤气中毒工作档案，然后随机检查9户煤火取暖户。针对检查中发现的问题提出具体意见。2月12日，斋堂镇安全科、派出所、流管员对东胡林村、西胡林、桑峪村进行预防煤气中毒联合复查工作，此次复查主要针对2月11日开展的预防煤气中毒工作中所查出的问题进行重点检查。此次复查的3户取暖户全部整改，对其余抽查的6户取暖户中有2户没有安装一氧化碳报警器，检察人员要求取暖户立即安装报警器。

（梁　也）

【旅游景区联合检查】　2月12日，斋堂镇领导带队，安全科、旅游科等部门参与，对灵岳寺景区进行节前安全联合检查。重点检查灵岳寺景区消防安全及预防煤气中毒工作。针对检查中发现的灭火器过期问题，旅游科负责协调区相关部门于春节前进行整改；针对预防煤气中毒工作，做详细提示，并由安全科负责与灵岳寺签订预防煤气中毒责任书，发放一氧化碳报警器并指导相关责任人正确使用。

（梁　也）

【“街乡吹哨，部门报到”工作】　3月2日，斋堂镇成立“街乡吹哨，部门报到”专项工作办公室。斋堂镇“街乡吹哨、部门报到”专项工作领导小组办公室主要负责专项工作领导小组日常保障、沟通协调、梳理辖区执法重点难点问题、牵头组织召开综合执法相关会议、及时解决各类疑难问题。5月15日，斋堂镇成立斋堂镇党建工作协调委员会，作为斋堂镇统筹辖区内党建工作的议事协调平台，着力形成地区事务共同参与、共同协商、共同管理的工作格局建立各级党组织向属地街道乡镇党（工）委报到制度。共有小学、中学、医院、派出所等8家单位到镇党委报到；斋堂镇在职党员共158人，全部完成线上和线下报到，报到率100%。

（梁　也）

【民宿旅游项目框架协议签订】
3月6日，斋堂镇低收入村白虎头村与朗诗集团在镇政府后二楼会议室签订民宿旅游项目框架协议。三方签订并交换白虎头村民宿旅游项目框架协议。白虎头村列入2018年上半年规划村落，由市、区直接实施，3年内打造完成最美乡村，基础设施配套到位。

（梁　也）

【学校安全联合检查】　3月6日，斋堂镇安全科、派出所、消防中队、食药所、综治办等部门联合参与，对辖区内幼儿园、斋堂小学、斋堂中学开展安全综合检查。检查组各成员单位按照职责分工，对各学校进行全面细致检查。食药所主要检查食堂管理情况，包括各种管理制度落实、员工体检证明、食品留样管理等内容；消防中队主要检查消防管理情况，包括灭火器是否过期、人员是否正确掌握灭火器使用方法、烟道是否定期清洗、燃气间是否独立设置等内容；派出所主要针对学生住宿情况进行安全提示。

（梁　也）

【联防联控合作协议签订】 3月31日，斋堂镇人民政府与河北省怀来县官厅镇、孙庄子乡人民政府联防联控协议签字仪式暨第一次联席会议在斋堂镇召开。三方共同围绕协议内容进行交流洽谈，对关注的重点、难点问题展开讨论、交换意见、达成共识。

（梁　也）

【交流访问】 4月3日至4日，香港圣士提反女子中学师生一行8人到斋堂中学进行为期两天的友好访问。双方师生在学校礼堂进行英语交流，。同时，圣士提反女子中学的师生也体验斋堂中学的书法、剪纸、腰鼓、火绘等特色课程。两校师生一起走进爨底下，参观明清山地四合院，感受当地古村落文化。活动结束后，两校师生互赠自制的手工作品。

（梁　也）

【第四届桑峪村“三月三”民俗文化节】 4月18日，第四届桑峪村“‘三月三’民俗文化节”在桑峪村举办。活动由斋堂镇党委政府、门头沟区文联主办。活动首先举办祭奠活动，祭奠中华人文初祖轩辕黄帝、蚕神嫘祖、桑峪村祖先。祭奠活动结束后，举办三月三文化节开幕仪式，随后开展老会大鼓、霸王鞭、小车会等民俗文艺表演活动。

（梁　也）

【精准脱贫】 5月2日，斋堂镇企管中心负责人带领工作人员到杨家村村委会，针对杨家村20户低收入户进行逐一入户摸底清查，统计切实存在脱贫困难的低收入户。经核实，杨家村低收入户统计工作按照村民2015年底收入情况进行统计，2016年至2017年间，村内有13户低收入户外出打工，该类人员较易脱贫；村内有4户为年老人员，年纪大、身体弱，该类人员脱贫较为困难。

（梁　也）

【“河长制”工作】 5月3日，斋堂镇制订《斋堂镇关于加强“河长制”工作的通知》发放到各村居，通过村级广播、宣传栏进行宣传，提高村级管护人员和村民管护意识。河道管护人员63人统一着装全天上岗，管护人员及时清理河湖岸线内的垃圾杂物，并对游客露天烧烤、捕鱼、电鱼等涉河违法行为进行劝阻，确保游客在河湖周围的安全。8日，斋堂镇镇级河长带领镇河长办工作人员开展“河长制”现场巡河工作。对清水河河道、沿线分支河道及沟道的保洁卫生、乱堆乱放等情况进行专项检查。巡查途中，镇级河长同志向河道管护人员询问日常工作情况及工作职责，并使用“北京河长App”记录巡河轨迹。检查中发现，青龙涧沟内存在一处渣土未清理，检查组责令相关村村级河长、管护人员限时整改，并第一时间反馈处理结果。

（梁　也）

【铁路沿线火灾隐患排查整治专项行动】 5月3日，斋堂镇组织8名铁路护路联防队员集中开展为期5天的铁路沿线火灾隐患排查整治工作。此次专项行动，镇护路办根据镇内铁路沿线的特点，重点排查铁路周边大面积的荒山、荒地区域，对发现的隐患问题建立隐患台账，所有在账隐患问题逐一责任人、整改措施和整改时限。截至年底没有发现重大火灾安全隐患。

（梁　也）

【低收入户监测】 5月7日，斋堂镇综治办工作人员走访东胡林村部分低收入家庭，开展低收入户监测工作。综治办包村干部详细询问低收入户的家庭基本情况及2017年的家庭收入情况，掌握第一手材料，共同助力低收入帮扶工作。经核实，东胡林村绝大多数低收入户实现脱贫。

（梁　也）

【红色共建活动】 5月11日，北京师范大学政府管理学院图情硕士生党支部、MPA党支部一行25人到龙门口村开展“筑梦新时代，党员在行动”红色共建活动。北京师范大学的同志们与龙门口村村委会工作人员及5名困难党员就龙门口村新农村建设工作开展座谈，并为困难党员送上慰问品。

（梁　也）

【安全大检查】 5月15日，斋堂镇消防中队、派出所、工商所、食药监所联合安全科、旅游科、民政科等部门集中报道，共同开展安全大检查。重点检查爨柏景区、桑峪天主教堂、大型农家乐等部位。在检查过程中发现的灭火器过期、摆放位置不正确、电器线路老化等问题，已责令相关单位立即整改，并由相关职能部门开展复查，确保消除安全隐患。

（梁　也）

【软弱涣散党组织整顿】 5月18日，斋堂镇领导带领相关科室负责人到吕家村开展软弱涣散党组织整顿工作。吕家村第一书记及两委班子全体成员参加会议。吕家村党支部书记、村委会主任及两委班子其他成员逐一开展自我批评、深入剖析吕家村两委班子存在的问题并提出工作建议。镇领导对吕家村两委工作提出具体要求。

（梁　也）

【对接对口帮扶工作】　5月18日，斋堂镇领导带队到内蒙古察右后旗白音察干镇对接对口帮扶工作。实地考察参观三义村脱毒马铃种薯繁育基地和绿洲新村名贵中草药种植基地，听取扶贫工作汇报、考察扶贫项目，并入户慰问3户建档立卡困难群众。考察慰问后，召开对口帮扶协作座谈会。会上，白镇镇长介绍白音察干镇基本情况、脱贫攻坚进展情况及当前脱贫攻坚工作存在的困难。斋堂镇领导介绍斋堂镇经济社会发展情况和低收入帮扶工作情况，并就下一步双方深度对接，做好对口帮扶协作工作提出具体建议。19日，斋堂镇领导带队到内蒙古武川县上秃亥乡对接对口帮扶工作。召开对口帮扶协作座谈会。会上，上秃亥乡党委书记介绍上秃亥乡基本情况、脱贫攻坚工作推进情况、需要协调解决的问题；斋堂镇领导介绍斋堂镇经济社会发展情况和低收入帮扶工作情况，并就下一步双方深度对接，做好对口帮扶协作工作提出具体思路意见。9月18日，斋堂镇领导带队到涿鹿县大堡镇对接对口帮扶工作实地考察参观蔬菜种植农业园区，认真听取扶贫工作汇报、考察扶贫项目，并入户慰问下沙河村3户建档立卡困难群众。考察慰问后，双方回到农业园区会议室召开对口帮扶协作座谈会。

（梁　也）

【汽修行业安全生产专项检查】　5月21日，斋堂镇安全科联合规环办开展汽修行业安全生产专项检查。检查工作主要针对检查空压机、举升机等生产设施设备使用和维护保养情况，机油和废机油的使用和存放情况，修理车间、仓库等场所消防灭火器配备和使用情况，危险作业场所是否张贴安全警示标识，检查车间修理人员操作规程执行情况等方面。此次检查发现，企业存在灭火器数量不足、堆放可燃杂物等安全生产隐患。针对检查中发现的问题，对企业下达责令整改通知书，安全科负责对整改情况进行复查。

（梁　也）

【商超、餐饮联合专项检查】　5月23日，斋堂镇安全科联合食药、工商所、派出所等相关部门开展商超、餐饮专项检查。检查主要针对各单位的安全生产、消防设施设置是否符合国家标准、消防设施和器材、消防安全标志是否完好有效，疏散通道、安全出口是否畅通等。检查发现，企业存在灭火器配备不足、灭火器过期，货物码放过高，未按规定设立消防通道，违规使用麻花线等生产安全隐患。此次检查下达责令整改通知书2份。

（梁　也）

【防震减灾宣传活动】　5月24日，斋堂镇结合全国防震减灾日，以街头宣传方式，宣传防震减灾知识。此次活动发放《北京市实施<中华人民共和国防震减灾法>规定》80余册，哨子100个，防震减灾宣传册及光盘、防震减灾宣传购物袋100个，张贴防震减灾宣传画30余张。

（梁　也）

【铁路安全保护区排查专项行动】　5月24日起，组织8名铁路护路联防队员集中开展铁路安全保护区专项排查行动，重点对我镇丰沙线沿线铁路安全保护区范围内影响行车安全的各类安全隐患、建筑物构筑物等进行集中摸排。通过巡查除2个车站没有发现影响铁路行车安全的建筑物、构筑物，划定安全区范围内没有发现安全隐患。

（梁　也）

【柏峪“燕歌戏”专场演出】　5月26日，在区影剧院举办柏峪“燕歌戏”专场演出。活动现场戏曲专家、戏迷、票友、学生等各界观众600余人观看被喻为戏曲“活化石”“燕歌戏”演出。

（梁　也）

【斋堂镇政务服务中心挂牌】　5月28日，斋堂镇政务服务中心正式挂牌。

（梁　也）

【防汛检查】　5月29日，斋堂镇在全镇范围内开展防汛检查工作。成立镇防汛抗旱指挥部，成立镇、村防汛抗旱抢险队。明确值班人员、值班电话。完善镇防汛制度制及防汛避险措施，指导各村完善防汛应急预案。此次防汛检查工作，着重加大重点部位的防控力度，开展隐患点排查，组织防汛应急演练。明确检查人员认真排查并做好记录，发现隐患及时提出整改意见，在规定的时间内落实责任人完成整改。

（梁　也）

【注册企业安全检查】　5月30日，镇安全科联合消防中队，对申请注册营业执照的企业开展注册前安全检查。共检查企业6家，其中餐饮企业2家，塑钢门窗销售企业4家。针对电线裸露、灭火器过期、违规使用麻花线等问题，下达整改通知书6份，要求各企业限时整改，由安全科验收后，才能继续办理营业执照。

（梁 也）

【广安门中医院义诊】 6月10日，广安门中医院一行10余人到镇内为百姓义诊。针对常见的糖尿病、血压高、内科杂病等疾病，讲解保健知识，并为百姓发放医院自制的常见病防护知识手册。

（梁 也）

【文物保护单位安全隐患联合检查】 6月11日，斋堂镇安全科、旅游科联合区消防支队对辖区内重点文保单位进行联合检查。检查对象包括国家级文保单位爨底下古建筑群和市级文保单位挺进军司令部。在检查过程中发现以上单位存在电线老化、电线裸露未穿管保护、员工消防培训不到位等隐患，区消防支队当场提出整改建议，并要求责任人立即整改。

（梁 也）

【消防培训】 6月14日，斋堂镇安全科、旅游科、消防中队、川底下村委会等多部门联合在川底下村对农家乐经营人员开展消防培训。斋堂镇消防中队专业人员向农家乐经营者讲解应对火情的基本知识、灭火器使用方法和注意事项、燃气着火相关知识，工作人员现场模拟燃气瓶着火如何灭火，农家乐经营者和服务员练习如何使用灭火器。

（梁 也）

【创建“全国文明城区”誓师动员大会】 7月20日，斋堂镇召开门头沟区创建“全国文明城区”誓师动员大会。会上，部署斋堂镇分指挥部创建全国文明城区工作，解读分指挥组织机构和职责分工。

（梁 也）

【双龙峡景区联合检查】 7月30日，区旅游委、区消防支队、镇安全科、旅游科、派出所、食药所等部门开展联合检查，重点检查双龙峡景区安全隐患。检查组针对景区接待大厅、住宿区、餐厅、厨房燃气间等重点部位进行全面检查。发现景区存在电线裸露、灭火器箱放置垃圾、缺少逃生通道标识牌等问题。对景区提出整改意见，约谈景区负责人。

（梁 也）

【创城宣传文艺演出】 8月3日，斋堂镇开展创城宣传文艺演出。马栏村舞蹈队、军响舞蹈队、东斋堂舞蹈队及文化馆的演员们参加演出。镇内300余人观看。现场发放倡议书300余份，面对面向居民宣传创城工作，解答居民的疑问。

（梁 也）

【拆除违法建设】 8月14日，斋堂镇在川底下村开展违法建设综合整治工作。出动现场执法及安保人员260余人，对严重影响川底下村传统格局、历史风貌的49处，涉及38户违法建设拆除。

（梁 也）

【门前三包综合治理】 8月21日，斋堂执法队，开展环境秩序、门前三包专项整治行动。共检查门前三包商户12家，规范店外经营3起，清理乱堆乱放1处，摘除软质条幅1条，批评教育8人次，劝离乱停乱放1起。

（梁 也）

【新任基层妇联组织成员初任培训】 9月17日，斋堂镇妇联组织各村新任妇联组织成员100余人举办初任培训。从妇联章程、妇联组织、市妇联主要工作、基层妇联组织建设等做讲解。

（梁 也）

【全国科普日宣传】 9月20日至10月8日，斋堂镇各村科普宣传员开展2018年“全国科普日”宣传活动，活动中，发放有关健康知识方面的小书籍、手册等资料30余份，宣传2018年“全国科普日”活动主题、活动时间以及主要内容和时间安排。

（梁 也）

【创城拉链式检查】 10月21日，斋堂镇开展环境卫生拉链式检查，责成并督促相关单位限期或当场整改，共出动人员15人次，车辆4辆次。一是开展拉链式大检查，镇域内创城持续宣传、环境卫生等进行检查；二是整改广告灯牌牌匾。限期整改违规广告灯牌牌匾3块，并对近期有设置广告牌匾需求的5家商户提前告知相关设置规则，对残缺破损的2块广告牌及时通知相关单位进行更换或维修；三是清理堆物堆料。清理堆物堆料6起，并对堆物堆料的商家和个人进行劝导教育；四是清除暴露垃圾11处，责令路段责任人和保洁员每日定期巡查和清理该路段，劝导教育随手扔垃圾的居民3人；五是清理宣传橱窗。责令清洗4个村（居）创城宣传橱窗8块，对11张破旧、破损宣传海报进行更新替换，清除创城无关宣传材料4处。

（梁 也）

【参加第十三届文博会】 10月25日，斋堂镇马栏村参加第十三届中国北京国际文化创意产业博览会。此届展会历时4天，马栏村受到社会各界的广泛关注，进一步提高村子的知名度和影响力。

（梁　也）

【施工工地围挡维护工作联合执法】　11月1日，斋堂执队联合斋堂规环办开展施工工地围挡苫盖管理维护工作联合执法。现场开具责令改正通知书指出问题所在，现场整改专人盯守。

（梁　也）

【预防煤气中毒入户检查】　11月14日，斋堂镇安全科工作人员对军响村和西斋堂村进行预防煤气中毒入户检查。检查过程中，村委会及安全科工作人员对各取暖户加强宣传预防煤气中毒常识，军响村和西斋堂村关于预防煤气中毒“温暖一号”行动完成情况较为良好，黄色安全贴张贴率为100%，但仍有部分取暖户未签订安全责任书和安装一氧化碳报警器。

（梁　也）

【群众安全感入户宣传】　11月29日，斋堂镇开展群众安全感入户宣传工作。采取“一村（居）一警一干多员”入户宣传的方法，让广大人民群众了解群众安全感、我区平安建设和创建文明城区等的基本理念和主要思想。

（梁　也）

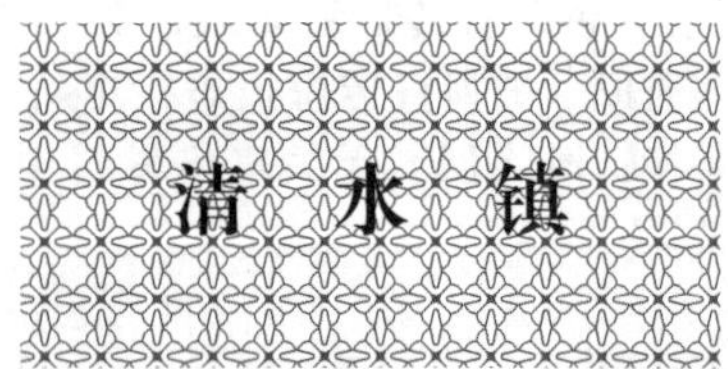

【概况】　2018年，清水镇总面积339平方公里，耕地面积207.54公顷，园地1457.74公顷，林地面积26756.73公顷，草地面积2706.71公顷，辖32个行政村，有户籍户数6903户，其中常住户3710户，户籍人口11444人，其中常住人口6594人，有基层党支部39个，党员1434人。年内，全镇经济总收入完成4.93亿元，同比增长3.25%；人均可支配收入达16946元，同比增长11.04%；区级财政收入1672万元，同比增长21.7%。低收入农户人均收入17685.44元，同比增长13.81%。年内，累计清退灵山马匹130匹。代表北京市完成“绿盾2018”自然保护区监督检查，实施国家级公益林管护、京津风沙源治理、困难地造林、森林健康经营项目等6331亩，累计“煤改电”村12个，惠及村民3110户5142人，空气质量pm2.5排名全区第一。清除涉河垃圾渣土及石材1万余方，封堵历史遗留排污口10余个，清理河道围垦4处。实施塔河、黄塔等4个村中草药种植项目227亩，发展蜜蜂养殖33户420群，改造洪水口、小龙门、梁家庄、西达摩等村民宿小院100余户。年内，投资1590余万元，启动实施清水百花沟域一期建设项目，投资450万元，实施奇异莓产业发展项目。完成达摩庄、梁家庄、下清水3个村“一事一议”财政奖补项目。年内，吸引游客达2.5万余人次。年内，完成销账市级违法建设337处14.92万平方米，销账率100%，清理整治三类大棚、非大棚类食用菌、养殖棚等设施21宗94栋，获“区级疏解整治促提升先进集体”称号。年内，完成第一批、第二批21个村的村庄规划报批公示，启动第三批8个村规划设计。年内，征兵5人。

单位名称：北京市门头沟区清水镇人民政府

地　　址：北京市门头沟区清水镇上清水村河西60号

电　　话：60855407

邮　　编：102311

（于　溪）

【第七届党代会】　2月6日，召开清水镇第七届党代会第三次会议。会议听取并审议通过《党委工作报告》《纪委工作报告》。补选产生1名党委委员。94名党代表出席会议，机关中层干部、部分村党支部书记、村委会主任及第一书记70余人列席会议。

（于　溪）

【烟花爆竹安全检查】　2月6日，安全科联合斋堂工商所等部门，对辖区内烟花爆竹销售点进行联合安全检查，重点察看烟花爆竹存放、经营许可证有效期、销售管理和店内消防设施等情况。

（于　溪）

【电采暖设备观摩活动】　2月6日，清水镇组织2018年涉及“煤改电”村的党支部书记、村委会主任及“两委”班子成员到塔河、黄塔两个完成“煤改电”的村庄进行实地观摩。设备公司技术人员对空气源热泵的设备运行原理进行简单介绍，并现场进行设备操作演示。清水镇工作人员介绍市区“煤改电”设备和峰谷电价的补贴政策。

（于　溪）

【人大活动】　2月，清水团人大代表应邀参加门头沟区法院“代表进门法”走进斋堂人民法庭活动。清水团人大代表、区法院相关领导、斋堂法庭负责人及区法院、斋堂法庭干警代表参加，先后参观法庭诉讼服务大厅、党建活动室、文化走廊、调解室等处。随后召开座谈会，代表们对区法院和斋堂法庭的工作给予肯定，同时对审判执行工作等多方面提出具有建设性的意见和建议。6月7日，清水镇人大开展人大代表接待选民活动。通过走访调研、召开座谈会、分沟域接待相结合的方式，听取和收集选民意见建议。通过对群众关注的热点问题、难点问题进行探讨和分析，共汇总出意见和建议15条。8月3日，清水镇人大组织区人大清水代表组代表开展2018年中活动，传达区委十二届六次全会精神，围绕上半年全区经济运行状况及地区实际进行讨论，并对“创城”工作目标作着重说明。代表们结合清水实际，共提出6条重要实事项目意见和建议。8月17日，清水镇人大组织部分镇人大代表对全镇低收入工作情况进行视察。代表们实地视察李家庄村北京清水云峰果业有限公司奇异莓种植园区、梁家庄村低收入帮扶产业项目芦笋种植基地和台上村北京九仙草农业科技发展有限公司。9月5日，镇创建全国文明城区督查组召开工作部署会。镇人大、镇纪委、机关领导等出席会议。会上，部署清水镇创建全国文明城区督导工作，介绍督导考评的各项指标。14日，清水镇“创城”督导组组织区、镇两级代表，联合镇派出监察办公室和镇环境办，在镇域内开展“创城”督查工作。分组分沟域进行实地检查，并针对前期检查的问题台账，逐点进行复查。涉及公共卫生、河道及周边环境、公厕管护、门前三包等7项，共检查出98个问题点位，将问题整理成台账，并落实到各责任科室进行整改。

（于　溪）

【结对帮扶工作】　2月6日，丰台区卢沟桥乡西局村与清水镇达摩庄村共同举办共建联谊会，西局村向达摩庄村村民代表发放新春慰问品。7日，丰台区教工委到达摩庄村进行春节慰问，与村“两委”班子进行座谈交流，并出资2万元慰问金对达摩庄村进行慰问。8日，区总工会到杜家庄村开展“精准帮扶送温暖服务”活动。开展写春联、配钥匙、理发、修理家电、中医按摩等为民服务事项并进行座谈。9日，丰台区房屋经营管理中心到下清水村进行慰问、座谈。走访慰问下清水村建国前老党员以及90岁以上的困难群众并赠送慰问品，共计96户。4月4日，市农业局及区农委相关领导先后到洪水口、李家庄对险村改造及低收入帮扶工作进行调研，镇相关领导陪同调研。28日，区住建委、华润置地公司到梁家庄村开展党建共建及公益捐赠活动。华润公司捐赠投影仪、笔记本电脑等办公用品。5月16日，市政协副主席到清水镇调研低收入帮扶工作，市有关部门负责同志参加调研，区领导张冰等陪同调研。24日，西城区领导和门头沟区领导张力兵等到李家庄村调研低收入帮扶工作。31日，门头沟区统计局、门头沟社会经济调查队领导到清水镇调研“三新”农业发展情况并与镇领导进行交流。31日，区青联经济界别组委员到梁家铺村调研对接低收入帮扶工作，实地查看金银花种植项目基地，并进行座谈研讨。团区委领导参加调研。6月1日，区青联公共管理和政法界别组委员到田寺村调研对接低收入帮扶工作，组织开展美丽乡村建设政策宣讲和爱心捐赠活动并进行座谈研讨。7日，北京市工商行政管理局、门头沟区工商行政管理分局领导到下清水村开展低收入帮扶调研工作。11日，区政协到达摩庄村开展美丽乡村委员沙龙活动。活动以“讲好达摩故事”为主题，实地参观达摩庄险村搬迁新村建设和老村风貌，组织召开“美丽乡村委员沙龙”座谈会，来自区政协各界别委员10余人参加活动。7月18日，市侨办经济处、区外侨办、侨界代表人士到龙王村开展“2+1”党日活动，开展座谈交流。8月14日，北京市智慧乡村志愿服务中心工作人员到双塘涧村开展低收入帮扶工作调研，进行座谈交流。10月17日，慈善协会和国资公司领导到梁家庄村，就村贫困实际情况进行考察。11月16日，西城区统战部领导到清水镇调研低收入工作，座谈会上，清水镇党委书记介绍镇内基本情况和发展历史，分析经济社会发展面临诸多限制因素以及转型发展所拥有的绿色生态、红色文化等优势资源。26日，帮扶企业北京京投瀛德置业有限公司为清水镇双塘涧村低收入帮扶爱心捐赠30万元。

（于　溪）

【民主生活会】　2月8日，召开2017年度领导班子民主生活会。会上，党委领导班子作对照检查，其他班子成员逐一进行个人对照检查，相互之间开展批评。

（于　溪）

【宣传活动】　2月22日，清水镇组织安全科、规划科、执法队等部门在上清水村广场开展烟花爆竹宣传活动。播放《合理燃放烟花爆竹倡议书》，悬挂横幅3条，摆放展板12块，发放《致全镇居民一封信》《门头沟区举报违法生产销售储存运输烟花爆竹人员奖励标准》等宣传材料1200余份。6月14日，清水镇安全科、规划科、执法队、食药所等监督检查部门联合区经信委在上清水村广场举办2018年“安全生产月”集中宣传咨询日活动。发放安全生产宣传单1000份、悬挂主题横幅3条、展放宣传牌板10块并进行现场答疑解惑。6月，在上清水村文化广场集中开展爱鸟宣传活动。发放宣传材料100份、摆放宣传展板5块并进行现场讲解。7月10日，开展主题为“美好人生从健康开始”的“7.11”世界人口日宣传活动。发放《妇幼服务手册》《医药改革手册》《孕前优生宣传册》和防蚊宣传画等纸质宣传材料。11月21日，镇安全科、派出所、综治办等相关部门单位联合开展安全宣传教育活动。张贴发放海报30余张，宣传单、宣传手册1500余份，宣传手袋300余个。12月3日，清水镇科教文体办公室与清水卫生院和乡村医生共同开展“主动检测，知艾防艾，共享健康”的宣传座谈活动，发放艾滋病防治宣传材料3种，50余份。27日，普办工作人员到上清水村开展第四次全国经济普查宣传工作。讲解政策、悬挂横幅、发放告知书、宣传折页、宣传布袋。

（于　溪）

【森林防火工作】　2月，清水镇出动宣传车20余台次，发放宣传单1000余份，发送手机短信、微信200条，并更新宣传条幅。实行24小时值班和领导带班制度，保持通讯畅通，制订完善森林火灾应急预案，做到第一时间发现火情、第一时间报告火情、第一时间赶到火场、第一时间扑灭火灾。4月，清明节期间组织林业站、森林公安等部门，成立巡回培训团，对全镇32个村的1372名生态管护员进行全覆盖培训，建立日常管护工作记录台账。同时，清明节期间延长管护时间，倡导文明祭祀。对全镇的89个护林岗亭进行重新编码，并成立巡查小组，每天定期不定期进行生态管护员上岗情况专项督查。

（于　溪）

【元宵节秧歌展演】　3月1日，上清水村在文化广场举行传统秧歌展演，秧歌表演队、高跷队、小车会及数百名群众参加活动，汇集秧歌、旱船表演等，展演集中展示清水当地传统秧歌表演的魅力。

（于　溪）

【团委活动】　3月5日，清水镇团委组织20余名志愿者到清水养老院开展“传承雷锋精神、关爱孤寡老人”志愿者服务活动。志愿者们听老人讲故事、谈历史，帮助老人们打扫卫生和整理内务，保持清洁的环境卫生。5月4日，镇团委在斋堂镇马栏村红色教育基地组织开展“追寻红色足迹·担当青春使命”主题团日活动。活动后，团员青年们围绕活动中所见所闻开展绿色徒步和座谈交流。11日，团委在团员青年中组织开展“学习习近平总书记重要讲话精神”专题学习活动。集体观看习近平总书记在北京大学师生座谈会和纪念马克思诞辰200周年大会的新闻报道，与会团员青年结合自身业务工作交流学习体会。25日，镇团委组织30余名团员青年到杜家庄村低收入精准帮扶玫瑰园提升项目基地开展义务劳动。6月20日，举行“青年服务国家·奋斗就是幸福”主题团课，面向全体青年团员开展“青年大学习”。区公安分局禁毒宣讲员、区志愿服务队志愿者担任团课主讲。

（于　溪）

【区领导检查工作】　3月6日，区领导付兆庚带队到清水镇检查指导全国“两会”服务保障工作，实地视察双大路检查站和杜家庄治安检查站安保措施落实情况，并慰问一线治安检查站执勤的公安民警、协辅警和民兵。4月9日，区领导付兆庚一行到黄安村调研指导软弱涣散党组织整顿工作。检查党组织建设和险村搬迁改造工程，听取清水镇关于软弱涣散党组织整顿及区科委对口帮扶指导情况的汇报，并与黄安村党支部书记、村委会主任、区镇选派“第一书记”座谈交流。区委组织部主管领导、区政府办、区科委、区农委主要领导参加调研，清水部分班子成员陪同调研。7月17日，区领导到齐家庄、洪水口等村检查防汛工作，详细了解并检查村内应急预案以及防汛工作落实情况，尤其是重点沟口看护情况。23日，区领导付兆庚带队检查清水镇防汛工作落实情况。实地到达摩庄村、上达摩村，重点检查应急值守、人员转移集中安置点准备及群众转移安置工作情况，并慰问转移安置人员，入户核查转移工作落实情况。8月23日，区领导带领石榴集团实地到江水河村视察低收入帮扶工作，并围绕企业帮扶进行座谈。

（于　溪）

【专项培训】　3月7日，清水镇召开2018年第一次残疾人工作培训会。镇残联协管员、各村专职委员30余人参加会议。开展残联两项补贴政策的专题学习，部署入户调查和残疾人筛查工作。3月，林业站、森林公安等部门，对全镇32个村、89个生态管护员岗点的生态管护员开展培训。会上，宣布《清水镇生态管护员管理处罚规定》。4月9日，林业站开展林业有害生物监测测报工具使用培训。向全镇47名全科农林技术员培训监测测报工具的基本构造和工作原理，讲解使用注意事项等。会后，发放12种有害生物诱捕器159套。4月，科教文体办公室与区社区学院在洪水口村协同举办清水镇民俗旅游培训。邀请专业老师，培训面点制作、乡村民俗旅游知识。8月15日，举办村级档案管理培训。全镇各村30余名档案员参加培训。区档案史志局业务人员围绕村级档案工作规范化管理、村级档案范畴、村级档案归档要求、村级档案整理等6个方面进行讲解，并实地到上清水村、下清水村进行指导。27日，林业站对全镇农技员开展工作培训。讲解镇域内常见的有害生物及其特点、寄生的树种、和防治措施。

（于　溪）

【慰问工作】　3月9日，清水镇开展现役军人家属慰问活动。武装部领导带领武装干事，为现役军人家属送去米、面、油、饮料等慰问品和光荣军属奖牌，走访慰问辖区11户军属家庭。

（于　溪）

【党建工作】　3月13日，召开2017年度各村党支部书记抓党建述职承诺大会。会上，各村书记总结2017年全镇党建工作，就2018年全镇党建重点工作做出承诺，并当场接受与会人员民主评议。镇党委书记对各村党支部书记进行一对一综合点评。镇领导班子成员、32个村党支部书记出席主会场，各村“两委”班子成员、“两代表”、党员、村民代表及包村干部1500余人在各村分会场通过视频会议系统参加会议。3月，组织各基层党支部陆续开展2017年度基层党组织专题组织生活会暨民主评议党员工作。集中学习，开展谈心谈话，广泛征求意见建议，开展自我批评和相互批评。进行民主测评。包村干部列席点评。3月29日，召开2018年党建工作会。部署清水镇2018年政法（综治）、纪检监察、组织和宣传工作要点。镇领导班子成员、机关中层干部、各基层党组织书记、第一书记和部分村委会主任120余人参加会议。4月19日，召开由各村党支部书记及机关各支部书记参加的工作会。会上，部署党风廉政、党员关心关怀机制、党支部规范化、基层百日暗访、党建助理员等工作。6月4日，召开党建工作专题会。部署“七一”表彰先进基层党组织、优秀共产党员评选活动、低收入帮扶“暖心行动”等工作，围绕基层党支部规范化建设存在的问题进行说明。镇领导班子成员、各村党支部书记、“第一书记”及包村干部参加会议。29日，镇党委组织开展以“传承红色基因、牢记初心使命”为主题的2018年主题党日活动。大会对洪水口村、下清水村等11个先进基层党组织进行表彰，对全镇69名优秀共产党员颁发奖杯和佩戴红花，并观看优秀共产党员先进事迹纪录片，先进基层党组织及优秀共产党员代表先后作表态发言。7月7日，组织开展题为“创建美丽乡村，周末环境大扫除”的活动，共有53名在职党员分别回报到所在村参与村委会卫生清扫。8月15日，镇党委分别到黄塔村、下清水村组织开展基层党员集中轮训。各村“两委”干部和党员500余人参加培训。市委党校副教授为与会党员干部讲授党课。9月，组织基层党支部党员群众认真收看“新时代新担当新作为”专题节目，向优秀榜样学习，并做好观后感交流。年内，成立镇、村、非公企业督导组34个，完成15个村党组织活动场所修缮提升项目，慰问困难党员群众171人，发放慰问金8.55万元。

（于　溪）

【第七届人民代表大会第三次会议】　3月17日，清水镇召开第七届人民代表大会第三次会议。会上，听取并审议通过《政府工作报告》和《财政工作报告》。依法选举产生清水镇第七届人民政府副镇长1名。46名镇人大代表出席会议，辖区单位主要负责人、机关中层干部及部分村党支部书记、主任60余人列席会议。

（于　溪）

【残联活动】　3月28日，清水镇在双塘涧村开展残疾人趣味运动会。双塘涧村残疾人及部分临村残疾人朋友70余人参加活动。5月，在下清水村组织开展残疾人助残日暨纸牌对赛的活动，来自下清水村及部分邻村残疾朋友60余人参加活动。10月17日，在齐家庄村组织重阳节残疾老年人观影活动，参加的残疾人朋友78人，播放传统戏曲影片。

（于　溪）

【“第一书记”派出单位调研低收入工作】　3月28日，齐家庄村“第一书记”派出单位北京市自来水集团门头沟区分公司开展结对帮扶工作，到齐家庄村和下清水村安装饮水消毒设备。5月2日，椴木沟村“第一书记”派出单位北京地铁公司与清水镇举行低收入帮扶宣传协议签约仪式。北京地铁公司领导、清水镇主要领导及相关人员出席签约仪式。双方签订低收入帮扶宣传协议。8月29日，北京市自来水集团公司到齐家庄村开展低收入对接帮扶工作。进行讨论交流，并确立下一步帮扶工作的开展。10月18日，北京市地铁运营有限公司领导到对口帮扶的椴木沟村进行慰问调研。发放慰问金及慰问品。并召开座谈会。区长付兆庚等以及清水镇党委书记、镇长等领导和相关人员一同参加。

（于　溪）

【房屋鉴定工作】 3月，清水镇启动4类重点对象农户房屋鉴定工作，涉及32个村493户农村低保、分散供养和困难残疾人家庭。4月9日，区住建委聘请的第三方鉴定公司对清水镇492户“四类人”（农村低保、低收入救助、分散供养、优抚对象）的房屋危险等级开展鉴定工作。鉴定为D级且符合未享受过抗震节能房改造补贴的农户房屋27户。

（于　溪）

【电影下乡】 4月23日，清水镇邀请区电影放映中心到上清水村文化活动中心放映电影《厉害了，我的国》，机关党员干部、清水学校学生、部分各村党员群众观看。

（于　溪）

【安全生产工作】 4月29日，镇长带领应急值班人员、安全科、执法队工作人员，对各村安全生产、护林防火、交通、旅游、大气污染防治等工作开展拉网式检查。重点检查建筑施工领域的安全生产工作，施工人员安全培训是否到位、施工现场是否按照规定戴安全帽、渣土是否苫盖、农用车违法载客等问题。针对发现的问题，对相关人员立即批评教育，并责令整改。11月6日，安全科陪同人保财险门头沟分公司工作人员与我镇的参保企业完成安全生产责任保险的签订工作，签订安责险17份。

（于　溪）

【专题工作会】 4月，清水镇召开污水处理工程工作部署会。区水务局、区公路局分局、瑞通八处等部门主要领导、清水镇主要领导及分管领导、涉及改造的26个村党支部书记、主任，中标公司、设计单位、施工单位、监理单位代表参加会议。5月，组织召开水务工作会。全镇32个村主要负责人参加会议，并签订饮水安全责任书。

（于　溪）

【农用三轮车专项整治行动】 5月4日，清水镇召开农用三轮车专项整治工作会，按照“镇街吹哨、部门报到”的工作机制，区交通局、区农业局和区交通支队积极配合，围绕农用三轮车整治问题开展座谈并进行工作部署。会后，相关部门在清水镇塔河口开展联合执法检查，检查中发现存在农用车违规上路、无牌无证等问题，检查人员对当事人进行批评教育。

（于　溪）

【防汛工作】 5月14日，清水镇参加全区防汛应急电视电话桌面推演会议。桌面推演模拟各种汛期灾害突发情况。16日，清水镇与清水供电所共同开展供电紧急维修防汛应急演练。此次演练重点检查和使用供电救援车辆、防汛器材、抽排水设备，分别由镇防汛办协调应急分队组成外围力量疏散和封锁抢险现场，由清水供电所应急人员负责抽排水作业和电力维修作业。6月12日，召开防汛动员部署大会。会议总结全镇防汛工作的准备情况，下发《清水镇2018年汛期灾害防御预案》，安排部署全镇防汛工作。镇领导班子成员、各包村组长、各村主要领导、驻镇及汛期相关单位的防汛负责人110余人参加会议。

（于　溪）

【扶贫协作】 5月24日至25日，清水镇镇长带队到呼和浩特市武川县可镇进行结对帮扶。双方召开扶贫协作座谈会，就双方共同推进脱贫攻坚工作进行交流，并签订《清水镇与可镇结对帮扶协议书》。座谈会后，走访慰问大水圪洞村、三圣太村部分贫困户，并实地察看三圣太丰鑫种植专业合作社、圣丰种植专业合作社和南沙滩丰美养殖专业合作社，了解企业与贫困户利益联结机制情况。6月28日至29日，武川县可镇党委领导一行7人，实地到清水镇开展结对帮扶第二次对接。双方召开两地结对帮扶第二次联席会，就如何通过精品农业、民宿旅游、招商引资等措施推进脱贫攻坚工作进行交流。

（于　溪）

【美丽乡村工作】 5月，清水镇召开美丽乡村工作试点村设计汇报会。会上，相关设计公司围绕塔河、李家庄、洪水口等美丽乡村工作试点村的规划设计进行汇报。党委书记、镇长及分管领导、相关部门负责人参加会议。9月，召开美丽乡村规划设计推进工作会。会上设计公司汇报工作进展情况、遇到的问题及下一步工作计划。10月10日至19日，经济办集中组织13家设计公司对清水镇启动的26个村美丽乡村村庄规划及实施方案编制工作展开集中汇报。及时沟通落实规划过程中遇到的问题。年内，完成18个村的美丽乡村创建验收，12个险村搬迁全部启动，其中10个村房屋建设完成。推进“厕所革命”，完成33座公厕和2011个水冲式户厕改造。实施农村污水治理工程，涉及26个村，完成管网建设的97%，污水处理站建设的75%。

（于　溪）

【第三届歌咏比赛】 6月13日，在上清水村文化活动中心举行以“唱响新时代、走进新农村”为主题的清水镇第三届“红歌嘹亮·唱响清水”歌咏比赛。区文委、文化馆及镇相关领导出席，1000余名群众到场观看演出。

（于　溪）

【农业联合检查】 6月19日，清水镇农业综合服务中心联合区农业局综合执法大队、门头沟区交通支队针对镇域范围内农用三轮拖拉机未年检、无牌、无证、改装、违章载人等情况进行联合检查。出动12人，车辆3辆，还将《致拖拉机驾驶员的一封信》和拖拉机安全操作规程等宣传材料发放给三轮拖拉机驾驶员。检查期间发现问题三轮拖拉机3台，执法人员对其进行批评教育，责令其整改。

（于　溪）

【渣土整治】 6月，城管清水执法队与镇政府相关领导，环境办、农发中心、规划和梁家铺村委会等部结合前期摸排情况对梁家铺村渣土集中整治，共规范违法行为15起。清理沙土堆3堆，苫盖沙子堆5堆，立案处罚1起。

（于　溪）

【创城工作】 7月23日，清水镇分指挥部召开创建“全国文明城区”动员部署会。区领导、镇领导班子成员、驻镇单位、各村书记主任、机关包村干部190余人参加会议。会上，分别对创建全国文明城区实施方案、清水镇创建全国文明城区组织机构及职责、宣传工作方案工作进行部署，并传达学习区委十二届六次全会会议精神。年内，完成3轮面对面入户宣传，发放“一封信”、宣传品2万余份，安装横幅70块，群众创城知晓率、参与率显著提高。启动实施塔河等3个村5处文化墙建设，征集“创城有我”原创文艺节目13个。

（于　溪）

【机关食品安全检查】 7月，清水食品药品监督管理所对镇机关食堂进行食品安全隐患排查。重点检查食堂基础设备设施是否齐全、有无存在超范围经营的行为、食堂工作人员有无健康证、食品制作过程等情况，保证所用食品原料来源合法、可追溯，风险可防控，责任到人。

（于　溪）

【“门前三包”联合执法】 7月，清水镇政府主管领导带队，环境办、城管、执法队等部门开展联合执法行动，强化“门前三包”管控工作，助力文明城区建设。共计出动执法人员20余人次，执法车辆8台次，规范各类“门前三包”问题18处。

（于　溪）

【残疾人公益性就业基地培训】 8月9日，在下清水村举办残疾人公益性就业基地政策培训会。会上，讲解公益性就业基地相关政策，并现场解答残疾人面临的九类问题。区残联及中国国际技术智力合作有限公司领导出席会议，来自各村50余名残疾人参加会议。

（于　溪）

【古树执法检查】 8月，清水镇开展名木古树执法检查工作。执法检查过程中，检查人员积极向百姓普及“绿水青山就是金山银山”的环保理念，以及保护名木古树的重要意义。专项期间联合执法共计出动执法人员30人次，执法车辆7台次，规范古树拉绳晾晒衣物违法行为2起。

（于　溪）

【有害生物防治】 8月，林业站采取车辆药物喷洒作业等方式，重点对109国道沿途和各沟域开展有害生物防治，每日出动作业车6辆次，累计喷洒作业143公里、喷洒药物量360吨。

（于　溪）

【小龙门与朗诗集团签署用地协议】 8月，小龙门村与朗诗集团签署关于村集体用地的合作协议。镇分管领导出席签约仪式。

（于　溪）

【环境卫生联合执法】 9月，清水镇城管执法队与司法所联合开展执法行动，强化市容环境卫生管控工作，推动普法宣传工作，助力文明城区建设。共计出动执法人员20余人次，执法车辆8台次，规范各类违法行为18处，处罚1户。

（于　溪）

【消防安全工作】 9月，为全镇32个村及生产经营单位进行灭火器年检维护，及时联系消防器材经营单位对全镇32个村进行逐一走访检查，并将需要年检换药的灭火器收回，统一换药。同时，配置新的灭火器。11月13日，组织召开2018年今冬明春火灾防控工作动员部署会。

（于　溪）

【乡村大舞台文艺汇演】 10月16日，清水镇举办以“铸文明之魂·建美丽乡村”为主题的乡村大舞台文艺汇演，区文化馆及镇相关领导出席活动，500余名群众观看演出。

（于　溪）

【夜查打击运输散煤】 10月18日，由综治办牵头，联合镇经济办、城管分队、执法队一行2辆车10人在镇域开展联合巡查运输散煤，巡查主要地点主要为镇内同河北连接的道路、道口。

（于　溪）

【群众安全感调查培训】 11月3日，清水镇召开群众安全感入户调查工作培训会。派出所、综治办、安全科、统计所、司法所等部门参加此次会议。授课老师对全镇群众安全感入户调查培训做动员讲话，并讲解入户调查工作的内容、方法、认定以及疑难问题的解决方法等。

（于　溪）

【预防煤气中毒工作】 11月13日，清水镇组织召开预防煤气中毒工作部署会。全镇32个村村主任参加会议，对镇内预防煤气中毒工作进行部署。20日，开展“温暖一号”检查行动，对自取暖户的炉具安装使用情况、房屋通风情况及一氧化碳报警器安装使用情况等进行检查。11月，召开专题会研究落实预防煤气中毒工作，成立镇预防煤气中毒工作协调小组，组织各村利用宣传栏、微信平台等方式宣传煤气中毒知识及危害。组织各村工作人员入户签订《预防煤气中毒安全责任书、承诺书》2000余份、张贴“温暖一号”黄色警示标2000余份。

（于　溪）

【粉尘涉爆专项检查】 11月28日，安全科联合区安监局检查执法人员及专家成立检查组，对西宝惠民型煤有限公司进行安全检查。重点对西宝型煤的除尘设备、烘干设备、集尘装置及天然气储罐进行安全检查，安全专家对西宝型煤厂的设备设施、管理规范、操作规程进行指导。

（于　溪）

【文物单位消防工作】 11月，镇安全科联合文化中心成立检查组对镇内文物古建开展安全隐患排查及消防知识宣传工作。检查组对清水镇市、区重点文物保护单位的消防灭火设施等情况进行全面的检查和隐患排查工作。张贴宣传海报，并发放消防安全的宣传资料。11月8日，安全科联合镇文化中心成立检查组对镇内文物古建及图书馆开展安全隐患排查。重点针对用火用电安全、消防设备设施及房屋使用安全隐患进行检查，共检查文物古建及图书馆13家。

（于　溪）

【防控非洲猪瘟疫情】 12月5日至7日，清水镇清退全区存栏55%的生猪1969头，实现辖区生猪快速清零。

（于　溪）

【未经检疫猪肉联合检查】 12月10日，斋堂工商所、清水城管队出动工作人员4人次，车辆2车次，对齐家庄村及周边村庄早市开展联合检查，检查商户7家，杜绝未经检疫猪肉制品流入市场，宣传告知43人次。

（于　溪）

【党风廉政建设】 年内，清水镇制订《清水镇落实党建主体责任及党风廉政建设主体责任约谈机制》，先后廉政谈话提醒6人次，组织党员干部学习《监察法》、新《条例》等法规条例，组织开展廉政教育党课7次、参观廉政教育基地2次，执行纪律处分党员干部10人。

（于　溪）

【推进“三农”工作】 年内，清水镇推进奇异莓产业基地基础设施建设，栽植奇异莓260亩，举办首届奇异莓采摘节，打造龙门涧沟域奇异莓产业带。挖掘达摩沟山区林地资源，复种撂荒山地，新栽海棠5000余株。探索中药材种植产业发展模式，投资97万元，栽植金银花100亩，完成相关管网配套设施建设。探索农村闲置资产盘活途径，申报产权交易项目3个，涉及土地955亩、房屋6000平方米。巩固深化“联社+合作社+农户”经营模式，支持腾达联社100万创新奖励资金和布韵传奇80万新农村奖励资金。

（于　溪）

【河长制工作】 年内，为镇级、村级68名河长安装北京河长app，巡河1814人次，12501.744公里，全年巡河任务完成50%。录用河长制管护人员209人，吸纳低收入户人员162人，每人每年增收7656元。安装管护亭32座，配备清理用具：手套418副；夹子209

个；垃圾袋1600个；发放河长制工作手册209本；发放河长制工作服（秋季、冬季）209套；袖标209个；配备玻璃钢船6艘。年内，开展日常检查90余次，夜查2次。处理河道堆料堆物8次2000余方，清理河道垃圾67次60余吨，清理水面漂浮物10余次20余吨。治理河道4处，处理污水直排口8处，河道围垦5处。开展“清河行动”“清四乱”行动，清理垃圾渣土10处3515余立方米。对梁家铺大面积沙石堆积问题，采取“街乡吹哨，部门报到”措施，清理1万方，并完成市区回头看检查。拆除斋堂水库违建6处。整改第三方检查河道环境问题90余处。

（于　溪）

【专项检查】 年内，清水镇执法队开展险村搬迁工程现场、旅游市场、环境秩序、市容环境卫生责任制、露天沙堆苫盖不完全、生活垃圾分类治理等专项联合执法，累计出动执法人员100余人，执法车辆33台次。规范各类违法行为、问题31处，发放《责令改正通知书》2份，《谈话通知书》2份，清理黑车点位2处，劝导黑车司机10人，检查规范门前三包5起，清除广告条幅10条，清理违规广告牌5块，规范店外经营、无照经营5起，清除非法小广告10张，发放各类宣传材料400余份，检查餐饮企业20余家。

（于　溪）

【垃圾分类工作】 年内，清水镇联合中华环保基金会举办清水镇“生活垃圾分类”知识宣传会，普及“可回收物、厨余垃圾、有害垃圾、其他垃圾”垃圾分类的方法，受教育60余人次。会后，发放《门头沟垃圾分类指导手册》300余本。年内，通过政府购买服务形式，开展生活垃圾分类清运工作。购置分类垃圾箱（桶）等设施150件。

（于　溪）

【村“两委”班子换届选举】 年内，镇党委先后召开换届选举动员会、5次工作培训会、7次包村专题汇报会和14次镇党委会，逐村开展谈心160余人次。完成全镇32个村党支部换届选举。共选举产生村党组织委员104名，其中党支部书记32名，副书记6名，其他委员66名。党员的参选率93.5%。

（于　溪）

【“平安清水”建设】 年内，推进“雪亮工程”，完成23个村292个监控摄像头安装，群众安全感全区排名靠前。牵头吹哨解决群众问题26件，推动“街乡吹哨、部门报到”工作。

（于　溪）

【文化服务工作】 年内，清水镇完成张家铺等5个村级文化活动室改扩建、上清水礼堂装修、清水镇机关图书室升级改造等项目，配套黄安坨等8个村公共场所无障碍设施，文化惠民力度持续加大。放映电影2169场、暑期3D电影2场。共到雁翅、斋堂、清水等地区演出44场，共接待专业演出19场、业余星火工程演出57场。

（于　溪）

【低收入帮扶工作】 年内，低收入农户180户记账户人均收入17235.3元，同比增长20.7%；全镇1906户低收入户脱低1836户，占比96%。制订《关于在机关党员干部中开展低收入帮扶“暖心行动”的实施意见》，明确重点低收入户帮扶对象574人，建立“四个一”帮扶机制。全镇17类1975个公益岗，优先安置低收入农户就业878人，占公益岗总数44%。输出公共服务类岗位劳动力就业171人。

（于　溪）

妙峰山镇

【概况】 妙峰山镇地处门头沟区浅山区，距离门城地区10公里，是连接门头沟深浅山区的纽带，永定河、109国道穿镇而过。镇域面积110平方公里，占全区总面积的7.7%，全镇现辖17个行政村，5905户，10238人，其中农业人口6100人，占全镇人口的59.58%。“三果一花”即大樱桃、大盖柿、京白梨、玫瑰花是妙峰山镇的特色农产品。2018年，实现农村经济总收入34223.3万元，人均所得16502元。

单位名称： 中国共产党北京市门头沟区妙峰山镇委员会
北京市门头沟区妙峰山镇人民政府

地　　址： 北京市门头沟区妙峰山镇陇驾庄村

电　　话： 61880012

邮　　编： 102300

（卫雅平）

【慰问与志愿慈善服务】 元旦期间，走访低保户、五保户以及低收入户、困难党员群众48家，80人，发放米、面、油、毛衣、保暖内衣等各类慰问品1000余份。2月12日，镇团委慰问水峪嘴村困难青年。3月30日，机关第一、二党支部到京西古道志愿服务。七一期间，开展集中走访慰问活动，共慰问建国前老党员7人、生活困难党员76人。八一期间，走访慰问5户无军籍退休人员，从生活、住房、就医、子女入学等方面按政策提供最大限度的帮助，切实解决实际困难；慰问辖区内烈属、改烈、老复员军人、烈士子女、60岁以上农村籍退伍军人、持证烈属，共62人。8月7日，开展“护母亲河”志愿服务活动，21名志愿者在永定河丁家滩河道开展“保护母亲河我们在行动”清洁垃圾公益活动，共清理施工废料、塑料袋及烟头等垃圾100余公斤，制止河边洗车等不文明行为3起。重阳节前夕，向46名80岁以上老人送去慰问品。10月，开展为新疆和田地区中小学生捐书活动。11月，开展“爱心暖阳”捐助活动，共捐款2.764万元。

（卫雅平）

【民生服务】 1月4日，109国道黄台村下安路山体进行爆破作业，组织转移村民42名。3月29日，妙峰山镇举办主题为“帮扶到人、岗位到手、政策到位、服务到家”春风就业招聘会，6家单位提供80个岗位，150人参加。5月，丁家滩村大桥工程修建完成并通车。8月，陇驾庄村开展惠民工程，自检管道和2个水泵，修补管道破裂7处，清理沙子并安装除砂罐和排沙处理器，解决村民饮用水问题。社保所完成镇域内325名残疾人北京市城乡居民养老保险参保工作。全年严格防控非洲猪瘟疫情入镇，成立片区包户工作组，督促养殖户清退存栏生猪，共清退生猪657头，完成镇域生猪清零目标。

（卫雅平）

【安全生产工作】 1月4日，妙峰山镇召开安全生产督查反馈问题整改会暨2018年第一次安全生产部署会。16日，召开安全生产大会并进行安全知识培训。5月18日，持续对施工工地开展联合专项检查，重点检查阳岭生态修复工程、丁家滩村漫水桥拆除工程、水峪嘴村矿山修复项目、岭角村险村搬迁项目，出动12人。24日，对神泉峡景区内大型游乐设施施工工程、担礼村阳岭生态修复工程进行安全检查，针对安全隐患，要求立即整改。25日，组织召开安全生产巡查员上岗工作启动会，25名专、兼职安全生产巡查员参加会议。6月15日，开展以“生命至上，安全发展”为主题的安全生产宣传活动，共发放各类宣传资料200余份，张贴宣传画6幅，接受咨询30余人次。8月2日，组织居民、镇食药安委会成员单位代表及餐饮行业从业者，实地参观食药所检测实验室，并观看食品快速检测。国庆期间，开展生猪和羊肉“瘦肉精”检测工作，共抽样检测80份，涉及6个村，均不含瘦肉精。12月，对镇域内30余家旅游餐饮企业及景区冬季运动项目开展“今冬明春”安全生产工作联合检查。

（卫雅平）

【农村民主日活动工作】 1月12日，妙峰山镇民政科召开2018年第一次农村民主日活动工作部署会。会上，明确民主日活动具体安排和工作要求。7月5日，召开2018年第二次农村民主日活动工作部署会。会上，传达民主活动日活动主题、工作安排及要求，并对村务公开基本程序、内容及上交材料进行讲解。

（卫雅平）

【低收入精准帮扶】 1月19日，召开2018年妙峰山镇低收入精准帮扶工作推进会。3月21日，召开2018年低收信帮扶工作部署会。8月22日，召开低收入农户帮扶基金使用工作会。11月14日，召开低收入农户帮扶（助学）工作联席会。截至年底，全镇低收入农户还有2户5人。全年竣工验收9个2017年低收入项目、3个2018年低收入项目，12个项目带动低收入农户98户138人，通过劳动就业、设施优先使用等方式带动农户人均年增收2450元，其中南庄金垚农场、陈家庄蚯蚓养殖基地两个产业项目见效收益12万元。加大《门头沟区低收入农户帮扶基金管理办法（试行）》政策宣传，为448名低收入农户上了人身意外伤害险，为218户低收入农户上了家庭意外财产险，组织89名低收入农户进行健康体检，为4名低收入农户申报助学政策。

（卫雅平）

【“放歌新时代”文艺汇演】 1月26日，妙峰山镇举办“放歌新时代”学习宣传贯彻十九大精神文艺汇演，17个村参加此次汇演，经评议，禅房村、陇驾庄村获最佳团队奖，樱桃沟村、涧沟村获最佳表演奖，岭角村、斜河涧村获最佳编创奖，大沟村、水峪嘴村获最佳风采奖，其余9个村获优秀组织奖。

（卫雅平）

【美丽乡村建设】 1月29日，妙峰山镇召开美丽乡村建设规划设计推进会。3月12日，召开推进美丽乡村建设基础设施摸底调查工作会。4 月 10 日，对岭角村险村搬迁工程进行专项检查，并与施工现场负责人签订 2018 年安全生产管理目标责任书。9 月 4 日，召开实施新一轮（2018—2022）山区农民搬迁工程部署会。7 日，召开美丽乡村规划设计汇报会（第七次）。截至年底，美丽乡村建设规划设计工作有序进行；炭厂村、禅房村、水峪嘴村、岭角村搬迁工程基本完工，南庄村、大沟村、黄台村险村搬迁工作初步形成实施方案；抗震节能改造工程验收 122 户，剩余 22 户。

（卫雅平）

【获得荣誉】 1 月，妙峰山镇陈家庄村在门头沟区 2016—2017 年度平安村居建设工作中表现突出，被评为“平安村”称号。2 月，妙峰山镇获“北京市安全生产先进单位”称号。3 月，妙峰山镇总工会荣获“门头沟区 2017 年度工会工作考核优秀单位”称号。6 月，妙峰山镇党委被评为门头沟区 2017 年度组织工作信息宣传先进单位。妙峰山镇被授予第五届全国文明村镇荣誉称号。7 月，炭厂村被北京市民政局评选为 2017 年度“先进村委会”。

（卫雅平）

【旅游文化】 春节长假 7 天，共接待游客 25534 人，实现旅游收入 92.3 万元，同比分别增长 13.2% 和 21.9%。3 月，为全镇 31 处不可移动文物配备 80 个灭火器。五一小长假期间，共接待游客 25066 人，实现旅游收入 175 万元，同比分别增长 25% 和 34.6%。5 月，完成镇域内妙峰山景区、古道景区、神泉峡景区 3 家 3A 景区和谷山村、普拉托、山水居等 11 家民俗旅游新业态 2018 年“京郊保”续、投保工作。端午长假 3 天，共接待游客 2.6 万人，实现旅游收入 156 万元，较去年同期增长 20% 和 18.8%。7 月，京西古道景区管理中心通过安全生产标准化三级评审，为门头沟区安全生产标准化三级达标单位。11 月 1 日，水峪嘴村首届京西古道冰雪彩灯嘉年华在京西古道风景区开幕。年内，完成星火工程演出 62 场次、农村数字电影放映 1035 场次。

（卫雅平）

【大气治理】 2 月 27 日，妙峰山镇召开启动空气重污染黄色预警工作部署会。3 月 12 日，召开妙峰山镇空气重污染部署工作会。4 月，制定《妙峰山镇裸地治理方案》，根据标本兼治、远近结合的原则，对台账上的裸地采取覆盖、绿化、景观建设等方式，分类施策、动态整治，推进裸地扬尘治理。5 月，制订《妙峰山镇 2018 年持续清理整治企业保持“动态清零”工作方案》及《妙峰山镇扬尘污染精细化管理专项控制方案》。6 月，制订《妙峰山镇强化重型柴油车排放监管工作方案》，禁止问题车上路，从源头杜绝重型柴油车违规行为。8 月，镇域内 4 个大气粗颗粒物监测点位完成施工，11 月，正式启动。11 月，制订《妙峰山镇空气重污染应急分预案（2018 年修订）》及应急减排清单。全年利用“街巷吹哨、部门报到”机制，联合多个部门对辖区内工业企业安装的 VOCs 净化设施、餐饮企业、农家乐安装的油烟净化装置以及污水处理站改造修建任务和污水管网项目等内容进行联合执法检查，共出动检查人员 1400 余人次，检查工业企业、餐饮企业、农家乐等 200 余家次，发现各类隐患 120 余处，整改完毕；清理“散乱污”企业 29 家，关停 1 家。

（卫雅平）

【法制宣传】 3 月 15 日，妙峰山镇开展保护消费者权益普法宣传活动，主要涉及扫黄打非、食品和药品安全、禁赌禁毒等内容，共发放各类宣传手册 500 余份，解答咨询 100 余人次。30 日，司法所联合综治办、食药所、城管队、安全科在水峪嘴村法治广场开展普法宣传活动。共发放宣传品 300 余份，解答群众咨询 5 人次。6 月 12 日，举办打击非法集资和普法宣传活动，共发放各类宣传品 400 余份。8 月 24 日，启动“签文明墙”活动 2000 余人参加。开展“法治宣传伴您行　妙峰创城在行动”主题宣传活动。11 月 22 日，门头沟区首个村级宪法文化亭在斜河涧村正式启用，并举办揭牌仪式和《宪法》专题讲座活动，100 余人参加。29 日，联合妙峰山民族学校和清华大学法学院“青春船长普法团队”开展“弘扬主旋律　争做文明人”青少年普法教育实践活动。12 月 4 日，在多村组织开展“‘学宪法　讲宪法’宪法宣传进校园、进村庄”活动，共 200 余人参加，发放台历、手提袋等宣传品 500 余份。16 日，镇司法所组织民族学校师生 40 余人到北京航空航天大学开展普法活动。

（卫雅平）

【“河长制”“山长制”工作】 3 月 21 日，妙峰山镇召开 2018 年清明期间护林防火工作部署会。安全排除 2018 年首次冰凌过境隐患，沿河村河长上岗到位，巡河员加密巡逻。4 月，制订《全面推进山长制工作方案（试行）》，《“山长制”工作考核办法》，将“山长制”工作纳入绩效考核，考核结果作为综合考核评价的重要依据。在交通要道、主要路口安装25块宣传牌，加大对游客的教育引导。4月3日，召开2018年河长制工作部署会。6月22日，举办2018年防汛避险应急演练活动，40名应急抢险队员和80名群众参加。24日，安装7座市级自动雨量站，检查检修村级雨量报警器、村广播喇叭、手摇报警器等防汛器材。全年开展河长制清河行动工作，拆除嬉水湾、山水居、富荆阁等16处河长制清河行动台账违建，涉及面积总计42780.51平方米。

（卫雅平）

【疏解整治促提升】 3月22日，妙峰山镇开展嬉水湾环境整治行动，清理面积30平方米。29日，拆除陇驾庄村公园内违法建筑1000余平方米，出动70人，清理各类垃圾1500余吨。4月16日，拆除丁家滩村北（道路右侧与铁道左侧间的狭长地带）违法建筑538.96平方米，清理各类垃圾和渣土约500吨。5月3日，陈家庄村恒坤采石沟违法建筑一期拆除9处（共12处），面积为2473.69平方米，清理各类垃圾和渣土约3300吨。4日，对嬉水湾、吉祥湾、普拉托开展露天烧烤专项整治，出动执法人员8人，车辆2台。18日，在国道沿线妙峰山段和下安路开展清理僵尸车专项行动。共清理4辆僵尸车。5月，规范109国道商户经营秩序，拆除个人搭建的售卖场所7处，移除集装箱3个，清理僵尸车4辆，搭建统一合规农副产品售卖亭31处，要求商户定期清理周边的杂物，保持环境整洁。6月，拆除禅房村鲁艺书画社420.96平方米；推进嬉水湾农家乐拆除工作。19日，拆除斜河涧村蒙古大营厂房50间，面积1872.01平方米。30日，完成嬉水湾农家乐的全部拆除工作，共拆除腾退房屋房屋800间、家具5800件、各类电器2400件，拆除面积17327.59平方米。7月6日，召开拆违工作专题研究会。10月12日，召开百日拆违攻坚战再部署再强调工作推进会。

（卫雅平）

【党风廉政建设工作大会】 3月，妙峰山镇召开2018年党风廉政建设工作大会。逐级签订“共性+个性”党风廉政责任书，细化领导班子分工，层层传达压力。

（卫雅平）

【对口帮扶】 4月12日至14日，妙峰山镇领导到神农架林区实地调研下谷坪土家族乡，并帮助建成蚯蚓养殖项目基地，解决2名建档立卡贫困户就业。24日，召开与内蒙古武川县对口协作机关工作协调会。6月23日，召开妙峰山镇与察右后旗乌兰哈达苏木工作对接会，并签订三年行动计划结对协议。26日，与神农架林区下谷坪土家族乡对接对口协作工作，考察高山玫瑰种植和药用蚯蚓养殖情况，并签订三年行动计划结对协议。8月30日，到武川县哈乐镇实地调研，参观武川县哈乐镇白沙泉村村委会及扶贫攻坚作战室并慰问村民两户。31日，到察右后旗乌兰哈达苏木实地调研。9月1日，到涿鹿县栾庄乡实地调研并召开座谈会，双方就基本情况、发展思路及产业发展现状进行交流，并签订三年结对协议。

（卫雅平）

【吹哨报到】 4月，妙峰山镇成立工作专班，编发试点工作专刊。4月12日，召开第一次“街乡吹哨、部门报到”工作例会。召开基层党组织和在职党员“双报到”工作部署会。5月，制订《关于落实党建引领街乡管理体制机制创新实现“街乡吹哨、部门报到”的实施方案》。5月29日，“吹哨”区园林绿化局就山坡台地造林工程（含拆迁腾退地）施工进场前期工作进行部署，与项目设计单位负责人、监理单位总监、施工单位法人及项目经理分别对接相关工作。6月25日，召开“街乡吹哨，部门报到”工作座谈会，会上就当前工作和下一步工作推进提出意见建议及工作要求。7月11日，吹哨区环保中心，解决陇驾庄村厕所升级改造工程中出现的问题。12月27日，“吹哨”区环保大气办解决百万亩造林工程扬尘问题。

（卫雅平）

【边疆地区村支部书记现场教学点】 4月，水峪嘴村被中组部确定为边疆地区村支部书记现场教学点，并于12日接待第一批学员160余人。10月16日，水峪嘴村协助接待50名人力资源和社会保障部定点扶贫县贫困村党支部书记，就新农村建设和乡村振兴战略进行现场教学。

（卫雅平）

【环境整治】 五一期间，妙峰山镇开展环境卫生大扫除，共出动200余人，清理街巷53条，清理各类垃圾100余吨、白色垃圾48公斤、清除非法小广告70余张。6月15日，城管分队、食药所、安全科等部门联合对辖区嬉水湾、核桃村、谷山村餐厨垃圾处置合同、垃圾分类等情况进行集中检查，出动30人次。7月5日，召开综合整治工作大会。31日，开展清理陇驾庄村后街联合执法行动，整治道路两侧堆物堆料、乱倒垃圾现象，解决群众反映较多的环境卫生问题，出动40余人，清运车7车次，清理垃圾杂物15吨。8月1日，开展第二次生活垃圾兑换活动，共回收生活垃圾1718公斤，兑换肥皂298块、洗衣粉265小袋。30日，组织开展生活垃圾分类培训会，共90余人参加。9月4日，上苇甸村与海军部队开展军民共建清扫主干道路沿线卫生活动，共清理各种杂物3吨，100余人参加。

（卫雅平）

【第五届人民代表大会第三次会议】 5月17日，召开妙峰山镇第五届人民代表大会第三次会议。会上，听取并审议通过《妙峰山镇人民政府工作报告》，审议通过《妙峰山镇人民代表大会主席团工作报告》，批准《妙峰山镇2017年财政决算执行情况和2018年财政预算草案的报告》。

（卫雅平）

【重要工程】 7月19日，妙峰山镇召开“满族风情园”景观提升工程开工部署会，要求施工单位做好准备，尽快入场。截至12月底，苇甸沟域项目一、二标段节点建设完成70%，“满族风情园”工程完成总工程量的70%。担礼市政配套项目：一标段完成总工程量的48%，二标段完成配电室主体结构建设。

（卫雅平）

【创建全国文明城区】 7月21日，妙峰山镇召开妙峰山镇创建全国文明城区动员部署大会。22日，启动创城第一轮入户宣传。31日，成立妙峰山镇创建全国文明城区办公室。8月7日，开通“文明妙峰山”微信公众号。9日，启动第一轮创城自主巡查。10日，启动创城第二轮入户宣传及“播文明声”活动。15日，对镇域内17个村及公路、河道沿线启动第二轮全覆盖自主巡查。水峪嘴村开展“小手拉大手　文明一起走”教育实践活动。18日，开展提高群众文明城区创建满意度专项行动——周末卫生清洁日活动，406人清除垃圾4.2吨，铲除杂草1320余公斤，擦拭宣传橱窗25块，清扫大街1.46万米，打扫停车场、广场7200余平方米。18日，组织开展“我为文明画幅画”绘画作品征集活动，64人参加，收到并展出89幅绘画作品；20日，启动创城第三轮入户宣传。24日，启动“签文明墙”活动2000余人参加。25日，陈家庄村党支部开展“书文明扇”活动传递文明。31日，举办“爱妙峰山创文明城、做文明守法妙峰人”文艺演出。9月9日，举行“参与第二故乡发展　助力文明城区创建”签字仪式。11日，启动第三轮创城自主巡查。15日至16日，开展“全镇周末大扫除清洁活动”，17个村800余人参加，共清扫大街小巷1.59万余米，清理河道3300余米，打扫广场和停车场6760余平方米，擦洗宣传橱窗73块，共清理垃圾6350余公斤，杂草1400余公斤，清除小广告60余处，同时张贴公厕文明标语14处、擦洗步行街路椅16个，花箱30个，清洗分类垃圾桶20个，清除破旧对联3处，苫盖裸露黄土500平方米，清理车站烟头等垃圾100余公斤。10月24日，召开妙峰山镇创城工作再动员再部署会。启动第四轮自主巡查。31日，陈家庄村通过“晓村务”平台开展“创文明乡村　比文明家庭”评比活动颁奖典礼。11月10日至11日，妙峰山镇开展周末大扫除活动，共清扫大街小巷4300余米，打扫广场和停车场800余平方米，擦拭宣传橱窗16块，清扫白色垃圾、杂草共1000余公斤，小广告23余处。20日，召开妙峰山镇组织召开创城‘达标村’擂台赛工作部署会。12月12日，联合妙峰山民族学校组织1年级—5年级参与“家乡创城我参与”手抄海报绘画活动，组织6年级—9年级参与“门头沟四问”征文活动，评选出320幅优秀作品。

（卫雅平）

【对镇机关工作突击检查】 8月，妙峰山镇采取“四不两直”的方式，对镇机关工作纪律开展突击检查，并通报检查结果。

（卫雅平）

【村党员教育培训班】 9月5日至7日，举办禅房村和丁家滩村两个发展落后村党员教育培训班，培训通过讲党课、观看学习视频、邀请律师讲解、交流座谈等方式，学习习近平新时代中国特色社会主义思想、《中国共产党纪律处分条例》等内容，93名党员参加。

（卫雅平）

【诗歌朗诵比赛】 9月21日，妙峰山镇举办“风清气正月更美　文明你我诵中秋”诗歌朗诵比赛，11首诗歌作品参赛。

（卫雅平）

【调研报告撰写完成】 11月，妙峰山镇调研镇内政治生态并撰写完成《关于加强基层廉政风险防控的思考与对策》报告。

（卫雅平）

【党支部换届选举工作】 12月29日，完成全镇村党支部换届选举工作。

（卫雅平）

【党风廉政建设工作大会】 12月，妙峰山镇开展2018年党风廉政建设责任制检查工作，通报考核结果。对新一届村党支部班子成员开展岗前廉政教育。

（卫雅平）

【百万亩造林】 年内，妙峰山镇实施2018年新一轮百万亩造林工程9496亩，其中山前平缓地造林1738亩，山坡台地造林5533亩，宜林荒山造林2223亩，拆迁腾退造林2亩。涉及陇驾庄、下苇甸、岭角等15个村。实施2018年度京津风沙源造林工程1500亩，其中上苇甸600亩、炭厂300亩、禅房300亩、桃园300亩。实施2018年村庄绿化工程项目，工程地点为桃园村和炭厂村，完成绿化面积29.6亩。实施2018年森林健康经营抚育17020亩，其中示范区1处为岭角村，面积3800亩；重点区分别为黄台村1024亩，涧沟村4943亩；一般区分别为炭厂村4559亩，上苇甸村2694亩。

（卫雅平）

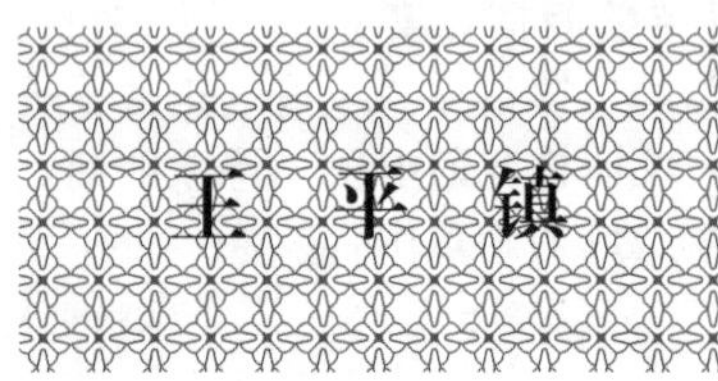

王平镇

【概况】 王平镇位于门头沟区中部浅山区，地域总面积45.97平方公里，下辖16个行政村、4个社区居民委员会（共有13个农村党支部、4个社区党支部），户籍人口4449户、8408人（党员939人）。2018年，以生态环境建设作为首要任务，持续治污染、守水源、保青山，实施百万亩造林、村庄绿化美化、健康林经营等项目；规范招商引资审核程序，全年注册企业120家，实现一般公共预算收入1166万元，完成区政府下达任务的138.1%。实现农村经济总收入17417.9万元，同比增长7.8%，人均所得22044.4元，同比增长7.6%。完成区级财政收入1166万元。

单位名称：中国共产党北京市门头沟区王平镇委员会
北京市门头沟区王平镇人民政府

地　　址：北京市门头沟区王平大街东路18号

电　　话：61859400

邮　　编：102301

（王　蕊）

【第一次农村民主日活动】 1月19日，王平镇以“推进村务公开，健全自治、法治、德治相结合的乡村治理体系”为主题，开展2018年第一次农村民主日活动，将党务公开、村务公开、财务公开融入农村工作。

（张　迪）

【第四届代表大会第三次会议】 2月2日，召开中国共产党王平镇第四届代表大会第三次会议。此次会议应参会代表101人，实际参会代表91人，列席人员40人，共计131人，5个代表团。会议通报了镇党代表变化情况并作出党委、纪委工作报告，通报2017年党费收缴、使用和党员活动经费使用情况报告及基层党建工作述职报告、上年度代表提案、提议和意见办理情况报告，镇党委班子成员代表进行述德、述职、述廉。各代表进行三次分团讨论，对镇党委班子及成员进行民主测评并投票补选镇第四届党委委员。与会代表通过镇党委、纪委工作报告；通过镇党费收缴、使用和党员活动经费使用情况报告；通过代表提案审查情况报告。

（张　迪）

【述职承诺会】 3月16日，王平镇召开述职承诺会会议，现场听取2017年农村、社区党组织书记述职承诺报告，各村居分会场依托纪实系统直播观看，主、分会场共669人参加会议。

（张　迪）

【党建工作大会】 3月29日，王平镇召开2018年全镇党建工作大会。会上，综合部署2018年全镇组织、党风廉政、宣传文化和综治工作。镇党委书记与各村居党组织书记签订党建、党风廉政、意识形态、综合治理工作责任书，下发工作要点。

（张　迪）

【党员“双报到”工作】 自4月10日起，全区召开基层党组织和在职党员“双报到”工作部署会以来，王平镇共接收报到党组织4个、报到党员190名，在职党员报到率100%。

（张　迪）

【拆除违法建设】 4月16日，王平镇对安家庄村河道周边承包地内的违法建设进行集中拆除整治。此次拆除行动共出动人员200人次，动用挖掘机3台班、洒水车3车次，拆除违法建设11处，拆除面积2300平方米。

（张　迪）

【列入传统村落名录】 5月18日，国家住建部等六部门公布2018年列入中央财政支持范围中国传统村落名单，王平镇东石古岩村成为北京市唯一入选村落。

（张　迪）

【樱桃采摘节】 5月28日，王

平镇第四届樱桃采摘节开幕，上百名游客到西马各庄村樱桃风情园摘樱桃赏风景。

（张　迪）

【党员教育及技能培训】 6月15日，王平镇党总支组织机关党员开展以“传承铁军精神　争当先锋模范”为主题的党员红色教育及技能培训活动，40余名党员参加。

（张　迪）

【消防安全演练】 6月21日，王平镇文化中心、安全科开展消防安全演练，各村居负责人参加此次演练。此次演练分为理论学习和实际操作。

（张　迪）

【七一表彰大会】 6月28日，王平镇召开七一表彰大会。会上，对28名优秀共产党员、9名优秀党务工作者、9个“绿色”标兵和6个先进基层党组织进行表彰。

（张　迪）

【红歌比赛活动】 6月28日，王平镇以“不忘初心跟党走”为主题开展红歌合唱比赛，来自村居18支代表队520余名党员群众参加。

（张　迪）

【法治文艺演出】 7月3日，王平镇联合区司法局共同举办“同心共筑中国梦　法治文艺京城行”法治文艺汇演。

（张　迪）

【防汛应急演练】 7月21日，王平镇在西石古岩村开展防汛应急演练。演习模拟抢险应急队进村协助被困群众进行转移过程。

（张　迪）

【“创城”工作培训会】 7月26日，王平镇举办创建全国文明城区工作培训会，各村居负责人、党建助理员、包村干部及驻镇单位联络员参加培训。

（张　迪）

【“八一”慰问】 8月1日，王平镇慰问现役军人家属8人，并送去慰问金4000元。慰问5名伤残军人，发放慰问品折合人民币2500元。

（张　迪）

【百万亩造林绿化】 8月21日，王平镇启动新一轮百万亩造林绿化工程，该工程共涉及全镇16个村的多个栽植地块，完成绿化造林22264.78亩。

（张　迪）

【招聘促就业】 9月20日，王平镇社保所联合海淀区海淀街道社保所共同举办主题为“城乡携手、服务群众、共创和谐”的失业人员专场招聘会。招聘现场，来自海淀区的25家用人单位共带来2000余个工作岗位。

（张　迪）

【增设智能充电桩】 9月29日，王平镇率先在4个社区设置停车棚安装智能充电桩80个，居民可以通过办充值卡刷卡消费，也可以用手机“微信、支付宝”扫二维码支付使用。

（张　迪）

【老年节表彰大会】 10月16日，王平镇举行老年节表彰大会暨文艺汇演。镇领导、各村居负责人、受表彰人员参加活动。会上，表彰2018年度“为老服务先进集体”“为老服务先进个人”“老有所为标兵”“健康老人之星”“敬老好儿媳”等。

（张　迪）

【护林防火工作】 10月26日，王平镇与各村居签订护林防火目标责任书，积极做好相关防范部署工作。

（张　迪）

【妇女权益法律知识竞赛】 11月6日，王平镇妇联开展妇女权益法律知识竞赛活动。此次知识竞赛的内容主要涉及妇女权益保障法与妇女生活相关的方面。

（张　迪）

【“河长制”落实】 11月16日，镇领导带队到永定河（王平段）开展巡河工作，助推“河长制”工作常态化、长效化。

（张　迪）

【非洲猪瘟防控】 11月23日，王平镇召开防控非洲猪瘟工作紧急部署会，各村居包村领导、书记主任、镇防疫员等相关人员参加会议。

（张　迪）

【12.4宪法日普法宣教】 12月4日，王平镇司法所联合城管、工商、食药等执法部门在西石古岩村共同开展普法宣教活动，此次普法活动共发放各类宣传品500余份。

（张　迪）

【志愿服务活动】 12月8日，王平镇团委与3所高校开展系列志愿服务活动，到辖区内的敬老院、社区开展志愿服务活动。50余名高校学生志愿者参加。

（张　迪）

【更换109国道路口展示牌】 12

月24日，王平镇完成对韭园路口展示牌的更换，共计8块，分为4部分，包括简介、刊登核心价值观、旅游景区与特色果品、运动休闲特色小镇建设内容。

（张　迪）

【疏解整治促提升】 年内，王平镇以拆违为重点抓好"疏整促"专项行动，坚决打好打击"双违"百日攻坚战，全部完成6.57万平方米上账任务，并保持新增违建零增长。集中清理河湖沟道周边垃圾、渣土等30余吨，完成4宗12栋大棚房摸排和整改，治理农业面源污染50亩。实施"厕所革命"，改造公厕17处。全年整改全部市级台账10批52处、区级台账23批176处，在全区其他地区环境检查综合排名第一。

（张　迪）

【生态环境持续改善】 年内，王平镇实施百万亩造林、村庄绿化美化、健康林经营等项目，其中山坡台地、山前平缓地、宜林荒山造林共2.2万亩，进一步提升生态涵养能力。完成南涧沟小流域综合治理工程，加强污水处理设施建设，升级改造色树坟、西石古岩等7个村和十八潭景区管网，改建安家庄、韭园等村的7个污水站，污水处理率持续提高。

（张　迪）

【重点项目稳步推进】 年内，王平镇统筹利用拆违和腾退企业的土地资源，为产业转型升级提供空间，"乐活山水·养心湾谷"运动康体旅游接待中心等项目有序推进。镇东区与中心区联络线工程完工，110千伏变电站专用道路及饮用水工程基本完成，实施京西古道（王平段）基础设施建设项目。实施安家庄葡萄基地、西王平核桃特色果品示范基地提升等项目，连续举办四届樱桃文化节。

（张　迪）

【低收入户帮扶】 年内，王平镇采取"支部+合作社""村集体+企业"模式，实施手工麦秸画、盆栽种植、高山稻种植等3个产业帮扶项目，同时组织全镇所有低收入户成立合作社，不断增强"造血"能力。截至年底，全镇低收入户人均可支配收入1.6万元，同比增长23.2%；104户179人中已脱贫96户169人，脱低率为92.3%。开展对涿鹿县、察右后旗、武川县的扶贫协作工作。

（张　迪）

【群众服务】 年内，王平镇落实"街乡吹哨、部门报到"工作机制，抽调镇城管、食药等部门成立综合执法队，搭建执法平台，整合12345、61696156、社管通等网络，吹好每一次执法哨。共吹哨36次，解决问题25个。提高政务服务水平，为民服务信息平台全年受理事项1100余件，接单率和办复率达到100%。

（张　迪）

【获得荣誉情况】 年内，王平镇镇团委参加区纪委、团区委联合举办的门头沟区第三届"我身边的好规矩"舞台剧比赛，连续两年获一等奖第一名冠军状元 the first NO.1。王平镇社保所获2018年度住房保障工作优秀单位。王平镇武装部先进集体。

（张　迪）

统计　资料

自然概况(2015—2018年)

项　　目	单位	2015年	2016年	2017年	2018
土地面积					
辖区面积	平方公里	1447.80	1447.85	1447.85	1447.85
新城范围总用地面积	平方公里	87	87	87	87
户籍人口					
户籍户数	户	120668	120557	120146	121146
户籍人口	人	249436	251208	249131	250864
农业人口	人	48177	44950	43855	43218
非农业人口	人	201259	206258	205276	207646
人口自然增长率	‰	0.75	7.45	-12.23	0.95
降水量及气温					
全年降水量	毫米	640.9	724.8	711.0	403.1
全年平均气温	℃	13.6	13.5	13.6	13.3

资料来源:北京市规划和自然资源委员会门头沟分局、门头沟区公安分局、门头沟区气象局。

行政区划(2018 年)

项　目	辖区面积（平方公里）	村民委员会（个）	社区居委会（个）
合　计	**1447.85**	**178**	**120**
大峪办事处	5.16		33
城子办事处	2.31		20
东辛房办事处	10.88		12
大台办事处	80.87		9
潭柘寺镇	79.83	12	2
永定镇	65.48	24	19
龙泉镇	30.80	17	16
军庄镇	33.47	8	3
妙峰山镇	112.61	17	
王平镇	45.92	16	4
雁翅镇	263.20	23	1
斋堂镇	382.17	29	1
清水镇	335.14	32	

资料来源：北京市规划和自然资源委员会门头沟分局、门头沟区民政局。

常住人口(2006—2018 年)

单位:万人

年份	常住人口	
		常住外来人口
2006	27. 9	4. 2
2007	28. 2	4. 4
2008	28. 7	4. 8
2009	28. 8	4. 6
2010	29. 0	4. 7
2011	29. 4	4. 8
2012	29. 8	4. 9
2013	30. 3	5. 0
2014	30. 6	4. 9
2015	30. 8	4. 8
2016	31. 1	5. 0
2017	32. 2	5. 0
2018	33. 1	5. 2

户籍人口(2000—2018 年)

单位:万人

年份	户籍人口
2000	23. 4
2001	23. 4
2002	23. 5
2003	23. 6
2004	23. 7
2005	23. 8
2006	23. 9
2007	24. 0
2008	24. 1
2009	24. 4
2010	24. 6
2011	24. 7
2012	24. 8
2013	24. 9
2014	24. 9
2015	24. 9
2016	25. 1
2017	24. 9
2018	25. 1

国民经济主要指标（一）

项 目	单位	2018 年	2017 年	增长速度%
人口与就业				
人口				
年末全区常住人口	万人	31.1	32.2	2.8
就 业				
全部法人单位从业人员	人	79130	81080	-2.4
城镇登记失业率	%	3.8	4.1	
宏观经济				
国民经济核算				
地区生产总值	万元	1880605	1743988	7.8
第一产业	万元	33259	10955	203.6
第二产业	万元	775531	812305	-4.5
第三产业	万元	1071815	920728	16.4
固定资产投资				
全社会固定资产投资	万元		3802075	-65.1
#房地产开发投资	万元	722265	2462376	-70.7
财政				
公共财政预算收入	万元	315761	296252	6.6
公共财政预算支出	万元	1063385	952050	11.7

注：1. 门头沟区人力社保局、门头沟区财政局。

2. 地区生产总值增长速度为现价增速，2018 年地区生产总值数据为初步核算数据。

3. 2018 年为经普年度，全社会固定资产投资数据尚未发布。

国民经济主要指标（二）

项　目	单位	2018 年	2017 年	增长速度%
产业				
农村经济				
农林牧渔业总产值	万元	75922.9	26982. 1	181.4
农村经济总收入	万元	99786	131451	-24.1
工业				
规模以上工业企业总产值	万元	750932	842562	-10.9
商业				
社会消费品零售额	万元	694383	658817	5.4
对外经济贸易				
新批“三资”企业	个	15	10	50.0
实际利用外资	万美元	3204	2490	28.7
金融保险				
金融机构存款余额	万元	7148847	6883229	3.9
#个人存款	万元	3558555	3083301	15.4
金融机构贷款余额	万元	2351388	1749649	34.4
保险业务收入	万元	27828	31794	-12.5

资料来源：门头沟区农村合作经济经营管理站、门头沟区商务委、中国人民保险公司门头沟支公司、中国人寿保险公司门头沟支公司。

国民经济主要指标（三）

项 目	单位	2018 年	2017 年	增长速度%
教育、文化、科技、卫生				
教育				
中、小学在校生	人	19328	18658	3.6
中、小学专任教师	人	1857	1825	1.8
文化				
公共图书馆总藏书	万册	109.4	89.9	21.7
科技				
专业技术人员	人	6055	6061	-0.1
卫生				
卫生机构病床数	张	2990	2953	1.25
卫生机构技术人员数	人	3581	3545	1.0
生活与环境				
生活				
城镇居民人均可支配收入	元	53227	49682	7.1
全部法人单位从业人员平均工资	元	107057	88997	20.3
能源消费				
全社会用电量	万千瓦时	118623	106994	10.9
环境				
城市绿化覆盖率	%	46.4	44.8	1.5
城市污水处理量	万吨	1286.0	1255.0	2.5

资料来源：门头沟区人力社保局、门头沟区财政局、门头沟区教委、门头沟区文化和旅游局、门头沟区卫生健康委、门头沟区园林绿化局、门头沟区供电公司、门头沟区水务局。

地区生产总值

单位：万元

	2018 年	2017 年	增长% （现价）	增长% （不变价）
地区生产总值	**1880605**	**1743988**	**7.8**	**6.2**
按产业分：				
第一产业	33259	10955	203.6	202.6
第二产业	775531	812305	-4.5	-6.3
第三产业	1071815	920728	16.4	14.9
按行业分：				
农、林、牧、渔业	33476	11195	199.0	198.0
工业	619741	685346	-9.6	-9.8
建筑业	156601	129004	21.4	12.2
批发和零售业	79695	75151	6.0	4.9
交通运输、仓储和邮政业	30425	24864	22.4	17.5
住宿和餐饮业	21797	20012	8.9	3.6
信息传输、软件和信息技术服务业	1401	1423	-1.5	-2.0
金融业	133763	112987	18.4	16.2
房地产业	185298	163254	13.5	11.7
租赁与商务服务业	43218	34734	24.4	21.7
科学研究和技术服务业	86658	81412	5.2	3.0
水利、环境和公共设施管理业	13359	12283	8.8	8.4
居民服务、修理和其他服务业	34888	27154	28.5	25.0
教育	111623	87822	27.1	26.4
卫生和社会工作	89049	75487	18.0	17.3
文化、体育和娱乐业	15428	15411	0.1	-2.0
公共管理、社会保障和社会组织	225185	186449	20.8	20.3

注：1. 产业划分依据国家统计局2012年制定的《三次产业划分规定》，行业划分依据《国民经济行业分类》（GB/T4754-2011）。

2. 2018年数据为初步核算数据。